Die Bindungswirkung des Vergütungssystems

Europäische Hochschulschriften Recht

European University Studies in Law
Publications Universitaires Européennes de Droit

Band/Volume 6837

Luca Knorr

Die Bindungswirkung des Vergütungssystems

PETER LANG
Berlin · Bruxelles · Chennai · Lausanne · New York · Oxford

Bibliografische Information der Deutschen Nationalbibliothek
Die Deutsche Nationalbibliothek verzeichnet diese Publikation in der Deutschen Nationalbibliografie; detaillierte bibliografische Daten sind im Internet über http://dnb.d-nb.de abrufbar.

Zugl.: Münster (Westf.), Univ., Diss. der Rechtswissenschaftlichen Fakultät, 2025

DE-6
ISSN 3052-8291 (Print)
ISSN 3052-8305 (eBook)
ISBN 978-3-631-94269-7 (Print)
ISBN 978-3-631-94287-1 (ePDF)
ISBN 978-3-631-94288-8 (ePUB)
DOI 10.3726/b23177

Verlegt durch Peter Lang GmbH, Berlin, Deutschland

info@peterlang.com

www.peterlang.com

Kontakt zur Verordnung über die allgemeine Produktsicherheit (GPSR):
gpsr@peterlang.com

Meiner Familie

Inhaltsübersicht

TEIL 3

Der Hauptversammlungsbeschluss nach § 120a Abs. 1 Satz 1 AktG

TEIL 4

Grenzen der Bindungswirkung des Vergütungssystems

TEIL 5

Aktionärsbeteiligung bei der Vorstandsvergütung außerhalb von § 120a AktG

TEIL 6

Zusammenfassung der wesentlichen Ergebnisse in Thesen

Inhaltsverzeichnis

Vorwort

Die vorliegende Arbeit wurde im Sommersemester 2025 von der Rechtswissenschaftlichen Fakultät der Universität Münster als Dissertation angenommen. Literatur und Rechtsprechung konnten bis Juni 2025 berücksichtigt werden.

Zuvorderst gebührt mein Dank für die Betreuung und Begutachtung dieser Arbeit meinem Doktorvater Herrn Prof. Dr. Matthias Casper. Für die zügige Erstellung des Zweitgutachtens danke ich Herrn Prof. Dr. Johann Kindl.

Für die mühevolle und sorgfältige Durchsicht des Manuskripts sowie den fachlichen und persönlichen Austausch während der Promotionszeit danke ich meinen lieben Freunden Dr. Till Kowalski, Dr. Max Winnenburg und Marcel Schulzek.

Zuletzt gilt mein aufrichtiger und inniger Dank meiner Familie, allen voran meinen Eltern Frau Lydia Knorr und Herrn Werner Knorr, meinem Onkel Herrn Stefan Dörmann sowie meiner Schwester Lena Knorr. Alles, was ich in meinem Leben geschafft habe, wäre ohne ihren bedingungslosen Rückhalt und ihre liebevolle Unterstützung nicht möglich gewesen. Ihnen sei diese Arbeit in Liebe und Dankbarkeit gewidmet.

Düsseldorf, Juni 2025 Luca Knorr

Abkürzungsverzeichnis

a.A.	anderer Auffassung
Abs.	Absatz
aE	am Ende
a.F.	alte Fassung
AfRuV	Ausschuss für Recht und Verbraucherschutz
AG	Die Aktiengesellschaft (Zeitschrift) / Amtsgericht
AktG	Aktiengesetz
AktG-E	Aktiengesetz-Entwurf
Aktionärsrechterichtlinie	Richtlinie 2007/36/EG des Europäischen Parlaments und des Rates vom 11. Juli 2007 über die Ausübung bestimmter Rechte von Aktionären in börsennotierten Gesellschaften, ABl. EU 2007 L 184 S. 17
AktionärsrechteRL II	Aktionärsrechterichtlinie in der Fassung nach den Änderungen durch die zweite Aktionärsrechterichtlinie
allgM.	allgemeine Meinung
ArbRB	Arbeits-Rechtsberater (Zeitschrift)
ARUG II	Gesetz zur Umsetzung der zweiten Aktionärsrechterichtlinie (ARUG II) vom 12. Dezember 2019, BGBl. I 2019, S. 2637
Aufl.	Auflage
Az.	Aktenzeichen
BB	Betriebsberater (Zeitschrift)
BeckRS	Beck-Rechtsprechung
Begr.	Begründer

BGB	Bürgerliches Gesetzbuch
BGBl	Bundesgesetzblatt
BGH	Bundesgerichtshof
BGHSt	Entscheidungen des Bundesgerichtshofs in Strafsachen
BGHZ	Entscheidungen des Bundesgerichtshofs in Zivilsachen
BMJ	Bundesministerium der Justiz
BT-Drucks.	Deutscher Bundestag - Drucksachen
BVerfG	Bundesverfassungsgericht
BVerfGE	Entscheidungen des Bundesverfassungsgerichts
bzw.	beziehungsweise
CB	Compliance Berater
CCZ	Corporate Compliance Zeitschrift
DAV	Deutscher Anwaltverein
DAX	Deutscher Aktienindex
DB	Der Betrieb (Zeitschrift)
DCGK	Deutscher Corporate Governance Kodex
DStR	Deutsches Steuerrecht (Zeitschrift)
ErwG	Erwägungsgrund
EuGH	Europäischer Gerichtshof
EU-Prospekt-verordnung	Verordnung (EU) 2017/1129 des Europäischen Parlaments und des Rats vom 14. Juni 2017 über den Prospekt, der beim öffentlichen Angebot von Wertpapieren oder bei deren Zulassung zum Handel einem geregelten Markt zur veröffentlichen ist, ABl. EU Nr. L 168, 12 vom 30. Juni 2017
EWiR	Entscheidungen zum Wirtschaftsrecht und Kurzkommentare
EWS	Europäisches Wirtschafts- und Steuerrecht (Zeitschrift)
Fn.	Fußnote
FS	Festschrift
GesamtHrsg.	Gesamtherausgeber
GG	Grundgesetz
GmbHG	Gesetz betreffend die Gesellschaften mit beschränkter Haftung
GmbHR	Die GmbH-Rundschau (Zeitschrift)
GWR	Gesellschafts- und Wirtschaftsrecht (Zeitschrift)

HGB	Handelsgesetzbuch
h.M.	herrschende Meinung
Hrsg.	Herausgeber
Hs.	Halbsatz
i. E.	im Ergebnis
i.S.d.	im Sinne des
i.V.m.	in Verbindung mit
JZ	Juristen Zeitung
KG	Kammergericht
KGaA	Kommanditgesellschaft auf Aktien
LG	Landgericht
LSG	Landessozialgericht
lit.	littera (Buchstabe)
MitbestG	Gesetz über die Mitbestimmung der Arbeitnehmer
mwN.	mit weiteren Nachweisen
n.F.	neue Fassung
NJW	Neue Juristische Wochenschrift (Zeitschrift)
NJW-RR	Neue Juristische Wochenschrift Rechtsprechungsreport (Zeitschrift)
Nr.	Nummer
NVersZ	Neue Zeitschrift für Versicherung und Recht
NZA	Neue Zeitschrift für Arbeitsrecht
NZG	Neue Zeitschrift für Gesellschaftsrecht
OLG	Oberlandesgericht
RechtsA	Rechtsausschuss
RefE	Referentenentwurf
RegE	Regierungsentwurf
RIW	Recht der Internationalen Wirtschaft (Zeitschrift)
Rn.	Randnummer
S.	Seite
SGB II	Sozialgesetzbuch (SGB) Zweites Buch (II) – Bürgergeld, Grundsicherung für Arbeitsuchende –
sog.	sogenannte
st. Rspr.	ständige Rechtsprechung
Uabs.	Unterabsatz
vgl.	vergleiche

Viertes Bürokratieentlastungsgesetz	Viertes Gesetz zur Entlastung der Bürgerinnen und Bürger, der Wirtschaft sowie der Verwaltung von Bürokratie (Viertes Bürokratieentlastungsgesetz) vom 23. Oktober 2024, BGBl. I 2024, Nr. 323 vom 29. Oktober 2024 S. 2637
VorstAG	Gesetz zur Angemessenheit der Vorstandsvergütung (VorstAG) vom 31. Juli 2009, BGBl. I 2009, 2509
VorstKoG	Gesetz zur Verbesserung der Kontrolle der Vorstandsvergütung und zur Änderung weiterer aktienrechtlicher Vorschriften (VorstKoG), Beschlussempfehlung und Bericht des AfRuV, BT-Drucks. 17/14214.
WM	Zeitschrift für Wirtschafts- und Bankrecht
ZCG	Zeitschrift für Corporate Governance
ZGR	Zeitschrift für Unternehmens- und Gesellschaftsrecht
ZHR	Zeitschrift für das gesamte Handels- und Wirtschaftsrecht
ZIP	Zeitschrift für Wirtschaftsrecht
ZPO	Zivilprozessordnung
zweite Aktionärsrechterichtlinie/ zweite AktionärsrechteRL	Richtlinie (EU) 2017/828 des Europäischen Parlaments und des Rates vom 17. Mai 2017 zur Änderung der Richtlinie 2007/36/EG im Hinblick auf die Förderung der langfristigen Mitwirkung der Aktionäre, ABl. EU 2017 L 132
ZWH	Zeitschrift für Wirtschaftsstrafrecht und Haftung im Unternehmen

Im Übrigen wird bezüglich der verwendeten Abkürzungen verwiesen auf: *Kirchner, Hildebert*, Abkürzungsverzeichnis der Rechtssprache, 11. *Aufl.*, Berlin 2024.

TEIL 1

Einleitung

§ 1 Einführende Überlegungen und Problemdarstellung

Die Diskussion um die Vergütung von Vorstandsmitgliedern reißt auch in der Gegenwart nicht ab. Erst jüngst kritisierten Investoren die Vorstandsgehälter in deutschen DAX-Konzernen.[1] Dabei hat nicht zuletzt die Corona-Pandemie mit ihren finanziellen Auswirkungen auf einen Großteil der Unternehmen die Frage nach der Anpassung der Vorstandsvergütung vermehrt aufkommen lassen.[2] Die Europäische Union hat in jüngerer Vergangenheit mit der zweiten Aktionärsrechterichtlinie[3] auf die anhaltende Kritik reagiert und eine nachhaltige und wirksame Mitwirkung der Aktionäre als schlagkräftige Antwort auf die Finanzkrise ausgemacht.[4] Die Mitwirkung der Aktionäre ist neben der Beteiligung anderer Interessenträger wie der Arbeitnehmervertreter der Eckpfeiler der *Corporate Governance* Modelle börsennotierter Gesellschaften,

---

1 Vgl. Handelsblatt vom 31. Mai 2024, Investoren und Aktionärsberater kritisieren Vorstandsgehälter, abrufbar unter: https://www.handelsblatt.com/unternehmen/management/dax-konzerne-investoren-und-aktionaersberater-kritisieren-vorstandsgehaelter/100037614.html (zuletzt abgerufen am 1. Juni 2025); siehe auch übersichtshalber *Bayer*, DB 2018, 3034, 3034 f.; *Habersack*, NZG 2018, 127, 128 f.

2 Vgl. dazu etwa: *J. Vetter/Lauterbach*, AG 2021, 89, 89.

3 Richtlinie (EU) 2017/828 des Europäischen Parlaments und des Rates vom 17. Mai 2017 zur Änderung der Richtlinie 2007/36/EG im Hinblick auf die Förderung der langfristigen Mitwirkung der Aktionäre, ABl. EU 2017 L 132.

4 Siehe dazu ausführlich: *Florstedt*, ZGR 2019, 630, 630 ff.; vgl. auch: *Kell/Barth*, GmbHR 2020, R20, R20; *Sterly*, Say on Pay – Die Kompetenz zur Festsetzung der Vorstandsvergütung in der Aktiengesellschaft, S. 177 f.

welche sich durch ein System von *checks and balances* auszeichnen.[5] Insofern ist die Mitwirkung der Aktionäre nach Vorstellung der Europäischen Union nicht nur ein Mittel zur Verbesserung der finanziellen und nichtfinanziellen Leistung von Gesellschaften, sondern ebenfalls ein wichtiger Faktor für die Sicherstellung eines stärker langfristigen Ansatzes von börsennotierten Gesellschaften, der gefördert und berücksichtigt werden soll.[6] Das Thema Vorstandsvergütung erübrigt sich insofern nicht in seiner Kompensationsfunktion, sondern wird immer wieder als Anknüpfungspunkt für Verhaltensanreize gesehen, so zuletzt in der Diskussion zum Thema Nachhaltigkeit.[7]

Angesichts der Orientierung der zweiten Aktionärsrechterichtlinie an einer monistischen Struktur und der insofern notwendigen Stärkung der Aktionärsrechte im *Corporate Governance* Gefüge mit seinen *checks and balances* hat der deutsche Gesetzgeber sich bei der Umsetzung bemüht, die tradierte Struktur in der dualistischen Aktiengesellschaft mit den Kompetenzen der Organe möglichst beizubehalten.[8] Mit dem nationalen Umsetzungsgesetz[9] der zweiten Aktionärsrechterichtlinie, dem ARUG II, wurden insofern die §§ 87a und 120a AktG neu eingeführt. Diese sehen erstmals ein verpflichtendes *Say on Pay* der Hauptversammlungen börsennotierter deutscher Gesellschaften vor.[10] Der deutsche Gesetzgeber hat sich bei der Umsetzung dazu entschieden,

---

5 Vgl. ErwG 14 der zweiten AktionärsrechteRL.

6 Vgl. ErwG 14 der zweiten AktionärsrechteRL.

7 Vgl. etwa: *Favoccia/Berger/Heldt/Göres/v. Altenbockum*, AG 2024, 538, 539 f.; *Tröger*, in: KölnKomm-AktG, § 120a Rn. 9; *Köckeritz*, NZG 2023, 1341, 1341; *J. Vetter*, AG 2023, 564, 566; *Fleischer*, DB 2022, 37, 42; *Weller/Hoppmann*, AG 2022, 640, 645; *Jaspers*, AG 2022, 145, 153 f.; *Cahn*, NZG 2023, 299, 300 ff.; *Dilenge*, BB 2023, 2819, 2819 ff.; *Grisar/Volhard*, NZG 2024, 515, 519; *Merkner/Schulenburg/Elixmann*, AG 2024, 257, 263; *Bundle/Schmid/Wagner*, in: FS Böcking (2021), S. 45, 49 f.; generell zur Verhaltenssteuerung siehe auch: *A. Arnold*, Die Steuerung des Vorstandshandelns, S. 116 ff.; *Florstedt*, ZIP 2019, 1693, 1696; *Dauner-Lieb*, Der Konzern 2009, 583, 585 ff.; *Hupka*, Das Vergütungsvotum der Hauptversammlung, S. 28 ff.; *Timmer*, Vorstandsvergütung 2020, S. 179 f.; *Keinath*, Die Regulierung der Vorstandsvergütung in börsennotierten Unternehmen, S. 52 ff.

8 Begr. RegE ARUG II, BT-Drucks. 19/9739, S. 34; vgl. auch: *Spindler*, in: MüKo-AktG, § 87a Rn. 1.

9 Gesetz zur Umsetzung der zweiten Aktionärsrechterichtlinie (ARUG II) vom 12. Dezember 2019, BGBl. I 2019, 2637.

10 *Anzinger*, ZGR 2019, 39, 39; *Paschos/Goslar*, AG 2018, 857, 862.

dem *Say on Pay* lediglich empfehlenden Charakter beizumessen.[11] Dass diese neue Einbindung der Aktionäre kein Selbstläufer ist, zeigt sich am Beispiel der Vonovia SE, deren vom Aufsichtsrat vorgeschlagenes System zur Vergütung der Vorstandsmitglieder durch die Hauptversammlung jüngst missbilligt wurde.[12] Schon vor diesem Hintergrund verdienen die neuen Regelungen eine ausführliche Auseinandersetzung mit ihren Auswirkungen auf die Kompetenzen des Aufsichtsrats auf der einen Seite und der Hauptversammlung auf der anderen Seite. Der deutschen Kompetenzverteilung liegt dabei grundsätzlich im dualistischen System die Ausgestaltung als repräsentative Demokratie mit dem Aufsichtsrat als Repräsentativorgan zugrunde.[13]

Mittlerweile kommt dem empfehlenden Votum der Hauptversammlung aber auch Vorbildcharakter für andere Bereiche zu. So konzentriert sich die Diskussion im Bereich nachhaltiger Unternehmensausrichtung ebenfalls auf eine stärkere Beteiligung der Aktionäre durch einen sogenannten *Say-on-Climate* Beschluss der Hauptversammlung.[14] Dabei hat die GEA Group Aktiengesellschaft auf der diesjährigen Hauptversammlung bereits einen konsultativen Beschluss zur Billigung des vom Vorstand aufgestellten Klimaplans gefasst.[15] Auch aus diesem Grund verdient der unverbindliche *Say on Pay*

---

11 Begr. RegE ARUG II, BT-Drucks. 19/9739, S. 74; *Anzinger*, ZGR 2019, 39, 80 f.; *J. Schmidt*, NZG 2018, 1201, 1203.

12 Vgl. dazu: Vonovia SE, Abstimmungsergebnisse HV 2024, abrufbar unter: https://www.vonovia.com/content/download/185715/8554182?version=2 (zuletzt abgerufen am 1. Juni 2025).

13 *Renner*, AG 2015, 513, 520.

14 Vgl. *Harnos/Holle*, AG 2021, 853, 853 ff.; *J. Vetter*, AG 2023, 564, 564 ff.; *Fleischer/Hülse*, DB 2023, 44, 53; *Weller/Schwemmer*, AG 2024, 517, 525; *Fleischer*, DB 2022, 37, 43; *Weller/Hoppmann*, AG 2022, 640, 646; *Schirmer*, ZHR 2024, 60, 84 ff.; *Kühle*, NZG 2023, 1583, 1583 ff.; *Drinhausen*, ZHR 2022, 201, 201 ff.; *Jaspers*, AG 2022, 145, 145 ff.; *Cahn*, NZG 2023, 299, 300 ff.; *Habersack/J. Vetter*, AG 2024, 377, 380 f.; *Fest*, AG 2024, 269, 276 ff.; *Grisar/Volhard*, NZG 2024, 515, 520; *Rieckers*, DB 2024, 439, 444 f.; *Merkner/Schulenburg/Elixmann*, AG 2024, 257, 257 ff.; *Komo/Mathias/Schimmel*, NZG 2025, 152, 152 ff.; *Koch*, AktG, § 119 Rn. 13d f.; generell ablehnend: *Schubert*, in: FS Henssler (2023), S. 1265, 1276; *v. Bombard/Redeke*, in: FS Strenger (2023), S. 76, 76 ff.

15 Siehe dazu: GEA Group Aktiengesellschaft, Einladung HV 2024, TOP 9, abrufbar unter: https://cdn.gea.com/-/media/investors/events-and-releases/annual-general-meeting/2024/einladung-hauptversammlung-gea-2024.pdf?rev=05b129369f2b4a47aca10f2b339fab66&sc_lang=de (zuletzt abgerufen am 1. Juni 2025).

Beschluss der Hauptversammlung einer näheren Erörterung, sollte sich das Modell als Vorbild für künftige Regelungen durchsetzen.[16]

§ 2 Untersuchungsgegenstand

Das Ziel der Arbeit ist es, eine Antwort darauf zu geben, welche Bindungswirkung von dem in § 87a Abs. 1 AktG neu geregelten Vergütungssystem ausgeht. Dabei geht es darum, den Handlungsspielraum des Aufsichtsrats bei der Bestimmung der Vorstandsvergütung herauszuarbeiten und insbesondere die Neuerungen zu der vor dem ARUG II bestehenden Rechtslage darzustellen. Dazu wird in den verschiedenen Teilen dieser Arbeit, die sich grob am Prozess der Vergütungsfestlegung für Vorstandsmitglieder orientieren, immer wieder der Bezug zur Bindungswirkung hergestellt. Insofern wird sowohl im Rahmen der Beschlussfassung der Hauptversammlung nach § 120a Abs. 1 Satz 1 AktG als auch im Nachgang zur Beschlussfassung im Rahmen der Vergütungsfestsetzung auf den möglichen rechtlichen Einfluss der Aktionäre im Zusammenhang mit den Entscheidungen und Maßnahmen des Aufsichtsrats einzugehen sein. Die Arbeit beschränkt sich dabei auf die Darstellung der Rechtslage in börsennotierten Aktiengesellschaften i.S.d. § 3 Abs. 2 AktG, auf die die neu eingefügten Normen im Rahmen der Vorstandsvergütung hauptsächlich Anwendung finden.

§ 3 Gang der Untersuchung

Eingeleitet wird die Arbeit durch einen historischen Überblick der Entwicklung des *Say on Pay* im deutschen Gesellschaftsrecht mit dem insoweit tradierten Kompetenzgefüge zur Vorstandsvergütung im Aktienrecht (§ 4, § 5, § 6). Sodann gilt es, näher auf das ARUG II und dessen Änderungen im Aktiengesetz einzugehen.

Als Grundlage der Bindungswirkung dient der Hauptversammlungsbeschluss nach § 120a Abs. 1 Satz 1 AktG (§ 7). Aus diesem Grund ist zunächst das Verfahren der Beschlussfassung zu untersuchen (§ 8), bei dem der Fokus

---

[16] Vgl. etwa: *Fleischer/Hülse*, DB 2023, 44, 53; *Weller/Schwemmer*, AG 2024, 517, 525; *Fleischer*, DB 2022, 37, 43; *Drinhausen*, ZHR 2022, 201, 210 ff.; *Weller/Hoppmann*, AG 2022, 640, 646; *Merkner/Schulenburg/Elixmann*, AG 2024, 257, 258 ff.

insbesondere auf dem Beschlussgegenstand mit dem Vergütungssystem nach § 87a Abs. 1 AktG und der Beschlussvorlage an die Hauptversammlung liegt. Dort sind die jeweiligen Zuständigkeiten und die Fragen der Ausgestaltungsmöglichkeiten für eine später ausgehende Bindungswirkung relevant. Schon hier gilt es, Einflüsse der Aktionäre in Form von Gegenanträgen oder Ergänzungsverlangen herauszuarbeiten, um Aussagen über die möglicherweise veränderte Kompetenzaufteilung zwischen Aufsichtsrat und Hauptversammlung zu ermöglichen. Im Rahmen des Hauptversammlungsbeschlusses wird dann herausgearbeitet, wann eine wesentliche Abweichung vorliegt, da nur diese grundsätzlich eine Neuvorlage auslöst. Vertieft beschäftigt sich die Arbeit mit der Frage nach den Beschlusswirkungen (§ 9). Im Rahmen der Beschlussreichweite gilt es, insbesondere die Funktion als Anknüpfungspunkt der Bindungswirkung nach § 87a Abs. 2 Satz 1 AktG herauszustellen. Daran anknüpfend gilt es, das Credo des § 120a Abs. 1 Satz 2 AktG, der Hauptversammlungsbeschluss begründe weder Rechte noch Pflichten, durch eine Begutachtung der rechtlichen Auswirkungen der Beschlussfassung kritisch zu hinterfragen. Dabei lassen sich die rechtlichen Auswirkungen in unmittelbare, sich bereits aus dem Gesetz ergebende Rechte und Pflichten des Aufsichtsrats, und sich nur mittelbar ergebende Rechte und Pflichten für den Aufsichtsrat kategorisieren. Letzteres betrifft dann vor allem die Frage nach mittelbaren Auswirkungen auf die Vergütungsvereinbarungen der Vorstandsmitglieder sowie haftungsrechtliche Folgen im Zusammenhang mit dem Vergütungsvotum. Daneben gilt es, die neu eingeführte Möglichkeit der Herabsetzung der Maximalvergütung durch die Hauptversammlung nach § 87 Abs. 4 AktG zu untersuchen und Stellung zu der Frage zu nehmen, ob der Anfechtungsausschluss nach § 120a Abs. 1 Satz 3 AktG auch die Nichtigkeitsklage umfasst.

Damit ergibt sich ein Gesamtbild der rechtlichen Auswirkungen, die von dem Hauptversammlungsbeschluss ausgehen. Der Hauptversammlungsbeschluss bildet wiederum den Ausgangspunkt der Bindungswirkung, sodass sich durch die rechtlichen Auswirkungen auch die Bindungswirkung des Vergütungssystems im Einzelnen zeigt. Weiter eingrenzend sind dann die Grenzen der Bindungswirkung zu untersuchen, beginnend mit dem zulässigen Abweichen vom Vergütungssystem (§ 10). Dabei ist die Möglichkeit zu erörtern, auf andere Vergütungssysteme und andere Beschlussfassungen bei der Festsetzung der Vergütung zurückzugreifen. Daneben sind die

Auswirkungen der in § 87a Abs. 2 Satz 2 AktG gesetzlich geregelten Ausnahmemöglichkeit und der in § 87 Abs. 2 AktG gesetzlich geregelten Herabsetzungsmöglichkeit auf die Bindungswirkung zu untersuchen. Die Grenzen der Bindungswirkung können sich aber auch durch die Verwendung eines möglichst flexiblen Vergütungssystems durch den Aufsichtsrat ergeben, dessen Grenzen es wiederum darzustellen gilt (§ 11). Vor dem Hintergrund des dann noch verbleibenden Bedürfnisses des Aufsichtsrats von dem Vergütungssystem und der grundsätzlich bestehenden Bindungswirkung abzuweichen, ist die Frage zu beantworten, ob der Aufsichtsrat unwesentliche Änderungen an dem Vergütungssystem vornehmen darf, ohne dieses erneut der Hauptversammlung vorlegen zu müssen (§ 12).

Mit den Darstellungen des Hauptversammlungsbeschlusses samt dessen rechtlichen Auswirkungen, die grundsätzlich bestehende Bindungswirkung eingeschlossen, auf der einen Seite und den Grenzen dieser Bindungswirkung auf der anderen Seite ergibt sich ein Gesamtbild der Bindungswirkung des Vergütungssystems. Dieses könnte sich schließlich nur noch dadurch verändern, dass eine Gesellschaft etwa statuarische Regelungen mit Blick auf die Vorstandsvergütung erlässt (§ 13) oder aber der Aufsichtsrat Fragen der Vorstandsvergütung freiwillig an die Hauptversammlung abgibt (§ 14). Die Zulässigkeit dieser beiden Möglichkeiten soll also untersucht werden.

Entwicklung des *Say on Pay* im deutschen Aktienrecht und Überblick über die aktuelle Rechtslage

Die Neuregelungen im Bereich der Vorstandsvergütung durch das ARUG II betreffen den Bereich des *Say on Pay*. Um die neu eingeführten Regelungen nachvollziehen und einordnen zu können, hilft zunächst ein Rückblick auf die bisherige Ausgestaltung des *Say on Pay* im deutschen Recht. Dabei ist herauszuarbeiten, was genau unter *Say on Pay* zu verstehen ist und wie sich dieser Regelungsbereich im deutschen Recht bisher gestaltet hat.

§ 4 Terminus des *Say on Pay*

Mit *Say on Pay* ist rein wörtlich übersetzt das Mitsprachrecht beim Lohn gemeint. Insofern ist der Begriff sprachlich sehr weitreichend und umfassend. Weder wird spezifiziert, um wessen Lohn noch um wessen Mitspracherecht es geht. Insofern stellt sich die Frage, was genau mit *Say on Pay* gemeint ist und welcher Regelungsbereich dem zuzuordnen ist.

Aus dem angelsächsischen Raum kommend, wird der Begriff für die Abstimmung der Aktionäre über die Vergütung der obersten Führungskräfte verwendet.[17] Damit liegt es nahe, auch im deutschen Sprachgebrauch bei *Say on Pay* auf das Vergütungsvotum der Aktionäre und damit das Mitspracherecht der Hauptversammlung bei der Vorstandsvergütung abzustellen.[18] Zum

---

17 Vgl. SEC, abrufbar unter: https://www.investor.gov/introduction-investing/investing-basics/glossary/say-pay-vote (zuletzt abgerufen am 1. Juni 2025); *Hupka*, Das Vergütungsvotum der Hauptversammlung, S. 2, 49 *f.*; *Fleischer*/Bedkowski, AG 2009, 677, 677.

18 *Jo. Hoffmann*, in: BeckOGK-AktG, Stand: 1. Februar 2025, § 120a Rn. 2; *Fleischer*/Bedkowski, AG 2009, 677, 677; *Verse*, NZG 2013, 921, 924; *Needham*, ZCG 2020, 22, 23.

Teil wird das konsultative Votum als *Say on Pay* vom rechtlich verbindlichen Votum, dem *Decide on Pay*, unterschieden.[19] In der englischsprachigen Version der zweiten Aktionärsrechterichtlinie wird sowohl das bindende als auch das empfehlende Votum in Erwägungsgrund 29 unter *say on remuneration policy* zusammengefasst. Eine Differenzierung entsprechend dem Charakter des Votums findet nicht statt. Der deutsche Gesetzgeber fasst den Begriff des *Say on Pay* noch weiter und zählt neben den Vorgaben zur Vergütung des Vorstands und des Aufsichtsrats auch die Berichterstattung über die Vergütung unter den Oberbegriff des *Say on Pay*.[20] Ohnehin ist der untechnische nicht rechtlich determinierte Begriff eher weiter auszulegen. Das ermöglicht einen breiteren und vollständigeren Blick auf die Thematik. Damit fällt unter den Begriff des *Say on Pay* in der Aktiengesellschaft jegliche Abstimmung der Aktionäre im Zusammenhang mit der Vergütung der Vorstände.[21] Das neue verpflichtend eingeführte Hauptversammlungsvotum bei börsennotierten Gesellschaften in § 120a Abs. 1 AktG bildet damit den eigentlichen Beschluss des *Say on Pay*.[22] Das steht wiederum im Einklang mit der zweiten Aktionärsrechterichtlinie, die in Erwägungsgrund 28 von der Möglichkeit der Aktionäre spricht, ihre Ansichten zur Vergütungspolitik der Gesellschaft zu äußern.

§ 5 Die tradierte aktienrechtliche Kompetenzverteilung bei der Vorstandsvergütung

Nach der Einordnung der Neuregelung in den Bereich des *Say on Pay* ist es möglicherweise auch zu Veränderungen in der tradierten Kompetenzverteilung der Aktiengesellschaft gekommen. Im Folgenden wird daher die

---

19 *Koch*, AktG, § 120a Rn. 1; *Herrler*, in: Grigoleit, AktG, § 120a Rn. 1; *Koch*, in: Fleischer/Koch/Kropff/Lutter, 50 Jahre AktG, S. 65, 72; *Mülbert*, in: Großkomm-AktG, § 120 Rn. 158.

20 Begr. RegE ARUG II, BT-Drucks. 19/9739, S. 128; vgl. auch: *Grigoleit/Kochendörfer*, in: Grigoleit, AktG, § 87a Rn. 1; *Stöber*, DStR 2020, 391, 394; *J. Schmidt*, NZG 2018, 1201, 1202.

21 Vgl. auch: *Verse*, NZG 2013, 921, 924 f., der sowohl vom konsultativen als auch vom rechtsverbindlichen *Say on Pay* spricht.

22 *Anzinger*, ZGR 2019, 39, 39; *Grigoleit/Kochendörfer*, in: Grigoleit, AktG, § 87a Rn. 2; *Velte*, DStR 2018, 2445, 2445; *Wentz*, WM 2019, 906, 908; *Needham*, ZCG 2020, 22, 23; *Bayer*, DB 2018, 3034, 3034.

grundsätzliche innere Ordnung der Aktiengesellschaft bei der Festlegung der Vorstandsvergütung mit Blick auf den Aufsichtsrat und die Hauptversammlung dargestellt.

A. Die Rolle des Aufsichtsrats

Der Aufsichtsrat gehört in der Aktiengesellschaft zu den gesetzlich zwingend vorgesehenen Organen. Die beiden wichtigsten Aufgaben des Aufsichtsrats sind die Personalhoheit zur Bestellung und Anstellung der Vorstandsmitglieder und die Überwachungspflicht des Vorstands.[23] Er bildet damit das Kontrollorgan in der Aktiengesellschaft.[24] Die Zuordnung insbesondere der Personalhoheit an den Aufsichtsrat und nicht die Hauptversammlung ergab sich bei Inkrafttreten des Aktiengesetzes 1937 entsprechend der Funktionsadäquanz, wonach der Aufsichtsrat besser geeignet sei, die Be- und Anstellung des Vorstands vorzunehmen, als es die Hauptversammlung sei.[25]

Nach dem vorherrschenden Trennungsprinzip im deutschen Aktienrecht sind grundsätzlich zwei verschiedene Ebenen zu unterscheiden.[26] Auf der einen Seite führt die Bestellung des Vorstands zu einer organschaftlichen Beziehung zwischen Vorstandsmitglied und Gesellschaft. Auf der anderen Seite begründet die Anstellung grundsätzlich eine Beziehung auf schuldvertraglicher Ebene zwischen Gesellschaft und Vorstandsmitglied. Die Personalhoheit bezieht sich dabei sowohl auf die Bestellung wie die Anstellung der Mitglieder.[27]

---

23 *Hoffmann-Becking*, in: MünchHdb GesR IV, § 29 Rn. 1; *Kolb*, in: BeckHdb-AG, § 7 Rn. 3.

24 Siehe nur: *Mertens/Cahn*, in: KölnKomm-AktG, vor § 95 Rn. 1.

25 Vgl. *Seibt*, in: K. Schmidt/Lutter, AktG, § 84 Rn. 1; *Keinath*, Die Regulierung der Vorstandsvergütung in börsennotierten Unternehmen, S. 135 ff.

26 Siehe nur: *Seibt*, in: K. Schmidt/Lutter, AktG, § 84 Rn. 5; *Cahn*, in: KölnKomm-AktG, § 84 Rn. 4; vgl. auch: BGH, Urteil vom 14. November 1983, Az.: II ZR 33/83 = BGHZ 89, 48, 52 = ZIP 1984, 55, 56 = juris Rn. 9; BGH, Urteil vom 7. Dezember 1961, Az.: II ZR 117/60 = BGHZ 36, 142, 143 = juris Rn. 34; a.A. geht von einer einzigen Rechtsbeziehung aus, die auf körperschaftlichem Bestellungsvertrag beruhe: *Baums*, Der Geschäftsleitervertrag, S. 3 ff.

27 Vgl. *Grau*, in: Semler/v. Schenck/Wilsing, AR-Hdb, § 11 Rn. 76; *Wentrup*, in: MünchHdb GesR IV, § 20 Rn. 18 ff.

I. Abschluss des Anstellungsvertrags

Das Aktiengesetz regelt in § 84 Abs. 1 Satz 5 AktG, dass die Regelungen zur Bestellung von Vorstandsmitgliedern aus den § 84 Abs. 1 Satz 1–4 AktG auch für den Anstellungsvertrag gelten. Hierdurch ist insbesondere die Zuständigkeit für Abschluss und Inhalt des Anstellungsvertrags dem Aufsichtsrat zugewiesen.[28] Damit korrespondierend ist in § 112 Satz 1 AktG die Vertretung der Gesellschaft gegenüber Vorstandsmitgliedern abweichend vom Grundsatz in § 78 Abs. 1 Satz 1 AktG dem Aufsichtsrat und nicht dem Vorstand zugewiesen. Dem Aufsichtsrat kommt insofern ein Entschließungsermessen zu, welches die inhaltlichen Details des Anstellungsverhältnisses umfasst und nicht eingeschränkt werden darf.[29] Im Ergebnis ist der Aufsichtsrat nach § 84 Abs. 1 Satz 5 i.V.m. Abs. 1 Satz 1 AktG zwingend zuständig für den Abschluss des Anstellungsvertrags.[30]

II. Festsetzung der Vorstandsvergütung

Unabhängig von der Kompetenz zum Abschluss des Anstellungsvertrags ist die Kompetenz zur Festsetzung der Vorstandsvergütung. Festsetzung meint die Vereinbarung der Vergütung mit den Vorstandsmitgliedern durch den Aufsichtsrat.[31] Mit der Kompetenz für den Abschluss des Anstellungsvertrags war bisher jedenfalls klar, dass der Aufsichtsrat für die Vergütungsfrage allein zuständig ist.[32] Das ergibt sich unter anderem aus der Praxis, wonach

---

28 *Wentrup*, in: MünchHdb GesR IV, § 21 Rn. 21; *Kolb*, in: BeckHdb-AG, § 7 Rn. 66 f.; *Grau*, in: Semler/v. Schenck/Wilsing, AR-Hdb, § 11 Rn. 76; *Grattenthaler*, Die Vergütung von Vorstandsmitgliedern in Aktiengesellschaften, S. 46; *Raapke*, Die Regulierung von Organmitgliedern und Angestellten im Aktien- und Kapitalmarktrecht, S. 36; *Hoegen*, Reform der Vorstandsvergütung, S. 190; *Teichmann*, in: FS Heidinger (2023), S. 537, 538.

29 OLG München, Beschluss vom 14. Februar 2011, Az.: 7 AktG 3/11 = AG 2012, 260, 262 = juris Rn. 50; *Cahn*, KölnKomm-AktG, § 84 Rn. 55; *Wentrup*, in: MünchHdb GesR IV, § 21 Rn. 21.

30 BGH, Urteil vom 6. April 1964, Az.: II ZR 75/62 = BGHZ 41, 282, 285 = NJW 1964, 1367, 1367 = juris Rn. 14; BGH, Urteil vom 24. Februar 1954, Az.: II ZR 63/53 = BGHZ 12, 327, 333; *Seibt*, in: K. Schmidt/Lutter, AktG, § 84 Rn. 27; *Grattenthaler*, Die Vergütung von Vorstandsmitgliedern in Aktiengesellschaften, S. 46; *Hupka*, Das Vergütungsvotum der Hauptversammlung, S. 200.

31 *C. Arnold/Herzberg/Zeh*, AG 2020, 313, 320; *Dörrwächter/Harrack*, NZG 2024, 611, 613.

32 OLG München, Urteil vom 12. Januar 2017, Az.: 23 U 3582/16 = AG 2017, 750, 753 = juris Rn. 65; *Cahn*, KölnKomm-AktG, § 84 Rn. 52; *Kolb*, in: BeckHdb-AG, § 7 Rn. 67; *Begemann/Laue*, BB 2009, 2442, 2443.

die Vergütung häufig in den Anstellungsverträgen geregelt wird und es keiner gesonderten Vergütungsvereinbarung bedarf.[33] Als notwendige Folge der Personalkompetenz wird die Kompetenz zur Vergütungsfrage auch als Kernkompetenz des Aufsichtsrats bezeichnet.[34]

Während anders als beim Anstellungsvertrag das Aktiengesetz keine ausdrückliche Zuweisung der Kompetenz an den Aufsichtsrat vorsieht, ist unter anderem § 87 Abs. 1 Satz 1 AktG indirekt zu entnehmen, dass die Festsetzung durch den Aufsichtsrat zu erfolgen hat. Nach § 87 Abs. 1 Satz 1 AktG hat der Aufsichtsrat bei der Festsetzung der Vergütung des Vorstands dafür Sorge zu tragen, dass die Bezüge in einem angemessenen Verhältnis zu den Aufgaben und Leistungen des Vorstandsmitglieds sowie zur Lage der Gesellschaft stehen und die übliche Vergütung nicht ohne besondere Gründe übersteigen. Der neu eingefügte § 87a Abs. 2 Satz 1 AktG wiederum spricht davon, dass der Aufsichtsrat die Vergütung in Übereinstimmung mit einem der Hauptversammlung vorgelegten Vergütungssystem festzusetzen hat. Damit ist auch den Regelungen zur Vergütung der Vorstandsmitglieder ausdrücklich zu entnehmen, dass der Aufsichtsrat für die Festsetzung der Vergütung zuständig ist. Der Aufsichtsrat war damit vor Geltung des ARUG II nicht nur das gesetzlich zuständige, sondern nach überwiegender Ansicht adäquate Organ für die Festsetzung der Vorstandsvergütung.[35]

B. Die Rolle der Hauptversammlung

Die Hauptversammlung ist das Organ der Anteilseignervertretung der Aktiengesellschaft. Ihre Zuständigkeiten werden in § 119 AktG geregelt. Die Hauptversammlung ist nach § 119 Abs. 1 AktG nur dann zuständig, wenn

---

33 Vgl. *Lutter/Krieger/Verse*, Rechte und Pflichten des Aufsichtsrats, § 7 Rn. 386; *Koch*, AktG, § 84 Rn. 22; *Weber*, in: Hölters/Weber, AktG, § 84 Rn. 44.

34 *Marsch-Barner*, in: FS Röhricht (2005), S. 401, 413; *E. Vetter*, ZIP 2009, 2136, 2137; vgl. auch: *Dörrwächter/Harrack*, NZG 2024, 611, 611.

35 *A. Arnold*, Die Steuerung des Vorstandshandelns, S. 149 ff.; *Cahn*, in: FS Hopt (2010), S. 431, 447 f.; *Martens*, in: FS Hüffer (2010), S. 647, 657 f.; *Gaul*, AG 2017, 178, 184 f.; *Habersack*, NZG 2018, 127, 132; *Renner*, AG 2015, 513, 522; *U.H. Schneider/S.H. Schneider*, AG 2015, 621, 624; *Hupka*, Das Vergütungsvotum der Hauptversammlung, S. 317; *Sterly*, Say on Pay – Die Kompetenz zur Festsetzung der Vorstandsvergütung in der Aktiengesellschaft, S. 61 ff.; *Raapke*, Die Regulierung von Organmitgliedern und Angestellten im Aktien- und Kapitalmarktrecht, S. 37 f.; *Plate*, Die Festsetzung der Vorstandsvergütung in der Aktiengesellschaft, S. 242; *Teichmann*, in: FS Heidinger (2023), S. 537, 543.

ihr eine Kompetenz durch Satzung oder Gesetz ausdrücklich zugewiesen wird.[36] Sie kann dabei ihre Zuständigkeiten nicht selbst erweitern, wenn dies zulasten der anderen Organe geht.[37] Die Leitungsaufgabe des Vorstands nach § 76 Abs. 1 AktG und die Überwachungsaufgabe des Aufsichtsrats nach § 111 Abs. 1 AktG vervollständigen insofern das Machtgefüge in der Aktiengesellschaft.[38] Dabei kommt der Hauptversammlung nach § 119 Abs. 2 AktG grundsätzlich keine originäre Geschäftsführungskompetenz zu.[39] Anders als für die Entscheidung über die Aufsichtsratsvergütung nach § 113 Abs. 1 Satz 2 AktG ist die Hauptversammlung für die Vergütungsfragen mit Blick auf den Vorstand grundsätzlich nicht zuständig.[40] Die mitunter wichtigste Kompetenz der Hauptversammlung nach § 119 Abs. 1 Nr. 1 AktG besteht in der Bestellung der Mitglieder des Aufsichtsrats.[41] Durch die Bestellung kann mittelbar auf alle Entscheidungen des Aufsichtsrats und damit auch auf Vergütungsentscheidungen des Aufsichtsrats Einfluss genommen werden.

§ 6 Historie des *Say on Pay*

Mit der tradierten aktienrechtlichen Kompetenzverteilung, bei der der Aufsichtsrat das für die Vorstandsvergütung zuständige Organ ist, überrascht es nicht, dass die Geschichte des *Say on Pay* in Form eines (freiwilligen) Hauptversammlungsvotums betreffend die Vorstandsvergütung in der deutschen Rechtsgeschichte relativ jung ist. Im Folgenden soll ein kurzer

---

[36] *Kubis*, in: MüKo-AktG, § 119 Rn. 1; *E. Vetter*, ZIP 2009, 2136, 2137; *Bundle*, Vorstandsvergütung als Mechanismus der Corporate Governance, S. 66.

[37] *Tröger*, in: KölnKomm-AktG, § 119 Rn. 1; *Mülbert*, in: Großkomm-AktG, § 119 Rn. 22; *Kubis*, in: MüKo-AktG, § 119 Rn. 9; *Jo. Hoffmann*, in: BeckOGK-AktG, Stand: 1. Februar 2025, § 119 Rn. 2; *Spindler*, in: K. Schmidt/Lutter, AktG, § 119 Rn. 1.

[38] *Tröger*, in: KölnKomm-AktG, § 119 Rn. 1; vgl. auch: *Mülbert*, in: Großkomm-AktG, § 119 Rn. 7; *Spindler*, in: K. Schmidt/Lutter, AktG, § 119 Rn. 1.

[39] AllgM: *Kubis*, in: MüKo-AktG, § 119 Rn. 18; *Tröger*, in: KölnKomm-AktG, § 119 Rn. 2; *Spindler*, in: K. Schmidt/Lutter, AktG, § 119 Rn. 14; *Mülbert*, in: Großkomm-AktG, § 119 Rn. 191; *T. Hoffmann/Lieder*, AG 2011, R135, R135; zur Möglichkeit der Vorlage von Geschäftsführungsfragen siehe ausführlich: § 14.

[40] Zur Zuständigkeit für die Aufsichtsratsvergütung: *Mock*, in: BeckOGK-AktG, Stand: 1. Februar 2025, § 113 Rn. 2; *Habersack*, in: MüKo-AktG, § 113 Rn. 1.

[41] Vgl. *Jo. Hoffmann*, in: BeckOGK-AktG, Stand: 1. Februar 2025, § 119 Rn. 7.

Überblick über die verschiedenen Etappen des deutschen Aktionärsvotums zur Vorstandsvergütung folgen. Die bisher umgesetzten beziehungsweise geplanten Regelungen lauteten wie folgt:

VorstAG	VorstKoG	ARUG II
§ 120 Abs. 4 AktG a.F.:	§ 120 Abs. 4 AktG-E a.F.:	§ 120a Abs. 1 AktG:
[1]Die Hauptversammlung der börsennotierten Gesellschaft kann über die Billigung des Systems zur Vergütung der Vorstandsmitglieder beschließen. [2]Der Beschluss begründet weder Rechte noch Pflichten; insbesondere lässt er die Verpflichtungen des Aufsichtsrats nach § 87 unberührt. [3]Der Beschluss ist nicht nach § 243 anfechtbar.	[1]Die Hauptversammlung der börsennotierten Gesellschaft beschließt jährlich über die Billigung des vom Aufsichtsrat vorgelegten Systems zur Vergütung der Vorstandsmitglieder. [2]Die Darstellung des Systems hat auch Angaben zu den höchstens erreichbaren Gesamtbezügen, aufgeschlüsselt nach dem Vorsitzenden des Vorstands, dessen Stellvertreter und einem einfachen Mitglied des Vorstands, zu enthalten. [3]Der Beschluss berührt nicht die Wirksamkeit der Vergütungsverträge mit dem Vorstand; er ist nicht nach § 243 anfechtbar.	[1]Die Hauptversammlung der börsennotierten Gesellschaft beschließt über die Billigung des vom Aufsichtsrat vorgelegten Vergütungssystems für die Vorstandsmitglieder bei jeder wesentlichen Änderung des Vergütungssystems, mindestens jedoch alle vier Jahre. [2]Der Beschluss begründet weder Rechte noch Pflichten. [3]Er ist nicht nach § 243 anfechtbar. [4]Ein das Vergütungssystem bestätigender Beschluss ist zulässig.

A. Das freiwillige Votum nach § 120 Abs. 4 AktG a.F.

Durch das ARUG II wurde ein verpflichtendes Hauptversammlungsvotum bei börsennotierten Gesellschaften eingeführt. Dieses war den Gesellschaften nicht vollständig unbekannt. Bereits vor dem ARUG II bestand die Möglichkeit des freiwilligen Hauptversammlungsvotums nach § 120 Abs. 4 AktG a.F.

I. Gesetzgebungsverfahren

Im Jahr 2009 hat der Gesetzgeber das Gesetz zur Angemessenheit der Vorstandsvergütung (VorstAG)[42] beschlossen. Der § 120 Abs. 4 AktG a.F.

[42] Gesetz zur Angemessenheit der Vorstandsvergütung (VorstAG) vom 31. Juli 2009, BGBl. I 2009, 2509.

sah einen freiwilligen Beschluss der Hauptversammlung börsennotierter Gesellschaften über die Billigung des Systems zur Vergütung der Vorstandsmitglieder vor. Der Einführung durch den deutschen Gesetzgeber waren entsprechende Empfehlungen der Europäischen Kommission vorausgegangen.[43] Die Empfehlung aus dem Jahr 2004 hatte bereits eine jährliche Beschlussfassung der Hauptversammlung über die Vergütungserklärung bei börsennotierten Gesellschaften vorgesehen. Die deutsche Rechtswelt hatte die Empfehlung zunächst kritisch gesehen[44], sodass der Gesetzgeber zunächst untätig blieb.[45] Erst als Reaktion auf die Finanzkrise plante der Gesetzgeber die Verhaltensanreize und die Transparenz der Vergütungsstruktur zu verbessern.[46] In diesem Zuge wurde durch den Rechtsausschuss nachträglich § 120 Abs. 4 AktG a.F. in den Gesetzesentwurf des VorstAG mitaufgenommen, um den Aktionären ein Kontrollinstrument an die Hand zu geben.[47] Mittelbar sollte damit auch die Information gegenüber den Aktionären verbessert werden.[48]

II. Der Hauptversammlungsbeschluss nach § 120 Abs. 4 AktG a.F.

Nach Inkrafttreten des VorstAG konnte grundsätzlich entweder der Vorstand mit der Einberufung zur Hauptversammlung oder eine Aktionärsminderheit dafür sorgen, dass über das Vergütungssystem der Vorstände bei der börsennotierten Gesellschaft Beschluss gefasst wird.[49] Die Aktionäre hatten demnach

---

[43] Empfehlung der Kommission 2004/913/EG vom 14. Dezember 2004 zur Einführung einer angemessenen Regelung für die Vergütung von Mitgliedern der Unternehmensleitung börsennotierter Gesellschaften, ABl. EU Nr. L 385/55; Empfehlung der Kommission 2009/385/EG vom 30. April 2009 zur Ergänzung der Empfehlungen 2004/913/EG und 2005/162/EG zur Regelung der Vergütung von Mitgliedern der Unternehmensleitung börsennotierter Gesellschaften, ABl. EU Nr. L 120/28.

[44] Vgl. etwa: *Martens*, ZHR 2005, 124, 148 f., der die Vergütung für ungeeignet für eine Beschlussfassung auf der Hauptversammlung hält; *Schwark*, in: FS Raiser (2005), S. 377, 397; *Hoffmann-Becking*, ZHR 2005, 155, 173, wonach der deutsche Gesetzgeber keine Veranlassung habe, in diese Richtung *„vorzupreschen“*.

[45] *Fleischer/Bedkowski*, AG 2009, 677, 679.

[46] Begr. VorstAG, BT-Drucks. 16/12278, S. 1.

[47] Beschlussempfehlung und Bericht des RechtsA, BT-Drucks. 16/13433, S. 5, 12.

[48] *Kubis*, in MüKo-AktG, 4. Aufl., § 120 Rn. 45.

[49] Ausführlich: *Fleischer/Bedkowski*, AG 2009, 677, 680 f.; *Mülbert*, in: Großkomm-AktG, § 120 Rn. 162; *Herrler*, in: Grigoleit, AktG, § 120a Rn. 1; Beschlussempfehlung und Bericht des RechtsA, BT-Drucks. 16/13433, S. 12.

die Möglichkeit, ihre Billigung der aktuell festgelegten Vergütungspolitik kundzutun oder durch eine Missbilligung auf eine Änderung für die Zukunft hinzuwirken.[50]

1. Beschlussgegenstand

Nach § 120 Abs. 4 AktG a.F. konnte die Hauptversammlung über die Billigung des Systems zur Vergütung der Vorstandsmitglieder beschließen. Der Begriff des Vergütungssystems ging seinerseits auf den Deutschen Corporate Governance Kodex (DCGK) zurück. Einzig dem Lagebericht nach den §§ 289 Abs. 2 Nr. 4, 315 Abs. 2 Nr. 4 HGB a.F. konnten die Aktionäre Grundzüge der Vergütung entnehmen. Dem Aktiengesetz war der Begriff des Vergütungssystems bis dahin fremd.[51] Es bestand zu dem Zeitpunkt keine Pflicht zur Erstellung eines Systems, vielmehr konnte der Aufsichtsrat die Vergütung auch individuell festsetzen.[52] Da der Aufsichtsrat insofern – zumindest aktienrechtlich – kein konkretes System beschließen musste, konnte Bezugspunkt des Votums lediglich das Zusammenspiel der bisher festgesetzten Vergütung sein.[53] Insbesondere mangels damaliger Pflicht zur Veröffentlichung eines entsprechenden gesonderten Vergütungssystems oder Vergütungsberichts[54] konnte die Beschlussgrundlage im Einzelnen für die Aktionäre unklar sein. Das Votum sollte nach der Vorstellung des Gesetzgebers nämlich einen weiteren Anreiz zur Veröffentlichung eines solchen Vergütungsberichts darstellen.[55] Damit blieben im Ergebnis schon für den konkreten Beschlussgegenstand unterschiedliche Interpretationen möglich, was mit dem Vergütungssystem als Beschlussgegenstand gemeint war.

---

50 So auch: *Fleischer/Bedkowski*, AG 2009, 677, 681 f.

51 *E. Vetter*, ZIP 2009, 2136, 2137; *Schüppen*, ZIP 2010, 905, 909; *Neideck*, Die Mitwirkung der Hauptversammlung bei der Ausübung der Personalkompetenz durch den Aufsichtsrat, S. 127 f.; vgl. *Raapke*, Die Regulierung von Organmitgliedern und Angestellten im Aktien- und Kapitalmarktrecht, S. 67 ff.

52 *Thüsing*, AG 2009, 517, 525.

53 Vgl. auch: *Fleischer/Bedkowski*, AG 2009, 677, 682, die unter dem System das abstrakte und generelle Gesamtkonzept verstehen, von dem sich der Aufsichtsrat bei Festlegung der Vergütung leiten lässt; *E. Vetter*, ZIP 2009, 2136, 2138, versteht unter dem Vergütungssystem die einzelnen Komponenten der Vergütung des Vorstands in abstrakter Betrachtung und die Grundsätze der Gewichtung zueinander.

54 *Fleischer/Bedkowski*, AG 2009, 677, 682; siehe aber: *Schick*, ZIP 2011, 593, 596 f.

55 Vgl. Beschlussempfehlung und Bericht des RechtsA, BT-Drucks. 16/13433, S. 12.

2. *Reichweite des Beschlusses*

Neben dem unklaren Beschlussgegenstand lag eine weitere Begrenzung der Regelungswirkung des § 120 Abs. 4 AktG a.F. im Umfang des Hauptversammlungsbeschlusses. So war durch den Bezug auf das Vergütungssystem ausgeschlossen, dass mit dem Beschluss nach § 120 Abs. 4 AktG a.F. eine Billigung der Vergütung einzelner Vorstandsmitglieder möglich ist.[56]

Weiter stellte sich die Frage, ob der Beschluss nur auf das gesamte Vergütungssystem bezogen sein durfte, oder ob auch das Votum über einzelne Komponenten des Vergütungssystems möglich sein sollte.[57] Rein vom Wortlaut war dies jedenfalls nicht ausgeschlossen. Um dem Aufsichtsrat konkret zu verdeutlichen, wo die Aktionäre gegebenenfalls Verbesserungsbedarf sehen, wurde es für teleologisch sinnvoll gehalten, Abstimmungen auch auf einzelne Elemente zu begrenzen.[58] Die Frage der Zulässigkeit eines solchen Beschlusses könnte sich entsprechend an der gleichen Frage hinsichtlich des Entlastungsbeschlusses des Aufsichtsrats nach § 120 Abs. 1 AktG orientieren.[59] Angelehnt an diese Diskussion ging man zum Teil davon aus, dass zwar keine gesonderte Abstimmung oder Aufspaltung erfolgen dürfe, aber eine Ausklammerung bestimmter Komponenten möglich sein soll.[60]

Daneben war die Richtungswirkung des Votums mangels gesetzlich geregelten Anknüpfungspunkts nicht eindeutig erkennbar. Nach dem überwiegenden Verständnis bezog sich das Vergütungssystem auf die gegenwärtige und damit schon in Anwendung befindende Vergütung.[61] Nur vereinzelt

---

56 *Kubis*, in MüKo-AktG, 4. Aufl., § 120 Rn. 47; *Hohenstatt*, ZIP 2009, 1349, 1356; *E. Vetter*, ZIP 2009, 2136, 2138; *Schüppen*, ZIP 2010, 905, 907.

57 Ablehnend: *Kubis*, in MüKo-AktG, 4. Aufl., § 120 Rn. 47; *Mülbert*, in: Großkomm-AktG, § 120 Rn. 168; *Raapke*, Die Regulierung von Organmitgliedern und Angestellten im Aktien- und Kapitalmarktrecht, S. 72 f. mwN; a.A.: *Döll*, WM 2010, 103, 109; *E. Vetter*, ZIP 2009, 2136, 2139.

58 Wohl: *Thüsing*, AG 2009, 517, 525, der als Konsequenz vorschlägt, dass die Verwaltung den Billigungsbeschluss herbeiwirkt, um abweichende Anträge der Aktionäre zu vermeiden.

59 *E. Vetter*, ZIP 2009, 2136, 2139 mwN; siehe dazu ausführlich zur neuen Rechtslage: § 8 A. II.

60 So jedenfalls: *E. Vetter*, ZIP 2009, 2136, 2139; *Thüsing*, AG 2009, 517, 525; a.A. wohl: *Fleischer/Bedkowski*, AG 2009, 677, 683; *Neideck*, Die Mitwirkung der Hauptversammlung bei der Ausübung der Personalkompetenz durch den Aufsichtsrat, S. 131.

61 *Mülbert*, in: Großkomm-AktG, § 120 Rn. 168; *Spindler*, in: K. Schmidt/Lutter, AktG, 3. Aufl., § 120 Rn. 61; *Kubis*, in MüKo-AktG, 4. Aufl., § 120 Rn. 47; *Jo. Hoffmann*, in:

wurde auch ein auf die Zukunft gerichteter Vergütungsbeschluss für zulässig erachtet.[62]

3. Beschluss ohne Rechte und Pflichten

Das Gesetz selbst legte in § 120 Abs. 4 Satz 2 AktG a.F. fest, dass der Beschluss weder Rechte noch Pflichten begründet und die Verpflichtungen des Aufsichtsrats nach § 87 AktG unberührt lässt. Das Vergütungsvotum sollte also insbesondere keine Auswirkungen auf die Pflicht zur Festsetzung angemessener Bezüge für die Vorstandsmitglieder nach § 87 Abs. 1 AktG haben. Beschlüsse der Hauptversammlung ohne Rechtswirkungen waren dem deutschen Recht bis dahin fremd.[63] Die Vorschrift orientierte sich laut Bericht des Rechtsausschusses an § 120 Abs. 2 Satz 2 AktG, welcher sich auf den Entlastungsbeschluss bezieht.[64]

Insbesondere ließen sich dem Beschluss damit keine Folgepflichten des Aufsichtsrats hinsichtlich der Festsetzung der Vergütung entnehmen.[65] Die Anstellungsverträge der Vorstandsmitglieder blieben also ebenfalls unberührt.[66] Spiegelbildlich entstanden auch keine Rechte für den Aufsichtsrat, die ihn berechtigen würden, die Vergütung aufgrund des Votums anzupassen.[67] Vielmehr blieb es bei der Festsetzungskompetenz in ihrem bisherigen Rahmen allein durch den Aufsichtsrat. Mit dem VorstAG und dem freiwilligen Votum nach § 120 Abs. 4 AktG sollte daher unter anderem die Verantwortlichkeit des Aufsichtsrats bei der Vergütungsfrage gestärkt werden.[68]

Spindler/Stilz, AktG, 4. Aufl., § 120 Rn. 53; *Fleischer/Bedkowski*, AG 2009, 677, 681; *Deilmann/Otte*, DB 2010, 545, 545; *v. Falkenhausen/Kocher*, AG 2010, 623, 625; *Begemann/Laue*, BB 2009, 2442, 2444.

[62] *Kort*, in: Großkomm-AktG, § 87 Rn. 494; *Koch*, in Hüffer/Koch, AktG, 13. Aufl., § 120 Rn. 21; *Schick*, ZIP 2011, 593, 596; ablehnend: *Raapke*, Die Regulierung von Organmitgliedern und Angestellten im Aktien- und Kapitalmarktrecht, S. 69.

[63] *E. Vetter*, ZIP 2009, 2136, 2137.

[64] Beschlussempfehlung und Bericht des RechtsA, BT-Drucks. 16/13433, S. 12.

[65] *Mülbert*, in: Großkomm-AktG, § 120 Rn. 175.

[66] *Fleischer/Bedkowski*, AG 2009, 677, 684; *E. Vetter*, ZIP 2009, 2136, 2142; *Mülbert*, in: Großkomm-AktG, § 120 Rn. 176.

[67] *Fleischer*, NZG 2009, 801, 805; *E. Vetter*, ZIP 2009, 2136, 2142.

[68] Begr. VorstAG, BT-Drucks. 16/12278, S. 1; *Begemann/Laue*, BB 2009, 2442, 2442; siehe auch: Begr. RegE ARUG II, BT-Drucks. 19/9739, S. 92, wonach die Frage der Vorstandsvergütung eine der wichtigsten Aufgaben des Aufsichtsrats sei.

4. Ausschluss der Anfechtbarkeit

Als Konsequenz der fehlenden rechtlichen Wirkung hatte der Gesetzgeber in § 120 Abs. 4 Satz 3 AktG a.F. die Anfechtbarkeit des Beschlusses ausdrücklich ausgeschlossen.[69] Das stand im Einklang mit den Bemühungen des Gesetzgebers, gegen die sogenannten *Räuberischen Aktionäre* vorzugehen und diesen keinen zusätzlichen Angriffsraum zu lassen.[70] Der Gesetzgeber wollte das Tätigkeitsfeld der Berufskläger gerade nicht erweitern, die ihr Geschäft in der Erhebung von Beschlussmängelklagen gegen Hauptversammlungsbeschlüsse sehen. Die weit gefasste Formulierung ließ darauf schließen, dass die Anfechtbarkeit sowohl hinsichtlich formeller als auch inhaltlicher Mängel ausgeschlossen sein sollte.[71]

Vom Wortlaut nicht umfasst war jedenfalls die Nichtigkeitsklage gegen den Beschluss der Hauptversammlung.[72] Insofern war schon unter alter Rechtslage die Reichweite des Anfechtungsausschlusses umstritten, insbesondere die Frage, ob eine Nichtigkeitsklage bezogen auf das Vergütungsvotum möglich sein sollte.[73]

5. Zwischenfazit

Mit der Neueinführung des freiwilligen Votums nach § 120 Abs. 4 AktG a.F. ging keine Kompetenzverschiebung bei der Vorstandsvergütung einher.[74] Die Freiwilligkeit der Durchführung kombiniert mit dem unbestimmten Beschlussgegenstand hat dazu beigetragen, dass die ohnehin nahezu nicht

---

[69] Beschlussempfehlung und Bericht des RechtsA, BT-Drucks. 16/13433, S. 12.

[70] *Fleischer/Bedkowski*, AG 2009, 677, 685; *E. Vetter*, ZIP 2009, 2136, 2140; siehe auch: Begr. RegE ARUG II, BT-Drucks. 19/9739, S. 93, der ausdrücklich von der Intention aktienrechtliche Beschlussmängelklagen einzudämmen spricht.

[71] So auch: *E. Vetter*, ZIP 2009, 2136, 2140; *Mülbert*, in: Großkomm-AktG, § 120 Rn. 177.

[72] Siehe zur gleichen Problematik bei der neuen Rechtslage: § 9 C. II.

[73] Ablehnend: *Koch*, in Hüffer/Koch, AktG, 13. Aufl., § 120 Rn. 24; *Kubis*, in MüKo-AktG, 4. Aufl., § 120 Rn. 49; *Reger*, in: Bürgers/Körber, AktG, 4. Aufl., § 120 Rn. 20; *Liebscher*, in: Henssler/Strohn, GesR, 4. Aufl., AktG, § 120 Rn. 15; *Schick*, ZIP 2011, 593, 594; *E. Vetter*, ZIP 2009, 2136, 2140, der eine Nichtigkeitsklage nur bei Beschlüssen, die nicht mehr von § 120 Abs. 4 Satz 1 AktG *a.F. gedeckt waren*, für möglich hält; *Annuß/Theusinger*, BB 2009, 2434, 2439; *Begemann/Laue*, BB 2009, 2442, 2445; a.A.: *Mülbert*, in: Großkomm-AktG, § 120 Rn. 182; *Spindler*, in: K. Schmidt/Lutter, AktG, 3. Aufl., § 120 Rn. 65; *Herrler*, in: Grigoleit, AktG, 1. Aufl., § 120 Rn. 28; *Fleischer*, NZG 2009, 801, 805; *Fleischer/Bedkowski*, AG 2009, 677, 685; *v. Falkenhausen/Kocher*, AG 2010, 623, 629; *Döll*, WM 2010, 103, 110; *Drinhausen/Keinath*, BB 2010, 3, 7 Fn. 40.

[74] So auch: *Begemann/Laue*, BB 2009, 2442, 2444; *Fleischer/Bedkowski*, AG 2009, 677, 684; *E. Vetter*, ZIP 2009, 2136, 2137.

vorhandenen Rechtswirkungen zu keiner großen Veränderung im aktienrechtlichen Kompetenzgefüge geführt haben.

B. Das verbindliche Votum des VorstKoG

Als Reaktion auf das in der Praxis relativ wirkungslos gebliebene Instrument des freiwilligen Votums nach § 120 Abs. 4 AktG a.F. plante die Bundesregierung mit dem Gesetz zur Verbesserung der Kontrolle der Vorstandsvergütung und zur Änderung weiterer aktienrechtlicher Vorschriften (VorstKoG)[75] die Einführung eines verbindlichen Hauptversammlungsvotums bei börsennotierten Gesellschaften.[76] Der Gesetzesentwurf wurde im Bundestag in der Form der Ausschussfassung in zweiter und dritter Beratung verabschiedet. Der Bundesrat hatte jedoch im Anschluss beschlossen, den Vermittlungsausschuss anzurufen, sodass der Gesetzesentwurf mit Blick auf die Wahlen zum Deutschen Bundestag im Jahr 2013 dem Grundsatz der Diskontinuität zum Opfer fiel.

I. Ausgangslage

Ziel der Neuregelung sollte eine Verbesserung der Rechenschaftspflicht des Aufsichtsrats gegenüber den Aktionären und damit einhergehend eine bessere Kontrolle durch die Aktionäre sein.[77] Durch die Beschlussfassung über das vorgelegte System sollte gesetzlich erstmals die verpflichtende Ausgestaltung eines Vergütungssystems durch den Aufsichtsrat eingeführt werden.[78]

Die Neuregelung hatte ein jährlich stattfindendes Votum der Hauptversammlung über die Billigung des vom Aufsichtsrat vorgelegten Vergütungssystems vorgesehen. Mit dem *jährlich* stattfindenden Votum sollte nicht ein Zeitraum von zwölf Monaten, sondern eine Befassung auf der ordentlichen Hauptversammlung gemeint sein.[79] Als verbindliches Votum richtet sich der Beschluss ausdrücklich auf die Zukunft.[80] Wie der Entwurf selbst in § 120

---

75 Beschlussempfehlung und Bericht des AfRuV, BT-Drucks. 17/14214.

76 Beschlussempfehlung und Bericht des AfRuV, BT-Drucks. 17/14214, S. 7; *Kubis*, in: MüKo-AktG, § 120a Rn. 2.

77 Beschlussempfehlung und Bericht des AfRuV, BT-Drucks. 17/14214, S. 17.

78 Beschlussempfehlung und Bericht des AfRuV, BT-Drucks. 17/14214, S. 17.

79 *Verse*, NZG 2013, 921, 922 f.; wohl auch: Beschlussempfehlung und Bericht des AfRuV, BT-Drucks. 17/14214, S. 17, wonach die Befassung der Hauptversammlung jährlich zu wiederholen ist; a.A.: *Ziemons*, GWR 2013, 183, 284.

80 So auch: *Verse*, NZG 2013, 921, 923.

Abs. 4 Satz 3 Hs. 1 AktG-E a.F. festlegte, hätte eine Beschlussfassung keine Auswirkung auf bestehende Anstellungsverträge gehabt.

II. Änderungen gegenüber dem VorstAG

Die wesentlichen Änderungen gegenüber der damals geltenden Regelung in § 120 Abs. 4 AktG a.F. waren zum einen die Ausgestaltung als verpflichtendes und vor allem als verbindliches Votum über die Billigung oder Missbilligung des Vergütungssystems. Zum anderen sollte der Aufsichtsrat indirekt zur Aufstellung eines Vergütungssystems verpflichtet werden, in dessen Rahmen nach § 120 Abs. 4 Satz 2 AktG-E a.F. konkret bezifferte Höchstsummen anzugeben gewesen wären.[81] Damit hatte der Gesetzgeber eingesehen, dass die Pflicht zur Aufstellung eines Vergütungssystems einer gesetzlichen Grundlage, wenn auch nur implizit vorausgesetzt, bedürfe. Die Verbindlichkeit ergab sich aus der geplanten Streichung des § 120 Abs. 4 Satz 2 AktG a.F.[82] Insofern sollte eine Missbilligung des Vergütungssystems den Aufsichtsrat im Innenverhältnis binden.[83] Eine Einschränkung der Vertretungsmacht hingegen würde den zivilrechtlichen Grenzen des Dürfens und Könnens und damit dem aktienrechtlichen Trennungsprinzip[84] entgegenlaufen. Als Rechtsfolge wäre damit bei schuldhaftem Verstoß gegen das Votum ein Schadensersatzanspruch gegen den Aufsichtsrat in Betracht gekommen.[85]

1. Bindungswirkung des zustimmenden Beschlusses

Durch den Vorschlag eines Vergütungssystems sollte sich der Aufsichtsrat für den Fall eines zustimmenden Beschlusses bis zur nächsten Abstimmung selbst binden.[86] Der Hauptversammlung kam wegen des alleinigen

---

[81] Beschlussempfehlung und Bericht des AfRuV, BT-Drucks. 17/14214, S. 17; dazu kritisch: *Löbbe/Fischbach*, WM 2013, 1625, 1628 f.

[82] So auch: *Verse*, NZG 2013, 921, 923; *Löbbe/Fischbach*, WM 2013, 1625, 1629.

[83] Ausdrücklich so: Beschlussempfehlung und Bericht des AfRuV, BT-Drucks. 17/14214, S. 17; *Verse*, NZG 2013, 921, 928.

[84] Vgl. zur Unterscheidung des Rechtlichen Dürfens und des Könnens bei der Vertretung durch den Aufsichtsrat z.B.: *Habersack*, in: MüKo-AktG, § 112 Rn. 22; *Drygala*, in: K. Schmidt/Lutter, AktG, § 112 Rn. 2; *Grigoleit/Tomasic*, in Grigoleit, AktG, § 112 Rn. 2; siehe zu sich gegebenenfalls ergebenden Einschränkungen der Vertretungsmacht aufgrund des Pflichtenmaßstabs des Aufsichtsrats näher: § 9 B. II. 3. b) cc).

[85] *Löbbe/Fischbach*, WM 2013, 1625, 1631.

[86] Siehe zur Selbstbindung beim ARUG II: § 9 B. I. 2.

Vorschlagsrechts des Aufsichtsrats kein Spielraum bei der Ausgestaltung der Vergütung zu. Dabei wäre ein Schadensersatzanspruch primär in Betracht gekommen, wenn die Vergütung insgesamt monetär höher ausfällt, als das gebilligte System es zugelassen hätte. Ob auch ein Abweichen in die andere Richtung, also bei einer Abweichung nach unten, zu einem Schadensersatzanspruch geführt hätte, wäre in vielen Fällen eine Frage des Schadens gewesen. Insofern sollte es dem Aufsichtsrat nicht möglich sein, von einem billigenden Votum abzuweichen.[87]

Insbesondere mit Blick auf das Angemessenheitskriterium des § 87 Abs. 1 AktG ergaben sich Bedenken hinsichtlich der Bindung an ein Vergütungssystem. Nach § 87 Abs. 1 AktG hat der Aufsichtsrat bei der Festsetzung der Vorstandsbezüge dafür zu sorgen, dass diese in einem angemessenen Verhältnis zu den Aufgaben und Leistungen des Vorstandsmitglieds sowie zur Lage der Gesellschaft stehen und die übliche Vergütung nicht ohne besondere Gründe übersteigen. So hatte die Literatur die These aufgeworfen, ein Aufsichtsrat könne unabhängig vom Votum der Hauptversammlung gerade nicht an ein Vergütungssystem gebunden sein, wenn dies zu einer unangemessenen Festsetzung nach § 87 AktG führen würde.[88] Freilich hätte in einem solchen Fall nicht erst der zustimmende Beschluss der Hauptversammlung zu einer unangemessenen Vergütung i.S.d. § 87 AktG geführt, sondern die Vorlage des Aufsichtsrats eines Systems, welches eine unangemessene Vergütung zur Folge hat, hätte den späteren Verstoß gegen § 87 AktG bereits impliziert.

2. Rechtsfolgen des ablehnenden Beschlusses

Auf der anderen Seite regelte der Gesetzesentwurf nicht ausdrücklich die weiteren Rechtsfolgen eines missbilligenden Beschlusses der

---

[87] Gegen die Annahme einer Bindungswirkung des zustimmenden Beschlusses ausführlich: *Löbbe/Fischbach*, WM 2013, 1625, 1632 ff., die andernfalls eine Kompetenzüberschreitung der Hauptversammlung sehen. Dabei geht der Vergleich zum Zustimmungsvorbehalt fehl, da insofern zwar ein Vorstand nicht an die Umsetzung der zugestimmten Maßnahme gebunden ist, er aber auch nicht eine andere Maßnahme, für die keine Zustimmung vorliegt, ergreifen darf. Daher müsste der Aufsichtsrat zwar nicht die Vergütung hinsichtlich des gebilligten Systems anwenden, dann darf er aber kein anderes System anwenden. Es könne lediglich beim *Status quo* bleiben.

[88] So aber: *Sünner*, CCZ 2013, 169, 171 f.; vgl. auch: *Löbbe/Fischbach*, WM 2013, 1625, 1632 f.

Hauptversammlung. Weder äußerte sich der Gesetzesentwurf dazu, wie sich der Aufsichtsrat im Falle der Missbilligung zu verhalten habe und wann in der Folge ein Pflichtenverstoß anzunehmen wäre.[89] In der Vorstellung des Gesetzgebers bestand auf Seiten der Aktionäre kein eigenes Initiativrecht durch die Neuregelung. Die Aktionäre sollten weder die Möglichkeit zu Gegenanträgen noch zu Änderungsvorschlägen haben. Angesichts dessen war jedenfalls unklar, wie ein Aufsichtsrat sich im Fall der Missbilligung zu verhalten hätte. So könnte man annehmen, dass er bis zur nächsten Billigung der Hauptversammlung keine Änderungen an der Vergütung der Vorstände hätte vornehmen dürfen. Davon umfasst wären dann auch der Abschluss von neuen Anstellungsverträgen oder vertragliche Anpassungen. Dies wäre wohl in der Praxis mit Blick auf notwendige Neuberufungen von zusätzlichen Vorstandsmitgliedern oder Verlängerungen der Anstellungsverträge von bereits bestellten Vorstandsmitgliedern kaum umsetzbar gewesen. Ist aus der Debatte bei der Hauptversammlung wie so häufig kein einheitliches Änderungsbegehren des Vergütungssystems erkennbar, so hätte der Aufsichtsrat nur wie zuvor im eigenen Ermessen, unter Berücksichtigung der Debatte, oder gegebenenfalls unter Verwendung eines bestehenden gebilligten Systems die Vergütung der Vorstandsmitglieder festsetzen können.[90] Insofern ging auch der Gesetzgeber davon aus, dass ein ablehnendes Votum über ein Vergütungssystem dessen Unanwendbarkeit zur Folge haben sollte. Angedeutet war jedenfalls nur die Weiterverwendung eines bestehenden und gebilligten Systems.[91]

Etwas inkonsistent wirkte der Hinweis, dass bei fehlendem Hauptversammlungsvotum der Abschluss eines Vergütungsvertrags für den Vorstand auch auf Basis eines nur beabsichtigten Systems erfolgen könne. Der Anstellungsvertrag hätte dann, für den Fall, dass die Aktionäre das System nicht billigen, unter den Vorbehalt einer Nachverhandlung gestellt werden müssen.[92] In dieser Absolutheit erweckt die Aussage den Eindruck, dass eine Außenwirkung des Votums entsteht, die gerade nicht gewollt war. So könnte

---

89 So auch: *Löbbe/Fischbach*, WM 2013, 1625, 1631.

90 Daher für einen weiten Spielraum bei der Festsetzung der Vergütung durch den Aufsichtsrat: *Löbbe/Fischbach*, WM 2013, 1625, 1631, 1636.

91 Beschlussempfehlung und Bericht des AfRuV, BT-Drucks. 17/14214, S. 18; zu Recht sehr kritisch zu dieser Möglichkeit: *Verse*, NZG 2013, 921, 926.

92 Beschlussempfehlung und Bericht des AfRuV, BT-Drucks. 17/14214, S. 18; so auch: *Ziemons*, GWR 2013, 283, 284.

der Vorbehalt dem Aufsichtsrat dienen, um einem potenziellen Schadensersatzanspruch aus dem Weg zu gehen. Er könnte jedoch nicht, wie vom Gesetzgeber ausgedrückt, als eine Art Wirksamkeitsvoraussetzung dienen. In diesem Falle würde das Hauptversammlungsvotum in die Vertretungskompetenz des Aufsichtsrats eingreifen, was gerade nicht der Fall sein sollte.

Ob der Rückgriff auf ein bestehendes gebilligtes System nur das aktuell angewandte gebilligte System oder auch frühere Systeme hätte umfassen können, ging aus der Gesetzesbegründung nicht hervor. Dies erscheint zweifelhaft. Insofern ist davon auszugehen, dass nur das zuletzt gebilligte System hätte Anwendung finden dürfen.[93]

III. Zwischenfazit

Die praktische Folge der gesetzlichen Unklarheiten wäre vermutlich eine noch stärkere Auseinandersetzung des Aufsichtsrats mit den Aktionären im Vorfeld einer solchen Beschlussfassung gewesen.[94] Nur so hätten sich die rechtlichen Unsicherheiten im Umgang mit ablehnenden Voten praxistauglich begegnen lassen. Damit hätte das VorstKoG jedenfalls einen großen Schritt in Richtung starke Aktionärsbeteiligung gemacht.

Der Gesetzgeber ging davon aus, dass bei einer Billigung oder Versagung der Billigung des Vergütungssystems durch die Aktionäre keine Verschiebung der Vergütungskompetenz einhergeht.[95] Das Votum sollte den Aufsichtsrat insofern nur im Innenverhältnis binden. Die Vertretung der Gesellschaft gegenüber dem Vorstand nach § 112 AktG ließ der Gesetzesentwurf unberührt. Damit war zumindest nach Ansicht des damals beschließenden Gesetzgebers ein verbindliches Votum mit der Kompetenzordnung der Aktiengesellschaft vereinbar.

C. Änderungen durch die zweite Aktionärsrechterichtlinie und das ARUG II

Am 1. Januar 2020 trat das Gesetz zur Umsetzung der zweiten Aktionärsrechterichtlinie (ARUG II) in Kraft, welches der Umsetzung der zweiten

---

93 Siehe zu der Frage nach dem ARUG II: § 10 A. I. 1.

94 Siehe auch: *Verse*, NZG 2013, 921, 926, der auf die hohen Zustimmungsquoten für die Vergangenheit verweist, welche sich auf die Berücksichtigung des Meinungsbilds wesentlicher Aktionäre zurückführen ließen.

95 Beschlussempfehlung und Bericht des AfRuV, BT-Drucks. 17/14214, S. 17.

Aktionärsrichtlinie dient. Die hier für die Vorstandsvergütung relevanten Änderungen im Aktiengesetz lassen sich auf Art. 1 Nr. 4 der zweiten Aktionärsrichtlinie zurückführen. Mit diesem wurde Art. 9a in die Aktionärsrichtlinie[96] neu aufgenommen. Dessen Hauptziel ist es, den Aktionären ein Recht auf Abstimmung über das Vergütungssystem einzuräumen.[97] Nach Art. 9a Abs. 1 AktionärsrechteRL II haben die Mitgliedstaaten sicherzustellen, dass Gesellschaften eine Vergütungspolitik in Bezug auf die Mitglieder der Unternehmensleitung erarbeiten und die Aktionäre das Recht haben, über die Vergütungspolitik in der Hauptversammlung abzustimmen. Damit einhergehend wurden auch die Normen des Aktiengesetzes betreffend die Vergütung von Vorstandsmitgliedern geändert. Die generelle Ausrichtung der Vergütungsstruktur börsennotierter Gesellschaften an der nachhaltigen Unternehmensentwicklung wurde in § 87 Abs. 1 Satz 2 AktG redaktionell an die neu eingefügten Vorschriften nach der zweiten Aktionärsrechterichtlinie angepasst und richtet sich ohne inhaltliche Änderung nun an der nachhaltigen und langfristigen Entwicklung der Gesellschaft aus.[98]

Nach Erwägungsgrund 28 der zweiten Aktionärsrechterichtlinie ist die Vergütung eines der wichtigsten Instrumente, mit dem Gesellschaften die eigenen Interessen und die Interessen des Vorstands in Einklang bringen können.[99] In erster Linie soll also der Einfluss der Aktionäre auf die Vergütung der Gesellschaftsorgane gesteigert werden.[100] Daneben sollen die Regelungen für eine erhöhte Transparenz durch mehr Detailtiefe und durch eine bereits vor der Festsetzung der Vergütung erfolgende Festlegung auf das Vergütungssystem sorgen.[101]

---

[96] Richtlinie 2007/36/EG des Europäischen Parlaments und des Rates vom 11. Juli 2007 über die Ausübung bestimmter Rechte von Aktionären in börsennotierten Gesellschaften, ABl. EU 2007 L 184 S. 17.

[97] *Anzinger*, ZGR 2019, 39, 76; *Bayer*, DB 2018, 3034, 3035.

[98] Begr. RegE ARUG II, BT-Drucks. 19/9739, S. 72; vgl. auch *Spindler*, AG 2020, 61, 62 f.

[99] Vgl. auch: *Cahn*, in: KölnKomm-AktG, § 87a Rn. 2.

[100] Vgl. Begr. RegE ARUG II, BT-Drucks. 19/9739, S. 34; *Grigoleit/Kochendörfer*, in: Grigoleit, AktG, § 87a Rn. 7; *Löbbe/Fischbach*, AG 2019, 373, 374; *Bachmann/Pauschinger*, ZIP 2019, 1, 5; *Illner/Jü. Hoffmann*, ZWH 2019, 81, 82; *Bundle*, Vorstandsvergütung als Mechanismus der Corporate Governance, S. 53.

[101] *Grigoleit/Kochendörfer*, in: Grigoleit, AktG, § 87a Rn. 10; *Bayer*, DB 2018, 3034, 3035; *Illner/Jü. Hoffmann*, ZWH 2019, 81, 82; vgl. *Bachmann/Pauschinger*, ZIP 2019, 1, 2; *Bundle*, Vorstandsvergütung als Mechanismus der Corporate Governance, S. 53.

Art. 9a AktionärsrechteRL II regelt das Recht auf Abstimmung über das Vergütungssystem und bildet damit die Grundlage der §§ 87a, 120a AktG. Neu eingefügt in das Aktiengesetz wurden die Regelungen über das Vergütungssystem und dessen Mindestangaben in § 87a Abs. 1 AktG. Danach beschließt der Aufsichtsrat ein klares und verständliches System zur Vergütung der Vorstandsmitglieder. In § 87a Abs. 1 Satz 2 AktG folgt ein Katalog von Mindestangaben, die das Vergütungssystem enthalten muss, wobei Angaben in Bezug auf Vergütungsbestandteile nur notwendig sind, soweit diese tatsächlich vorgesehen sind. § 87a Abs. 2 Satz 1 AktG schreibt dem Aufsichtsrat vor, die Vergütung der Vorstandsmitglieder in Übereinstimmung mit einem der Hauptversammlung nach § 120a Abs. 1 AktG zur Billigung vorgelegten Vergütungssystem festzusetzen. Der Aufsichtsrat darf nach § 87a Abs. 2 Satz 2 AktG von dem Vergütungssystem vorübergehend abweichen, wenn dies im Interesse des langfristigen Wohlergehens der Gesellschaft notwendig ist und das Vergütungssystem das Verfahren des Abweichens sowie die Bestandteile des Vergütungssystems, von denen abgewichen werden kann, benennt. Das Verfahren der Vorlage eines Vergütungssystems an die Hauptversammlung und die Abstimmung darüber wurden in das Regelungsgefüge der Normen über die Hauptversammlung in § 120a AktG niedergeschrieben. Der Beschluss über das Vergütungssystem wurde in § 120a Abs. 1 AktG geregelt, der Beschluss über den nach § 162 AktG neu aufzustellenden Vergütungsbericht über die Vergütung des Vorstands und Aufsichtsrats wurde in § 120a Abs. 4 AktG geregelt. Nach § 120a Abs. 1 Satz 1 AktG beschließt die Hauptversammlung über die Billigung des vom Aufsichtsrat vorgelegten Vergütungssystems für die Vorstandsmitglieder bei jeder wesentlichen Änderung des Vergütungssystems, mindestens jedoch alle vier Jahre. Nach § 120a Abs. 1 Satz 2 AktG begründet der Beschluss weder Rechte noch Pflichten. Die Anfechtbarkeit des Beschlusses ist in § 120a Abs. 1 Satz 3 AktG ausgeschlossen und nach § 120a Abs. 1 Satz 4 AktG ist auch ein das Vergütungssystem bestätigender Beschluss zulässig. Die übrigen Absätze ergänzen die Beschlussregeln. Damit korrespondierend wurden die Beschlüsse über das Vergütungssystem und den Vergütungsbericht in den Katalog des § 119 Abs. 1 AktG aufgenommen.

Die Bindungswirkung durch das verpflichtende Hauptversammlungsvotum soll die Transparenz und Stabilität der Vergütungspraxis gewährleisten.[102]

---

[102] *Grigoleit/Kochendörfer*, in: Grigoleit, AktG, § 87a Rn. 83; *Bayer*, DB 2018, 3034, 3035 f.

Dazu tragen gerade die inhaltlichen Anforderungen des § 87a Abs. 1 AktG bei.[103] Die gewonnene Transparenz kann dann von den Aktionären genutzt werden, ihre in Bezug auf Personalentscheidungen bestehenden Rechte wahrzunehmen.[104] Das Vergütungsvotum der Hauptversammlung dient damit der Milderung eines vertikalen Prinzipal-Agenten-Konflikts zwischen den Aktionären und dem Vorstand.[105] Dieser Konflikt beruht vereinfacht auf der Trennung von Eigentum und Verfügungsmacht, sodass die unternehmerischen Entscheidungen des Vorstands (Agent) und das unternehmerische Risiko der Aktionäre (Prinzipal) auseinanderfallen.[106]

Die zweite Aktionärsrechterichtlinie bezweckt nach Art. 3 AktionärsrechteRL einen Mindestschutz für die Aktionäre, wobei die Mitgliedstaaten nicht daran gehindert sind, weitere Verpflichtungen für Gesellschaften einzuführen oder sonst weitere Maßnahmen zu ergreifen, um die Ausübung der in der Richtlinie genannten Rechte durch die Aktionäre zu erleichtern. Der deutsche Gesetzgeber hat sich im Rahmen seiner Gestaltungsfreiheit, die die Richtlinie den Mitgliedstaaten gewährt, für eine *eins-zu-eins* Umsetzung entschieden.[107]

I. Vergütungssystem

Das Vergütungssystem nach § 87a Abs. 1 AktG soll ein abstrakt-generelles System darstellen, in dem gerade nicht die individuelle Vergütung der Vorstandsmitglieder geregelt wird.[108] Es handelt sich vielmehr um Leitlinien zur Vergütung der Vorstandsmitglieder.[109] Im Vergleich zur früheren Rechtslage muss sich der Aufsichtsrat ein wesentlich stärker bindendes Gerüst geben.[110]

---

103 *Grigoleit/Kochendörfer*, in: Grigoleit, AktG, § 87a Rn. 83; *Bayer*, DB 2018, 3034, 3035 f.

104 *Grigoleit/Kochendörfer*, in: Grigoleit, AktG, § 87a Rn. 83.

105 *Grisar/Volhard*, NZG 2024, 515, 520; *Fleischer/Hülse*, DB 2023, 44, 51; siehe schon: *Hupka*, Das Vergütungsvotum der Hauptversammlung, S. 12 ff.

106 Vgl. ausführlich etwa: *A. Arnold*, Die Steuerung des Vorstandshandelns, S. 13 ff.; *Neideck*, Die Mitwirkung der Hauptversammlung bei der Ausübung der Personalkompetenz durch den Aufsichtsrat, S. 70 ff.; *Hupka*, Das Vergütungsvotum der Hauptversammlung, S. 12 ff.

107 *Anzinger*, ZGR 2019, 39, 79; *Heldt*, AG 2018, 905, 907.

108 *Spindler*, in: MüKo-AktG, § 87a Rn. 12; *Grigoleit/Kochendörfer*, in: Grigoleit, AktG, § 87a Rn. 20; *Bachmann/Pauschinger*, ZIP 2019, 1, 2.

109 *Grigoleit/Kochendörfer*, in: Grigoleit, AktG, § 87a Rn. 2, 20; *Bachmann/Pauschinger*, ZIP 2019, 1, 2.

110 *Spindler*, in: MüKo-AktG, § 87a Rn. 13.

Insofern bildet das Vergütungssystem einen formalen Rahmen, innerhalb dessen Grenzen sich der Aufsichtsrat bei der konkreten Festsetzung der Vergütung zu bewegen hat.[111] Damit ist ein gewisser Generalisierungsgrad der Vergütungsvorgaben notwendig.[112] Das Vergütungssystem liegt zeitlich vor einer konkreten Vergütungsvereinbarung, womit es sich um ein prospektives Instrument handelt.[113] Ohne weitere inhaltliche Bedeutung bleibt die sprachliche Abweichung des deutschen Gesetzgebers bei der Bezeichnung als Vergütungssystem, während die zweite Aktionärsrechterichtlinie von der Vergütungspolitik spricht.[114] Entsprechend werden die Begriffe in dieser Arbeit synonym verwendet.

Der Gesetzgeber versteht das Vergütungssystem als lediglich deskriptives Element für die Hauptversammlung als Grundlage eines nicht bindenden Votums.[115] In diesem Sinne wurden die neuen Vorgaben systematisch korrekt in § 87a AktG hinter den materiellen Grundsätzen des § 87 AktG neu eingefügt.[116] Eine Besonderheit in der Umsetzung stellt die Festlegung einer Maximalvergütung nach § 87a Abs. 1 Satz 2 Nr. 1 AktG dar, welche erst durch den Rechtsausschuss in den Katalog des Vergütungssystems aufgenommen wurde. In der zweiten Aktionärsrechterichtlinie findet sich dagegen keine Pflicht zur Regelung einer solchen Maximalvergütung.[117]

II. Verpflichtendes Hauptversammlungsvotum

In Art. 9a Abs. 1 AktionärsrechteRL II ist zunächst geregelt, dass die Mitgliedstaaten sicherstellen müssen, dass die Aktionäre über das Vergütungssystem abstimmen können. Anders als in der bisherigen Regelung ist das

---

111 *Seibt*, in: K. Schmidt/Lutter, AktG, § 87a Rn. 2; *Spindler*, in: MüKo-AktG, § 87a Rn. 12; *Bachmann/Pauschinger*, ZIP 2019, 1, 5.

112 *Fleischer*, in: BeckOGK-AktG, Stand: 1. Februar 2025, § 87a Rn. 9.

113 *Seibt*, in: K. Schmidt/Lutter, AktG, § 87a Rn. 2; *Koch*, AktG, § 87a Rn. 1; *Herrler*, ZHR 2020, 408, 410 f.; *J. Schmidt*, NZG 2018, 1201, 1202; *Löbbe/Fischbach*, AG 2019, 373, 374; *Wentz*, WM 2019, 906, 908; *Kuthe/Lingen*, CB 2019, 378, 378; *Spindler*, AG 2020, 61, 73; *Bungert/Wansleben*, DB 2017, 1190, 1200; *Seulen*, DB 2018, 2915, 2915; *Keinath*, Die Regulierung der Vorstandsvergütung in börsennotierten Unternehmen, S. 39.

114 *Seibt*, in: K. Schmidt/Lutter, AktG, § 87a Rn. 1; *Bachmann/Pauschinger*, ZIP 2019, 1, 1 f.; DAV-Handelsrechtsausschuss, NZG 2019, 12, 19.

115 Siehe nur: *Anzinger*, ZGR 2019, 39, 73 f.; *Bungert/Berger*, DB 2018, 28,1, 2802

116 *Anzinger*, ZGR 2019, 39, 74; *Bungert/Berger*, DB 2018, 28,1, 2802.

117 Vgl. auch: *Seibt*, in: K. Schmidt/Lutter, AktG, § 87a Rn. 1.

Vergütungsvotum damit erstmals verpflichtend für alle börsennotierten Gesellschaften festgeschrieben.[118] Die Richtlinie regelt damit ein verpflichtendes *Say on Pay*. Mit dem Hauptversammlungsvotum nach § 120a Abs. 1 Satz 1 AktG kehrt der Gesetzgeber der bisher freiwilligen Abstimmung über das Vergütungssystem den Rücken. Das ARUG II bildet damit eine Zäsur im Vergütungsrecht der Aktiengesellschaft.

In Art. 9a Abs. 2 Uabs. 1 der Aktionärsrichtlinie ist die grundsätzliche Verbindlichkeit eines Hauptversammlungsbeschlusses über das aufzustellende Vergütungssystem geregelt.[119] Demnach dürfen Gesellschaften die Mitglieder der Unternehmensleitung nur entsprechend dem von der Hauptversammlung genehmigten Vergütungssystem entlohnen. Sodann eröffnet die Richtlinie in Art. 9a Abs. 3 Satz 1 AktionärsrechteRL II den Mitgliedstaaten die Möglichkeit, der Abstimmung in der Hauptversammlung statt eines verbindlichen Charakters nur einen empfehlenden Charakter beizumessen. Das soll auf die Weise erfolgen, dass nach Art. 9a Abs. 3 Satz 2 AktionärsrechteRL II die Gesellschaften den Vorstand nur entsprechend einem Vergütungssystem entlohnen dürfen, welches der Hauptversammlung für eine solche empfehlende Abstimmung vorgelegt wurde. Aus dem Wortlaut und der Systematik ist erkennbar, dass es sich dabei um die Ausnahme handelt, wobei die Abstimmung grundsätzlich verbindlich sein soll.[120] Der deutsche Gesetzgeber hat sich dazu entschieden, von diesem Wahlrecht Gebrauch zu machen und damit ein nicht bindendes Vergütungsvotum vorzuschreiben.[121] Damit will der Gesetzgeber dem nationalen Umstand Rechnung tragen, dass im deutschen *Corporate Governance* System der Aufsichtsrat für die Festsetzung der Vorstandsvergütung alleine zuständig ist.[122] Das empfehlende Votum soll dann vor allem zu mehr Transparenz führen.[123] Das allgemeine Ziel der Richtlinie hingegen ist eine Stärkung der Rechte der Hauptversammlung.[124]

---

118 *Kubis*, in: MüKo-AktG, § 120a Rn. 4.

119 *Anzinger*, ZGR 2019, 39, 77; *Bachmann/Pauschinger*, ZIP 2019, 1, 5; *Bayer*, DB 2018, 3034, 3036.

120 So auch: *Anzinger*, ZGR 2019, 39, 77.

121 *Anzinger*, ZGR 2019, 39, 80 f.; *Gärtner/Himmelmann*, AG 2021, 259, 259.

122 *Anzinger*, ZGR 2019, 39, 81; kritisch dazu: *Bachmann/Pauschinger*, ZIP 2019, 1, 4 f.; *Keinath*, Die Regulierung der Vorstandsvergütung in börsennotierten Unternehmen, S. 151 ff.

123 *Gaul*, AG 2017, 178, 184; *Anzinger*, ZGR 2019, 39, 77.

124 *Bachmann/Pauschinger*, ZIP 2019, 1, 5; *Anzinger*, ZGR 2019, 39, 43.

Anders als die bisherige Rechtslage in Deutschland mit der rein fakultativen Ausgestaltung der Abstimmung über das Vergütungssystem ist dieses nun verpflichtend in § 120a Abs. 1 Satz 1 AktG geregelt.[125] Auf die Klarstellung, dass die Verpflichtungen des Aufsichtsrats nach § 87 AktG unberührt bleiben, verzichtet die Neuregelung.[126] Zusammenfassend sieht das Aktiengesetz erstmals ein verpflichtendes Votum im Zusammenhang mit der Vorstandsvergütung vor. Dieser geht trotz seiner Unverbindlichkeit deutlich über das bisher geregelte Votum in § 120 Abs. 4 AktG a.F. hinaus.

III. Vergütungsbericht

Der hier nicht näher zu vertiefende Vergütungsbericht steht im Gegensatz zur Aufstellung des Vergütungssystems im Nachgang an eine bereits getroffene Vergütungsvereinbarung mit einem Vorstandsmitglied. Insofern stellt der Vergütungsbericht spiegelbildlich zum Vergütungssystem das entsprechende retroperspektive Instrument dar.[127] Er komplementiert damit die Regelungen zur Vorstandsvergütung.

---

[125] Begr. RegE ARUG II, BT-Drucks. 19/9739, S. 92.

[126] Begr. RegE ARUG II, BT-Drucks. 19/9739, S. 93; *Kubis*, in: MüKo-AktG, § 120a Rn. 12.

[127] *Seibt*, in: K. Schmidt/Lutter, AktG, § 87a Rn. 2; *Koch*, AktG, § 87a Rn. 1; *J. Schmidt*, NZG 2018, 1201, 1202; *Löbbe/Fischbach*, AG 2019, 373, 374; *Wentz*, WM 2019, 906, 908; *Bungert/Wansleben*, DB 2017, 1190, 1291; *Seulen*, DB 2018, 2915, 2915; *Keinath*, Die Regulierung der Vorstandsvergütung in börsennotierten Unternehmen, S. 39.

TEIL 3

Der Hauptversammlungsbeschluss nach § 120a Abs. 1 Satz 1 AktG

Nach § 120a Abs. 1 Satz 1 AktG beschließt die Hauptversammlung über die Billigung des vom Aufsichtsrat vorgelegten Vergütungssystems für die Vorstandsmitglieder bei jeder wesentlichen Änderung, mindestens jedoch alle vier Jahre. Ob der Beschluss weder Rechte noch Pflichten begründet, wie es § 120a Abs. 1 Satz 2 AktG festlegt, scheint mehr als zweifelhaft. Das Gesetz selbst knüpft in § 120a Abs. 3 AktG an den Beschluss an und verpflichtet den Aufsichtsrat für den Fall der Missbilligung zur Vorlage eines überprüften Vergütungssystems in der darauffolgenden Hauptversammlung. Aus diesem Grund werden im Folgenden die einzelnen sich aus dem Beschluss ergebenden Rechte und Pflichten sowohl für den Aufsichtsrat als auch die Aktionäre herausgearbeitet. Um den Hauptversammlungsbeschluss systematisch einzuordnen und dessen Auswirkungen auf die Vergütungsfestsetzung nachzuvollziehen, bedarf es einer ausführlichen Untersuchung. Dazu geht die Arbeit zunächst auf die in der Vergangenheit teilweise bezweifelte Beschlussqualität ein (§ 7) und erläutert sodann das Verfahren des Hauptversammlungsbeschlusses (§ 8). Sind die Fragen zum Verfahren geklärt, folgt die ausführliche Ausarbeitung der Beschlusswirkungen des Vergütungsvotums (§ 9).

§ 7 Beschlussqualität des Vergütungsvotums

Schon unter Geltung des § 120 Abs. 4 AktG a.F. wurde teilweise die Beschlussqualität des freiwilligen Hauptversammlungsvotums bezweifelt.[128]

---

[128] Vgl. etwa: *Begemann/Laue*, BB 2009, 2442, 2444; zustimmend: *Spindler*, in: K. Schmidt/Lutter, AktG, 3. Aufl., § 120 Rn. 65; a.A.: *Fleischer*, AG 2010, 681, 683 ff.; *Koch*, in Hüffer/

Neben der Bezeichnung als Votum würden unter anderem die fehlenden Rechtsfolgen, die sich aus einem solchen Votum ergeben, die fehlende Beschlussqualität rechtfertigen. Demnach könnte man bei reiner Lektüre des Gesetzestextes des § 120a AktG geneigt sein, auch bei neuer Rechtslage an der Beschlussqualität zu zweifeln. Bei einem Beschluss handelt es sich um ein Rechtsgeschäft, welches auf die kollektive Willensbildung eines Organs gerichtet ist und der Gesellschaft als Wille zugerechnet werden kann.[129] Die Beschlussfassung nach § 120a Abs. 1 Satz 1 AktG gestaltet sich als kollektive Willensbildung.[130] Wie zu zeigen sein wird, entfaltet der Beschluss außerdem sowohl mittelbare als auch unmittelbare Rechtswirkungen. Richtigerweise ist der Beschluss zwar unverbindlich ausgestaltet worden und fällt damit teilweise aus der Systematik der üblichen Hauptversammlungsbeschlüsse. Auch ist der Anfechtungsausschluss nach § 120a Abs. 1 Satz 3 AktG ein Indiz für eine andere Rechtsqualität. Das ändert jedoch nichts daran, dass die Hauptversammlung über den jeweiligen Beschlussvorschlag zu entscheiden hat. Daneben ist außerdem eine gewisse Parallele zum Entlastungsbeschluss erkennbar, die sich auch in den mittelbaren Auswirkungen des Beschlusses zeigt. Im Ergebnis kann an der Beschlussqualität nicht ernsthaft gezweifelt werden.[131] Vielmehr ist in Übereinstimmung mit der überwiegenden Literaturmeinung davon auszugehen, dass es sich bei dem Beschluss mit lediglich empfehlendem Charakter um einen Beschluss *sui generis* handelt.[132]

Folge der Einordnung als Beschluss i.S.d. Aktiengesetzes ist mithin die Anwendung der allgemeinen aktienrechtlichen Vorschriften über Beschlüsse, jedenfalls so weit keine Sonderregeln greifen.[133] Dazu gehört insbesondere

---

Koch, AktG, 13. Aufl., § 120 Rn. 21; *Mülbert*, in: Großkomm-AktG, § 120 Rn. 158; *Döll*, WM 2010, 103, 111; *Hupka*, Das Vergütungsvotum der Hauptversammlung, S. 256 ff.; *Raapke*, Die Regulierung von Organmitgliedern und Angestellten im Aktien- und Kapitalmarktrecht, S. 81; *Voth*, Beratende Hauptversammlungsbeschlüsse, S. 69; vgl. auch *Drinhausen/Keinath*, BB 2010, 3, 7.

[129] Siehe nur: *Spindler*, in: K. Schmidt/Lutter, AktG, § 133 Rn. 2; *M. Arnold*, in: MüKo-AktG, § 133 Rn. 4; *Rieckers*, in: BeckOGK-AktG, Stand: 1. Februar 2025, § 133 Rn. 3; *Çapa*, Konsultative Hauptversammlungsbeschlüsse im Aktienrecht, S. 66 ff.

[130] Siehe dazu: § 9 B. II. 1. a).

[131] *Tröger*, in: KölnKomm-AktG, § 120a Rn. 24.

[132] *Jo. Hoffmann*, in: BeckOGK-AktG, Stand: 1. Februar 2025, § 120a Rn. 17; *Koch*, AktG, § 120a Rn. 5a; *Anzinger*, ZGR 2019, 39, 77; noch zur alten Rechtslage: *Fleischer*, AG 2010, 681, 684; *Hupka*, Das Vergütungsvotum der Hauptversammlung, S. 258.

[133] *Jo. Hoffmann*, in: BeckOGK-AktG, Stand: 1. Februar 2025, § 120a Rn. 18.

das Erfordernis der einfachen Mehrheit nach § 133 AktG für den Beschluss über die Billigung des Vergütungssystems.[134]

Während bei § 120 Abs. 4 AktG a.F. außerdem vereinzelt die Selbstständigkeit des Vergütungsvotums als eigener Tagesordnungspunkt neben der Entlastung thematisiert wurde,[135] ist dies durch die Neuregelung des § 119 AktG und die Ergänzung des Beschlusses über das Vergütungssystem und den Vergütungsbericht in § 119 Abs. 1 Nr. 3 AktG als eigenständige Kompetenz der Hauptversammlung nun gesetzlich ausdrücklich klargestellt.

§ 8 Verfahren des Vergütungsvotums

Um die Modalitäten des Vergütungsvotums zu verstehen, bedarf es zunächst einer Betrachtung des Beschlussgegenstands, also des Vergütungssystems (§ 8 A), bevor dieses im Anschluss der Hauptversammlung vorgelegt wird (§ 8 B). Eine der wichtigsten Fragen, nicht nur für das Verfahren der Hauptversammlungsvorlage, sondern für die Bindungswirkung des Vergütungssystems insgesamt, ist schließlich, wann eine wesentliche Änderung vorliegt, bei der das Vergütungssystem nach § 120a Abs. 1 Satz 1 AktG erneut der Hauptversammlung vorgelegt werden muss (§ 8 C).

A. Beschlussgegenstand

Als Gegenstand der Beschlussfassung legt § 120a Abs. 1 Satz 1 AktG das vom Aufsichtsrat vorgelegte Vergütungssystem für die Vorstandsmitglieder fest. Gemeint ist dabei das Vergütungssystem nach § 87a AktG, also mit dem Mindestinhalt, den § 87a Abs. 1 Satz 2 AktG festlegt.[136] Das Vergütungssystem ist grundsätzlich dasjenige, welches der Aufsichtsrat zukünftig bei

---

[134] *Tröger*, in: KölnKomm-AktG, § 120a Rn. 43; *Jo. Hoffmann*, in: BeckOGK-AktG, Stand: 1. Februar 2025, § 120a Rn. 22; *Spindler*, in: K. Schmidt/Lutter, AktG, § 120a Rn. 13; *Koch*, AktG, § 120a Rn. 5a; *Herrler*, in: Grigoleit, AktG, § 120a Rn. 11; *Gärtner/Himmelmann*, AG 2021, 259, 259.

[135] Vgl. dazu: *Hoffmann-Becking/Krieger*, NZG-Beil. 26/2009, 1, 10; zu der damals schon überwiegenden Annahme für eine Selbständigkeit für einen eigenen Tagesordnungspunkt siehe nur: *Mülbert*, in: Großkomm-AktG, § 120 Rn. 164; *Herrler*, in Grigoleit, AktG, 1. Aufl., § 120a Rn. 24.

[136] *Kubis*, in: MüKo-AktG, § 120a Rn. 5; *Jo. Hoffmann*, in: BeckOGK-AktG, Stand: 1. Februar 2025, § 120a Rn. 19; *Tröger*, in: KölnKomm-AktG, § 120a Rn. 32; *Spindler*, in: K. Schmidt/Lutter, AktG, § 120a Rn. 14.

der Vergütungsfestsetzung zugrunde legen möchte.[137] Andernfalls wäre eine von der zweiten Aktionärsrechterichtlinie (mit)intendierte Steuerung des Aufsichtsratshandels nicht möglich.[138] Der Blick auf die in der Vergangenheit gewährte Vergütung ist gerade kein Teil der Abstimmung über das Vergütungssystem, sondern schon systematisch der separaten Abstimmung über den Vergütungsbericht vorbehalten.[139] Gleichzeitig ist ein Beschluss über die konkrete Vergütung jedenfalls nicht von § 120a Abs. 1 Satz 1 AktG umfasst.[140]

I. Das Vergütungssystem nach § 87a Abs. 1 AktG

Das Vergütungssystem wird in § 87a Abs. 1 AktG geregelt. Der unionsrechtliche Hintergrund der Norm lässt sich unter anderem Erwägungsgrund 29 der zweiten Aktionärsrechterichtlinie entnehmen, wonach eine umfassende Übersicht über die Vergütungspolitik die Grundlage des Votums sein soll. Mit diesem Maßstab ist § 87a Abs. 1 AktG folglich auszulegen.

Die verschiedenen Bestandteile des Vergütungssystems ergeben sich zunächst aus § 87a Abs. 1 Satz 2 AktG (§ 8 A. I. 1). Die allgemeinen Anforderungen dagegen ergeben sich bereits aus § 87a Abs. 1 Satz 1 AktG. Dazu gehört insbesondere die Frage nach der Zuständigkeit für die Ausarbeitung und den Beschluss des Vergütungssystems (§ 8 A. I. 2) sowie das Erfordernis der Klarheit und Verständlichkeit (§ 8 A. I. 3). Anknüpfend an die verschiedenen Vergütungsbestandteile stellt sich die Frage, ob die Vorgaben für die Vergütungsfestsetzung nach § 87 Abs. 1 AktG schon beim Vergütungssystem berücksichtigt werden müssen (§ 8 A. I. 4) und ob auch ein fehlerhaftes Vergütungssystem tauglicher Beschlussgegenstand sein kann (§ 8 A. I. 5).

---

[137] *Tröger*, in: KölnKomm-AktG, § 120a Rn. 32; *Spindler*, in: K. Schmidt/Lutter, AktG, § 120a Rn. 16; *Spindler*, AG 2020, 61, 73.

[138] *Tröger*, in: KölnKomm-AktG, § 120a Rn. 32.

[139] *Tröger*, in: KölnKomm-AktG, § 120a Rn. 32.

[140] *Jo. Hoffmann*, in: BeckOGK-AktG, Stand: 1. Februar 2025, § 120a Rn. 19; *Kubis*, in: MüKo-AktG, § 120a Rn. 10; *Herrler*, ZHR 2020, 408, 414; zur alten Rechtslage bereits: *Hupka*, Das Vergütungsvotum der Hauptversammlung, S. 282; *Fleischer*, NZG 2009, 801, 805; *Hohenstatt*, ZIP 2009, 1349, 1356; *E. Vetter*, ZIP 2009, 2136, 2138; *Schüppen*, ZIP 2010, 905, 907.

1. Bestandteile des Vergütungssystems

Die verschiedenen Bestandteile des Vergütungssystems lassen sich auf unterschiedliche Weise kategorisieren. Zunächst lässt sich zwischen verpflichtend aufzunehmenden Mindestangaben und nur bei Bedarf aufzunehmenden Mindestangaben unterscheiden. Weiter kann man zwischen materiell-inhaltlichen Vergütungsvorgaben und sonstigen Vorgaben differenzieren. Schließlich stellt sich die Frage nach der Reichweite des Vergütungssystems.

a) Mindestangaben des Vergütungssystems

Zunächst differenziert das Gesetz in § 87a Abs. 1 Satz 2 AktG selbst zwischen Mindestangaben im Allgemeinen, und Vergütungsbestandteilen im engeren Sinne. Während das Vergütungssystem mindestens die im gesetzlichen Katalog enthaltenen Angaben enthalten muss, gilt das eingeschränkt für Vergütungsbestandteile nur, soweit diese tatsächlich vorgesehen sind. Daraus wird deutlich, dass der Katalog an Mindestangaben neben Vergütungsbestandteilen auch deskriptive Elemente enthält, welche gerade keinen konkreten Vergütungsbestandteil im engeren Sinne darstellen.

Demnach sind verpflichtend aufzunehmen nur die Festlegung einer Maximalvergütung der Vorstandsmitglieder (Nr. 1), eine Erläuterung zur Berücksichtigung der Vergütungs- und Beschäftigungsbedingungen der Arbeitnehmer (Nr. 9), eine Darstellung des Verfahrens zur Fest- und zur Umsetzung sowie zur Überprüfung des Vergütungssystems (Nr. 10) sowie die ergänzenden Angaben im Fall der Vorlage eines nach § 120a Abs. 3 AktG überprüften Vergütungssystems nach Ablehnung des Systems durch die Hauptversammlung (Nr. 11).[141] Diese Kategorien betreffen keine Vergütungsbestandteile, sondern Erläuterungen und Erklärungen, während die Maximalvergütung aus systematischen Gründen anzugeben ist. Andernfalls liefe die Herabsetzungsmöglichkeit der Maximalvergütung nach § 87

---

[141] *Seibt*, in: K. Schmidt/Lutter, AktG, § 87a Rn. 5; *Spindler*, in: MüKo-AktG, § 87a Rn. 16; *Fleischer*, in: BeckOGK-AktG, Stand: 1. Februar 2025, § 87a Rn. 13; *Spindler*, AG 2020, 61, 64; vgl. auch: *Grigoleit/Kochendörfer*, in: Grigoleit, AktG, § 87a Rn. 27 die ebenfalls § 87a Abs. 1 Satz 2 Nr. 2 AktG dazuzählen; *Charnitzky*, NZG 2021, 1438, 1439 die ebenfalls § 87a Abs. 1 Satz 2 Nr. 2 AktG dazuzählt; *C. Arnold/Herzberg/Zeh*, AG 2020, 313, 314 die ebenfalls § 87a Abs. 1 Satz 2 Nr. 3 AktG dazuzählen; *Grimm/Freh*, ArbRB 2020, 192, 193.

Abs. 4 AktG leer.[142] Gegen die Aufnahme einer Nichtberücksichtigungsanzeige für die fehlenden Kategorien im Vergütungssystem spricht die klare gesetzgeberische Wertung, dass es bei Nichtberücksichtigung keiner Angabe im Vergütungssystem bedarf.[143] Darüber hinaus sind Ergänzungen des Vergütungssystems zulässig, die ihre Grundlage nicht im Gesetz finden.[144] Der Katalog in § 87a Abs. 1 Satz 2 AktG enthält nur die Mindestanforderungen und keine abschließende Aufzählung.

Jedoch müssen die im Gesetz genannten Elemente der Vergütung vom Aufsichtsrat zumindest im Rahmen ihres pflichtgemäßen Ermessens in Erwägung gezogen werden.[145] Andernfalls kann dies eine Pflichtverletzung des Aufsichtsrats darstellen. Ebenfalls zulässig ist sodann, wenn das Vergütungssystem sich auf wenige Vergütungselemente beschränkt.[146]

b) Materielle Vergütungsvorgaben

Der Rechtsausschuss hat den Gesetzesentwurf des ARUG II um die Festlegung einer Maximalvergütung nach § 87a Abs. 1 Satz 2 Nr. 1 AktG ergänzt, welche verpflichtend in das Vergütungssystem aufzunehmen ist.[147] Die Verpflichtung der Festlegung einer Maximalvergütung stellt mithin eine inhaltliche Anforderung an das Vergütungssystem.[148] Im Gegensatz dazu

---

[142] Ebenso: *Grigoleit/Kochendörfer*, in: Grigoleit, AktG, § 87a Rn. 27.

[143] Vgl. Begr. RegE ARUG II, BT-Drucks. 19/9739, S. 72; zustimmend: *Koch*, AktG, § 87a Rn. 4; *Seibt*, in: K. Schmidt/Lutter, AktG, § 87a Rn. 5; *Fleischer*, in: BeckOGK-AktG, Stand: 1. Februar 2025, § 87a Rn. 13; *Grigoleit/Kochendörfer*, in: Grigoleit, AktG, § 87a Rn. 27; *Goslar*, DB 2020, 937, 937; *Löbbe/Fischbach*, AG 2019, 373, 383; *Spindler*, AG 2020, 61, 64; a.A.: *Florstedt*, ZGR 2019, 630, 646; *Grimm/Freh*, ArbRB 2020, 192, 193; unklar insoweit: *Spindler*, in: MüKo-AktG, § 87a Rn. 16.

[144] Ausführlich: *Grigoleit/Kochendörfer*, in: Grigoleit, AktG, § 87a Rn. 28 ff.; *Spindler*, in: MüKo-AktG, § 87a Rn. 17; *Fleischer*, in: BeckOGK-AktG, Stand: 1. Februar 2025, § 87a Rn. 14.

[145] *Spindler*, in: MüKo-AktG, § 87a Rn. 16; *Koch*, AktG, § 87a Rn. 4; *Zipperle/Lingen*, BB 2020, 131, 132; vgl. auch: *Seibt*, in: K. Schmidt/Lutter, AktG, § 87a Rn. 5, der auch vom Berücksichtigungsdruck der übrigen Kategorien des § 87a Abs. 1 Satz 2 AktG schreibt und damit von der sog. „*Nudge-Gesetzgebung*“.

[146] *Spindler*, in: MüKo-AktG, § 87a Rn. 16; *Löbbe/Fischbach*, AG 2019, 373, 376; *Paschos/Goslar*, AG 2018, 857, 862; *Diekmann*, BB 2018, 3010, 3010.

[147] Vgl. Beschlussempfehlung und Bericht AfRuV, BT-Drucks. 19/15153, S. 56.

[148] *Cahn*, in: KölnKomm-AktG, § 87a Rn. 3; *Grigoleit/Kochendörfer*, in: Grigoleit, AktG, § 87a Rn. 33; *Dörrwächter/Harrack*, NZG 2024, 611, 612; *C. Arnold/Herzberg/Zeh*, AG 2020, 313, 314; a.A.: *Charnitzky*, NZG 2021, 1438, 1439.

ergeben sich die materiell inhaltlichen Anforderungen an die Vergütung im Übrigen aus § 87 AktG.[149] Besonders § 87 Abs. 1 Satz 1 AktG verpflichtet den Aufsichtsrat bei der Festsetzung der Gesamtbezüge des einzelnen Vorstandsmitglieds dafür zu sorgen, dass diese in einem angemessenen Verhältnis zu den Aufgaben und Leistungen des Vorstandsmitglieds sowie zur Lage der Gesellschaft stehen und die übliche Vergütung nicht ohne besondere Gründe übersteigen. Nach § 87 Abs. 1 Satz 2 AktG ist die Vergütungsstruktur bei börsennotierten Gesellschaften außerdem auf eine nachhaltige und langfristige Entwicklung der Gesellschaft auszurichten. Die grundsätzliche Differenzierung zwischen den materiellen Vorgaben in § 87 AktG und den Vorgaben für das Vergütungssystem in § 87a AktG ist nicht zwingend. In der zweiten Aktionärsrechterichtlinie wird nicht immer zwischen materiell inhaltlichen und sonstigen Vorgaben differenziert. So soll nach Art. 9a Abs. 6 Uabs. 1 Satz 1 AktionärsrechteRL II das Vergütungssystem die Geschäftsstrategie, die langfristigen Interessen und die langfristige Tragfähigkeit der Gesellschaft fördern und gleichzeitig erläutern, wie es dies tut. Nach der deutschen Systematik wurde nur der deskriptive Teil in § 87a Abs. 1 Satz 2 Nr. 2 AktG aufgenommen, während der erste Teil, also die Verpflichtung zur Förderung, in § 87 Abs. 1 Satz 2 AktG für die konkrete Festsetzung der Vergütung geregelt ist.[150]

c) Drittzahlungen

Weiter klärungsbedürftig ist, ob neben geplanten Zahlungen der Gesellschaft selbst auch Zahlungen Dritter in das Vergütungssystem aufzunehmen sind.[151] Hier muss zwischen Zahlungen Dritter, die aber wirtschaftlich

---

[149] *Seibt*, in: K. Schmidt/Lutter, AktG, § 87a Rn. 5; *Grigoleit/Kochendörfer*, in: Grigoleit, AktG, § 87a Rn. 33; *Löbbe/Fischbach*, AG 2019, 373, 377; *C. Arnold/Herzberg/Zeh*, AG 2020, 313, 314; *Böcking/Bundle*, Der Konzern 2020, 15, 16; *Spindler*, AG 2020, 61, 62; *E. Vetter*, NZG 2020, 1161, 1161; *Bundle*, Vorstandsvergütung als Mechanismus der Corporate Governance, S. 89; *Teichmann*, in: FS Heidinger (2023), S. 537, 543; *Stöber*, DStR 2020, 391, 394 zählt auch die Maximalvergütung zu den formalen und nicht materiellen Angaben.

[150] Dies kritisierend: *Bachmann/Pauschinger*, ZIP 2019, 1, 3; siehe weiter zur Geltung der materiellen Vorgaben für die Vergütungsfestsetzung bei der Festlegung des Vergütungssystems: § 8 A. I. 4.

[151] Ablehnend: *Grigoleit/Kochendörfer*, in: Grigoleit, AktG, § 87a Rn. 21; *Koch*, AktG, § 87a Rn. 3; *Spindler*, in: MüKo-AktG, § 87a Rn. 12; *Bauer/C. Arnold*, in: FS Henssler (2023), S. 785, 793 f.

oder rechtlich der Gesellschaft zuzurechnen sind, und Zahlungen sonstiger Dritter differenziert werden. Bei ersteren haben die Aktionäre ein Interesse daran, auch derartige Zahlungen überblicken zu können, die zwar nicht von der Gesellschaft vorgenommen werden sollen, sich aber im Ergebnis wirtschaftlich zumindest mittelbar auf die Gesellschaft auswirken oder die sich auf Entscheidungsprozesse der Gesellschaft zurückführen lassen. Im Sinne vollständiger Transparenz und angemessener Beurteilung durch die Aktionäre sind auch diese Zahlungen vom Anwendungsbereich der §§ 87a, 120a AktG umfasst. Zahlungen Dritter, die wirtschaftlich oder rechtlich der Gesellschaft zuzuordnen sind, wie zum Beispiel Zahlungen durch Tochterunternehmen der Gesellschaft müssen mithin im Vergütungssystem berücksichtigt werden.[152] Lassen sich die Zuwendungen aber auf sonstige Dritte zurückführen ohne Auswirkungen auf die Gesellschaft und ohne von der Gesellschaft initiiert zu sein, so fallen diese Zahlungen aus dem teleologischen und systematischen Zusammenhang zur Hauptversammlung der Gesellschaft und Beurteilung der von der Gesellschaft zu zahlenden Vergütung. Insofern bleibt es bei der ausschließlich retrospektiven Betrachtung im Vergütungsbericht über § 162 Abs. 2 Nr. 1 AktG, wonach hier sämtliche Zuwendungen auch Dritter angegeben werden müssen, die dem Vorstandsmitglied im Hinblick auf seine Tätigkeit als Vorstandsmitglied zugesagt oder gewährt worden sind.[153]

2. *Zuständigkeit des Aufsichtsrats*

Nachdem die inhaltliche Gestaltung des Vergütungssystems geklärt ist, bedarf es einer näheren Auseinandersetzung mit der Zuständigkeitsfrage. Zunächst geht es um die Festlegung des Vergütungssystems, also sowohl den Beschluss über das Vergütungssystem (§ 8 A. I. 2. a)) als auch die vorgelagerte Ausarbeitung des Vergütungssystems (§ 8 A. I. 2. b)). Daneben gilt es die Zulässigkeit der Einbindung eines entsprechenden Ausschusses zu erörtern (§ 8 A. I. 2. c)).

---

[152] Im Ergebnis auch: *Spindler*, in: MüKo-AktG, § 87a Rn. 12; *Dörrwächter/Harrack*, DB 2021, 2064, 2065 f.; *Grigoleit/Kochendörfer*, in: Grigoleit, AktG, § 87a Rn. 21, mit Blick auf die offenkundigen Umgehungsgefahren; *v. Zehmen*, BB 2021, 628, 629.

[153] Diese Systematik betonend: *Spindler*, in: MüKo-AktG, § 87a Rn. 12; *Grigoleit/Kochendörfer*, in: Grigoleit, AktG, § 87a Rn. 21; *Koch*, AktG, § 87a Rn. 3.

a) Beschluss des Vergütungssystems durch den Aufsichtsrat

Die Frage nach der Zuständigkeit für den Entwurf eines Vergütungssystems ist unionsrechtlich nicht geregelt, weshalb es hier bei der alleinigen Festlegung durch den deutschen Gesetzgeber geblieben ist.[154] In Erwägungsgrund 28 der zweiten Aktionärsrechterichtlinie ist jedoch festgelegt, dass die Vielfalt der *Corporate Governance* Systeme der Union und damit die unterschiedlichen Ansichten der Mitgliedstaaten über die Rolle insbesondere der für die Vergütungspolitik sowie die Vergütung einzelner Mitglieder der Unternehmensleiter zuständigen Gremien respektiert wird. Eine generelle Kompetenzzuweisung an den Aufsichtsrat steht daher nicht nur im Einklang mit dem bisherigen deutschen Kompetenzgefüge der Aktiengesellschaft, sondern ist auch nach der zweiten Aktionärsrechterichtlinie zulässig.[155] Folglich hat der Gesetzgeber für den Beschluss über das Vergütungssystem in § 87a Abs. 1 Satz 1 AktG geregelt, dass der Aufsichtsrat das Vergütungssystem beschließt. Damit muss der Aufsichtsrat also nach den allgemeinen Regeln Beschluss fassen.[156]

b) Ausarbeitung des Vergütungssystems durch den Aufsichtsrat

Der deutsche Gesetzgeber hat dagegen nicht ausdrücklich geregelt, wer für die Ausarbeitung des Vergütungssystems zuständig ist. Ohne Betrachtung des deutschen Organisationsgefüges in der Aktiengesellschaft wäre es grundsätzlich denkbar, den Vorstand ein System ausarbeiten zu lassen und den Aufsichtsrat dann nach § 87a Abs. 1 Satz 1 AktG den Beschluss fassen zu lassen oder gar die Hauptversammlung selbst alternative Vergütungssysteme ausarbeiten zu lassen. Berücksichtigt man jedoch die tradierte dualistische und speziell deutsche Ausgestaltung der Organzuständigkeiten in der Aktiengesellschaft, insbesondere bei den Vergütungsfragen, so muss die bisher alleinige und vollumfängliche Zuständigkeit des Aufsichtsrats für die Vergütung der Vorstandsmitglieder auch an dieser Stelle berücksichtigt werden. Schon aus praktischen Gründen ist das sachgerecht.

---

[154] *Florstedt*, ZGR 2019, 630, 644 f; a.A.: *Jo. Hoffmann*, in: BeckOGK-AktG, Stand: 1. Februar 2025, § 120a Rn. 13, wonach für dualistisch organisierte Gesellschaften, die alleinige Zuständigkeit des Aufsichtsrats bereits der Richtlinie zu entnehmen ist.

[155] Siehe dazu: § 5 A; vgl. auch: *Anzinger*, ZGR 2019, 39, 74; *Bachmann/Pauschinger*, ZIP 2019, 1, 2.

[156] *Fleischer*, in: BeckOGK-AktG, Stand: 1. Februar 2025, § 87a Rn. 12.

Der Aufsichtsrat ist zur Ausarbeitung eines komplizierten Vergütungssystems wegen der Zahl seiner Mitglieder im Vergleich zur Hauptversammlung und der Zahl der Aktionäre besser geeignet als die Hauptversammlung. Gegen die Zuständigkeit des Vorstands spricht, dass dieser nach dem Aktiengesetz gerade nicht am Prozess der *eigenen* Vergütungsfestlegung beteiligt werden soll. In diesem Sinne geht auch die Gesetzesbegründung davon aus, dass der Aufsichtsrat aufgrund seiner institutionellen Ausgestaltung besonders gut zur Entwicklung des Vergütungssystems geeignet ist.[157] Vor diesem Hintergrund ist der Annahme zuzustimmen, dass die Beschlusspflicht des Aufsichtsrats ungeschrieben voraussetzt und mitumfasst, dass der Aufsichtsrat zuvor ein entsprechendes Vergütungssystem konzipiert und ausgearbeitet hat.[158] Im Ergebnis ist also der Aufsichtsrat für die Ausarbeitung des Vergütungssystems allein zuständig.[159]

c) Zulässige Delegation an einen Ausschuss

Virulent ist in diesem Zusammenhang die Frage, ob eine Delegation der jeweiligen Entscheidung an einen Ausschuss möglich ist.[160] Grundsätzlich ist eine Delegation an einen Ausschuss auch wichtiger Entscheidungen des

---

[157] Begr. RegE ARUG II, BT-Drucks. 19/9739, S. 34; Beschlussempfehlung und Bericht AfRuV, BT-Drucks. 19/15153, S. 55; ebenso: *Keinath*, Die Regulierung der Vorstandsvergütung in börsennotierten Unternehmen, S. 135 ff.; kritisch dazu: *Bachmann/Pauschinger*, ZIP 2019, 1, 5.

[158] So: *Seibt*, in: K. Schmidt/Lutter, AktG, § 87a Rn. 1; vgl. auch ohne nähere Begründung aber i.E. ebenso: *Grigoleit/Kochendörfer*, in: Grigoleit, AktG, § 87a Rn. 22.

[159] *Cahn*, in: KölnKomm-AktG, § 87a Rn. 5; *Herrler*, in: Grigoleit, AktG, § 120a Rn. 10; *Tröger*, in: KölnKomm-AktG, § 120a Rn. 34, der von der Aufstellungskompetenz spricht; *Bachmann/Pauschinger*, ZIP 2019, 1, 2; *Goslar*, DB 2020, 937, 940; *J. Schmidt*, NZG 2018, 1201, 1202; *Illner/Jü. Hoffmann*, ZWH 2019, 81, 83; *Velte*, DStR 2018, 2445, 2448; *Scheffler*, AG 2018, R317, R317; *Needham*, ZCG 2020, 22, 23.

[160] Für die Zulässigkeit einer Delegation: *Seibt*, in: K. Schmidt/Lutter, AktG, § 87a Rn. 21; *Fleischer*, in: BeckOGK-AktG, Stand: 1. Februar 2025, § 87a Rn. 12; *Tröger*, in: KölnKomm-AktG, § 120a Rn. 38; *Koch*, AktG, § 87a Rn. 3; *Wentrup*, in: MünchHdb GesR IV, § 21 Rn. 55; *Bachmann*, ZHR 2020, 127, 131; *Florstedt*, ZGR 2019, 630, 644 Fn. 88; *Gärtner/Himmelmann*, AG 2021, 259, 262; *Grimm/Freh*, ArbRB 2020, 192, 193; wohl auch: *Spindler*, in: MüKo-AktG, § 87a Rn. 46, der die Diskussion jedoch systemwidrig im Rahmen des Beschlusses über die Festsetzung der konkreten Vorstandsvergütung erörtert, was angesichts § 107 Abs. 3 Satz 7 i.V.m. § 87 Abs. 1 AktG kaum vertretbar ist; a.A.: *Cahn*, in: KölnKomm-AktG, § 87a Rn. 5; *Grigoleit/Kochendörfer*, in: Grigoleit, AktG, § 87a Rn. 23; *Grau*, in: FS Henssler (2023), S. 879, 882 f.; *E. Vetter*, NZG 2020,

Aufsichtsrats als Frage der inneren Organordnung möglich.[161] Neben bestimmten ungeschriebenen Delegationsverboten ergibt sich ein Delegationsverbot jedoch hauptsächlich aus § 107 Abs. 3 Satz 7 AktG, in dessen Katalog bestimmte Aufgaben aufgenommen wurden, die einem Ausschuss nicht anstelle des Aufsichtsrats zur Beschlussfassung übertragen werden dürfen. So gehören unter anderem die Entscheidungen nach § 87 Abs. 1 und Abs. 2 Satz 1 und 2 AktG, also im Ergebnis die Festsetzung der Vorstandsvergütung sowie die Herabsetzung der Vergütung bei Verschlechterung der Lage, zu den nicht delegierbaren Entscheidungen. Im Rahmen des ARUG II wurde § 87a AktG nicht in den Katalog der Delegationsverbote in § 107 Abs. 3 Satz 7 AktG aufgenommen. Dies spricht zunächst für die Möglichkeit einer Delegation.

Der Zusammenhang zur Vergütungsentscheidung nach § 87 Abs. 1 und Abs. 2 AktG, welche nach § 107 Abs. 3 Satz 7 AktG wiederum einem Delegationsverbot unterliegt, könnte hier jedoch für ein solches Verbot sprechen.[162] Durch § 87a Abs. 2 Satz 1 AktG ist der Aufsichtsrat bei der Festsetzung der Vergütung an den Rahmen gebunden, den ein der Hauptversammlung vorgelegtes Vergütungssystem vorgibt.[163] Sieht man die Ratio des Delegationsverbots der konkreten Vergütungsentscheidung nach § 87 Abs. 1 AktG darin, dass der Gesamtaufsichtsrat für die Entscheidung über die Vorstandsvergütung ungebunden als Ganzes zuständig sein soll, so ließe sich dem die Entscheidung über das Vergütungssystem sowie dessen Vorlage teleologisch unterordnen. Auch die Ausarbeitung und Vorlage eines Vergütungssystems an die Hauptversammlung können andernfalls den Aufsichtsrat im Rahmen des § 87a Abs. 2 Satz 1 AktG binden. Ist eine solche Entscheidungsfindung durch einen Ausschuss möglich, ist der Gesamtaufsichtsrat bei der Vergütungsentscheidung nach § 87 Abs. 1 AktG an die vorherige Arbeit des Ausschusses gebunden und die gesetzliche

---

1161, 1162 ff; siehe auch: im Gesetzgebungsverfahren eine Aufnahme in den Katalog des § 107 Abs. 3 Satz 7 AktG fordernd: *Bachmann/Pauschinger*, ZIP 2019, 1, 2.

[161] *Habersack*, in: MüKo-AktG, § 107 Rn. 134; *Mertens/Cahn*, in: KölnKomm-AktG, § 107 Rn. 169; *Hopt/Roth*, in: Großkomm-AktG, § 107 Rn. 430; *Walla*, in: BeckOGK-AktG, Stand: 1. Februar 2025, § 107 Rn. 104; *Drygala*, in: *K. Schmidt/Lutter*, AktG, § 107 Rn. 41; *Lutter/Krieger/Verse*, Rechte und Pflichten des Aufsichtsrats, § 11 Rn. 746; wohl auch: *Koch*, AktG, § 107 Rn. 58; a.A.: *Dose*, ZGR 1973, 300, 312 f.

[162] Vgl. *Grigoleit/Kochendörfer*, in: Grigoleit, AktG, § 87a Rn. 23; *Seibt*, in: K. Schmidt/Lutter, AktG, § 87a Rn. 30.

[163] Siehe dazu: § 9 B. I. 1.

Anweisung des § 107 Abs. 3 Satz 7 AktG bliebe zumindest in Teilen wirkungslos.[164] Insofern wird teilweise wegen der präjudizierenden Wirkung des Beschlusses über das Vergütungssystem ein ungeschriebenes Delegationsverbot *a minore ad maius* beziehungsweise aus einem Erst-Recht-Schluss hergeleitet.[165]

Vor dem Hintergrund der abstrakten Ausarbeitung eines zum Teil komplexen Vergütungssystems ist die Betrauung eines kompetenten und spezialisierten Ausschusses sinnvoll.[166] Außerdem könnte man systematisch die Aufnahme der Rolle eventuell betroffener Ausschüsse bei der Darstellung des Verfahrens zur Fest- und Umsetzung sowie zur Überprüfung des Vergütungssystems in § 87a Abs. 1 Satz 2 Nr. 10 AktG so verstehen, dass unter anderem die Festlegung des Vergütungssystems durch einen Ausschuss erfolgen darf. In dem Vergütungssystem müsste dann lediglich erläutert werden, welche Rolle der Ausschuss genau hatte. Wenn die Übertragung der Entscheidung beziehungsweise Ausarbeitung des Vergütungssystems an einen Ausschuss jedoch unzulässig wäre, erübrigt sich die Darstellung der Rolle betroffener Ausschüsse größtenteils.[167] Dies verdeutlicht vielmehr, dass der Gesetzgeber sehr wohl an die Mitarbeit von Ausschüssen im Aufsichtsrat gedacht hat und es sich bei der Nichtaufnahme des § 87a Abs. 1 Satz 1 AktG in den Katalog der Delegationsverbote nicht um ein Redaktionsversehen handeln kann.[168] Auch eine Begrenzung der Ausschussbeteiligung auf die Vorbereitung einer Beschlussvorlage für das Vergütungssystem lässt sich der gesetzlichen Regelung nicht entnehmen. So ist für den Abschluss des Anstellungsvertrags überwiegend anerkannt, dass die Vorbereitung des Beschlusses durch einen Ausschuss trotz des bestehenden Delegationsverbots nach § 107 Abs. 3 Satz 7 AktG möglich ist.[169] Im weitesten Sinne könnte

---

164 *Cahn*, in: KölnKomm-AktG, § 87a Rn. 5.

165 *Grigoleit/Kochendörfer*, in: Grigoleit, AktG, § 87a Rn. 23.

166 *Tröger*, in: KölnKomm-AktG, § 120a Rn. 38.

167 Hier zirkelschlüssig: *Grigoleit/Kochendörfer*, in: Grigoleit, AktG, § 87a Rn. 23, die von einem Vorrang des Delegationsverbots vor den Regelungen zur Offenlegung einer Ausschussbeteiligung ausgehen. Damit wird jedoch ein Argument gegen das Bestehen eines Delegationsverbots mit der Unterstellung der Existenz dieses Delegationsverbots versucht zu entkräftigen.

168 So aber: *Grigoleit/Kochendörfer*, in: Grigoleit, AktG, § 87a Rn. 23.

169 *Spindler*, in: MüKo-AktG, § 87a Rn. 46; *Walla*, in: BeckOGK-AktG, Stand: 1. Februar 2025, § 107 Rn. 145; *Grigoleit/Kochendörfer*, in: Grigoleit, AktG, § 87a Rn. 23; *Koch*,

man auch die Erstellung des Vergütungssystems und den Beschluss über das Vergütungssystem zwar als selbstständige Maßnahme, darüber hinaus aber als eine vorbereitende Maßnahme zum Anstellungsvertrag sehen. Über § 87a Abs. 2 Satz 1 AktG ist der Aufsichtsrat beim Abschluss des Anstellungsvertrags an das dann beschlossene Vergütungssystem gebunden. Insgesamt sprechen damit die besseren Argumente für die Zulässigkeit des Delegierens der mit dem Vergütungssystem zusammenhängenden Entscheidungen an einen Ausschuss durch den Aufsichtsrat.

Bindet der Aufsichtsrat erwartungsgemäß einen Ausschuss in die Arbeitsprozesse zur Erstellung des Vergütungssystems ein, so muss er dies nach § 87a Abs. 1 Satz 2 Nr. 10 AktG im Vergütungssystem ausdrücken. Nach Art. 9a Abs. 6 Uabs. 6 Satz 1 AktionärsrechteRL II muss das Entscheidungsverfahren im Vergütungssystem erläutert werden, das für seine Festlegung, Überprüfung und Umsetzung, einschließlich Maßnahmen zur Vermeidung und Behandlung von Interessenkonflikten, sowie gegebenenfalls die Rolle des Vergütungsausschusses oder anderer betroffener Ausschüsse durchgeführt wird. Insofern gehört auch mit Blick auf die europäische Grundlage die Besetzung und Arbeitsweise des jeweils zuständigen Ausschusses zum Inhalt des Vergütungssystems.[170]

3. *Klarheit und Verständlichkeit des Vergütungssystems*

Nach § 87a Abs. 1 Satz 1 AktG muss das Vergütungssystem klar und verständlich sein. Damit wurden die Kriterien wortlautgetreu aus Art. 9a Abs. 6 Uabs. 1 Satz 2 AktionärsrechteRL II übernommen. Die Aufforderung richtet sich nach dem Vorstehenden an den Aufsichtsrat, der ein solch klares und verständliches Vergütungssystem zu beschließen hat.[171] Dabei ist aber nicht ausdrücklich geregelt, nach welchem Maßstab sich Klarheit und Verständlichkeit beurteilen. Vor dem Hintergrund der Transparenz gegenüber den Aktionären ist es nur konsequent, den Maßstab

---

AktG, § 107 Rn. 59; *Fleischer*, NZG 2009, 801, 804; *Annuß/Thüsing*, BB 2009, 2434, 2439; *Thüsing*, AG 2009, 517, 524; *v Kann/Keiluweit*, DStR 2009, 1587, 1590; *Seibert*, WM 2009, 1489, 1491; *Hoffmann-Becking/Krieger*, NZG-Beil. 26/2009, 1, 9; a.A.: *Cahn*, in: KölnKomm-AktG, § 87a Rn. 5; *E. Vetter*, NZG 2020, 1161, 1164.

170 So jedenfalls: *Anzinger*, ZGR 2019, 39, 73.

171 Siehe zur Zuständigkeit: § 8 A. I. 2.

hinsichtlich Klarheit und Verständlichkeit an den Aktionären und nicht den Aufsichtsratsmitgliedern zu messen.[172] Die Klarheit und Verständlichkeit eines Vergütungssystems kann so mittelbar zu einer höheren Akzeptanz bei den Aktionären führen.[173]

Zur Auslegung der Kriterien kann man einen Vergleich zu den Anforderungen für Prospekte in der EU-Prospektverordnung[174] ziehen.[175] Nach Art. 6 Abs. 2 EU-Prospektverordnung werden die Informationen in einem Prospekt in *„leicht zu analysierender, knapper und verständlicher Form"* geschrieben und präsentiert. Beiden Regelungen gemein ist das Ziel, eine informierte Entscheidung zu ermöglichen.[176] Die Ausarbeitung des Vergütungssystems dient grundsätzlich der Schaffung einer ausreichenden Informationsgrundlage für die Aktionäre, sowohl hinsichtlich der Vergütungsrichtlinie zum einen als auch der Grundlage für eine angemessene Beurteilung der Aktionäre im Rahmen der Beschlussfassung nach § 120a Abs. 1 Satz 1 AktG.[177] Nach der Gesetzesbegründung orientiert sich der Empfängerhorizont zur Beurteilung der Klarheit und Verständlichkeit am *„durchschnittlich informierten, situationsadäquat aufmerksamen und verständigen Aktionär"*[178]. Der Durchschnittsaktionär ist jedenfalls nicht mit dem Durchschnittsverbraucher gleichzusetzen, das Vergütungssystem muss sich also bei der Verständlichkeit nicht an einem Verbraucher und damit nicht

---

172 So schon: *Cahn*, in: KölnKomm-AktG, § 87a Rn. 2; *C. Arnold/Herzberg/Zeh*, AG 2020, 313, 313 f.; vgl. Begr. RegE ARUG II, BT-Drucks. 19/9739, S. 72; dagegen Vorstands-Aufsichtsratsmitglieder einschließend: *Anzinger*, ZGR 2019, 39, 70 und 76.

173 Siehe insofern: *Grigoleit/Kochendörfer*, in: Grigoleit, AktG, § 87a Rn. 25, unter Verweis auf die Ablehnung des Vergütungssystems nach § 120 Abs. 4 AktG a.F. bei ProSieben. Sat.1 vermeintlich wegen der unübersichtlichen und schlechten Gliederung des Vergütungssystems.

174 Verordnung (EU) 2017/1129 des Europäischen Parlaments und des Rats vom 14. Juni 2017 über den Prospekt, der beim öffentlichen Angebot von Wertpapieren oder bei deren Zulassung zum Handel einem geregelten Markt zur veröffentlichen ist, ABl. EU Nr. L 168, 12 vom 30. Juni 2017.

175 Vgl. *Seibt*, in: K. Schmidt/Lutter, AktG, § 87a Rn. 4.

176 ErwG 7 EU-Prospektverordnung; Begr. RegE ARUG II, BT-Drucks. 19/9739, S. 72; *Seibt*, in: K. Schmidt/Lutter, AktG, § 87a Rn. 4; speziell für das ARUG II: *Anzinger*, ZGR 2019, 39, 76; *J. Vetter/Lauterbach*, AG 2021, 89, 91.

177 Vgl. *Cahn*, in: KölnKomm-AktG, § 87a Rn. 2.

178 Begr. RegE ARUG II, BT-Drucks. 19/9739, S. 72.

an jedermann orientieren.[179] Es ist vielmehr von einem Aktionär auszugehen, der zumindest im Grundsatz mit Aktienrecht vertraut ist.[180] Angesichts der Komplexität der Vorstandsvergütung und mit dem Blick auf den durchschnittlichen Aktionär einer börsennotierten Gesellschaft dürften Klarheit und Verständlichkeit bereits ohne große Herausforderung zu erreichen sein. Die Anforderungen sind jedenfalls nicht zu hoch anzusetzen.[181] Die Aktionäre müssen nicht jedes Detail des Vergütungssystems, sondern nur dessen wesentliche Aspekte und Funktionsmechanismen verstehen.[182] Richtig ist zwar, dass aus der Regelung und der Publizität nach § 124a Satz 1 Nr. 4 AktG hervorgeht, dass die Aktionäre in die Lage versetzt werden sollen, sich selbst ein Urteil über das Vergütungssystem zu bilden, um auf dieser Grundlage die Beschlussfassung nach § 120a Abs. 1 Satz 1 AktG vorzunehmen.[183] Das zwingt aber nicht dazu, das Vergütungssystem in jedem Detail verständlich für den Durchschnittsanleger zu machen. Vielmehr kann ein Anleger auch dann ausreichend informiert über das Vergütungssystem abstimmen, wenn ihm die einzelnen Komponenten und deren jeweilige Auswirkung auf die Vergütung des Vorstandsmitglieds bekannt sind, er jedoch nicht jedes Detail und jeden Mechanismus vollends nachvollziehen kann.[184]

Insofern bleibt es dabei, dass für Aktionäre insbesondere die grundsätzliche Anreizwirkung erkennbar sein muss.[185] Das Vergütungssystem muss ein „*Mindestmaß an darstellerischer Klarheit*“[186] enthalten. Auch in einem solchen Fall kann sich der Anleger ein ausreichendes Bild verschaffen, ohne dass an

---

179 *Seibt*, in: K. Schmidt/Lutter, AktG, § 87a Rn. 4; *Spindler*, in: MüKo-AktG, § 87a Rn. 15; *Grigoleit/Kochendörfer*, in: Grigoleit, AktG, § 87a Rn. 25; *Fleischer*, in: BeckOGK-AktG, Stand: 1. Februar 2025, § 87a Rn. 10; *C. Arnold/Herzberg/Zeh*, AG 2020, 313, 313 f.; *Spindler*, AG 2020, 61, 64.

180 *Spindler*, in: MüKo-AktG, § 87a Rn. 15.

181 Begr. RegE ARUG II, BT-Drucks. 19/9739, S. 72 f.; *Seibt*, in: K. Schmidt/Lutter, AktG, § 87a Rn. 4; *Grigoleit/Kochendörfer*, in: Grigoleit, AktG, § 87a Rn. 25; *Koch*, AktG, § 87a Rn. 3; *Fleischer*, in: BeckOGK-AktG, Stand: 1. Februar 2025, § 87a Rn. 11; kritisch zur Operabilität der Kriterien: *Spindler*, AG 2020, 61, 64.

182 *C. Arnold/Herzberg/Zeh*, AG 2020, 313, 314; a.A.: *Cahn*, in: KölnKomm-AktG, § 87a Rn. 7.

183 So: *Cahn*, in: KölnKomm-AktG, § 87a Rn. 7.

184 A.A.: *Cahn*, in: KölnKomm-AktG, § 87a Rn. 7.

185 *Weber*, in: Hölters/Weber, AktG, § 87a Rn. 7; *Dörrwächter/Harrack*, NZG 2024, 611, 612.

186 *Fleischer*, in: BeckOGK-AktG, Stand: 1. Februar 2025, § 87a Rn. 11.

Detaillierungsgrad oder komplexen Zusammenhängen im Vergütungssystem gespart werden muss. Daneben existiert für Einzelfragen auch noch das Auskunftsrecht nach § 131 Abs. 1 Satz 1 AktG in der Hauptversammlung, welches dem Aktionär ebenfalls zugutekommt. Zur Verständlichkeit des Vergütungssystems gehört dann, dass neben der bloßen Aneinanderreihung der Bestandteile des Vergütungssystems diese ins Verhältnis zueinander gesetzt werden müssen.[187] In diesem Zusammenhang muss das Vergütungssystem nach Art. 9a Abs. 6 Uabs. 1 Satz 2 Hs. 2 AktionärsrechteRL II beziehungsweise § 87a Abs. 1 Satz 2 Nr. 3 AktG den jeweils relativen Anteil des Vergütungsbestandteils angeben.

4. *Geltung der materiellen Vergütungsvorgaben für das Vergütungssystem*

Der Aufsichtsrat ist bei der Festsetzung der Vergütung an die materiellen Vorgaben des Gesetzes – insbesondere des § 87 Abs. 1 AktG – gebunden. Das beinhaltet insbesondere die Angemessenheit der Bezüge nach § 87 Abs. 1 Satz 1 AktG, aber auch die Ausrichtung auf eine nachhaltige und langfristige Entwicklung der Gesellschaft nach § 87 Abs. 1 Satz 2 AktG.[188] Gleichzeitig ist der Aufsichtsrat über § 87a Abs. 2 Satz 1 AktG bei der Festsetzung der Vergütung an das Vergütungssystem gebunden.[189] Insofern stellt sich die Frage, ob das Vergütungssystem bereits die materiellen Vorgaben insbesondere des § 87 Abs. 1 AktG mit dem Angemessenheitskriterium berücksichtigen muss.

Zunächst ist systematisch die Trennung der beiden Prozesse im Vergütungsprozess zu beachten. Die Festlegung des Vergütungssystems nach § 87a Abs. 1 AktG folgt zeitlich vor der Festsetzung der Vergütung nach § 87 Abs. 1 AktG im Anstellungsvertrag oder der Vergütungsabrede. Aus diesem Grund hat der Gesetzgeber die Regelungen zum Vergütungssystem in einer neuen Norm in § 87a AktG geregelt, statt sie den materiellen

---

[187] *Anzinger*, ZGR 2019, 39, 70 f.

[188] Siehe zur Angemessenheit und der Ausrichtung der Vergütungsstruktur näher etwa: *Raapke*, Die Regulierung von Organmitgliedern und Angestellten im Aktien- und Kapitalmarktrecht, S. 123 ff.; *Rieble/Schmittlein*, Vergütung von Vorständen und Führungskräften, S. 27 ff.; speziell zur Nachhaltigkeit: *C. Arnold/Herzberg/Zeh*, AG 2021, 141, 141 ff.

[189] Siehe dazu: § 9 B. I. 1.

Vorschriften des § 87 AktG zuzuordnen.[190] Dies spricht zunächst für eine losgelöste Betrachtung des Vergütungssystems, sodass man zu dem Schluss kommen könnte, die materiellen Vorgaben seien erst bei der Festsetzung der Vergütung zu beachten. Art. 9a Abs. 6 Uabs. 1 Satz 1 AktionärsrechteRL II enthält mit der Verpflichtung zur Förderung der Geschäftsstrategie, der langfristigen Interessen und der langfristigen Tragfähigkeit der Gesellschaft aber auch eine materielle Vorgabe. Diese ist im deutschen Recht in § 87 Abs. 1 AktG bereits mit anderem Wortlaut enthalten gewesen und wurde deswegen nicht explizit in § 87a Abs. 1 Satz 2 AktG aufgenommen.[191] Gleichwohl soll nach der Gesetzesbegründung mit der Vergütungsstruktur in § 87 Abs. 1 AktG das Vergütungssystem explizit miterfasst sein.[192] Zumindest für diese Anforderung geht der Gesetzgeber also davon aus, dass die materielle Vorschrift zur Ausrichtung der Vergütungsstruktur in § 87 Abs. 1 Satz 2 AktG auch beim Vergütungssystem zu beachten ist. Dieses Verständnis verdeutlicht die in § 87a Abs. 1 Satz 2 Nr. 2 AktG geforderte Erläuterung des Beitrags zur Förderung der Geschäftsstrategie und der langfristigen Entwicklung der Gesellschaft. Eine solche Erläuterung ist nur insoweit sinnvoll, als schon das Vergütungssystem danach auszurichten ist.[193] Der Aufsichtsrat hat bei Erstellung des Vergütungssystems noch keinen Anstellungsvertrag auf dessen Grundlage abgeschlossen. Mithin kann der Aufsichtsrat im Vergütungssystem nur den Beitrag erläutern, den das Vergütungssystem zur Förderung der Geschäftsstrategie und der langfristigen Entwicklung der Gesellschaft leistet. Bei der Angemessenheit der Vergütung könnte man dagegen erwägen, diese systematisch und teleologisch erst bei der Festsetzung anzuwenden. Das beruht auf dem Gedanken, dass nur die konkrete Vergütung unangemessen sein kann. Das Vergütungssystem kann wegen der abstrakten Geltung für alle Vorstandsmitglieder beispielsweise nicht die konkreten Aufgaben und Leistungen des Vorstandsmitglieds i.S.d. § 87 Abs. 1 Satz 1 AktG berücksichtigen. Dieses Verständnis von der Angemessenheit greift jedoch zu kurz, versteht man das Vergütungssystem richtigerweise als eine Art Vorstufe der

---

190 Vgl. *Anzinger*, ZGR 2019, 39, 74; *C. Arnold/Herzberg/Zeh*, AG 2020, 313, 315; auf die in der Richtlinie materiellen Angaben für das Vergütungssystem hinweisend: *Bachmann/ Pauschinger*, ZIP 2019, 1, 3.

191 Vgl. Begr. RegE ARUG II, BT-Drucks. 19/9739, S. 72.

192 Begr. RegE ARUG II, BT-Drucks. 19/9739, S. 72.

193 A.A.: *C. Arnold/Herzberg/Zeh*, AG 2020, 313, 315.

Festsetzung. Auch wenn das Vergütungssystem *per se* nicht unangemessen i.S.d. § 87 Abs. 1 Satz 1 AktG sein kann, so kann der Aufsichtsrat sich bereits durch das Vergütungssystem selbst binden.[194] Der Aufsichtsrat darf sich dann aber nicht in der Weise binden, dass ihm nur die Festsetzung einer unangemessenen Vergütung übrigbleibt. Damit greift hier das Vorverständnis, dass die materiellen Vorgaben bereits bei der Erstellung des Vergütungssystems zu berücksichtigen sind.[195]

5. *Fehlerhaftes Vergütungssystem*

Schließlich stellt sich die Frage, ob ein Vergütungssystem, das die materiellen Vorgaben nicht beachtet oder anderen gesetzlichen Anforderungen nicht entspricht, ein tauglicher Beschlussgegenstand sein kann, beziehungsweise, ob sich dies auf die Wirksamkeit des darüber gefassten Hauptversammlungsbeschlusses auswirken kann.

Grundsätzlich müssen Beschlussvorschläge der Verwaltung, also auch die des Aufsichtsrats, auf die Fassung materiell rechtmäßiger Beschlüsse gerichtet sein.[196] Inhaltliche Mängel des Beschlussgegenstands wirken dann auf den gefassten Beschluss fort, sodass auch der Beschluss an dem Mangel leidet.[197] Das bedeutet für ein mangelhaftes Vergütungssystem, dass ein Beschluss weiterhin möglich ist, der Mangel sich jedoch an dem Beschluss nach § 120a Abs. 1 Satz 1 AktG fortsetzt. Hinsichtlich des Hauptversammlungsbeschlusses wird daher vertreten, dass formelle und materielle Fehler beim Vergütungssystem nicht *per se* die Wirksamkeit des Hauptversammlungsvotums berühren.[198] Dies lässt sich in der Form über den Anfechtungsausschluss nach § 120a Abs. 1 Satz 3 AktG herleiten. Ist der Beschluss nicht anfechtbar, können zumindest keine Fehler von den Aktionären im Wege der Beschlussanfechtung geltend gemacht werden.[199] Damit können grundsätzlich auch Vergütungssysteme

---

[194] Siehe zur Selbstbindung des Vergütungssystems: § 9 B. I. 2.

[195] Ebenso: *Dörrwächter/Harrack*, NZG 2014, 611, 611, 612; *Florstedt*, ZGR 2019, 630, 652; wohl auch: *Anzinger*, ZGR 2019, 39, 75.

[196] *Rieckers*, in: BeckOGK-AktG, Stand: 1. Februar 2025, § 124 Rn. 59; *Kubis*, in: MüKo-AktG, § 124 Rn. 42; *Butzke*, in: Großkomm-AktG, § 124 Rn. 75.

[197] *Kubis*, in: MüKo-AktG, § 124 Rn. 42; *Rieckers*, in: BeckOGK-AktG, Stand: 1. Februar 2025, § 124 Rn. 59.

[198] *Kubis*, in: MüKo-AktG, § 120a Rn. 5.

[199] Zum Anfechtungsausschluss und insbesondere der Frage nach der Nichtigkeit eines Beschlusses: § 9 C.

der Hauptversammlung vorgelegt werden, die an einem inhaltlichen Fehler leiden.

II. Aufteilung des Beschlussgegenstands

Der Beschlussgegenstand ist grundsätzlich das Vergütungssystem nach § 87a Abs. 1 AktG als Ganzes.[200] Eine Aufteilung des Beschlussgegenstands bei der Abstimmung, dass über bestimmte Teile des Vergütungssystems – wie die Maximalvergütung – separat abgestimmt wird, kann dagegen Vorteile mit sich bringen. Die Rückmeldung der Aktionäre kann gezielter ausfallen, die Kritik kann somit einfacher eingearbeitet werden. Der Aufsichtsrat hätte durch die jeweilige Abstimmung einen Anknüpfungspunkt, an welcher Stelle aus Aktionärssicht Verbesserungsbedarf besteht, um eine vollständige Billigung zu erhalten. Selbstverständlich wäre der Aufsichtsrat in diesem Fall nicht an die Teilbilligung in der Weise gebunden, dass er verpflichtet wäre, etwas an dem System zu ändern. Es bliebe bei dem unverbindlichen Votum, jedoch mit einem zielgerichteten und konkreten Auftrag an den Aufsichtsrat. Bei alternativen Vergütungselementen in einem Vergütungssystem könnte der Aufsichtsrat die Rückmeldung der Aktionäre bereits ohne Anpassung des Vergütungssystems bei der Festsetzung berücksichtigen. In Anlehnung an den Entlastungsbeschluss könnte man daher überlegen, ob eine Teilbilligung oder Teilabstimmung auch bei dem Vergütungsvotum möglich ist.[201]

Bereits unter Geltung des § 120 Abs. 4 AktG a.F. war umstritten, ob eine solche Teilbilligung möglich ist.[202] Unter Verweis auf die Einheit des

---

[200] Siehe dazu bereits: § 8 A. I.

[201] Die überwiegende Meinung hält eine Entlastung unter Ausklammerung oder Missbilligung bestimmter klar abgrenzbarer Komplexe für möglich: *Mülbert*, in: Großkomm-AktG, § 120 Rn. 104; *Kubis*, in: MüKo-AktG, § 120 Rn. 27; *Spindler*, in: K. Schmidt/Lutter, AktG, § 120 Rn. 41; *Koch*, AktG, § 120 Rn. 12a; *Drinhausen*, in: Hölters/Weber, AktG, § 120 Rn. 24; *Reger*, in: Bürgers/Lieder, AktG, § 120 Rn. 9; *Bungert*, in: MünchHdb GesR IV, § 35 Rn. 37; *Butzke*, Hauptversammlung, Kap. I Rn. 14; *Sethe*, ZIP 1996, 1321, 1324; für den eingetragenen Verein auch: OLG Celle, Urteil vom 9. März 1994, Az.: 20 U 44/93 = OLGR Celle 1994, 190, 191 = NJW-RR 1994, 1545, 1546 = juris Rn. 11; a.A.: *Jo. Hoffmann*, in: BeckOGK-AktG, Stand: 1. Februar 2025, § 120 Rn. 9.

[202] Dafür: *Döll*, WM 2010, 103, 109; *E. Vetter*, ZIP 2009, 2136, 2139; ablehnend: *Mülbert*, in: Großkomm-AktG, § 120 Rn. 171; *Spindler*, in: K. Schmidt/Lutter, AktG, 3. Aufl., § 120 Rn. 62; *Reger*, in: Bürgers/Körber, AktG 4. Aufl., § 120 Rn. 21; *Fleischer/Bedkowski*,

Vergütungssystems sei eine Teilbilligung oder Teilablehnung eine unzulässige inhaltliche Modifikation durch die Aktionäre und damit unzulässig.[203] Eine Einzelbetrachtung nur eines Teils des Vergütungssystems würde demnach die innere Verknüpfung der einzelnen Vergütungsbestandteile nicht mehr vollumfänglich berücksichtigen können.[204]

Differenziert kann man zwischen Aufteilungen in personeller und sachlicher Hinsicht unterscheiden.[205] Eine Teilabstimmung in personeller Hinsicht wäre demnach wegen des abstrakten überindividuellen Charakters des Vergütungssystems nicht möglich, während eine Teilbilligung in sachlicher Hinsicht möglich sein soll.[206] Dem ist insofern zuzustimmen, als eine individuelle Vergütung der Vorstandsmitglieder ohnehin nur begrenzt Teil des Vergütungssystems sein sollte, da dies vielmehr eine Frage der individuellen Vergütungsfestsetzung ist. Weiter ist es richtig, dass eine Teilbilligung keine Frage der Vergütungskompetenz des Aufsichtsrats ist.[207] Eine Differenzierung der Aufteilung in personeller und sachlicher Hinsicht kann jedoch dann zu Problem führen, wenn beispielsweise in sachlicher Weise an ein Ressort oder an das Amt des Vorsitzenden angeknüpft wird, damit aber letztlich eine personelle Aufteilung erfolgt. Eine weitergehende Individualisierung sollte im Vergütungssystem ohnehin nicht erfolgen, sondern ist Frage der Festsetzung

---

AG 2009, 677, 683; *v. Falkenhausen/Kocher*, AG 2010, 623, 627; *Herrler*, ZHR 2020, 408, 414; *Hupka*, Das Vergütungsvotum der Hauptversammlung, S. 285 f.; *Neideck*, Die Mitwirkung der Hauptversammlung bei der Ausübung der Personalkompetenz durch den Aufsichtsrat, S. 131; *Raapke*, Die Regulierung von Organmitgliedern und Angestellten im Aktien- und Kapitalmarktrecht, S. 72 f.

[203] *Spindler*, in: K. Schmidt/Lutter, AktG, § 120a Rn. 17; *Kubis*, in: MüKo-AktG, § 120a Rn. 7, 10; *Jo. Hoffmann*, in: BeckOGK-AktG, Stand: 1. Februar 2025, § 120a Rn. 20; *Herrler*, in: Grigoleit, AktG, § 120a Rn. 12; *Koch*, AktG, § 120a Rn. 4; *Reger*, in: Bürgers/Lieder, AktG, § 120a Rn. 5; *Herrler*, ZHR 2020, 408, 414; *Florstedt*, ZGR 2019, 630, 649 f.; *Bachmann/Pauschinger*, ZIP 2019, 1, 4; *Spindler*, AG 2020, 61, 73; *Grimm/Freh*, ArbRB 2020, 192, 195; a.A.: *Tröger*, in: KölnKomm-AktG, § 120a Rn. 35; *Gärtner/Himmelmann*, AG 2021, 259, 261.

[204] *Spindler*, in: K. Schmidt/Lutter, AktG, § 120a Rn. 17; *Florstedt*, ZGR 2019, 630, 649 f.

[205] Vgl. *Tröger*, in: KölnKomm-AktG, § 120a Rn. 35.

[206] *Tröger*, in: KölnKomm-AktG, § 120a Rn. 35.

[207] Überzeugend: *Tröger*, in: KölnKomm-AktG, § 120a Rn. 35; dagegen: *Florstedt*, ZGR 2019, 630, 649 f.; ebenfalls a.A. noch zu § 120 Abs. 4 AktG a.F.: *Mülbert*, in: Großkomm-AktG, § 120 Rn. 171.

im konkreten Anstellungsvertrag und damit gerade kein Gegenstand der Hauptversammlung nach § 120a Abs. 1 Satz 1 AktG.

Auf der anderen Seite sprechen auch Argumente für die Zulässigkeit einer Teilbilligung. Zunächst würde eine Teilablehnung oder -zustimmung nichts an der Unverbindlichkeit des Votums ändern. Daneben ist eine vollständige Ablehnung des Vergütungssystems nach § 120a Abs. 1 Satz 1 AktG ohne Frage zulässig, sodass eine Teilbilligung und Teilablehnung als milderes Mittel keinen unzulässigen Eingriff in die Kompetenz des Aufsichtsrats darstellen. Insgesamt ist aber der überwiegenden Meinung zuzustimmen. Das Vergütungssystem wird als Ganzes vom Aufsichtsrat beschlossen und vorgelegt. Das System zeichnet sich gerade durch seine innere Konnexität aus. Hier würde eine Teilabstimmung Verweise und Bezugnahmen stören. Zudem kann das System nur in seiner Gesamtheit angemessen beurteilt werden. So wird ein Fokus des Aufsichtsrats auf eine bestimmte Ausrichtung der Vergütung gerade durch eine parallele Vernachlässigung anderer Themen bewusst verstärkt, was durch Teilabstimmungen nicht angemessen beachtet werden könnte. Auch der Informationsgehalt einer Teilabstimmung für den Aufsichtsrat sollte sich nicht wesentlich von der regulären Abstimmung unterscheiden. Mit Blick auf das Verständnis des Vergütungssystems als Gesamtkontext ist auch die Ausklammerung einzelner Vergütungsbestandteile im Rahmen der Beschlussfassung nach § 120a Abs. 1 Satz 1 AktG nicht zulässig.[208]

B. Beschlussvorlage

Voraussetzung für eine Beschlussfassung in der Hauptversammlung ist nach der Ausarbeitung und dem Beschluss über das Vergütungssystem eine entsprechende Beschlussvorlage. Dazu muss das Vergütungssystem der Hauptversammlung ordnungsgemäß vorgelegt werden. Ohne ordnungsgemäße Bekanntmachung ist eine Beschlussfassung in der Hauptversammlung nach § 124 Abs. 4 Satz 1 AktG unzulässig, jedenfalls anfechtbar.[209]

---

[208] Noch zur alten Rechtslage a.A.: *E. Vetter*, ZIP 2009, 2136, 2139; *Thüsing*, AG 2009, 517, 525.

[209] *Kubis*, in: MüKo-AktG, § 124 Rn. 50; *Noack/Zetzsche*, in: KölnKomm-AktG, § 124 Rn. 89; *Ziemons*, in: K. Schmidt/Lutter, AktG, § 124 Rn. 107; *Rieckers*, in: BeckOGK-AktG, Stand: 1. Februar 2025, § 124 Rn. 68; *Koch*, AktG, § 124 Rn. 35.

I. Vorschlagsrecht

Im Vergleich zur alten Rechtslage unter Geltung des § 120 Abs. 4 AktG a.F. ist mit dem ARUG II in § 124 Abs. 3 Satz 1 AktG die alleinige Zuständigkeit des Aufsichtsrats für den Beschlussvorschlag in der Bekanntmachung ausdrücklich geregelt worden.[210] Im Referentenentwurf[211] war eine solche Regelung noch nicht vorgesehen. Die in der Folge notwendige gemeinsame Beschlussvorlage durch Vorstand und Aufsichtsrat ist in der Literatur zu Recht auf Kritik gestoßen.[212] Mit dem Kompetenzgefüge wäre es nicht vereinbar gewesen, den Vorstand in die Beschlussfassung zu involvieren. Im Einklang mit dem insoweit geänderten § 124 Abs. 3 Satz 1 AktG spricht die Gesetzesbegründung daher nun von der alleinigen Vorlagekompetenz des Aufsichtsrats für den Hauptversammlungsbeschluss.[213] Das stimmt mit den systematischen Überlegungen überein, dass der Aufsichtsrat auch für die Ausarbeitung des Vergütungssystems zuständig ist und die Initiative zur Vorlage daher von ihm kommen muss.[214] Vereinzelt wird in diesem Zusammenhang bereits angenommen, dass sich die alleinige Zuständigkeit

---

[210] Bei § 120 Abs. 4 AktG a.F. war die h.M. noch von einer gemeinsamen Kompetenz zur Vorlage ausgegangen: *Mülbert*, in: Großkomm-AktG, § 120 Rn. 162; *Kubis*, in: MüKo-AktG, 4. Aufl., § 120 Rn. 46; *Jo. Hoffmann*, in: Spindler/Stilz, AktG, 4. Aufl., § 120 Rn. 53; *Spindler*, in: K. Schmidt/Lutter, AktG, 3. Aufl., § 120 Rn. 58, *Koch*, in: Hüffer/Koch, AktG, 13. Aufl., § 120 Rn. 22; *Herrler*, in: Grigoleit, AktG, 1. Aufl., § 120 Rn. 24; *E. Vetter*, ZIP 2009, 2136, 2139; *Schick*, ZIP 2011, 593, 599 f.; *Deilmann/Otte*, DB 2010, 545, 545; *Hupka*, Das Vergütungsvotum der Hauptversammlung, S. 266 f.; *Raapke*, Die Regulierung von Organmitgliedern und Angestellten im Aktien- und Kapitalmarktrecht, S. 64 f.; a.A. schon damals: *Bosse*, BB 2009, 1650, 1653, der die alleinige Zuständigkeit beim Aufsichtsrat gesehen hat; kritisch auch: *Döll*, WM 2010, 103, 107.

[211] Referentenentwurf des BMJ zum ARUG II vom 11. Oktober 2018, S. 83, abrufbar unter: https://www.bmj.de/SharedDocs/Downloads/DE/Gesetzgebung/RefE/RefE_Aktionaersrechterichtlinie_II.pdf?__blob=publicationFile&v=3 (zuletzt abgerufen am: 1. Juni 2025).

[212] Vgl. etwa: *Anzinger*, ZGR 2019, 39, 75.

[213] Begr. RegE ARUG II, BT-Drucks. 19/9739, S. 92.

[214] *Kubis*, in: MüKo-AktG, § 120a Rn. 8; *Spindler*, in: K. Schmidt/Lutter, AktG, § 120a Rn. 7; *Jo. Hoffmann*, in: BeckOGK-AktG, Stand: 1. Februar 2025, § 120a Rn. 21; vgl. auch: *Tröger*, in: KölnKomm-AktG, § 120a Rn. 38; *Reichert*, in: Reichert, HV-Hdb, § 40 Rn. 3; *Florstedt*, ZGR 2019, 630, 650 f.; *Spindler*, AG 2020, 61, 73; *Löbbe/Fischbach*, AG 2019, 373, 378; *Bachmann/Pauschinger*, ZIP 2019, 1, 4; vgl. auch nun: Begr. RegE ARUG II, BT-Drucks. 19/9739, S. 95.

des Aufsichtsrats bei dualistisch organisierten Gesellschaften bereits aus der zweiten Aktionärsrechterichtlinie ergibt.[215]

Entsprechend ist der Vorstand verpflichtet, die Abstimmung über das Vergütungsvotum in die Tagesordnung zur Hauptversammlung aufzunehmen, wenn der Aufsichtsrat die Vorlage beschließt.[216] Mit der Zuständigkeit für die Beschlussvorlage ist der Aufsichtsrat außerdem allein für den Antrag auf Abstimmung über das Vergütungssystem in der Versammlung zuständig.[217] Zur alleinigen Kompetenz des Aufsichtsrats gehört insoweit, dass die Aktionäre bei pflichtwidriger Nichtvorlage eines bereits beschlossenen Vergütungssystems, keinen eigenen Beschlussvorschlag unterbreiten können.[218]

Nach § 120a Abs. 1 Satz 4 AktG ist auch ein das Vergütungssystem bestätigender Beschluss zulässig. Sollte also der Aufsichtsrat von seinem bereits unmittelbar zuvor vorgelegten Vergütungssystem bei der nächsten anstehenden Beschlussfassung noch überzeugt sein, bedarf es keiner zwingenden Veränderung des Vergütungssystems. Zulässig ist es daher, ein bereits in der Vergangenheit gebilligtes Vergütungssystem erneut vorzulegen.[219] Dabei macht es aus aktienrechtlicher Sicht keinen Unterschied, ob das Vergütungssystem bei der letzten Vorlage gebilligt oder missbilligt wurde. Eine solche Unterscheidung lässt sich dem Gesetz gerade nicht entnehmen. Vielmehr sind die Besonderheiten des § 120a Abs. 3 AktG zu beachten, die das Gesetz an die unmittelbare erneute Vorlage eines Vergütungssystems nach dessen Missbilligung durch die Hauptversammlung stellt.[220]

1. Veröffentlichungspflicht des Vergütungssystems

Das Gesetz schreibt in § 124 AktG die Bekanntmachungspflichten hinsichtlich der Beschlussvorschläge vor. Das ARUG II hatte in § 124 Abs. 2

---

215 *Jo. Hoffmann*, in: BeckOGK-AktG, Stand: 1. Februar 2025, § 120a Rn. 13; a.A.: *Tröger*, in: KölnKomm-AktG, § 120a Rn. 38; *Bachmann/Pauschinger*, ZIP 2019, 1, 5.

216 *Jo. Hoffmann*, in: BeckOGK-AktG, Stand: 1. Februar 2025, § 120a Rn. 35.

217 *Herrler*, ZHR 2020, 408, 412.

218 *Jo. Hoffmann*, in: BeckOGK-AktG, Stand: 1. Februar 2025, § 120a Rn. 19; zur Frage, ob bei einer Pflicht zur Vorlage durch den Aufsichtsrat den Aktionären das Recht zukommt, eine Beschlussfassung herbeizuführen, siehe: § 8 B. III. 1.

219 Siehe nur: *Spindler*, in: K. Schmidt/Lutter, AktG, § 120a Rn. 18.

220 Zu den Folgen der Missbilligung und den Anforderungen an die Vorlage eines überprüften Vergütungssystems nach § 120a Abs. 3 AktG siehe: § 9 B. I. 3.

Satz 3 AktG a.F. die Bekanntmachungspflicht erweitert. Demnach musste das vollständige Vergütungssystem nach § 124 Abs. 2 Satz 3 AktG a.F. in der Einberufung und nach § 124a Abs. 1 Nr. 1 und Nr. 3 AktG a.F. auf der Website der Gesellschaft bekanntgemacht werden. Diese Bekanntmachung war nicht unionsrechtlich gefordert, sondern ergänzte gerade die nachträgliche Publizität der zweiten Aktionärsrechterichtlinie.[221] Zweck der vorgeschriebenen Bekanntmachung war die Information der Aktionäre im Vorfeld der Hauptversammlung, um ihnen ein informiertes Votum zum Vergütungssystem des Vorstands zu ermöglichen.[222] Diese Bekanntmachungspflicht trat neben die Bekanntmachung des Beschlussvorschlags nach § 124 Abs. 3 Satz 1 AktG. Daneben brauchte es keine weiteren Erläuterungen oder Begründungen.[223]

Im September 2024 hat der Deutsche Bundestag das Vierte Gesetz zur Entlastung der Bürgerinnen und Bürger, der Wirtschaft sowie der Verwaltung von Bürokratie,[224] das Vierte Bürokratieentlastungsgesetz,[225] in der Fassung des Rechtsausschusses[226] beschlossen. Der Bundesrat stimmte dem Gesetzentwurf am 18. Oktober 2024 zu.[227] Das Vierte Bürokratieentlastungsgesetz sieht eine Reduzierung der Bekanntmachungspflichten in § 124 Abs. 2 Satz 3 AktG vor. Der Gesetzgeber nimmt die Ergänzungen wieder zurück, die mit dem ARUG II erfolgt sind. Die Pflicht zur Bekanntmachung des Vergütungssystems nach § 124 Abs. 2 Satz 3 AktG a.F. wird durch eine Pflicht zur alleinigen

---

221 Vgl. *Rieckers*, in: BeckOGK-AktG, Stand: 1. Februar 2025, § 124 Rn. 29.1; kritisch dazu: *Noack*, DB 2019, 2785, 2790; siehe zur nachträglichen Publizität: § 9 B. I. 4.

222 Begr. RegE ARUG II, BT-Drucks. 19/9739, S. 95; *Rieckers*, in: BeckOGK-AktG, Stand: 1. Februar 2025, § 124 Rn. 30.

223 *Tröger*, in: KölnKomm-AktG, § 120a Rn. 41; *Koch*, AktG, § 120a Rn. 3; vgl. allgemein zur Begründung eines Verwaltungsvorschlags: *Kubis*, in: MüKo-AktG, § 124 Rn. 43; *Schlitt/Biller*, in: Reichert, HV-Hdb, § 5 Rn. 216; *Koch*, AktG, § 124 Rn. 20; *Rieckers*, in: BeckOGK-AktG, Stand: 1. Februar 2025, § 124 Rn. 59; *Butzke*, in: Großkomm-AktG, § 124 Rn. 76.

224 Entwurf eines Vierten Gesetzes zur Entlastung der Bürgerinnen und Bürger, der Wirtschaft sowie der Verwaltung von Bürokratie (Viertes Bürokratieentlastungsgesetz), BT-Drucks. 20/11306.

225 Viertes Gesetz zur Entlastung der Bürgerinnen und Bürger, der Wirtschaft sowie der Verwaltung von Bürokratie (Viertes Bürokratieentlastungsgesetz) vom 23. Oktober 2024, BGBl. I 2024, Nr. 323 vom 29. Oktober 2024 S. 2637.

226 Beschlussempfehlung und Bericht des RechtsA, BT-Drucks. 20/13015.

227 Siehe: Beschluss des Bundesrats, BR-Drucks. 474/24 (Beschluss).

Veröffentlichung über die Internetseite der Gesellschaft nach § 124a Satz 1 Nr. 4 AktG abgelöst.[228] Das Vergütungssystem ist nach § 124a Satz 1 Nr. 4 AktG alsbald nach der Einberufung der Hauptversammlung über die Internetseite der Gesellschaft zugänglich zu machen. Die Gesetzesbegründung geht dabei richtigerweise davon aus, dass die Abstufung der Bekanntmachungspflicht zu einer Veröffentlichungspflicht über die Internetseite der Gesellschaft zu keinem Informationsdefizit für die Aktionäre führt.[229] Durch die Änderung bleiben sowohl der Inhalt als auch der Umfang des statt bekanntzumachenden nur noch zu veröffentlichenden Vergütungssystems unverändert.[230]

Unklar blieb nach der Gesetzesbegründung des ARUG II, ob die Bekanntmachungspflicht des § 124 Abs. 2 Satz 3 AktG a.F. bei einer erneuten Vorlage des gleichen Vergütungssystems nach § 120a Abs. 1 Satz 4 AktG ebenfalls zur Anwendung kam. Die Gesetzesbegründung legte an dieser Stelle ausdrücklich fest, dass die technische Umsetzung der Abstimmung entweder durch Wiederholung des bereits geltenden Vergütungssystems oder durch Bezugnahme erfolgen konnte.[231] Man hätte daraus für einen solchen Bestätigungsbeschluss nach § 120a Abs. 1 Satz 4 AktG folgern können, dass der Bestätigungsbeschluss von der Bekanntmachungspflicht des § 124 Abs. 2 Satz 3 AktG a.F. befreit war.[232] Bei einem das Vergütungssystem nur bestätigenden Beschlussvorschlag brauchte es bei entsprechendem Verweis auf die Informationen zur letzten Beschlussfassung keine erneute Wiedergabe des vollständigen Vergütungssystems. Das Gesetz legte aber mit der gesonderten Bekanntmachungspflicht für das vollständige Vergütungssystem gerade eine außerordentliche Publizität fest, die nicht durch eine einfache Bezugnahme auf andere Unterlagen erreicht werden konnte.[233] Eine Bezugnahme war in diesem Zusammenhang vielmehr so zu verstehen, dass sofern der Bestätigungsbeschluss über eine Bezugnahme erfolgen sollte, zumindest die schon zuvor bekanntgemachten Unterlagen erneut bekannt gemacht werden

---

[228] Vgl. Beschlussempfehlung und Bericht des RechtsA, BT-Drucks. 20/13015, S. 108.

[229] Beschlussempfehlung und Bericht des RechtsA, BT-Drucks. 20/13015, S. 108.

[230] Beschlussempfehlung und Bericht des RechtsA, BT-Drucks. 20/13015, S. 109.

[231] Begr. RegE ARUG II, BT-Drucks. 19/9739, S. 93; vgl. auch: *Tröger*, in: KölnKomm-AktG, § 120a Rn. 33; *Koch*, AktG, § 120a Rn. 7.

[232] Wohl: *Tröger*, in: KölnKomm-AktG, § 120a Rn. 33; *Koch*, AktG, § 120a Rn. 7.

[233] Siehe allgemein dazu: *Herrler*, in: Grigoleit, AktG, § 124 Rn. 9; *Rieckers*, in: BeckOGK-AktG, Stand: 1. Februar 2025, § 124 Rn. 30; *Kubis*, in: MüKo-AktG, § 124 Rn. 20.

mussten.[234] Aus den gleichen Gründen muss die Gesellschaft bei einem Bestätigungsbeschluss i.S.d. § 120a Abs. 1 Satz 4 AktG nach Inkrafttreten des Vierten Bürokratieentlastungsgesetzes das Vergütungssystem erneut nach § 124a Satz 1 Nr. 4 AktG auf der Internetseite veröffentlichen.

Teilweise wurde mit der Bekanntmachungspflicht und der damit verbundenen Veröffentlichung des Vergütungssystems auch die Erfüllung des Auskunftsrechts der Aktionäre in der Hauptversammlung gemäß § 131 Abs. 1 Satz 1 AktG angenommen.[235] Mit Blick auf den gleichen Informationsumfang für die Aktionäre kann auch das Vierte Bürokratieentlastungsgesetz zu der Annahme führen, dass das Informationsrecht der Aktionäre bereits erfüllt ist. Dem kann jedoch in dieser Allgemeingültigkeit kaum zugestimmt werden. Legt der Aufsichtsrat beispielsweise ein neues Vergütungssystem vor, so hilft den Aktionären der Blick auf die vergangene Berichterstattung in Form des Vergütungsberichts kaum. Es ist ihnen mit Blick auf die anstehende Beschlussfassung nicht zuzumuten, auf die künftige Berichterstattung zu warten. Daneben gibt es Unterschiede zwischen der konkret festgesetzten Vergütung und dem Rahmen der Vergütung, der sich aus dem Vergütungssystem ergibt. Gerade aus dieser Diskrepanz können sich Fragen der Aktionäre zum Gestaltungsspielraum oder der genauen Umsetzung des Vergütungssystems ergeben. Insofern muss wie bisher im Einzelfall die Erforderlichkeit der begehrten Auskunft nach § 131 Abs. 1 Satz 1 AktG beurteilt werden. Eine allgemeinere Aussage bis hin zu einem Absprechen der Erforderlichkeit lässt sich gerade nicht begründen.

2. *Recht auf einen abweichenden Antrag in der Hauptversammlung*

Grundsätzlich ist zwischen dem Beschlussvorschlag und dem korrespondierenden Antrag in der Hauptversammlung zu unterscheiden, wobei ein Beschlussvorschlag erst dann zum Antrag in der Hauptversammlung wird,

---

[234] Tendenziell in diese Richtung ebenfalls: *Jo. Hoffmann*, in: BeckOGK-AktG, Stand: 1. Februar 2025, § 120a Rn. 21.

[235] *Koch*, AktG, § 120a Rn. 3; noch zur alten Rechtslage: *Mülbert*, in: Großkomm-AktG, § 120 Rn. 166; *Schick*, ZIP 2011, 593, 600 f.; *Kubis*, in: MüKo-AktG, § 120a Rn. 10 sieht das Auskunftsrecht jedenfalls im Umfang der periodischen Berichterstattung, also des Anhangs zum Jahresabschluss als nicht erforderlich an; zur Begrenzung des Auskunftsrechts vgl. auch: *Bachmann/Pauschinger*, ZIP 2019, 1, 4.

wenn er noch einmal ausdrücklich genannt wird.[236] Der Aufsichtsrat ist dabei nicht verpflichtet, den als Beschlussvorschlag bekannt gemachten Antrag in der Hauptversammlung zu stellen.[237]

Uneinheitlich wird dagegen beurteilt, ob es dem Aufsichtsrat ohne Einschränkungen gestattet ist, von dem im Beschlussvorschlag unterbreiteten Antrag abzuweichen und einen inhaltlich veränderten Antrag zu stellen, mithin die Billigung eines anderen Vergütungssystems zu beantragen, als in der Beschlussvorlage bekanntgemacht wurde.[238] Hier galt es jedoch, die Besonderheit der gesetzlich vorgeschriebenen Bekanntmachung des Vergütungssystems nach § 124 Abs. 2 Satz 3 Var. 2 AktG a.F. zu beachten.[239] Damit musste den Aktionären grundsätzlich der vollständige Inhalt des Vergütungssystems bereits vor der Hauptversammlung bekannt sein. Dies sprach gegen die Zulässigkeit einer abweichenden Antragsstellung, da andernfalls der Informationszweck des § 124 Abs. 2 Satz 3 Var. 2 AktG a.F. unterlaufen wurde.

Mit der Abstufung der Bekanntmachungspflicht des Vergütungssystems zu einer Veröffentlichungspflicht des Vergütungssystems stellt sich das Problem der Abweichung von der Bekanntmachung in der Form nicht mehr. Der

---

[236] Vgl. dazu: *Kubis*, in: MüKo-AktG, § 124 Rn. 48; *Rieckers*, in: BeckOGK-AktG, Stand: 1. Februar 2025, § 124 Rn. 40; *Koch*, AktG, § 124 Rn. 20; *Butzke*, in: Großkomm-AktG, § 124 Rn. 77; *Schlitt/Biller*, in: Reichert, HV-Hdb, § 5 Rn. 216; *Scholz*, AG 2008, 11, 13 f.

[237] OLG Stuttgart, Urteil vom 21. Dezember 1993, Az.: 10 U 48/93 = AG 1994, 411, 415; *Kubis*, in: MüKo-AktG, § 124 Rn. 48; *Schlitt/Biller*, in: Reichert, HV-Hdb, § 5 Rn. 219; *Bungert*, in: MünchHdb GesR IV, § 36 Rn. 90; *Koch*, AktG, § 124 Rn. 20; *Butzke*, in: Großkomm-AktG, § 124 Rn. 79; *Rieckers*, in: BeckOGK-AktG, Stand: 1. Februar 2025, § 124 Rn. 40; *Herrler*, in: Grigoleit, AktG, § 124 Rn. 14; *Scholz*, AG 2008, 11, 14; *Kocher*, AG 2013, 406, 410; einschränkend dagegen für den Fall der Briefwahl: *Noack/Zetzsche*, in: KölnKomm-AktG, § 124 Rn. 61; *Wieneke*, in: FS Schwark (2009), S. 305, 326 f.

[238] Grundsätzlich für ein einschränkungsloses Verwerfungsrecht: *Schlitt/Biller*, in: Reichert, HV-Hdb, § 5 Rn. 219; *Bungert*, in: MünchHdb GesR IV, § 36 Rn. 90; *Rieckers*, in: BeckOGK-AktG, Stand: 1. Februar 2025, § 124 Rn. 40; *Scholz*, AG 2008, 11, 15 f.; *Kocher*, AG 2013, 406, 410; grundsätzlich einschränkungslos aber mit einer Ausnahme für den Fall der Briefwahl: *Noack/Zetzsche*, in: KölnKomm-AktG, § 124 Rn. 61; *Wieneke*, in: FS Schwark (2009), S. 305, 312 ff.; einschränkend für ein solches Recht nur bei neu aufgetretenen oder bekanntgewordenen Tatsachen: *Kubis*, in: MüKo-AktG, § 124 Rn. 48; *Ziemons*, in: K. Schmidt/Lutter, AktG, § 124 Rn. 95 f.; bei Vorliegen eines sachlichen Grundes: OLG Stuttgart, Urteil vom 21. Dezember 1993, Az.: 10 U 48/93 = AG 1994, 411, 415; *Drinhausen*, in: Hölters/Weber, AktG, § 124 Rn. 22 f.

[239] Siehe dazu bereits: § 8 B. I. 1.

Aufsichtsrat weicht bei Änderungen am Vergütungssystem nicht von dem Beschlussvorschlag ab. Er ändert nur das im Beschlussvorschlag in Bezug genommene und nach § 124a Satz 1 Nr. 4 AktG auf der Internetseite veröffentlichte Vergütungssystem. Dies muss nicht zwingend gegen das Interesse der Aktionäre laufen, sofern der Aufsichtsrat beispielsweise bemüht ist, Kritik der Aktionäre bereits vor der Beschlussfassung einzuarbeiten und insofern das Vergütungssystem zu überarbeiten.[240]

Die Folge eines Verstoßes gegen die Bekanntmachungspflicht wäre außerdem die Anfechtbarkeit entsprechend § 124 Abs. 4 Satz 1 AktG.[241] Diese geht bezüglich des Vergütungsvotums wegen des Anfechtungsausschlusses nach § 120a Abs. 1 Satz 3 AktG fehl.[242] Daneben sollte aus teleologischen Gründen kein Verstoß gegen die Bekanntmachungspflicht angenommen werden, wenn das bekanntgemachte Vergütungssystem zwar für den Antrag inhaltlich geändert wird, dies aber ausreichend in der Hauptversammlung kommuniziert wird und gerade auf Kritik der Aktionäre reagiert. In diesem Fall ist dem Zweck der ausreichenden Information der Aktionäre nicht nur ausreichend Rechnung getragen, sondern der Aufsichtsrat hat diese sogar noch weitergehend am Prozess der Vergütungsentscheidung beteiligt, was gerade im Interesse der zweiten Aktionärsrechterichtlinie liegt.

3. Die Vorlage mehrerer Anträge

Vereinzelt wird die Vorlage mehrerer Vergütungssysteme in Form von Haupt- und Hilfsanträgen als zulässig erachtet.[243] Begründet wird dies mit

---

[240] *Koch*, AktG, § 124 Rn. 20; mit Blick auf das Gesellschaftsinteresse zulassend: *Butzke*, in: Großkomm-AktG, § 124 Rn. 79.

[241] Siehe nur: BGH, Urteil vom 14. Juli 2020, Az.: II ZR 255/18 = BGHZ 226, 224, 26 f. = AG 2020, 789, 793 = juris Rn. 33; BGH, Urteil vom 10. Oktober 2017, Az.: II ZR 375/15 = BGHZ 216, 110, 134 = AG 2018, 28, 35 = juris Rn. 74; BGH, Urteil vom 20. September 2004, Az.: II ZR 288/02 = BGHZ 160, 253, 255 f. = AG 2004, 673 f.; BGH, Urteil vom 12. November 2001, Az.: II ZR 225/99 = BGHZ 149, 158, 163 f. = AG 2002, 241, 242 f.; BGH, Urteil vom 25. November 2002, Az.: II ZR 49/01 = BGHZ 153, 32, 35 = AG 2003, 319, 319 = juris Rn. 11 f.; OLG Rostock, Beschluss vom 15. Mai 2013, Az.: 1 AktG 1/13 = AG 2013, 768, 769; *Herrler*, in: Grigoleit, AktG, § 124 Rn. 27; *Kubis*, in: MüKo-AktG, § 124 Rn. 52; *Rieckers*, in: BeckOGK-AktG, Stand: 1. Februar 2025, § 124 Rn. 68; *Koch*, AktG, § 124 Rn. 35.

[242] Vgl. *Rieckers*, in: BeckOGK-AktG, Stand: 1. Februar 2025, § 124 Rn. 71; *Kubis*, in: MüKo-AktG, § 120a Rn. 9.

[243] *Herrler*, in: Grigoleit, AktG, § 120a Rn. 9, 13, § 124 Rn. 9; *Herrler*, ZHR 2020, 408, 412; tendenziell zustimmend: *Tröger*, in: KölnKomm-AktG, § 120a Fn. 121, Rn. 37;

der fehlenden Kompetenz zur punktuellen Überarbeitung bei Missbilligung des Vergütungssystems durch die Hauptversammlung.[244] Die Vorlage eines Vergütungssystems als Hauptantrag und bei Missbilligung dieses Systems eine Abstimmung über ein anderes Vergütungssystem, welches als Hilfsantrag vorgelegt wurde, sollen dem Aufsichtsrat über dieses vermeintlich bestehende Dilemma hinweghelfen. Doch die Praktikabilität kann Zweifel aufwerfen. Ist vorher nicht genau abzusehen, welche Kritik von Aktionärsseite zu erwarten ist, lassen sich die hilfsweise vorzuschlagenden Vergütungssysteme im Vorhinein kaum als die gewünschte punktuelle Verbesserung ausarbeiten. Ein solches Vorgehen würde dem Aufsichtsrat also generell nur helfen, wenn er Kritik zu bestimmten Punkten erwartet oder diese kommuniziert wurde. In einem solchen Fall, also insbesondere bei Kritik durch Aktionärsvereinigungen oder institutionelle Aktionäre, kann also das Vorgehen des Aufsichtsrats mit der Vorlage von Alternativ- oder Hilfsanträgen sinnvoll sein. Das betrifft den Fall, wenn der Aufsichtsrat trotz vorher geäußerter Kritik grundsätzlich an seinem Vergütungssystem festhalten und nur für den Fall einer hohen Ablehnungsquote durch die Hauptversammlung etwa eine Alternative bieten möchte. Auch die mangelnde Verbindlichkeit des Votums spricht für die Zulässigkeit eines solchen Vorgehens. Da der Aufsichtsrat bei der Auswahl seines Vergütungssystems nicht zwingend an das zuletzt vorgelegte Vergütungssystem gebunden ist,[245] kann die Vorlage mehrerer Vergütungssysteme dem Zweck der besseren Aktionärstransparenz nicht zwingend entgegenstehen. Diese Transparenz ergibt sich insbesondere durch die nachträgliche Publizitätspflicht nach § 120a Abs. 2 AktG, bei der der Beschluss der Hauptversammlung und das Vergütungssystem unverzüglich auf der Internetseite der Gesellschaft zu veröffentlichen und für die Dauer der Gültigkeit des Vergütungssystems zugänglich zu halten sind. Nur diese nachträgliche Publizität ist in der zweiten Aktionärsrechterichtlinie vorgesehen, sodass die Vorlage mehrerer Anträge kein Verstoß gegen die Transparenzanforderungen darstellt.[246] Wichtig ist, dass in einem solchen Fall die Veröffentlichungspflicht für sämtliche Vergütungssysteme gilt, sodass

---

ablehnend: *Gärtner/Himmelmann*, AG 2021, 259, 261; generell zur Zulässigkeit von Alternativ- bzw. Eventualvorschlägen: *Rieckers*, in: BeckOGK-AktG, Stand: 1. Februar 2025, § 124 Rn. 60; *Kubis*, in: MüKo-AktG, § 124 Rn. 40.

[244] *Herrler*, in: Grigoleit, AktG, § 120a Rn. 9.

[245] Siehe:§ 10 A. I.

[246] Siehe hierzu: § 9 B. I. 4

diese jeweils nach § 124a Satz 1 Nr. 4 AktG auf der Internetseite zugänglich zu machen sind.[247] Damit ist ein spontanes Stellen eines alternativen Antrags in der Hauptversammlung zwar unzulässig, aber wegen des Anfechtungsausschlusses nach § 120a Abs. 1 Satz 3 AktG nicht sanktionierbar. Außerdem muss nach der Hauptversammlung durch die entsprechende Publizität klar erkennbar sein, welches Vergütungssystem Anwendung findet.

II. Gegenanträge

Mit der ordentlichen Bekanntmachung der Beschlussvorlage zum Vergütungsvotum geht außerdem die Frage der rechtlichen Zulässigkeit von Änderungsanträgen durch Aktionäre einher. Dabei gilt es, zwischen regulären Gegenanträgen (§ 8 B. II. 1), Gegenanträgen zur Möglichkeit der Erörterung (§ 8 B. II. 2), sowie der Vertagung des Vergütungsvotums (§ 8 B. II. 3) zu unterscheiden.

1. Mangelnde Gegenantragsfähigkeit des Vergütungsvotums

Mit Blick auf die nun ausdrücklich geregelte ausschließliche Vorlage- und Ausarbeitungskompetenz des Aufsichtsrats geht der Gesetzgeber von der logischen Konsequenz aus, dass die Beschlussvorlage nach § 120a Abs. 1 Satz 1 AktG nicht gegenantragsfähig ist.[248] Beschlussanträge der Aktionäre zur Billigung alternativer von den Aktionären erarbeiteten Vergütungssystemen sind demnach grundsätzlich unzulässig.[249] Das Gleiche gilt demnach für Anträge auf Abänderung des vorgelegten Vergütungssystems.[250] § 119 Abs. 2 AktG ver-

---

247 Ebenso: *Herrler*, in: Grigoleit, AktG, § 124 Rn. 9.

248 Begr. RegE ARUG II, BT-Drucks. 19/9739, S. 92; vgl. auch: *Spindler*, in: K. Schmidt/Lutter, AktG, § 120a Rn. 7; *Koch*, AktG, § 120a Rn. 4; *Reichert*, in: Reichert, HV-Hdb, § 42 Rn. 3; *Löbbe/Fischbach*, AG 2019, 373, 378; *Bachmann/Pauschinger*, ZIP 2019, 1, 4; *Paschos/Goslar*, AG 2019, 365, 369; *Bungert/Wansleben*, BB 2019, 1026, 1026; *Florstedt*, ZGR 2019, 630, 645; *Goslar*, DB 2020, 937, 940; *Gärtner/Himmelmann*, AG 2021, 259, 261; *Herrler*, ZHR 2020, 408, 414. *Grimm/Freh*, ArbRB 2020, 192, 195; *Heldt*, AG 2018, 905, 910; *Johannsen-Roth/Kießling/Raapke*, DB 2019, Beilage 03, 16, 17; *Spindler*, AG 2020, 61, 73.

249 *Kubis*, in: MüKo-AktG, § 120a Rn. 8; *Tröger*, in: KölnKomm-AktG, § 120a Rn. 34; *Herrler*, in: Grigoleit, AktG, § 120a Rn. 12; *Koch*, AktG, § 120a Rn. 4; *Gärtner/Himmelmann*, AG 2021, 259, 261; *Spindler*, in: K. Schmidt/Lutter, AktG, § 120a Rn. 7.

250 *Jo. Hoffmann*, in: BeckOGK-AktG, Stand: 1. Februar 2025, § 120a Rn. 20; *Tröger*, in: KölnKomm-AktG, § 120a Rn. 34; *Herrler*, in: Grigoleit, AktG, § 120a Rn. 12.

hindert Gegenanträge von Aktionären mit Geschäftsführungsmaßnahmen als Gegenstand.[251] Die Kompetenzabgrenzung des Aktiengesetzes soll nach überwiegender Ansicht zwingend im öffentlichen Interesse gegeben sein.[252] Entscheidet die Hauptversammlung also über Gegenstände, für die sie nicht zuständig ist, sind die Beschlüsse gemäß § 241 Nr. 3 AktG nichtig.

Etwas anderes ergibt sich auch nicht aus dem unionsrechtlichen Hintergrund. Das europäische Recht spricht zwar in Art. 9a Abs. 1 AktionärsrechteRL II lediglich davon, dass *Gesellschaften* eine Vergütungspolitik erarbeiten und Aktionäre das Recht haben, über diese in der Hauptversammlung abzustimmen. Der offene Begriff geht jedoch auf die Vielfalt der *Corporate Governance* Systeme zurück und beinhaltet demnach selbst keine Aussage über die Zulässigkeit von Gegenanträgen.

Anträge auf Änderung einzelner Passagen in der Hauptversammlung darf der Versammlungsleiter demnach ebenfalls nicht zulassen.[253] Hält man eine Teilbilligung, entgegen der hier vertreten Ansicht, für zulässig, muss dies konsequenterweise auch ein Vorschlagsrecht auf eine Teilbilligung des vom Aufsichtsrat vorgelegten Vergütungssystems enthalten.[254] Der Aufsichtsrat wird wohl kaum von sich aus im Rahmen seiner Vorlagekompetenz eine solche Beschlussvorlage unterbreiten.[255]

Legt ein Aktionär besonderen Wert darauf, seine Ansicht zu dem Vergütungssystem kundzutun, könnte ein Antrag auf Ablehnung der Billigung des Vergütungssystems gestellt werden, der dann mitsamt seiner Begründung nach § 126 Abs. 1 Satz 1 AktG zugänglich gemacht werden muss. Dieses Verfahren wird zum Teil für zulässig erachtet.[256] Hier sollte es jedoch bei der grundsätzlichen Annahme bleiben, dass die Beschlussvorlage nicht gegenantragsfähig ist. Um seine Meinung kundzutun, bleibt dem Aktionär die Möglichkeit, den Beschlussvorschlag abzulehnen.

---

[251] Vgl. *Tröger*, in: KölnKomm-AktG, § 119 Rn. 46.

[252] *Tröger*, in: KölnKomm-AktG, § 119 Rn. 58; *Drescher*, in: BeckOGK-AktG, Stand: 1. Februar 2025, § 241 Rn. 239; *Schäfer*, in: MüKo-AktG, § 241 Rn. 66; *Englisch*, in: Hölters/Weber, AktG, § 241 Rn. 66; *K. Schmidt*, in: Großkomm-AktG, § 241 Rn. 57.

[253] *Kubis*, in: MüKo-AktG, § 120a Rn. 7.

[254] Siehe zur Ablehnung der Möglichkeit einer Teilbilligung: § 8 A. II.

[255] Insofern konsequent: *Tröger*, in: KölnKomm-AktG, § 120a Rn. 35.

[256] *Jo. Hoffmann*, in: BeckOGK-AktG, Stand: 1. Februar 2025, § 120a Rn. 20; *Kubis*, in MüKo-AktG, § 120a Rn. 9; *Drinhausen*, in: Hölters/Weber, AktG, § 120a Rn. 4; *Gärtner*, in: Goette/M. Arnold, AR-Hdb, § 4 Rn. 1840.

2. *Erörterungsmöglichkeit für Aktionäre*

Eine andere Frage betrifft die reine Erörterung des Vergütungssystems, wenn es keinen Tagesordnungspunkt zur Beschlussfassung über das Vergütungssystem gibt. Eine Erörterung des Vergütungssystems könnte im Rahmen des Tagesordnungspunkts „*Entlastung des Aufsichtsrats*" zulässig sein.[257] Ein anderer Anknüpfungspunkt wäre die ebenfalls jährlich vorgeschriebene Beschlussfassung über den nach § 162 AktG erstellten und geprüften Vergütungsbericht, und die Erörterung des Vergütungssystems bei der Behandlung dieses Tagesordnungspunkts nach § 120a Abs. 4 AktG. Gegen ein solches Vorgehen spricht in beiden Fällen der Vergangenheitsbezug des Tagesordnungspunkts. Sowohl die Entlastung des Aufsichtsrats als auch der Vergütungsbericht des Vorstands schließen von ihrer Grundausrichtung nur das vergangene Geschäftsjahr ein. Mit dem Beschluss über die Billigung des Vergütungsberichts können die Aktionäre ihre Ansicht zur Anwendung des Vergütungssystems im vergangenen Geschäftsjahr äußern, also auch zur Ausübung von Entscheidungsbefugnissen, die dem Aufsichtsrat zustehen.[258] Insofern liefert der Tagesordnungspunkt zur Beschlussfassung über den Vergütungsbericht teilweise ein Einfallstor für eine Erörterung des Vergütungssystems. So kann ein genutzter Entscheidungsspielraum Anknüpfungspunkt für einen Austausch über die Ausgestaltung des Vergütungssystems sein, welches Grundlage der Entscheidung des Aufsichtsrats ist. Eine generelle Debatte über das Vergütungssystem dürfte jedoch über dieses Einfallstor nicht möglich sein. Bei der Entlastung wird dagegen nach § 120 Abs. 2 Satz 1 AktG die Verwaltung der Gesellschaft durch den Aufsichtsrat im vergangenen Geschäftsjahr gebilligt oder missbilligt. Teil der Verwaltung des Aufsichtsrats sind dann auch die Vergütungsentscheidungen, die der Aufsichtsrat im vorausgegangenen Geschäftsjahr getroffen hat. Ein entsprechendes Auskunftsrecht über bisher nur vom Aufsichtsrat beschlossene Vergütungssysteme besteht jedenfalls nach überwiegender Ansicht bei internen Angelegenheiten des Organs, wie Beschlüssen, nicht.[259] Darüber hinaus wäre ein solches Auskunftsrecht

---

[257] So jedenfalls: *Herrler*, in: Grigoleit, AktG, § 120a Rn. 8.

[258] Vgl. dazu: *Jo. Hoffmann*, in: BeckOGK-AktG, Stand: 1. Februar 2025, § 120a Rn. 46; *Tröger*, in: KölnKomm-AktG, § 120a Rn. 60.

[259] LG Mannheim, Urteil vom 7. April 2005, Az.: 23 O 102/04 = AG 2005, 780, 781 = juris Rn. 72 ff.; *Poelzig*, in: BeckOGK-AktG, Stand: 1. Februar 2025, § 131 Rn. 70; *Reger*, in:

nicht zwingend notwendig, denn bis zur Entscheidung, dieses System der Hauptversammlung vorzulegen, bestünde überhaupt kein Bedürfnis zur Erörterung. Mit einer solchen Entscheidung fände die Erörterung dann aber bei Vorlage des Vergütungssystems im Rahmen des Tagesordnungspunkts der Beschlussfassung über dieses Vergütungssystem statt. Für den Fall, dass der Aufsichtsrat der Hauptversammlung das Vergütungssystem im vorausgegangenen Geschäftsjahr vorgelegt hat, bedarf es jedoch ebenfalls keiner Erörterung, da diese vielmehr zur Beschlussfassung nach § 120a Abs.1 Satz 1 AktG erforderlich gewesen wäre. Insofern ist im Rahmen der Entlastung des Aufsichtsrats grundsätzlich nicht von einer generellen Erörterungsmöglichkeit des Vergütungssystems auszugehen, sollte eine Beschlussfassung nach § 120a Abs. 1 Satz 1 AktG in der Tagesordnung nicht vorgesehen sein.

3. *Vertagung des Vergütungsvotums*

Keinen klassischen Gegenantrag, aber dennoch einen abweichenden Antrag, stellt ein Antrag auf Vertagung des Tagesordnungspunkts dar.[260] Die Vertagung durch die Hauptversammlung statt einer Sachentscheidung ist zulässig.[261] Dies ist insofern für das Kompetenzgefüge unproblematisch, als die Hauptversammlung innerhalb ihrer Kompetenzen über die Vertagung entscheiden darf. Folge der Vertagung ist dann, dass über das nach § 124a Satz 1 Nr. 4 AktG veröffentlichte Vergütungssystem kein Beschluss gefasst wird. Ob ein ordnungsgemäß vorgelegtes Vergütungssystem trotz einer Vertagung des Tagesordnungspunkts als vorgelegtes Vergütungssystem i.S.d. § 87a Abs. 2 Satz 1 AktG gilt und der Aufsichtsrat auf dieses System bei der Festsetzung

---

Bürgers/Lieder, AktG, § 131 Rn. 17; *Spindler*, in: K. Schmidt/Lutter, AktG, § 131 Rn. 52; *Hoffmann-Becking/Austmann*, in: MünchHdb GesR IV, § 38 Rn. 11; *Koch*, AktG, § 131 Rn. 14; a.A.: *Heidel*, in: Heidel, AktG, § 131 Rn. 29; offengelassen: BGH, Beschluss vom 5. November 2013, Az.: II ZB 28/12 = BGHZ 198, 354, 372 f. = AG 2014, 87, 92 = juris Rn. 47.

260 Generell zur Zulässigkeit einer Vertagung durch Beschluss der Hauptversammlung: BGH, Urteil vom 30. Juni 2015, Az.: II ZR 142/14 = BGHZ 206, 143, 156 = AG 2015, 822, 852 = juris Rn. 32; *Kubis*, in: MüKo-AktG, § 119 Rn. 145; *Hoffmann-Becking/Austmann*, in: MünchHdb GesR IV, § 37 Rn. 72; *Koch*, AktG, § 129 Rn. 46.

261 Für die Zulässigkeit einer Vertagung: *Tröger*, in: KölnKomm-AktG, § 120a Rn. 44a; *Gärtner/Himmelmann*, AG 2021, 259, 260; *Spindler*, in: K. Schmidt/Lutter, AktG, § 120a Rn. 13; *Koch*, AktG, § 120a Rn. 5a; dagegen: *Jo. Hoffmann*, in: BeckOGK-AktG, Stand: 1. Februar 2025, § 120a Rn. 37.

der Vorstandsvergütung zurückgreifen darf, wird an anderer Stelle bei der Beschlussreichweite unter § 9 A. I. 2 erörtert.

III. Ergänzungsverlangen

Von den Gegenanträgen zu unterscheiden, ist das Verlangen einer qualifizierten Aktionärsminderheit, Gegenstände nach § 122 Abs. 2 Satz 1 AktG auf die Tagesordnung zu setzen und bekanntzumachen. Dabei kann sich ein solches Ergänzungsverlangen jedoch nur auf Gegenstände beziehen, die nach der allgemeinen Kompetenzverteilung in den Kompetenzbereich der Hauptversammlung fallen.[262]

1. Nur ausnahmsweise Zulässigkeit von Ergänzungsverlangen

Hiernach könnte man annehmen, dass mit § 120a Abs. 1 Satz 1 AktG die Abstimmung über das Vergütungsvotum grundsätzlich in den Kompetenzbereich der Hauptversammlung fällt, wie auch § 119 Abs. 1 Nr. 3 Var. 1 AktG verdeutlicht. Geht man weiter davon aus, dass das Ergänzungsverlangen zwar nach § 122 Abs. 2 Satz 2 AktG entweder eine Begründung oder einen Beschlussvorschlag, nicht aber beides kumuliert voraussetzt,[263] könnte man ein Ergänzungsverlangen einer Aktionärsminderheit generell für zulässig erachten, selbst wenn man die alleinige Zuständigkeit des Beschlussvorschlags nach § 124 Abs. 3 Satz 1 AktG bei dem Aufsichtsrat sieht.

Trotz der alleinigen Vorlagepflicht des Aufsichtsrats wird daher ein Ergänzungsverlangen von Aktionären nach § 122 Abs. 2 AktG auch in der bisherigen Diskussion teilweise als zulässig angesehen, wenn eine qualifizierte Aktionärsminderheit eine Abstimmung vor Ablauf der vierjährigen

---

[262] OLG Braunschweig, Beschluss vom 8. Mai 2023, Az.: 2 W 25/23 = AG 2023, 589, 589 f.; OLG Frankfurt, Beschluss vom 12. Mai 2017, Az.: 20 W 150/17 = juris Rn. 5; *Drinhausen*, in Hölters/Weber, AktG, § 122 Rn. 18; *Koch*, AktG, § 122 Rn. 18; *Noack/Zetzsche*, in: KölnKomm-AktG, § 122 Rn. 54; *Kubis*, in: MüKo-AktG, § 122 Rn. 35; *Rieckers*, in BeckOGK-AktG, Stand: 1. Februar 2025, § 122 Rn. 38; *Reichert/Balke*, in: Reichert, HV-Hdb, § 5 Rn. 40; *Marsch-Barner/v. d. Linden*: in Marsch-Barner/Schäfer, Hdb börsennotierte AG, § 34 Rn. 26; *Butzke*, in: FS Marsch-Barner (2018), S. 103, 107; *Horn*, ZIP 2008, 1558, 1561; *Halberkamp/Gierke*, NZG 2004, 494, 497.

[263] So jedenfalls: *Butzke*, in: Großkomm-AktG, § 122 Rn. 55; *Rieckers*, in BeckOGK-AktG, Stand: 1. Februar 2025, § 122 Rn. 46; *Koch*, AktG, § 122 Rn. 19; a.A.: *Ziemons*, in: K. Schmidt/Lutter, AktG, § 122 Rn. 53; *Kubis*, in: MüKo-AktG, § 122 Rn. 32.

Periode und ohne wesentliche Änderung beantragt.[264] Das Bedürfnis der Aktionäre eine solche Beschlussfassung bei veränderten Rahmenbedingungen herbeizuführen, ist trotz der mittlerweile periodisch und anlassbezogenen Verpflichtung zur Vorlage durch den Aufsichtsrat anzuerkennen.[265] Auch spricht die Ausgestaltung der Vorlagehäufigkeit als Mindestvorgabe dafür, dass ein Minderheitsverlangen möglich wäre, wenn die entsprechenden Voraussetzungen dafür vorliegen.[266] Dagegen wird jedoch zu Recht eingewandt, dass ein solches Ergänzungsverlangen im Grundsatz nicht möglich ist.[267] Die Entscheidung, wann der Hauptversammlung ein Vergütungssystem vorzulegen ist, fällt innerhalb der gesetzlichen Grenzen des § 120a Abs. 1 Satz 1 AktG in das Ermessen des Aufsichtsrats.[268] Ein zulässiges Ergänzungsverlangen einer Aktionärsminderheit würde insoweit in den Entscheidungsspielraum des Aufsichtsrats eingreifen. Dies stellt daher grundsätzlich eine Kompetenzüberschreitung der Aktionäre dar. Entsprechend ist dies bereits bei Geschäftsführungsfragen anerkannt, bei denen das Initiativrecht zur Eröffnung der Hauptversammlungszuständigkeit nach § 119 Abs. 2 AktG beim Vorstand liegt.[269] Richtigerweise ist der Kompetenzbereich der Hauptversammlung erst dann eröffnet, wenn der Aufsichtsrat grundsätzlich zur Vorlage verpflichtet wird, sodass ein Ergänzungsverlangen in diesem Fall keine Kompetenzüberschreitung der Hauptversammlung bedeuten

---

[264] *Herrler*, in: Grigoleit, AktG § 120a Rn. 10, 14 f.; *Tröger*, in: KölnKomm-AktG, § 120a Rn. 39; *Spindler*, in: K. Schmidt/Lutter, AktG, § 120a Rn. 9; *Krenek*, in: Heidel, AktG, § 120a Rn. 8; ablehnend: *Kubis*, in: MüKo-AktG, § 120a Rn. 8; *Koch*, AktG, § 120a Rn. 4; *Löbbe/Fischbach*, AG 2019, 373, 378; *Gärtner/Himmelmann*, AG 2021, 259, 263; für entsprechende Umsetzung der Richtlinie, *Diekmann*, WM 2018, 796, 797; nur bei Verletzung der Vorlagepflicht durch den Aufsichtsrat: *Jo. Hoffmann*, in: BeckOGK-AktG, Stand: 1. Februar 2025, § 120a Rn. 36.

[265] Vgl. *Tröger*, in: KölnKomm-AktG, § 120a Rn. 39.

[266] *Herrler*, in: Grigoleit, AktG § 120a Rn. 10.

[267] *Kubis*, in: MüKo-AktG, § 120a Rn. 8; *Florstedt* ZGR 2019, 630, 645; *Gärtner/Himmelmann*, AG 2021, 259, 262 f.

[268] Siehe dazu: § 8 C.

[269] OLG Stuttgart, Beschluss vom 22. Juli 2006, Az.: 8 W 271/06 = NZG 2006, 790, 791; OLG Frankfurt. Beschluss vom 15. Februar 2005, Az.: 20 W 1/05 = NZG 2005, 558, 559; *Kubis*, in: MüKo-AktG, § 122 Rn. 18; *Rieckers*, in: BeckOGK-AktG, Stand: 1. Februar 2025, § 122 Rn. 24; *Butzke*, in: Großkomm-AktG, § 122 Rn. 24; *Drinhausen*, in: Hölters/Weber, AktG, § 122 Rn. 11; *Reichert/Balke*, in: Reichert, HV-Hdb, § 5 Rn. 40; *Bungert*, in: MünchHdb GesR IV, § 36 Rn. 27; *Halberkamp/Gierke*, NZG 2004, 494, 497.

kann.[270] Dies kann freilich nur dann gelten, wenn der Aufsichtsrat zumindest ein Vergütungssystem zur Vorlage beschlossen hat. Andernfalls fehlt es an einer kompetenzwahrenden Grundlage für das Ergänzungsverlangen. Die Aktionäre dürfen jedenfalls kein eigenes Vergütungssystem zur Beschlussfassung stellen, sodass sie auf die Mitarbeit des Aufsichtsrats angewiesen sind.

Diese Interpretation steht mit dem Wortlaut des *vom Aufsichtsrat vorgelegten Vergütungssystems* in § 120a Abs. 1 Satz1 AktG im Einklang.[271] Ein Ergänzungsverlangen der Aktionäre kann also nur dafür sorgen, dass ein bereits vom Aufsichtsrat zur Vorlage beschlossenes Vergütungssystem im Falle der Vorlagepflicht auf die Tagesordnung gesetzt wird. Zur Kompetenz des Aufsichtsrats gehört jedoch grundsätzlich auch die Entscheidung, welches Vergütungssystem er vorlegen möchte, sodass die Aktionäre im Rahmen ihres zulässigen Ergänzungsverlangens nur auf das zuletzt vorgelegte Vergütungssystem zurückgreifen können.[272] Zwar steht es dem Aufsichtsrat frei, ein anderes als das zuletzt vorgelegte Vergütungssystem zur Grundlage der Festsetzung zu machen. Eine Vorlage eines anderen Vergütungssystems kann jedoch unter Umständen einen erhöhten Begründungsaufwand auslösen, der dann den Aufsichtsrat trifft.[273] Die Auswahl des Vergütungssystems ist eine Kompetenz des Aufsichtsrats, bei der dieser die sich daraus erfolgenden Pflichten zu berücksichtigen hat. Die Vorlage irgendeines Vergütungssystems durch die Aktionäre stellt damit einen Eingriff in den Verwaltungsbereich des Aufsichtsrats dar.

Die generelle Zulässigkeit eines Ergänzungsverlangens unter Rückgriff auf ein beliebiges Vergütungssystem greift damit in zweifacher Hinsicht in den Kompetenzbereich des Aufsichtsrats ein. Zunächst ist die Entscheidung der

---

[270] *Jo. Hoffmann*, in: BeckOGK-AktG, Stand: 1. Februar 2025, § 120a Rn. 36.

[271] *Tröger*, in: KölnKomm-AktG, § 120a Rn. 39.

[272] Im Ergebnis für den Rückgriff auf das bereits existierende Vergütungssystem ebenso, jedoch generell für die Zulässigkeit eines Ergänzungsverlangens: *Spindler*, in: K. Schmidt/Lutter, AktG, § 120a Rn. 9, der jedoch in seiner Zustimmung zu *Tröger* übersieht, dass dieser bei dem Beschlussgegenstand noch weiter geht; a.A.: *Herrler*, in: Grigoleit, AktG, § 120a Rn. 10, 15; *Tröger*, in: KölnKomm-AktG, § 120a Rn. 39, wonach ein Ergänzungsverlangen ebenfalls generell zulässig ist und Aktionären sogar der Rückgriff auf ein älteres nicht mehr vom Aufsichtsrat verwendetes Vergütungssystem gestattet wird.

[273] Für Einzelheiten dazu siehe: § 10 A.

Hauptversammlung, außerhalb der Mindestvorgaben des § 120a Abs. 1 Satz 1 AktG ein Vergütungssystem vorzulegen, eine Kompetenzüberschreitung. Die mögliche Aktionärsentscheidung darüber, welches Vergütungssystem vorgelegt werden soll, stellt sodann eine weitere Kompetenzüberschreitung dar. Insofern können die Aktionäre mit einem Ergänzungsverlangen nach § 122 Abs. 2 AktG kompetenzwahrend nur bei einer Verletzung der Vorlagepflicht aus § 120a Abs. 1 Satz 1 AktG die Vorlage des zuletzt vorgelegten Vergütungssystems verlangen.

2. *Herabsetzung der Maximalvergütung*

Einen zulässigen Antrag stellt dagegen das Begehren dar, die in dem Vergütungssystem nach § 87a Abs. 1 Satz 2 Nr. 1 AktG festgelegte Maximalvergütung herabzusetzen. Das geht aus dem neu eingefügten § 87 Abs. 4 AktG hervor.[274] Demnach kann die Hauptversammlung auf Antrag nach § 122 Abs. 2 Satz 1 AktG die nach § 87a Abs. 1 Satz 2 Nr. 1 AktG festgelegte Maximalvergütung herabsetzen. Insofern handelt es sich bei dem Antrag um ein Ergänzungsverlangen zur Tagesordnung und keinen klassischen Gegenantrag i.S.d. § 126 AktG.[275]

Der Antrag kann sich dabei sowohl gegen ein bereits vorher vorgelegtes und aktuell angewandtes als auch gegen ein erstmalig vorgelegtes Vergütungssystem richten.[276] Er muss sich nach dem Wortlaut des § 87 Abs. 4 AktG jedenfalls auf eine bereits in einem System festgelegte Maximalvergütung beziehen. Dabei kann es keinen Unterschied machen, ob sich der Antrag auf ein aktuell angewandtes System bezieht oder auf ein erstmalig der Hauptversammlung vorgelegtes System. Zeitlich ist im Rahmen der Hauptversammlung zunächst über das vorgelegte Vergütungssystem und

---

274 Siehe zu den Einzelheiten: § 9 B. III.

275 *Koch*, AktG, § 87 Rn. 67; *Seibt*, in: K. Schmidt/Lutter, AktG, § 87 Rn. 54; *Weber*, in: Hölters/Weber, AktG, § 87 Rn. 75; *Herrler*, ZHR 2020, 408, 444 f.; *Zipperle/Lingen*, BB 2020, 131, 133; *Gärtner/Himmelmann*, AG 2021, 259, 266; zweifelnd: *Lochner/Beneke*, in: Heidel, AktG, § 87a Rn. 8; a.A.: *Herrler*, in: Grigoleit, AktG, § 120a Rn. 4, wonach es sich trotz Verweis auf § 122 Abs. 1 Satz 1 AktG um einen Gegenantrag zu dem vorgelegten Vergütungssystem handelt.

276 Ebenso: *Cahn*, in: KölnKomm-AktG, § 87 Rn. 143; *Gärtner/Himmelmann*, AG 2021, 259, 268; wohl auch: *Spindler*, in: MüKo-AktG, § 87 Rn. 264, der als Voraussetzung für einen solchen Antrag zeitlich eine erste Beschlussfassung über die Billigung des Vergütungssystems verlangt.

im Anschluss über den Antrag nach § 87 Abs. 4 AktG abzustimmen. Nur so kann sichergestellt werden, dass der Beschluss auch auf das dann vorgelegte Vergütungssystem Anwendung findet.[277] Der Gestaltungsspielraum des Antrags ist durch den Wortlaut des § 87 Abs. 4 AktG begrenzt. Danach ist es nur möglich, die Maximalvergütung herabzusetzen. Anders lautende Anträge sind davon nicht erfasst.[278] Über den direkten Verweis sind bei diesem Antrag jedenfalls das Quorum des § 122 Abs. 2 Satz 1 AktG und ebenso das Fristerfordernis nach § 122 Abs. 2 Satz 4 AktG zu beachten.[279] Nach § 133 Abs. 1 AktG entscheidet die Hauptversammlung dann mit einfacher Stimmenmehrheit über den Antrag.

C. Häufigkeit der Beschlussfassung

Nach § 120a Abs. 1 Satz 1 AktG beschließt die Hauptversammlung bei jeder wesentlichen Änderung über das Vergütungssystem, mindestens jedoch alle vier Jahre. Daneben gibt es eine weitere zeitliche Vorgabe für die Vorlagepflicht in § 120a Abs. 3 AktG für den Fall, dass die Hauptversammlung das Vergütungssystem missbilligt. Danach ist spätestens in der nächsten ordentlichen Hauptversammlung ein überprüftes Vergütungssystem vorzulegen.[280] Wie die folgenden Ausführungen zeigen werden, hat der Aufsichtsrat neben der Pflicht zur Vorlage nach § 120a Abs. 1 Satz 1 AktG ein nur begrenztes Ermessen, wann der Hauptversammlung ein Vergütungssystem vorgelegt werden muss.[281]

I. Periodische Vorlagepflicht

Legt man den Wortlaut zugrunde, könnte man zu der Annahme kommen, dass das gesetzliche Kriterium für eine Vorlagepflicht des Aufsichtsrats

---

[277] A.A.: *Gärtner/Himmelmann*, AG 2021, 259, 268.

[278] *Seibt*, in: K. Schmidt/Lutter, AktG, § 87 Rn. 51; *Cahn*, in: KölnKomm-AktG, § 87 Rn. 142; *Weber*, in: Hölters/Weber, AktG, § 87 Rn. 69; *Pusch/Daub*, in: NK-GA, AktG, § 87 Rn. 47; *Melot de Beauregard/Arden*, in: Backhaus/Tielmann, Der Aufsichtsrat, AktG, § 87 Rn. 132; *Cahn*, in: FS Böcking (2021), S. 55, 57; *Zipperle/Lingen*, BB 2020, 131, 133; *Mutter*, AG 2019, R340, R340; *Needham*, ZCG 2020, 22, 23.

[279] Ebenso: *Gärtner/Himmelmann*, AG 2021, 259, 266; *Johannsen-Roth/Kießling/Raapke*, DB 2019, Beilage 03, 16, 16 die von einem Verweis auf den ganzen § 122 Abs. 2 AktG ausgehen.

[280] Zu den Details siehe: § 9 B. I. 3.

[281] Vgl. *Herrler*, in: Grigoleit, AktG, § 120a Rn. 9.

grundsätzlich die wesentliche Änderung des Vergütungssystems ist. Als sekundäres Kriterium greift sodann die zeitliche Komponente, wonach spätestens alle vier Jahre eine Beschlussfassung zu erfolgen hat. Dies muss dann unabhängig von Änderungen am Vergütungssystem geschehen.[282]

Dabei ist es dem Aufsichtsrat möglich, freiwillig zu einem früheren als gesetzlich vorgeschriebenen Zeitpunkt das Vergütungssystem der Hauptversammlung zur Abstimmung vorzulegen.[283] Die Entscheidung darüber steht im pflichtgemäßen Ermessen des Aufsichtsrats. In diesem Zusammenhang wird zum Teil eine Ermessensreduzierung auf Null angenommen, wenn das Wohl der Gesellschaft eine Billigung des Vergütungssystems erfordert.[284] Dazu sollen beispielsweise Konstellationen gehören, in denen Aktionäre öffentlich Kritik an dem Vergütungssystem üben und der Gesellschaft ein erheblicher Reputationsschaden droht.[285] Eine pauschale Ermessensreduzierung bei öffentlicher Kritik auch durch gewichtige Anteilsinhaber geht aber zu weit. Es ist gerade Aufgabe des Aufsichtsrats und nicht der Hauptversammlung, ein angemessenes Vergütungssystem zu erarbeiten. Zwar haben die Aktionäre grundsätzlich das Recht, über § 120a Abs. 1 Satz 1 AktG ihre Billigung oder Missbilligung auszudrücken. Dies gilt aber nur, wenn der Aufsichtsrat auch ein Vergütungssystem vorlegt. Wäre er bei öffentlicher Kritik durch eine Ermessensreduzierung zur Vorlage oder gar Überarbeitung gezwungen, könnten Aktionäre den dem Aufsichtsrat zugedachten Entscheidungsspielraum verbindlich beeinflussen. Es sollte vielmehr dabei bleiben, dass der Aufsichtsrat im Rahmen seines pflichtgemäßen Ermessens zwar Aktionärskritik und drohende Reputationsschäden

---

282 Siehe auch: *Jo. Hoffmann*, in: BeckOGK-AktG, Stand: 1. Februar 2025, § 120a Rn. 30, der insoweit von der ordentlichen und außerordentlichen Vorlagepflicht spricht, wobei ersteres den vierjährigen Rhythmus meint; *Herrler*, in: Grigoleit, AktG, § 120a Rn. 21.

283 *Kubis*, in: MüKo-AktG, § 120a Rn. 11; *Tröger*, in: KölnKomm-AktG, § 120a Rn. 29; *Spindler*, in: K. Schmidt/Lutter, AktG, § 120a Rn. 8; *Herrler*, in: Grigoleit, AktG, § 120a Rn. 21; zur Zulässigkeit einer entsprechenden Satzungsregelung siehe: § 13 B. I. 1. b).

284 *Tröger*, in: KölnKomm-AktG, § 120a Rn. 29; noch zur alten Rechtslage: *Mülbert*, in: Großkomm-AktG, § 120 Rn. 163; *Fleischer/Bedkowski*, AG 2009, 677, 681 f.; *Hupka*, Das Vergütungsvotum der Hauptversammlung, S. 267 ff.; ablehnend: *Döll*, WM 2010, 103, 107.

285 *Mülbert*, in: Großkomm-AktG, § 120 Rn. 163; *Fleischer/Bedkowski*, AG 2009, 677, 681 f.; *Hupka*, Das Vergütungsvotum der Hauptversammlung, S. 269; tendenziell ablehnend für diese Konstellation: *Tröger*, in: KölnKomm-AktG, § 120a Rn. 29.

zu beachten hat, diese aber auch einordnen und berücksichtigen kann, ohne zu einer neuen Vorlage gezwungen zu sein.

Die Frist beginnt mit der Beschlussfassung in der Hauptversammlung, in der das Vergütungssystem förmlich vorgelegt wird.[286] Mit dem Wortlaut der *vier Jahre* endet die Frist entsprechend § 188 Abs. 2 Var. 1 BGB im vierten Jahr, das auf die maßgebliche Hauptversammlung folgt, mit dem Ablauf desjenigen Tages, an dem die maßgebliche Hauptversammlung stattgefunden hat. Das stünde jedenfalls systematisch im Einklang mit § 102 Abs. 1 Satz 1 AktG und dem Ende der Amtszeit der Aufsichtsratsmitglieder am jeweiligen Tag der Hauptversammlung, welche über die Entlastung für das vierte Geschäftsjahr nach dem Beginn der Amtszeit beschließt.[287] Bei der Amtszeit der Aufsichtsratsmitglieder ist ausdrücklich an den Tag der Hauptversammlung geknüpft, während beim Vergütungsvotum nach § 120a Abs. 1 Satz 1 AktG an einen Zeitraum von vier Jahren angeknüpft wird. Aus einem Umkehrschluss käme man also zu dem Ergebnis, dass der Tag der ursprünglichen Hauptversammlung maßgeblich wäre. Die Gesellschaften wären dadurch zur Einhaltung bestimmter Termine für ihre Hauptversammlungen im vierten Jahr nach der Beschlussfassung gezwungen. Dies ist im Ergebnis nicht sachgerecht. Daher geht die herrschende Meinung zu Recht davon aus, dass die Frist erst mit dem Ablauf des vierten Geschäftsjahres nach der Befassung in der Hauptversammlung abläuft.[288] Das lässt sich unter anderem systematisch mit einem Verweis auf § 120a Abs. 3 AktG begründen. Dort reicht die Befassung auf der nächsten ordentlichen Hauptversammlung, sodass grundsätzlich eine Beschlussfassung auf der ordentlichen Hauptversammlung und gerade keine taggenaue Frist gewollt ist.[289] Wegen § 175 Abs. 1 Satz 2 AktG

---

[286] *Tröger*, in: KölnKomm-AktG, § 120a Rn. 29; *Spindler*, in: K. Schmidt/Lutter, AktG, § 120a Rn. 8; *Herrler*, in: Grigoleit, AktG, § 120a Rn. 16.

[287] *Kubis*, in: MüKo-AktG, § 120a Rn. 11; vgl. auch: *Spindler*, in: BeckOGK-AktG, Stand: 1. Oktober 2023, § 102 Rn. 8; *Habersack*, in MüKo-AktG, § 102 Rn. 18; *Koch*, AktG, § 102 Rn. 3.

[288] *Kubis*, in: MüKo-AktG, § 120a Rn. 11; *Tröger*, in: KölnKomm-AktG, § 120a Rn. 29; *Koch*, AktG, § 120a Rn. 4; *Herrler*, in: Grigoleit, AktG, § 120a Rn. 16; *Jo. Hoffmann*, in: BeckOGK-AktG, Stand: 1. Februar 2025, § 120a Rn. 30; *Herrler*, ZHR 2020, 408, 416; *Gärtner/Himmelmann*, AG 2021, 259, 263; *Paschos/Goslar*, AG 2018, 857, 862; *Heldt*, AG 2018, 905, 908.

[289] Ebenso: *Jo. Hoffmann*, in: BeckOGK-AktG, Stand: 1. Februar 2025, § 120a Rn. 30.

dürfte im Regelfall eine Begrenzung auf die ersten acht Monate des vierten Geschäftsjahres vorliegen.[290]

Aber auch wenn der Vierjahreszeitraum abgelaufen ist, geht damit keine Pflicht zur inhaltlichen Veränderung des Vergütungssystems einher. Wie sich aus § 120a Abs. 1 Satz 4 AktG ergibt, ist ein das Vergütungssystem bestätigender Beschluss ausdrücklich zulässig. Der Aufsichtsrat ist also nicht verpflichtet, mit jeder Neuvorlage ein neues Vergütungssystem vorzulegen.[291] Lediglich bei einer Neuvorlage außerhalb des gewöhnlichen Rahmens, also nach § 120a Abs. 3 AktG bei einem missbilligenden Beschluss der Hauptversammlung, wird diskutiert, ob es einer inhaltlichen Veränderung des Systems bedarf. Diese Fragestellung wird ausführlich im Rahmen der unmittelbaren Pflichten des Aufsichtsrats unter § 9 B. I. 3. b) erörtert.

Vorausgesetzt, das Vergütungssystem wird von der Hauptversammlung nicht mit der Folge der Wiedervorlage nach § 120a Abs. 3 AktG missbilligt und der Aufsichtsrat nimmt keine wesentlichen Änderungen an dem System vor, gibt das Gesetz demnach für die Wiedervorlage einen Vierjahrestakt vor.[292] Angesichts des verpflichtend durchzuführenden Votums ist daher bei Vorliegen der Voraussetzungen des § 120a Abs. 1 Satz 1 AktG, also insbesondere der zeitlichen Komponente, von einer Vorlagepflicht auszugehen.[293]

II. Beschlussfassung bei wesentlicher Änderung des Vergütungssystems

Von dem Vierjahreszeitraum abgesehen muss der Aufsichtsrat das Vergütungssystem nach § 120a Abs. 1 Satz 1 AktG bei jeder wesentlichen Änderung erneut der Hauptversammlung vorlegen. Der Aufsichtsrat ist demnach verpflichtet, der Hauptversammlung ein Vergütungssystem erneut vorzulegen, wenn er zuvor wesentliche Änderungen an diesem beschlossen

---

[290] Vgl. *Koch*, AktG, § 120a Rn. 4, der ein Votum innerhalb der ersten acht Monate des vierten Geschäftsjahres fordert.

[291] *Jo. Hoffmann*, in: BeckOGK-AktG, Stand: 1. Februar 2025, § 120a Rn. 29.

[292] *Kubis*, in: MüKo-AktG, § 120a Rn. 11.

[293] *Jo. Hoffmann*, in: BeckOGK-AktG, Stand: 1. Februar 2025, § 120a Rn. 28; *Koch*, AktG, § 120a Rn. 3, nimmt die Vorlagepflicht schon aufgrund der allein vorgeschriebenen Beschlusszuständigkeit des Aufsichtsrats an; siehe zu den Möglichkeiten eine Beschlussfassung durch die Aktionäre bei Verstoß gegen die Vorlagepflicht herbeizuführen: § 8 B. III. 1.

hat.[294] In Übereinstimmung mit § 120a Abs. 3 AktG reicht auch hier die Vorlage auf der nächsten ordentlichen Hauptversammlung, wobei das geänderte System ebenfalls auf einer vorher stattfindenden außerordentlichen Hauptversammlung vorgelegt werden darf.[295]

An dieser Stelle müssen die Unternehmen beurteilen, wann eine wesentliche Änderung vorliegt. Grundlage des Wesentlichkeitskriteriums ist Art. 9a Abs. 5 AktionärsrechteRL II, in der ebenfalls von jeder wesentlichen Änderung die Rede ist. Wegen der damit einhergehenden Vorlagepflicht und dem damit verbunden Aufwand besteht wohl Einigkeit darin, dass der Begriff nicht zu eng ausgelegt werden darf.[296] In den Einzelheiten unterscheiden sich dann aber die Ansichten. Auch wenn die Frage nach der Wesentlichkeit im Ergebnis eine Einzelfallentscheidung ist,[297] sollte aus praktischen Gründen versucht werden, einen Orientierungsrahmen zu geben, wann eine wesentliche Änderung vorliegt. Das Kriterium muss für den Aufsichtsrat handhabbar gemacht werden.

Das liegt auch daran, dass das Wesentlichkeitskriterium einen zentralen Aspekt für die Bindungswirkung des Vergütungssystems darstellt. Wie später in dieser Arbeit noch gezeigt wird, beurteilt sich die Bindungswirkung des Vergütungssystems unter anderem aus zwei bedeutenden Perspektiven. Dabei steht auf der einen Seite die Ausgestaltung des Vergütungssystems im Vorhinein und auf der anderen Seite stehen die verschiedenen Abweichungsmöglichkeiten vom Vergütungssystem. Während die Ausgestaltung die präventive Perspektive abdeckt, gestalten die Abweichungsmöglichkeiten die reaktive Seite. Die Abweichungsmöglichkeiten

---

[294] Vgl. *Herrler*, in: Grigoleit, AktG, § 120a Rn. 17.

[295] *Tröger*, in: KölnKomm-AktG, § 120a Rn. 30; *Herrler*, in: Grigoleit, AktG, § 120a Rn. 18; vgl. auch: *Spindler*, in: K. Schmidt/Lutter, AktG, § 120a Rn. 10; *Herrler*, ZHR 2020, 408, 418.

[296] *Koch*, AktG, § 120a Rn. 4; *Spindler*, in: K. Schmidt/Lutter, AktG, § 120a Rn. 10; *Anzinger*, ZGR 2019, 39, 78; *Gärtner/Himmelmann*, AG 2021, 259, 263; *Lutter/Bayer/J. Schmidt*, Europäisches Unternehmens- und Kapitalmarktrecht, 29.136; *Spindler*, AG 2020, 61, 73; *Herrler*, ZHR 2020, 408, 419; *C. Arnold/Herzberg/Zeh*, AG 2020, 313, 320; *Timmer*, Vorstandsvergütung 2020, S. 108 f.; vgl. auch: *Spindler*, in: MüKo-AktG, § 87a Rn. 44 *„gravierende Änderungen"* bei der Wesentlichkeit in § 87a Abs. 1 Satz 2 Nr. 11 AktG.

[297] *Spindler*, in: K. Schmidt/Lutter, AktG, § 120a Rn. 10; *Herrler*, in: Grigoleit, AktG, § 120a Rn. 17; *Drinhausen*, in: Hölters/Weber, AktG, § 120a Rn. 3; *Liebscher*, in: Henssler/Strohn, GesR, AktG, § 120a Rn. 6.

müssen wegen der gesetzlichen Differenzierung bei der Vorlagepflicht zwischen wesentlichen und unwesentlichen Änderungen in § 120a Abs. 1 Satz 1 AktG ebenfalls in unwesentliche und wesentliche Abweichungen unterteilt werden. Damit ist die Definition einer wesentlichen Änderung von entscheidender Bedeutung für die Beantwortung des Untersuchungsgegenstands dieser Arbeit.

1. *Konkretisierungsversuche in der Literatur*

In der bisherigen Literatur finden sich immer wieder auch konkrete Ansätze zur Bestimmung einer wesentlichen Änderung. Das Kriterium der Wesentlichkeit wird dabei teilweise sehr weitreichend (§ 8 C. II. 1. a)), anhand bestimmter monetärer Veränderungen (§ 8 C. II. 1. b)), über eine Differenzierung anhand betroffener Kategorien von Vergütungskomponenten (§ 8 C. II. 1. c)) oder über die Auswirkungen auf das Vorstandsverhalten (§ 8 C. II. 1. d)) definiert.

a) Jede Änderung als wesentliche Änderung

Der weitreichendste Vorschlag sieht vor, jede inhaltliche Änderung als wesentliche Änderung zu behandeln.[298] Demnach sollen nur Korrekturen evidenter Fehler sowie redaktionelle Anpassungen als unwesentlich anzusehen sein. Argumentativ geht diese Sichtweise auf das fehlende Wesentlichkeitskriterium in § 87a Abs. 2 Satz 1 AktG zurück. So muss das Vergütungssystem der Hauptversammlung nach § 120a Abs. 1 Satz 1 AktG zwar nur bei wesentlichen Änderungen neu vorgelegt werden. Der Aufsichtsrat darf aber die Vergütung der Vorstandsmitglieder nach § 87a Abs. 2 Satz 1 AktG nur anhand eines der Hauptversammlung vorgelegten Vergütungssystems festsetzen. Das Gesetz sehe insofern abgesehen von der Abweichungsregel in § 87a Abs. 2 Satz 2 AktG keine Möglichkeit vor, unwesentlich von dem vorgelegten System abzuweichen. Gesetzestreu dürfte der Aufsichtsrat danach zwar unwesentliche Änderungen beschließen, ohne sie der Hauptversammlung vorzulegen. Er dürfte diese Änderungen aber nicht anwenden. Konsequenz dieser Auslegung wäre, dass das Wesentlichkeitskriterium *de facto* überflüssig würde. Schon der europäische Richtliniengeber stellt jedoch in Art. 9a Abs. 5 AktionärsrechteRL II ausdrücklich auf wesentliche Änderungen

---

[298] *Jo. Hoffmann*, in: BeckOGK-AktG, Stand: 1. Februar 2025, § 120a Rn. 31.

beziehungsweise in der englischen Fassung auf *material changes* ab.[299] Damit ist es nicht zu vereinbaren, bei jeder unbedeutenden Änderung des Vergütungssystems eine Neuvorlage des Vergütungssystems zu fordern.[300] Vielmehr soll das Kriterium der Wesentlichkeit eine eigenständige Bedeutung haben und rechtliche Wirkungen entfalten.[301]

b) Prozentuale Veränderung der finanziellen Folgen der Vorstandsvergütung

Teilweise wird auf eine Gesamtwürdigung der monetären Folgen für die Gesellschaft abgestellt, egal ob sich die Veränderung zugunsten oder zulasten der Gesellschaft auswirkt.[302] So soll eine Wesentlichkeit dann vorliegen, wenn die zu erwartenden finanziellen Folgen die Vergütung um einen bestimmten Prozentsatz erhöhen oder reduzieren. Vorgeschlagen wird eine Veränderung um mindestens 2% pro Jahr[303] oder auch 10% pro Jahr[304]. Ersterer Vorschlag orientiert sich an den jährlichen durchschnittlichen Gehaltssteigerungen von etwa 2–3%. Das Kriterium der monetären Folgen kann aber allenfalls Indizwirkung entfalten und trifft für sich genommen keine Aussagekraft über das Vorliegen einer wesentlichen Änderung. So kann sich durch Entscheidungen des Aufsichtsrats bei der Zielerreichung variabler Vergütungsbestandteile regelmäßig eine Schwankung in der Auszahlung der Vergütung ergeben, ohne dass es überhaupt zu einer Änderung des Vergütungssystems gekommen ist. Außerdem ist mit dem Vergütungsvotum kein monetärer Schutz des Gesellschaftsvermögens bezweckt, was ebenfalls gegen eine rein monetäre Betrachtung spricht.

c) Orientierung an den Bestandteilen des Vergütungssystems

Verschiedene Ansätze in der Literatur versuchen die Wesentlichkeit unter Zuhilfenahme des Katalogs von Vergütungsbestandteilen aus § 87a Abs. 1

---

299 Siehe auch: *Spindler*, in: MüKo-AktG, § 87a Rn. 44, der von gravierenden Änderungen am System spricht.

300 Siehe dazu noch ausführlich: § 12 B.

301 *Herrler*, in: Grigoleit, AktG, § 120a Rn. 17; *Liebscher*, in: Henssler/Strohn, GesR, AktG, § 120a Rn. 6.

302 *Herrler*, in: Grigoleit, AktG, § 120a Rn. 17.

303 *Herrler*, in: Grigoleit, AktG, § 120a Rn. 17; *Herrler*, ZHR 2020, 408, 419 f.

304 *Krenek*, in: Heidel, AktG, § 120a Rn. 11.

Satz 2 AktG näher zu definieren. Dabei finden sich Ansätze, die anhand der Anzahl betroffener Kategorien eine wesentliche Änderung annehmen (§ 8 C. II. 1. c) aa)), die Veränderung schon in einer bestimmten Komponente ausreichen lassen (§ 8 C. II. 1. c) bb)) oder aber eine veränderte Struktur der Vergütungsbestandteile innerhalb des Systems fordern (§ 8 C. II. 1. c) cc)).

aa) Anzahl der betroffenen Kategorien

Ergänzend zu dem monetären Kriterium stellt *Herrler* auf die Anzahl der betroffenen Kategorien ab. Sind mehr als zwei Kategorien der § 87a Abs. 1 Satz 2 Nr. 2–11 AktG betroffen, soll unabhängig von anderen Auswirkungen ein Fall wesentlicher Änderungen vorliegen.[305] Dies soll aber insofern keine starre Grenze sein, als auch ein Eingriff in weniger als drei Kategorien der § 87a Abs. 1 Satz 2 Nr. 2–11 AktG keine indizielle Wirkung haben soll und stattdessen zu einer Einzelbeobachtung jedes Eingriffs in das bestehende Vergütungssystem führen soll.[306]

Diese Einzelfallentscheidung fällt demnach aber bei einer Überschreitung der Grenze von drei Vergütungsangaben gerade nicht an. Auch das ist jedoch zu pauschal. Die Anzahl der betroffenen Kategorien des Katalogs in § 87a Abs. 1 Satz 2 AktG kann nur bedingt etwas über die Bedeutsamkeit der Veränderungen im System aussagen. Nach § 87a Abs. 1 Satz 2 Nr. 9, 10 AktG sind eine Erläuterung über die Berücksichtigung der Vergütungs- und Beschäftigungsbedingungen der Arbeitnehmer sowie eine Darstellung der Verfahren zur Fest- und Umsetzung und zur Überprüfung des Systems ebenfalls Teil des Vergütungssystems. Es handelt sich also um erläuternde Bestandteile des Vergütungssystems und nicht um gesonderte Vergütungsbestandteile. Eine Änderung dieser zwei Kategorien hat damit nur eine untergeordnete Auswirkung auf das Gesamtkonzept des Vergütungssystems und kann im Zweifel sogar einer höheren Transparenz gegenüber der Hauptversammlung dienen. Käme eine minimale Änderung in einer weiteren Kategorie dazu, wäre nach der oben beschriebenen Prüfung eine wesentliche Änderung allerdings indiziert.[307] Weiter bilden die Kategorien des § 87a Abs. 1 Satz 2

---

[305] *Herrler*, in: Grigoleit, AktG, § 120a Rn. 17; *Herrler*, ZHR 2020, 408, 419 f.

[306] *Herrler*, in: Grigoleit, AktG, § 120a Rn. 17.

[307] Siehe auch: *Kubis*, in: MüKo-AktG, § 120a Rn. 6, der die Erläuterungsvorschriften des § 87a Abs. 1 Satz 2 Nr. 9, 10 AktG als eher unwesentlich ansieht.

Nr. 1–11 AktG ausweislich des eindeutigen Wortlauts in § 87a Abs. 1 Satz 2 AktG nur den Mindestinhalt des Vergütungssystems. Eine Ausrichtung der Definition an diesen Kategorien lässt also außer Acht, dass auch Änderungen in darüber hinausgehenden Inhalten des Vergütungssystems zu einer wesentlichen Änderung des gesamten Systems führen können.

bb) Erhöhung der Maximalvergütung

Die größte Übereinstimmung in der Literatur besteht darin, dass eine Erhöhung der Maximalvergütung nach § 87a Abs. 1 Satz 2 Nr. 1 AktG stets eine wesentliche Änderung des Vergütungssystems darstellen soll.[308] Begründet wird das mit dem Eingriff in das Recht der Aktionäre auf Herabsetzung der Maximalvergütung nach § 87 Abs. 4 AktG.

Richtigerweise stellt die Maximalvergütung unter Berücksichtigung der Herabsetzungsmöglichkeit dieser durch die Aktionäre eine Besonderheit im Kompetenzgefüge zwischen Aufsichtsrat und Hauptversammlung dar.[309] Das Gesetz sieht bezüglich einer Herabsetzung eine verbindliche Entscheidung der Aktionäre vor, sodass in Fragen der Maximalvergütung die Aktionäre das letzte Wort haben. Das legt zwar nahe, dass es sich um einen besonderen Vergütungsbestandteil handelt, hinsichtlich dessen die Meinung der Aktionäre ein gewisses Gewicht hat. Allerdings haben die Aktionäre nur das Recht, die Maximalvergütung jederzeit herabzusetzen, nicht aber anderweitig zu gestalten. Sie haben insofern kein generelles Mitspracherecht bei der Ausgestaltung der Maximalvergütung, sondern nur ein reaktives Recht in Form eines Ergänzungsantrags. Dieses Recht besteht auch dann, wenn der jeweiligen Hauptversammlung kein Vergütungssystem vorgelegt wurde. Ob dieses gesonderte Recht dazu führt, dass es sich bei einer auch nur geringfügigen Erhöhung der Maximalvergütung stets um eine

---

[308] *Kubis*, in: MüKo-AktG, § 120a Rn. 6, der von Änderung statt Erhöhung spricht; *Spindler*, in: K. Schmidt/Lutter, AktG, § 120a Rn. 10, der die Fixvergütung dazu zählt; *Herrler*, in: Grigoleit, AktG, § 120a Rn. 17; *Spindler*, in: MüKo-AktG, § 87a Rn. 44; *Anzinger*, ZGR 2019, 39, 78 f.; *Spindler*, AG 2020, 61, 73; *Dörrwächter/Harrack*, DB 2021, 2064, 2071; *C. Arnold/Herzberg/Zeh*, AG 2020, 313, 320; *Nikoleyczik/Crombach*, AG 2021, 744, 745; a.A.: *Koch*, AktG, § 120a Rn. 4; *Tröger*, in: KölnKomm-AktG, § 120a Rn. 30a; *Herrler*, ZHR 2020, 408, 419 f.; *Lutter/Bayer/J. Schmidt*, Europäisches Unternehmens- und Kapitalmarktrecht, 29.136; *Timmer*, Vorstandsvergütung 2020, S. 109.

[309] Diesen Aspekt betonend: *Herrler*, ZHR 2020, 408, 419 f.; siehe näher dazu: § 9 B. III.

wesentliche Änderung handelt, erscheint daher fraglich. Der Gesetzgeber hat sich bei der Maximalvergütung bewusst für ein reaktives Recht der Hauptversammlung entschieden, das immer dann genutzt werden kann, wenn der Aufsichtsrat zuvor tätig geworden ist. Erkennt man aber jede Veränderung der Maximalvergütung als wesentliche Änderung an, führt das im Ergebnis dazu, dass das reaktive Recht der Hauptversammlung zur Begründung eines präventiven Rechts verwendet wird. Die Annahme, dass eine Erhöhung der Maximalvergütung stets eine wesentliche Änderung darstellt, kann daher nicht überzeugen.

cc) Änderung der Anteile der Vergütungselemente an der Gesamtvergütung

Ein weiterer Vorschlag sieht unabhängig von einer Veränderung der Maximalvergütung auch immer dann eine wesentliche Änderung vor, wenn mehr als nur unerhebliche Änderungen in den Bestandteilen des Vergütungssystems – insbes. § 87a Abs. 1 Satz 2 Nr. 1–8 AktG – zu einer Veränderung der Anteile der jeweiligen Vergütungsbestandteile an der Gesamtvergütung führen.[310] In die gleiche Richtung geht die Annahme, dass eine Veränderung in der Struktur der Vergütung ebenfalls eine wesentliche Änderung darstellt.[311] Dies kann auch bei einer Veränderung nur einzelner Bestandteile vorliegen, wenn diese wiederum wesentliche Auswirkungen auf die Struktur der Vergütung haben. In diesem Zusammenhang kann man eine wesentliche Änderung bei Änderungen der maximalen kurz- und langfristigen variablen Vergütungsbestandteile annehmen.[312] Auch diese Annahme geht auf den Gedanken zurück, dass mit einer Änderung der maximalen kurz- oder langfristigen variablen Vergütung im Ergebnis eine Strukturänderung einhergehen könnte.

Dem Grundgedanken, dass eine veränderte Vergütungsstruktur eine wesentliche Änderung darstellen kann, ist zuzustimmen. Das liegt daran,

---

[310] *Cahn*, in: KölnKomm-AktG, § 87a Rn. 27; *Lutter/Bayer/J. Schmidt*, Europäisches Unternehmens- und Kapitalmarktrecht, 29.136; *Lochner/Beneke*, in: Heidel, AktG, § 87a Rn. 24; a.A.: *C. Arnold*, in: Goette/M. Arnold, AR-Hdb, § 4 Rn. 1365; *C. Arnold/Herzberg/Zeh*, AG 2020, 313, 320.

[311] Vgl. *Spindler*, in: MüKo-AktG, § 87a Rn. 44.

[312] *Spindler*, in: K. Schmidt/Lutter, AktG, § 120a Rn. 10; *Lutter/Bayer/J. Schmidt*, Europäisches Unternehmens- und Kapitalmarktrecht, 29.136.

dass sich mit einer veränderten Struktur ein verändertes Gesamtbild des Vergütungssystems ergeben kann. So kann die Struktur insbesondere auch zu einer veränderten Anreizwirkung beitragen.[313] Der Grund für eine wesentliche Änderung liegt dann aber primär auf einer anderen Beurteilung des Vergütungssystems mit einer veränderten Struktur und nicht pauschal an der Änderung der Struktur. Aus diesem Grund ist die objektive Anpassung des Vergütungssystems aber als Anknüpfungspunkt zur Beurteilung der Wesentlichkeit nicht überzeugend. Vielmehr bietet es sich an, an der subjektiven Betrachtungsweise anzuknüpfen, um nicht durch die Nutzung der objektiven Kriterien einen zu starren Blick zu erhalten.

Daran anknüpfend stellt auch eine singuläre Änderung der Wartefristen für aktienbezogene Vergütungsbestandteile § 87a Abs. 1 Satz 2 Nr. 7 lit. a AktG[314] oder der Clawback-Klauseln des § 87a Abs. 1 Satz 2 Nr. 6 AktG[315] nicht pauschal eine wesentliche Änderung dar. Vielmehr sollte es zusätzlich auch hier bei einem übergeordneten Blick bleiben.[316]

d) Veränderung der Anreizwirkung für den Vorstand

Statt auf eine objektive Änderung von Vergütungsbestandteilen oder bestimmter Kategorien abzustellen, bietet sich eine subjektivierte Betrachtungsweise an. Demnach soll das Wesentlichkeitskriterium aus der Sicht eines verständigen Aktionärs immer dann betroffen sein, wenn die im Interesse der Aktionäre verhaltenssteuernde Funktion der Vorstandsvergütung nennenswert verändert wird.[317] In diese wertende Betrachtung muss neben der Lage des Unternehmens, der Empfängerhorizont der Aktionäre und

---

[313] Dazu sogleich: § 8 C. II. 1. d).

[314] Anders aber: *Spindler*, in: K. Schmidt/Lutter, AktG, § 120a Rn. 10; *Lutter/Bayer/J. Schmidt*, Europäisches Unternehmens- und Kapitalmarktrecht, 29.136.

[315] *Kubis*, in: MüKo-AktG, § 120a Rn. 6.

[316] So auch: *Spindler*, in: MüKo-AktG, § 87a Rn. 44, wonach Änderungen einzelner Bestandteile des Vergütungssystems nur bei wesentlichen Auswirkungen auf die Struktur der Vergütung als wesentlich anzusehen sind.

[317] *Tröger*, in: KölnKomm-AktG, § 120a Rn. 30a; *Koch*, AktG, § 120a Rn. 4; *Anzinger*, ZGR 2019, 39, 78; *Herrler*, ZHR 2020, 408, 419; *Spindler*, AG 2020, 61, 73; *Gärtner/Himmelmann*, AG 2021, 259, 263; *Dörrwächter/Harrack*, NZG 2024, 611, 617; unklar: *Spindler*, in: K. Schmidt/Lutter, AktG, § 120a Rn. 10.

die Ausgestaltung der bisherigen Vergütung berücksichtigt werden.[318] Wesentlich kann eine Abweichung etwa dann sein, wenn die Gewichtung zwischen lang- und kurzfristigen Zielen oder aber die Bedeutung erfolgsabhängiger Komponenten geändert würde.[319] Ebenso kann eine Änderung der Vergütungsbestandteile insgesamt zu einer wesentlichen Änderung führen.[320] Die Veränderung soll dabei aber trotz subjektivierter Betrachtung objektiv bestimmt werden.[321] Es geht um eine objektiv veränderte Anreizwirkung. Lediglich die Betrachtung erfolgt aus einer subjektivierten Perspektive. Trotz seiner grundlegend richtigen Ausrichtung greift dabei eine Betrachtung nur der Anreizwirkung zu kurz. Zwar liegt in der Anreizwirkung eine der wichtigsten Aufgaben der Vergütung. Die Vergütung erübrigt sich aber gerade nicht in ihrer Anreizwirkung, sodass auch außerhalb der Anreizwirkung eine wesentliche Änderung vorliegen kann.

2. Orientierung am Transparenzgebot

Einen überzeugenden Ansatz für eine Auslegung des Wesentlichkeitskriteriums und damit ein verpflichtend einzuholendes Hauptversammlungsvotum kann nur das Ziel der Vorschrift vorgeben.[322] Die Einführung des Hauptversammlungsvotums sollte unter anderem zu einer erhöhten Transparenz gegenüber den Aktionären führen.[323] Den Maßstab bildet dabei der durchschnittliche Aktionär, wie ein systematischer Vergleich mit Blick auf die Klarheit und Verständlichkeit des Vergütungssystems zeigt.[324] Wenn sich der Maßstab für die allgemein zu beachtenden Kriterien des Vergütungssystems aus der Aktionärssicht beurteilt, liegt der Schluss nahe,

---

318 *Anzinger*, ZGR 2019, 39, 78.

319 *Tröger*, in: KölnKomm-AktG, § 120a Rn. 30a; *Spindler*, in: K. Schmidt/Lutter, AktG, § 120a Rn. 10; *Lutter/Bayer/J. Schmidt*, Europäisches Unternehmens- und Kapitalmarktrecht, 29.136.

320 *C. Arnold/Herzberg/Zeh*, AG 2020, 313, 320.

321 Vgl. *Tröger*, in: KölnKomm-AktG, § 120a Rn. 30a.

322 Vgl. *Möllers*, Juristische Methodenlehre, § 5 Rn. 2 ff.; *Larenz*, Methodenlehre der Rechtswissenschaft, S. 333 ff.; *Zippelius*, Juristische Methodenlehre, S. 41 ff.; *Bydlinski*, Grundzüge der juristischen Methodenlehre, S. 44 ff.; *Looschelders/Roth*, Juristische Methodik im Prozeß der Rechtsanwendung, S. 120 f., 160 ff.

323 Vgl. ErwG 3 und 31 der zweiten Aktionärsrechterichtlinie; *Gaul*, AG 2017, 178, 184; *Anzinger*, ZGR 2019, 39, 77.

324 Siehe: § 8 A. I. 3.

dass dies auch für die Wesentlichkeit von Änderungen gelten muss. Damit ist auch die Wesentlichkeit von Änderungen am Vergütungssystem am durchschnittlichen Aktionär zu orientieren.[325]

Eine erneute Vorlage bei wesentlichen Änderungen ist daher entsprechend der bezweckten Wirkung nur sinnvoll, wenn dies zur Wahrung der Transparenz gegenüber den Aktionären notwendig ist.[326] Erst wenn aus Sicht eines durchschnittlichen Aktionärs eine so bedeutende Veränderung im Vergütungssystem erfolgt, dass dieser aufgrund sachlicher Erwägungen zu einer anderen Beurteilung kommen könnte, als es bei dem vorherigen Vergütungssystem der Fall gewesen ist, liegt eine wesentliche Änderung vor. Das ist jedenfalls immer dann der Fall, wenn damit zu rechnen ist, dass sich aus der Änderung auch eine andere Beurteilung der Aktionäre ergibt.[327] Das kann beispielsweise der Fall sein, wenn sich die Anreizwirkung für den Vorstand verändert hat, ist aber nicht darauf begrenzt.[328] Dazu bedarf es nicht erst eines anderen Votums. Vielmehr reicht es aus, wenn erwartet werden kann, dass andere als die bereits bekannten Äußerungen zu dem Vergütungssystem getätigt werden würden. Die Vorlage an die Hauptversammlung soll dazu führen, dass der Aufsichtsrat bei der Festsetzung der Vergütung die Meinung der Aktionäre berücksichtigt.[329] Insofern sollte eine erneute Vorlage nur dann erforderlich sein, wenn auch mit einer anderen Meinung der Aktionäre zu rechnen ist. In Anlehnung an das Transparenzgebot in § 308 Nr. 4 BGB ist damit entscheidend, was Aktionäre bei der Vorlage des Vergütungssystems hinsichtlich der festzusetzenden Vergütung

---

[325] *Cahn*, in: KölnKomm-AktG, § 87a Rn. 27; *Herrler*, ZHR 2020, 408, 419; siehe zum Maßstab für die Klarheit und Verständlichkeit nach § 87a Abs. 1 Satz 1 AktG: § 8 A. I. 3

[326] Ebenfalls auf die Transparenz abstellend: *Liebscher*, in: Henssler/Strohn, GesR, AktG, § 120a Rn. 7; vgl. auch: *J. Vetter/Lauterbach*, AG 2021, 89, 91 wonach für die Hauptversammlung erkennbar sein muss, in welchem Rahmen sich die Vorstandsvergütung bewegen wird.

[327] So auch: *Grigoleit/Kochendörfer*, in: Grigoleit, AktG, § 87a Rn. 79 unter Verweis auf die im Kern gleiche Auslegung des Wesentlichkeitskriteriums bei § 87a Abs. 1 Satz 2 Nr. 11 AktG und § 120a Abs. 1 Satz 1 AktG.

[328] Siehe insofern auch: § 8 C. II. 1. d).

[329] Vgl. ErwG 29 der zweiten Aktionärsrechterichtlinie, wonach das Hauptversammlungsvotum sicherstellen soll, dass die Ansichten der Aktionäre berücksichtigt werden.

bei der Beschlussfassung vorhersehen konnten und was für die Aktionäre noch kalkulierbar ist.[330]

Die Berücksichtigung der Aktionärsmeinung ist dem Gesetz auch nicht fremd. So ist beispielsweise nach § 87a Abs. 1 Satz 2 Nr. 11 lit. b AktG im Fall der Ablehnung des Vergütungssystems durch die Hauptversammlung im dann nach § 120a Abs. 3 AktG neu vorzulegenden Vergütungssystem eine Übersicht aufzunehmen, inwieweit Abstimmung und Äußerungen der Aktionäre in Bezug auf das Vergütungssystem und die Vergütungsberichte berücksichtigt wurden. Die Sicht der Aktionäre zeigt sich dem Aufsichtsrat dabei nicht erst durch die Äußerungen auf der Hauptversammlung, sondern kann zum Beispiel durch die *Investor Relations* Arbeit der Gesellschaft, durch *Corporate Governance* Roadshows des Aufsichtsrats oder durch die *Voting Guidelines* beziehungsweise Mitteilungen signifikant beteiligter Aktionäre oder Stimmrechtsberater (ISS, Glass Lewis etc.) bekannt sein.[331] Damit kann sich die Gesellschaft auch außerhalb der Hauptversammlung grundsätzlich mit Ansichten von Aktionären vertraut machen und insoweit in Erfahrung bringen, welche Änderungen aus Aktionärssicht als wesentlich beurteilt werden.

Das bedeutet, dass eine Änderung dann als wesentlich i.S.d. § 120a Abs. 1 Satz 1 AktG anzusehen ist, wenn das System so geändert wurde, dass damit zu rechnen ist, dass der durchschnittliche Aktionär sich durch die Änderung veranlasst sieht, andere bisher nicht geäußerte substantiierte Ansichten zu dem Vergütungssystem zu äußern. Demnach kommt es auf eine Gesamtbetrachtung aus Aktionärssicht an. Anders als bisher vorgeschlagen, sollte der Fokus aber nicht allein objektiv auf veränderten Anreizen liegen, sondern zusätzlich subjektiviert an der Aktionärsmeinung ausgerichtet werden. Insofern sind die objektiven Kriterien, die bisher in der Literatur vorgeschlagen werden, nicht falsch. Sie können als objektives Indiz genutzt

---

330 Vgl. BGH, Urteil vom 21. Dezember 1983, Az.: VIII ZR 195/82 = BGHZ 89, 206, 211 = NJW 1984, 1182, 1183 = juris Rn. 13; BGH, Urteil vom 12. Januar 1994, Az.: VIII ZR 165/92 = BGHZ 124, 351, 362 f. = NJW 1994, 1060, 1063 = Rn. 55; BGH, Urteil vom 15. November 2007, Az.: III ZR 247/06 = NJW 2008, 360, 362 = juris Rn. 21; *Wurmnest*, in: MüKo-BGB, § 308 Nr. 4 Rn. 10 mwN; *Weiler*, in: BeckOGK-BGB, Stand: 1. März 2025, § 308 Nr. 4 Rn. 141 ff. mwN; *Stadler*, in: Jauernig, BGB, § 308 Rn. 6.

331 Vgl. *Seibt*, in: K. Schmidt/Lutter, AktG, § 87a Rn. 22.

werden, um dann aus subjektivierter Perspektive zu prüfen, ob es sich um eine wesentliche Änderung handelt.

Nur bei diesem Verständnis lässt sich der Telos der Vorschrift ausreichend berücksichtigen. Ändert sich zwar die Anreizstruktur für den Vorstand nicht, aber andere Systemteile, die in der Form im vergangenen Votum nicht ausreichend von Aktionären berücksichtigt werden konnten oder die in der aktuellen Diskussion für die Aktionäre von besonderer Bedeutung sind, so sollte die Änderung dennoch als wesentlich qualifiziert werden. Es kommt gerade darauf an, dass eine solche Änderung vorliegt, die eine erneute Befassung der Aktionäre noch vor Ablauf des regelmäßigen Beschlusszeitraums von vier Jahren erfordert. Überzeugend erscheint es, den Begriff zwar nicht zu eng auszulegen. Angesichts der Rechtsfolge, also der Pflicht der Hauptversammlung ein Vergütungssystem vorzulegen, muss die Schwelle aber so gesetzt werden, dass eine erneute Befassung der Hauptversammlung auch zielführend ist. Das heißt, es sollte eine solche Änderung vorliegen, dass die Aktionäre neue oder andere An- beziehungsweise Bemerkungen haben und der Diskurs sich nicht auf das bereits Bekannte beschränkt. Nur dann wäre eine erneute Vorlage an die Hauptversammlung berechtigt. Somit stellen Änderungen redaktioneller Art oder nur inflationsausgleichende Erhöhungen grundsätzlich gerade keine wesentliche Änderung dar.[332] Sie sind vom bereits existierenden Votum als mitumfasst anzusehen.

Eine systematische Betrachtung des Wesentlichkeitskriteriums kann konkretere Anhaltspunkte dafür finden, wann die Gesellschaft mit einer anderen Beurteilung der Aktionäre zu rechnen hat oder wann eine erneute Befassung aus Transparenzgründen notwendig ist. Für eine systematische Betrachtung bedarf es Parallelen im Aktiengesetz, die das Kriterium der Wesentlichkeit ebenfalls enthalten. Im Kontext der Anfechtungsgründe für einen Beschluss der Hauptversammlung heißt es in § 243 Abs. 4 Satz 1 AktG beispielsweise, dass ein Beschluss der Hauptversammlung wegen unrichtiger, unvollständiger oder verweigerter Erteilung von Informationen nur angefochten werden kann, wenn ein objektiv urteilender Aktionär die Erteilung der Information als wesentliche Voraussetzung für die sachgerechte Wahrnehmung seiner Teilnahme- und Mitgliedschaftsrechte angesehen hätte. Zwar steht diese Regelung im Kontext des Beschlussmängelrechts, wobei eine Anfechtung

[332] *Grigoleit/Kochendörfer*, in: Grigoleit, AktG, § 87a Rn. 79.

des Vergütungsvotums nach § 120a Abs. 1 Satz 3 AktG sogar ausgeschlossen ist, doch geht es hier nicht um die Anwendung der Vorschrift, sondern die Übertragung einer aktienrechtlichen Wertung, was das Aktiengesetz unter dem Kriterium der Wesentlichkeit versteht. Nach der hier vertretenen Auffassung ist eine Wiedervorlage nur dann erforderlich, wenn ein objektiv urteilender Aktionär die Vorlage des Vergütungssystems als wesentliche Voraussetzung für die sachgerechte Wahrnehmung seiner Beteiligungsrechte sieht. Der Aktionär sieht seine Beteiligungsrechte im gegenständlichen Kontext nämlich nur beeinträchtigt, wenn seine Meinung entgegen der von § 120a Abs. 1 Satz 1 AktG beabsichtigten Wirkung nicht mehr berücksichtigt wird. Dies ist nur dann der Fall, wenn sich das Vergütungssystem in der Weise geändert hat, dass sich auch seine Meinung über das Vergütungssystem geändert hat. In diesem Sinne wird die Wesentlichkeit in § 243 Abs. 4 Satz 1 AktG im Sinne eines Relevanzkriteriums verstanden, wobei es darum geht, dass der Aktionär die verlangte Auskunft als nicht nur unwesentliches Beurteilungselement benötigt und ob dieser bei der Ausübung seiner Mitgliedschaftsrechte beeinträchtigt wird.[333] Der betroffenen Information muss bei § 243 Abs. 4 Satz 1 AktG innerhalb des Gesamtbündels entscheidungserheblicher Informationen ein erhebliches Gewicht zukommen.[334] Für den Entlastungsbeschluss bedeutet das beispielsweise, dass dieser nur anfechtbar ist, wenn die verlangte Auskunft auf Vorgänge von einigem Gewicht gerichtet ist, die für die Beurteilung der Vertrauenswürdigkeit des jeweiligen Organs von Bedeutung ist.[335] Übertragen auf das Vergütungsvotum würde das bedeuten, dass die Änderungen von einem solchen Gewicht sein müssen, dass sie für die Beurteilung des Vergütungssystems von Bedeutung sind und andernfalls das Mitspracherecht der Aktionäre verletzt wird. Dies stützt damit die Auslegung, wonach die Schwelle erst dann überschritten ist, wenn sich

---

333 Vgl. dazu: *Drescher*, in: BeckOGK, AktG, § 243 Rn. 126 mwN.

334 *Weißhaupt*, ZIP 2005, 1766, 1771; *Noack/Zetzsche*, in: KölnKomm-AktG, § 243 Rn. 660; einschränkend dagegen: *Schwab*, in: K. Schmidt/Lutter, AktG, § 243 Rn. 35.

335 Vgl. BGH, Urteil vom 23. Februar 2021, Az.: II ZR 65/19 = BGHZ 229, 27, 57 = AG 2021, 468, 477 = juris Rn. 94; BGH, Urteil vom 12. November 2001, Az.: II ZR 225/99 = BGHZ 149, 158, 164 f. = AG 2002, 241, 242 f. = juris Rn. 10; BGH, Urteil vom 18. Oktober 2004, Az.: II ZR 250/02 = BGHZ 160, 385, 391 f. = AG 2005, 87, 89 = juris Rn. 14; OLG Stuttgart, Beschluss vom 7. Oktober 2019, Az.: 20 U 2/18 = AG 2020, 307, 309 = juris Rn. 28 ff.; *Drescher*, in: BeckOGK, AktG, § 243 Rn. 133.

eine andere Beurteilung aus den Änderungen ergibt, weil der Aufsichtsrat sich nach der gesetzlichen Vorstellung andernfalls innerhalb seiner Kompetenzen bewegt und gerade kein Eingriff in die Rechte der Aktionäre vorliegt.

Eine andere aktienrechtliche Parallele kann sich aus dem Auskunftsrecht der Aktionäre bei Abschluss eines Unternehmensvertrags ergeben. So legt § 293g Abs. 3 AktG fest, dass jedem Aktionär Auskunft über alle für den Vertragsschluss wesentlichen Angelegenheiten des anderen Vertragsteils zu geben ist. Hier verwendet der Gesetzgeber ebenfalls das einschränkende Kriterium der Wesentlichkeit im Rahmen eines Informationsinteresses. Wesentlich sind demnach alle Angelegenheiten, die für die Beurteilung und Entscheidung hinsichtlich des Abstimmungsverhaltens prägend beziehungsweise erforderlich sind.[336] Auch hier ist der Bezug zur Relevanz und Erforderlichkeit erkennbar. Änderungen des Vergütungssystems sind insofern nur wesentlich, wenn sie für die Beurteilung und Entscheidung des Abstimmungsverhaltens von Bedeutung sind. Das stützt die hier vertretene Ansicht, wonach eine Änderung nur dann wesentlich ist, wenn sie zu einer anderen Beurteilung durch die Aktionäre führt, was gerade dann der Fall ist, wenn die Änderung von prägender Bedeutung für das Abstimmungsverhalten der Aktionäre ist.

Vor dem Hintergrund der subjektivierten Betrachtungsweise des durchschnittlichen Aktionärs muss von der Änderung des Vergütungssystems im Ergebnis objektiv eine andere Beurteilung des Systems durch die Aktionäre ausgehen.

§ 9 Die Beschlusswirkung des Vergütungsvotums

Nachdem das Verfahren zur Beschlussfassung feststeht, gilt es, die Beschlusswirkungen des Vergütungsvotums festzustellen. Die generelle Beschlussreichweite ergibt sich aus dem Zusammenspiel von § 120a Abs. 1 Satz 1 AktG, der den Hauptversammlungsbeschluss regelt, und § 87a Abs. 2 Satz 1 AktG, der die weiteren Wirkungen des Votums für den Aufsichtsrat regelt (§ 9 A). Die Rechtswirkungen des Vergütungsvotums erübrigen sich aber nicht in den

---

336 *Mülbert*, in: Großkomm-AktG, § 293g Rn. 27; *Schenk*, in: Bürgers/Lieder, AktG, § 293g Rn. 6; *Emmerich*, in: Emmerich/Habersack, AktG, § 293g Rn. 20; vgl. auch: *Veil/Walla*, in: BeckOGK-AktG, Stand: 1. Februar 2025, § 293g Rn. 14.

§§ 87a, 120a AktG, sondern gehen darüber hinaus. Dass der Beschluss nach § 120a Abs. 1 Satz 2 AktG weder Rechte noch Pflichten begründet, kann folglich widerlegt werden (§ 9 B). Flankiert werden die Beschlusswirkungen durch den Ausschluss der Anfechtbarkeit nach § 120a Abs. 1 Satz 3 AktG, der sich gerade aus den vermeintlich mangelnden Rechtswirkungen des Vergütungsvotums ergibt (§ 9 C).

A. Beschlussreichweite

Für die Reichweite des Hauptversammlungsbeschlusses ist zunächst der Umsetzungsspielraum der Mitgliedstaaten aus der zweiten Aktionärsrechterichtlinie zu beachten, bei dem sich der deutsche Gesetzgeber für die Unverbindlichkeit des Votums entschieden hat (§ 9 A. I). Die Hauptversammlung kann dabei nur über die Billigung oder Missbilligung des jeweils vorgelegten Vergütungssystems beschließen.[337] Daneben gilt es, einen Blick auf die Ausrichtung des Beschlusses mit Wirkung für die Zukunft zu richten (§ 9 A. II).

I. Die Unverbindlichkeit des Vergütungsvotums

Die zweite Aktionärsrechterichtlinie gibt den Mitgliedstaaten die Möglichkeit, sich statt der verbindlichen Abstimmung über das Vergütungssystem nach Art. 9a Abs. 2 Uabs. 1 AktionärsrechteRL II für eine unverbindliche Abstimmung über das Vergütungssystem nach Art. 9a Abs. 3 AktionärsrechteRL II zu entscheiden.[338]

1. Entscheidung für das unverbindliche Votum bei der Umsetzung

Der deutsche Gesetzgeber hat sich im Rahmen der Umsetzung durch das ARUG II für die unverbindliche Ausgestaltung entscheiden.[339] Die Unverbindlichkeit bezieht sich auch in der Richtlinie nur auf das Ergebnis der Abstimmung, sodass nach Art. 9a Abs. 3 Satz 2 AktionärsrechteRL II die Gesellschaften die Mitglieder des Vorstands nur entsprechend einem Vergütungssystem entlohnen dürfen, das für eine Abstimmung mit lediglich

---

337 *Kubis*, in: MüKo-AktG, § 120a Rn. 10; *Tröger*, in: KölnKomm-AktG, § 120a Rn. 34; *Spindler*, in: K. Schmidt/Lutter, AktG, § 120a Rn. 7; *Koch*, AktG, § 120a Rn. 5.

338 Siehe dazu bereits: § 6 C.

339 *J. Schmidt*, NZG 2018, 1201, 1203; *Bungert/Wansleben*, BB 2019, 1026, 1026; *Velte*, DStR 2018, 2445, 2447; *Paschos/Goslar*, AG 2018, 857, 862; *Diekmann*, BB 2018, 3010, 3011; *Bachmann/Pauschinger*, ZIP 2019, 1, 5 f.; *Gärtner/Himmelmann*, AG 2021, 259, 259.

empfehlendem Charakter in der Hauptversammlung vorgelegt wurde. Die nationale Umsetzung erfolgte fast wortlautgetreu in § 87a Abs. 2 Satz 1 AktG.

Danach hat der Aufsichtsrat die Vergütung der Vorstandsmitglieder in Übereinstimmung mit einem der Hauptversammlung nach § 120a Abs. 1 AktG zur Billigung vorgelegten Vergütungssystem festzusetzen. Insofern spricht auch die Gesetzesbegründung von einem lediglich beratenden Votum.[340] Das wird ebenfalls durch § 120a Abs. 1 Satz 2 AktG klargestellt, wonach der Beschluss weder Rechte noch Pflichten begründet.[341] Es handelt sich bei der deutschen Umsetzung nicht um ein verbindliches Votum. Der Gesetzgeber intendiert keinerlei rechtliche Wirkung der Abstimmung.[342]

2. *Notwendigkeit einer Beschlussfassung*

Anknüpfungspunkt für die dem Votum immanente Bindungswirkung ist nach dem Gesetzeswortlaut ein der Hauptversammlung zur Billigung vorgelegtes Vergütungssystem. Das wirft die Frage auf, ob es zwingend einer Beschlussfassung bedarf, damit der Anwendungsbereich des § 87a Abs. 2 Satz 1 AktG eröffnet ist. Es kommt also darauf an, was das Gesetz unter der Vorlage zur Billigung versteht. Zunächst könnte man annehmen, dass die reine Beschlussvorlage in der Einberufung mit der Veröffentlichung des Vergütungssystems auf der Internetseite der Gesellschaft nach § 124a Satz 1 Nr. 4 AktG ausreichend ist, um die Bindungswirkung des § 87a Abs. 2 Satz 1 AktG auszulösen.[343] Auf eine tatsächliche Beschlussfassung käme es demnach aufgrund der Unverbindlichkeit nicht an. Dies schlösse insbesondere Vergütungssysteme bei der Anwendung von § 87a Abs. 2 Satz 1 AktG ein, deren Billigungsbeschluss nach § 120a Abs. 1 Satz 1 AktG vertagt worden ist.[344] Ebenso wären Hilfsanträge erfasst, die nicht zur Abstimmung kamen,

---

340 Begr. RegE ARUG II, BT-Drucks. 19/9739, S. 92; *Grigoleit/Kochendörfer*, in: Grigoleit, AktG, § 87a Rn. 81.

341 *Kubis*, in: MüKo-AktG, § 120a Rn. 12.

342 Begr. RegE ARUG II, BT-Drucks. 19/9739, S. 92; *Spindler*, in: K. Schmidt/Lutter, AktG, § 120a Rn. 19; *Tröger*, in: KölnKomm-AktG, § 120a Rn. 46.

343 So jedenfalls: *Tröger*, in: KölnKomm-AktG, § 120a Rn. 44a, 47; *Gärtner/Himmelmann*, AG 2021, 259, 260; unklar: *Spindler*, in: MüKo-AktG, § 87a Rn. 46 für die Notwendigkeit, das System auch zur Abstimmung zu stellen, in Rn. 48 aber gegen die Notwendigkeit einer Abstimmung.

344 *Gärtner/Himmelmann*, AG 2021, 259, 260.

weil schon das erste Vergütungssystem gebilligt worden ist.[345] Dafür spricht der Wortlaut, der insbesondere von der *Vorlage* spricht, während die reine Vorlage nicht automatisch eine Beschlussfassung nach sich zieht, sondern erst durch einen entsprechenden Antrag in der Hauptversammlung zur Beschlussfassung führt.[346] Man könnte das Vorlegen insbesondere vor dem systematischen Hintergrund des § 120a Abs. 1 Satz 1 AktG in der Weise verstehen, dass es zu einer Beschlussfassung in der Hauptversammlung gekommen sein muss.[347] Für die Durchführung einer Beschlussfassung streitet insbesondere die Aktionärsrechterichtlinie.[348] Dort steht in Art. 9a Abs. 3 Satz 2 AktionärsrechteRL II, dass das Vergütungssystem *in der* Hauptversammlung vorgelegt wurde. Damit indiziert die Richtlinie, dass es einen Antrag auf Beschlussfassung in der Hauptversammlung gegeben haben muss. Weiter ist dort geregelt, dass die Gesellschaften nur entsprechend einer Vergütungspolitik entlohnen dürfen, die für eine solche Abstimmung in der Hauptversammlung vorgelegt wurde. Als solche Abstimmung ist – jedenfalls unter Nutzung der Option für ein unverbindliches Votum – die Abstimmung mit empfehlendem Charakter aus Art. 9a Abs. 3 Satz 1 AktionärsrechteRL gemeint. Gerade aus dem systematischen Vergleich mit dem verbindlichen Votum in Art. 9a Abs. 2 Uabs. 1 Satz 2 AktionärsrechteRL zeigt sich, dass der europäische Richtliniengeber eine Beschlussfassung als Anknüpfungspunkt der Bindungswirkung vor Augen hatte. Danach entlohnen die Gesellschaften ihre Mitglieder nur entsprechend der von der Hauptversammlung genehmigten Vergütungspolitik. An die Stelle der genehmigten Vergütungspolitik soll dann bei Ausübung der Unverbindlichkeits-Option die nur empfehlend gebilligte oder missbilligte Vergütungspolitik treten. Das unverbindliche Votum der Hauptversammlung sollte sich nur punktuell im Aspekt der

---

345 Zu Vorlage mehrerer Vergütungssysteme im Wege eines Hilfs- oder Eventualantrags: § 8 B. I. 3.

346 Vgl. dazu: *Kubis*, in: MüKo-AktG, § 124 Rn. 48; *Rieckers*, in: BeckOGK-AktG, Stand: 1. Februar 2025, § 124 Rn. 40; *Koch*, AktG, § 124 Rn. 20; *Butzke*, in: Großkomm-AktG, § 124 Rn. 77; *Scholz*, AG 2008, 11, 13 f.

347 So: *Cahn*, in: KölnKomm-AktG, § 87a Rn. 29; *Seibt*, in: K. Schmidt/Lutter, AktG, § 87a Rn. 23; *Grigoleit/Kochendörfer*, in: Grigoleit, AktG, § 87a Rn. 85; *Herrler*, ZHR 2020, 408, 438 f.; *v. Zehmen*, BB 2021, 1098, 1099; *Spindler*, in: MüKo-AktG, § 87a Rn. 45.

348 So auch unter Verweis auf die französische Sprachfassung: *Seibt*, in: K. Schmidt/Lutter, AktG, § 87a Rn. 23.

Verbindlichkeit von dem verbindlichen Votum der Richtlinie unterscheiden. Es sollte gerade keine Änderung hinsichtlich der Formalitäten erfolgen. Da das Votum ohnehin nur empfehlend ist, wirkt sich das Ergebnis der Beschlussfassung nicht auf die Bindungswirkung aus. Schließlich spricht auch der Gesetzeshintergrund für eine solche Auslegung.[349] Die gewünschte stärkere Beteiligung der Aktionäre in den Prozess der Vergütung kann nur mit einer Beschlussfassung angemessen hergestellt werden.

Darüber hinaus hat das Vierte Bürokratieentlastungsgesetz die Bekanntmachungspflicht des Vergütungssystems zu einer Veröffentlichungspflicht auf der Internetseite der Gesellschaft nach § 124a Satz 1 Nr. 4 AktG herabgestuft. Damit ist nur noch der Beschlussvorschlag Teil der Einberufung zur Hauptversammlung. Kommt es zu keiner Abstimmung über das veröffentlichte Vergütungssystem, ist dieses nicht mehr in der Einberufung förmlich bekanntgemacht worden. Mangels Beschlussfassung greift auch nicht die nachträgliche Veröffentlichungspflicht des § 120a Abs. 2 AktG. In diesem Zusammenhang kann von *einem der Hauptversammlung vorgelegten Vergütungssystem* keine Rede sein.

Im Ergebnis reicht daher die Beschlussvorlage bei Einberufung der Hauptversammlung nicht aus, um die Rechtswirkungen des § 87a Abs. 2 Satz 1 AktG auszulösen. Um ein danach der Hauptversammlung *vorgelegtes* Vergütungssystem handelt es sich nur, wenn das Vergütungssystem zur Abstimmung gestellt wurde.

II. Zukunftsbezogenheit des Votums

Das Vergütungsvotum bezieht sich auf das Vergütungssystem des Aufsichtsrats, welches dieser zukünftig bei der Vergütungsfestsetzung zugrunde legen möchte. Damit ist das Vergütungsvotum grundsätzlich zukunftsbezogen und weicht in der Wirkungsrichtung von der alten Rechtslage nach § 120 Abs. 4 AktG a.F. ab.[350] Die Regelung über die Abstimmung zum Vergütungssystem ist damit nicht nur die erste verpflichtende Beteiligung der Hauptversammlung in Vergütungsfragen überhaupt. Der Hauptversammlung wurde an dieser Stelle erstmals eine Kompetenz mit Bezug zur zukünftigen Vergütung des Vorstands

---

[349] *Seibt*, in: K. Schmidt/Lutter, AktG, § 87a Rn. 23.

[350] *Spindler*, in: K. Schmidt/Lutter, AktG, § 120a Rn. 16; *Kubis*, in: MüKo-AktG, § 120a Rn. 10; *Herrler*, in: Grigoleit, AktG, § 120a Rn. 13; *Koch*, AktG, § 120a Rn. 4.

eingeräumt. Ohne Beteiligung der Hauptversammlung kann der Aufsichtsrat die Vergütung der Vorstandsmitglieder nicht festsetzen. Demnach legt das Vergütungssystem die Bedingungen für die künftigen Anstellungsverträge der Vorstandsmitglieder fest.[351] Entsprechend bleiben bereits vorher getroffene Vergütungsvereinbarungen mit Vorstandsmitgliedern unberührt.[352] Das Vergütungsvotum komplementiert damit in zeitlicher Hinsicht den Vergütungsbericht nach § 162 AktG, der die im vergangenen Geschäftsjahr gewährte und geschuldete Vergütung der einzelnen Vorstandsmitglieder aufführen soll.[353] Diese klare Ausrichtung auf die Zukunft mit Bezug zur Verwaltung der Gesellschaft ist keine vollständig neue Kompetenz der Hauptversammlung. Der Entlastungsbeschluss nach § 120 Abs. 1 Satz 1 AktG, mit welchem die Hauptversammlung grundsätzlich die Verwaltung der Gesellschaft billigt, enthält zugleich eine Vertrauenskomponente für die Zukunft.[354] Neben diese Vertrauenskomponente tritt nun die konkrete Beurteilung der konkreten Zukunftsplanung bei der Vergütung.

B. Keine Rechte und Pflichten durch den Beschluss?

Mit § 120a Abs. 1 Satz 2 AktG legt der Gesetzgeber fest, dass der Hauptversammlungsbeschluss weder Rechte noch Pflichten begründet. Die Norm wurde aus § 120 Abs. 4 AktG a.F. übernommen. Die Formulierung soll mittelbare Rechtsfolgen des Vergütungsvotums ausschließen.[355] Gleichzeitig verdeutlicht sie jedenfalls den grundsätzlich empfehlenden Charakter des Votums.[356] Nach der Gesetzesbegründung ergeben sich die Rechtsfolgen des Vergütungsvotums aus einem Zusammenspiel zwischen § 120a Abs. 1

---

[351] *Grigoleit/Kochendörfer*, in: Grigoleit, AktG, § 87a Rn. 34.

[352] Vgl. *Grigoleit/Kochendörfer*, in: Grigoleit, AktG, § 87a Rn. 90.

[353] *Herrler*, in: Grigoleit, AktG, § 120a Rn. 2; *Herrler*, ZHR 2020, 408, 411; siehe näher zum Vergangenheitsbezug: *Melot de Beauregard/Arden*, in: Backhaus/Tielmann, Der Aufsichtsrat, AktG, § 162 Rn. 24; *Bayer/Scholz*, in: BeckOGK-AktG, Stand: 1. Februar 2024, § 162 Rn. 43 ff.

[354] BGH, Urteil vom 18. Oktober 2004, Az.: II ZR 250/02 = BGHZ 160, 385, 389 = NJW 2005, 828, 829; BGH, Urteil vom 25. November 2002, Az.: II ZR 133/01 = NJW 2003, 1032, 1033; *Jo. Hoffmann*, in: BeckOGK-AktG, Stand: 1. Februar 2025, § 120 Rn. 27; *Kubis*, in: MüKo-AktG, § 120 Rn. 14; *Koch*, AktG, § 120 Rn. 2; *Drinhausen*, in: Hölters/Weber, AktG, § 120 Rn. 8; *Sethe*, ZIP 1996, 1321, 1322 f.

[355] *Anzinger*, ZGR 2019, 39, 81.

[356] *Bachmann/Pauschinger*, ZIP 2019, 1, 4.

Satz 2, 3 und Abs. 3 AktG mit § 87a Abs. 2 Satz 1 AktG.[357] Darüber hinaus sind weitere rechtliche Folgen des Vergütungsvotums aus den allgemeinen bürgerlichen und aktienrechtlichen Vorschriften denkbar. Insofern gilt es, im Folgenden zu untersuchen, inwiefern der Beschluss weder Rechte noch Pflichten begründet. Die Auswirkungen lassen sich zunächst in unmittelbare Rechte und Pflichten des Aufsichtsrats (§ 9 B. I) sowie mittelbare Rechte und Pflichten des Aufsichtsrats (§ 9 B. II) kategorisieren. Daneben knüpft auch die Herabsetzung der Maximalvergütung durch die Hauptversammlung nach § 87 Abs. 4 AktG an das Vergütungsvotum an (§ 9 B. III).

I. Unmittelbare Rechte und Pflichten des Aufsichtsrats

Dass der Beschluss durchaus Rechte und Pflichten begründet, zeigt schon der Beginn der Vierjahresfrist zur Wiedervorlage des Vergütungssystems als unmittelbare Folge des Beschlusses nach § 120a Abs. 1 Satz 1 AktG.[358] Daneben gibt es aber weitere unmittelbare Auswirkungen des Beschlusses. Prägend für das Vergütungsvotum ist die damit verbundene Bindungswirkung an das vorgelegte Vergütungssystem trotz unverbindlicher Ausgestaltung der Abstimmung (§ 9 B. I. 1). Damit geht eine Selbstbindung des Aufsichtsrats einher (§ 9 B. I. 2). Weiter knüpft das Gesetz selbst an die Beschlussfassung an und schreibt in § 120a Abs. 3 AktG für den Fall der Missbilligung des Vergütungssystems vor, dass spätestens in der darauffolgenden ordentlichen Hauptversammlung ein überprüftes Vergütungssystem zum Beschluss vorzulegen ist (§ 9 B. I. 3). Schließlich legt das Gesetz auch die Publizität des Beschlusses sowie des Vergütungssystems in § 120a Abs. 2 AktG fest (§ 9 B. I. 4).

1. Bindung bei der Festsetzung

Die wohl wichtigste Rechtswirkung der Beschlussfassung ist die Bindung des Aufsichtsrats bei der Festsetzung der Vergütung. Nach § 87a Abs. 2 Satz 1 AktG bindet die Vorlage des Vergütungssystems an die Hauptversammlung den Aufsichtsrat bei der Festsetzung der Vorstandsvergütung. Trotz der Unverbindlichkeit des Vergütungsvotums hat der Aufsichtsrat danach

---

[357] Begr. RegE ARUG II, BT-Drucks. 19/9739, S. 92.

[358] *Jo. Hoffmann*, in: BeckOGK-AktG, Stand: 1. Februar 2025, § 120a Rn. 39; dazu bereits: § 8 C. I.

die Vergütung der Vorstandsmitglieder in Übereinstimmung mit einem der Hauptversammlung nach § 120a Abs. 1 Satz 1 AktG vorgelegten Vergütungssystem festzusetzen.[359] Dabei ist angesichts der hier vertretenen Ansicht zu berücksichtigen, dass die Rechtsfolgen nicht bereits an die Bekanntmachung des Beschlussvorschlags und die Veröffentlichung des Vergütungssystems auf der Internetseite anknüpfen, sondern erst an die Beschlussfassung nach § 120a Abs. 1 Satz 1 AktG.[360] Der Aufsichtsrat darf folglich die Vorstandsvergütung grundsätzlich nicht auf Grundlage eines korrigierten, in der Form aber nicht vorgelegten, Vergütungssystems festsetzen.[361]

Umfasst sind selbstverständlich nur nach der Vorlage des Vergütungssystems festzusetzende Vergütungen für die Vorstandsmitglieder.[362] Vorstandsverträge, die zeitlich bereits vor einer solchen Vorlage geschlossen wurden, bleiben unberührt.[363] Damit hat das Vergütungsvotum auch keine unmittelbaren Auswirkungen auf die konkreten Anstellungsverträge der Vorstandsmitglieder.[364] Ebenfalls bleiben die anderweitigen Verpflichtungen des Aufsichtsrats, insbesondere nach § 87 AktG von dem Ausgang des Votums unberührt.[365]

Die gesetzliche Regelung manifestiert im Ergebnis eine doppelte Bindungswirkung.[366] Zunächst ist der Aufsichtsrat bei der Festsetzung der

---

[359] Siehe zur Entscheidung für das unverbindliche Votum bereits: § 9 A. I. 1.

[360] Siehe dazu bereits: § 9 A. I. 2.

[361] *Tröger*, in: KölnKomm-AktG, § 120a Rn. 47; *Seibt*, in: K. Schmidt/Lutter, AktG, § 87a Rn. 24; vgl. auch: *Spindler*, in: MüKo-AktG, § 87a Rn. 5; siehe für unwesentliche Änderungen allerdings: § 12 B.

[362] *Cahn*, in: KölnKomm-AktG, § 87a Rn. 28; *Florstedt*, ZGR 2019, 630, 648 f.

[363] *Cahn*, in: KölnKomm-AktG, § 87a Rn. 28; *Spindler*, in: MüKo-AktG, § 87a Rn. 45; *Spindler*, AG 2020, 61, 69.

[364] Begr. RegE ARUG II, BT-Drucks. 19/9739, S. 93; *Grigoleit/Kochendörfer*, in: Grigoleit, AktG, § 87a Rn. 90; *Herrler*, in: Grigoleit, AktG, § 120a Rn. 30; *Koch*, AktG, § 120a Rn. 5; *Kubis*, in: MüKo-AktG, § 120a Rn. 13; *Jo. Hoffmann*, in: BeckOGK-AktG, Stand: 1. Februar 2025, § 120a Rn. 24; *Tröger*, in: KölnKomm-AktG, § 120a Rn. 48; *Spindler*, in: K. Schmidt/Lutter, AktG, § 120a Rn. 22; *Seibt*, in: K. Schmidt/Lutter, AktG, § 87a Rn. 23; *Spindler*, in: MüKo-AktG, § 87a Rn. 6, 45; *Florstedt*, ZGR 2019, 630, 648; *Gärtner/Himmelmann*, AG 2021, 259, 260; *J. Vetter/Lauterbach*, AG 2021, 89, 90; *Spindler*, AG 2020, 61, 69.

[365] Begr. RegE ARUG II, BT-Drucks. 19/9739, S. 93; *Kubis*, in: MüKo-AktG, § 120a Rn. 12; *Tröger*, in: KölnKomm-AktG, § 120a Rn. 46; *Spindler*, in: MüKo-AktG, § 87a Rn. 5.

[366] *Seibt*, in: K. Schmidt/Lutter, AktG, § 87a Rn. 23.

Vorstandsvergütung an das Vergütungssystem gebunden. Daneben ist das Vergütungssystem an das Erfordernis der Beschlussfassung beim Vergütungsvotum der Hauptversammlung gebunden.

a) Festsetzung in Übereinstimmung mit dem Vergütungssystem

Festsetzung meint, dass weder der Anstellungsvertrag zwischen Vorstandsmitglied und Gesellschaft, noch die jeweilige Vergütungsabrede, Ausgestaltungen enthalten darf, die nicht im Vergütungssystem entsprechend angelegt sind oder eine solche nicht vorgesehene Vergütung auf anderem Weg außervertraglich gewährt wird.[367] Umgekehrt muss der Anstellungsvertrag jedoch nicht jede Klausel des Vergütungssystems enthalten.[368] Das ist jedenfalls unstreitig der Fall, wenn das Vergütungssystem die jeweilige Vergütungsregelung selbst nur als optional beschreibt. Hier besteht kein Anlass für die Aktionäre, davon auszugehen, dass jeder Anstellungsvertrag mit dieser optionalen Regelung ausgestaltet wird. Damit greift auch die Bindungswirkung nicht in der Weise.

Ist der Regelung im Vergütungssystem nicht zu entnehmen, dass es sich bei der Vergütungsregel um keinen zwingenden Bestandteil eines jeden Anstellungsvertrags handeln soll, könnte dagegen eine Pflicht zur Aufnahme der Regelung in den Anstellungsvertrag bestehen. Der Wortlaut des § 87a Abs. 2 Satz 1 AktG ist in diesem Punkt strenger formuliert als derjenige des Art. 9a Abs. 3 Satz 2 AktionärsrechteRL II. Das Aktiengesetz spricht davon, dass die Vergütung *in Übereinstimmung* mit dem Vergütungssystem festzusetzen ist, während die Richtlinie nur von einer Entlohnung *entsprechend* einer solch vorgelegten Vergütungspolitik spricht. Nach dem deutschen Wortlaut müsste im Zweifel der Anstellungsvertrag jede Klausel enthalten, die im Vergütungssystem nicht als optional beschrieben wird. Die deutsche aktienrechtliche Formulierung gibt ausweislich der Gesetzesbegründung keinen Anlass dafür, bewusst enger gefasst zu sein.[369] Im Sinne einer unionsrechtskonformen Auslegung ist die Übereinstimmung so zu verstehen,

---

[367] *Grigoleit/Kochendörfer*, in: Grigoleit, AktG, § 87a Rn. 82; *J. Vetter/Lauterbach*, AG 2021, 89, 90 f.; *Nikoleyczik/Crombach*, AG 2021, 744, 745; *C. Arnold/Herzberg/Zeh*, AG 2020, 313, 320.

[368] In diese Richtung wohl auch: *J. Vetter/Lauterbach*, AG 2021, 89, 90.

[369] Begr. RegE ARUG II, BT-Drucks. 19/9739, S. 74 spricht von einer Festsetzung „*im Rahmen*" eines Vergütungssystems.

dass das Vergütungssystem nur den äußeren Rahmen vorgibt, innerhalb dessen der Aufsichtsrat dann sein übliches Ermessen ausüben darf.[370] Dabei muss stets die angemessene Beurteilung durch die Aktionäre gewahrt bleiben, die im Vorhinein nicht beurteilen können, welche Regelungen in den Anstellungsvertrag übernommen werden. Aus diesem Grund darf sich durch das Weglassen einer Vergütungsregelung im Anstellungsvertrag keine andere Beurteilung der Aktionäre ergeben.[371] Im Ergebnis muss der Aufsichtsrat nicht jede Regelung im Anstellungsvertrag vereinbaren, bei der unklar ist, ob diese Regelung optional für den Anstellungsvertrag ist. Dementsprechend hat der Vorstand auch keinen Anspruch auf die in dem System vorgesehene Vergütung.[372]

b) Unverbindlichkeit des Votums

Folge der Unverbindlichkeit des Vergütungsvotums ist außerdem, dass bei einer Missbilligung durch die Hauptversammlung der Aufsichtsrat nicht daran gehindert ist, das missbilligte Vergütungssystem nach § 87a Abs. 2 Satz 1 AktG bei der Festsetzung zu verwenden.[373] Richtigerweise bindet damit nicht das Ergebnis des Votums den Aufsichtsrat.[374] Das Beachtungsgebot in § 87a Abs. 2 Satz 1 AktG knüpft gerade nur an die Vorlage des Vergütungssystems an und nicht an dessen Billigung. Damit kann grundsätzlich ein abgelehntes

---

[370] Vgl. zur unionsrechtskonformen Auslegung: EuGH, Urteil vom 19. Januar 2010, Az.: C 555/07 = ECLI:EU:C:2010:21, Rn. 48 = RIW 2010, 144, 147; BGH, Urteil vom 7. Mai 2014, Az.: IV ZR 76/11 = BGHZ 201, 101, 108 f. = WM 2014, 1030, 1032 = juris Rn. 20; BGH, Urteil vom 21. Dezember 2011, Az.: VIII ZR 70/08 = BGHZ 192, 148 = WM 2012, 1143, 1147 = juris Rn. 30; *Schroeder*, in: Streinz, AEUV, Art. 288 Rn. 110 ff.; *Ruffert*, in: Calliess/Ruffert, AEUV, Art. 288 Rn. 78 ff.; *Lutter*, JZ 1992, 593, 597 f.

[371] Zu den Grenzen eines flexiblen Vergütungssystems siehe insbesondere: § 11.

[372] Richtig insofern: *Jo. Hoffmann*, in: BeckOGK-AktG, Stand: 1. Februar 2025, § 120a Rn. 39.

[373] *Jo. Hoffmann*, in: BeckOGK-AktG, Stand: 1. Februar 2025, § 120a Rn. 40; *Spindler*, in: K. Schmidt/Lutter, AktG, § 120a Rn. 19; *Koch*, AktG, § 120a Rn. 9; *Bachmann/Pauschinger*, ZIP 2019, 1, 4; *Löbbe/Fischbach*, AG 2019, 373, 379; *Goslar*, DB 2020, 937, 940.

[374] *Koch*, AktG, § 120a Rn. 5a; *Grigoleit/Kochendörfer*, in: Grigoleit, AktG, § 87a Rn. 84; *Kubis*, in: MüKo-AktG, § 120a Rn. 12; *Reichert*, in: *Reichert, HV-Hdb*, § 42 Rn. 6; *Stöber*, DStR 2020, 391, 395; *Böcking/Bundle*, Der Konzern 2020, 15, 22; *J. Schmidt*, NZG 2018, 1201, 1204.

Vergütungssystem der Vorstandsvergütung zugrunde gelegt werden.[375] Das kann zum Beispiel dann sinnvoll sein, wenn sich nach Ansicht des Aufsichtsrats die Rahmenbedingungen der anderen bereits vorgelegten Vergütungssysteme so weit geändert haben, dass trotz Ablehnung der Rückgriff auf das nunmehr vorgelegte Vergütungssystem die bessere Option darstellt.[376] Ebenso kann sich der Aufsichtsrat bei wiederholter Ablehnung des Vergütungssystems bewusst für ein System mit einer im Verhältnis höheren Zustimmung entscheiden, obwohl auch dieses abgelehnt worden ist.

c) Bindung bei Vergütungselementen ohne Regelung im Vergütungssystem

In dem Zusammenhang der Bindung des Vergütungsvotums bei der Festsetzung stellt sich außerdem die Frage nach der Abgeschlossenheit des Vergütungssystems. Konkret geht es um die Zulässigkeit von Regelungen im Anstellungsvertrag des Vorstandsmitglieds, die sich zwar nicht aus dem Vergütungssystem ergeben, auf der anderen Seite aber auch nach § 87a Abs. 1 Satz 2 AktG nicht zu dem Mindestinhalt des Vergütungssystems gehören.[377] Dies ist also immer dann der Fall, wenn der Aufsichtsrat Regelungen im Anstellungsvertrag treffen möchte, die er im Vergütungssystem nicht bedacht hat, die aber auch nicht im Katalog des § 87a Abs. 1 Satz 2 AktG enthalten sind. Schon der Wortlaut spricht hier für eine Bindungswirkung auch für ergänzende Vergütungsbestandteile. So differenziert § 87a Abs. 2 Satz 1 AktG nicht zwischen den Inhalten des Vergütungssystems. Die Vergütung ist danach vollständig in Übereinstimmung mit einem der Hauptversammlung vorgelegten Vergütungssystem festzusetzen. Eine Ausnahme für bestimmte nicht vorgesehene Vergütungsbestandteile ist nicht vorgesehen. Auch aus § 87a Abs. 1 Satz 1 AktG ergibt sich nichts anderes. Das Vergütungssystem

---

375 Begr. RegE ARUG II, BT-Drucks. 19/9739, S. 93; *Tröger*, in: KölnKomm-AktG, § 120a Rn. 47; *Cahn*, in: KölnKomm-AktG, § 87a Rn. 29; *Seibt*, in: K. Schmidt/Lutter, AktG, § 87a Rn. 24; *Koch*, AktG, § 87a Rn. 13; *M. Arnold/C. Arnold*, in: Marsch-Barner/Schäfer, Hdb. börsennotierte AG, 22.58; *Heldt*, AG 2018, 905, 908; *Löbbe/Fischbach*, AG 2019, 373, 379; *Kell/Barth*, GmbHR 2020, R20, R21.

376 *Tröger*, in: KölnKomm-AktG, § 120a Rn. 47; *Herrler*, in: Grigoleit, AktG, § 120a Rn. 26; strenger: *Lutter/Krieger/Verse*, Rechte und Pflichten des Aufsichtsrats, § 7 Rn. 399; *Bachmann/Pauschinger*, ZIP 2019, 1, 6.

377 Für die Zulässigkeit: *Grigoleit/Kochendörfer*, in: Grigoleit, AktG, § 87a Rn. 30; dagegen wohl: *C. Arnold/Herzberg/Zeh*, AG 2020, 313, 320.

muss die gesamte Vergütung enthalten. Dafür spricht ebenso die Angabe einer Maximalvergütung, die unstreitig für die Gesamtheit der den Vorstandsmitgliedern zu gewährende Vergütung gilt,[378] wie auch § 87a Abs. 1 Satz 2 AktG, der nur die Aufnahme der Vergütungsbestandteile vorschreibt, die tatsächlich vorgesehen sind. Das verdeutlicht, dass sich das Vergütungssystem nicht einfach mit den Kategorien des § 87a Abs. 1 Satz 2 AktG beschäftigen, sondern eine Darstellung der tatsächlich geplanten Vergütung enthalten muss. Das spricht gerade für die Aufnahme auch anderer tatsächlich vorgesehener Vergütungsbestandteile.

Schließlich sprechen Sinn und Zweck der Regelung für eine solche Auslegung. Eine erhöhte Transparenz gegenüber den Aktionären und eine angemessene Beurteilung im Rahmen des Vergütungsvotums nach § 120a Abs. 1 Satz 1 AktG lassen sich nur bei einer vollumfänglichen Darstellung der Vergütungsleitlinien im Vergütungssystem erreichen. Die Aktionäre sollen ein Mitspracherecht nach der Richtlinie für die gesamte Vergütung erhalten.[379] Somit ergibt sich durch die Auslegung gerade doch eine Bindungswirkung des Vergütungssystems bei der Festsetzung im Sinne eines abschließenden Charakters.[380]

Das zeigt auch die spiegelbildliche Betrachtung, wenn das Vergütungssystem Angaben macht, die nicht zum Mindestkatalog des § 87a Abs. 1 Satz 2 AktG gehören. In einem solchen Fall dürfte kaum bestritten werden, dass die Bindung bei der Festsetzung sich auch auf diese zusätzlichen Angaben bezieht und der Aufsichtsrat von dem Vergütungssystem insgesamt nicht abweichen darf.

Bei Vergütungsbestandteilen, die im gesetzlichen Katalog der Mindestinhalte aufgeführt sind, stellt sich die Frage in der Form nicht. Fehlt die Angabe zu einem Vergütungsbestandteil, der in § 87a Abs. 1 Satz 2 AktG aufgeführt ist, so liegt ein Verstoß gegen genau diese Form vor, weil es sich um die Angaben handelt, die verpflichtend in das Vergütungssystem aufzunehmen sind, sofern sie vorgesehen sind. Ist also eine bestimmte Angabe nicht enthalten,

---

378 *Spindler*, in: MüKo-AktG, § 87a Rn. 21 ff.; *v. Zehmen*, BB 2021, 628, 629; einschränkend lediglich für Drittzahlungen: *Seibt*, in: K. Schmidt/Lutter, AktG, § 87a Rn. 8; *Bauer/C. Arnold*, in: FS Henssler (2023), S. 785, 793 f.; *Dörrwächter/Harrack*, DB 2021, 2064, 2065 f.; *Müller-Bonanni/Jenner/Denninger*, AG 2021, 339, 342.

379 Vgl. Art. 9a Abs. 6 Uabs. 1 Satz 2 AktionärsrechteRL II: „*Vorteile in jeglicher Form*".

380 A.A.: *Grigoleit/Kochendörfer*, in: Grigoleit, AktG, § 87a Rn. 30.

ist aus der Sicht der Aktionäre diese auch bewusst nicht vorgesehen. Die Bindungswirkung des Vergütungssystems geht dann so weit, dass der Aufsichtsrat an diese Nichtangabe gebunden ist und in Anstellungsverträgen dazu keine Regelung treffen darf, die der Aufnahme ins Vergütungssystem bedurft hätte.

d) Rechtliche Regelungen und Bindungswirkung

Ausweislich der Gesetzesbegründung stellen gesetzliche Anpassungsregeln der Vergütung, derer sich der Aufsichtsrat bedient, keine Abweichung vom Vergütungssystem dar.[381] Die Regelungen beispielsweise in § 87 Abs. 2 AktG und § 87 Abs. 4 AktG sind demnach automatisch Bestandteil des Vergütungssystems, ohne dass es einer Erwähnung im Vergütungssystem bedarf. Konsequenterweise muss dies auch für künftige gesetzliche Änderungen gelten, die damit automatisch Bestandteil des Systems werden.[382]

Daneben ist, soweit erkennbar, anerkannt, dass bei einer Änderung der rechtlichen Rahmenbedingungen eine Anpassung sowohl des Vergütungssystems als auch der Vorstandsvergütung unter Außerachtlassen des § 87a Abs. 2 Satz 1 AktG erfolgen darf.[383] Die Bindungswirkung findet also ihre Grenze in zwingenden rechtlichen Regelungen des Aktienrechts.

2. Selbstbindung des Aufsichtsrats

Der Umfang der zuvor beschriebenen gesetzlichen Bindung des Vergütungssystems ergibt sich durch den Aufsichtsrat. Der Aufsichtsrat muss selbst das Vergütungssystem ausarbeiten und entscheidet dann wiederum darüber, dieses der Hauptversammlung vorzulegen. Schließlich darf er sich nach § 87a Abs. 2 Satz 1 AktG bei der Festsetzung nur innerhalb der Grenzen eines vorgelegten Vergütungssystems bewegen.[384] Er darf sich also

---

[381] Begr. RegE ARUG II, BT-Drucks. 19/9739, S. 75; zustimmend: *Spindler*, in MüKo-AktG, § 87a Rn. 56; *Löbbe/Fischbach*, AG 2019, 373, 380 f.; *Florstedt*, ZGR 2019, 630, 651 f.; *J. Vetter/Lauterbach*, AG 2021, 89, 99; *Paschos/Goslar*, AG 2018, 857, 863; *Grimm/Freh*, ArbRB 2020, 192, 193.

[382] *J. Vetter/Lauterbach*, AG 2021, 89, 99; *Löbbe/Fischbach*, AG 2019, 373, 380 f.

[383] *Cahn*, in: KölnKomm-AktG, § 87a Rn. 31; *Koch*, AktG, § 87a Rn. 13; *Florstedt*, ZGR 2019, 630, 652; zuvor bereits fordernd: DAV-Handelsrechtsausschuss, NZG 2019, 12, 15.

[384] Das muss nicht zwingend das zuletzt vorgelegte Vergütungssystem sein; siehe dazu: § 10 A.

nur an einem Vergütungssystem ausrichten, welches er selbst den Aktionären vorgelegt hat. Damit begrenzt sich die Auswahl auf eine bestimmte Anzahl von Vergütungssystemen. Für die Entscheidung über die Festsetzung der Vergütung und die damit anstehende Entscheidung über die Auswahl des zugrundeliegenden Vergütungssystems kann der Aufsichtsrat also nur auf Systeme zurückgreifen, die er selbst nach § 87a Abs. 1 Satz 1 AktG beschlossen und die er selbst nach § 120a Abs. 1 Satz 1 AktG der Hauptversammlung vorgelegt hat. Richtigerweise ist insofern von der Selbstbindung des Aufsichtsrats die Rede.[385] Durch diese Selbstbindung wird auch nicht in die Kompetenzen des Aufsichtsrats eingegriffen, da dieser selbst für die Ausarbeitung und Vorlage des Vergütungssystems zuständig ist.[386]

Grundsätzlich ist der Aufsichtsrat frei in seiner Entscheidung, welches einmal vorgelegte Vergütungssystem er als Grundlage für die Festsetzung der Vergütung anwendet.[387] Die Selbstbindung des Aufsichtsrats erschöpft sich dann in der Auswahl aus den der Hauptversammlung vorgelegten Vergütungssystemen. Man kann die Selbstbindung des Aufsichtsrats dabei aber streng auslegen, sodass der Aufsichtsrat im Rahmen seines Ermessens bei einer Billigung des Vergütungssystems auch an dieses Vergütungssystem gebunden ist.[388] Die Vertreter dieser Sichtweise nehmen an, dass der Aufsichtsrat mit der Vorlage eines Vergütungssystems die Vergütung der Vorstandsmitglieder bis auf Weiteres in Übereinstimmung

---

385 *Kubis*, in: MüKo-AktG, § 120a Rn. 16; *Spindler*, in: K. Schmidt/Lutter, AktG, § 120a Rn. 20; *Herrler*, in: Grigoleit, AktG, § 120a Rn. 5; *Spindler*, in: MüKo-AktG, § 87a Rn. 5, 45; *Jo. Hoffmann*, in: BeckOGK-AktG, Stand: 1. Februar 2025, § 120a Rn. 24; *Wentrup*, in: MünchHdb GesR IV, § 21 Rn. 63; *Reichert*, in: Reichert, HV-Hdb, § 42 Rn. 6; *Seyfarth*, Vorstandsrecht, § 5 Rn. 105; *Anzinger*, ZGR 2019, 39, 82 f.; *Bachmann/Pauschinger*, ZIP 2019, 1, 4; *C. Arnold/Herzberg/Zeh*, AG 2020, 313, 320; *Löbbe/Fischbach*, AG 2019, 373, 379; *Herrler*, ZHR 2020, 408, 436 f.; *J. Vetter/Lauterbach*, AG 2021, 89, 89 f.; *Grimm/Freh*, ArbRB 2020, 192, 192; *Spindler*, AG 2020, 61, 62; *v. Zehmen*, BB 2021, 1098, 1099; *Teichmann*, in: FS Heidinger (2023), S. 537, 543.

386 Siehe zur Kompetenz zur Ausarbeitung des Vergütungssystems: § 8 A. I. 2. b); siehe zur Kompetenz zur Vorlage des Vergütungssystems: § 8 B. I; vgl. ferner: *Anzinger*, ZGR 2019, 39, 83.

387 Siehe dazu ausführlich: § 10 A.

388 *Spindler*, in: MüKo-AktG, § 87a Rn. 8; *Herrler*, in: Grigoleit, AktG, § 120a Rn. 25; *Bachmann/Pauschinger*, ZIP 2019, 1, 5 f.; *Herrler*, ZHR 2020, 408, 436; a.A.: *Weber*, in: Hölters/Weber, AktG, § 87a Rn. 32; *Jo. Hoffmann*, in: BeckOGK-AktG, Stand: 1. Februar 2025, § 120a Rn. 39.

mit dem der Hauptversammlung zuletzt vorgelegten und von diesem gebilligten System festsetzen möchte.[389] Dem ist teilweise zuzustimmen. Die Publizitätspflicht im Zusammenhang mit dem Vergütungsvotum nach § 122a Abs. 2 AktG umfasst auch die Pflicht, neben der Veröffentlichung des Beschlusses und des Vergütungssystems, das Vergütungssystem für die Dauer der Gültigkeit öffentlich zugänglich zu halten.[390] Das deutet darauf hin, dass eine Verknüpfung zwischen dem Beschluss über das vorgelegte Vergütungssystem und dem Willen zur Anwendung des Vergütungssystems besteht. Der Aufsichtsrat wird der Hauptversammlung nur ein Vergütungssystem vorlegen, das dieser grundsätzlich plant anzuwenden. In diesem Sinne könnte man § 120a Abs. 1 Satz 1 AktG in der Weise verstehen, dass das nach § 87a Abs. 1 Satz 1 AktG beschlossene Vergütungssystem zur Anwendung beschlossen wurde.

Der Vorlage an die Hauptversammlung ist lediglich die Aussage zu entnehmen, dass der Aufsichtsrat im Moment des Beschlusses über das Vergütungssystem und der Vorlage an die Hauptversammlung plant, dieses Vergütungssystem zur Grundlage der Vergütungsfestsetzung zu machen. Eine weitergehende Aussagekraft, dass der Aufsichtsrat bei einer Billigung unter keinen Umständen auf ein anderes System als Grundlage für die Vergütungsfestsetzung zurückgreifen wird, ergibt sich weder aus dem Gesetzeswortlaut noch systematisch aus den Beschlüssen des Aufsichtsrats. Andernfalls wäre der Aufsichtsrat außerdem gezwungen, bei einer niedrigeren Zustimmungsrate, als dies noch bei dem vorherigen Vergütungssystem der Fall war, das neue gebilligte Vergütungssystem anzuwenden.[391] Dies ist mit dem lediglich empfehlenden Charakter des Votums nicht vereinbar. Der Gesetzgeber hat sich bewusst gegen eine verbindliche Entscheidung der Hauptversammlung ausgesprochen. Eine Verbindlichkeit kann insofern nicht über die Figur der Selbstbindung in die deutsche Umsetzung hineingelesen werden. Es kann auch kurzfristig immer zu einer Änderung der äußeren Umstände kommen, die den Aufsichtsrat veranlassen, schon vor Abhaltung einer neuen Hauptversammlung ein neues Vergütungssystem

---

389 *Herrler*, in: Grigoleit, AktG, § 120a Rn. 25.

390 Siehe vertiefend: § 9 B. I. 4.

391 Auch für diesen Fall eine Ausnahme der ansonsten bestehenden Selbstbindung anerkennend: *Herrler*, in: Grigoleit, AktG, § 120a Rn. 25; *Florstedt*, ZGR 2019, 630, 651.

zur Grundlage der Vergütungsfestsetzung machen. Entscheidet sich der Aufsichtsrat zur Anwendung eines anderen Vergütungssystems, findet damit keine Entwertung der Transparenz für die Aktionäre statt.[392] Die Publizitätspflicht zwingt gerade zur Zugänglichmachung des aktuell gültigen Vergütungssystems. Der Wortlaut des § 120a Abs. 2 AktG, wonach das Vergütungssystem *für die Dauer der Gültigkeit* zugänglich zu halten ist, ist hier so zu verstehen, dass stets das aktuell gültige Vergütungssystem erkennbar sein muss.[393] Daneben ergibt sich für die Aktionäre eine regelmäßige Gelegenheit, von ihren Auskunftsrechten in Vergütungsfragen Gebrauch zu machen. Sowohl die jährliche Vorlage des Vergütungsberichts sowie die spätestens nach vier Jahren erfolgende Wiedervorlage des Vergütungssystems können als Anknüpfungspunkt für die Auskunftsrechte der Aktionäre in der Hauptversammlung dienen. Damit ist die strenge Selbstbindung an das zuletzt vorgelegte und gebilligte Vergütungssystem abzulehnen.

3. Überprüfung des Vergütungssystems nach § 120a Abs. 3 AktG

Von dem Grundsatz des § 120a Abs. 1 Satz 2 AktG, wonach der Beschluss der Hauptversammlung weder Rechte noch Pflichten begründet, weicht das Gesetz in § 120a Abs. 3 AktG ab.[394] Danach hat der Aufsichtsrat im Falle der Nichtbilligung spätestens in der darauffolgenden ordentlichen Hauptversammlung ein überprüftes Vergütungssystem vorzulegen. Zwar ist es richtig, dass die Gesetzesbegründung vorsieht, die in Absatz 3 niedergelegten Rechtsfolgen seien keine Ausflüsse des Beschlusses, sondern entsprängen der gesetzlichen Anordnung.[395] Die gesetzliche Anordnung knüpft aber wiederum unmittelbar an das Ergebnis der Beschlussfassung an. Die Vorlage eines überprüften Systems ist damit unmittelbare Rechtsfolge der Missbilligung.[396]

---

392 So aber: *Herrler*, in: Grigoleit, AktG, § 120a Rn. 25.

393 Siehe: § 9 B. I. 4.

394 *Kubis*, in: MüKo-AktG, § 120a Rn. 21, spricht insofern von einer Ausnahme des Grundsatzes; *Herrler*, in: Grigoleit, AktG, § 120a Rn. 23, spricht ebenfalls von einer Ausnahme, betont aber, dass es nur verfahrensrechtliche und keine inhaltlichen Auswirkungen gibt.

395 Begr. RegE ARUG II, BT-Drucks. 19/9739, S. 93.

396 *Jo. Hoffmann*, in: BeckOGK-AktG, Stand: 1. Februar 2025, § 120a Rn. 40; vgl. *Anzinger*, ZGR 2019, 39, 81.

Die Rechtswirkungen des § 120a Abs. 3 AktG treten immer dann ein, wenn die Aktionäre das Vergütungssystem in der Hauptversammlung missbilligen. Relevant ist jeweils nur der aktuelle Beschluss. Ein einmal gebilligtes System kann bei künftiger Missbilligung selbstverständlich die Pflicht des § 120a Abs. 3 AktG auslösen.[397] Eine Vertagung, sofern eine solche wie hier für zulässig gehalten wird,[398] löst mangels Beschlussfassung keine solche Rechtsfolge aus.[399]

a) Vorlage in der darauffolgenden ordentlichen Hauptversammlung

Ausreichend soll die Vorlage in einer vorzeitigen außerordentlichen Hauptversammlung sein.[400] Da der Sinn und Zweck der Norm, ein gesteigertes Mitspracherecht der Aktionäre und eine höhere Transparenz gegenüber den Aktionären bei der Vorstandsvergütung zu ermöglichen, bei einer Vorlage in einer vorzeitigen außerordentlichen Hauptversammlung vollständig erreicht wird, ist dem zuzustimmen. Nimmt man wie hier vertreten an, dass es zulässig ist, mehrere Beschlussvorschläge zu unterbreiten,[401] kann das Votum über ein zweites Vergütungssystem, welches aufschiebend bedingt auf die Nichtbilligung des ersten Vergütungssystems vorgelegt wurde, den Anforderungen des § 120a Abs. 3 AktG jedoch nicht genügen.[402] Zwar wäre der Wortlaut offen für eine erneute Beschlussfassung in derselben Hauptversammlung. Dies würde jedoch im Widerspruch zur Systematik sowie dem Sinn und Zweck der Wiedervorlagepflicht stehen. Zum einen könnte dieses bedingt vorgelegte System den Anforderungen des § 87a Abs. 1 Satz 2 Nr. 11 AktG gar nicht genügen, wonach das Vergütungssystem im Fall der Vorlage nach § 120a Abs. 3 AktG eine Erläuterung aller wesentlichen Änderungen

---

[397] Insofern klarstellend: Begr. RegE ARUG II, BT-Drucks. 19/9739, S. 93; vgl. auch: *Tröger*, in: KölnKomm-AktG, § 120a Rn. 51; *Gärtner/Himmelmann*, AG 2021, 259, 264.

[398] Siehe: § 8 B. II. 3.

[399] *Tröger*, in: KölnKomm-AktG, § 120a Rn. 51; *Gärtner/Himmelmann*, AG 2021, 259, 260; gegen die Möglichkeit einer Vertagung generell: *Jo. Hoffmann*, in: BeckOGK-AktG, Stand: 1. Februar 2025, § 120a Rn. 37.

[400] *Koch*, AktG, § 120a Rn. 9; *Kubis*, in: MüKo-AktG, § 120a Rn. 21; *Jo. Hoffmann*, in: BeckOGK-AktG, Stand: 1. Februar 2025, § 120a Rn. 32; *Spindler*, in: K. Schmidt/Lutter, AktG, § 120a Rn. 11; *Herrler*, in: Grigoleit, AktG, § 120a Rn. 20; *Bachmann/Pauschinger*, ZIP 2019, 1, 6; *Löbbe/Fischbach*, AG 2019, 373, 379; *Florstedt*, ZGR 2019, 630, 648.

[401] Siehe dazu: § 8 B. I. 3.

[402] A.A.: *Herrler*, in: Grigoleit, AktG, § 120a Rn. 20.

und eine Übersicht, inwieweit Abstimmung und Äußerungen der Aktionäre in Bezug auf das Vergütungssystem und die Vergütungsberichte berücksichtigt wurden, enthalten muss. Da zum Zeitpunkt der Bekanntmachung der Beschlussvorschläge noch keine Missbilligung der Aktionäre stattgefunden haben kann, kann das System die formalen Angaben gar nicht enthalten. Zum anderen spricht auch der Telos gegen ein solches Vorgehen. Danach soll sich der Aufsichtsrat bei der Erstellung des überprüften Vergütungssystems mit den Aktionärsmeinungen auseinandersetzen. Das ist jedoch bei einem antizipiert vorgeschlagenen Vergütungssystem unmöglich. Aus diesem Grund ist die Vorlage eines Vergütungssystems in einer anderen Hauptversammlung zwingend.

b) Pflicht zur Vorlage eines überarbeiteten Vergütungssystems

Klärungsbedürftig erscheint, was unter einem *überprüften* Vergütungssystem zu verstehen ist. Der Wortlaut legt dabei nahe, dass eine Überprüfung durch den Aufsichtsrat ausreichend ist und es keiner zwingenden inhaltlichen Veränderung bedarf. Auf der anderen Seite kommt gerade vor dem europäischen Hintergrund eine Pflicht zur Überarbeitung des Vergütungssystems in Betracht. Die Gesetzesbegründung schreibt einerseits vor, es müsse der Hauptversammlung ein System vorgelegt werden, das den Anforderungen des § 87a Abs. 1 Satz 2 Nr. 10 AktG entspricht.[403] Andererseits besteht nach der Gesetzesbegründung keine zwingende Verpflichtung zur Überarbeitung.[404] In diesem Sinne geht die überwiegende Meinung in der Literatur davon aus, dass es zulässig ist und mit § 120a Abs. 3 AktG im Einklang steht, nach einer Überprüfung des missbilligten Vergütungssystems, dasselbe Vergütungssystem erneut der Hauptversammlung vorzulegen.[405]

---

[403] Begr. RegE ARUG II, BT-Drucks. 19/9739, S. 93, wobei noch auf die vor der Ausschussüberarbeitung vorhandene Fassung und damit den wortlautgleichen § 87a Abs. 1 Satz 2 Nr. 9 AktG-E Bezug genommen wird.

[404] Begr. RegE ARUG II, BT-Drucks. 19/9739, S. 93.

[405] *Spindler*, in: K. Schmidt/Lutter, AktG, § 120a Rn. 11; *Jo. Hoffmann*, in: BeckOGK-AktG, Stand: 1. Februar 2025, § 120a Rn. 32; *Tröger*, in: KölnKomm-AktG, § 120a Rn. 51 verlangt, dass das System und die dieses tragenden, verbandsspezifischen Erwägungen umfassend auf den Prüfstand gestellt werden; *Koch*, AktG, § 120a Rn. 9; *Herrler*, in: Grigoleit, AktG, § 120a Rn. 19; *Bungert*, in: MünchHdb GesR IV, § 35 Rn. 51; *Lutter/Krieger/Verse*, Rechte und Pflichten des Aufsichtsrats, § 7 Rn. 432; *Reichert*, in: Reichert, HV-Hdb, § 40 Rn. 4; *Anzinger*, ZGR 2019, 39, 77; *Florstedt*, ZGR 2019, 630, 648; *Illner/*

aa) Unklare Gesetzesbegründung

Die Gesetzesbegründung selbst nimmt Bezug auf § 87a Abs. 1 Satz 2 Nr. 10 AktG, der festlegt, dass das Vergütungssystem eine Darstellung des Verfahrens zur Fest- und zur Umsetzung sowie zur Überprüfung des Vergütungssystems, einschließlich der Rolle eventuell betroffener Ausschüsse und der Maßnahmen zur Vermeidung und zur Behandlung von Interessenkonflikten enthält. Es ist davon auszugehen, dass der Verweis an dieser Stelle redaktionell fehlgegangen ist und stattdessen auf § 87a Abs. 1 Satz 2 Nr. 11 AktG Bezug genommen werden sollte. Dieser schreibt zumindest inhaltlich für den Fall der Neuvorlage nach § 120a Abs. 3 AktG vor, dass das überprüfte Vergütungssystem eine Erläuterung aller wesentlichen Änderungen und eine Übersicht, inwieweit Abstimmung und Äußerungen der Aktionäre in Bezug auf das Vergütungssystem und die Vergütungsberichte berücksichtigt wurden, enthalten muss.[406] Damit legt die gesetzliche Systematik an dieser Stelle bereits eine inhaltliche Veränderungspflicht vor. Die Gesetzesbegründung kann nur so verstanden werden, dass es zwar keiner Änderung der bereits vorhandenen Angaben, aber zumindest einer Ergänzung der Angaben des § 87a Abs. 1 Satz 2 Nr. 11 AktG bedarf.[407] Ein überarbeitetes Vergütungssystem muss demnach erkennen lassen, inwiefern die Abstimmungen und Ansichten der Aktionäre, wozu auch das ablehnende die erneute Vorlage auslösende Votum gehört, Berücksichtigung im neuen System gefunden haben.[408]

Jü. Hoffmann, ZWH 2019, 81, 83; *Spindler*, AG 2020, 61, 73; *Bayer*, DB 2018, 3034, 3038; *Bungert/Berger*, DB 2018, 2801, 2804; *Bachmann/Pauschinger*, ZIP 2019, 1, 6; *Wandt/Vossen*, AG 2020, 705, 707; *Löbbe/Fischbach*, AG 2019, 373, 378 f.; *Gärtner/Himmelmann*, AG 2021, 259, 260 f.; *J. Schmidt*, NZG 2018, 1201, 1204; *Goslar*, DB 2020, 937, 940; *Stöber*, DStR 2020, 391, 394 f.; *Bachmann*, ZHR 2020, 127, 132; DAV-Handelsrechtsausschuss, NZG 2019, 12, 20; unter Hinweis auf das Risiko einer Abweichung von der Richtlinie: *Wentrup*, in: MünchHdb GesR IV, 5. Aufl., § 21 Rn. 59.

406 Siehe näher: *Spindler*, AG 2020, 61, 68; *Anzinger*, ZGR 2019, 39, 81 f.; *J. Schmidt*, NZG 2018, 1201, 1204; vgl. auch: *Herrler*, in: Grigoleit, AktG, § 120a Rn. 19, wonach die Angabe *„keine Änderungen; nichts berücksichtigt"* reiche; *Diekmann*, BB 2018, 3010, 3010.

407 Im Ergebnis auch: *Spindler*, in: K. Schmidt/Lutter, AktG, § 120a Rn. 11; *Tröger*, in: KölnKomm-AktG, § 120a Rn. 51; *Anzinger*, ZGR 2019, 39, 77, 81 f.; *Diekmann*, BB 2018, 3010, 3010; *Gärtner/Himmelmann*, AG 2021, 259, 261.

408 *Anzinger*, ZGR 2019, 39, 82, der aus diesem Grund für ein im Übrigen unverändertes Vergütungssystem neben dem Hinweis auf das das ablehnende Votum auch eine Begründung fordert, wieso an dem System festgehalten wird.

bb) Keine durchgreifenden Argumente gegen eine Überarbeitungspflicht

Eine Auslegung im Sinne einer Überarbeitung sei außerdem mit der alleinigen Zuständigkeit und Verantwortung des Aufsichtsrats nicht zu vereinbaren.[409] Die Aufsichtsratsmitglieder seien dabei nur dem Verbandsinteresse verpflichtet, das sich gerade nicht zwingend mit einer zwangsweisen Umsetzung von Änderungswünschen der Aktionäre in Einklang bringen lasse.[410] Lediglich im Rahmen ihres Ermessens haben die Aufsichtsratsmitglieder dann die Erwartung der Investoren zu berücksichtigen, um eine negative Reputation mit damit zusammenhängenden negativen Folgen am Kapitalmarkt zu verhindern.[411]

Aus dem insoweit lediglich empfehlenden Charakter des Vergütungsvotums und der Zuständigkeit des Aufsichtsrats kann jedoch nicht gefolgert werden, dass es einer inhaltlichen Überarbeitung nicht bedarf.[412] Von einem faktischen „*Vetorecht*“[413] der Hauptversammlung kann keinesfalls die Rede sein. Es ist den Vertretern dieser Ansicht zuzustimmen, wenn sie argumentieren, ein verpflichtendes Votum sei mit der grundsätzlichen Intention des Gesetzgebers nicht in Einklang zu bringen.[414] Die Pflicht zur Überarbeitung des Vergütungssystems geht hingegen nicht so weit, wie an anderer Stelle teilweise suggeriert wird. Vielmehr kann der Aufsichtsrat in jedem Fall sein präferiertes System anwenden, sofern es der Hauptversammlung einmal vorgelegt worden ist.[415] Im Sinne einer Aktionärsbeteiligung ist es aber auch bei einem empfehlenden Votum sinnvoll dieses einzuholen, um die Meinung der Aktionäre einschätzen zu können. Wendet der Aufsichtsrat

---

409 *Tröger*, in: KölnKomm-AktG, § 120a Rn. 51.

410 *Tröger*, in: KölnKomm-AktG, § 120a Rn. 51; Gärtner/Himmelmann, AG 2021, 259, 260 f.; *J. Schmidt*, NZG 2018, 1201, 1204; *Bachmann/Pauschinger*, ZIP 2019, 1, 6.

411 *Tröger*, in: KölnKomm-AktG, § 120a Rn. 51; in der Praxis ist zu beobachten, dass negative Vergütungsvoten zu einer Überarbeitung führen: *Bungert/Berger*, DB 2018, 2801, 2804; siehe zur Ermessensentscheidung des Aufsichtsrats bei der Vorstandsvergütung: § 9 B. II. 1.

412 So aber: *Löbbe/Fischbach*, AG 2019, 373, 378 f.; *Jo. Hoffmann*, in: BeckOGK-AktG, Stand: 1. Februar 2025, § 120a Rn. 32; *Spindler*, in: K. Schmidt/Lutter, AktG, § 120a Rn. 11; *Herrler*, in: Grigoleit, AktG, § 120a Rn. 19.

413 *Spindler*, in: K. Schmidt/Lutter, AktG, § 120a Rn. 11.

414 Zutreffend: *Spindler*, in: K. Schmidt/Lutter, AktG, § 120a Rn. 11; *Bachmann/Pauschinger*, ZIP 2019, 1, 6.

415 Siehe zur Verwendung anderer bereits vorgelegter Vergütungssysteme: § 10 A.

dann trotz einer Billigung des vorgelegten Systems das zuvor missbilligte Vergütungssystem an, ist dies grundsätzlich zulässig,[416] erhöht aber zumindest indirekt den Begründungsaufwand und steht daher im Einklang mit den Zielen der zweiten Aktionärsrechterichtlinie, insbesondere der verbesserten Kommunikation mit den Aktionären. Angesichts der fehlenden Auswirkungen auf die Festsetzung der Vorstandsvergütung liegt demnach kein Widerspruch zum lediglich empfehlenden Charakter des Votums vor.[417] Der Aufsichtsrat ist jederzeit frei darin, sein präferiertes Vergütungssystem anzuwenden. Er wird nur verpflichtet, den Aktionären eine weitere Möglichkeit darzustellen, was den Aufsichtsrat aber gerade nicht zwingt, diese Möglichkeit anzuwenden.

cc) Fragliche Richtlinienkonformität des Gesetzes

Betrachtet man zusätzlich den unionsrechtlichen Hintergrund, können zumindest Zweifel an der wortlautgetreuen Auslegung des § 120a Abs. 3 AktG aufkommen.[418] Die deutsche Fassung der zweiten Aktionärsrechterichtlinie spricht im hier einschlägigen Art. 9a Abs. 3 Satz 3 AktionärsrechteRL II von einer *überarbeiteten Politik*, die die Gesellschaft, nach deutschem Aktienrecht der Aufsichtsrat, in der darauffolgenden Hauptversammlung vorlegt. Überarbeitet bedeutet aber nach allgemeinem Sprachgebrauch etwas zu bearbeiten, durchzuarbeiten und dabei zu verbessern und gegebenenfalls zu ergänzen. Damit geht der Begriff auf den ersten Blick weiter als der im Gesetz verwendete Begriff der Überprüfung.[419] Die übrigen Sprachfassungen gehen in ihrer Bedeutung weiter, als es eine Überprüfung veranlassen würde. In der englischen Fassung der zweiten Aktionärsrechterichtlinie ist die Rede von einer *revised* Politik, die nach allgemeiner Übersetzung ebenfalls grundsätzlich als Überarbeitungsauftrag und nicht als Überprüfungsauftrag zu verstehen ist.[420] Der Gesetzgeber versteht die englische Fassung dagegen

---

416 Siehe: § 9 B. I. 1. b).

417 A.A.: *Herrler*, in: Grigoleit, AktG, § 120a Rn. 19; *J. Schmidt*, NZG 2018, 1201, 1204.

418 Vgl. auch: *Jo. Hoffmann*, in: BeckOGK-AktG, Stand: 1. Februar 2025, § 120a Rn. 32; *Herrler*, in: Grigoleit, AktG, § 120a Rn. 19: *„nicht ganz zweifelsfrei“*; *Anzinger*, ZGR 2019, 39, 82: *„nur teilweise richtlinienkonform“*; *Spindler*, AG 2020, 61, 73.

419 Ebenfalls die Abweichung betonend: *Spindler*, in: K. Schmidt/Lutter, AktG, § 120a Rn. 11; *Bachmann/Pauschinger*, ZIP 2019, 1, 6; *Löbbe/Fischbach*, AG 2019, 373, 378.

420 Ebenso: *Jo. Hoffmann*, in: BeckOGK-AktG, Stand: 1. Februar 2025, § 120a Rn. 32.

wieder entsprechend seiner Auslegung, dass das Vergütungssystem zwar einer Prüfung zu unterziehen ist, diese aber, unter Beifügung der Erläuterung des § 87a Abs. 1 Satz 2 Nr. 10 AktG,[421] zur Beibehaltung des bisherigen, nicht gebilligten, aber vorgelegten Systems führen kann.[422] Unter Beachtung des *effet utile* Grundsatzes besteht grundsätzlich ein Interesse an einer unionsrechtskonformen Auslegung der nationalen Vorschriften und der Beachtung der europäischen Richtlinie.[423] Die Grenze der unionsrechtskonformen Auslegung ist erst dann erreicht, wenn nach dem methodisch Möglichen eine Auslegung der nationalen Vorschriften im Sinne des Gemeinschaftsrechts *contra legem* und damit nicht möglich ist.[424] Die Auslegung des Gesetzgebers ist zumindest dann mit der Richtlinie zu vereinbaren, wenn man den Überprüfungsauftrag im Sinne der Gesetzesbegründung als Verpflichtung zur Minimalanpassung des Vergütungssystems versteht. In diesem Sinne ist der Hinweis, dass es nicht zwingend einer Überarbeitung bedarf,[425] missverständlich. Wie der Gesetzgeber selbst klarstellt, gilt zumindest der gesetzliche Überarbeitungsauftrag des § 87a Abs. 1 Satz 2 Nr. 11 AktG. Die in § 120a Abs. 3 AktG angeordnete Überprüfung muss in dieser Weise verstanden werden. Damit ist die *Überprüfungspflicht* nach deutschem Recht mit der *Überarbeitungspflicht* des Art. 9a Abs. 3 Satz 3 AktionärsrechteRL II vereinbar. Der Richtlinie ist insoweit nicht zu entnehmen, wie weit die Überarbeitungspflicht gehen soll. Ein i.S.d. § 87a Abs. 1 Satz 2 Nr. 11 AktG überarbeitetes und ergänztes System ist damit ebenfalls ein überarbeitetes

---

[421] Erneut ist in der Gesetzesbegründung die Rede von § 87a Abs. 1 Satz 2 Nr. 9 AktG-E, welche die heutige Nr. 10 darstellt, wobei davon auszugehen ist, dass der Gesetzgeber die Ergänzungen der heutigen Nr. 11 meinte.

[422] Zustimmend: *Löbbe/Fischbach*, AG 2019, 373, 378 f.

[423] Vgl. zur unionsrechtskonformen Auslegung: EuGH, Urteil vom 19. Januar 2010, Az.: C 555/07 = ECLI:EU:C:2010:21, Rn. 48 = RIW 2010, 144, 147; BGH, Urteil vom 7. Mai 2014, Az.: IV ZR 76/11 = BGHZ 201, 101, 108 f. = WM 2014, 1030, 1032 = juris Rn. 20; BGH, Urteil vom 21. Dezember 2011, Az.: VIII ZR 70/08 = BGHZ 192, 148 = WM 2012, 1143, 1147 = juris Rn. 30; *Schroeder*, in: Streinz, AEUV, Art. 288 Rn. 110 ff.; *Ruffert*, in: Calliess/Ruffert, AEUV, Art. 288 Rn. 78 ff.; *Lutter*, JZ 1992, 593, 597 f.

[424] Zur Grenze der unionsrechtskonformen Auslegung *contra legem*: BVerfG, Beschluss vom 26. September 2011, Az.: 2 BvR 2216/06 = NJW 2012, 669, 671 f. = juris Rn. 47; BGH, Urteil vom 26. März 2019, Az.: II ZR 244/17 = BGHZ 221, 325, 331 = ZIP 2019, 960, 961 f. = juris Rn. 21; *Ruffert*, in: Calliess/Ruffert, AEUV, Art. 288 Rn. 84; *Schroeder*, in: Streinz, AEUV, Art. 288 Rn. 113.

[425] Begr. RegE ARUG II, BT-Drucks. 19/9739, S. 93.

System i.S.d. Art. 9a Abs. 3 Satz 3 AktionärsrechteRL II. Damit decken sich die unionsrechtliche und die nationale Norm. Durch ein i.S.d. § 87a Abs. 1 Satz 2 Nr. 11 AktG überarbeitetes und ergänztes System wird außerdem die von der Richtlinie bezweckte Transparenz gegenüber den Aktionären gewährleistet.[426]

dd) Zwischenfazit

Die Verwendung verschiedener Begriffe mit auf den ersten Blick unterschiedlicher Aussagekraft in der europäischen Richtlinie und dem Aktiengesetz sorgen zwar für Zweifel an der Richtlinienkonformität des § 120a Abs. 3 AktG. Der Gesetzeswortlaut und die Gesetzesbegründung sind insoweit eindeutig, als es keiner inhaltlichen Veränderung bedarf. Dies kann jedoch nur insoweit gelten, als es abgesehen von der gesetzlich vorgeschriebenen Überarbeitung nach § 87a Abs. 1 Satz 2 Nr. 11 AktG keiner weiteren zwingenden Überarbeitung bedarf. Auch wenn die für die wohl überwiegende Auffassung vorgebrachten teleologischen Argumente nicht vollends überzeugen können, ist im Ergebnis die gesetzgeberische Auffassung zu respektieren, die den Auftrag der Richtlinie zwar grenzwertig, aber noch im Rahmen des gesetzgeberischen Umsetzungsspielraums vertretbar interpretiert. Insofern ist die Vorlage eines überprüften Vergütungssystems ohne inhaltliche Änderungen ausreichend, es bedarf aber einer gesetzlich vorgeschriebenen Überarbeitung. Im Ergebnis ist also die Vorlage eines lediglich überprüften, aber ebenfalls eines mindestens i.S.d. § 87a Abs. 1 Satz 2 Nr. 11 AktG ergänzten und damit in Teilen überarbeiteten Vergütungssystems nach § 120a Abs. 3 AktG gefordert. Die Umsetzung der Überarbeitungspflicht in § 120a Abs. 3 AktG ist richtlinienkonform.[427]

c) Kein Rückgriff auf ein zuvor vorgelegtes Vergütungssystem

Statt ein überprüftes Vergütungssystem vorzulegen, könnte der Aufsichtsrat im Fall der Missbilligung auch berechtigt sein, das abgelehnte Vergütungssystem

---

[426] Vgl. zum Transparenzzweck: *Gaul*, AG 2017, 178, 184; *Anzinger*, ZGR 2019, 39, 77.

[427] Ähnlich, dass § 120a Abs. 3 AktG und damit die Vorlage eines nur überprüften Vergütungssystem richtlinienkonform ist: *Spindler*, in: K. Schmidt/Lutter, AktG, § 120a Rn. 11; *Bachmann/Pauschinger*, ZIP 2019, 1, 6; *Löbbe/Fischbach*, AG 2019, 373, 379; a.A.: *Kubis*, in: MüKo-AktG, § 120a Rn. 21.

nicht erneut vorzulegen.[428] Stattdessen dürfe er auf ein bereits zuvor vorgelegtes Vergütungssystem zurückgreifen. Dies kann jedoch nicht zu einer Übergehung der Verpflichtung aus § 120a Abs. 3 AktG führen.[429] Zwar ist anzuerkennen, dass im Prozess der Überprüfung und anschließenden inhaltlichen Veränderung das Ergebnis in dem Verwerfen des kompletten Vergütungssystems bestehen kann. Dies kann jedoch nicht die einmal geschaffene Pflicht zur Wiedervorlage beseitigen. Diese ist mit der Missbilligung eingetreten und wird nur durch die Neuvorlage eines Vergütungssystems nach § 120a Abs. 3 AktG erfüllt. Schon die inhaltliche Erklärung nach § 87a Abs. 1 Satz 2 Nr. 11 AktG muss jedenfalls Eingang in das nunmehr vorgelegte Vergütungssystem finden. Auch bleibt es bei der Pflicht zur Vorlage spätestens in der nächsten ordentlichen Hauptversammlung. Ein einfacher Rückgriff auf ein älteres bereits vorgelegtes Vergütungssystem kann daher die Verpflichtung des § 120a Abs. 3 AktG nicht beseitigen. Entscheidet sich der Aufsichtsrat für die Verwendung eines früher bereits vorgelegten Vergütungssystems, muss er dies, ergänzt um die Angaben nach § 87a Abs. 1 Satz 2 Nr. 11 AktG, spätestens in der nächsten ordentlichen Hauptversammlung erneut zur Abstimmung vorlegen.

4. Publizitätspflicht

Nach § 120a Abs. 2 AktG sind sowohl der Hauptversammlungsbeschluss als auch das Vergütungssystem unverzüglich auf der Internetseite der Gesellschaft zu veröffentlichen und für die Dauer der Gültigkeit des Vergütungssystems, mindestens jedoch für zehn Jahre, öffentlich zugänglich zu halten.[430] Der deutsche Gesetzgeber geht mit der zehnjährigen Veröffentlichungspflicht weiter, als es die Richtlinie in Art. 9a Abs. 7 AktionärsrechteRL II mit der Dauer der Gültigkeit des Vergütungssystems fordert. Damit findet eine Angleichung an die aus der Richtlinie übernommene Veröffentlichungsfrist des Vergütungsberichts nach § 162 Abs. 4 AktG statt.[431]

---

[428] So nämlich: *Gärtner/Himmelmann*, AG 2021, 259, 260.

[429] So auch: *Tröger*, in: KölnKomm-AktG, § 120a Rn. 51a; anders aber: *Gärtner/Himmelmann*, AG 2021, 259, 260.

[430] Siehe auch: *Jo. Hoffmann*, in: BeckOGK-AktG, Stand: 1. Februar 2025, § 120a Rn. 41, der richtigerweise auch die missbilligenden Beschlüsse dazuzählt.

[431] *Anzinger*, ZGR 2019, 39, 82; *Bachmann/Pauschinger*, ZIP 2019, 1, 7.

Diese nachträgliche Publizität, wie sie von der Richtlinie vorgegeben wird, komplementiert die weitergehende vorzeitige Publizität, die der deutsche Gesetzgeber in § 124a Satz 1 Nr. 4 AktG festgelegt hat.[432] Durch die vorgeschriebene Veröffentlichung auf der Internetseite des Unternehmens im Rahmen der Einberufung ist laut Gesetzesbegründung zumindest teilweise die Publizitätspflicht bereits vor der Beschlussfassung erfüllt.[433] Das Beschlussergebnis war nach § 130 Abs. 6 AktG schon nach früherer Rechtslage im Nachgang der Hauptversammlung auf der Internetseite zu veröffentlichen.[434] Die neu geregelte nachträgliche Publizität geht aber in mehrfacher Hinsicht weiter. Zunächst ist die in der Einberufung erfolgende Publizität des Vergütungssystems für die nachträgliche Publizität des § 120a Abs. 2 AktG nicht ausreichend. Eine solche Annahme ist nicht mit Art. 9a Abs. 7 AktionärsrechteRL II zu vereinbaren, der gerade eine gemeinsame Veröffentlichung von Beschluss und System vorsieht.[435] Angesichts der bezweckten Transparenz gegenüber den Aktionären kann auch eine separate Veröffentlichung an unterschiedlichen Orten auf der Internetseite nicht den Anforderungen genügen. Beschluss und Vergütungssystem sollen zusammen am gleichen Ort unmittelbar verfügbar sein, sodass die Aktionäre die Unterlagen leicht finden können.[436] Es ist damit eine separate Veröffentlichung erforderlich.

Schließlich wird § 120a Abs. 2 Satz 2 AktG überwiegend die Pflicht entnommen, das aktuell angewandte Vergütungssystem stets kenntlich zu machen.[437] Damit soll jederzeit erkennbar sein, welches Vergütungssystem der Aufsichtsrat aktuell bei der Festsetzung der Vorstandsvergütung zugrunde legt. Dies ist aus Transparenzgesichtspunkten notwendig. Sind mehrere Vergütungssysteme an der gleichen Stelle zugänglich, muss für die Aktionäre

---

432 Siehe dazu bereits: § 8 B. I. 1.

433 Begr. RegE ARUG II, BT-Drucks. 19/9739, S. 93; *Spindler*, in: K. Schmidt/Lutter, AktG, § 120a Rn. 12.

434 *Tröger*, in: KölnKomm-AktG, § 120a Rn. 57.

435 Darauf hinweisend: *Tröger*, in: KölnKomm-AktG, § 120a Rn. 58.

436 Vgl. *Tröger*, in: KölnKomm-AktG, § 120a Rn. 58.

437 Begr. RegE ARUG II, BT-Drucks. 19/9739, S. 93; *Herrler*, in: Grigoleit, AktG, § 120a Rn. 33; *Spindler*, in: K. Schmidt/Lutter, AktG, § 120a Rn. 12; *Jo. Hoffmann*, in: BeckOGK-AktG, Stand: 1. Februar 2025, § 120a Rn. 44; *Drinhausen*, in: Hölters/Weber, AktG, § 120a Rn. 6; *Kubis*, in: MüKo-AktG, § 120a Rn. 20; *Gärtner/Himmelmann*, AG 2021, 529, 564; a.A.: *Tröger*, in: KölnKomm-AktG, § 120a Rn. 58.

erkennbar sein, welches Vergütungssystem der Festsetzung zugrunde gelegt wird. Andernfalls würde die zeitliche Verpflichtung der Veröffentlichung auf die Gültigkeit des Vergütungssystems fehlgehen, wenn nicht erkennbar wäre, welches Vergütungssystem Anwendung findet. Die Gegenstimmen, die sich auf den empfehlenden Charakter des Vergütungssystems berufen und andernfalls eine erzwungene Selbstbindung annehmen,[438] übersehen, dass der Aufsichtsrat jederzeit durch Beschluss eines der nach § 87a Abs. 2 Satz 1 AktG anwendbaren Vergütungssysteme anwenden kann.[439] Der Aufsichtsrat wird insofern nicht gebunden, sondern ist nur zur Publizität verpflichtet.

Mit der Gültigkeit des Vergütungssystems kann nur die Zeitphase gemeint sein, in der das Vergütungssystem der Festsetzung zugrunde gelegt wird.[440] Aus Transparenzgesichtspunkten kann man ein Vergütungssystem aber nicht mehr als gültig ansehen, wenn es zwar noch als Grundlage eines bestehenden Anstellungsvertrags dient, aber nicht mehr als Grundlage neuer Anstellungsverträge durch den Aufsichtsrat genutzt wird.[441] Es kann nur ein gültiges Vergütungssystem geben. Neben der Transparenz ergibt sich diese Auslegung aus der grundsätzlich zukünftigen Ausrichtung des Vergütungssystems und Vergütungsvotums.[442] Es geht um die Mitsprache der Aktionäre bei der zukünftigen Vergütung, nicht aber um einen Vergangenheitsblick. Für die konkrete Vergütung dient der Vergütungsbericht als retrospektives Instrument.[443]

---

[438] *Tröger*, in: KölnKomm-AktG, § 120a Rn. 58.

[439] Siehe dazu: § 10 A. I. 1; in diese Richtung auch: *Jo. Hoffmann*, in: BeckOGK-AktG, Stand: 1. Februar 2025, § 120a Rn. 44.

[440] Ebenfalls für dieses Verständnis: *Tröger*, in: KölnKomm-AktG, § 120a Rn. 59; *Herrler*, ZHR 2020, 408, 424; *Drinhausen*, in: Hölters/Weber, AktG, § 120a Rn. 6; *Melot de Beauregard/Arden*, in: Backhaus/Tielmann, Der Aufsichtsrat, AktG, § 120a Rn. 14; weitergehender, für eine Veröffentlichungspflicht des Vergütungssystems als gültig, solange noch Anstellungsverträge gültig sind, die unter dem jeweiligen Vergütungssystem geschlossen wurden: *Gärtner/Himmelmann*, AG 2021, 259, 264; *Jo. Hoffmann*, in: BeckOGK-AktG, Stand: 1. Februar 2025, § 120a Rn. 45.

[441] Ebenso: *Herrler*, ZHR 2020, 408, 424; anders aber: *Gärtner/Himmelmann*, AG 2021, 529, 564; *Jo. Hoffmann*, in: BeckOGK-AktG, Stand: 1. Februar 2025, § 120a Rn. 45.

[442] *Tröger*, in: KölnKomm-AktG, § 120a Rn. 59; vgl. auch: *Seibt*, in: K. Schmidt/Lutter, AktG, § 87a Rn. 2; *Koch*, AktG, § 87a Rn. 1; *Löbbe/Fischbach*, AG 2019, 373, 374; *Wentz*, WM 2019, 906, 908; *Kuthe/Lingen*, CB 2019, 378, 378.

[443] *Seibt*, in: K. Schmidt/Lutter, AktG, § 87a Rn. 2; *Koch*, AktG, § 87a Rn. 1; *Löbbe/Fischbach*, AG 2019, 373, 374; *Wentz*, WM 2019, 906, 908.

Bei Nichtanwendung eines zuletzt vorgelegten und gebilligten Systems wird zudem teilweise eine Veröffentlichung der maßgeblichen Erwägungsgründe analog § 120a Abs. 2 AktG gefordert.[444] Dies geht jedoch weiter, als es das Gesetz oder die Richtlinie vorgeben. Daneben bedarf es einer solchen Transparenz auch nicht. Bei Anwendung des Vergütungssystems ist dieses bereits im Vergütungsbericht nach § 162 AktG anzugeben. Daneben haben die Aktionäre auf der Hauptversammlung das Recht, Fragen zur Verwaltungstätigkeit des Aufsichtsrats zu stellen. Eine weitergehende schriftliche Einlassung ist dagegen überregulierend.

II. Mittelbare Rechte und Pflichten des Aufsichtsrats

Neben den soeben beschriebenen unmittelbaren Rechtsfolgen des Beschlusses kommen eine Reihe von mittelbaren Rechten und Pflichten des Aufsichtsrats in Betracht, die sich wiederum aus dem Beschluss nach § 120a Abs. 1 Satz 1 AktG ergeben könnten. Zunächst hat der Aufsichtsrat das Votum bei seinen Ermessensentscheidungen zu berücksichtigen (§ 9 B. II. 1). Daneben kann der Aufsichtsrat die Anstellungsverträge an das Vergütungsvotum knüpfen und damit dem Vergütungsvotum selbst eine rechtlich weitergehende Relevanz verschaffen (§ 9 B. II. 2). Gleichzeitig können sich aus dem nun verpflichtenden Votum Auswirkungen auf die Wirksamkeit der Vergütungsabrede beziehungsweise der Anstellungsverträge ergeben (§ 9 B. II. 3). Schließlich stellt sich im Zusammenhang mit der Berücksichtigung des Votums bei der Ermessensausübung des Aufsichtsrats die Frage, welche haftungsrechtlichen Folgen der Vergütungsbeschluss haben kann (§ 9 B. II. 4).

1. Einfluss des Vergütungsvotums auf die Ermessensausübung des Aufsichtsrats

Zumindest mittelbar wirkt sich das Vergütungsvotum auf die Vergütungsentscheidungen des Aufsichtsrats aus. Im Rahmen seiner originären unternehmerischen Entscheidungen greift für den Aufsichtsrat die Business Judgment Rule entsprechend § 116 Satz 1 i.V.m. § 93 Abs. 1 Satz 2 AktG.[445] Der Aufsichts-

---

[444] *Herrler*, in: Grigoleit, AktG, § 120a Rn. 25.

[445] AllgM: BGH, Urteil vom 21. Dezember 2005, Az.: 3 StR 470/04 (Mannesmann) = BGHSt 50, 331, 336 = AG 2006, 110, 111 = juris Rn. 15 ff.; *P. Doralt/W. Doralt*, in: Semler/v. Schenck/Wilsing, AR-Hdb, § 16 Rn. 74; *Veil*, in: BeckOGK-AktG, Stand: 1. Februar 2025, § 116 Rn. 61; *Mertens/Cahn*, in: KölnKomm-AktG, § 116 Rn. 67;

rat hat damit richtigerweise auch bei der Festsetzung der Vorstandsvergütung nach § 87 Abs. 1 AktG als unternehmerische Entscheidung nach überwiegender Meinung einen weiten unternehmerischen Ermessensspielraum.[446] Das Ermessen des Aufsichtsrats muss sich wie üblich am Unternehmensinteresses ausrichten, sodass die Vergütung auch für das Unternehmen nützlich sein sollte, was beispielsweise über die Anreizwirkung erreicht werden kann.[447] Daneben hat der Aufsichtsrat insbesondere einen Vergleich mit anderen Gesellschaften, die Aufgaben und Leistungen des Vorstandsmitgliedes und die Lage des Unternehmens zu berücksichtigen.[448]

a) Berücksichtigung des verpflichtenden Votums

Durch die Einführung der verpflichtenden Beschlussfassung der Hauptversammlung nach § 120a Abs. 1 Satz 1 AktG hat der Aufsichtsrat das Vergütungsvotum bei der Entscheidung über die Vergütung des Vorstands zu berücksichtigen und wird damit zur Reflexion der Abstimmung

---

siehe vertiefend zu den Voraussetzungen der Business Judgment Rule nur: *Veil*, in: BeckOGK-AktG, Stand: 1. Februar 2025, § 116 Rn. 45 ff. mwN; *Mertens/Cahn*, in: KölnKomm-AktG, § 116 Rn. 67 ff. mwN.

446 BGH, Urteil vom 21. Dezember 2005, Az.: 3 StR 470/04 (Mannesmann) = BGHSt 50, 331, 336 = AG 2006, 110, 111 = juris Rn. 15 ff.; *P. Doralt/W. Doralt*, in: Semler/v. Schenck/Wilsing, AR-Hdb, § 16 Rn. 74; *Veil*, in: BeckOGK-AktG, Stand: 1. Februar 2025, § 116 Rn. 61; *Mertens/Cahn*, in: KölnKomm-AktG, § 116 Rn. 68; *Groß-Bölting/Rabe*, in: Hölters/Weber, AktG, § 116 Rn. 39; *Grigoleit/Tomasic*, in: Grigoleit, AktG, § 116 Rn. 9; *Spindler*, in: MüKo-AktG, § 87 Rn. 161 f.; *Theusinger/Dolff*, in: Backhaus/Tielmann, Der Aufsichtsrat, AktG, § 116 Rn. 533; *Göppert*, Die Reichweite der Business Judgment Rule, S. 80 ff.; *Hoegen*, Reform der Vorstandsvergütung, S. 196 ff.; *Hüffer*, in: FS Hoffmann-Becking (2013), S. 589, 599 f.; *Fleischer*, DB 2006, 542, 543; *Stenzel*, BB 2020, 970, 971; *Hoffmann-Becking*, NZG 2006, 127, 128; *Lieder*, ZGR 2018, 523, 546 ff.; *Kropff*, in: FS Raiser (2005), S. 225, 233; a.A. aber unter Anerkennung eines gewissen Beurteilungsspielraums: *Habersack*, in: MüKo-AktG, § 116 Rn. 43; *Koch*, AktG, § 116 Rn. 19; *Goette*, in: Goette/M. Arnold, Hdb-AR, § 5 Rn. 190; *Schäfer*, ZIP 2005, 1253, 1258; *Bayer/Meier-Wehrsdorfer*, AG 2013, 477, 480; *Crass*, Die Vergütung von Vorstandsmitgliedern börsennotierter Aktiengesellschaften, S. 12; *Keinath*, Die Regulierung der Vorstandsvergütung in börsennotierten Unternehmen, S. 199 ff.; zweifelnd auch: *Schwark*, in: FS Raiser (2005), S. 377, 391 f.

447 *Veil*, in: BeckOGK-AktG, Stand: 1. Februar 2025, § 116 Rn. 61.

448 *Groß-Bölting/Rabe*, in: Hölters/Weber, AktG, § 116 Rn. 52; *Cahn*, in: KölnKomm-AktG, § 87 Rn. 10 ff.; *Spindler*, in: MüKo-AktG, § 87 Rn. 45 ff.

gezwungen.[449] So bringt die Gesetzesbegründung zum Ausdruck, dass der Aufsichtsrat sich in aller Regel an den Wünschen der Anteilseigner orientieren und auf ein deutliches Votum ihrerseits reagieren wird.[450] Um das Risiko einer nicht erteilten Entlastung auf der nächsten Hauptversammlung zu minimieren, wird daher teilweise bei geringeren Zustimmungsquoten oder auch Beteiligungsquoten am Vergütungsvotum eine Überprüfung des Vergütungssystems vorzunehmen sein.[451] Damit geht eine erhebliche Signalwirkung vom Vergütungsvotum aus.[452]

Zum Teil wird eine Rechtsfolge des Vergütungsvotums insofern bereits in der Zurechnung des Votums zur Gesellschaft gesehen.[453] Diese Zurechnung ergebe sich aus der kollektiven Willensbildung des Organs, der Hauptversammlung. Richtig ist, dass das Vergütungsvotum zunächst eine Meinungskundgabe der Hauptversammlung und damit der Aktionäre darstellt.[454] Daneben sind die öffentlichen Äußerungen von Aktionären und Aktionärsgruppen zu berücksichtigen, die ihrerseits zu einem öffentlichen Druck für den Aufsichtsrat führen sollen.[455] Gleichwohl bleibt es bei der Berücksichtigung des Vergütungsvotums als einem unter vielen Kriterien im Rahmen der Ermessensausübung. Das Vergütungsvotum nimmt dabei keine herausgehobene Stellung ein. Das zeigt sich nicht

---

449 *Spindler*, in: MüKo-AktG, § 87 Rn. 160, § 87a Rn. 8; *Anzinger*, ZGR 2019, 39, 81; *Diekmann*, WM 2018, 796, 798 f.; *Paschos/Goslar*, AG 2018, 857, 863; *Gärtner/Himmelmann*, AG 2021, 259, 260; *Zipperle/Lingen*, BB 2020, 131, 132; *Spindler*, AG 2020, 61, 62.

450 Begr. RegE ARUG II, BT-Drucks. 19/9739, S. 92; vgl. auch *Krenek*, in: Heidel, AktG, § 120a Rn. 12; *J. Schmidt*, NZG 2018, 1201, 1204; *Kell/Barth*, GmbHR 2020, R20, R21; *Heldt*, AG 2018, 905, 908.

451 *Seibt*, in: K. Schmidt/Lutter, AktG, § 87a Rn. 22a mit Praxisbeispiel in Fn. 85; vgl. auch BVI-Analyse-Leitlinien für Hauptversammlung 2025, Ziff. 1.2 Pkt. 16: *„keine Nachbesserung bzw. Stellungnahme bei Hauptversammlungsbeschlüssen zu Vergütung (System und Bericht) und Entlastung mit weniger als 75 Prozent Zustimmung der in der Hauptversammlung vertretenen Stimmrechte im Vorjahr“*, abrufbar unter: https://www.bvi.de/fileadmin/user_upload/Regulierung/Branchenstandards/ALHV/241021_BVI_ALHV_2025.pdf (zuletzt abgerufen am: 1. Juni 2025).

452 Vgl. etwa: *Herrler*, in: Grigoleit, AktG, § 120a Rn. 23; *Herrler*, ZHR 2020, 408, 411.

453 *Tröger*, in: KölnKomm-AktG, § 120a Rn. 24.

454 *Spindler*, in: K. Schmidt/Lutter, AktG, § 120a Rn. 1.

455 Siehe vertiefend dazu noch vor Geltung des ARUG II: *Schockenhoff*, ZIP 2017, 1785, 1785 ff.

zuletzt an den kaum vorhandenen Auswirkungen auf die Haftung der Aufsichtsratsmitglieder.[456]

b) Keine Besonderheiten bei ablehnendem Votum

Abgesehen von der Rechtsfolge des § 120a Abs. 3 AktG verändert sich der Pflichtenkreis des Aufsichtsrats nicht, egal ob das Votum der Hauptversammlung das Vergütungssystem billigt oder missbilligt.[457] Auch die gesetzliche Pflicht des Aufsichtsrats, nach § 120a Abs. 3 AktG im Fall der Missbilligung ein überprüftes Vergütungssystem erneut vorzulegen, besteht aber dem Grunde nach schon vor Durchführung des Votums. Die Rechtsfolgen dieser Pflicht treten allerdings erst mit Missbilligung des Vergütungssystems ein. Mit einer Missbilligung geht daher grundsätzlich keine Änderung des Anforderungsprofils des Aufsichtsrats einher, das heißt ein missbilligendes Votum hat keinen Einfluss auf die Pflichten des Aufsichtsrats.[458]

Entscheidend ist, dass keine inhaltliche Modifikation der bereits bestehenden Pflichten des Aufsichtsrats bei der Vergütungsfestsetzung eintritt. Mit anderen Worten bemisst sich die Frage, ob eine Vergütung angemessen i.S.d. § 87 AktG ist, an den bisherigen Kriterien nach § 87 Abs. 1 AktG, unabhängig davon, ob das zugrundeliegende Vergütungssystem gebilligt oder missbilligt wurde. Die Gesetzesbegründung empfiehlt dem Aufsichtsrat für den Fall der Nichtbilligung lediglich den Rückgriff auf das zuletzt gebilligte Vergütungssystem zur Festsetzung der Vorstandsvergütung.[459] Insofern wird sich der Aufsichtsrat jedenfalls regelmäßig mit dem negativen Votum befassen und dies in der Zukunft berücksichtigen.[460] Dies geschieht schon durch den erhöhten Begründungsaufwand, dem der Aufsichtsrat unterliegt, wenn er an dem missbilligten Vergütungssystem festhalten will.[461] Insofern kann man von einer präventiven Wirkung des Votums ausgehen.[462] Ein negatives Votum ist

---

[456] Siehe dazu: § 9 B. II. 4.

[457] *Heldt*, AG 2018, 905, 908 f.; *Kubis*, in: MüKo-AktG, § 120a Rn. 12.

[458] *Herrler*, in: Grigoleit, AktG, § 120a Rn. 24.

[459] Begr. RegE ARUG II, BT-Drucks. 19/9739, S. 92 f.; vgl. auch: *Spindler*, in: K. Schmidt/Lutter, AktG, § 120a Rn. 20; kritisch dazu: *Herrler*, in: Grigoleit, AktG, § 120a Rn. 26.

[460] *Kubis*, in: MüKo-AktG, § 120a Rn. 1; *J. Schmidt*, NZG 2018, 1201, 1204.

[461] Vgl. *Herrler*, in: Grigoleit, AktG, § 120a Rn. 24, siehe auch § 162 Abs. 1 Satz 2 Nr. 6 AktG im Rahmen des Vergütungsberichts.

[462] So auch: *Kubis*, in: MüKo-AktG, § 120a Rn. 4; vgl. auch: *Herrler*, in: Grigoleit, AktG, § 120a Rn. 23, der von einer „*Signalwirkung*" spricht.

also dazu geeignet, den Aufsichtsrat bei der Erstellung des Vergütungssystems zu erhöhter Aufmerksamkeit und Sorgfalt anzuhalten.[463] Daneben ist immer auch die Kontrolle des Aufsichtsrats durch die Öffentlichkeitswirkung zu berücksichtigen.[464] Gerade in jüngster Vergangenheit zeigt sich, dass die Billigung des Vergütungssystems keine Selbstverständlichkeit ist und der § 120a Abs. 3 AktG durchaus praktische Relevanz hat. So wurde das Vergütungssystem der Vonovia SE auf der Hauptversammlung 2024 von der Mehrheit der Aktionäre abgelehnt.[465]

2. *Verknüpfung von Anstellungsvertrag und Hauptversammlungsvotum*

Der Aufsichtsrat könnte gegebenenfalls gewillt sein, eine rechtliche Verknüpfung zwischen dem Anstellungsvertrag mit der Vergütungsabrede und dem Hauptversammlungsvotum nach § 120a Abs. 1 Satz 1 AktG herzustellen.[466]

Dabei kann der Aufsichtsrat mit dem Vorstandsmitglied im Anstellungsvertrag vereinbaren, dass dieser nur im Falle der Billigung des zugrundeliegenden Vergütungssystems wirksam werden soll.[467] Umgekehrt denkbar wäre eine Verknüpfung des Votums über eine auflösende Bedingung für den Fall, dass die Hauptversammlung das zugrundeliegende Vergütungssystem in der Zukunft missbilligen sollte.[468] Dies kann sowohl bei der erstmaligen Bestellung und dem erstmaligen Abschluss eines Anstellungsvertrags aber auch bei einer möglichen Wiederbestellung der Fall sein. Jedenfalls muss es

---

463 *Kubis*, in: MüKo-AktG, § 120a Rn. 1; *Bungert*, in: MünchHdb GesR IV, § 35 Rn. 48.

464 *Spindler*, in: K. Schmidt/Lutter, AktG, § 120a Rn. 1; ausführlich: *Raapke*, Die Regulierung von Organmitgliedern und Angestellten im Aktien- und Kapitalmarktrecht, S. 74 f.

465 Vgl. dazu: Vonovia SE, Abstimmungsergebnisse HV 2024, abrufbar unter: https://www.vonovia.com/content/download/185715/8554182?version=2 (zuletzt abgerufen am 1. Juni 2025).

466 Vgl. zur alten Rechtslage: *Hupka*, Das Vergütungsvotum der Hauptversammlung, S. 290 ff.; *Voth*, Beratende Hauptversammlungsbeschlüsse, S. 183 ff.

467 Für eine Zulässigkeit: *Kubis*, in: MüKo-AktG, § 120a Rn. 15; *Tröger*, in: KölnKomm-AktG, § 120a Rn. 48; *Spindler*, in: K. Schmidt/Lutter, AktG, § 120a Rn. 22; *Koch*, AktG, § 120a Rn. 5; *Herrler*, in: Grigoleit, AktG, § 120a Rn. 30; *Spindler*, AG 2020, 61, 74; *Plate*, Die Festsetzung der Vorstandsvergütung in der Aktiengesellschaft, S. 241 f.; a.A. noch zur alten Rechtslage: *Fleischer/Bedkowski*, AG 2009, 677, 684; *Mülbert*, in: Großkomm-AktG, § 120 Rn. 177.

468 *Tröger*, in: KölnKomm-AktG, § 120a Rn. 48; *Gärtner/Himmelmann*, AG 2021, 259, 260.

sich wegen der Bindungswirkung des § 87a Abs. 2 Satz 1 AktG um ein bereits vorgelegtes Vergütungssystem handeln, welches der Aufsichtsrat dann erneut der Hauptversammlung vorlegt.[469] Eine solche Verknüpfung hätte den Vorteil, eine Anpassung nicht nur bei Vorliegen der Voraussetzungen des § 87 Abs. 2 AktG, also der Verschlechterung der Lage, zu ermöglichen. Stattdessen kann eine Veränderung an der konkreten Vergütung auch bei anderweitig veränderten Rahmenbedingungen, unter anderem einem veränderten Aktionärskreis und damit einer veränderten Aktionärsmeinung, vorgenommen werden. Als milderes Mittel neben einer auflösenden Bedingung kämen Nachverhandlungsklauseln oder gar einseitige Änderungsrechte in Betracht.[470] § 120a Abs. 1 Satz 2 AktG stellt insoweit kein Verbotsgesetz dar. Eine solche Anknüpfung verstößt gegen keine kompetenzzuweisenden Vorschriften, sondern liegt vielmehr innerhalb der Zuständigkeit des Aufsichtsrats für den Abschluss des Anstellungsvertrags.[471] Es handelt sich somit um eine im Ermessen des Aufsichtsrats stehende Festsetzung der Vorstandsvergütung.[472]

Damit ist die Vereinbarung einer Verbindlichkeit des Votums zumindest im Verhältnis zwischen Aufsichtsrat und jedem einzelnen Vorstandsmitglied auf individualvertraglicher Basis möglich.

3. Auswirkungen des Vergütungsvotums auf die Wirksamkeit der Vergütungsvereinbarung

Mit Blick auf die grundsätzliche Bindungswirkung des Vergütungssystems nach § 87a Abs. 2 Satz 1 AktG könnten sich mittelbar weitere Auswirkungen auf die Vergütungsvereinbarung beziehungsweise den die Vergütungsvereinbarung beinhaltenden Anstellungsvertrag des Vorstandsmitglieds ergeben. Grundsätzlich hat das Vergütungsvotum keinen Einfluss auf die Vertretungsmacht des Aufsichtsrats gegenüber den Vorstandsmitgliedern nach § 112 Satz 1 AktG, insbesondere beim Abschluss des Anstellungsvertrags.[473] Damit ist gemeint, dass zum Beispiel ein missbilligendes Votum keinen Einfluss

---

[469] Siehe ausführlich dazu: § 10 A. IV.

[470] Vgl. *Tröger*, in: KölnKomm-AktG, § 120a Rn. 48; *Herrler*, in: Grigoleit, AktG, § 120a Rn. 30; *Wentrup*, in: MünchHdb GesR IV, § 21 Rn. 68; *Gärtner/Himmelmann*, AG 2021, 259, 260; a.A. noch zu § 120 Abs. 4 AktG a.F.: *Fleischer/Bedkowski*, AG 2009, 677, 684.

[471] *Kubis*, in: MüKo-AktG, § 120a Rn. 15.

[472] *Tröger*, in: KölnKomm-AktG, § 120a Rn. 48.

[473] *Tröger*, in: KölnKomm-AktG, § 120a Rn. 49.

auf die Vertretungsmacht des Aufsichtsrats hat und sich damit auch keine Auswirkungen auf eine Vergütungsvereinbarung auf Grundlage des missbilligten Vergütungssystems ergeben. Das ist in allererster Linie Folge der Unverbindlichkeit des Votums.

Etwas anderes kann dann gelten, wenn der Aufsichtsrat seine Pflicht nach § 87a Abs. 2 Satz 1 AktG verletzt und die Vergütung nicht in Übereinstimmung mit einem der Hauptversammlung vorgelegten Vergütungssystem festsetzt.[474] So wird für diesen Fall zum Teil als Konsequenz die Nichtigkeit des Anstellungsvertrags[475] beziehungsweise ausnahmsweise die Einschränkung der Vertretungsmacht[476] gefordert. Noch weitergehend, wird teilweise eine Begrenzung der organschaftlichen Vertretungsmacht durch den Pflichtenkreis des Aufsichtsrats im Innenverhältnis angenommen.[477]

a) Kein Verstoß gegen § 87a Abs. 2 Satz 1 AktG durch den Rückgriff auf früher vorgelegte Vergütungssysteme

Der Gesetzeswortlaut in § 87a Abs. 2 Satz 1 AktG schreibt dem Aufsichtsrat vor, dass die Vergütung der Vorstandsmitglieder in Übereinstimmung mit einem der Hauptversammlung vorgelegten Vergütungssystem festzusetzen ist. Damit liegt ein Verstoß immer vor, wenn die jeweilige Vergütungsabrede Ausgestaltungen enthält, die nicht im Vergütungssystem in der Weise angelegt sind.[478] Umgekehrt liegt gerade kein automatischer Verstoß vor, wenn

---

474 Siehe zu den Auswirkungen eines Verstoßes gegen § 87 Abs. 1 AktG ferner: *Fleischer*, in: BeckOGK-AktG, Stand: 1. Februar 2025, § 87 Rn. 64 f.; *Wirkes*, Rechtsfolgen einer nicht nach § 87 Abs. 1 AktG angemessenen Vorstandsvergütung, jeweils mwN.

475 Noch zum Reformvorschlag zur Aktionärsrechterichtlinie: *Zetzsche*, NZG 2014, 1121, 1130; a.A.: *Spindler*, in: MüKo-AktG, § 87a Rn. 45 i.V.m. § 87 Rn. 165; *Bachmann/Pauschinger*, ZIP 2019, 1, 6; *Spindler*, AG 2020, 61, 69; differenzierend: *Verse*, NZG 2013, 921, 928.

476 Für einen Fall des Missbrauchs der Vertretungsmachts: *Krenek*, in: Heidel, AktG, § 120a Rn. 13; *Florstedt*, ZGR 2019, 630, 649; *Gärtner/Himmelmann*, AG 2021, 259, 265; *Spindler*, in: MüKo-AktG, § 87a Rn. 6; bei Kollusion oder Evidenz: *Koch*, AktG, § 87a Rn. 13; einschränkend: *Tröger*, in: KölnKomm-AktG, § 120a Rn. 49; unter Berücksichtigung des VorstKoG ferner: *Verse*, NZG 2013, 921, 928; *Ziemons*, GWR 2013, 283, 284 f.

477 *Habersack*, in: MüKo-AktG, § 112 Rn. 22; *Fleischer*, in: BeckOGK-AktG, Stand: 1. Februar 2025, § 87 Rn. 65 aE i.V.m. § 82 Rn. 18; ablehnend: *Grigoleit/Kochendörfer*, in: Grigoleit, AktG, § 87a Rn. 93.

478 Siehe: § 9 B. I. 1. a); eine andere Frage ist die, ob das Vergütungssystem unwesentlich geändert werden darf, siehe dazu: § 12 B.

die Vergütungsabrede nicht jede Regelung des Vergütungssystems enthält. Als Regelung des Vergütungssystems stellt auch ein Verstoß gegen die Abweichungsmöglichkeit nach § 87a Abs. 2 Satz 2 AktG, also beispielsweise ein Abweichen bei Nichtvorliegen der Voraussetzungen, einen Verstoß gegen die Bindungswirkung dar.

Eine schwierigere Frage ergibt sich mit Blick auf die Möglichkeit des Aufsichtsrats, auf ein anderes als das zuletzt der Hauptversammlung vorgelegte Vergütungssystem zurückzugreifen.[479] So ist der Aufsichtsrat nach der hier vertretenen Ansicht zwar berechtigt, durch ausdrücklichen Beschluss jederzeit auf ein anderes bereits vorgelegtes Vergütungssystem zurückzugreifen und dieses i.S.d. § 87a Abs. 2 Satz 1 AktG zur Grundlage der Vergütungsabrede zu machen. Damit geht aber die korrespondierende Publizität des aktuell verwendeten Vergütungssystems nach § 120a Abs. 2 AktG einher.[480] Zwar ließe sich dem Abschluss der Vergütungsvereinbarung durch den Aufsichtsrat unter Rückgriff auf ein früheres Vergütungssystem die konkludente Erklärung entnehmen, dass der Aufsichtsrat nun dieses Vergütungssystem als Grundlage seiner Vergütungsabrede nutzen möchte. Der Verstoß gegen die dann zuvor nicht erfolgte Publizität des § 120a Abs. 2 AktG könnte sich dann aber wie ein Verstoß gegen § 87a Abs. 2 Satz 1 AktG auswirken. Die Norm schränkt den Aufsichtsrat bewusst in seinen unternehmerischen Entscheidungen ein und bindet ihn bei der Vergütungsabrede an Vergütungssysteme, die er zuvor der Hauptversammlung vorgelegt hat. Vom Wortlaut her stellt ein reiner Publizitätsverstoß aber keinen Verstoß gegen § 87a Abs. 2 Satz 1 AktG dar. Vielmehr handelt es sich immer noch um ein der Hauptversammlung vorgelegtes Vergütungssystem.

Etwas anderes ergibt sich auch nicht aus teleologischen Gründen. Die Bindungswirkung verfolgt den Zweck, die Aktionäre in den Prozess der Vergütungsfestlegung einzubeziehen, auch wenn das Votum der Hauptversammlung nur unverbindlich ausgestaltet ist. Damit ist der Zweck der Vorschrift dadurch gewahrt, dass die Aktionäre bereits ihre Ansichten zu dem Vergütungssystem geäußert haben. Die Publizität, auf welcher Grundlage die Vergütungsvereinbarungen getroffen werden, bildet dann über die Transparenz gegenüber den Aktionären die zweite Säule der zweiten

---

479 Siehe dazu: § 10 A.
480 Siehe: § 10 A. VI.

Aktionärsrechterichtlinie, die im Rahmen von § 87a Abs. 2 Satz 1 AktG aber nicht im Vordergrund steht. Auch vor dem Hintergrund, dass der Aufsichtsrat jederzeit in der Lage ist, selbst für die Publizität zu sorgen, wirkt diese Lesart überzeugend. Der Aufsichtsrat verstößt also gerade nicht gegen die Bindungswirkung, wenn er die Vergütungsabrede in Übereinstimmung mit einem früher der Hauptversammlung vorgelegten Vergütungssystem festsetzt, ohne dieses vorher als solches i.S.d. § 120a Abs. 2 AktG entsprechend zu publizieren.

b) Teilweise Nichtigkeit der Vergütungsvereinbarung

Ein Verstoß gegen die Bindungswirkung könnte zur Nichtigkeit des Anstellungsvertrags beziehungsweise der Vergütungsabrede führen.[481] Die in der Rechtsprechung und Literatur ganz überwiegende Ansicht lehnt bei einem Verstoß gegen das Angemessenheitsgebot des § 87 Abs. 1 AktG die Nichtigkeit des Anstellungsvertrags jedoch ab.[482] Die Nichtigkeit kann sich bei einem Verstoß gegen die Bindungswirkung aus § 134 BGB ergeben, wenn es sich bei der in § 87a Abs. 2 Satz 1 AktG geregelten Festsetzungsvorgabe um ein gesetzliches Verbot handelt und sich aus dem Gesetz nichts anderes ergibt (§ 9 B. II. 3. b) aa)). Eine Vergütungsabrede, die unter Verstoß gegen § 87a Abs. 2 Satz 1 AktG nicht in Übereinstimmung mit einem der Hauptversammlung vorgelegten Vergütungssystem getroffen wird, könnte darüber hinaus im Einzelfall auch einen Sittenverstoß nach § 138 Abs. 1 BGB begründen, der ebenfalls zur Nichtigkeit der Vergütungsabrede führt (§ 9 B. II. 3. b) bb)). Daneben kommt eine Einschränkung der Vertretungsmacht des Aufsichtsrats beim Abschluss des Anstellungsvertrags in Betracht, sodass

---

481 Noch zum Reformvorschlag der Aktionärsrechterichtlinie: *Zetzsche*, NZG 2014, 1121, 1130; a.A.: *Spindler*, in: MüKo-AktG, § 87a Rn. 45 i.V.m. § 87 Rn. 165; *Koch*, AktG, § 87a Rn. 13; *Bachmann/Pauschinger*, ZIP 2019, 1, 6; *Gärtner/Himmelmann*, AG 2021, 259, 265; *Spindler*, AG 2020, 61, 69; *Florstedt*, ZGR 2019, 630, 649; differenzierend: *Verse*, NZG 2013, 921, 928.

482 OLG Stuttgart, Urteil vom 8. Juli 2015, Az.: 20 U 2/14 = AG 2016, 370, 377; *Seibt*, in: K. Schmidt/Lutter, AktG, § 87 Rn. 36; *Grau*, in Semler/v. Schenck/Wilsing, AR-Hdb, § 11 Rn. 127; *Koch*, AktG, § 87 Rn. 45; *Cahn*, in: KölnKomm-AktG, § 87 Rn. 6; *Schwennicke*, in: Grigoleit, AktG, § 87 Rn. 30; *Spindler*, in: MüKo-AktG, § 87 Rn. 165; *Kort*, DStR 2007, 1127, 1127 ff; *Marsch-Barner*, in: FS Röhricht (2005), S. 401, 403; *Bachmann/Pauschinger*, ZIP 2019, 1, 6; a.A.: *Wirkes*, Rechtsfolgen einer nicht nach § 87 Abs. 1 AktG angemessenen Vorstandsvergütung, S. 57 ff.

sich eine Beschränkung der Vertretungsmacht des § 112 AktG zunächst aus den Organpflichten des Aufsichtsrats (§ 9 B. II. 3. b) cc)), jedenfalls aus einem Missbrauch der Vertretungsmacht (§ 9 B. II. 3. b) dd)) ergeben könnte.

aa) Die Bindungswirkung als Verbotsgesetz i.S.d. § 134 BGB

Zunächst stellt sich also die Frage, ob der Verstoß gegen die Bindungswirkung nach § 134 BGB zur Nichtigkeit führt. Das ist dann der Fall, wenn es sich bei der in § 87a Abs. 2 Satz 1 AktG kodifizierten Bindungswirkung um ein Verbotsgesetz i.S.d. § 134 BGB handelt und sich aus dem Gesetz nichts anderes ergibt.

(1) Kriterien für ein Verbotsgesetz

Ob es sich bei einer Norm um ein Verbotsgesetz handelt, muss durch Auslegung im Einzelfall ermittelt werden.[483] Die fragliche Norm muss das entsprechende Rechtsgeschäft gerade verbieten. Der Wortlaut kann dabei nur einen Anhaltspunkt liefern.[484] Entscheidend ist vielmehr der Sinn und Zweck der Norm.[485] Es geht darum, ob das Gesetz die Vornahme eines Rechtsgeschäfts oder auch den damit verbundenen rechtlichen und wirtschaftlichen Erfolg des Geschäfts verbieten will.[486] Wenn ein Gesetz das betreffende Rechtsgeschäft nicht ausdrücklich verbietet, ist jedenfalls durch eine umfassende Auslegung zu ermitteln, ob es sich um ein Verbotsgesetz handelt.[487]

---

[483] Siehe nur: BGH, Urteil vom 23. September 1982, Az.: VII ZR 183/80 = BGHZ 85, 39, 43 = ZIP 1983, 463, 463 f. = juris Rn. 25; *Armbrüster*, in: MüKo-BGB, § 134 Rn. 59; *A. Arnold*, in: Erman, BGB, § 134 Rn. 13; *Vossler*, in: BeckOGK-BGB, Stand: 1. April 2025, § 134 Rn. 51.

[484] *Armbrüster*, in: MüKo-BGB, § 134 Rn. 61 ff; *Fischinger/Hengstberger*, in: Staudinger, BGB, § 134 Rn. 50; *A. Arnold*, in: Erman, BGB, § 134 Rn. 13.

[485] BGH, Urteil vom 23. September 1982, Az.: VII ZR 183/80 = BGHZ 85, 39, 43 = ZIP 1983, 463, 463 f. = juris Rn. 25; BGH, Urteil vom 19. September 1985, Az.: III ZR 55/84 = NJW 1986, 1104, 1104 = juris Rn. 22; BGH, Urteil vom 25. Juli 2002, Az.: III ZR 113/02 = BGHZ 152, 10, 11 f. = ZIP 2002, 1999, 1999 f. = juris Rn. 7; *Armbrüster*, in: MüKo-BGB, § 134 Rn. 59; *Fischinger/Hengstberger*, in: Staudinger, BGB, § 134 Rn. 49.

[486] *Fischinger/Hengstberger*, in: Staudinger, BGB, § 134 Rn. 49; *Armbrüster*, in: MüKo-BGB, § 134 Rn. 60.

[487] BGH, Urteil vom 23. September 1982, Az.: VII ZR 183/80 = BGHZ 85, 39, 43 = ZIP 1983, 463, 463 f. = juris Rn. 25; BGH, Urteil vom 19. September 1985, Az.: III ZR 55/84 = NJW 1986, 1104, 1104 = juris Rn. 22; BGH, Urteil vom 17. Juni 2004, Az.: III ZR

Aus dem zwingenden Charakter einer Norm lässt sich nicht immer auf ein Verbotsgesetz schließen, anders ist dies nur bei dispositiven Vorschriften, die jedenfalls kein Verbotsgesetz darstellen können.[488] Wenig überzeugend wird teilweise schon bei der Prüfung des Verbotsgesetzes nach der Adressatenzahl des Verbots differenziert. So wird teilweise angenommen, dass ein Gesetz, welches nur einen von mehreren Beteiligten betrifft, kein Verbotsgesetz sein könne.[489] Dies geht auf die Motive des ersten BGB-Entwurfs zurück, bringt aber die Rechtsfolge mit dem Tatbestand durcheinander.[490] Insofern hat auch der Bundesgerichtshof anerkannt, dass es sich auch bei einseitigen Verboten um ein Verbotsgesetz handeln kann.[491]

(2) Abgrenzung zur Einschränkung der Gestaltungsmacht

Ein Verbotsgesetz ist weiter abzugrenzen von einer gesetzlichen Einschränkung der Gestaltungsmacht. Demnach fallen Normen dann nicht in den Anwendungsbereich des § 134 BGB, wenn sie kein Verbot aussprechen, sondern die rechtsgeschäftlichen Gestaltungsmöglichkeiten begrenzen.[492] Während also der Verstoß gegen ein Verbotsgesetz unter Umständen zur

---

271/03 = BGHZ 159, 334, 340 = NJW-RR 2004, 1545, 1546 = juris, Rn. 31; *Fischinger/Hengstberger*, in: Staudinger, BGB, § 134 Rn. 49.

488 *Armbrüster*, in: MüKo-BGB, § 134 Rn. 64; *Fischinger/Hengstberger*, in: Staudinger, BGB, § 134 Rn. 51; *A. Arnold*, in: Erman, BGB, § 134 Rn. 13; *Vossler*, in: BeckOGK-BGB, Stand: 1. April 2025, § 134 Rn. 55; in diese Richtung aber: BGH, Urteil vom 18. Dezember 1958, Az.: II ZR 351/56 = BGHZ 29, 120, 124 f. = NJW 1959, 720, 721 = juris Rn. 27 f.

489 Vgl. BGH, Urteil vom 23. Oktober 1980, Az.: IVa ZR 28/80 = BGHZ 78, 263, 265 = NJW 1981, 399, 399 f. = juris Rn. 14; BGH, Urteil vom 19. September 1985, Az.: III ZR 55/84 = NJW 1986, 1104, 1105 = juris Rn. 28; OLG Hamm, Urteil vom 10. Dezember 2009, Az.: 2 U 111/09 = VersR 2010, 609, 610.

490 BGH, Urteil vom 1. Juni 1966, Az.: VIII ZR 65/64 = BGHZ 46, 24, 26 = NJW 1966, 1507, 1508 = juris Rn. 6; vgl. *Armbrüster*, in: MüKo-BGB, § 134 Rn. 65 f.; *Fischinger/Hengstberger*, in: Staudinger, BGB, § 134 Rn. 52; zur Rechtsfolge siehe auch: § 9 B. II. 3. b) aa) (4).

491 Vgl. BGH, Urteil vom 17. Juni 2004, Az.: III ZR 271/03 = BGHZ 159, 334, 341 f. = NJW-RR 2004, 1545, 1546 f. = juris, Rn. 35; BGH, Urteil vom 20. Januar 2004, Az.: XI ZR 53/03 = ZIP 2004, 498, 499 = juris Rn. 17; BGH, Urteil vom 25. Juli 2002, Az.: III ZR 113/02 = BGHZ 152, 10, 12 f. = ZIP 2002, 1999, 2000 = juris Rn. 9; BGH, Urteil vom 22. Februar 2001, Az.: IX ZR 357/99 = BGHZ 147, 39, 44 = ZIP 2001, 616, 619 = juris Rn. 25.

492 BGH, Urteil vom 28. April 1954, Az.: II ZR 8/53 = BGHZ 13, 179, 182 f. = NJW 1954, 1155, 1156 = juris Rn. 11; *Vossler*, in: BeckOGK-BGB, Stand: 1. April 2025, § 134 Rn. 14;

Nichtigkeit führt, ist die Vornahme eines die Grenzen der zulässigen Gestaltungsmöglichkeit überschreitenden Geschäfts gar nicht möglich.[493] Damit setzt prägnant formuliert, ein Verbotsgesetz das grundsätzliche Bestehen rechtsgeschäftlicher Gestaltungsmacht voraus.[494] So werden Verstöße gegen die Kompetenzordnung der Aktiengesellschaft als ein Fall der begrenzten Gestaltungsmacht angesehen.[495]

(3) Übertragung auf die Bindungswirkung

(a) Keine Einschränkung der Gestaltungsmacht

Dem Aufsichtsrat kommt innerhalb des § 87a Abs. 2 Satz 1 AktG grundsätzlich ein Gestaltungsspielraum zu. Die Norm schreibt vor, dass der Aufsichtsrat die Vergütung in Übereinstimmung mit einem der Hauptversammlung vorgelegten Vergütungssystem festzusetzen hat. Es ist dem Gesetz gerade nicht zu entnehmen, dass die Vereinbarung einer Vergütung, die der Aufsichtsrat entgegen § 87a Abs. 2 Satz 1 AktG festsetzt, nicht möglich ist. Das wäre im Normzusammenhang mit § 87 Abs. 1 AktG nicht überzeugend, der dem Aufsichtsrat einen Gestaltungsspielraum bei der Festsetzung der Vergütung zugesteht und nicht die rechtliche Unmöglichkeit als Folge der Überschreitung des dem Aufsichtsrat zustehenden Handlungsspielraums anordnet. Auch die Abweichungsmöglichkeit nach § 87a Abs. 2 Satz 2 AktG spricht gegen eine die Gestaltungsmöglichkeit einschränkende Regel, weil der Aufsichtsrat im Ausnahmefall ohne eine Grundlage im Vergütungssystem die Vergütung festsetzen darf.[496] Im Ergebnis schränkt § 87a Abs. 2 Satz 1 AktG nicht die rechtsgeschäftliche Gestaltungsmöglichkeit des Aufsichtsrats ein. Der Anwendungsbereich des § 134 BGB ist grundsätzlich eröffnet.

Fischinger/Hengstberger, in: Staudinger, BGB, § 134 Rn. 10; *A. Arnold*, in: Erman, BGB, § 134 Rn. 3.

493 Vgl. BGH, Urteil vom 28. Februar 1956, Az.: I ZR 84/54 = BGHZ 20,119, 122 f. = NJW 1956, 746, 747 f; BGH, Urteil vom 30. Januar 1967, Az.: III ZR 35/65 = BGHZ 47, 30, 39 f. = NJW 1967, 726, 727 f.; *Vossler*, in: BeckOGK-BGB, Stand: 1. April 2025, § 134 Rn. 14; *Fischinger/Hengstberger*, in: Staudinger, BGB, § 134 Rn. 10.

494 *Armbrüster*, in: MüKo-BGB, § 134 Rn. 9; *Fischinger/Hengstberger*, in: Staudinger, BGB, § 134 Rn. 10.

495 *Armbrüster*, in: MüKo-BGB, § 134 Rn. 107.

496 *Tröger*, in: KölnKomm-AktG, § 120a Rn. 49 sieht die Abweichungsmöglichkeit generell als Grund gegen eine Nichtigkeit.

(b) Verbotscharakter des § 87a Abs. 2 Satz 1 AktG

Aus § 87a Abs. 2 Satz 1 AktG ergibt sich das Gebot für den Aufsichtsrat, die Vergütung in Übereinstimmung mit einem der Hauptversammlung vorgelegten Vergütungssystem festzusetzen. Der Wortlaut spricht also gerade kein unmittelbares Verbot aus. Dies ist aber nur ein Indiz bei der Prüfung des Verbotscharakters und muss vielmehr im Lichte des Sinns und Zwecks der Vorschrift gewürdigt werden.

Als Argument gegen den Verbotscharakter wird die Unverbindlichkeit des Vergütungsvotums angeführt. Der lediglich empfehlende Charakter des Vergütungsvotums sei nicht mit der Annahme eines Verbotsgesetzes vereinbar.[497] Das kann nicht überzeugen. In diesem Zusammenhang ist der Blick auf den Ursprung der Vorschrift in der zweiten Aktionärsrechterichtlinie zu richten. In Art. 9a Abs. 3 Satz 2 AktionärsrechteRL II ist geregelt, dass die Gesellschaften die Mitglieder der Unternehmensleitung nur *entsprechend* einer Vergütungspolitik entlohnen, die für eine Abstimmung mit empfehlendem Charakter in der Hauptversammlung vorgelegt wurde. Die Regelung ist dem Kontext des ursprünglich verbindlichen Charakters des Votums zu entnehmen. Nach Art. 9a Abs. 2 Uabs. 1 Satz 1 AktionärsrechteRL II, stellen die Mitgliedstaaten sicher, dass die Abstimmung über die Vergütungspolitik durch die Aktionäre in der Hauptversammlung verbindlich ist. In Art. 9a Abs. 2 Uabs. 1 Satz 2 AktionärsrechteRL II ist dann geregelt, dass Gesellschaften die Mitglieder der Unternehmensleitung nur *entsprechend* der von der Hauptversammlung genehmigten Vergütungspolitik entlohnen. Der Richtlinie ist also der Auftrag an die Mitgliedstaaten zu entnehmen, dass eine Vergütung auch nur entsprechend der genehmigten Politik vereinbart werden darf.

Dieses Verbot einer Entlohnung außerhalb der genehmigten Vergütungspolitik setzt sich dann spiegelbildlich für das unverbindliche Votum fort. In der englischen Sprachfassung wird die Parallele noch einmal aufgrund des identischen Wortlauts deutlicher. Für das bindende Votum nach Art. 9a Abs. 2 Uabs. 1 Satz 2 AktionärsrechteRL II: „*Companies shall pay remuneration to their directors only in accordance with a remuneration policy that has been approved by the general meeting.*" Für das unverbindliche Votum nach Art. 9a Abs. 3 Satz 2 AktionärsrechteRL II: „*companies shall pay remuneration to their directors only in*

[497] *Krenek*, in: Heidel, AktG, § 120a Rn. 13; *Gärtner/Himmelmann*, AG 2021, 259, 265.

accordance with a remuneration policy that has been submitted to such a vote at the general meeting." Damit ist für die Richtlinie der Grad des Verbots innerhalb der jeweiligen Verbindlichkeit gleichzusetzen. Beim verbindlichen Votum dürften dagegen wenig Zweifel bestehen, dass eine gesetzliche Norm diese Verbindlichkeit auch zum Verbotsgesetz qualifiziert. Die Unverbindlichkeit ändert aber wie gezeigt nichts an der Qualifizierung als Verbot durch den europäischen Richtliniengeber, sondern nur der Tatbestand des Verbots wurde angepasst.

Die Bindungswirkung, wie sie in § 87a Abs. 2 Satz 1 AktG geregelt ist, ergibt sich mithin erst aus dem unverbindlichen Charakter. Im Vergleich zum verbindlichen Charakter muss die Vergütung nur *in Übereinstimmung* mit einem vorgelegten Vergütungssystem und nicht *entsprechend* dem gebilligten Vergütungssystem erfolgen. Die Verbindlichkeit des Vergütungsvotums bezieht sich auf das Beschlussergebnis und nicht auf die generelle Festsetzungskompetenz des Aufsichtsrats. Die Unverbindlichkeit sagt gerade aus, dass das Ergebnis der Abstimmung über das Vergütungssystem keine Rechtsfolgen mit sich bringen soll. Die Bindungswirkung an das vorgelegte Vergütungssystem ist gerade unmittelbare Rechtsfolge des unverbindlichen Votums.[498] In diesem Sinne ist § 87a Abs. 2 Satz 1 AktG bereits die gegenüber dem verbindlichen Votum abgeschwächte Variante. Eine noch weitergehende Einschränkung der Rechtsfolgen des § 87a Abs. 2 Satz 1 AktG lässt sich also nicht aus dem empfehlenden Charakter herleiten. Der empfehlende Charakter hat gerade erst zu der in § 87a Abs. 2 Satz 1 AktG festgelegten Bindungswirkung geführt.

In diese Richtung kann auch die Gesetzesbegründung verstanden werden. So wird angebracht, dass die Bindungswirkung nur die Frage des rechtlichen Dürfens und nicht des rechtlichen Könnens betreffe und daher bei einem Verstoß keine Nichtigkeit vorliegen könnte.[499] Der Gesetzgeber schreibt sogar ausdrücklich, *„dass die Festsetzung der Vergütung nur im Rahmen eines Systems erfolgen kann, das der Hauptversammlung einmal zur Billigung vorgelegt wurde"*.[500] Schon diese Wortwahl spricht für ein rechtliches Verbot, die Vergütung anderseits festzusetzen.

---

[498] Siehe: § 9 B. I. 1.

[499] *Gärtner/Himmelmann*, AG 2021, 259, 265.

[500] Begr. RegE ARUG II, BT-Drucks. 19/9739, S. 74.

Das deckt sich mit dem Telos. Die Bindungswirkung stellt die Verknüpfung zum Vergütungsvotum nach § 120a Abs. 1 Satz 1 AktG dar. Dieses wurde gerade verpflichtend eingeführt und soll den Aktionären ein beschränktes Mitspracherecht bei der Vergütung einräumen. Diesem Mitsprachrecht kann aber nur zur Effektivität verholfen werden, wenn der Aufsichtsrat auch in dieser Form in seiner sonst weitreichenden Vergütungskompetenz beschnitten wird. Das Mitspracherecht der Aktionäre lässt sich am effektivsten umsetzen, wenn der Aufsichtsrat gar nicht erst dieses Recht folgenlos übergehen kann. Das Gebot der Festsetzung in Übereinstimmung mit einem vorgelegten Vergütungssystem enthält auch systematisch das Verbot gerade eine Vergütung festzusetzen, die in dieser Weise nicht den Aktionären vorgelegt wurde. Dies stellt gerade den wichtigsten Punkt der Bindungswirkung dar.[501]

Mit Blick auf die unionsrechtliche Vorlage, die Gesetzesbegründung, aber auch den Sinn und Zweck, sprechen die besseren Argumente dafür, dass es sich bei der Bindungswirkung in § 87a Abs. 2 Satz 1 AktG um ein Verbotsgesetz i.S.d. § 134 BGB handelt.

(c) Abgrenzung zu § 87 Abs. 1 AktG

Auch ein systematischer Vergleich mit dem Angemessenheitsgebot des § 87 Abs. 1 AktG kann zu keiner anderen Beurteilung führen. Bei einem Verstoß gegen das Angemessenheitsgebot des § 87 Abs. 1 AktG wird von der ganz überwiegenden Meinung eine Nichtigkeit aufgrund eines Verstoßes gegen ein Verbotsgesetz i.S.d. § 134 BGB abgelehnt.[502] In diesem Zusammenhang

---

501 Siehe dazu: § 9 B. I. 1. a).

502 OLG Stuttgart, Urteil vom 8. Juli 2015, Az.: 20 U 2/14 = AG 2016, 370, 377 = juris Rn. 296; KG Berlin, Urteil vom 28. Juni 2011, Az.: 19 U 11/11 = AG 2011, 758 = juris Rn. 19; *Koch*, AktG, § 87 Rn. 45; *Cahn*, in: KölnKomm-AktG, § 87 Rn. 6; *Spindler*, in: MüKo-AktG, § 87 Rn. 165; *Schwennicke*, in: Grigoleit, AktG, § 87 Rn. 30; *Brandes*, ZIP 2013, 1107, 1109; *Drygala*, in: FS Schneider (2011), S. 275, 283; *Fleischer*, DStR 2005, 1318, 1322; *Kort*, DStR 2007, 1127, 1127 ff.; *Melot de Beauregard*, DB 2021, 2825, 2827; *Marsch-Barner*, in: FS Röhricht (2005), S. 401, 403; *Peltzer*, in: FS Lutter (2000), S. 574, 579; *Raapke*, Die Regulierung von Organmitgliedern und Angestellten im Aktien- und Kapitalmarktrecht, S. 184 f; *Crass*, Die Vergütung von Vorstandsmitgliedern börsennotierter Aktiengesellschaften, S. 75; a.A.: *Wirkes*, Rechtsfolgen einer nicht nach § 87 Abs. 1 AktG angemessenen Vorstandsvergütung, S. 57 ff.; *Säcker/Stenzel*, JZ 2006, 1151, 1152 ff.; *Grattenthaler*, Die Vergütung von Vorstandsmitgliedern in Aktiengesellschaften, S. 382.

findet sich teilweise die Aussage, dass das gleiche für § 87a Abs. 2 Satz 1 AktG gelten müsse.[503]

Dem kann jedoch nicht gefolgt werden. Ohne auf die Diskussion zu den Rechtsfolgen des § 87 Abs. 1 AktG vertieft einzugehen, bestehen jedoch erhebliche Unterschiede zwischen den beiden Normen. So ist die konkrete Vergütungsfestsetzung des § 87 Abs. 1 AktG bereits durch einen sehr großen Beurteilungs- und Ermessensspielraum gedeckt.[504] Bei § 87a Abs. 2 Satz 1 AktG erübrigt sich der Gestaltungsspielraum dagegen überwiegend in der Frage, welches Vergütungssystem zur Grundlage der Festsetzung benutzt werden soll. Gemein ist beiden Ausgestaltungen zwar, dass der Normbefehl sich jeweils positiv formuliert (*hat*) an den Aufsichtsrat richtet und die Ausgestaltung der Vergütungsfestsetzung betrifft. Bei § 87 AktG geht es aber primär um die konkrete inhaltliche Ausgestaltung der Vergütungsabrede, während in § 87a Abs. 2 Satz 1 AktG die Verknüpfung zum Aktionärsvotum nach § 120a Abs. 1 Satz 1 AktG geregelt ist, was sich nur sekundär auf die inhaltliche Ausgestaltung auswirkt. Vielmehr existiert eine systematische Trennung zwischen den materiell-inhaltlichen Anforderungen an die Vergütung in § 87 AktG auf der einen Seite und den unionsrechtlich geprägten formalen Anforderungen des § 87a AktG auf der anderen Seite.[505]

(d) Vergleich mit § 113 AktG

Darüber hinaus kann auch ein Vergleich zu vertraglichen Zusagen von Sondervergütungen der Aufsichtsratsmitglieder ohne Hauptversammlungsbeschluss nach § 113 AktG gezogen werden. Bei § 113 AktG handelt es sich um ein Verbotsgesetz.[506] Dabei führt ein Verstoß gegen § 113 AktG in der Regel

---

503 *Bachmann/Pauschinger*, ZIP 2019, 1, 6.

504 Siehe nur: *Fleischer*, in: BeckOGK-AktG, Stand: 1. Februar 2025, § 87 Rn. 46 mwN.

505 Vgl. nur *Spindler*, in: MüKo-AktG, § 87 Rn. 25; *Koch*, AktG, § 87 Rn. 4; siehe auch schon: § 8 A. I. 1. b).

506 OLG Nürnberg, Urteil vom 8. März 2017, Az.: 12 U 927/15 = AG 2018, 166, 168 = juris Rn. 62; *Koch*, AktG, § 113 Rn. 23; *Mock*, in: BeckOGK-AktG, Stand: 1. Februar 2025, § 113 Rn. 9; *Habersack*, in: MüKo-AktG, § 113 Rn. 23; *Vossler*, in: BeckOGK-BGB, Stand: 1. April 2025, § 134 Rn. 236; *Armbrüster*, in: MüKo-BGB, § 134 Rn. 106; *A. Arnold*, in: Erman, BGB, § 134 Rn. 39; *Fischinger/Hengstberger*, in: Staudinger, BGB, § 134 Rn. 226; *Königshausen*, GWR 2015, 111, 112 f.; a.A.: *Krüger*, NVersZ 2001, 8, 9.

zur Nichtigkeit.[507] Zwar ist die Ausgangslage eine andere, weil die Hauptversammlung das primär zuständige Organ zur Festlegung der Aufsichtsratsvergütung ist, während bei einem Verstoß gegen § 87a Abs. 2 Satz 1 AktG immer noch der primär zuständige Aufsichtsrat handelt. Auf der anderen Seite fehlt es sowohl bei der Zusage von Sondervergütungen der Aufsichtsratsmitglieder ohne Hauptversammlungsbeschluss entgegen § 113 AktG als auch bei dem Verstoß gegen die Bindungswirkung des Vergütungssystems nach § 87a Abs. 2 Satz 1 AktG an der gesetzlich vorgeschriebenen Beteiligung der Hauptversammlung im Rahmen der Organvergütung. In beiden Fällen fehlt die jeweilige Vorstufe in Form eines Beschlusses der Hauptversammlung. Dieser Gedanke im Rahmen des § 113 AktG lässt sich bei der Auslegung des § 87a Abs. 2 Satz 1 AktG als Verbotsnorm übertragen.

(e) Zwischenergebnis: § 87a Abs. 2 Satz 1 AktG als Verbotsnorm

Im Ergebnis enthält § 87a Abs. 2 Satz 1 AktG das Verbot, die Vergütung außerhalb des Rahmens eines der Hauptversammlung vorgelegten Vergütungssystem festzusetzen. Die Parallele zur Sondervergütung bei Aufsichtsratsmitgliedern nach § 113 AktG und die systematischen Unterscheide zum Angemessenheitsgebot nach § 87 Abs. 1 AktG untermauern das telelogische Auslegungsergebnis, wonach es sich bei § 87a Abs. 2 Satz 1 AktG um ein Verbotsgesetz i.S.d. § 134 BGB handelt.

(4) Rechtsfolge eines Verstoßes

§ 134 BGB ist immer nur dann anwendbar, wenn das Verbotsgesetz keine eigene Rechtsfolge vorsieht.[508] § 87a Abs. 2 Satz 1 AktG schreibt aber

---

[507] Vgl. BGH, Urteil vom 20. November 2006, Az.: II ZR 279/05 = BGHZ 170, 60, 65 ff. = AG 2007, 80, 81 f. = juris Rn. 12 ff.; BGH, Beschluss vom 27. April 2009, Az.: II ZR 160/08 = AG 2009, 661, 661 f.; BGH, Urteil vom 25. März 1991, Az.: II ZR 188/89 = BGHZ 114, 127, 129 = AG 1991, 312, 312 f. = juris Rn. 10; OLG München, Urteil vom 21. Februar 2024, Az.: 7 U 2211/23 e = BeckRS 2024, 3780, Rn. 39 = juris Rn. 46; OLG Nürnberg, Urteil vom 8. März 2017, Az.: 12 U 927/15 = AG 2018, 166, 170 = juris Rn. 88; OLG Köln, Urteil vom 31. Januar 2013, Az.: 18 U 21/12 = ZIP 2013, 516, 518 = juris Rn. 45; *A. Arnold*, in: Erman, BGB, § 134 Rn. 39; *Fischinger/Hengstberger*, in: Staudinger, BGB, § 134 Rn. 226; *Vossler*, in: BeckOGK-BGB, Stand: 1. April 2025, § 134 Rn. 236; *Armbrüster*, in: MüKo-BGB, § 134 Rn. 106; *Fuhrmann*, NZG 2017, 291, 298; *Fischer*, BB 2015, 1411, 1413; *Ruoff*, BB 2013, 899, 899.

[508] Siehe dazu nur: BGH, Urteil vom 17. Oktober 2003, Az.: V ZR 429/02 = ZIP 2003, 2303, 2304 = juris Rn. 18; *Armbrüster*, in: MüKo-BGB, § 134 Rn. 4; *A. Arnold*, in: Erman, BGB, § 134 Rn. 2; *Fischinger/Hengstberger*, in: Staudinger, BGB, § 134 Rn. 9.

selbst keine Rechtsfolge vor, sondern verbietet nur den Abschluss eines Anstellungsvertrags, bei dem die Vergütung nicht in Übereinstimmung mit einem der Hauptversammlung vorgelegten Vergütungssystem festgesetzt wird. Die Rechtsfolge richtet sich damit nach § 134 BGB. Grundsätzlich ordnet § 134 BGB die Gesamtnichtigkeit des verbotswidrigen Rechtsgeschäfts an.[509] Allerdings wird durch die Rechtsprechung und Literatur angelehnt an § 134 Hs. 2 i.V.m. § 139 BGB teilweise einschränkend eine Teilnichtigkeit angenommen, wenn der Sinn und Zweck des Verbotsgesetzes eine Einschränkung der Nichtigkeitsfolge nahelegen.[510]

(a) Kein Ausschluss der Nichtigkeitsfolge

Teilweise wird mit Blick auf die Abweichungsmöglichkeit des § 87a Abs. 2 Satz 2 AktG generell eine Nichtigkeit des Anstellungsvertrags wegen eines Verstoßes gegen die Bindungswirkung abgelehnt.[511] Wenn eine Abweichung vom Vergütungssystem und damit vom Grundsatz der Bindungswirkung des vorgelegten Vergütungssystems nach § 87a Abs. 2 Satz 2 AktG zulässig ist, könne aus einem Verstoß gegen den Grundsatz der Bindungswirkung keine Nichtigkeit folgen. Dieser Einschränkung ist jedoch in der Pauschalität nicht zu folgen. Vielmehr muss die Abweichungsmöglichkeit das Verfahren des Abweichens sowie die Bestandteile des Vergütungssystems, von denen abgewichen werden kann, benennen. Damit ist der Verstoß gegen § 87a Abs. 2 Satz 1 AktG zweifelhaft. Immerhin lässt das Vergütungssystem die Abweichung ausdrücklich zu. Die auf Grundlage der Abweichungsregelung festgesetzte Vergütung ist insofern mittelbar in Übereinstimmung mit dem Vergütungssystem festgesetzt. Damit ergibt sich aus dem Gesetz kein Ausschluss der Nichtigkeitsfolge.

---

509 *Fischinger/Hengstberger*, in: Staudinger, BGB, § 134 Rn. 115; *Armbrüster*, in: MüKo-BGB, § 134 Rn. 186.

510 St. Rspr.: BGH, Urteil vom 16. Januar 1996, Az.: XI ZR 116/95 = BGHZ 131, 385, 389 = ZIP 1996, 370, 372 = juris Rn. 17 BGH, Urteil vom 14. Dezember 1999, Az.: X ZR 34/98 = BGHZ 143, 283, 286 = WM 2000, 839, 840 = juris Rn. 16; BGH, Urteil vom 23. Oktober 1980, Az.: IVa ZR 28/80 = BGHZ 78, 263, 265 = NJW 1981, 399, 399 f. = juris Rn. 14; *Fischinger/Hengstberger*, in: Staudinger, BGB, § 134 Rn. 115; *Armbrüster*, in: MüKo-BGB, § 134 Rn. 180 ff.; *Vossler*, in: BeckOGK-BGB, Stand: 1. April 2025, § 134 Rn. 84.

511 *Tröger*, in: KölnKomm-AktG, § 120a Rn. 49; *Spindler*, in: MüKo-AktG, § 87a Rn. 6; *Spindler*, AG 2020, 61, 69.

(b) Teilnichtigkeit einzelner Klauseln

§ 87a Abs. 2 Satz 1 AktG verbietet gerade nur solche Regelungen im Anstellungsvertrag, die nicht in Übereinstimmung mit einem der Hauptversammlung vorgelegten Vergütungssystem stehen. Das Verbot richtet sich gerade nicht generell gegen den Abschluss einer Vergütungsvereinbarung, sodass aus Sinn und Zweck des § 87a Abs. 2 Satz 1 AktG nur eine teilweise Nichtigkeit folgen könnte. Dabei kann die Nichtigkeit sich aber nicht automatisch danach richten, welcher Teil eines Rechtsgeschäfts noch zulässig ist und welcher dem Verbot unterliegt, es bedarf vielmehr einer Auslegung anhand des Sinns und Zwecks des Verbotsgesetzes.[512]

Da die Norm des § 87a Abs. 2 Satz 1 AktG sich nur an den Aufsichtsrat richtet, handelt es sich um ein einseitiges Verbotsgesetz und einen einseitigen Verbotsverstoß. Als allgemeiner, aber gerade nicht zu verallgemeinernder, Grundsatz soll damit das Rechtsgeschäft nach der Rechtsprechung in der Regel nicht nichtig sein, entscheidend ist vielmehr, ob Sinn und Zweck des Verbotsgesetzes eine Nichtigkeit erforderlich machen.[513]

Nach § 139 BGB ist das ganze Rechtsgeschäft nichtig, wenn nicht anzunehmen ist, dass es auch ohne den nichtigen Teil vorgenommen sein würde. Nach diesem Grundsatz soll bei nur punktuellen Verstößen eine Gesamtnichtigkeit folgen, sofern der hypothetische Parteiwille der Gesamtnichtigkeit

---

512 BGH, Urteil vom 27. Juni 1973, Az.: IV ZR 117/71 = WM 1973, 1024, 1025 f. = juris Rn. 21 ff.; OLG Hamm, Urteil vom 10. Dezember 2009, Az.: 2 U 111/09 = VersR 2010, 609, 610 = juris Rn. 16; *Armbrüster*, in: MüKo-BGB, § 134 Rn. 186; *Vossler*, in: BeckOGK-BGB, Stand: 1. April 2025, § 134 Rn. 87.

513 RG, Beschluss vom 17. März 1905, Az.: V 213/03 = RGZ 60, 273, 276 f; RG, Urteil vom 18. Juni 1920, Az.: II 65/20 = RGZ 100, 39, 40 f; BGH, Urteil vom 25. Juni 1962, Az.: VII ZR 120/61 = BGHZ 37, 258, 262 = NJW 1962, 2010, 2011 = juris Rn. 22; BGH, Urteil vom 22. Mai 1978, Az.: III ZR 153/76 = BGHZ 71, 358, 360 f. = NJW 1978, 1970, 1971 = juris Rn. 17; BGH, Urteil vom 17. Januar 1985, Az.: III ZR 135/83 = BGHZ 93, 264, 267 = NJW 1985, 1020 = juris Rn. 13; BGH, Urteil vom 25. Juli 2002, Az.: III ZR 113/02 = BGHZ 152, 10, 12 f. = ZIP 2002, 1999, 2000 = juris Rn. 9; BGH, Urteil vom 17. Juni 2004, Az.: III ZR 271/03 = BGHZ 159, 334, 341 f. = NJW-RR 2004, 1545, 1546 f. = juris, Rn. 35; BGH, Urteil vom 12. Mai 2011, Az.: III ZR 107/10 = ZIP 2011, 1367, 1368 = juris Rn. 12; BGH, Urteil vom 1. August 2013, Az.: VII ZR 6/13, BGHZ 198, 141, 144 f. = NJW 2013, 3167, 3168 = juris Rn. 14 ff.; OLG Hamm, Urteil vom 10. Dezember 2009, Az.: 2 U 111/09 = VersR 2010, 609, 610 = juris Rn. 16; *Fischinger/Hengstberger*, in: Staudinger, BGB, § 134 Rn. 106.

nicht entgegensteht.[514] Hier ist davon auszugehen, dass sowohl der Aufsichtsrat beziehungsweise die Gesellschaft als auch das Vorstandsmitglied ein großes Interesse daran haben, dass die Vergütungsabrede und damit im Zweifel der Anstellungsvertrag Bestand hat.[515] Das Vorstandsmitglied ist mit einer Teilnichtigkeit immer noch besser gestellt als bei einer Gesamtnichtigkeit. Aber auch die Gesellschaft wird ein Interesse daran haben, dass das zum Organ bestellte Vorstandsmitglied mit entsprechender vertraglicher Regelung tätig wird, in dem auch die Gesellschaft schützende Klauseln enthalten sind. Das entspricht dem Sinn und Zweck des § 87a Abs. 2 Satz 1 AktG. Lässt sich die Vergütungsabrede in einen Teil aufteilen, der in Übereinstimmung mit einem vorgelegten Vergütungssystem geregelt wurde und einen Teil, der nicht mit diesem Vergütungssystem übereinstimmt, so überzeugt die Annahme, dass nur der letzte Teil nichtig ist.[516] Die Norm schreibt gerade eine Vergütungsfestsetzung auf Grundlage eines vorgelegten Vergütungssystems vor. Entsprechend ist kein Anliegen erkennbar, die Vereinbarung des zulässigen Teils ebenfalls zu unterbinden. Die zulässigen Regelungen des Anstellungsvertrags liegen vielmehr im Interesse der Gesellschaft und des Vorstandsmitglieds. Dazu kann der Aufsichtsrat mit dem Vorstandsmitglied jederzeit sich dann ergebende Lücken in der Vergütung durch die Vereinbarung einer neuen Vergütungsabrede in Übereinstimmung mit dem Vergütungssystem schließen. Der Verstoß gegen die Aktionärsbeteiligung, der den Verbotscharakter erst begründet, kann die Nichtigkeit nur in dem Maße begründen, wie der Verstoß reicht. Damit ist nach § 134 Hs. 2 i.V.m. § 139 BGB davon auszugehen, dass ein Verstoß gegen § 87a Abs. 2 Satz 1 AktG nur zur Nichtigkeit derjenigen Regelungen im Anstellungsvertrag führt, die nicht in Übereinstimmung mit einem der Hauptversammlung vorgelegten Vergütungssystem getroffen wurden.

(c) Halbseitige Nichtigkeit

Eine halbseitige Nichtigkeit in dem Sinne, dass das Rechtsgeschäft nur für eine der beiden beteiligten Parteien nichtig ist, während die andere sich

---

514 *Fischinger/Hengstberger*, in: Staudinger, BGB, § 134 Rn. 116, *Vossler*, in: BeckOGK-BGB, Stand: 1. April 2025, § 134 Rn. 87.

515 Vgl. *Säcker/Stenzel*, JZ 2006, 1151, 1155; *Wirkes* Rechtsfolgen einer nicht nach § 87 Abs. 1 AktG angemessenen Vorstandsvergütung, S. 98 mwN; *Spindler*, in: MüKo-AktG, § 87 Rn. 169.

516 Siehe auch: *Zetzsche*, NZG 2014, 1121, 1130; *Säcker/Stenzel*, JZ 2006, 1151, 1155.

noch auf das Rechtsgeschäft berufen kann, wird im Zusammenhang mit Verbotsgesetzen angeführt, die gerade dem Schutz der einen Partei dienen sollen.[517] Das kommt hier aus dem Grund nicht in Betracht, dass § 87a Abs. 2 Satz 1 AktG der Beteiligung der Aktionäre dient und nicht dem Schutz des Vorstandsmitglieds dienen soll. Dieses wird mit Blick auf die Publizität des Vergütungssystems nach § 120a Abs. 2 AktG den Gesetzesverstoß außerdem grundsätzlich erkennen.[518] Die Annahme einer besonderen Schutzbedürftigkeit für das Vorstandsmitglied kann daher nicht überzeugen.

(d) Anwendung der Grundsätze über den fehlerhaften Dienstvertrag

Insbesondere im Rahmen von arbeitsrechtlichen Bestimmungen ist außerdem die *ex tunc* Nichtigkeit gerade keine Folge des Verstoßes gegen das Verbotsgesetz. Wenn es schon zum Vollzug gekommen ist, kommen vielmehr die Grundsätze des fehlerhaften Arbeits- beziehungsweise Dienstverhältnisses zur Anwendung.[519] So tritt eine Nichtigkeit nur ausnahmsweise *ex tunc* ein, wenn der andere Teil nicht schutzwürdig erscheint.[520] Hier besteht gerade grundsätzlich kein Vertrauensschutz des Vorstandsmitglieds.[521] Auf diesem Vertrauensschutz beruht aber auch der Rechtsgedanke der Grundsätze zum fehlerhaften Dienstvertrag.[522]

Das jeweilige Vorstandsmitglied muss vielmehr grundsätzlich im Zeitpunkt des Abschlusses der Vereinbarung erkennen, dass der Aufsichtsrat von dem Vergütungssystem abweicht.[523] Praktisch relevant dürfte insofern insbesondere die Zurechnung des Wissens eines Vergütungsberaters sein, dessen sich das Vorstandsmitglied bedient. Eine Zurechnung des Wissens beziehungsweise Wissensmüssens des Vergütungsberaters analog § 166 Abs. 1 BGB beziehungsweise gemäß § 278 Satz 1 BGB sollte bei entsprechender

---

517 Vgl. etwa: *Fischinger/Hengstberger*, in: Staudinger, BGB, § 134 Rn. 149 f.

518 Siehe dazu auch: § 9 B. II. 3. b) dd) (2).

519 *Armbrüster*, in: MüKo-BGB, § 134 Rn. 181; *Vossler*, in: BeckOGK-BGB, Stand: 1. April 2025, § 134 Rn. 91; *Fischinger/Hengstberger*, in: Staudinger, BGB, § 134 Rn. 126 ff.; zum selbstständigen Dienstverhältnis offenlassend: BGH, Urteil vom 12. Januar 1970, Az.: VII ZR 48/68 = BGHZ 53, 152, 159 = NJW 1970, 609, 610 = juris Rn. 23.

520 *Armbrüster*, in: MüKo-BGB, § 134 Rn. 181; *Vossler*, in: BeckOGK-BGB, Stand: 1. April 2025, § 134 Rn. 91; *Fischinger/Hengstberger*, in: Staudinger, BGB, § 134 Rn. 141.

521 *Spindler*, AG 2011, 725, 731; *Melot de Beauregard*, DB 2021, 2825, 2828.

522 Vgl. nur *Spindler*, in: MüKo-AktG, § 87 Rn. 169.

523 So auch: *Tröger*, in: KölnKomm-AktG, § 120a Rn. 49.

Kenntnis des Vergütungsberaters, wovon im Zweifel auszugehen ist, keine Probleme aufwerfen.[524] Ohne eine vertiefte Auseinandersetzung mit dem Vergütungssystem der Gesellschaft ist eine Beratung des Vorstandsmitglieds kaum möglich. In diesem Zusammenhang ist insbesondere die Publizitätspflicht des Vergütungssystems relevant. Danach muss das aktuell gültige Vergütungssystem immer einsehbar sein.[525] Noch dazu dient die Vorschrift den Interessen der Hauptversammlung, dass diese bei der Festlegung der Vergütung berücksichtigt werden.

Darüber hinaus spricht der Sinn und Zweck der Vorschrift für eine Teilnichtigkeit der gegen § 87a Abs. 2 Satz 1 AktG verstoßenden Regelungen.[526] Bei einer Teilnichtigkeit ist aber der Anwendungsbereich der Grundsätze zum fehlerhaften Dienstverhältnis nicht eröffnet.[527]

(5) Zwischenergebnis

Zusammenfassend lässt sich sagen, dass sich insbesondere aus dem Sinn und Zweck des § 87a Abs. 2 Satz 1 AktG ergibt, dass es sich um ein Verbotsgesetz i.S.d. § 134 BGB handelt. Dafür spricht sowohl die Gesetzesbegründung als auch der europäische Hintergrund der Norm. Abweichend vom Grundsatz ist mit dem Telos der Norm aber gerade nicht die Gesamtnichtigkeit die Folge eines Verstoßes, sondern nur die Vergütungsregelungen, die nicht mit dem vorgelegten Vergütungssystem übereinstimmen, sind nichtig.

bb) Keine Sittenwidrigkeit i.S.d. § 138 BGB durch Verstoß gegen die Bindungswirkung

Im Rahmen der Angemessenheit der Vergütungsfestsetzung nach § 87 Abs. 1 AktG wird ganz überwiegend bei Vorliegen der Voraussetzungen des § 138 BGB die Nichtigkeit der Vergütungsabrede angenommen.[528] Im

---

524 *Tröger*, in: KölnKomm-AktG, § 120a Rn. 49.

525 Siehe: § 10 A. VI.

526 Siehe bereits: § 9 B. II. 3. b) aa) (3).

527 *Kort*, in: Großkomm-AktG, § 87 Rn. 342.

528 Vgl. OLG Stuttgart, Urteil vom 8. Juli 2015, Az.: 20 U 2/14 = AG 2016, 370, 377 = juris Rn. 296; KG Berlin, Urteil vom 28. Juni 2011, Az.: 19 U 11/11 = AG 2011, 758, 759 = juris Rn. 20; *Fleischer*, in: BeckOGK-AktG, Stand: 1. Februar 2025, § 87 Rn. 64; *Grau*, in Semler/v. Schenck/Wilsing, AR-Hdb, § 10 Rn. 127; *Koch*, AktG, § 87 Rn. 45; *Cahn*, in: KölnKomm-AktG, § 87 Rn. 6; *Schwennicke*, in: Grigoleit, AktG, § 87 Rn. 30; *Weber*, in: Hölters/Weber, AktG, § 87 Rn. 46; *Spindler*, in: MüKo-AktG,

Rahmen der Bindungswirkung nach § 87a Abs. 2 Satz 1 AktG ist dagegen nicht ersichtlich, inwiefern ein Verstoß gegen die Bindungswirkung nach § 87a Abs. 2 Satz 1 AktG zur Sittenwidrigkeit führen soll. Insbesondere sind alle im Zusammenhang mit der inhaltlich konkret vereinbarten Vergütung aufkommenden Fragen nicht an § 87a Abs. 2 Satz 1 AktG, sondern am materiell-rechtlichen Angemessenheitsgebot des § 87 Abs. 1 AktG zu beurteilen. Einzig eine Kollusion, ein arglistiges Zusammenwirken von Vorstandsmitglied und Aufsichtsrat könnte einen Sittenverstoß darstellen.[529] In diesem Fall liegt aber immer ein Verstoß gegen das Verbotsgesetz i.S.d. § 134 BGB vor. Nach allgemeiner Ansicht ist § 134 BGB jedoch *lex specialis* zu § 138 Abs. 1 BGB.[530] Damit bleibt für den Anwendungsbereich des § 138 BGB bei einem Verstoß gegen die Bindungswirkung des Vergütungsvotums kein Raum.

cc) Keine Einschränkung der Organvertretung durch die Bindungswirkung

Noch weitergehend wird teilweise eine Begrenzung der Vertretungsmacht durch die Pflichten des Aufsichtsrats angenommen.[531] Die Literatur argumen-

---

§ 87 Rn. 165; *Wirkes*, Rechtsfolgen einer nicht nach § 87 Abs. 1 AktG angemessenen Vorstandsvergütung, S. 103 ff.; *Grattenthaler*, Die Vergütung von Vorstandsmitgliedern in Aktiengesellschaften, S. 382 f.; *Raapke*, Die Regulierung von Organmitgliedern und Angestellten im Aktien- und Kapitalmarktrecht, S. 185; nur bei Hinzutreten besonderer Umstände: *Kort*, DStR 2007, 1127, 1129.

529 BGH, Urteil vom 25. März 1968, Az.: II ZR 208/64 = BGHZ 50, 112, 114 = NJW 1968, 1379 = juris Rn. 3; BGH, Urteil vom 17. Mai 1988, Az.: VI ZR 233/87 = NJW 1989, 26, 27 = juris Rn. 9; BGH, Urteil vom 5. November 2003, Az.: VIII ZR 218/01 = NZG 2004, 139, 140 = juris Rn. 12; *Spindler*, in: MüKo-AktG, § 82 Rn. 60; *Koch*, AktG, § 82 Rn. 6; *Cahn*, in: KölnKomm-AktG, § 82 Rn. 45; *Fleischer*, in: BeckOGK-AktG, Stand: 1. Februar 2025, § 82 Rn. 13; *Habersack*, in: Großkomm-AktG, § 82 Rn. 11; *Seibt*, in: K. Schmidt/Lutter, AktG, § 82 Rn. 6.

530 Siehe nur: *Armbrüster*, in: MüKo-BGB, § 134 Rn. 8; *Vossler*, in: BeckOGK-BGB, Stand: 1. April 2025, § 134 Rn. 21; *Fischinger/Hengstberger*, in: Staudinger, BGB, § 134 Rn. 12.

531 *Habersack*, in: MüKo-AktG, § 112 Rn. 22; *Seibt*, in: K. Schmidt/Lutter, AktG, § 82 Rn. 8; *Cahn*, in: KölnKomm-AktG, § 82 Rn. 14; *Habersack*, in: Großkomm-AktG, § 82 Rn. 17; *Fleischer*, DStR 2005, 1318, 1322; *Säcker/Stenzel*, JZ 2006, 1151, 1154 f.; ausdrücklich zumindest für die Vertretungsmacht der Vorstandsmitglieder: *Fleischer*, in: BeckOGK-AktG, Stand: 1. Februar 2025, § 82 Rn. 8 ff.; ablehnend: LG Essen, Urteil vom 9. September 2013, Az.: 44 O 164/10 = juris Rn. 612; *Grigoleit/Kochendörfer*, in: Grigoleit, AktG, § 87a Rn. 93; wohl auch: *Gärtner/Himmelmann*, AG 2021, 259, 265 *„beschränkt daher nicht das rechtliche Können […] sondern nur sein rechtliches Dürfen“*;

tiert, dass sich bei der Vertretungsmacht des Aufsichtsrats gegenüber den Vorstandsmitgliedern nach § 112 AktG die amtierenden Vorstandsmitglieder die nur intern für den Aufsichtsrat bestehenden Beschränkungen des rechtlichen Dürfens auch im Außenverhältnis entgegenhalten lassen müssen.[532] Überwiegend wird dies über eine teleologische Reduktion der eigentlich unbeschränkten Organvertretung hergeleitet, wonach sich Organmitglieder gegenüber der Gesellschaft nicht auf pflichtwidrig herbeigeführte Rechtspositionen berufen können.[533]

Wie bereits festgestellt, ist der Aufsichtsrat grundsätzlich Normadressat des § 87a Abs. 2 Satz 1 AktG. Daneben besteht bei der Vergütung ein konkurrierendes Eigeninteresse des Vorstandsmitglieds gegenüber seinen (vor-)wirkenden Organinteressen und seiner Treuepflicht.[534] Zusätzlich haben sowohl die durch den Aufsichtsrat vertretene Gesellschaft als auch das Vorstandsmitglied ein Interesse an der Gültigkeit des Anstellungsvertrags.[535] Die Vertretungsregel des Aufsichtsrats nach § 112 AktG ist anwendbar, wenn die Gesellschaft Vorstandsmitgliedern gegenübersteht, wobei die Anstellung einen der wichtigsten Anwendungsfälle darstellt. Hätte der Gesetzgeber hier eine Einschränkung der grundsätzlich unbeschränkten Organvertretung beabsichtigt, hätte er dies ausdrücklich regeln können. Daneben ergibt sich aus dem Sinn und Zweck des § 87a Abs. 2 Satz 1 AktG, dass die Gesamtnichtigkeit gerade nicht Folge eines Verstoßes sein soll.[536] Eine im Vorhinein bestehende Beschränkung der Vertretungsmacht auf einen zulässigen und einen unzulässigen Teil bei Abschluss eines Gesamtvertrags wirkt aber gekünstelt. Anders als die sich aufgrund des Verstoßes gegen

---

Mertens/Cahn, in: KölnKomm-AktG, § 112 Rn. 32; *Kort*, DStR 2007, 1127, 1129 f.; im Rahmen des § 87 AktG ablehnend: *Wirkes*, Rechtsfolgen einer nicht nach § 87 Abs. 1 AktG angemessenen Vorstandsvergütung, S. 176 f.; *Brandes*, ZIP 2013, 1107, 1110 f.; *Drygala*, in: FS Schneider (2011), S. 275, 286 f.

532 Aber für einen Verstoß gegen § 87a Abs. 2 AktG die Wirksamkeit der Vereinbarung betonend: *Habersack*, in: MüKo-AktG, § 112 Rn. 22.

533 *Seibt*, in: K. Schmidt/Lutter, AktG, § 82 Rn. 8; *Cahn*, in: KölnKomm-AktG, § 82 Rn. 14; *Fleischer*, in: BeckOGK-AktG, Stand: 1. Februar 2025, § 82 Rn. 18 f.; *Habersack*, in: Großkomm-AktG, § 82 Rn. 17; *Fleischer*, DStR 2005, 1318, 1322.

534 Noch enger das ausschließliche Eigeninteresse des Vorstandsmitglieds betonend etwa: *Spindler*, in: MüKo-AktG, § 87 Rn. 164; *Melot de Beauregard*, DB 2021, 2825, 2830.

535 Siehe bereits: § 9 B. II. 3. b) aa) (4) (b).

536 Siehe dazu: § 9 B. II. 3. b) aa) (4); i.E. ebenso: *Habersack*, in: MüKo-AktG, § 112 Rn. 22.

die Bindungswirkung ergebende Teilnichtigkeit ist die Einschränkung der Gestaltungsmöglichkeit des Aufsichtsrats im Vorhinein keine Folge des § 87a Abs. 2 Satz 1 AktG. Eine generelle Einschränkung der Vertretungsmacht des Aufsichtsrats bei Abschluss des Anstellungsvertrags kommt daher wegen der bestehenden Interessenlage und dem Sinn und Zweck des § 87a Abs. 2 Satz 1 AktG jedenfalls bei einem Verstoß gegen die Bindungswirkung nicht in Betracht.

dd) Ausnahmsweise Missbrauch der Vertretungsmacht

Schließlich wird von den Vertretern, die eine generelle Nichtigkeit des Anstellungsvertrags teilweise unter gleichzeitiger Ablehnung des Verbotscharakters i.S.d. § 134 BGB ablehnen, die Einschränkung der Vertretungsmacht nach den Grundsätzen des Missbrauchs der Vertretungsmacht gefordert.[537]

Schon bei der Überschreitung der Angemessenheit im Rahmen des § 87 Abs. 1 AktG wird auf die Rechtsfigur des Missbrauchs der Vertretungsmacht zurückgegriffen, wenn der Aufsichtsrat seinen Ermessensspielraum im Innenverhältnis überschreitet.[538] So ist vom Grundsatz, dass das Risiko eines Vollmachtmissbrauchs in der Regel der Vertretene zu tragen hat, immer dann eine Ausnahme zu machen, wenn von der Vertretungsbefugnis in verdächtiger Weise Gebrauch gemacht wird, sodass beim Vertragsgegner begründete Zweifel zugunsten eines Treueverstoßes entstehen mussten.[539]

---

[537] *Krenek*, in: Heidel, AktG, § 120a Rn. 13; *Wentrup*, in: MünchHdb GesR IV, § 21 Rn. 66; *Florstedt*, ZGR 2019, 630, 649; *Gärtner/Himmelmann*, AG 2021, 259, 265; *Grigoleit/Kochendörfer*, in: Grigoleit, AktG, § 87a Rn. 86; *Spindler*, in: MüKo-AktG, § 87a Rn. 6; bei Kollusion oder Evidenz: *Koch*, AktG, § 87a Rn. 13; einschränkend: *Tröger*, in: KölnKomm-AktG, § 120a Rn. 49; unter Berücksichtigung des VorstKoG ferner: *Verse*, NZG 2013, 921, 928; *Ziemons*, GWR 2013, 283, 284 f.; a.A.: *Melot de Beauregard*, DB 2021, 2825, 2828 f.

[538] LG Essen, Urteil vom 9. September 2013, Az.: 44 O 164/10 = juris Rn. 611; *Fleischer*, in: BeckOGK-AktG, Stand: 1. Februar 2025, § 87 Rn. 65; *Koch*, AktG, § 87 Rn. 45; *Martens*, ZHR 2005, 124, 135 f.; *Peltzer*, in: FS Lutter (2000), S. 574, 579 f.; *Schwark*, in: FS Raiser (2005), S. 377, 394 f.; *Langenbucher*, in: FS Huber (2006), S. 861, 863 ff.; *Drygala*, in: FS Schneider (2011), S. 275, 291 f.; *Kort*, DStR 2007, 1127, 1129 ff.; kritisch: *Brandes*, ZIP 2013, 1107, 1110 f.

[539] *Spindler*, in: MüKo-AktG, § 82 Rn. 61; ausführlich: *Bayer*, in: FS Vetter (2019), S. 51, 51 ff.

(1) Objektive Pflichtwidrigkeit des Aufsichtsrats

Für den Verkehrsschutz des Dritten, hier des Vorstandsmitglieds, kommt es dabei allein auf die objektive Pflichtwidrigkeit des Vertreters an, unabhängig davon, ob das Aufsichtsratsmitglied mit Schädigungsbewusstsein gehandelt hat oder ob das Geschäft für die Gesellschaft nachteilig war.[540] Zunächst muss der Aufsichtsrat also vom Vergütungssystem unzulässig abweichen, sodass er die Vergütung des Vorstands nicht mehr in Übereinstimmung mit einem der Hauptversammlung vorgelegten Vergütungssystem festsetzt. Handelt es sich bei der Abweichung vom Vergütungssystem dagegen um eine zulässige Abweichung, insbesondere die Möglichkeit nach § 87a Abs. 2 Satz 2 AktG, wonach der Aufsichtsrat vorübergehend vom Vergütungssystem abweichen darf, kann kein Fall des Missbrauchs der Vertretungsmacht vorliegen.[541] Der Aufsichtsrat muss aber im Einklang mit der Rechtsprechung zum Vertretungsmachtmissbrauch gerade nicht bewusst handeln. Insbesondere soll es auf ein Bewusstsein, der Gesellschaft finanziellen Schaden zuzufügen, nicht ankommen.[542] Vielmehr reicht die objektive Pflichtwidrigkeit des Handelns auf Seiten des Aufsichtsrats aus.[543]

---

540 BGH, Urteil vom 8. Januar 2019, Az.: II ZR 364/18 = BGHZ 220, 354, 372 f. = AG 2019, 422, 428 = juris Rn. 40; BGH, Beschluss vom 10. April 2006, Az.: II ZR 337/05 = ZIP 2006, 1391, 1391 = juris Rn. 2; BGH, Urteil vom 5. Dezember 1983, Az.: II ZR 56/82 = ZIP 1984, 310, 311 f. = juris Rn. 15; BGH, Urteil vom 14. März 1988, Az.: II ZR 211/87 = NJW 1988, 2241, 2243 = juris Rn. 14; BGH, Urteil vom 13. November 1995, Az.: II ZR 113/94 = ZIP 1996, 68, 69 = juris Rn. 14; OLG Hamm, Urteil vom 22. August, 2005, Az.: 5 U 69/05 = NZG 2006, 827, 628 = juris Rn. 29; OLG Zweibrücken, Urteil vom 13. März 2001, Az.: 8 U 91/00 = NZG 2001, 763, 763 = juris Rn. 62; OLG Koblenz, Urteil vom 9. August 1990, Az.: 6 U 888/90 = AG 1991, 363, 365; *Spindler*, in: MüKo-AktG, § 82 Rn. 64; *Koch*, AktG, § 82 Rn. 7; *Fleischer*, in: BeckOGK-AktG, Stand: 1. Februar 2025, § 82 Rn. 14; *Langenbucher*, in: FS Huber (2006), S. 861, 864 f.; a.A. wonach ein subjektives Schädigungsbewusstsein erforderlich ist: BGH, Urteil vom 25. März 1968, Az.: II ZR 208/64 = BGHZ 50, 112, 114 = NJW 1968, 1379 = juris Rn. 3; *Vedder*, Missbrauch der Vertretungsmacht, S. 105 ff.; *Drygala*, in: FS Schneider (2011), S. 275, 291; *Cahn*, in: KölnKomm-AktG, § 82 Rn. 47.

541 Siehe zu den verschiedenen Möglichkeiten der zulässigen Abweichung vom Vergütungssystem: § 10.

542 *Grigoleit/Kochendörfer*, in: Grigoleit, AktG, § 87a Rn. 94.

543 OLG Zweibrücken, Urteil vom 13. März 2001, Az.: 8 U 91/00 = NZG 2001, 763, 763 = juris Rn. 62; OLG Stuttgart, Urteil vom 2. Juni 1999, Az.: 9 U 246/98 = NZG 1999, 1009, 1010 = juris Rn. 31; *Habersack*, in: Großkomm-AktG, § 82 Rn. 12; *Seibt*, in: K. Schmidt/

(2) Aufdrängung der Pflichtwidrigkeit des Aufsichtsrats für das Vorstandsmitglied

Daneben ist es für die Anwendung der Rechtsgrundsätze über die Folgen eines Missbrauchs der Vertretungsmacht nicht erforderlich, dass das Vorstandsmitglied und der Aufsichtsrat bewusst zum Nachteil des Unternehmens zusammenwirken. Vielmehr reicht es aus, wenn das Vorstandsmitglied die Überschreitung der Befugnisse des Aufsichtsrats kennt oder diese für ihn evident ist, er sie also bei gewissenhafter Prüfung erkennen musste und sich dieser für ihn ungünstigen Erkenntnis verschlossen hat.[544] Eine solche Evidenz ist dann gegeben, wenn sich auf Seiten des Vorstandsmitglieds starke Verdachtsmomente ergeben, bei denen sich ohne Nachforschung schon Pflichtverletzungen aufdrängen müssen.[545]

Übertragen auf den Verstoß gegen § 87a Abs. 2 Satz 1 AktG kann sich die Pflichtwidrigkeit regelmäßig evident aufdrängen. Das jeweilige Vorstandsmitglied wird im Zeitpunkt des Abschlusses der Vereinbarung in der Regel erkennen, dass der Aufsichtsrat gerade von dem Vergütungssystem abweicht. Praktisch relevant dürfte insofern wiederum die Zurechnung des Wissens eines Vergütungsberaters analog § 166 Abs. 1 BGB beziehungsweise analog

---

Lutter, AktG, § 82 Rn. 6; siehe zu den Fällen der objektiven Pflichtwidrigkeit im Zusammenhang mit § 87a Abs. 2 Satz 1 AktG: § 9 B. II. 3. a).

544 BGH, Urteil vom 14. März 1988, Az.: II ZR 211/87 = NJW 1988, 2241, 2243 = juris Rn. 14; OLG Hamm, Urteil vom 22. August, 2005, Az.: 5 U 69/05 = NZG 2006, 827, 628 = juris Rn. 29; OLG Stuttgart, Urteil vom 2. Juni 1999, Az.: 9 U 246/98 = NZG 1999, 1009, 1010 = juris Rn. 31; OLG Zweibrücken, Urteil vom 13. März 2001, Az.: 8 U 91/00 = NZG 2001, 763, 763 = juris Rn. 63; OLG Koblenz, Urteil vom 9. August 1990, Az.: 6 U 888/90 = AG 1991, 363, 365; LG Essen, Urteil vom 9. September 2013, Az.: 44 O 164/10 = juris Rn. 611; *Koch*, AktG, § 87 Rn. 45; *Spindler*, in: MüKo-AktG, § 82 Rn. 65; *Fleischer*, in: BeckOGK-AktG, Stand: 1. Februar 2025, § 82 Rn. 15; *Habersack*, in: Großkomm-AktG, § 82 Rn. 13; *Seibt*, in: K. Schmidt/Lutter, AktG, § 82 Rn. 6.

545 RG, Urteil vom 14. Oktober 1931, Az.: I 10/31 = RGZ 134, 67, 71 f.; BGH, Urteil vom 8. Januar 2019, Az.: II ZR 364/18 = BGHZ 220, 354, 372 f. = AG 2019, 422, 428 = juris Rn. 40; BGH, Urteil vom 5. Dezember 1983, Az.: II ZR 56/82 = ZIP 1984, 310, 311 f. = juris Rn. 15; BGH, Urteil vom 25. Oktober 1994, Az.: XI ZR 239/93 = BGHZ 127, 239, 241 = ZIP 1994, 1843, 1844 = juris Rn. 14; BGH, Urteil vom 13. November 1995, Az.: II ZR 113/94 = ZIP 1996, 68, 69 = juris Rn. 14; BGH, Urteil vom 14. März 1988, Az.: II ZR 211/87 = NJW 1988, 2241, 2243 = juris Rn. 14; OLG Koblenz, Urteil vom 9. August 1990, Az.: 6 U 888/90 = AG 1991, 363, 365; *Seibt*, in: K. Schmidt/Lutter, AktG, § 82 Rn. 6.

§ 278 Satz 1 BGB sein, dessen sich das Vorstandsmitglied bedient.[546] Dabei muss regelmäßig davon ausgegangen werden, dass der Vergütungsberater die entsprechende Kenntnis hat, da ohne eine vertiefte Auseinandersetzung mit dem Vergütungssystem der Gesellschaft eine Beratung des Vorstandsmitglieds kaum möglich sein wird. In diesem Zusammenhang wird dann die Publizitätspflicht des Vergütungssystems relevant. Die Kenntnis der Abweichung vom Vergütungssystem führt zum Vorliegen von Verdachtsmomenten hinsichtlich der Pflichtwidrigkeit des Aufsichtsrats. Das Vorstandsmitglied ist dann verpflichtet, den Aufsichtsrat um Klärung zu bitten. Kann der Aufsichtsrat diese Verdachtsmomente nicht etwa durch eine schlüssige Erklärung, bspw. das Vorliegen einer Abweichung nach § 87a Abs. 2 Satz 2 AktG, ausräumen, ist davon auszugehen, dass der Verstoß für das Vorstandsmitglied evident ist.[547]

(3) Rechtsfolge

Die rechtliche Folge eines Missbrauchs der Vertretungsmacht wird unterschiedlich beurteilt. Grundsätzlich stehen sich zwei Begründungsansätze gegenüber. Die einen wollen das abgeschlossene Geschäft, wie eine Überschreitung der Vertretungsmacht analog §§ 177 ff. BGB behandeln.[548] Die andere Ansicht geht über § 242 BGB, um die Berufung auf die unbeschränkte Vertretungsmacht im Fall des Missbrauchs auszuschließen.[549] Im Ergebnis steht jedenfalls die Genehmigungsfähigkeit des Rechtsgeschäfts analog §§ 177 ff. BGB fest. Auch viele der Vertreter, die die Rechtsfolgen aus § 242 BGB herleiten, erkennen an, dass das schwebend unwirksame Rechtsgeschäft

---

546 *Tröger*, in: KölnKomm-AktG, § 120a Rn. 49.

547 So auch: *Gärtner/Himmelmann*, AG 2021, 259, 265; *Tröger*, in: KölnKomm-AktG, § 120a Rn. 49.

548 OLG Zweibrücken, Urteil vom 13. März 2001, Az.: 8 U 91/00 = NZG 2001, 763, 763 = juris Rn. 61; *Habersack*, in: Großkomm-AktG, § 82 Rn. 14; *Finkenauer*, in: Erman, BGB, § 167 Rn. 73; *Paefgen*, in: Habersack/Casper/Löbbe, GmbHG, § 37 Rn. 95 jeweils mwN.

549 BGH, Urteil vom 31. Januar 1991, Az.: VII ZR 291/88 = BGHZ 113, 315, 320 = BB 1991, 1663, 1664 = juris Rn. 21; *Spindler*, in: MüKo-AktG, § 82 Rn. 66; *Koch*, AktG, § 82 Rn. 7a; *Weber*, in: Hölters/Weber, AktG, § 82 Rn. 10; *Bürgers*, in: Bürgers/Lieder, AktG, § 82 Rn. 5; *Cahn*, in: KölnKomm-AktG, § 82 Rn. 49 jeweils mwN; *Langenbucher*, in: FS Huber (2006), S. 861, 865; vgl. auch *Raapke*, Die Regulierung von Organmitgliedern und Angestellten im Aktien- und Kapitalmarktrecht, S. 186 ff.

genehmigt werden kann.[550] Nur wenn eine solche Genehmigung nicht erfolgt, folgt grundsätzlich die Nichtigkeit des Rechtsgeschäfts.

Mit Blick auf eine sich daraus möglicherweise ergebende Nichtigkeit kommen bei der Anwendung der Grundsätze über den fehlerhaften Dienstvertrag aber die gleichen Korrekturgedanken zum Tragen wie bei einem Verstoß gegen § 87 Abs. 1 AktG. Der grundsätzliche Vertrauensschutz verfängt nicht, wenn es wie hier beim Missbrauch der Vertretungsmacht gerade auf die Kenntnis beziehungsweise das Kennenmüssen des Vorstandsmitglieds ankommt.[551] Das Vorstandsmitglied genießt Vertrauen damit nur mit Blick auf die dem Vergütungssystem entsprechende Vergütung. Als Folge ist jeglicher Vertrauensschutz zu versagen, der die Vergütungsbestandteile umfasst, die gerade nicht in Übereinstimmung mit einem vorgelegten Vergütungssystem festgesetzt wurden, sodass das Vorstandsmitglied keine dementsprechenden Ansprüche für die Vergangenheit oder Zukunft geltend machen kann.[552]

(4) Vorrang der Teilnichtigkeit nach § 134 BGB

Eine generelle Einschränkung der Vertretungsmacht des Aufsichtsrats bei Abschluss des Anstellungsvertrags mit der Rechtsfolge der Gesamtnichtigkeit kommt wegen der bestehenden Interessenlage und dem Sinn und Zweck des § 87a Abs. 2 Satz 1 AktG jedenfalls bei einem Verstoß gegen die Bindungswirkung nicht in Betracht. Die Grundsätze zum Missbrauch der Vertretungsmacht finden zwar grundsätzlich Anwendung und werden in der Regel bei einem Verstoß gegen § 87a Abs. 2 Satz 1 AktG zu bejahen sein. Neben § 134 BGB mit der Rechtsfolge der (Teil-)Nichtigkeit haben die Grundsätze zum Missbrauch der Vertretungsmacht jedoch keinen eigenen Anwendungsbereich.[553] Die Berufung auf die Vertretungsmacht nach § 242 BGB zu versagen, verfängt nicht, wenn man schon Nichtigkeit der entsprechenden Regelungen nach § 134 BGB annimmt. Aber auch der Weg über

---

[550] Vgl. *Fleischer*, in: BeckOGK-AktG, Stand: 1. Februar 2025, § 82 Rn. 16; *Spindler*, in: MüKo-AktG, § 82 Rn. 66; *Koch*, AktG, § 82 Rn. 7.

[551] *Spindler*, in: MüKo-AktG, § 87 Rn. 170; *Melot de Beauregard*, DB 2021, 2825, 2828; *Spindler*, AG 2011, 725, 731.

[552] Vgl. *Spindler*, in: MüKo-AktG, § 87 Rn. 170; *Spindler*, AG 2011, 725, 731; *C. Arnold*, in: Goette/M. Arnold, Hdb-AR, § 4 Rn. 1324.

[553] Ebenso: *Wirkes*, Rechtsfolgen einer nicht nach § 87 Abs. 1 AktG angemessenen Vorstandsvergütung, S. 182 ff.

§§ 177 ff. BGB führt zunächst zu einer schwebenden Unwirksamkeit der Vergütungsabrede und mangels Genehmigungsfähigkeit in der Folge zur Nichtigkeit. Mit Blick auf die nur teilweise Nichtigkeit nach § 134 BGB kann daher die Rechtsfolge des Missbrauchs der Vertretungsmacht nicht überzeugen. Nach der hier vertretenen Ansicht bleibt neben der durch § 134 BGB bestehenden Teilnichtigkeit des Anstellungsvertrags kein Anwendungsbereich mehr für einen Missbrauch der Vertretungsmacht.

ee) Zwischenergebnis

Im Ergebnis bleibt festzuhalten, dass es sich bei § 87a Abs. 2 Satz 1 AktG um ein Verbotsgesetz i.S.d. § 134 BGB handelt. Das ergibt sich aus dem Telos, wie der Gesetzesbegründung und dem europäischen Hintergrund der Norm. Abweichend vom Grundsatz ist mit dem Telos der Norm aber gerade nicht die Gesamtnichtigkeit die Folge, sondern nur die Vergütungsregelungen, die nicht mit dem vorgelegten Vergütungssystem übereinstimmen, sind nichtig. Aus diesem Grund sind die Grundsätze über den Missbrauch der Vertretungsmacht neben § 134 BGB mit seiner speziellen Rechtsfolge nicht anwendbar.

4. Keine Enthaftung durch einen zustimmenden Hauptversammlungsbeschluss

Darüber hinaus könnten sich haftungsrechtliche Folgen aus dem Vergütungsvotum ergeben. Im Rahmen der Haftung stellen sich eine ganze Reihe von Fragen, deren Beantwortung jedoch wegen ihres Umfangs nicht Gegenstand dieser Arbeit sein soll. So könnte man angesichts der Zusammenarbeit von Aufsichtsrat und Vorstandsmitglied bei der Vereinbarung einer pflichtwidrigen Vergütung über die Haftung von Aufsichtsratsmitgliedern oder Vorstandsmitgliedern auch gegenüber den Aktionären ausführen, beziehungsweise unter welchen Umständen die Aktionäre berechtigt sind, Ansprüche der Gesellschaft zu verfolgen.[554] Eine andere Frage, die hier ebenfalls nicht vertieft werden soll, ist die Frage, ob das jeweilige Vorstandsmitglied aus

---

[554] Siehe dazu etwa vertiefend: *Habersack*, in: MüKo-AktG, § 116 Rn. 82 f.; *Theusinger/Dolff*, in: Backhaus/Tielmann, Der Aufsichtsrat, AktG, § 116 Rn. 591 ff.; *Veil*, in: BeckOGK-AktG, Stand: 1. Februar 2025, § 116 Rn. 236 ff.; im Rahmen einer unangemessenen Vergütung: *Wirkes*, Rechtsfolgen einer nicht nach § 87 Abs. 1 AktG angemessenen Vorstandsvergütung, S. 251 ff.

§ 93 Abs. 2 AktG für die durch den Aufsichtsrat pflichtwidrig vereinbarte Vergütung haftet.[555]

In § 116 Satz 3 AktG ist der überwiegend als deklaratorisch betrachtete Hinweis geregelt, dass die Aufsichtsratsmitglieder zum Schadensersatz verpflichtet sind, wenn sie eine unangemessene Vergütung entgegen § 87 Abs. 1 AktG festsetzen.[556] Dies verdeutlicht nur die sich ohnehin aus § 116 Satz 1 und 3 i.V.m. § 93 Abs. 2 AktG ergebende Haftung des Aufsichtsrats bei schuldhafter Verletzung des Angemessenheitsgebots nach § 87 Abs. 1 AktG, die an dieser Stelle nicht vertieft werden soll.[557] In den Verweis des § 116 Satz 3 AktG wurde § 87a AktG nicht aufgenommen. Das ändert jedoch nichts daran, dass eine Haftung wegen eines Verstoßes gegen § 87a AktG schon aus § 116 Satz 1 i.V.m. § 93 Abs. 2 AktG folgt und es einer Erwähnung in

---

[555] Siehe zur Paralleldiskussion bei einem Verstoß gegen § 87 Abs. 1 AktG: für eine Haftung auch der Vorstandsmitglieder: *Peltzer*, in: FS Lutter (2000), S. 574, 578; *Lutter*, ZIP 2006, 733, 735; *Reichert/Ullrich*, in: FS Schneider (2011), S. 1017, 1036; *Schwark*, in: FS Raiser (2005), S. 377, 395; *Wirkes*, Rechtsfolgen einer nicht nach § 87 Abs. 1 AktG angemessenen Vorstandsvergütung, S. 243 ff.; *Grattenthaler*, Die Vergütung von Vorstandsmitgliedern in Aktiengesellschaften, S. 387 ff.; *Raapke*, Die Regulierung von Organmitgliedern und Angestellten im Aktien- und Kapitalmarktrecht, S. 202 ff.; *Crass*, Die Vergütung von Vorstandsmitgliedern börsennotierter Aktiengesellschaften, S. 76 f.; gegen eine Haftung der Vorstandsmitglieder: *Koch*, AktG, § 87 Rn. 46; *Spindler*, in: MüKo-AktG, § 87 Rn. 164; *Annuß/Theusinger*, BB 2009, 2434, 2439; *Fleischer*, DStR 2005, 1318, 1322; für eine Haftung nur nach § 93 AktG: *Kort*, DStR 2007, 1127, 1132 f.; nur im Ausnahmefall: LG Essen, Urteil vom 9. September 2013, Az.: 44 O 164/10 = juris Rn. 770.

[556] Vgl. zum lediglich deklaratorischen Charakter: *Habersack*, in: MüKo-AktG, § 116 Rn. 45; *Mertens/Cahn*, in: KölnKomm-AktG, § 116 Rn. 76; *Veil*, in: BeckOGK-AktG, Stand: 1. Februar 2025, § 116 Rn. 60; *Koch*, AktG, § 116 Rn. 18; *Drygala*, in: K. Schmidt/Lutter, AktG, § 116 Rn. 62; *Hohenstatt*, ZIP 2009, 1349, 1354; *Spindler*, AG 2011, 725, 725; *Nikolay*, NJW 2009, 2640, 2645; *Reichert/Ullrich*, in: FS Schneider (2011), S. 1017, 1019 ff.; *Hüffer*, in: FS Hoffmann-Becking (2013), S. 589, 590; *Cannivé/Seebach*, Der Konzern 2009, 593, 595; *Raapke*, Die Regulierung von Organmitgliedern und Angestellten im Aktien- und Kapitalmarktrecht, S. 192 f.

[557] Vgl. dazu: *Schwennicke*, in: Grigoleit, AktG, § 87 Rn. 30; *Weber*, in: Hölters/Weber, AktG, § 87 Rn. 46; *Hüffer*, in: FS Hoffmann-Becking (2013), S. 589, 589 ff.; *Koch*, AktG, § 87 Rn. 47; *Kort*, DStR 2007, 1127, 1132; *Reichert/Ullrich*, in: FS Schneider (2011), S. 1017, 1020 ff.; *Cahn*, in: FS Hopt (2010), S. 431, 448 ff.; *Wirkes*, Rechtfolgen einer nicht nach § 87 Abs. 1 AktG angemessenen Vergütung, S. 186 ff.; *Grattenthaler*, Die Vergütung von Vorstandsmitgliedern in Aktiengesellschaften, S. 385 ff.

§ 116 Satz 3 AktG nicht bedarf.[558] Relevant ist in diesem Zusammenhang die Haftung des Aufsichtsrats wegen eines Verstoßes gegen die Bindungswirkung nach § 87a Abs. 2 Satz 1 AktG. Setzt der Aufsichtsrat die Vergütung also nicht in Übereinstimmung mit einem der Hauptversammlung vorgelegten Vergütungssystem fest, haftet er grundsätzlich aus § 116 Satz 1 AktG i.V.m. § 93 Abs. 2 AktG.[559]

Mit dem ARUG II wurde außerdem der in § 120 Abs. 4 Satz 2 Hs. 2 AktG a.F. enthaltene Zusatz gestrichen, wonach der Beschluss die Verpflichtungen des Aufsichtsrats nach § 87 AktG unberührt lässt. Dieser Hinweis wurde in § 120a AktG nicht aufgenommen, was laut der Gesetzesbegründung jedoch keine inhaltliche Modifikation darstellen soll, sondern lediglich auf eine redaktionelle Verschlankung der Norm zurückgehen soll.[560] Damit geht aber weiterhin einher, dass ein billigender oder missbilligender Beschluss nach § 120a Abs. 1 Satz 1 AktG die Pflichten des Aufsichtsrats grundsätzlich unberührt lässt und eine entsprechende Anwendung des enthaftenden § 93 Abs. 4 Satz 1 AktG nicht in Betracht kommt.[561] Durch eine Billigung des Vergütungssystems kann also eine unangemessene Vergütung nicht legalisiert werden.[562] Insofern kommt einem billigenden Beschluss keine Indizwirkung mit Blick auf die Angemessenheit der Vorstandsvergütung i.S.d. § 87 AktG zu.[563] Das ergibt

---

558 *Habersack*, in: MüKo-AktG, § 116 Rn. 45: *Gärtner/Himmelmann*, AG 2021, 259, 260.

559 *Spindler*, in: MüKo-AktG, § 87a Rn. 45; *Cahn*, in: KölnKomm-AktG, § 87a Rn. 31; *Illner/Jü. Hoffmann*, ZWH 2019, 81, 84; i.E. auch: *Spindler*, in: MüKo-AktG, § 87a Rn. 45; *Koch*, AktG, § 87a Rn. 13; *Timmer*, Vorstandsvergütung 2020, S. 36; *Plate*, Die Festsetzung der Vorstandsvergütung in der Aktiengesellschaft, S. 109; siehe zu den möglichen Verstößen bereits: § 9 B. II. 3. a).

560 Begr. RegE ARUG II, BT-Drucks. 19/9739, S. 93; vgl. auch: *Herrler*, in: Grigoleit, AktG, § 120a Rn. 24; *Kubis*, in: MüKo-AktG, § 120a Rn. 12.

561 Begr. RegE ARUG II, BT-Drucks. 19/9739, S. 93; *Habersack*, in: MüKo-AktG, § 116 Rn. 45; *Koch*, AktG, § 116 Rn. 19; *Florstedt*, ZGR 2019, 630, 650; *Gärtner/Himmelmann*, AG 2021, 259, 260; noch zu § 120 Abs. 4 AktG a.F.: *Mertens/Cahn*, in: KölnKomm-AktG, § 116 Rn. 76; *Verse*, NZG 2013, 921, 929; *Fleischer*, NZG 2009, 801, 805; *Drinhausen/Keinath*, BB 2010, 3, 7; *Bayer*, DB 2018, 3034, 3038; *v. Zehmen*, BB 2021, 1098, 1099; *Çapa*, Konsultative Hauptversammlungsbeschlüsse im Aktienrecht, S. 198.

562 *Kubis*, in: MüKo-AktG, § 120a Rn. 12; *Cahn*, in: KölnKomm-AktG, § 87a Rn. 29; *Wentrup*, in: MünchHdb GesR IV, § 21 Rn. 62; *Gärtner/Himmelmann*, AG 2021, 259, 260; zur alten Rechtslage bereits: *Cannivé/Seebach*, Der Konzern 2009, 593, 596.

563 *Herrler*, in: Grigoleit, AktG, § 120a Rn. 24; zur alten Rechtslage bereits: *Cannivé/Seebach*, Der Konzern 2009, 593, 596.

sich aus systematischen Gründen, da das Vergütungssystem nach § 87a Abs. 1 AktG streng von der konkreten Vergütung nach § 87 Abs. 1 AktG zu trennen ist. Außerdem käme dies haftungsrechtlich einer Delegation der Aufsichtsratskompetenz an die Hauptversammlung gleich.[564] Auch eine Enthaftung im Umfang der Selbstbindung des Aufsichtsrats nach § 87a Abs. 2 Satz 1 AktG kommt grundsätzlich nicht in Betracht.[565] Die gesetzliche Anordnung des § 87 AktG geht einer Selbstbindung des Aufsichtsrats an ein vorgelegtes Vergütungssystem systematisch vor.[566] Auf der anderen Seite kann eine Missbilligung kein Indiz für eine Pflichtverletzung des Aufsichtsrats mit Blick auf seine Verpflichtung zur Gewährung einer angemessenen Vergütung darstellen.[567] Die Billigung durch die Aktionäre steht in keinem Zusammenhang mit dem materiellen Kriterium der Angemessenheit der Vergütung nach § 87 Abs. 1 AktG. Damit geht grundsätzlich keine haftungsrechtliche Konsequenz von dem Vergütungsvotum aus.[568] Setzt der Aufsichtsrat die Vorstandsvergütung auf Grundlage eines von der Hauptversammlung gebilligten Vergütungssystems fest, ist dies gerade kein Fall von §§ 93 Abs. 4 Satz 1, 116 Satz 1 AktG. Im Umkehrschluss kann sich der Aufsichtsrat auch bei einer Verschlechterung der Lage und der damit nach § 87 Abs. 2 Satz 1 AktG notwendigen Herabsetzung der Bezüge nicht auf ein gebilligtes Vergütungssystem berufen und die Herabsetzung deswegen unterlassen.[569] Der Aufsichtsrat ist nach § 116 Satz 3 i.V.m. § 87 AktG allein für die Angemessenheit der Vergütung verantwortlich. Seine materiellen Pflichten bleiben unberührt.[570]

---

[564] *Kubis*, in: MüKo-AktG, § 120a Fn. 32.

[565] Ablehnend: *Anzinger*, ZGR 2019, 39, 83.

[566] *Anzinger*, ZGR 2019, 39, 83.

[567] *Tröger*, in: KölnKomm-AktG, § 120a Rn. 46; *Reger*, in: Bürgers/Lieder, AktG, § 120a Rn. 12; tendenziell anders: *Spindler*, AG 2020, 61, 62; vgl. auch zu § 120 Abs. 4 AktG a.F.: *Mülbert*, in: Großkomm-AktG, § 120 Rn. 176; anders: *Spindler*, in: K. Schmidt/Lutter, AktG, 3. Aufl., § 120 Rn. 66.

[568] *Jo. Hoffmann*, in: BeckOGK-AktG, Stand: 1. Februar 2025, § 120a Rn. 39; *Tröger*, in: KölnKomm-AktG, § 120a Rn. 46; *Spindler*, in: K. Schmidt/Lutter, AktG, § 120a Rn. 22, *Koch*, AktG, § 120a Rn. 5; *Habersack*, in: MüKo-AktG, § 116 Rn. 45; *Florstedt*, ZGR 2019, 630, 650; *Gärtner/Himmelmann*, AG 2021, 259, 260; *Spindler*, AG 2020, 61, 74, *Bayer*, DB 2018, 3034, 3038.

[569] *Tröger*, in: KölnKomm-AktG, § 120a Rn. 46; *Kubis*, in: MüKo-AktG, § 120a Rn. 13; vgl. zur alten Rechtslage bei § 120 Abs. 4 AktG a.F.: *Fleischer*, NZG 2009, 801, 805.

[570] Begr. RegE ARUG II, BT-Drucks. 19/9739, S. 93; vgl. auch: *Tröger*, in: KölnKomm-AktG, § 120a Rn. 46.

Darüber hinaus kommt eine gesonderte Haftung des Aufsichtsrats wegen eines Vergütungssystems, auf dessen Grundlage nur eine unangemessene Vergütung i.S.d. § 87 Abs. 1 AktG festgesetzt werden kann, jedenfalls nicht in Betracht. Auch wenn das Vergütungssystem bereits die materiellen Vorgaben zu berücksichtigen hat, entsteht der Schaden erst durch die Festsetzung und des Verstoßes gegen § 87 Abs. 1 AktG durch den Aufsichtsrat.[571]

III. Herabsetzung der Maximalvergütung durch die Hauptversammlung nach § 87 Abs. 4 AktG

Neu eingefügt durch das ARUG II wurde § 87 Abs. 4 AktG.[572] Danach kann die Hauptversammlung die nach § 87a Abs. 1 Satz 2 Nr. 1 AktG festgelegte Maximalvergütung herabsetzen. Im Gegensatz zum Votum nach § 120a Abs. 1 Satz 1 AktG soll diese Herabsetzung bindend sein und der Festlegung der Maximalvergütung im Vergütungssystem vorgehen.[573] Im Übrigen bleibt es bei der grundsätzlichen Kompetenz zur Festsetzung der Vergütung beim Aufsichtsrat. Insofern ist die Regelung als Kompromiss zwischen einem bindenden und nicht bindenden Hauptversammlungsbeschluss in Umsetzung der Aktionärsrechterichtlinie zu verstehen.[574]

Mit dem ARUG II wurde parallel die verpflichtende Angabe einer Maximalvergütung im Vergütungssystem in das Aktiengesetz in § 87a Abs. 1 Satz 2 Nr. 1 AktG aufgenommen. Auf diese nimmt § 87 Abs. 4 AktG Bezug. Damit sind die erstmals im Gesetz zur Verbesserung der Kontrolle der Vorstandsvergütung und zur Änderung weiterer aktienrechtlicher Vorschriften (VorstKoG) in § 120 Abs. 4 AktG-E a.F. angedachten Angaben zu Höchstvergütungsgrenzen Gesetz geworden.[575]

---

571 Siehe zur Beachtung der materiellen Vorgaben bei der Erstellung des Vergütungssystems: § 8 A. I. 4.

572 Kritisch dazu: *Seibt*, in: K. Schmidt/Lutter, AktG, § 87 Rn. 48; zur Relevanz der Möglichkeit siehe: *Redenius-Hövermann/Siemens*, ZIP 2025, 473, 473 ff.

573 Beschlussempfehlung und Bericht AfRuV, BT-Drucks. 19/15153, S. 55; *Böcking/Bundle*, Der Konzern 2020, 15, 22; *Fleischer*, in: BeckOGK-AktG, Stand: 1. Februar 2025, § 87 Rn. 89.

574 *Seibt*, in: K. Schmidt/Lutter, AktG, § 87 Rn. 47.

575 Eine Auflistung der aktuell geltenden Maximalvergütungen der DAX40-Konzerne findet sich bei: *Redenius-Hövermann/Siemens*, ZIP 2025, 473, 475.

Gegenstand der Herabsetzung ist nur die Maximalvergütung. Das bedeutet, dass alle anderen Entscheidungen, insbesondere hinsichtlich der Ausgestaltung der Vergütung bis zur Höhe der dann herabgesetzten Maximalvergütung weiterhin vom Aufsichtsrat determiniert werden. Auch bleibt der Gestaltungsspielraum des Antrags begrenzt. So ist lediglich eine Herabsetzung der Maximalvergütung möglich.[576] Fehlt es im Vergütungssystem an der verpflichtenden Angabe einer Maximalvergütung, so kann die Hauptversammlung keine herabgesetzte Maximalvergütung über § 87 Abs. 4 AktG beschließen.[577] In dem Fall fehlt es an der notwendigen Beschlussgrundlage. Des Weiteren ist der Herabsetzungsbeschluss – wie auch die Festsetzung der Vorstandsvergütung – nicht von einer Billigung oder Nichtbilligung des Systems nach § 120a Abs. 1 Satz 1 AktG abhängig.

1. Reichweite des Herabsetzungsbeschlusses

Gleich in mehrfacher Hinsicht ist der Regelungsgegenstand des § 87 Abs. 4 AktG unklar. Zunächst geht aus dem Gesetz nicht eindeutig hervor, ob der Beschluss nur konkret für das zu dem Zeitpunkt verwendete aktuell angewandte Vergütungssystem oder abstrakt gilt. Bei einer abstrakten Geltung entfaltet der Beschluss auch bei einem Wechsel des der Vergütung zugrundeliegenden Vergütungssystems, für das jeweils gerade Anwendung findende System Wirkung. Klar ist, dass der Beschluss jedenfalls keine laufenden Verträge der Vorstandsmitglieder berührt.[578] Das bedeutet jedoch nicht, dass die Altverträge bei der Summe der Maximalvergütung bei zukünftigen Vergütungsentscheidungen unberücksichtigt bleiben.[579]

---

[576] *Seibt*, in: K. Schmidt/Lutter, AktG, § 87 Rn. 51; *Cahn*, in: KölnKomm-AktG, § 87 Rn. 142; *Weber*, in: Hölters/Weber, AktG, § 87 Rn. 69; *Pusch/Daub*, in: NK-GA, AktG, § 87 Rn. 47; *Melot de Beauregard/Arden*, in: Backhaus/Tielmann, Der Aufsichtsrat, AktG, § 87 Rn. 132; *Cahn*, in: FS Böcking (2021), S. 55, 57; *Gärtner/Himmelmann*, AG 2021, 259, 266.

[577] *Lochner/Beneke*, in: Heidel, AktG, § 87 Rn. 7; *C. Arnold/Herzberg/Zeh*, AG 2020, 313, 314 f.; *Gärtner/Himmelmann*, AG 2021, 259, 266.

[578] *Seibt*, in: K. Schmidt/Lutter, AktG, § 87 Rn. 52; *Dauner-Lieb*, in: Henssler/Strohn, GesR, AktG, § 87 Rn. 50; *Weber*, in: Hölters/Weber, AktG, § 87 Rn. 73; *Bungert*, in: MünchHdb GesR IV, § 35 Rn. 52; *Grimm*, ArbRB 2019, 358, 358; siehe aber: *Habersack*, BB 2020, I, I, der insofern Vorkehrungen des Aufsichtsrats zur Anpassung fordert und die Möglichkeit der Herabsetzung nach § 87 Abs. 2 AktG anbringt.

[579] Siehe: *Grigoleit/Kochendörfer*, in: Grigoleit, AktG, § 87a Rn. 91.

a) Keine Wirkung für zukünftige, bisher nicht vorgelegte Vergütungssysteme

Die Herabsetzung kann dabei nicht nur als Reaktion auf ein angewandtes Vergütungssystem, sondern auch präventiv im Rahmen einer Hauptversammlung beschlossen werden, in der ein Vergütungssystem zur Billigung vorgelegt wird.[580] Andernfalls müssten Aktionäre, obwohl mit der Einberufung und der korrespondierenden Veröffentlichung nach § 124a Satz 1 Nr. 4 AktG über das Vergütungssystem informiert wurde, bis zur nächsten Hauptversammlung warten, um ihre Vorstellungen zur Maximalvergütung durchzusetzen. Lediglich eine Wirkung für zukünftige weder vorgelegte noch auf in der Einberufung Bezug genommene Vergütungssysteme kann ausgeschlossen werden.[581]

b) Abstrakte statt konkrete Wirkung

Die Herabsetzungsmöglichkeit ist in § 87 AktG und damit systematisch in der Norm über die konkrete Festsetzung der Vorstandsvergütung geregelt. Gleichzeitig nimmt sie aber direkt Bezug auf die nach § 87a Abs. 1 Satz 2 Nr. 1 AktG festgelegte Maximalvergütung. Damit bezieht sich die Herabsetzungsmöglichkeit der Hauptversammlung auf eine in einem Vergütungssystem festgelegte Maximalvergütung. Der Aufsichtsrat muss nach § 87a Abs. 2 Satz 1 AktG die Vergütung der Vorstandsmitglieder jedoch nur anhand eines der Hauptversammlung zur Billigung vorgelegten Vergütungssystems festsetzen. Die Neuregelung ermöglicht dem Aufsichtsrat damit insbesondere den Rückgriff auf andere als das zuletzt vorgelegte Vergütungssystem.[582] Insofern ist es möglich, dass der Aufsichtsrat seine Vergütung anhand eines früher vorgelegten Vergütungssystems festsetzt. Er ist bei der Festsetzung nach der hier vertretenen Auffassung nicht an das zuletzt vorgelegte System gebunden. Konzipiert ist die Herabsetzungsmöglichkeit als Antragsrecht nach § 122 Abs. 2 Satz 1 AktG. Der Antrag soll sich nach

---

[580] So auch: *Cahn*, in: KölnKomm-AktG, § 87 Rn. 143; *Cahn*, in: FS Böcking (2021), S. 55, 57; *Gärtner/Himmelmann*, AG 2021, 259, 268; a.A.: *Seibt*, in: K. Schmidt/Lutter, AktG, § 87 Rn. 52.

[581] AllgM siehe nur: Beschlussempfehlung und Bericht AfRuV, BT-Drucks. 19/15153, S. 55; *Spindler*, in: MüKo-AktG, § 87 Rn. 265; *Koch*, AktG, § 87 Rn. 67; *Dauner-Lieb*, in: Henssler/Strohn, GesR, AktG, § 87 Rn. 50.

[582] Für Einzelheiten siehe: § 10 A.

dem Wortlaut auf die nach § 87a Abs. 1 Satz 2 Nr. 1 AktG festgelegte Maximalvergütung beziehen. Wurden der Hauptversammlung in der Vergangenheit mehrere Vergütungssysteme vorgelegt, ist also zunächst nicht eindeutig erkennbar, auf welches sich der Antrag beziehen muss.[583] Es sollte aber praktisch wenig relevant sein, die Maximalvergütung in einem nicht angewandten Vergütungssystem herabzusetzen, zumal das jeweils angewandte System jedenfalls durch den Aufsichtsrat gesondert publiziert werden muss.[584]

Insofern scheint es zunächst naheliegend, dass sich der Antrag allein auf das aktuell angewandte Vergütungssystem bezieht und daher nur dieses von der Beschlusswirkung umfasst wird.[585] Das System muss dabei nicht das zuletzt vorgelegte System sein. Entscheidet sich der Aufsichtsrat dann dazu, das Vergütungssystem zu wechseln, kann dies dazu führen, dass die Herabsetzungswirkung des Beschlusses nach § 87 Abs. 4 AktG entfällt. Der Aufsichtsrat muss dabei das anzuwendende Vergütungssystem der Hauptversammlung nicht erneut vorlegen. Insofern bliebe es dem Aufsichtsrat möglich, auf einen Herabsetzungsbeschluss der Hauptversammlung in der Art zu reagieren, dass er die Vergütung anhand eines früher vorgelegten Systems festsetzt, welches wiederum eine höhere Maximalvergütung vorsieht, als es der Beschluss der Hauptversammlung zugelassen hätte.

Eine abstrakte Wirkung des Beschlusses, wonach die Maximalvergütung unabhängig vom aktuell angewandten Vergütungssystem, jedenfalls bis zur Vorlage eines neuen Vergütungssystems durch den Aufsichtsrat auf den von der Hauptversammlung bestimmten Betrag begrenzt bleibt, würde diese Möglichkeit ausschließen.[586] Noch radikaler wäre der Eingriff in die

---

[583] *Dörrwächter/Leuering*, NJW-Spezial 2020, 15, 16, gehen davon aus, dass der Antrag sich auf jedes vorgelegte Vergütungssystem beziehen kann.

[584] Siehe: § 10 A. VI.

[585] Beschlussempfehlung und Bericht AfRuV, BT-Drucks. 19/15153, S. 55; *Spindler*, in: MüKo-AktG, § 87 Rn. 268; *Fleischer*, in: BeckOGK-AktG, Stand: 1. Februar 2025, § 87 Rn. 89; *Cahn*, in: KölnKomm-AktG, § 87 Rn. 142; *Weber*, in: Hölters/Weber, AktG, § 87 Rn. 72; *Pusch/Daub*, in: NK-GA, AktG, § 87 Rn. 47; *Spindler*, AG 2020, 61, 74; *Gärtner/Himmelmann*, AG 2021, 259, 267; *Nikoleyczik/Crombach*, AG 2021, 744, 747; *Böcking/Bundle*, Der Konzern 2020, 15, 23; *Stenzel*, BB 2020, 970, 971; *Dörrwächter/Leuering*, NJW-Spezial 2020, 15, 16 mit Blick auf künftig beschlossene Vergütungssysteme.

[586] *Koch*, AktG, § 87 Rn. 67; *Grigoleit/Kochendörfer*, in: Grigoleit, AktG, § 87a Rn. 119; *Herrler*, ZHR 2020, 408, 449; differenzierend: *Cahn*, in: KölnKomm-AktG, § 87 Rn. 147; *Tröger*, in: KölnKomm-AktG, § 120a Rn. 47; *Cahn*, in: FS Böcking (2021), S. 55, 59.

Kompetenzen des Aufsichtsrats, wenn man davon ausginge, dass bei Vorliegen eines Beschlusses nach § 87 Abs. 4 AktG der Rückgriff auf ein vorher vorgelegtes System komplett gesperrt werde.[587] In diesem Fall ginge die Wirkung des § 87 Abs. 4 AktG nicht nur so weit, die Maximalvergütung herabzusetzen, sondern würde bis zu einer Neuvorlage sämtliche Vergütungsbestandteile in der aktuell angewandten Form einfrieren.

aa) Offener Wortlaut

Der Wortlaut ist für alle Interpretationen offen. § 87 Abs. 4 AktG spricht davon, dass die nach § 87a Abs. 1 Satz 1 AktG festgelegte Maximalvergütung herabgesetzt werden kann. Das könnte zum einen so zu verstehen sein, dass die in dem System festgelegte Maximalvergütung nur zahlenmäßig geändert wird. Demnach würde sich nur in dem angewandten System der Betrag ändern und der Beschluss würde sich auf dieses System erstrecken. Er wäre darüber hinaus nicht weiter relevant. Auf der anderen Seite ließe sich der Wortlaut so interpretieren, dass die Maximalvergütung unabhängig von der Festlegung in einem Vergütungssystem herabgesetzt wird und der Verweis auf § 87a Abs. 1 Satz 1 AktG nur klarstellen soll, um welche Vergütungskomponente es sich handelt. Demnach würde das System nicht verändert und die Maximalvergütung unabhängig vom konkret angewandten System reduziert. Der Beschluss würde also abstrakt wirken.

bb) Systematischer Unterschied der Vergütungsnormen

Systematisch spricht die Verortung in § 87 AktG für eine abstrakte Wirkung. Während sich § 87a AktG mit dem allgemeinen Vergütungssystem befasst, betrifft § 87 AktG die konkrete Festsetzung der Vorstandsvergütung. Materieller Richtwert für die Festsetzung der Vorstandsvergütung ist die Angemessenheit der Vergütung, die in § 87 Abs. 1 Satz 1 AktG geregelt ist.[588] Das spricht für die Auslegung, bei der der Herabsetzungsbeschluss außerhalb des Vergütungssystems steht und die dann festgelegte Maximalvergütung, ähnlich wie das Vergütungssystem, nur als Rahmen für die Festsetzung dient. Das steht ebenso im Einklang mit der Erwägung,

---

[587] *Seibt*, in: K. Schmidt/Lutter, AktG, § 87 Rn. 52; *Florstedt*, ZIP 2020, 1, 5.

[588] *Fleischer*, in: BeckOGK-AktG, Stand: 1. Februar 2025, § 87 Rn. 1; *Cahn*, in: KölnKomm-AktG, § 87 Rn. 5; *Dauner-Lieb*, in: Henssler/Strohn, GesR, AktG, § 87 Rn. 9 ff.

dass die inhaltliche Ausgestaltung der Vergütung weiter dem Aufsichtsrat obliegt.

cc) Bezweckte Stärkung der Aktionärsrechte

Schließlich spricht zwar die Gesetzesbegründung davon, dass sich der Beschluss auf das „*konkrete Vergütungssystem mit der dort festgelegten Maximalvergütung*“[589] bezieht. Dies ist aber nicht zwingend so zu verstehen, dass die Wirkung auch auf dieses System begrenzt ist. Vielmehr ist zu beachten, dass die Norm als Kompromiss im Rechtsausschuss beschlossen wurde. Es ging darum, den Aktionären in einem bestimmten Punkt eine stärkere Kontrolle zu geben.[590] Diese stärkere Kontrolle kann aber nur erreicht werden, wenn es dem Aufsichtsrat nicht ermöglicht wird, sich über den Beschluss der Hauptversammlung hinwegzusetzen.

Außerdem ist der Fall zu berücksichtigen, in dem im aktuell angewandten Vergütungssystem pflichtwidrig zunächst keine Maximalvergütung vom Aufsichtsrat festgelegt wurde. Hier kann kein Antrag nach § 87 Abs. 4 AktG gestellt werden, da es an dem erforderlichen Bezugspunkt fehlt.[591] Entscheidet sich der Aufsichtsrat das aktuell angewandte Vergütungssystem zu verwerfen und stattdessen ein vorher bereits vorgelegtes System anzuwenden, welches eine Angabe zur Maximalvergütung nach § 87a Abs. 1 Satz 2 Nr. 1 AktG enthält, so existiert erst ab diesem Zeitpunkt ein geeigneter Anknüpfungspunkt für den Antrag auf Herabsetzung der Maximalvergütung. Wechselt der Aufsichtsrat hingegen auf das vorgelegte System ohne Maximalvergütung zurück, entfällt wiederum der Anknüpfungspunkt und entsprechend würde der Hauptversammlungsbeschluss wirkungslos. In einem solchen Fall kann es wohl kaum mit der intendierten Stärkung der Aktionärsrechte vereinbar sein, wenn man den Aufsichtsrat von seinem pflichtwidrigen Verhalten durch eine eingeschränkte Wirkung des Herabsetzungsbeschlusses profitieren ließe. Zudem besteht bei einer konkreten Wirkung eine Missbrauchsgefahr. Der Aufsichtsrat kann den Herabsetzungsbeschluss der Hauptversammlung jederzeit aushebeln. Insofern ist auch aus diesen Erwägungen heraus von einer abstrakten Wirkung auszugehen.

---

589 Beschlussempfehlung und Bericht AfRuV, BT-Drucks. 19/15153, S. 55.

590 *Böcking/Bundle*, Der Konzern 2020, 15, 22.

591 Vgl. *Lochner/Beneke*, in: Heidel, AktG, § 87 Rn. 26.

dd) Zwischenfazit

Im Ergebnis sprechen die überwiegenden Argumente für eine abstrakte Wirkung des Beschlusses. Mit der abstrakten Wirkung geht auch eine Stärkung der Aufsichtsratskompetenzen einher, der in der Folge nicht an sein Vergütungssystem gebunden und der Rückgriff auf frühere Vergütungssysteme damit nicht ausgeschlossen wird.[592] Bei der Verwendung eines anderen bereits vorgelegten Vergütungssystems gilt jedoch, dass die Maximalvergütung den von der Hauptversammlung beschlossenen Betrag nicht übersteigen darf.

Liegt die Maximalvergütung im zweiten angewandten Vergütungssystem niedriger, als die Hauptversammlung nach § 87 Abs. 4 AktG beschlossen hat, stellt sich das Problem gar nicht erst. Es bleibt dann dabei, dass die Hauptversammlung die Maximalvergütung nur herabsetzen kann. Der Beschluss bleibt also bei einer niedrigeren angewandten Maximalvergütung ohne Wirkung.

c) Aufhebung der Beschlusswirkungen durch Neuvorlage und Anwendung eines Vergütungssystems

Erst durch eine (erneute) Befassung der Hauptversammlung mit einem vom Aufsichtsrat vorgelegten Vergütungssystem nach § 120a Abs. 1 Satz 1 AktG und einer Anwendung dieses Vergütungssystems bei der Festsetzung nach § 87a Abs. 2 Satz 1 AktG endet die Beschlusswirkung. Die Gesetzesbegründung spricht an dieser Stelle missverständlich von künftigen Vergütungssystemen, die von der Hauptversammlung beschlossen wurden.[593] Die Hauptversammlung beschließt jedoch keine Vergütungssysteme, sondern kann diese billigen oder nicht billigen, was jedoch ohne Auswirkung auf deren Verwendung als Grundlage für die Vergütungsfestsetzung bleibt.[594] Gemeint ist also eine erneute Beschlussfassung der Hauptversammlung über eine Billigung des Vergütungssystems.[595] Konsequenterweise ist dann nicht nur eine neue Vorlage an die Hauptversammlung erforderlich, sondern der Aufsichtsrat muss sich bewusst entscheiden, die Vergütung anhand des den Aktionären vorgelegten Vergütungssystems neu festzusetzen. Bleibt der Aufsichtsrat

---

[592] A.A. insofern: *Seibt*, in: K. Schmidt/Lutter, AktG, § 87 Rn. 52; *Florstedt*, ZIP 2020, 1, 5.
[593] Beschlussempfehlung und Bericht AfRuV, BT-Drucks. 19/15153, S. 55.
[594] Siehe dazu: § 9 B. I. 1. b).
[595] *Gärtner/Himmelmann*, AG 2021, 259, 267.

beispielsweise aufgrund eines ablehnenden Votums bei der Verwendung des vorherigen Vergütungssystems, gilt trotz Vorlage an die Hauptversammlung der Beschluss nach § 87 Abs. 4 AktG fort. Eine positive Beschlussfassung der Hauptversammlung nach § 120a Abs. 1 Satz 1 AktG allein kann nicht die Wirkung des Beschlusses nach § 87 Abs.4 AktG aufheben. Erst mit dem Wechsel in der Anwendung des Vergütungssystems auf das nun mehr vorgelegte Vergütungssystem findet die Wirkung des Herabsetzungsbeschlusses seine Grenze. Das vor der Beschlussfassung nach § 120a Abs. 1 Satz 1 AktG angewandte System bleibt also auch nach der Beschlussfassung auf die herabgesetzte Maximalvergütung begrenzt, bis der Aufsichtsrat die Verwendung eines neuen Systems beschließt. Dieses muss der Hauptversammlung zeitlich nach dem Herabsetzungsbeschluss des § 87 Abs. 4 AktG vorgelegt worden sein.

d) Sperre der Abweichungsmöglichkeit des Aufsichtsrats nach § 87a Abs. 2 Satz 2 AktG

Der Gesetzgeber betont, dass das Recht zur vorübergehenden Abweichung vom Vergütungssystem nach § 87a Abs. 2 Satz 2 AktG von einem Hauptversammlungsbeschluss über eine Herabsenkung der Maximalvergütung unberührt bleiben soll.[596] Das würde in der Theorie darauf hinauslaufen, dass die Hauptversammlung beschließen kann, die Maximalvergütung herabzusetzen, der Aufsichtsrat aber bei der Festsetzung der Vergütung, in den Grenzen des Abweichungstatbestands des § 87a Abs. 2 Satz 2 AktG, die Maximalvergütung wieder erhöhen dürfte.[597] Das entspricht zwar der tradierten Kompetenzverteilung in der Aktiengesellschaft, wonach der Aufsichtsrat (final) für die Vergütungsentscheidung des Vorstands zuständig ist, wirkt aber konträr zur gewollten Wirkung des Herabsetzungsbeschlusses nach § 87 Abs. 4 AktG. So spricht der Gesetzgeber selbst davon, dass der *„Hauptversammlungsbeschluss [...] für den Aufsichtstat bindend [ist] und [...] einer Festlegung der Maximalvergütung im Vergütungssystem [vorgeht]"*.[598]

---

[596] Beschlussempfehlung und Bericht AfRuV, BT-Drucks. 19/15153, S. 55; ebenso: *Gärtner/Himmelmann*, AG 2021, 259, 267; *Bungert*, DB 2019, M4- M5.

[597] *Spindler*, in: MüKo-AktG, § 87 Rn. 266 geht in einem solchen Fall von einer konkurrierenden Kompetenz der Organe aus.

[598] Beschlussempfehlung und Bericht AfRuV, BT-Drucks. 19/15153, S. 55.

Dem Gesetzgeber scheint dieser Konflikt jedenfalls nicht näher aufgefallen zu sein. Der § 87 Abs. 4 AktG wurde erst durch die Koalitionsfraktionen im Ausschuss eingefügt und ergänzt damit nachträglich die Regelungen zur Vorstandsvergütung in Umsetzung der Aktionärsrechterichtlinie, wie sie die Bundesregierung entworfen hatte. Bei wortlautgetreuer Anwendung ist kein Anhaltspunkt für eine Beschränkung der Beschlusswirkung durch die Abweichungsmöglichkeit des Aufsichtsrats ersichtlich. Während nach § 87 Abs. 4 AktG die Hauptversammlung die in dem Vergütungssystem festgelegte Maximalvergütung herabsetzen kann, darf der Aufsichtsrat nach § 87a Abs. 2 Satz 2 AktG nur von dem Vergütungssystem abweichen. Der Wortlaut legt gerade keine Änderung des Vergütungssystems durch den Beschluss der Hauptversammlung nahe, sondern eine außerhalb des Systems liegende Herabsetzung. So könnte man zwar annehmen, dass durch den Verweis auf § 87a Abs. 1 Satz 2 Nr. 1 AktG der Beschluss das Vergütungssystem des Aufsichtsrats ändert. Dies wird aber der bereits festgestellten, abstrakten Beschlusswirkung nicht gerecht.[599] Diese geht über eine Systemänderung hinaus. Sie gibt der Hauptversammlung das Recht, verbindlich einen Teil der künftigen Vergütung der Vorstandsmitglieder bis zu einer erneuten Vorlage eines neuen Systems durch den Aufsichtsrat konkret zu regeln. Das ergibt sich aus der abstrakten Wirkung des Hauptversammlungsbeschlusses, die sich über das konkret angewandte System hinaus erstreckt. Die abstrakte Wirkung des Herabsetzungsbeschlusses geht damit über die Wirkung der Abweichung hinaus, die sich denklogisch immer nur auf das konkrete Vergütungssystem bezieht. Demnach umfasst die Änderungskompetenz des Aufsichtsrats gerade nicht die nach § 87 Abs. 4 AktG bereits herabgesetzte Maximalvergütung.

Diese Auslegung ergibt sich auch aus systematischen Gesichtspunkten. Während die Abweichungsmöglichkeit im § 87a AktG geregelt ist, ist die Herabsetzungsmöglichkeit in § 87 AktG geregelt worden. Bei § 87a AktG handelt es sich um die durch das ARUG II neu eingefügte Norm, welche das Vergütungssystem betrifft, in Abs. 1 die inhaltlichen Anforderungen und in Abs. 2 die Wirkungen des Systems regelt. § 87 AktG ist diejenige Norm, welche die Festsetzung der konkreten Vergütung durch den Aufsichtsrat regelt und gerade keinen Bezug zum Vergütungssystem aufweist. Das spricht dafür, dass die Herabsetzung der Maximalvergütung durch die Hauptversammlung

---

599 Zur abstrakten Beschlusswirkung bereits: § 9 B. III. 1. b).

systematisch der Festsetzung der Vergütung durch den Aufsichtsrat nähersteht, als der Aufstellung eines neuen Vergütungssystems.

Zweifel an der umfassenden Wirkung des Herabsetzungsbeschlusses, die eine Abweichung im Einzelfall sperrt, könnten sich dagegen aus einer zwingend vorzunehmenden unionsrechtlichen Auslegung ergeben. Hierbei ist aber zu beachten, dass die zweite Aktionärsrechterichtlinie den Mitgliedstaaten die Wahl zwischen einem verbindlichen Hauptversammlungsvotum, Art. 9a Abs. 2 AktionärsrechteRL II, und nicht verbindlichen Hauptversammlungsvotum, Art. 9a Abs. 3 AktionärsrechteRL II, gelassen hat. Der deutsche Gesetzgeber hat sich zwar für das nicht verbindliche Votum entschieden, hier aber dann ein partiell verbindliches Entscheidungsrecht der Hauptversammlung in Bezug auf die Maximalvergütung eingeführt. Der Gesetzgeber bewegt sich insofern mit einer grundsätzlich unverbindlichen Abstimmung über das Vergütungssystem und einer zusätzlich verbindlichen Abstimmung über die Maximalvergütung innerhalb des Gestaltungsspielraums, den die Richtlinie gewährt. Zwar ist in der Richtlinie nur von *der Abstimmung* über die Vergütungspolitik und damit dem Singular die Rede. Daraus kann jedoch nicht geschlossen werden, dass insgesamt nur eine Abstimmung erfolgen darf. Sprachlich ist nur die Zuordnung zur Abstimmung über die Vergütungspolitik gemeint, ohne dass damit eine Aussage über die Zulässigkeit einer zusätzlichen Abstimmung getroffen wird. Teleologisch kann ein erweitertes Mitspracherecht der Aktionäre ebenfalls nur im Sinne der Richtlinie sein, die den Aktionären gerade ein größeres Mitspracherecht gewähren wollte.[600] Damit steht die zweite Aktionärsrechterichtlinie der Auslegung des vollumfänglich verbindlichen Hauptversammlungsbeschlusses nicht entgegen.

Anders muss die Beurteilung über die umfassende Wirkung des Hauptversammlungsbeschlusses ausfallen, wenn sich die tatsächlichen Umstände für die Gesellschaft verändert haben. Dem Aufsichtsrat obliegt die laufende Begutachtung der Vorstandsvergütung. Dies zeigt systematisch die im Regelfall bestehende Herabsetzungspflicht der Bezüge durch den Aufsichtsrat, bei einer Verschlechterung der Lage für die Gesellschaft nach § 87 Abs. 2

---

600 Vgl. Begr. RegE ARUG II, BT-Drucks. 19/9739, S. 34; *Grigoleit/Kochendörfer*, in: Grigoleit, AktG, § 87a Rn. 7; *Löbbe/Fischbach*, AG 2019, 373, 374; *Illner/Jü. Hoffmann*, ZWH 2019, 81, 82.

Satz 1 AktG.[601] Ändern sich nach der Beschlussfassung der Hauptversammlung betreffend die Herabsetzung der Maximalvergütung i.S.d. § 87 Abs. 4 AktG die tatsächlichen Umstände, muss der Aufsichtsrat zu einer Abweichung von der herabgesetzten Maximalvergütung nach § 87a Abs. 2 Satz 2 AktG berechtigt sein. Dies gilt nur, wenn die Hauptversammlung die veränderten Umstände im Zeitpunkt der Beschlussfassung der Hauptversammlung nicht berücksichtigen konnte. Die veränderten Umstände müssen dann kausal für die Abweichung von der herabgesetzten Maximalvergütung sein. Außerdem muss es sich bei den veränderten Umständen um objektiv nachweisbare Veränderungen mit Auswirkungen auf die Gesellschaft handeln.

Im Ergebnis geht also die Herabsetzungsbefugnis der Hauptversammlung der Abweichungsmöglichkeit des Aufsichtsrats so lange vor, bis sich tatsächliche Umstände für die Gesellschaft ändern, die die Hauptversammlung nicht berücksichtigen konnte.[602]

2. *Möglichkeit zur kollektiven und individuellen Herabsetzung der Maximalvergütung*

Der Aufsichtsrat kann in dem Vorstandsvergütungssystem die Maximalvergütung selbst gestalten. Das betrifft unter anderem die Frage, ob eine Gesamtmaximalvergütung oder eine Individualmaximalvergütung für jedes einzelne Vorstandsmitglied geregelt, oder ob eine Differenzierung zwischen dem Vorstandsvorsitzenden und sonstigen Mitgliedern festgelegt werden soll.[603] § 87 Abs. 4 AktG spricht nur von der Herabsetzung der Maximalvergütung. Insofern stellt sich spiegelbildlich die Frage, ob ein Herabsetzungsbeschluss dieselben Regelungsmöglichkeiten gewährt.

---

[601] Siehe ausführlich: § 10 C.

[602] A.A. mit Verweis auf die Gesetzesbegründung: *Koch*, AktG, § 87 Rn. 66; *Fleischer*, in: BeckOGK-AktG, Stand: 1. Februar 2025, § 87 Rn. 89; *Cahn*, in: KölnKomm-AktG, § 87 Rn. 142; *Grigoleit/Kochendörfer*, in: Grigoleit, AktG, § 87a Rn. 121; *Spindler*, in: MüKo-AktG, § 87a Rn. 52; *Dauner-Lieb*, in: Henssler/Strohn, GesR, AktG, § 87 Rn. 50; *Weber*, in: Hölters/Weber, AktG, § 87 Rn. 71; *Pusch/Daub*, in: NK-GA, AktG, § 87 Rn. 47; *Lochner/Beneke*, in: Heidel, AktG, § 87 Rn. 24; *Cahn*, in: FS Böcking (2021), S. 55, 58; *Gärtner/Himmelmann*, AG 2021, 259, 267.

[603] *Fleischer*, in: BeckOGK-AktG, Stand: 1. Februar 2025, § 87a Rn. 15; *Spindler*, in: MüKo AktG, § 87a Rn. 20; *Koch*, AktG, § 87a Rn. 5c; *Böcking/Bundle*, Der Konzern 2020, 15, 18; *Herrler*, ZHR 2020, 408, 446; *Zipperle/Lingen*, BB 2020, 131, 132; *Nikoleyczik/Crombach*, AG 2021, 744, 746.

In der Literatur wird die Herabsetzungsmöglichkeit häufig auf Ergänzungsanträge der Aktionäre eingeschränkt, die die Maximalvergütung in der Summe aller Vorstandsmitglieder herabzusetzen versuchen.[604] Demnach könnte nur die Gesamtmaximalvergütung herabgesetzt werden. Damit wäre nur eine Herabsetzung der Gesamtbezüge möglich. Das würde dem Aufsichtsrat das letzte Wort bei der Ausgestaltung und der Festsetzung der Maximalvergütung innerhalb dieser von der Hauptversammlung beschlossenen Gesamtmaximalvergütung lassen. Ein entsprechender Antrag der Aktionäre könnte dagegen auch bloß auf die Herabsetzung der individuellen Maximalvergütung für die einzelnen Vorstandsmitglieder gerichtet sein, sofern eine solche im Vergütungssystem angegeben ist.[605] Das würde der Hauptversammlung wiederum ermöglichen, neben der Gesamtvergütung aller Vorstandsmitglieder auch nur die Maximalvergütung bestimmter Vorstandsmitglieder herabzusetzen. Den Aktionären würde also ein größeres Mitspracherecht bei der Vergütungsentscheidung zustehen als bei einer reinen Herabsetzung der Gesamtmaximalvergütung.[606] Das würde im Ergebnis dazu führen, dass mit dem Instrument des Herabsetzungsbeschlusses auch eine konkretere Personalkritik zum Ausdruck gebracht werden könnte.

a) Auslegung spricht für individuelle Herabsetzungsmöglichkeit

Der Wortlaut spricht zwar zunächst für die individuelle Herabsetzung, da der Verweis auf § 87a Abs. 1 Satz 2 Nr. 1 AktG als Bezugnahme auf die konkret ausgestaltete Maximalvergütung verstanden werden kann. Auf der anderen Seite ist aber auch die Interpretation möglich, dass der Verweis nur der Identifizierung der Vergütungskomponente dienen soll. Demnach würde nur klargestellt, dass es einzig auf die Maximalvergütung ankommt, ohne weiter

---

[604] *Koch*, AktG, § 87 Rn. 67; *Spindler*, in: MüKo-AktG, § 87 Rn. 263; *Melot de Beauregard/Arden*, in: Backhaus/Tielmann, AktG, § 87 Rn. 132; *Florstedt*, ZIP 2020, 1, 5; *Herrler*, ZHR 2020, 408, 447 f.; *Nikoleyczik/Crombach*, AG 2021, 744, 748.

[605] *Cahn*, in: KölnKomm-AktG, § 87 Rn. 144; *Seibt*, in: K. Schmidt/Lutter, AktG, § 87 Rn. 50; *Grigoleit/Kochendörfer*, in: Grigoleit, AktG, § 87a Rn. 120; *Weber*, in: Hölters/Weber, AktG, § 87 Rn. 71; *Gärtner*, in: Goette/M. Arnold, AR-Hdb, § 4 Rn. 1896; *Cahn*, in: FS Böcking (2021), S. 55, 58; *Gärtner/Himmelmann*, AG 2021, 259, 268.

[606] Noch weitergehender: *Grigoleit/Kochendörfer*, in: Grigoleit, AktG, § 87a Rn. 120, die auch die inhaltliche Ausgestaltung der Maximalvergütung von § 87 Abs. 4 AktG umfasst sehen, sofern sich nur der Gesamtbetrag der Vergütung verringert. Insofern soll sogar eine Erhöhung von Einzelmaximalvergütungen zulässig sein.

eine Aussage zu treffen, welche Gestaltungsform der Maximalvergütung gemeint ist. Auch die Gesetzesbegründung bleibt insofern unklar. Dort wird nur der Fall der Herabsetzung der Gesamtmaximalvergütung beschrieben.[607] Demnach muss die Summe der nach einem Herabsetzungsbeschluss der Hauptversammlung neu abgeschlossenen Vorstandsverträge der herabgesetzten Maximalvergütung entsprechen.[608] In dem Zusammenhang spricht die Gesetzesbegründung ebenfalls davon, dass solche Probleme bei der Festsetzung einer Maximalvergütung für jedes einzelne Vorstandsmitglied nicht zu erwarten seien.[609] Dass hier sprachlich von der Festsetzung und nicht mehr der Herabsetzung die Rede ist, schließt aber nicht aus, dass es nicht auch eine Herabsetzung einzelner Gesamtbezüge geben kann. Vielmehr spricht die Annahme, dass bei einer Festsetzung von Einzelbezügen derartige Probleme nicht zu erwarten seien, dafür, dass in diesem Fall die Gesamtmaximalvergütung nicht relevant wird. Wenn keine Summe aus neu abgeschlossenen Verträgen zu bilden ist, kann das nur daran liegen, dass sich die einzelne Festsetzung der Vergütung eines Vorstandsmitglieds auch an der individuell herabgesetzten Vergütung für nur ein Vorstandsmitglied orientieren kann.

Außerdem bezieht sich nach der Gesetzesbegründung der Beschluss auf die Maximalvergütung, „*wie sie im System festgelegt ist*"[610]. Insofern kann der Beschluss selbst sich immer nur in dem Rahmen bewegen, den das Vergütungssystem vorgibt. Wenn der Aufsichtsrat im System zwischen Vorstandsmitgliedern differenziert, muss sich entsprechend dem klaren Verweis auf die im System angegebene Maximalvergütung auch der Antrag der Aktionäre nicht zwingend auf eine Gesamtvergütung beziehen.[611] Andernfalls müssten Aktionäre für den Fall, dass im Vergütungssystem verschiedene Individualhöchstgrenzen festgeschrieben sind, erst rechnerisch eine Gesamtvergütung ermitteln, um diese dann herabsetzen zu können. Außerdem ist zu berücksichtigen, dass den Aktionären in diesem Kompromiss zumindest in einem Teilbereich der Vergütungsfragen ein verbindliches

---

[607] Vgl. Beschlussempfehlung und Bericht AfRuV, BT-Drucks. 19/15153, S. 55.
[608] Beschlussempfehlung und Bericht AfRuV, BT-Drucks. 19/15153, S. 55.
[609] Beschlussempfehlung und Bericht AfRuV, BT-Drucks. 19/15153, S. 55.
[610] Beschlussempfehlung und Bericht AfRuV, BT-Drucks. 19/15153, S. 55.
[611] So auch: *Weber*, in: Hölters/Weber, AktG, § 87 Rn. 71.

Decide on Pay eingeräumt worden ist.[612] Bliebe es bei der Möglichkeit die Gesamtvergütung herabzusetzen, wäre der Aufsichtsrat im Rahmen seiner Ausgestaltungsmöglichkeit weiter befugt, die Individualmaximalvergütung, welche im System vorher festgelegt worden ist, nach eigenem Ermessen anzupassen, um der neuen Höchstsumme gerecht zu werden.

b) Praktische Relevanz der individuellen Maximalvergütung

Insbesondere vor dem Hintergrund, dass eine Gesamtmaximalvergütung in der Praxis die Ausnahme bildet, sollten die Wirkungen des § 87 Abs. 4 AktG als neues starkes Aktionärsrecht bei der Vergütungsentscheidung nicht über Umwege abgeschwächt werden. Von den achtunddreißig dem deutschen Aktiengesetz unterfallenden DAX-Konzernen differenzieren fünfunddreißig Gesellschaften bei der Maximalvergütung im Vergütungssystem zumindest zwischen dem Vorstandsvorsitzenden und anderen Vorstandsmitgliedern.[613] Dabei kann für die Aktionäre ein Bedürfnis bestehen, die oft deutlich höher liegende Vergütung für den Vorstandsvorsitzenden zu verringern, die Maximalvergütung der übrigen Vorstandsmitglieder aber unberührt zu lassen. Wären die Aktionäre gezwungen, ihren Antrag nach § 87 Abs. 4 AktG auf die Herabsetzung der Gesamtvergütung zu richten, wäre der Aufsichtsrat auch in der Lage, die Maximalvergütung des Vorsitzenden unberührt zu lassen und stattdessen die Höchstbeträge der übrigen Mitglieder anzupassen, um der neuen Gesamtsumme gerecht zu werden. Das ließe sich nicht mit den Vorstellungen des Gesetzgebers in Einklang bringen. Nur in diesem einen Punkt haben die Aktionäre eine eigene verbindliche Entscheidungskompetenz zugesprochen bekommen. Es besteht also kein Anlass, diese Möglichkeit der Hauptversammlung einzuschränken und in ihrer Wirkung zu begrenzen.

c) Keine kompetenzrechtlichen Bedenken

Im Übrigen sieht das mit dem ARUG II eingeführte neue Kompetenzgefüge in der Aktiengesellschaft vor, dass die Aktionäre ausreichend informiert sind und zumindest unverbindlich über § 120a Abs. 1 Satz 1 AktG ihre Zustimmung

---

[612] *Böcking/Bundle*, Der Konzern 2020, 15, 22.

[613] Ohne Differenzierung zwischen Vorstandsmitgliedern, aber mit Individualfestlegung: Commerzbank AG und Deutsche Bank AG; mit einer Gesamtmaximalvergütung: Porsche Automobil Holding SE.

oder Ablehnung über das Vergütungssystem erklären können. Der Aufsichtsrat bindet sich mit der Vorlage eines Vergütungssystems über § 87a Abs. 2 Satz 1 AktG selbst, sodass er nur einmal vorgelegte Vergütungssysteme zur Grundlage der Festsetzung machen darf.[614] Entscheidet sich der Aufsichtsrat für eine Aufschlüsselung der Maximalvergütung, muss er sich anhand dieser messen lassen. Die verpflichtende Herabsetzung einer in der Form nicht festgelegten Gesamtmaximalvergütung würde dagegen das Kompetenzgefüge stärker beeinflussen. Im Ergebnis könnte eine solche Annahme dazu führen, dass der Aufsichtsrat ohne erneute Vorlage an die Hauptversammlung und damit ohne erneute Beteiligung der Hauptversammlung sein Vergütungssystem in Bezug auf die Maximalvergütung ändern dürfte, beziehungsweise sogar müsste, um die Individualgrenzen an die neue Höchstsumme anzupassen.

Damit ist klar, dass sich die Herabsetzungsanträge der Aktionäre zumindest immer dann auf individuelle Summen beziehen dürfen, wenn der Aufsichtsrat diese im Vergütungssystem so vorgesehen hat. Damit ist nicht die Möglichkeit ausgeschlossen, dass der Antrag sich trotz individueller Festlegung der Maximalvergütung im Vergütungssystem auf die Gesamtsumme bezieht. In diesem Fall bleibt es bei der weiteren Ausgestaltungskompetenz des Aufsichtsrats. Das ermöglicht auch einen Zusammenschluss verschiedener Aktionäre, wenn zwar Einigkeit über das Ziel der Verringerung der Vorstandspersonalkosten besteht, aber über den individuellen Anknüpfungspunkt der Einsparung Uneinigkeit herrscht. Die Konsensfindung in der Hauptversammlung wird also unter Umständen wahrscheinlicher.

d) Vereinbarkeit mit der abstrakten Wirkung

Dieses Verständnis führt lediglich dann zu Problemen, wenn der Aufsichtsrat sich nach einer Beschlussfassung nach § 87 Abs. 4 AktG entschließt, im Rahmen seiner Kompetenz ein anderes Vergütungssystem nach § 87a Abs. 2 Satz 1 AktG anzuwenden. Besonders ins Auge fällt die Konstellation, dass das vorherige Vergütungssystem und der Beschluss der Hauptversammlung jeweils Individualgrenzen für die Vorstandsmitglieder vorgesehen haben, das neue System aber eine Gesamtvergütung vorsieht. Entsprechend der hier vertretenen Auffassung, dass sich der Beschluss nach § 87 Abs. 4 AktG in seiner Wirkung auf andere Vergütungssysteme auswirkt, auf die der Aufsichtsrat

---

614 Siehe: § 9 B. I. 2.

ohne neue Hauptversammlungsvorlage zurückgreift,[615] ist der verbleibende Gestaltungsspielraum des Aufsichtsrats fraglich.[616] Auf der einen Seite spricht die generelle Kompetenzordnung mit dem für die Vergütung grundsätzlich zuständigen Aufsichtsrat und die nur punktuell auf die Maximalvergütung begrenzte verbindliche Kompetenz der Hauptversammlung dafür, dass die inhaltliche Ausgestaltung der Maximalvergütung nur durch den Aufsichtsrat festgelegt werden kann. Auf der anderen Seite ist es der Aufsichtsrat selbst, der sich durch die Ausgestaltung im ursprünglichen Vergütungssystem bindet. Zwar mag es auf den ersten Blick so aussehen, als wenn die Aktionäre mit einem Beschluss nach § 87 Abs. 4 AktG die Gestaltung der Maximalvergütung vornehmen könnten. Das lässt jedoch außer Acht, dass auch bei einer individuellen Herabsetzung der Vergütungshöchstgrenze der Aufsichtsrat mit der Festsetzung der Vergütung letztverantwortlich für die Vergütungsentscheidung ist. Es ist dem Aufsichtsrat insofern nicht verwehrt, auf ein älteres System zurückzugreifen, welches statt einer Individual- nur eine Gesamtvergütungshöchstgrenze vorsieht. Er hat dann aber bei der konkreten Festsetzung der Vergütung die Grenzen der rechnerisch zu ermittelnden Gesamtmaximalvergütung des Hauptversammlungsbeschlusses zu beachten. Das Gleiche gilt für den Fall, dass der Aufsichtsrat auf ein Vergütungssystem zurückgreifen möchte, das statt ursprünglich einer Gesamtmaximalvergütung eine Individualmaximalvergütung vorsieht. Hier hat der Aufsichtsrat nur zusätzlich zu der Grenze, derjenigen durch den Beschluss herabgesetzten Gesamtmaximalvergütung, die im Vergütungssystem individuell festgelegte Maximalvergütung zu beachten. Damit begrenzt sich weiterhin der Entscheidungsspielraum auf das System, das der Aufsichtsrat selbst vorgelegt hat. Ändert dieser sein System, ohne die Hauptversammlung erneut einzubinden, besteht Konformität innerhalb des neuen Kompetenzgefüges, die Entscheidungsbefugnis in diesem begrenzten Bereich auf den Rahmen, den der Beschluss nach § 87 Abs. 4 AktG zulässt, einzuschränken.

e) Zwischenergebnis

Zusammenfassend ergibt sich insbesondere aus der neuen Gesetzessystematik mit dem Hintergrund der stärkeren Aktionärsbeteiligung und der in der Frage der

---

615 Siehe: § 9 B. III. 1. b).

616 Siehe dazu: *Herrler*, ZHR 2020, 408, 449, der eine Herabsetzung nur der Gesamtvergütung als zulässig erachtet, und bei dem sich daher das Problem nicht stellt.

Maximalvergütung punktuell eingefügten Entscheidungsmöglichkeit der Hauptversammlung eine Kompetenz der Aktionäre nicht nur zur Herabsetzung der Gesamtmaximalvergütung, sondern eine Herabsetzungskompetenz auch auf individueller Ebene, wie es das vom Aufsichtsrat verwendete Vergütungssystem zulässt.

IV. Zwischenfazit

Der gesetzlichen Prämisse nach § 120a Abs. 1 Satz 2 AktG, wonach der Beschluss der Hauptversammlung weder Rechte noch Pflichten begründet, kann damit nicht zugestimmt werden. Die Formulierung, welche gerade das unverbindliche Votum verdeutlichen soll, übersieht schon die unmittelbar aus dem Beschluss folgende Bindungswirkung nach § 87a Abs. 2 Satz 1 AktG. Daneben ergeben sich bereits aus dem Gesetz weitere unmittelbare Rechtsfolgen in Gestalt der Publizitätsverpflichtung nach § 120a Abs. 2 AktG und in Gestalt der erneuten Vorlagepflicht nach § 120a Abs. 3 AktG bei einem missbilligenden Beschluss.

Daneben folgt eine Reihe von mittelbaren Pflichten und Rechten aus dem Beschluss. Neben der Berücksichtigung im Rahmen der Vergütungsentscheidungen des Aufsichtsrats kann sich der Beschluss über die Bindungswirkung nach § 87a Abs. 2 Satz 1 AktG, bei der es sich nach hier vertretener Auffassung um eine Verbotsnorm i.S.d. § 134 BGB handelt, also im Ergebnis auf die Wirksamkeit der Vergütungsvereinbarung auswirken. Zu dem gleichen Ergebnis kommt man über eine Einschränkung der Vertretungsmacht des Aufsichtsrats mit Blick auf die Bindungswirkung. Daneben können Aufsichtsrat und Vorstandsmitglied das Votum zur Bedingung des Anstellungsvertrags machen, was ebenfalls mittelbare Folge des Beschlusses ist. Schließlich bewirkt die Abstimmung über das Vergütungssystem bei pflichtgemäßer Angabe einer Maximalvergütung auch das Recht der Hauptversammlung, diese Maximalvergütung nach § 87 Abs. 4 AktG herabzusetzen.

C. Keine Anfechtbarkeit

Vor dem Hintergrund der soeben dargestellten Beschlusswirkungen des Hauptversammlungsvotums nach § 120a Abs. 1 Satz 1 AktG bedarf der gesetzliche Anfechtungsausschluss einer näheren Betrachtung. Nach § 120a Abs. 1 Satz 3 AktG ist der Beschluss grundsätzlich nicht anfechtbar. Konsequenz der Regelung ist, dass Mängel im Zusammenhang mit der Beschlussfassung über das Vergütungssystem von den Aktionären grundsätzlich hingenommen werden müssen (§ 9 C. I). Ob daneben auch die Rechte der Aktionäre mit Blick auf die Nichtigkeitsklage umfasst sind, regelt der Gesetzgeber dagegen nicht ausdrücklich. Aus diesem Grund braucht es eine kritische Auseinandersetzung, ob die den Anfechtungsausschluss tragende Begründung auf die Nichtigkeitsklage übertragen werden können (§ 9 C. II). Bisher weniger Beachtung hat daneben außerdem die Zulässigkeit einer Feststellungsklage nach § 256 ZPO erhalten. Mit dieser könnten die Aktionäre trotz des Anfechtungsausschlusses mittelbar gegen den Beschluss der Hauptversammlung vorgehen (§ 9 C. III).

I. Ausschluss der Anfechtbarkeit des Beschlusses nach § 120a Abs. 1 Satz 3 AktG

In § 120a Abs. 1 Satz 3 AktG ist festgelegt, dass der Beschluss der Hauptversammlung über das Vergütungssystem nicht nach § 243 AktG anfechtbar ist. Damit wird der Anfechtungsausschluss des freiwilligen Votums nach § 120 Abs. 4 Satz 3 AktG a.F. beibehalten. Begründet wurde das vom Gesetzgeber damit, dass die ursprünglich auf das VorstAG zurückgehenden Erwägungen, den Anfechtungsausschluss weiterhin rechtfertigen.[617] Demnach bedarf es mangels rechtlicher Auswirkungen des Vergütungsvotums gerade keiner Anfechtungsmöglichkeit. Daneben sei das Ziel, Beschlussmängelklagen weiter einzudämmen, ebenfalls ein den Anfechtungsausschluss tragender Begründungsansatz.[618] Das Argument der fehlenden rechtlichen Auswirkungen kann vor dem Hintergrund der unmittelbaren und mittelbaren Wirkungen des Beschlusses nicht überzeugen. Der Ausschluss der Anfechtungsklage ist aber wegen des klaren und eindeutigen Willens des Gesetzgebers zu respektieren.

Der generelle Anfechtungsausschluss umfasst dabei sämtliche Mängel, also neben inhaltlichen und verfahrensrechtlichen Beschlussmängeln auch mittelbare Verfahrensverstöße, wie die Verletzung des Rede- und Auskunftsrechts oder Fehler bei der Stimmrechtsauszählung.[619] Als Konsequenz ist eine

---

617 Begr. RegE ARUG II, BT-Drucks. 19/9739, S. 93; vgl. auch: *J. Schmidt*, NZG 2018, 1201, 1204.

618 Begr. RegE ARUG II, BT-Drucks. 19/9739, S. 93; *Spindler*, in: K Schmidt/Lutter, AktG, § 120a Rn. 21; kritisch dazu: *Jo. Hoffmann*, in: BeckOGK-AktG, Stand: 1. Februar 2025, § 120a Rn. 26; *Tröger*, in: KölnKomm-AktG, § 120a Rn. 55; *Anzinger*, ZGR 2019, 39, 81.

619 *Kubis*, in: MüKo-AktG, § 120a Rn. 17; *Spindler*, in: K Schmidt/Lutter, AktG, § 120a Rn. 21; *Drinhausen*, in: Hölters/Weber, AktG, § 120a Rn. 5; *Herrler*, in: Grigoleit, AktG,

Anfechtungsklage, die sich gegen den Beschluss richtet, unzulässig.[620] Eine Anfechtung ist jedoch nur insoweit ausgeschlossen, als sich die Anfechtung auf den Beschluss nach § 120a Abs. 1 Satz 1 AktG bezieht. Liegt also kein von § 120a Abs. 1 Satz 1 AktG umfasster Beschluss mehr vor, ist eine Anfechtung möglich.[621] Das ist unter anderem immer dann der Fall, wenn der Beschlussgegenstand nicht mehr das vom Aufsichtsrat beschlossene Vergütungssystem im Ganzen ist.[622] Daneben ist ein Auskunftserzwingungsverfahren nach § 132 AktG ebenfalls nicht vom Anfechtungsausschluss umfasst.[623]

II. Keine Erweiterung des Anfechtungsausschlusses auf Nichtigkeit

Schon unter Geltung des § 120 Abs. 4 Satz 3 AktG a.F. stellte sich die Problematik, ob der Ausschluss der Anfechtbarkeit auch die Nichtigkeitsklage erfassen sollte.[624] Der Gesetzgeber ging beim geplanten aber nicht umgesetzten Gesetz zur Verbesserung der Kontrolle der Vorstandsvergütung und zur Änderung weiterer aktienrechtlicher Vorschriften (VorstKoG) jedenfalls davon aus, dass der Ausschluss der Anfechtbarkeit nach § 120 Abs. 4 Satz 3 AktG a.F.

---

§ 120a Rn. 31; *Spindler*, AG 2020, 61, 73; noch zur alten Regelung: *E. Vetter*, ZIP 2009, 2136, 2140; *Fleischer/Bedkowski*, AG 2009, 677, 685; *v. Falkenhausen/Kocher*, AG 2010, 623, 628.

620 *Kubis*, in: MüKo-AktG, § 120a Rn. 17; *Koch*, AktG, § 120a Rn. 6.

621 Noch zu § 120 Abs. 4 Satz 3 AktG a.F.: *E. Vetter*, ZIP 2009, 2136, 2140.

622 Siehe zum Beschlussgegenstand: § 8 A.

623 *Kubis*, in: MüKo-AktG, § 120a Rn. 17; zur alten Rechtslage ebenso: *Schick*, ZIP 2011, 593, 601.

624 Ablehnend: *Mülbert*, in: Großkomm-AktG, § 120 Rn. 182; *Spindler*, in: K. Schmidt/Lutter, AktG, 3. Aufl., § 120 Rn. 65; *Herrler*, in: Grigoleit, AktG, 1. Aufl., § 120 Rn. 28; *E. Vetter*, ZIP 2009, 2136, 2140, der eine Nichtigkeitsklage nur bei Beschlüssen, die nicht mehr von § 120 Abs. 4 Satz 1 AktG a.F. gedeckt waren, für möglich hält; *Drinhausen/Keinath*, BB 2010, 3, 7 Rn. 40; *Döll*, WM 2010, 103, 110; *Fleischer*, NZG 2009, 801, 805; *Fleischer/Bedkowski*, AG 2009, 677, 685; *v. Falkenhausen/Kocher*, AG 2010, 623, 628; *Neideck*, Die Mitwirkung der Hauptversammlung bei der Ausübung der Personalkompetenz durch den Aufsichtsrat, S. 134; *Raapke*, Die Regulierung von Organmitgliedern und Angestellten im Aktien- und Kapitalmarktrecht, S. 79 f.; *Voth*, Beratende Hauptversammlungsbeschlüsse, S. 219; a.A.: *Koch*, in Hüffer/Koch, AktG, 13. Aufl., § 120 Rn. 24; *Kubis*, in MüKo-AktG, 4. Aufl., § 120 Rn. 49; *Reger*, in: Bürgers/Körber, AktG, 4. Aufl., § 120 Rn. 20; *Liebscher*, in: Henssler/Strohn, GesR, 4. Aufl., AktG, § 120 Rn. 15; *Schick*, ZIP 2011, 593, 594; *Annuß/Theusinger*, BB 2009, 2434, 2439; *Begemann/Laue*, BB 2009, 2442, 2445; *Schüppen*, ZIP 2010, 905, 908 Rn. 31; wohl auch: *Hupka*, Das Vergütungsvotum der Hauptversammlung, S. 302 f.

nicht zu einem Ausschluss der Nichtigkeit führe.[625] Die Geltendmachung der Nichtigkeit wurde vielmehr trotz Anfechtungsausschluss als Selbstverständlichkeit bezeichnet.[626] Bei der Neuregelung des ARUG II wurde die Nichtigkeitsklage nicht in den § 120a Abs.1 AktG aufgenommen, obwohl der Gesetzgeber Kenntnis von der Diskussion um den Ausschluss der Nichtigkeit hatte.[627] Stattdessen beschränken sich die Ausführungen in der Gesetzesbegründung darauf, warum die Gründe für die Aufnahme des § 120 Abs. 4 Satz 3 AktG a.F. nach wie vor Geltung beanspruchen. Neben dem folglich fehlenden Willen des Gesetzgebers die Nichtigkeit auszuschließen, spricht der klare Wortlaut dagegen. § 120a Abs. 1 Satz 3 AktG erfasst ausdrücklich nur die Anfechtung und nicht die Nichtigkeit.[628]

Man könnte zwar den Rechtsgedanken des Anfechtungsausschlusses auf die Nichtigkeit übertragen. So könnte man meinen, dass es beim empfehlenden Votum kein Bedürfnis für die Feststellung der Nichtigkeit gibt.[629] Dem sind jedoch (schon bei der Anfechtbarkeit) die bestehenden, wenn auch zum Teil nur mittelbaren, rechtlichen Wirkungen entgegenzuhalten, die aus dem Vergütungsbeschluss folgen.[630] Angesichts der zweifelsfrei bestehenden rechtlichen Differenzierung zwischen einem billigenden und einem missbilligenden Beschluss in § 120a Abs. 3 AktG und der daraus resultierenden erneuten Vorlagepflicht des Aufsichtsrats kommt es auf die Wirksamkeit eines billigenden Beschlusses an.[631] Wegen der zumindest mittelbaren Rechtswirkungen

---

625 Beschlussempfehlung und Bericht des AfRuV, BT-Drucks. 17/14214, S. 18; *Ziemons*, GWR 2013, 283, 284.

626 Vgl. Beschlussempfehlung und Bericht des AfRuV, BT-Drucks. 17/14214, S. 18, wonach die Nichtigkeit freilich geltend gemacht werden könne.

627 *Tröger*, in: KölnKomm-AktG, § 120a Rn. 54; *Spindler*, in: K Schmidt/Lutter, AktG, § 120a Rn. 21; *Kubis*, in: MüKo-AktG, § 120a Rn. 18; *Bachmann/Pauschinger*, ZIP 2019, 1, 6; *Gärtner/Himmelmann*, AG 2021, 259, 265; *Spindler*, AG 2020, 61, 74.

628 Zu § 120 Abs. 4 Satz 3 AktG a.F.: *Fleischer*, NZG 2009, 801, 805.

629 *Jo. Hoffmann*, in: BeckOGK-AktG, Stand: 1. Februar 2025, § 120a Rn. 27; *Koch*, AktG, § 120a Rn. 6; *Löbbe/Fischbach*, AG 2019, 373, 378; *Goslar*, DB 2020, 937, 940; *Gärtner/Himmelmann*, AG 2021, 259, 265 f.; zu § 120 Abs. 4 Satz 3 AktG a.F.: *Schick*, ZIP 2011, 593, 594; *Hupka*, Das Vergütungsvotum der Hauptversammlung, S. 302 f.

630 Ebenso: *Spindler*, in: K Schmidt/Lutter, AktG, § 120a Rn. 21; noch zur alten Regelung: *Döll*, WM 2010, 103, 110 f.; *E. Vetter*, ZIP 2009, 2136, 2141 f.; a.A.: *Begemann/Laue*, BB 2009, 2442, 2444 f.

631 Aus diesem Grund eine eingeschränkte Aktionärsklage anerkennend: *Jo. Hoffmann*, in: BeckOGK-AktG, Stand: 1. Februar 2025, § 120a Rn. 27, der aber die Subsidiarität

fehlt der Nichtigkeitsklage damit auch nicht das Rechtsschutzbedürfnis.[632] So kann bereits die erhebliche faktische, das Verhalten des Aufsichtsrats entsprechend beeinflussende, Bedeutung des Votums das Ziel einer rechtssicheren Feststellung schwerwiegender Mängel rechtfertigen.[633]

Systematisch ist weiter der Unterschied zwischen der bei der Anfechtung eines anfechtbaren Beschlusses rechtsgestaltenden Wirkung des Urteils sowie der grundsätzlich *ipso iure* eintretenden Nichtigkeit eines nichtigen Beschlusses zu beachten.[634] § 120a Abs. 1 Satz 3 AktG verweist gerade nicht auf die Anfechtungsklage, sondern mit § 243 AktG auf die Anfechtungsgründe, sodass eine Erweiterung konsequent die Nichtigkeitsgründe in § 241 AktG treffen müsste. Demnach geht es bei der Frage nach der Reichweite des Anfechtungsausschlusses in Bezug auf die Nichtigkeit des Beschlusses nicht allein um die (Un-)Zulässigkeit einer Klage. Vielmehr würde ein solches Durchgreifen weitere Fragen im Zusammenhang mit der Rechtswirkung des § 241 AktG aufwerfen. Insgesamt bestehen damit zumindest nicht zu übersehene Unterschiede zwischen der Anfechtbarkeit und der Nichtigkeit. Insofern besteht neben der soeben festgestellten nicht vorhandenen planwidrigen Regelungslücke auch keine Vergleichbarkeit der Interessenlage.[635] Anerkannt ist insofern weitestgehend, dass die Nichtigkeit im Zusammenhang mit einer Kompetenzüberschreitung der Hauptversammlung jedenfalls geltend gemacht werden kann.[636]

Zusammenfassend ist es mit Blick auf das Erkennen der Fragestellung durch den Gesetzgeber, der schon in Anfechtungsfragen zweifelhaften rechtlichen Herleitung und den systematischen Unterschieden nicht

---

der Nichtigkeitsklage gegenüber einer Leistungsklage auf Wiedervorlage nach § 120a Abs. 3 AktG annimmt.

632 *Herrler*, in: Grigoleit, AktG, § 120a Rn. 31; *Spindler*, in: K Schmidt/Lutter, AktG, § 120a Rn. 21; *Tröger*, in: KölnKomm-AktG, § 120a Rn. 54; a.A.: *Koch*, AktG, § 120a Rn. 6; *Drinhausen*, in: Hölters/Weber, AktG, § 120a Rn. 5.

633 *Tröger*, in: KölnKomm-AktG, § 120a Rn. 54.

634 Vgl. *Vatter*, in: BeckOGK-AktG, Stand: 1. Februar 2025, § 249 Rn. 5; *Koch*, AktG, § 241 Rn. 4 ff.; *Schäfer*, in: MüKo-AktG, § 241 Rn. 17 f., § 249 Rn. 4; siehe aber insofern vertiefend zur ebenfalls rechtsgestaltenden Wirkung der Nichtigkeitsklage etwa: *Casper*, in: BeckOGK-AktG, Stand: 1. Februar 2025, § 241 Rn. 13.

635 *Tröger*, in: KölnKomm-AktG, § 120a Rn. 54.

636 *Koch*, AktG, § 120a Rn. 6; *Drinhausen*, in: Hölters/Weber, AktG, § 120a Rn. 5; *Kubis*, in: MüKo-AktG, § 120a Rn. 18.

überzeugend, den Anfechtungsausschluss auf die Nichtigkeit oder die Nichtigkeitsklage zu übertragen, sodass diese nach wie vor geltend gemacht werden können.[637]

III. Zulässigkeit einer Feststellungsklage nach § 256 Abs. 1 ZPO

Bereits zur Rechtslage unter Geltung des VorstAG wurde die Zulässigkeit einer Feststellungsklage thematisiert, die sich aus verfassungsrechtlichen Gründen ergeben müsse.[638] Demnach verstoße ein umfassender Anfechtungsausschluss gegen den allgemeinen Justizgewährungsanspruch, der sich aus dem Rechtsstaatsprinzip ergibt.[639] So könne insbesondere die vom Gesetzgeber unterstellte mangelnde Bindungswirkung angesichts der rechtlichen Wirkungen nicht überzeugen, eine umfassende gerichtliche Nachprüfbarkeit zu verwehren.[640]

Um diesem verfassungsmäßigen Problem zu begegnen, bleibe insofern die vom Wortlaut nicht ausgeschlossene Möglichkeit der Feststellungsklage nach § 256 ZPO, bei dem sich das notwendige Rechtsschutzbedürfnis und das Feststellungsinteresse aus den tatsächlichen Auswirkungen des Votums

---

637 Ebenso: *Herrler*, in: Grigoleit, AktG, § 120a Rn. 31; *Tröger*, in: KölnKomm-AktG, § 120a Rn. 54; *Spindler*, in: K Schmidt/Lutter, AktG, § 120a Rn. 21; *Krenek*, in: Heidel, AktG, § 120a Rn. 15; *Reger*, in: Bürgers/Lieder, AktG, § 120a Rn. 13; *Florstedt*, ZGR 2019, 630, 649; *Bachmann/Pauschinger*, ZIP 2019, 1, 6; *Spindler*, AG 2020, 61, 73 f.; *Mutter/Werner*, AG 2020, R346, R346; für Klagen des Aufsichtsrats: *Jo. Hoffmann*, in: BeckOGK-AktG, Stand: 1. Februar 2025, § 120a Rn. 27; a.A.: *Kubis*, in: MüKo-AktG, § 120a Rn. 18; *Koch*, AktG, § 120a Rn. 6; *Drinhausen*, in: Hölters/Weber, AktG, § 120a Rn. 5; *Reichert*, in: Reichert HV-Hdb, § 42 Rn. 5; *Bungert*, in: MünchHdb GesR IV, § 35 Rn. 48; *Liebscher*, in: Henssler/Strohn, GesR, AktG, § 120a Rn. 8; *Löbbe/Fischbach*, AG 2019, 373, 378; *Gärtner/Himmelmann*, AG 2021, 259, 265 f.; *Goslar*, DB 2020, 937, 940.

638 *Hupka*, Das Vergütungsvotum der Hauptversammlung, S. 295 ff.; *Neideck*, Die Mitwirkung der Hauptversammlung bei der Ausübung der Personalkompetenz durch den Aufsichtsrat, S. 135 ff; zu den verfassungsrechtlichen Bedenken vgl. *Döll*, WM 2010, 103, 110 f.

639 Zum Justizgewährungsanspruch: BVerfG, Beschluss vom 11. Juni 1980, Az.: 1 PBvU 1/79 = BVerfGE 54, 277, 291 = ZIP 1980, 1137, 1139 = juris Rn. 47; BVerfG, Beschluss vom 9. Mai 1989, Az.: 1 BvL 35/86 = BVerfGE, 80, 103, 107 = NJW 1989, 1985, 1985 = juris Rn. 14; BVerfGE 88, 118, 124 = NJW 1993, 1635, 1635 = juris Rn. 21 ff.

640 *Hupka*, Das Vergütungsvotum der Hauptversammlung, S. 296; *Neideck*, Die Mitwirkung der Hauptversammlung bei der Ausübung der Personalkompetenz durch den Aufsichtsrat, S. 136; *Döll*, WM 2010, 103, 110 f.

ergebe.[641] Einschränkend soll sodann die Anfechtungsbefugnis des § 245 AktG analog bei der Feststellungsklage greifen.[642]

Diese Gedanken greifen erst recht im Rahmen des neuen § 120a Abs. 1 Satz 1 AktG. Durch die sich aus § 87a Abs. 2 Satz 1 AktG ergebende Bindungswirkung geht die gesetzliche Regel weit über § 120 Abs. 4 AktG a.F. hinaus.[643] Daneben ergeben sich aber, wie bereits gezeigt, eine Reihe von weiteren zumindest mittelbaren rechtlichen Auswirkungen, die über die lediglich öffentliche Druckwirkung der alten Rechtslage hinausgehen.[644] Der Anfechtungsausschluss ist vor diesem Hintergrund insgesamt fragwürdig, sollte aber wegen des verfassungsrechtlich gebotenen Justizgewährungsanspruchs insofern in der Rechtspraxis über das Vehikel der Feststellungsklage gelöst werden. Die Argumente des Gesetzgebers hinsichtlich der fehlenden rechtlichen Wirkung und der Beschränkung der Beschlussmängelklage können nicht überzeugen, den Aktionären generell eine gerichtliche Überprüfung des Votums zu verwehren.[645] Überzeugend erscheint insoweit eine Überprüfung sämtlicher Gesetzesverstöße geltend zu machen, sodass auch ein Verstoß gegen die materiellen Vorschriften bei der Erstellung des Vergütungssystems gerügt werden kann.[646] Die Aktionäre haben demnach die Möglichkeit feststellen zu lassen, dass das Vergütungsvotum nach § 120a Abs. 1 Satz 1 AktG rechtsfehlerhaft war und der Aufsichtsrat die Vergütung der Vorstandsmitglieder nicht nach § 87a Abs. 2 Satz 1 AktG in Übereinstimmung mit dem vorgelegten Vergütungssystem festsetzen darf.

---

641 *Hupka*, Das Vergütungsvotum der Hauptversammlung, S. 300; *Neideck*, Die Mitwirkung der Hauptversammlung bei der Ausübung der Personalkompetenz durch den Aufsichtsrat, S. 137; a.A.: *Begemann/Laue*, BB 2009, 2442, 2445; *Voth*, Beratende Hauptversammlungsbeschlüsse, S. 223 f.

642 *Hupka*, Das Vergütungsvotum der Hauptversammlung, S. 301; *Neideck*, Die Mitwirkung der Hauptversammlung bei der Ausübung der Personalkompetenz durch den Aufsichtsrat, S. 137.

643 Siehe zur Bindungswirkung: § 9 B. I. 1.

644 Siehe ausführlich zu den rechtlichen Auswirkungen: § 9 B.

645 So aber: Begr. RegE ARUG II, BT-Drucks. 19/9739, S. 93.

646 Überzeugend: *Neideck*, Die Mitwirkung der Hauptversammlung bei der Ausübung der Personalkompetenz durch den Aufsichtsrat, S. 137; zur Beachtung der materiellen Vorschriften bei der Erstellung des Vergütungssystems: § 8 A. I. 4.

TEIL 4

Grenzen der Bindungswirkung des Vergütungssystems

Neben den verschiedenen rechtlichen Auswirkungen des Vergütungsvotums ist für den Aufsichtsrat die Bindungswirkung des Vergütungssystems speziell nach § 87a Abs. 2 Satz 1 AktG von herausgehobener Bedeutung.[647] Diese Bindungswirkung begrenzt die Entscheidungen des Aufsichtsrats bei der Festsetzung der Vergütung. Insofern sind im Folgenden die Grenzen der Bindungswirkung herauszuarbeiten. Zunächst sind die verschiedenen Möglichkeiten darzustellen, die dem Aufsichtsrat zur Verfügung stehen, um von dem vorgelegten Vergütungssystem abzuweichen (§ 10). Es verbleibt ein Spannungsverhältnis zwischen der Bindungswirkung des vorgelegten Vergütungssystems und dem Bedürfnis des Aufsichtsrats auf eine freie Festsetzung der Vergütung. In diesem Zusammenhang könnte ein möglichst flexibel gehaltenes Vergütungssystem eine Antwort auf die starre Bindungswirkung des Vergütungssystems sein (§ 11). Schließlich gilt es eine Antwort auf die Hauptfrage dieser Arbeit zu finden, ob die Bindungswirkung des Vergütungssystems so umfassend ist, dass sie unwesentliche Änderungen an dem Vergütungssystem verbietet (§ 12).

§ 10 Zulässiges Abweichen von dem Vergütungssystem

Die Bindungswirkung verhindert grundsätzlich, dass der Aufsichtsrat die Vergütung der Vorstandsmitglieder frei festsetzen darf. Schon § 87a Abs. 2 Satz 1 AktG ist jedoch ein gewisser Spielraum zu entnehmen, der sich darin

[647] Siehe bereits: § 9 B. I. 1.

zeigt, dass der Aufsichtsrat die Vergütung in Übereinstimmung mit *einem* und nicht *dem* vorgelegten Vergütungssystem festsetzen muss, sodass er nicht zwingend auf nur ein Vergütungssystem als Anknüpfungspunkt für die Bindungswirkung festgelegt ist (§ 10 A). Daneben erkennt das Gesetz selbst das Bedürfnis des Aufsichtsrats an, von der strengen Bindungswirkung Ausnahmen zuzulassen. Kodifiziert wurde insofern eine Abweichungsmöglichkeit in § 87a Abs. 2 Satz 2 AktG (§ 10 B). Außerdem gibt es im Falle der Verschlechterung der Lage der Gesellschaft ein weiteres Anpassungsrecht für die Bezüge der Vorstandsmitglieder in § 87 Abs. 2 AktG (§ 10 C). Schließlich muss der Aufsichtsrat bei der Festsetzung der Vergütung berücksichtigen, dass nach § 87 Abs. 1 Satz 3 Hs. 2 AktG bei außerordentlichen Entwicklungen die Möglichkeit einer Begrenzung variabler Vergütungsbestandteile bestehen soll (§ 10 D).

A. Die Verwendung früher vorgelegter Vergütungssysteme

Eine Grenze der Bindungswirkung ist die Verwendung unterschiedlicher Vergütungssysteme. So legt § 87a Abs. 2 Satz 1 AktG nur fest, dass der Aufsichtsrat die Vergütung in Übereinstimmung mit *einem* der Hauptversammlung vorgelegten Vergütungssystem festzusetzen hat. Damit begrenzt die Bindungswirkung den Spielraum grundsätzlich auf die Grenzen des jeweiligen vorgelegten Vergütungssystems. Vom Gesetz nicht unmittelbar angesprochen wird dagegen die Entscheidung des Aufsichtsrats über das jeweils zugrunde zulegende Vergütungssystem. Wegen der Verwendung des Begriffs *einem* statt *des* der Hauptversammlung vorgelegten Vergütungssystem, ist der Wortlaut offen dafür, dass für die Grundlage der Festsetzung der Vergütung mehr als nur ein Vergütungssystem genutzt werden kann. Dabei kommt grundsätzlich ein Rückgriff auf ein anderes als das zuletzt vorgelegte Vergütungssystem in Betracht (§ 10 A. I). In der Folge dieser Offenheit der Bindungswirkung bleibt zu klären, ob sich eine zeitliche Grenze für einen solchen Rückgriff ergibt (§ 10 A. II). Als Folge der generellen Möglichkeit der Anwendung verschiedener Vergütungssysteme könnte der Aufsichtsrat gewillt sein, mehrere Vergütungssysteme vorzulegen, die den Anforderungen des § 87a Abs. 2 Satz 1 AktG genügen (§ 10 A. III). Mit Blick auf die vom Gesetzgeber bezweckte Transparenz gegenüber den Aktionären könnte die Vorlage mehrerer Vergütungssysteme unzulässig sein. Noch weitergehend besteht möglicherweise auch ohne eine bereits erfolgte

Vorlage an die Hauptversammlung ein Interesse an der Anwendung neu ausgearbeiteter Vergütungssysteme (§ 10 A. IV). Dieses Interesse muss sich dabei ebenfalls an der bezweckten Transparenz messen lassen. Daneben gilt es zu untersuchen, inwiefern die Verwendung mehrerer Vergütungssysteme zur Festsetzung durch einen wiederholten und mehrfachen Wechsel durch den Aufsichtsrat zulässig ist (§ 10 A. V). Schließlich sind die aus dem Rückgriff auf Vergütungssysteme folgenden Publizitätsfragen darzustellen (§ 10 A. VI).

I. Rückgriff auf ein anderes als das zuletzt vorgelegte System

Der Gesetzesbegründung zufolge liegt eine Abweichung jedenfalls dann nicht vor, wenn der Aufsichtsrat sich an einem früher vorgelegten Vergütungssystem orientiert und die Vergütung dementsprechend festsetzt.[648] Die Vorstandsvergütung muss im Rahmen des § 87a Abs. 2 Satz 1 AktG nicht zwingend auf das letzte der Hauptversammlung vorgelegte Vergütungssystem gestützt werden.[649]

1. Zulässigkeit eines generellen Rückgriffs

Überwiegend wird der Rückgriff auf jedes einmal der Hauptversammlung vorgelegte Vergütungssystem als zulässig erachtet, welches den Anforderungen des § 120a Abs. 1 Satz 1 AktG und damit auch den Anforderungen des § 87a Abs. 1 AktG genügt.[650] Dagegen wird teilweise eine grundsätzliche Bindung

---

[648] Begr. RegE ARUG II, BT-Drucks. 19/9739, S. 74 f.

[649] *Wentrup*, in: MünchHdb GesR IV, § 21 Rn. 64; *C. Arnold/Herzberg/Zeh*, AG 2020, 313, 320; *Spindler*, AG 2020, 61, 68; *Florstedt*, ZGR 2019, 630, 651; *Gärtner/Himmelmann*, AG 2021, 259, 264; *v. Zehmen*, BB 2021, 1098, 1100; *Diekmann*, BB 2018, 3010, 3011; *Paschos/Goslar*, AG 2018, 857, 863; *Goslar*, DB 2020, 937, 940; *Timmer*, Vorstandsvergütung 2020, S. 111 f.

[650] *Spindler*, in: K. Schmidt/Lutter, AktG, § 120a Rn. 20; *Cahn*, in: KölnKomm-AktG, § 87a Rn. 30; *Fleischer*, in: BeckOGK-AktG, Stand: 1. Februar 2025, § 87a Rn. 31; *Koch*, AktG, § 87a Rn. 13; *Jo. Hoffmann*, in: BeckOGK-AktG, Stand: 1. Februar 2025, § 120a Rn. 39; *Spindler*, AG 2020, 61, 68; *Florstedt*, ZGR 2019, 630, 651; *Bungert*, in: MünchHdb GesR IV, § 35 Rn. 51; *Heldt*, AG 2018, 905, 908 f.; *Anzinger*, ZGR 2019, 39, 83; *C. Arnold/Herzberg/Zeh*, AG 2020, 313, 320; *Wandt/Vossen*, AG 2020, 705, 706; *Bungert/Berger*, DB 2018, 2801, 2804; *Löbbe/Fischbach*, AG 2019, 373, 379; *Timmer*, Vorstandsvergütung 2020, S. 111 f.; wohl auch: *Spindler*, in: MüKo-AktG, § 87a Rn. 47; ausdrücklich zumindest der Rückgriff auf andere gebilligte Systeme: *Seibt*, in: K. Schmidt/Lutter, AktG, § 87a Rn. 24; siehe zum tauglichen Beschlussgegenstand des § 120a Abs. 1 Satz 1 AktG bereits: § 8 A. I.

an das zuletzt vorgelegte, zumindest zuletzt gebilligte Vergütungssystem angenommen.[651] In § 87a Abs. 2 Satz 1 AktG ist nur von *einem* vorgelegten Vergütungssystem die Rede. Demnach hat der Aufsichtsrat die Vergütung der Vorstandsmitglieder in Übereinstimmung mit *einem* der Hauptversammlung vorgelegten Vergütungssystem festzusetzen. Dadurch liegt der Schluss nahe, dass der Aufsichtsrat entscheiden darf, welches der einmal vorgelegten Vergütungssysteme er anwendet.[652] Dem wird entgegengehalten, dass es sich bei der Formulierung nur um den bewusst unspezifisch offen gelassenen Wortlaut des Art. 9a Abs. 3 Satz 2 AktionärsrechteRL II handle, während eine generelle Auswahlmöglichkeit sich nicht ausdrücklich aus dieser entnehmen lasse.[653] Schon nach der Richtlinie entlohnen die Gesellschaften die Mitglieder der Unternehmensleitung nur entsprechend *einer* Vergütungspolitik, die vorgelegt wurde.

a) Keine teleologischen Bedenken gegen einen Rückgriff

So spreche der eindeutige teleologische Hintergrund von Art. 9a Abs. 3 Satz 2 AktionärsrechteRL II und § 87a Abs. 2 Satz 1 AktG für eine Bindung an das zuletzt vorgelegte Vergütungssystem.[654] Nur dadurch könne eine effektive Bindung des Aufsichtsrats an das Vergütungsvotum erreicht werden.[655] Das Argument verfängt jedoch insoweit nicht, als ausgehend vom Ergebnis einer effektiven Bindung die Wirkung der Bindungskraft in § 87a Abs. 2 Satz 1 AktG begründet wird. Damit wird eine starke Bindung teleologisch vorausgesetzt, die es aber erst teleologisch herzuleiten gilt. Insbesondere vor dem Hintergrund, dass der deutsche Gesetzgeber sich im Kern für ein

---

651 *Grigoleit/Kochendörfer*, in Grigoleit, AktG, § 87a Rn. 87; *Bachmann/Pauschinger*, ZIP 2019, 1, 5 f.; *Wentrup*, in: MünchHdb GesR IV, § 21 Rn. 64; *Herrler*, ZHR 2020, 408, 436 f.; so auch die Empfehlung für den Fall der Missbilligung: Begr. RegE ARUG II, BT-Drucks. 19/9739, S. 92 f.; im Rahmen des pflichtgemäßen Ermessens im Sinne einer Selbstbindung auch: *Spindler*, in: MüKo-AktG, § 87a Rn. 8; *Herrler*, in: Grigoleit, AktG, § 120a Rn. 26.

652 Vgl. Begr. RegE ARUG II, BT-Drucks. 19/9739, S. 74 f.; 92 f.; *Grigoleit/Kochendörfer*, in Grigoleit, AktG, § 87a Rn. 87.

653 So jedenfalls: *Grigoleit/Kochendörfer*, in Grigoleit, AktG, § 87a Rn. 87; *Bachmann/Pauschinger*, ZIP 2019, 1, 5 f.

654 *Grigoleit/Kochendörfer*, in Grigoleit, AktG, § 87a Rn. 87; *Bachmann/Pauschinger*, ZIP 2019, 1, 6; so auch die Empfehlung nach: Begr. RegE ARUG II, BT-Drucks. 19/9739, S. 92 f.; a.A.: *Spindler*, AG 2020, 61, 68; *Löbbe/Fischbach*, AG 2019, 373, 379.

655 *Grigoleit/Kochendörfer*, in Grigoleit, AktG, § 87a Rn. 87.

unverbindliches Votum entschieden hat, ist das Bestreben nach einer möglichst effektiven Bindung jedenfalls zweifelhaft.

Der Verweis auf die von der zweiten Aktionärsrechterichtlinie bezweckte Bindungswirkung ist wegen des nur unverbindlich geregelten Vergütungsvotums im Ergebnis nicht überzeugend. Wird der europäische Hintergrund richtigerweise darin gesehen, den Aktionären eine größere Rolle bei der Vergütungsentscheidung beizumessen, überzeugt es nicht, eine Bindung an das zuletzt vorgelegte Vergütungssystem anzunehmen.[656] Gerade wegen des als Kompromisslösung in die Richtlinie eingefügten Wahlrechts auch ein unverbindliches Votum einführen zu können, kann nicht der Schluss gezogen werden, dass dem zwingend eine starke Bindungswirkung zugrunde liegen müsse. Die Auswahlmöglichkeit wurde bewusst als Gegensatz zu einem verbindlichen Vergütungsvotum mit einer starren Bindungswirkung aufgenommen. Vor diesem Hintergrund überzeugt das Argument nicht, dass bei dieser Ausgestaltung eine ebenfalls starke Bindungswirkung erreicht werden soll. Es ist richtig, dass das Grundanliegen in einer stärkeren Einbindung der Aktionäre besteht und die Möglichkeit des unverbindlichen Votums nur einen Kompromiss der Mitgliedstaaten darstellt.[657] Die gesetzgeberische Entscheidung für ein unverbindliches Votum ist jedoch zu respektieren. Die Unverbindlichkeit bewirkt gerade, dass zwar die Meinung der Aktionäre zu jedem Vergütungssystem einzuholen ist, diese aber durch den Aufsichtsrat nur angemessen zu berücksichtigen ist und er grundsätzlich in seiner Vergütungsentscheidung frei ist.[658] Das ist ein Unterschied zum geplanten, aber nicht umgesetzten Gesetz zur Verbesserung der Kontrolle der Vorstandsvergütung und zur Änderung weiterer aktienrechtlicher Vorschriften (VorstKoG). Bei diesem war der Rückgriff auf früher vorgelegte Systeme gerade wegen der geplanten verbindlichen Wirkung zweifelhaft.[659] Solange der Wortlaut keinen Anhaltspunkt dafür liefert, dass eine Bindung an das zuletzt vorgelegte Vergütungssystem erfolgen soll, kann nicht aus der strengeren Variante des verbindlichen Votums der Umfang der Bindungswirkung bei dem unverbindlichen Votum hergeleitet werden. Der Gesetzgeber hat sich gegen ein

656 So aber: *Grigoleit/Kochendörfer*, in Grigoleit, AktG, § 87a Rn. 87.

657 Darauf hinweisend: *Grigoleit/Kochendörfer*, in Grigoleit, AktG, § 87a Rn. 87; *Bachmann/Pauschinger*, ZIP 2019, 1, 6.

658 Siehe bereits: § 9 B. I. 1.

659 Siehe dazu bereits: § 6 B. II. 2.

verbindliches Votum entschieden. Die Einbindung der Aktionäre ist über das Medium eines unverbindlichen Votums im Gesetz geregelt worden, sodass nach einer Ablehnung beispielsweise nach § 120a Abs. 3 AktG ein überprüftes System vorgelegt werden muss, nach § 87a Abs. 1 Satz 2 Nr. 11 lit. b) AktG außerdem die Berücksichtigung des letzten Votums und der Äußerung von Aktionären darzustellen ist. Dem Gesetz ist vielmehr zu entnehmen, dass es statt einer rechtlichen Bindung auf die tatsächliche Bindungskraft durch die Aktionärsmeinung ankommt, sodass eine Bindungswirkung nur faktischer Natur ist.[660] Der Rückgriff auf früher vorgelegte Systeme ist unabhängig vom Ausgang der jeweiligen Voten jedenfalls vom Wortlaut erfasst. Dass die Bindung des Aufsichtsrats an ein der Hauptversammlung vorgelegtes Vergütungssystem das *„letzte verbliebene Verbindlichkeitselement"* ist,[661] sagt nichts über die inhaltliche Ausgestaltung dieses Elements aus. Vielmehr hat der europäische Richtliniengeber bewusst die Möglichkeiten geschaffen, eine Übernahme der Regelungen in die einzelnen *Corporate Governance* Systeme der Mitgliedstaaten zu ermöglichen.[662] Die Entscheidungskompetenz für die Festsetzung der Vergütung liegt nach deutschem Aktienrecht beim Aufsichtsrat.[663] Der Gesetzgeber hat sich mit einem unverbindlichen Votum für eine möglichst geringe Eingriffsintensität in die Vergütungskompetenz des Aufsichtsrats entschieden. Diese Entscheidung ist so zu deuten, dass möglichst viel Entscheidungskraft beim Aufsichtsrat zu verbleiben hat. Damit sprechen aus teleologischer Sicht die besseren Argumente für eine Zulässigkeit des Rückgriffs auf früher vorgelegte Vergütungssysteme.

b) Systematik lässt Rückgriff zu

Die Systematik spricht ebenfalls nicht gegen einen Rückgriff auf früher vorgelegte Vergütungssysteme. Zwar sind das Vergütungsvotum und das Vergütungssystem nach § 120a Abs. 2 AktG auf der Internetseite der Gesellschaft zu veröffentlichen. Gleichwohl ist die Transparenzvorschrift kein Argument gegen einen generellen Rückgriff auf früher vorgelegte Vergütungssysteme.[664]

---

[660] *Cahn*, in: KölnKomm-AktG, § 87a Rn. 31.
[661] *Grigoleit/Kochendörfer*, in: Grigoleit, AktG, § 87a Rn. 87.
[662] Vgl. ErwG 28 der zweiten AktionärsrechteRL.
[663] Siehe: § 5 A. II.
[664] So im Falle der Billigung: *Herrler*, in: Grigoleit, AktG, § 120a Rn. 25, anders für die Missbilligung in Rn. 26.

Vielmehr lässt der Wortlaut der Vorschrift zugleich die Möglichkeit der Anwendung anderer als des zuletzt gebilligte Vergütungssystem zu. So enthält die Norm die Pflicht, das aktuell gültige Vergütungssystem erkennbar zu machen, was nur sinnvoll ist, wenn die Möglichkeit eines Rückgriffs besteht.[665] Auch der Wortlaut der zweiten Aktionärsrechterichtlinie unterscheidet hinsichtlich verbindlichen und unverbindlichen Voten.[666] Während nach Art. 9a Abs. 2 Uabs. 1 Satz 2 AktionärsrechteRL II die Gesellschaften die Mitglieder nur entsprechend *der* genehmigten Vergütungspolitik entlohnen dürfen, sieht Art. 9a Abs. 3 Satz 2 AktionärsrechteRL II vor, dass die Gesellschaften entsprechend *einer* vorgelegten Vergütungspolitik entlohnen dürfen. Damit wird beim unverbindlichen Votum der unbestimmte Artikel benutzt. Daneben birgt eine Begrenzung auf das zuletzt vorgelegte System die Gefahr von Zufallsergebnissen.[667] Dabei ist nur an den Fall zu denken, dass ein Vergütungssystem eine geringere Zustimmung erhält, als es bei dem zuvor vorgelegten Vergütungssystem der Fall war. Der Aufsichtsrat könnte bei einer Bindung an das zuletzt vorgelegte Vergütungssystem nicht auf das System mit einer höheren Zustimmung zurückgreifen.

Der Hinweis, dass sich der Aufsichtsrat nur mit seiner selbstgewählten Politik bindet und daher ein Rückgriff auf andere Vergütungssystem nicht möglich sein soll, überzeugt nicht.[668] Zwar wird der Aufsichtsrat grundsätzlich gewillt sein, das neueste Vergütungssystem anzuwenden.[669] Müsste sich der Aufsichtsrat aber schon bei der Vorlage des Systems auf dessen Anwendung festlegen, wäre eine Beteiligung der Aktionäre überflüssig. Ihre Rückmeldungen könnten jedenfalls nur im Rahmen einer Neuvorlage berücksichtigt werden. Die Aktionärsmeinung ist dann aber möglicherweise wieder eine andere. Auch aus systematischer Sicht können die gegen einen Rückgriff auf früher vorgelegte Vergütungssysteme sprechenden Argumente nicht überzeugen.

---

665 Siehe insofern bereits: § 9 B. I. 4.

666 *Grigoleit/Kochendörfer*, in Grigoleit, AktG, § 87a Rn. 87 erklären dagegen den unionsrechtlichen Wortlaut und dessen Unklarheit mit der Berücksichtigung der Varianz mitgliedsstaatlicher Regelungen.

667 *Kubis*, in: MüKo-AktG, § 120a Rn. 16.

668 *Bachmann/Pauschinger*, ZIP 2019, 1, 5 f.

669 *Herrler*, in: Grigoleit, AktG, § 120a Rn. 25.

c) Allgemein anerkannter Rückgriff bei missbilligendem Votum

Bei einer Missbilligung des Vergütungssystems durch die Hauptversammlung wird der Rückgriff auf ein älteres System hingegen überwiegend für zulässig erachtet.[670] Damit ist für diesen Fall im Grundsatz anerkannt, dass ein Rückgriff auf ein älteres Vergütungssystem möglich ist. So könnte der Aufsichtsrat im Fall der Missbilligung entscheiden, ob er auf das zuletzt gebilligte Vergütungssystem zurückgreifen oder das neuere aber abgelehnte System anwenden möchte.[671] Mit Blick auf die Unverbindlichkeit des Vergütungsvotums kann es für die grundsätzliche Bindungswirkung aber keinen Unterschied machen, ob die Hauptversammlung das Vergütungssystem billigt oder missbilligt. Zwar regelt das Gesetz selbst in § 120a Abs. 3 AktG und § 87a Abs. 1 Satz 2 Nr. 11 AktG besondere Anforderungen für den Aufsichtsrat, falls das vorgelegte Vergütungssystem missbilligt wird. Das tangiert aber die Bindungswirkung in § 87a Abs. 2 Satz 1 AktG nicht. Dies zeigt sich daran, dass der Rückgriff auf das missbilligte System zulässig ist.[672] Dann kann die Bindungswirkung nach § 87a Abs. 2 Satz 1 AktG mit Blick auf den Rückgriff auf früher vorgelegte Vergütungssysteme aber auch nicht von der Billigung oder Missbilligung abhängen.

Im Ergebnis ist damit der Rückgriff auf früher vorgelegte Vergütungssysteme grundsätzlich zulässig.

2. Rückgriff auf ein missbilligtes System

Ebenfalls Folge der Unverbindlichkeit des Vergütungsvotums ist, dass nicht nur der Rückgriff auf früher gebilligte Vergütungssysteme möglich ist, sondern der Aufsichtsrat auf ein früher missbilligtes Vergütungssystem zurückgreifen

---

670 Vgl. schon: Begr. RegE ARUG II, BT-Drucks. 19/9739, S. 92 mit der Empfehlung für das zuletzt gebilligte Vergütungssystem; ausdrücklich für den Fall der Missbilligung: *Grigoleit/Kochendörfer*, in: Grigoleit, AktG, § 87a Rn. 88; *Herrler*, in: Grigoleit, AktG, § 120a Rn. 26; *Bachmann/Pauschinger*, ZIP 2019, 1, 5 f.; *J. Schmidt*, NZG 2018, 1201, 1204; kritisch hierzu: DAV-Handelsrechtsausschuss, NZG 2019, 12, 15.

671 *Grigoleit/Kochendörfer*, in: Grigoleit, AktG, § 87a Rn. 88; *Lutter/Krieger/Verse*, Rechte und Pflichten des Aufsichtsrats, § 7 Rn. 399; *Dörrwächter/Harrack*, NZG 2024, 611, 617 mit dem Verweis auf die in der Praxis von institutionellen Anlegern geforderten hohen Zustimmungsquoten; *Löbbe/Fischbach*, AG 2019, 373, 379.

672 *Jo. Hoffmann*, in: BeckOGK-AktG, Stand: 1. Februar 2025, § 120a Rn. 40; *Spindler*, in: K. Schmidt/Lutter, AktG, § 120a Rn. 19; *Koch*, AktG, § 120a Rn. 9.

kann.[673] Es lässt sich durchaus vorstellen, dass ein Aufsichtsrat mit seiner Vorlage des Vergütungssystems gleich mehrfach scheitert. Aus dieser Situation heraus könnte der Aufsichtsrat im Sinne einer *Good Governance* durchaus gewillt sein, die Vergütung anhand des am wenigsten unbeliebten Systems festzulegen. Insofern könnte er sich für das System mit der höchsten Zustimmungsquote entscheiden wollen, auch wenn das System nicht die Schwelle der Billigung erreicht hat, dieser aber am nächsten kommt. Ein anderer Grund könnte sein, dass das zuletzt oder früher gebilligte Vergütungssystem nicht mehr mit der vom Aufsichtsrat geänderten Vergütungsvorstellung übereinstimmt und damit nur der Rückgriff auf bestimmte, gegebenenfalls missbilligte Systeme bleibt. Die Argumente, die gegen einen generellen Rückgriff sprechen, überzeugen aus den gleichen Gründen ebenso nicht mit Blick auf den Rückgriff auf ein abgelehntes Vergütungssystem. Damit ist der Rückgriff auf ein früher missbilligtes Vergütungssystem zulässig.

3. Ermessensentscheidung des Aufsichtsrats

Erachtet man mithin den Rückgriff auf ein früher vorgelegtes Vergütungssystem für zulässig, liegt die Entscheidung des Aufsichtsrats darüber, welches Vergütungssystem er der Festsetzung zugrunde legt, in dessen pflichtgemäßen Ermessen.[674] Mit der festgestellten Kompetenz des Aufsichtsrats zum Rückgriff auf ein beliebiges einmal vorgelegtes Vergütungssystem ist eine Ermessensreduzierung zur Anwendung des zuletzt vorgelegten Vergütungssystems nicht mit dem empfehlenden Charakter des Votums vereinbar.[675] Eine so weitgehende Selbstbindung des Aufsichtsrats liegt auch

---

[673] Ebenfalls für eine Zulässigkeit: Begr. RegE ARUG II, BT-Drucks. 19/9739, S. 93; vgl. auch: *Spindler*, AG 2020, 61, 68; *Fleischer*, in: BeckOGK-AktG, Stand: 1. Februar 2025, § 87a Rn. 31; für den Fall der Nichtbilligung des vorgelegten Vergütungssystems: *Seibt*, in: K. Schmidt/Lutter, AktG, § 87a Rn. 24; *Spindler*, in: MüKo-AktG, § 87a Rn. 47; *Bungert*, in: MünchHdb GesR IV, § 35 Rn. 51; *Herrler*, ZHR 2020, 408, 438; *Löbbe/Fischbach*, AG 2019, 373, 379; *Timmer*, Vorstandsvergütung 2020, S. 111 f. mit Betonung auf die Richtlinienkonformität.

[674] Begr. RegE ARUG II, BT-Drucks. 19/9739, S. 75; *Grigoleit/Kochendörfer*, in: Grigoleit, AktG, § 87a Rn. 88; *Fleischer*, in: BeckOGK-AktG, Stand: 1. Februar 2025, § 87a Rn. 31; *Koch*, AktG, § 87a Rn. 13; *Dörrwächter/Harrack*, NZG 2024, 611, 617; *Gärtner/Himmelmann*, AG 2021, 259, 264 f.; *Bundle*, Vorstandsvergütung als Mechanismus der Corporate Governance, S. 89.

[675] A.A.: *Lutter/Krieger/Verse*, Rechte und Pflichten des Aufsichtsrats, § 7 Rn. 399; *Herrler*, in: Grigoleit, AktG, § 120a Rn. 25.

bei einer Billigung des Vergütungssystems nicht vor.[676] Vielmehr hat der Aufsichtsrat den Aktionärswillen im Rahmen seiner Entscheidung angemessen zu berücksichtigen.[677] Der Aufsichtsrat ist aber frei darin, andere Aspekte zu berücksichtigen und stärker zu gewichten.[678] Dabei muss die Entscheidung, auf ein anderes Vergütungssystem zurückzugreifen, auf im Gesellschaftsinteresse liegenden Sachgründen beruhen.[679] Die Entscheidung für den Rückgriff auf ein anderes früher vorgelegtes Vergütungssystem bedarf also eines sachlichen Grundes.[680] Die Entscheidung ist mit Blick auf das breite Ermessen des Aufsichtsrats, wenn es zur Konkretisierung des Unternehmensinteresses kommt, im Ergebnis aber kaum nachprüfbar.[681] Ohne Vorliegen besonderer Gründe sollte dabei in der Regel das zuletzt vorgelegte System verwendet werden. Aufgrund der freien Entscheidung des Aufsichtsrats im Fall der Nichtbilligung ist der Rückgriff auf das zuletzt gebilligte Vergütungssystem jedoch gerade nicht intendiert.[682] Jedenfalls hat die Entscheidung darüber, welches Vergütungssystem der Aufsichtsrat der Festsetzung zugrunde legt, wegen der dann zu publizierenden Entscheidung in Form eines Aufsichtsratsbeschlusses zu ergehen.[683]

4. *Zwischenfazit: Zulässigkeit des Rückgriffs auf früher vorgelegte Vergütungssysteme*

Im Ergebnis ist damit im Rahmen der Festsetzung der Vergütung nach § 87a Abs. 2 Satz 1 AktG grundsätzlich ein Rückgriff auf ein anderes

---

676 Siehe ausführlich dazu: § 9 B. I. 2.

677 *Gärtner/Himmelmann*, AG 2021, 259, 265; vgl. zum VorstKoG: *Verse*, NZG 2013, 921, 926.

678 *Gärtner/Himmelmann*, AG 2021, 259, 265.

679 *Tröger*, in: KölnKomm-AktG, § 120a Rn. 47; *Gärtner/Himmelmann*, AG 2021, 259, 264 f.; *Dörrwächter/Harrack*, NZG 2024, 611, 617; allgemein zur Verpflichtung des Aufsichtsrats aus dem Verbandsinteresse: *Mertens/Cahn*, in: KölnKomm-AktG, vor § 95 Rn. 12, § 116 Rn. 29.

680 *Seibt*, in: K. Schmidt/Lutter, AktG, § 87a Rn. 24; *Dörrwächter/Harrack*, NZG 2024, 611, 617.

681 *Tröger*, in: KölnKomm-AktG, § 120a Rn. 47.

682 Anders wohl: Begr. RegE ARUG II, BT-Drucks. 19/9739, S. 92 f.; *Dörrwächter/Harrack*, NZG 2024, 611, 617; *Bachmann/Pauschinger*, ZIP 2019, 1, 6; vgl. auch: *Spindler*, in: K. Schmidt/Lutter, AktG, § 120a Rn. 20.

683 Siehe zur Publizitätspflicht des aktuell angewandten Vergütungssystems: § 10 A. VI.

als das zuletzt vorgelegte Vergütungssystem möglich. Weder Telos noch Systematik der gesetzlichen Regelung oder der unionsrechtliche Hintergrund sprechen überzeugend gegen einen solchen Rückgriff oder gegen eine generelle Auswahlmöglichkeit des Aufsichtsrats.[684] Das Kompetenzspektrum des Aufsichtsrats umfasst den Rückgriff auf ein abgelehntes Vergütungssystem. Die Entscheidung darüber, welches Vergütungssystem der Aufsichtsrat der Festsetzung zugrunde legen will, liegt in seinem pflichtgemäßen Ermessen.

II. Zeitliche Grenze des Rückgriffs

Nach der Feststellung der Zulässigkeit eines Rückgriffs auf andere Vergütungssysteme stellt sich zwangsläufig die Frage, ob eine Begrenzung der Auswahlmöglichkeit des Aufsichtsrats besteht. Dies betrifft in erster Linie die Frage nach einer zeitlichen Grenze, also wann das Vergütungssystem, auf das zurückgegriffen werden soll, der Hauptversammlung frühestens vorgelegt worden sein darf.

Diskutiert wird in diesem Zusammenhang, ob sich das Auswahlermessen des Aufsichtsrats auf ein der Hauptversammlung in den vergangenen vier Jahren vorgelegtes Vergütungssystem beschränkt.[685] Die zeitliche Grenze von vier Jahren orientiert sich dabei am regelmäßigen Vorlagerhythmus des § 120a Abs. 1 Satz 1 AktG. Dadurch werde vermieden, dass die regelmäßige Vorlagepflicht leerläuft, wenn der Aufsichtsrat ohne Neuvorlage beliebig lang an einem Vergütungssystem festhalten kann, solange er der Hauptversammlung nur ein beliebig anderes System vorlegt.[686]

Gegen eine solche zeitliche Begrenzung spricht jedoch die sich daraus ergebende strengere Bindungswirkung. Die regelmäßige Vorlagepflicht verfolgt den Zweck, dass sich die Hauptversammlung regelmäßig mit dem Vergütungssystem auseinandersetzt und der Aufsichtsrat regelmäßig über das Vergütungssystem reflektieren muss, um sodann in den Austausch

---

[684] A.A.: *Grigoleit/Kochendörfer*, in: Grigoleit, AktG, § 87a Rn. 87; *Lutter/Krieger/Verse*, Rechte und Pflichten des Aufsichtsrats, § 7 Rn. 399; *Bachmann/Pauschinger*, ZIP 2019, 1, 5 f.

[685] *Gärtner/Himmelmann*, AG 2021, 259, 264; *Koch*, AktG, § 120a Rn. 9; a.A.: *Tröger*, in: KölnKomm-AktG, § 120a Rn. 47; *Spindler*, in: MüKo-AktG, § 87a Rn. 47; *Spindler*, AG 2020, 61, 68.

[686] *Gärtner/Himmelmann*, AG 2021, 259, 264.

mit den Aktionären zu treten. Aus dem unverbindlichen Charakter folgt aber, dass der Aufsichtsrat in seiner Entscheidung frei bleibt. Die regelmäßige Vorlagepflicht führt zu einer Pflicht des Aufsichtsrats, sich mit dem Vergütungssystem auseinanderzusetzen. Kommt er aber, insbesondere unter Berücksichtigung der Rückmeldung der Aktionäre, zu der Überzeugung, ein anderes Vergütungssystem anwenden zu wollen, liegt diese Entscheidung in seinem pflichtgemäßen Ermessen. Wäre der Aufsichtsrat gezwungen, die Vergütung in den Grenzen eines in den vergangenen vier Jahren vorgelegten Vergütungssystems festzusetzen, könnte das bei einer Vorlage nach vier Jahren und einer Missbilligung des Systems andernfalls dazu führen, dass der Aufsichtsrat an das missbilligte Vergütungssystem gebunden wäre.[687] Das würde dem Aktionärsinteresse in hohem Maße widersprechen. Daneben ergibt sich weder aus dem Wortlaut der Richtlinie noch des Gesetzes eine zeitliche Begrenzung.[688] Im Ergebnis ist damit eine zeitliche Begrenzung des Rückgriffs abzulehnen.[689]

III. Vorlage mehrerer Systeme

Dem Aufsichtsrat ist es nach der hier vertretenen Ansicht gestattet, der Hauptversammlung mehrere Vergütungssysteme im Wege von Hilfsanträgen vorzulegen.[690] Ein Vergütungssystem kann jedoch nur dann als Grundlage i.S.d. § 87a Abs. 2 Satz 1 AktG dienen, wenn es zur Abstimmung in der Hauptversammlung gekommen ist.[691] Damit kann die gleichzeitige Vorlage mehrerer Systeme dazu führen, dass dem Aufsichtsrat mehrere Systeme als Grundlage der Vergütungsfestsetzung dienen, sofern die Hauptversammlung über die jeweiligen Beschlussvorlagen auch Beschluss gefasst hat. Vorstellbar ist, dass ein Vergütungssystem missbilligt wird und es zur Beschlussfassung über ein hilfsweise zur Abstimmung gestelltes Vergütungssystem des Aufsichtsrats kommt. In dem Fall kann der Aufsichtsrat beide Vergütungssysteme zur Grundlage der Vorstandsvergütung nutzen.

---

[687] Vgl. *Tröger*, in: KölnKomm-AktG, § 120a Rn. 47.

[688] Vgl. *Spindler*, in: MüKo-AktG, § 87a Rn. 47.

[689] *Tröger*, in: KölnKomm-AktG, § 120a Rn. 47; *Spindler*, in: MüKo-AktG, § 87a Rn. 47; a.A: *Gärtner/Himmelmann*, AG 2021, 259, 264; *Koch*, AktG, § 120a Rn. 9.

[690] Siehe dazu bereits: § 8 B. I. 3.

[691] Siehe: § 9 A. I. 2.

IV. Die Verwendung eines bereits beschlossenen aber bisher nicht vorgelegten Vergütungssystems

In der Praxis kann es vorkommen, dass der Aufsichtsrat bereits ein neues Vergütungssystem nach § 87a Abs. 1 Satz 1 AktG beschlossen hat und dieses zur Grundlage künftiger Anstellungsverträge machen möchte. Wegen der in der Regel nur jährlich stattfinden Hauptversammlung kann es aber noch an der entsprechenden Vorlage mangeln, sodass das Vergütungssystem grundsätzlich nicht die Voraussetzungen des § 87a Abs. 2 Satz 1 AktG erfüllt. In diesem Zusammenhang wird vorgeschlagen, den Anstellungsvertrag mit dem Vorstandsmitglied unter der aufschiebenden Bedingung abzuschließen, dass das zugrundeliegende Vergütungssystem der Hauptversammlung bei nächster Gelegenheit vorgelegt wird.[692]

Ein solches Vorgehen birgt aber gleich mehrere Risiken für den Aufsichtsrat. Zunächst müsste sich der Aufsichtsrat somit bereits zu einem möglicherweise frühen Zeitpunkt auf ein künftiges Vergütungssystem festlegen. Die vertragliche Bindung im frühen Stadium macht Anpassungen bis zu der später folgenden Hauptversammlung, auch bei veränderten Rahmenbedingungen schwierig. Daneben kann der Aufsichtsrat nicht mehr auf aufkommende Kritik der Aktionäre reagieren. Er wäre dann verpflichtet, dieses der Vorstandsvergütung zugrundeliegende Vergütungssystem zumindest kurzzeitig anzuwenden, wenn er an dem Anstellungsvertrag in der Form mit dem Vorstandsmitglied festhalten will. Daneben könnten Zweifel an der rechtlichen Zulässigkeit auftreten. So könnte man eine Vergütungsabrede mit dem Vorstandsmitglied ohne vorherige Vorlage an die Hauptversammlung als einen Verstoß gegen § 87a Abs. 2 Satz 1 AktG sehen. Demnach darf die Vergütung nur in Übereinstimmung mit einem der Hauptversammlung vorgelegten Vergütungssystem festgesetzt werden.

Entscheidend ist, was Festsetzung i.S.d. § 87a Abs. 2 Satz 1 AktG bedeutet. Kommt es bei der Festsetzung auf den Zeitpunkt des Abschlusses oder des Wirksamwerdens der Vergütungsabrede an. Diese Ereignisse fallen

---

[692] *Seibt*, in: K. Schmidt/Lutter, AktG, § 87a Rn. 24; a.A.: *Spindler*, in: MüKo-AktG, § 87a Rn. 48; DAV-Handelsrechtsausschuss, NZG 2019, 12, 15; *Herrler*, ZHR 2020, 408, 424; *Heldt*, AG 2019, 905, 908; *Spindler*, AG 2020, 61, 68; für eine Zulässigkeit ohne eine Vorlageklausel: *C. Arnold/Herzberg/Zeh*, AG 2020, 313, 320; *M. Arnold/C. Arnold*, in: Marsch-Barner/Schäfer, Hdb. börsennotierte AG, 22.58; siehe zur freiwilligen Verknüpfung von Vorstandsvertrag und Vergütungsvotum bereits: § 9 B. II. 2.

auseinander, wenn die Wirksamkeit beispielsweise nach § 158 Abs. 1 BGB aufschiebend bedingt ist.

In der Rechtsprechung und der Literatur findet sich im Rahmen des Angemessenheitskriteriums nach § 87 Abs. 1 AktG immer wieder der Hinweis auf die Vereinbarung der Bezüge als Zeitpunkt der Festsetzung, also den Abschluss der Vergütungsvereinbarung.[693] Dabei kommt es auf den konkreten Zeitpunkt der Vereinbarung der jeweiligen Vergütung an, der nicht immer zwingend mit dem Abschluss des Anstellungsvertrags übereinstimmen muss.[694] Das steht im Widerspruch zu der grundsätzlichen *ex nunc* Wirkung von Bedingungen, bei der die abhängig gemachte Rechtsfolge nach § 158 Abs. 1 BGB erst mit Bedingungseintritt Wirkung entfaltet.[695] Erkennbar dient die Festlegung auf den Zeitpunkt der Vereinbarung der Vergütung dabei der Abgrenzung zu den Zeitpunkten der Fälligkeit einer bestimmten Leistung oder des Eintritts von bestimmten Ereignissen, von denen die Leistung abhängig ist.[696] Daraus wird erkennbar, dass die Angemessenheit zu dem Zeitpunkt beurteilt werden soll, an dem sich der Aufsichtsrat mit dem Vorstandsmitglied über die Vergütung einigt, beziehungsweise diese gegenüber dem Vorstandsmitglied festsetzt. Macht es keinen Unterschied, ob es für die bestimmten Leistungen noch des Eintritts eines Ereignisses bedarf, kann es nicht darauf ankommen, ob es insgesamt noch der Vorlage des Vergütungssystems an die Hauptversammlung bedarf. Die Entkoppelung von der vertraglichen Grundlage im Anstellungsvertrag ist gerechtfertigt, da der Aufsichtsrat nur im Rahmen der Beschlussfassung die Angemessenheit beurteilen kann und nicht beurteilen kann, ob diese in der Zukunft immer noch gegeben sein wird.

Übertragen auf die Vereinbarung einer Vergütung ohne Vorlage an die Hauptversammlung kann es daher auch bei § 87a Abs. 2 Satz 1 AktG nur auf den Zeitpunkt ankommen, an dem die Vergütung vereinbart wird und nicht

---

693 Vgl. OLG Stuttgart, Urteil vom 8. Juli 2015, Az.: 20 U 2/14 = AG 2016, 370, 377; *Spindler*, DStR 2004, 36, 42; *Koch*, AktG, § 87 Rn. 8; *Seibt*, in: K. Schmidt/Lutter, AktG, § 87 Rn. 13; *Melot de Beauregard/Arden*, in: Backhaus/Tielmann, Der Aufsichtsrat, AktG, § 87 Rn. 44; *Spindler*, in: MüKo-AktG, § 87 Rn. 145; *Jickeli*, in: FS Säcker (2011), S. 381, 384.

694 *Kort*, in: Großkomm-AktG, § 87 Rn. 106; *C. Arnold*, in: Goette/M. Arnold, AR-Hdb, § 4 Rn. 1293.

695 Statt aller: *Reymann*, in: BeckOGK-BGB, Stand: 1. April 2025, § 158 Rn. 90.

696 Vgl. *Kort*, in: Großkomm-AktG, § 87 Rn. 106.

auf den Zeitpunkt, an dem die vertragliche Grundlage wirksam wird. Dies wird gestützt durch den Sinn und Zweck der Bindungswirkung, der darin liegt, dass der Aufsichtsrat die Meinung der Aktionäre durch die Beschlussfassung nach § 120a Abs. 1 Satz 1 AktG angemessen berücksichtigen kann.[697] Zwar ist er frei in seiner Entscheidung, welches Vergütungssystem er anwenden möchte und wie genau er die Festsetzung der Vergütung ausgestaltet, er kennt aber die Ansicht der Aktionäre zu dem jeweiligen Vergütungssystem. Dies würde umgangen, ließe man es zu, dass ein Vergütungssystem bereits zur Grundlage einer Vergütungsvereinbarung wird, bevor die Aktionäre die Gelegenheit der Beschlussfassung hatten. Das mag mangels Bindungswirkung an das Votum der Hauptversammlung wie eine reine Förmlichkeit wirken. Es ist jedoch mit der gesetzlichen Systematik und dem Sinn und Zweck der Vorschrift die überzeugende Lesart. Nach alledem darf der Aufsichtsrat nicht aufschiebend bedingt auf die Vorlage des jeweiligen Vergütungssystems, mit einem Vorstandsmitglied eine Vergütungsvereinbarung auf Grundlage eines i.S.d. § 87a Abs. 2 Satz 1 AktG bisher nicht vorgelegten Systems treffen.

V. Mehrfacher Wechsel

Mit der Zulässigkeit eines Rückgriffs auf früher vorgelegte Vergütungssysteme stellt sich daran anknüpfend die Frage, inwiefern der Aufsichtsrat nach erfolgter Vorlage auch mehrfach das Vergütungssystem bei der Anwendung für die Festsetzung der Vorstandsvergütung wechseln und anschließend verwenden darf.

1. Verwendung einer Kombination von Systemen

Zunächst ist festzustellen, dass eine Kombination von verschiedenen Vergütungssystemen nicht möglich ist.[698] Gemeint ist, dass die Festsetzung der Vergütung nur anhand eines Systems erfolgen darf, die jeweiligen Vergütungsbestandteile damit alle demselben vorgelegten Vergütungssystem zu entnehmen sind. Entnimmt der Aufsichtsrat die Vergütungsbestandteile dagegen aus verschiedenen Vergütungssystemen, würden mehrere Vergütungssysteme als Grundlage der Festsetzung dienen. In § 87a Abs. 2 Satz 1 AktG ist aber geregelt, dass die Festsetzung in Übereinstimmung mit

---

[697] Siehe: § 9 B. II. 1.

[698] *Cahn*, in: KölnKomm-AktG, § 87a Rn. 31.

einem der Hauptversammlung vorgelegten Vergütungssystem zu erfolgen hat. Nach semantischer Auslegung kann damit immer nur ein System Anwendung finden. Das ist vor dem Hintergrund der Aktionärstransparenz zwingend. Damit können verschiedene Vergütungssysteme allenfalls nacheinander, nicht aber nebeneinander angewandt werden.[699]

2. *Wechsel zwischen Systemen*

Möglich bleibt dem Aufsichtsrat aber wegen der Zulässigkeit des Rückgriffs auf ein früher bereits vorgelegtes Vergütungssystem der auch mehrmalige Wechsel in der Anwendung von Vergütungssystemen. Die Entscheidung darüber, welches Vergütungssystem der Aufsichtsrat zur Grundlage der Vorstandsvergütung verwenden will, wird in Form eines Aufsichtsratsbeschlusses getroffen. Dabei ist mangels erkennbarer Beschränkungen durch das Gesetz theoretisch ein häufiger Wechsel möglich. Ein solcher verstößt nicht gegen die Einbindungskompetenz der Hauptversammlung, welche nach wie vor durch die vorherige Vorlage an die Hauptversammlung gewahrt bleiben muss. Hierin erschöpft sich zugleich die Kompetenz. Daneben bestehen aus Transparenzgesichtspunkten mit der sich durch den Aufsichtsratsbeschluss ergebenden Publizitätspflicht keine durchgreifenden Bedenken.[700] Solange die Entscheidung des Aufsichtsrats in diesem Zusammenhang vom pflichtgemäßen Ermessen erfasst ist, können keine Bedenken gegen einen wiederholten Wechsel der Festsetzungsgrundlage bestehen. Vielmehr hat der Aufsichtsrat Aspekte wie die Wechselhäufigkeit und die damit einhergehende Transparenz gegenüber den Aktionären nur, aber zumindest, im Rahmen seines pflichtgemäßen Ermessens zu berücksichtigen. Ein wiederholter Wechsel bei der Anwendung von Vergütungssystemen ist damit zulässig.

VI. Publizität des verwendeten Vergütungssystems

Um den Zweck der Richtlinie hinsichtlich einer erhöhten Transparenz gegenüber den Aktionären nicht zu gefährden, bedarf es neben einem ausdrücklichen Beschluss des Aufsichtsrats, welches Vergütungssystem aktuell Anwendung findet, weitergehender Publizität gegenüber den Aktionären. Nach § 120a Abs. 2 AktG muss der Beschluss der Hauptversammlung zu

---

699 *Bachmann/Pauschinger*, ZIP 2019, 1, 5 f.
700 Siehe dazu sogleich: § 10 A. VI.

dem entsprechenden Vergütungssystem und das Vergütungssystem selbst für die Dauer der Gültigkeit des Vergütungssystems auf der Internetseite der Gesellschaft veröffentlicht werden. Daran anknüpfend muss das jeweils Anwendung findende Vergütungssystem mit dem zugehörigen Votum der Hauptversammlung für die Dauer seiner Anwendung zugänglich sein.[701] Nur durch diese Publizität kann erreicht werden, dass für die Aktionäre erkennbar ist, welches Vergütungssystem der Festsetzung zugrunde gelegt wird. Das ist notwendig, da der Aufsichtsrat andernfalls durch einfachen Beschluss unbemerkt die Grundlage der Vergütung ändern könnte und damit zumindest ein Konflikt mit dem verfolgten Transparenzziel der Richtlinie entstehen würde.[702] Die Transparenz ist der Ausgleich für die dem Aufsichtsrat gewährte Flexibilität bei der Anwendung eines Vergütungssystems. Insbesondere stellt die Anwendung eines früher vorgelegten Vergütungssystems keine wesentliche Änderung des bisherigen Vergütungssystems dar, sodass es keiner Neuvorlage nach § 120a Abs. 1 Satz 1 AktG bedarf.

B. Der Ausnahmetatbestand des § 87a Abs. 2 Satz 2 AktG

Das Aktiengesetz sieht in § 87a Abs. 2 Satz 2 AktG die Möglichkeit vor, von dem der Hauptversammlung vorgelegten Vergütungssystem abzuweichen. Demnach darf der Aufsichtsrat vorübergehend von dem vorgelegten Vergütungssystem abweichen, wenn dies im Interesse des langfristigen Wohlergehens der Gesellschaft notwendig ist und das Vergütungssystem das Verfahren des Abweichens sowie die Bestandteile des Vergütungssystems, von denen abgewichen werden kann, benennt. Es handelt sich um eine Ausnahmevorschrift, die den Grundsatz der Bindungswirkung des Vergütungssystems nach § 87a Abs. 2 Satz 1 AktG einschränkt.[703] Das ergibt

---

[701] Siehe dazu schon: § 9 B. I. 4; Begr. RegE ARUG II, BT-Drucks. 19/9739, S. 93: „*Ferner ist mit Blick auf das Transparenzziel der Richtlinie selbstverständlich, dass auf der Internetseite der Gesellschaft zu erkennen sein muss, welches der veröffentlichten Vergütungssysteme dasjenige ist, das gerade der Festsetzung der Vorstandsvergütung zugrunde gelegt wird.*“; für die Publizität des Aufsichtsratsbeschlusses: *Grigoleit/Kochendörfer*, in: Grigoleit, AktG, § 87a Rn. 88.

[702] *Grigoleit/Kochendörfer*, in: Grigoleit, AktG, § 87a Rn. 10; *Illner/Jü. Hoffmann*, ZWH 2019, 81, 82.

[703] Vgl. Begr. RegE ARUG II, BT-Drucks. 19/9739, S. 75; *Grigoleit/Kochendörfer*, in: Grigoleit, AktG, § 87a Rn. 103; siehe näher zu der grundsätzlichen Bindung des § 87a Abs. 2 Satz 1 AktG: § 9 B. I. 1.

sich aus der systematischen Stellung der Vorschrift, die ebenfalls in § 87a Abs. 2 AktG geregelt wurde, und dem Wortlaut, der selbst vom Abweichen spricht.

I. Die Grundlage des § 87a Abs. 2 Satz 2 AktG in der zweiten Aktionärsrechterichtlinie

Die Abweichungsmöglichkeit des § 87a Abs. 2 Satz 2 AktG geht auf Art. 9a Abs. 4 AktionärsrechteRL II zurück. Demnach haben die Mitgliedstaaten die Option, der Gesellschaft zu gestatten, unter außergewöhnlichen Umständen vorübergehend von ihrem Vergütungssystem abzuweichen, wenn das System die Vorgehensweise der Abweichung beschreibt und festlegt, von welchen Teilen abgewichen werden darf. Entsprechend hat der deutsche Gesetzgeber grundsätzlich von der Möglichkeit Gebrauch gemacht, den Gesellschaften ein Abweichen vom Vergütungssystem zu ermöglichen.[704] Außergewöhnliche Umstände sollen nach Art. 9a Abs. 4 Uabs. 2 AktionärsrechteRL II nur vorliegen, wenn die Abweichung notwendig ist, um den langfristigen Interessen und der Tragfähigkeit der Gesellschaft insgesamt zu dienen oder um ihre Rentabilität zu gewährleisten. Damit regelt der europäische Richtliniengeber explizit zwei Alternativen, bei denen es sich um außergewöhnliche Umstände handelt.[705] Ausweislich des Wortlauts kann der Mitgliedsstaat festlegen, ob er als außergewöhnlichen Umstand beide Auswahlmöglichkeiten oder nur eine oder keine nutzt. Mit der strengen Formulierung, dass *nur* solche Situationen als außergewöhnliche Umstände gelten, macht die Richtlinie zudem klar, dass die Auflistung abschließend sein soll. Hier bleibt also kein Spielraum für eine abweichende Interpretation eines außergewöhnlichen Umstands. Der Wortlaut impliziert, dass bei der Auslegung eines außergewöhnlichen Umstands weder eine restriktivere noch eine extensivere Interpretation, als es die Richtlinie selbst vorsieht, möglich sein soll.

Eine so strenge Auslegung des Richtlinienwortlauts wäre aber mit der Vorstellung des europäischen Richtliniengebers nicht vereinbar. Dieser lässt bewusst den Mitgliedstaaten die Entscheidung, ob überhaupt von dem Vergütungssystem abgewichen werden können soll. Damit lässt sich nicht

---

704 *Fleischer*, in: BeckOGK-AktG, Stand: 1. Februar 2025, § 87a Rn. 32; *Grigoleit/Kochendörfer*, in: Grigoleit, AktG, § 87a Rn. 103.

705 Siehe zur anderweitigen Auffassung des deutschen Gesetzgebers: Begr. RegE ARUG II, BT-Drucks. 19/9739, S. 75; ausführlich dazu: § 10 B. II. 1.

erklären, wieso es für die Mitgliedstaaten möglich sein soll, einerseits auf eine Abweichungsmöglichkeit gänzlich zu verzichten, es aber andererseits nicht möglich sein soll, eine strengere Abweichungsmöglichkeit vorzusehen, als es die Richtlinie mit der abschließenden Aufzählung der außergewöhnlichen Umstände ermöglicht. Daher ist es für die Mitgliedstaaten entgegen dem Wortlaut der Richtlinie jedenfalls möglich, den Begriff der außergewöhnlichen Umstände restriktiver zu interpretieren und entsprechend eine restriktivere Möglichkeit zur Abweichung vom Vergütungssystem vorzusehen.[706]

Der Wortlaut ist insofern offen, als er nicht festlegt, wie von dem Vergütungssystem abgewichen werden muss. Es kann demnach bei Vorliegen der Voraussetzungen sowohl eine geringere als auch eine höhere Vergütung vereinbart werden, als zunächst im Vergütungssystem angelegt ist.[707]

1. *Merkmal des langfristigen Interesses und der Tragfähigkeit der Gesellschaft*

Ein außergewöhnlicher Umstand kann nach Art. 9a Abs. 4 Uabs. 2 AktionärsrechteRL II zunächst vorliegen, wenn die Abweichung notwendig ist, um den langfristigen Interessen und der Tragfähigkeit der Gesellschaft insgesamt zu dienen. Mit der Tragfähigkeit ist die Fähigkeit des Unternehmens gemeint, seinen Geschäftsbetrieb aufrechtzuerhalten und dabei die laufenden Kosten zu decken.[708] Die französische Fassung geht sprachlich einen Sonderweg. Sie ordnet das Kriterium der Langfristigkeit im Gegensatz zur deutschen, englischen (*the long-term interests and sustainability of the company as a whole*) und italienischen (*interessi a lungo termine e della sostenibilità della società nel suo complesso*) Fassung der Tragfähigkeit der Gesellschaft und nicht den Interessen zu. Insofern wird ausdrücklich der langfristige Fortbestand der Gesellschaft (*les intérêts et la pérennité à long terme de la société*) genannt.

---

[706] So auch: *Grigoleit/Kochendörfer*, in: Grigoleit, AktG, § 87a Rn. 104, der von Mindestanforderungen ausgeht.

[707] Im Ergebnis ebenso: *Anzinger*, ZGR 2019, 39, 78, der aber eine grundsätzliche Deutung für eine Durchbrechung der Vergütungsansätze nach unten sieht.

[708] Vgl. etwa zur wirtschaftlichen Tragfähigkeit einer selbstständigen Tätigkeit nach § 16c Abs. 3 SGB II, wobei der erzielte Gewinn wenigstens die Betriebsausgaben decken muss: LSG Sachsen, Beschluss vom 13. Oktober 2009, Az.: L 3 AS 318/09 B ER = BeckRS 2009, 73714 = juris Rn. 27; *B. Schmidt*, in: Knickrehm/Roßbach/Waltermann, SGB II, § 16c Rn. 10; *Stölting*, in: Luik/Harich, SGB II, § 16c Rn. 14.

Im Sinne der Gleichwertigkeit der Sprachfassungen muss an dieser Stelle geprüft werden, ob eine einheitliche Auslegung möglich ist.[709]

Sprachlich können mit der Formulierung der *langfristigen Interessen und der Tragfähigkeit der Gesellschaft* aber auch die langfristigen Interessen und die langfristige Tragfähigkeit gemeint sein. Anders als beim ersten Lesen kann sich die Langfristigkeit also sowohl auf die Interessen der Gesellschaft als auch auf die Tragfähigkeit der Gesellschaft beziehen. Sprachlich überzeugt die Interpretation, in der einerseits die langfristigen Interessen und alternativ die Tragfähigkeit genannt wird, die Langfristigkeit sich also nur auf die Interessen bezieht. Damit liegt der französischen Sprachfassung zumindest eine andere Pointierung zugrunde. In dieser bezieht sich die Langfristigkeitskomponente augenscheinlich auf den Fortbestand der Gesellschaft und nicht auf die Interessen der Gesellschaften. Weiter ließe sich darüber ausführen, ob sich die Langfristigkeit zusätzlich auf die Interessen der Gesellschaft bezieht oder ausschließlich auf den Fortbestand der Gesellschaft bezogen ist. Es ist also grammatikalisch möglich, dass sich die Langfristigkeit in allen Sprachfassungen sowohl auf die Interessen als auch auf die Tragfähigkeit der Gesellschaft beziehen soll.

Die Tragfähigkeit der Gesellschaft kann im Sinne des nachhaltigen Unternehmensbestands verstanden werden. Das zeigt ein Vergleich mit den anderen Sprachfassungen. Die englische Fassung der Richtlinie spricht an dieser Stelle von der *sustainability of the company* und die italienische Version von der *sostenibilità della società*. In diesem Sinne sollte man davon ausgehen, dass das Kriterium der Langfristigkeit nicht ausdrücklich notwendig ist, weil der nachhaltige Unternehmensbestand für sich genommen schon einen längerfristigen Zeitraum vor Augen hat. Die Nachhaltigkeit umfasst also bereits ein Langfristigkeitselement. Die französische Fassung spricht nur vom Fortbestand der Gesellschaft (*pérennité*), wodurch hier die Notwendigkeit besteht, die zeitliche Komponente zu ergänzen. Das entspricht jedenfalls dem gewöhnlichen Sprachgebrauch, der hier für die Auslegung maßgeblich ist.[710] Damit ist nach der sprachlichen Auslegung eine zeitlich langfristigste Komponente sowohl für die Interessen als auch die Tragfähigkeit der

---

709 Siehe dazu: EuGH, Urteil vom 6. Oktober 1982, Az.: C 283/81 = ECLI:EU:C:1982:335, Rn. 18 = NJW 1983, 1257, 1258; *Hermann*, in: Streinz, AEUV, Abs. 342 Rn. 35; *Wegener*, in: Calliess/Ruffert, EUV, Art. 19 Rn. 28.

710 Vgl. EuGH, Urteil. vom 2. August 2022, Az.: C 294/21 = ECLI:EU:C:2022:608, Rn. 25 = UR 222, 877, 878 f.

Gesellschaft zu beachten. Es besteht folglich kein Unterschied zwischen den einzelnen Sprachfassungen. Im Ergebnis ist somit die einheitliche Auslegung und Umsetzung der Richtlinie gewährleistet.[711]

2. *Merkmal der Rentabilität der Gesellschaft*

Als zweite Möglichkeit sieht die Richtlinie einen außergewöhnlichen Umstand darin, wenn die Abweichung notwendig ist, um die Rentabilität der Gesellschaft zu gewährleisten. Die Rentabilität der Gesellschaft bezieht sich dann statt des generellen Bestehens und Fortbestands der Gesellschaft noch einmal gesondert auf die Wirtschaftlichkeit. Sprachlich besonders hervorzuheben ist dabei die plastische Konsequenz, die die Rentabilität mit sich bringt, wie sie in der italienischen Version zum Ausdruck kommt. Statt wie im englischen *viability* oder im französischen *viabilité*, ist in der italienischen Version schlicht von der *capacità di stare sul mercato* die Rede, also von der Fähigkeit, auf dem Markt zu bleiben. Zwar ließe sich anmerken, dass, um auf dem Markt zu bleiben, nicht zwingend zu jeder Zeit auch die Rentabilität erforderlich ist. Langfristig sollte das jedoch Hand in Hand gehen. Rentabilität geht damit weiter, als es Tragfähigkeit verlangt. Ein Unternehmen kann zwar tragfähig, aber nicht rentabel sein.

II. Die Tatbestandsmerkmale im Einzelnen

Der Ausnahmetatbestand in seiner aktienrechtlichen Umsetzung in § 87a Abs. 2 Satz 2 AktG setzt sich aus drei Tatbestandsmerkmalen zusammen. Während die Benennung des Abweichungsverfahrens und der Bestandteile, von denen abgewichen werden darf, im Vergütungssystem eher zu praktischen Fragen führt, bedarf insbesondere die Auslegung des Interesses des langfristigen Wohlergehens der Gesellschaft einer näheren rechtlichen Untersuchung.[712]

---

[711] Vgl. zur entsprechenden st. Rspr.: EuGH, Urteil vom 22. Februar 2024, Az.: C 311/22 = ECLI:EU:C:2024:145, Rn. 34; EuGH, Urteil vom 13. Oktober 2022, Az.: C 256/21 = ECLI:EU:C:2022:786, Rn. 32 = RIW 2022, 843, 846; EuGH, Urteil vom 3. Oktober 2013, Az.: C 59/12 = ECLI:EU:C:2013:634, Rn. 25 = EWS 2013, 427, 429; EuGH, Urteil vom 21. Oktober 2010, Az.: C 467/08 = ECLI:EU:C:2010:620, Rn. 32 = EWS 2011, 296, 297; *Hermann*, in: Streinz, AEUV, Abs. 342 Rn. 35; *Wegener*, in: Calliess/Ruffert, EUV, Art. 19 Rn. 28; *Lutter*, JZ 1992, 593, 599.

[712] Für einen Formulierungsvorschlag im Vergütungssystem siehe bspw.: *J. Vetter/ Lauterbach*, AG 2021, 89, 101.

1. Das Interesse des langfristigen Wohlergehens der Gesellschaft

Zunächst stellt sich mit Blick auf den Wortlaut des Aktiengesetzes, der von der zweiten Aktionärsrechterichtlinie abweicht, die Frage, ob damit auch inhaltliche Abweichungen einhergehen (§ 10 B. II. 1. a)). Darüber hinaus bildet das Interesse des langfristigen Wohlergehens der Gesellschaft keine Grundlage für weitere ähnliche Szenarien. Es ist grundsätzlich abschließend vom Gesetzgeber aufgenommen worden (§ 10 B. II. 1. b)). Schließlich gilt es, das Kriterium näher zu definieren, um dem Aufsichtsrat konkretere Gestaltungsmöglichkeiten an die Hand zu geben (§ 10 B. II. 1. c)).

a) Keine inhaltliche Abweichung vom Richtlinienwortlaut

Der deutsche Gesetzgeber hat in § 87a Abs. 2 Satz 2 AktG die Abweichung an die Notwendigkeit des Interesses eines langfristigen Wohlergehens der Gesellschaft geknüpft. Damit weicht er von der europäischen Formulierung ab. In der deutschen Normierung der Abweichungsmöglichkeit ist aus den langfristigen Interessen und der Tragfähigkeit der Gesellschaft insgesamt oder der Gewährleistung der Rentabilität das *Interesse des langfristigen Wohlergehens der Gesellschaft* geworden.[713] Ausweislich der Gesetzesbegründung soll Erwägungsgrund 30 der zweiten Aktionärsrechterichtlinie als Auslegungshilfe dienen.[714] Demnach muss unter anderem eine Situation vorliegen, die geeignet ist, die langfristige Tragfähigkeit und Rentabilität der Gesellschaft zu beeinträchtigen.[715] Anders als der europäische Richtliniengeber in Erwägungsgrund 30 der zweiten Aktionärsrechterichtlinie und Art. 9a Abs. 4 Uabs. 2 AktionärsrechteRL II deutet die deutsche Gesetzesbegründung mit dem Wort *und* auf eine kumulative Verknüpfung von Tragfähigkeit und Rentabilität hin. Das widerspricht jedoch dem ausdrücklichen Wortlaut der Richtlinie mit seiner alternativen Ausgestaltung. Damit ist rein vom Wortlaut nicht klar, was genau mit dem Wohlergehen der Gesellschaft gemeint ist, beziehungsweise welche Kriterien unter den Begriff fallen. Insbesondere

---

[713] *Koch*, AktG, § 87a Rn. 14 spricht sich insofern für eine Ergänzung der außergewöhnlichen Umstände im Zuge einer richtlinienkonformen Auslegung aus; wohl auch: *Teichmann*, in: FS Heidinger (2023), S. 537, 549 f.; *Anzinger*, ZGR 2019, 39, 83 geht noch weiter und spricht von einer *„eins-zu-eins"* Umsetzung der Richtlinie.

[714] Begr. RegE ARUG II, BT-Drucks. 19/9739, S. 75; *Lochner/Beneke*, in: Heidel, AktG, § 87a Rn. 28; *Fleischer*, in: BeckOGK-AktG, Stand: 1. Februar 2025, § 87a Rn. 33.

[715] Begr. RegE ARUG II, BT-Drucks. 19/9739, S. 75.

bleibt unklar, ob es nur um die Tragfähigkeit der Gesellschaft oder auch zusätzlich beispielsweise um die Rentabilität gehen soll. Der europäische Richtliniengeber hat an dieser Stelle ausdrücklich die Wahlmöglichkeit gelassen, wann ein außergewöhnlicher Umstand vorliegen kann. Nach dem Wortlaut des Aktienrechts reicht die Gefährdung der Rentabilität damit jedoch allein nicht aus.[716]

Es ist aufgrund des ausdrücklichen Verweises auf die Richtlinie davon auszugehen, dass es sich um ein redaktionelles Versehen handelt. Nach der hier vertretenen Ansicht besteht die Möglichkeit, dass ein Mitgliedsstaat die außergewöhnlichen Umstände enger fasst.[717] Damit wäre es möglich, statt einer alternativen Regelung eines außergewöhnlichen Umstands, bei dem entweder die Tragfähigkeit oder die Rentabilität der Gesellschaft beeinträchtigt sein muss, auch eine kumulative Regelung vorzusehen, dass sowohl Tragfähigkeit als auch Rentabilität beeinträchtigt sein müssen. Die Gesetzesbegründung erweckt aber den Eindruck eines direkten Zitats der Richtlinie und wirkt damit nicht als Begrenzung des Anwendungsbereichs. Ein anderes Verständnis eines außergewöhnlichen Umstands, als es die Richtlinie vorsieht, hätte der Gesetzgeber ausdrücklich benennen müssen. Das spricht dafür, dass mit dem *Wohlergehen der Gesellschaft* sowohl deren Rentabilität als auch der nachhaltige Bestand des Unternehmens gemeint sind. Trotz anderer Formulierung setzt das ARUG II damit beide Auswahlmöglichkeiten der Richtlinie hinsichtlich der außergewöhnlichen Umstände alternativ um.[718]

b) Abschließende Formulierung

Zum Teil wird angenommen, dass die Formulierung des Gesetzes oder der Richtlinie bei der Abweichungsmöglichkeit nach § 87a Abs. 2 Satz 2 AktG bzw. Art. 9a Abs. 4 AktionärsrechteRL II darauf hindeuten, dass die dort genannten Kriterien keine trennscharfe und abschließende Grenze der Auslegung darstellen.[719] Die Aufzählungen der einzelnen Kriterien in der Gesetzesbegründung, wann es sich um einen außergewöhnlichen

---

[716] Siehe auch: *Heldt*, AG 2018, 905, 909, die darauf hinweist, dass damit außer Betracht bleiben könnte, dass die Gefährdung der Rentabilität als potenziell niedrigere Hürde bereits ausreicht, um einen außergewöhnlichen Umstand darzustellen.

[717] Siehe: § 10 B. I.

[718] So wohl auch: *Grigoleit/Kochendörfer*, in: Grigoleit, AktG, § 87a Rn. 104.

[719] So: *Grigoleit/Kochendörfer*, in: Grigoleit, AktG, § 87a Rn. 104.

Umstand handelt, seien demnach eher als Beispiel zu verstehen und nicht als abschließende Grenze der Anwendungsfälle.[720] Danach wäre das Interesse des langfristigen Wohlergehens der Gesellschaft der einzige Anknüpfungspunkt für die Auslegung und ließe eine Vielzahl verschiedener Situationen zu. In diesem Sinne wird das langfristige Wohlergehen teilweise mit dem Unternehmensinteresse gleichgesetzt, das Ausgangspunkt jeder Aufsichtsratsentscheidung sein muss.[721]

Eine einfache Abwägung des Unternehmensinteresses mit dem Interesse einer erhöhten Transparenz gegenüber den Aktionären verfehlt den Ausnahmecharakter der Norm.[722] Aus der Vagheit der Kriterien zu schließen, dass der Gesetz- beziehungsweise Richtliniengeber diesen keine scharfe Kontur zumessen wollte, geht allerdings zu weit.[723] Richtigerweise wird der jeweilige Normgeber keine Aufzählung spezifischer Fälle oder Fallgestaltungen im Sinn gehabt haben. Deswegen kann man den gewählten Wortlaut aber nicht als Grundlage für eine lediglich summarische Konkretisierung begreifen. Der Gesetzgeber konkretisiert das langfristige Wohlergehen vielmehr i.S.d. zweiten Aktionärsrechterichtlinie, sodass es sich um eine Situation handeln muss, die geeignet ist, die langfristige Tragfähigkeit oder Rentabilität der Gesellschaft zu beeinträchtigen. Eine anderweitige offene Auslegung des Wohlergehens der Gesellschaft kann im Ergebnis dazu führen, dass der Wortlaut hinter einer teleologischen Auslegung vollständig untergeht, was dem Gesetzgeber ohne entsprechende Hinweise oder systematische Rückschlüsse nicht unterstellt werden kann.[724] Noch dazu sind weder die

---

[720] *Grigoleit/Kochendörfer*, in: Grigoleit, AktG, § 87a Rn. 104; *Seibt*, in: K. Schmidt/Lutter, AktG, § 87a Rn. 27: *„Beispiele"*.

[721] *Spindler*, in: MüKo-AktG, § 87a Rn. 54; *Löbbe/Fischbach*, AG 2019, 373, 380; *Dörrwächter/Harrack*, NZG 2024, 611, 616; *Spindler*, AG 2020, 61, 69; ähnlich: *Grigoleit/Kochendörfer*, in Grigoleit, AktG, § 87a Rn. 105.

[722] *Lochner/Beneke*, in: Heidel, AktG, § 87a Rn. 28; *Cahn*, in: KölnKomm-AktG, § 87a Rn. 34; anders aber: *Dörrwächter/Harrack*, NZG 2024, 611, 616; *Grigoleit/Kochendörfer*, in: Grigoleit, AktG, § 87a Rn. 104; für eine großzügigere Auslegung etwa auch: *C. Arnold/Herzberg/Zeh*, AG 2020, 313, 321; *Löbbe/Fischbach*, AG 2019, 373, 380; *Seibt*, in: K. Schmidt/Lutter, AktG, § 87a Rn. 27 f.; zur Auslegung von Art. 9a IV 2. ARR in diesem Sinne auch *Diekmann*, WM 2018, 796, 798.

[723] Vgl. *Grigoleit/Kochendörfer*, in: Grigoleit, AktG, § 87a Rn. 104.

[724] So bricht *Grigoleit/Kochendörfer*, in: Grigoleit, AktG, § 87a Rn. 104 die Auslegung auf ein *„deutlich überwiegendes Gesellschaftsinteresse"* herunter.

europäisch vorgegebenen Begriffe noch das Interesse des langfristigen Wohlergehens so unbestimmt, dass sich eine Loslösung von diesen aus der jeweiligen Norm ergibt. Auch der durch den Begriff *nur* ausdrücklich vorgesehene abschließende Charakter der europäischen Vorschrift verdeutlicht, dass eine weitergehende Auslegung gerade nicht gewollt war.

c) Inhaltliche Konkretisierung

§ 87a Abs. 2 Satz 2 AktG ist als Ausnahmevorschrift grundsätzlich eng auszulegen.[725] Das Interesse des langfristigen Wohlergehens der Gesellschaft, konkretisiert durch die Tragfähigkeit oder Rentabilität der Gesellschaft, meint vor allem außergewöhnlich schwere Unternehmenskrisen oder besondere Situationen wie die weltweite Finanzkrise 2008/2009.[726] Die Vorschrift soll demnach unter anderem darauf abzielen, sogenannte Krisenmanager oder Sanierungsexperten einzustellen, bei denen der Aufsichtsrat vom Vergütungssystem abweichen darf.[727] Dann soll etwa die Erweiterung des Vorstands um ein weiteres Mitglied möglich sein, wenn das Vergütungssystem die Erweiterung nicht vorsieht.[728] Es muss nach dem deutschen Verständnis neben der Neuausrichtung mit dem langfristigen Interesse nicht zusätzlich eine erhebliche Verbesserung der Rentabilität mit dem neuen Vorstandsmitglied einhergehen.[729] Auch der deutsche Gesetzgeber hatte die alternative Ausgestaltung der europäischen Kriterien vor Augen, sodass es keiner zusätzlichen, über den Rahmen des langfristigen Interesses und der Tragfähigkeit der Gesellschaft hinausgehenden Steigerung der Rentabilität bedarf. Ein

---

725 *Grigoleit/Kochendörfer*, in: Grigoleit, AktG, § 87a Rn. 104; *Paschos/Goslar*, AG 2018, 857, 863; *Bayer*, DB 2018, 3034, 3039; großzügiger: *C. Arnold/Herzberg/Zeh*, AG 2020, 313, 321.

726 Begr. RegE ARUG II, BT-Drucks. 19/9739, S. 75; *Lochner/Beneke*, in: Heidel, AktG, § 87a Rn. 28; *Bayer*, DB 2018, 3034, 3039; *Löbbe/Fischbach*, AG 2019, 373, 380.

727 Begr. RegE ARUG II, BT-Drucks. 19/9739, S. 75; *Spindler*, in: MüKo-AktG, § 87a Rn. 53; *Koch*, AktG, § 87a Rn. 14; siehe auch: *Seibt*, in: K. Schmidt/Lutter, AktG, § 87a Rn. 27, der auch Vorstandsmitglieder in anderen Kompetenzbereichen, wie bei disruptiven Marktveränderungen spezielle Produktvorstände oder mit besonderer Technologiekompetenz ausgestattete Vorstände sowie Chief Compliance Officer im Nachgang zu unvorhergesehenen Compliance-Fällen mitaufzählt.

728 Begr. RegE ARUG II, BT-Drucks. 19/9739, S. 75; *Dauner-Lieb*, in: Henssler/Strohn, GesR, AktG, § 87a Rn. 12; *Koch*, AktG, § 87a Rn. 14.

729 A.A.: *Grigoleit/Kochendörfer*, in: Grigoleit, AktG, § 87a Rn. 105; *Spindler*, in: MüKo-AktG, § 87a Rn. 53.

solcher Krisenmanager steht dabei dem langfristigen Wohlergehen nicht entgegen, selbst wenn er nur für einen kurzen überschaubaren Zeitraum angestellt werden soll.[730] Vielmehr dient eine solche Anstellung gerade dazu, den langfristigen Unternehmensbestand zu sichern, was sich nicht in der Anstellungsdauer eines Vorstandsmitglieds widerspiegeln muss.

Der Begriff des *Wohlergehens* weicht von der sonst im Gesetz häufiger normierten *langfristigen Entwicklung der Gesellschaft* ab. So soll die Vergütungsstruktur nach § 87 Abs. 1 Satz 2 AktG auf die langfristige Entwicklung der Gesellschaft ausgerichtet sein. Im Gegensatz zur *Entwicklung* knüpft der Ausnahmetatbestand in § 87a Abs. 2 Satz 2 AktG jedoch an das langfristige Wohlergehen der Gesellschaft an. Angesichts der explizit festgelegten einheitlichen Auslegung der langfristigen Entwicklung im gesamten Aktiengesetz liegt hier also ein inhaltlicher Unterschied vor.[731] Dieser verdeutlicht erneut den Ausnahmecharakter, bei dem sich das Wohlergehen zuvorderst auf existenzielle Krisen und den gesamten Bestand des Unternehmens bezieht. Die Entwicklung der Gesellschaft ist dagegen viel breiter gefasst und erschöpft sich gerade nicht in den Bereichen der Tragfähigkeit und Rentabilität, sondern umfasst auch soziale und ökologische Entwicklungen.[732]

Die Abweichung muss also notwendig sein, um eine Gefahr für die Gesellschaft abzuwenden, die auf die Rentabilität oder gar die Existenz der Gesellschaft ausschlagen könnte.[733] Ein unmittelbar bevorstehender Schaden ist jedoch nicht erforderlich.[734] Die Gefahr muss sich auf die langfristige

---

[730] Begr. RegE ARUG II, BT-Drucks. 19/9739, S. 75.

[731] Vgl. für die einheitliche Auslegung der langfristigen Entwicklung: Begr. RegE ARUG II, BT-Drucks. 19/9739, S. 72

[732] Vgl. zur langfristigen Entwicklung etwa: *Spindler*, in: MüKo-AktG, § 87 Rn. 90 f.; *Fleischer*, in: BeckOGK-AktG, Stand: 1. Februar 2025, § 87 Rn. 33 ff.; *Weber*, in: Hölters/Weber, AktG, § 87 Rn. 29; *Schwennicke*, in: Grigoleit, AktG, § 87 Rn. 20 f.; *Melot de Beauregard/Arden* in: Backhaus/Tielmann, Der Aufsichtsrat, AktG, § 87 Rn. 72 f.

[733] *Cahn*, in: KölnKomm-AktG, § 87a Rn. 34; in diese Richtung auch: *Grigoleit/Kochendörfer*, in: Grigoleit, AktG, § 87a Rn. 105, wonach das wirtschaftliche Überleben der Gesellschaft mit relevanter Wahrscheinlichkeit gefährdet sein muss; a.A.: *Seibt*, in: K. Schmidt/Lutter, AktG, § 87a Rn. 27, wonach es keiner Abwehr von Bestandgefahren bedarf, sondern die Förderung einer nachhaltigen Wertschöpfung und Rentabilität ausreicht.

[734] *Seibt*, in: K. Schmidt/Lutter, AktG, § 87a Rn. 27; *Cahn*, in: KölnKomm-AktG, § 87a Rn. 34.

Rentabilität der Gesellschaft beziehen. Der Verlust eines bestimmten Vorstandsmitglieds reicht beispielsweise nur aus, wenn damit auch die hohe Wahrscheinlichkeit besteht, dass die Gesellschaft ihre Geschäfte langfristig nicht rentabel führen kann.[735] Die kurzfristige Verbesserung der Rentabilität alleine reicht dabei ebenso wenig aus, wie die singuläre Steigerung der Attraktivität für Investoren ohne einen bestimmten Anlass.[736] Es bedarf i.S.d. Richtlinie vielmehr der Gewährleistung der Rentabilität. Eine einfache Steigerung dieser kommt an die Grenze der Gewährleistung nicht heran. Umfasst sind dabei grundsätzlich sowohl unternehmensinterne wie externe Ursachen für die Verschlechterung der Lage.[737]

Darüber hinaus soll eine einfache Änderung der Vorstandsorganisation hinsichtlich Mitgliederzahl, Ressortverantwortlichkeit oder der personellen Zusammensetzung grundsätzlich nicht ausreichen.[738] Dagegen soll die Aufnahme eines neuen Vorstandsvorsitzenden, der für eine neue Strategie steht, nach überwiegender Meinung eine Abweichung rechtfertigen können.[739] Dies kann zumindest dann ausreichen, wenn damit der langfristige Erfolg der Gesellschaft, also in Übereinstimmung mit der unionsrechtlichen Grundlage auch die Rentabilität, in besonderer Weise positiv beeinflusst wird.[740] Wichtig ist, dass ein Zusammenhang zwischen der Steigerung der Rentabilität und der Qualifikation des Vorstandskandidaten besteht.[741]

Die zeitliche Perspektive in Gestalt der Langfristigkeit ist bereits in Art. 9a Abs. 4 Uabs. 2 AktionärsrechteRL II angelegt und spiegelt sich in § 87a Abs. 2 Satz 2 AktG wider. Sie verdeutlicht damit die Materialitätsschwelle, die den Ausnahmecharakter der Vorschrift unterstreicht.[742] Subsumiert man korrekterweise die Rentabilität unter das langfristige Wohlergehen der Gesellschaft

---

735 *Cahn*, in: KölnKomm-AktG, § 87a Rn. 34; *Koch*, AktG, § 87a Rn. 14; *Seibt*, in: K. Schmidt/Lutter, AktG, § 87a Rn. 27; a.A.: *J. Schmidt*, NZG 2018, 1201, 1204; großzügiger auch: *Grigoleit/Kochendörfer*, in: Grigoleit, AktG, § 87a Rn. 105.

736 *Cahn*, in: KölnKomm-AktG, § 87a Rn. 34.

737 *Seibt*, in: K. Schmidt/Lutter, AktG, § 87a Rn. 27.

738 *Seibt*, in: K. Schmidt/Lutter, AktG, § 87a Rn. 27; *Koch*, AktG, § 87a Rn. 14.

739 So jedenfalls: *Heldt*, AG 2018, 905, 909; *Seibt*, in: K. Schmidt/Lutter, AktG, § 87a Rn. 27 *Grigoleit/Kochendörfer*, in Grigoleit, AktG, § 87a Rn. 105; *C. Arnold/Herzberg/Zeh*, AG 2020, 313, 314; a.A.: *Koch*, AktG, § 87a Rn. 14

740 *Grigoleit/Kochendörfer*, in: Grigoleit, AktG, § 87a Rn. 105.

741 *Grigoleit/Kochendörfer*, in: Grigoleit, AktG, § 87a Rn. 105.

742 *Grigoleit/Kochendörfer*, in: Grigoleit, AktG, § 87a Rn. 106.

bedarf es dafür keiner zeitlichen Spanne mehr, weil dies weder unionsrechtlich gefordert noch notwendig ist.[743]

2. *Benennung des Verfahrens zum Abweichen und der Bestandteile des Vergütungssystems*

Bei der Regelung in § 87a Abs.2 Satz 2 AktG handelt es sich um einen Ausnahmetatbestand, was durch die Anforderungen an die konkrete Ausgestaltung der Abweichungsmöglichkeit deutlich wird. Die Gesellschaft soll sich nach der Gesetzesbegründung nur insoweit auf den Ausnahmetatbestand berufen können, als sie entsprechendes bereits bei Entwicklung des Vergütungssystems in Umrissen berücksichtigt hat.[744] Entsprechend regelt § 87a Abs. 2 Satz 2 AktG, dass das Vergütungssystem das Verfahren des Abweichens sowie die Bestandteile des Vergütungssystems, von denen abgewichen werden kann, nennt. Damit setzt der deutsche Gesetzgeber die Voraussetzung für eine solche Regelung, die Art. 9a Abs. 4 Uabs. 1 AktionärsrechteRL II vorschreibt, inhaltsgleich um. Insofern überzeugt es, hinsichtlich der konkreten Transparenz und Ausgestaltung der Regel die Grundsätze des Transparenzgebots aus § 308 Nr. 4 BGB auf diese Regelung zu übertragen.[745] Auch bei § 308 Nr. 4 BGB geht es um die einseitige Änderung von Leistungen. Entscheidend ist damit, was Aktionäre bei der Vorlage des Vergütungssystems hinsichtlich der Voraussetzungen und des Umfangs der Änderung bei der Beschlussfassung vorhersehen konnten.[746] Damit geht ein erheblicher Gestaltungsspielraum für den Aufsichtsrat einher,

---

[743] Im Ergebnis ebenso: *Grigoleit/Kochendörfer*, in: Grigoleit, AktG, § 87a Rn. 106.

[744] Begr. RegE ARUG II, BT-Drucks. 19/9739, S. 75; *Dauner-Lieb*, in: Henssler/Strohn, GesR, AktG, § 87a Rn. 12; in diese Richtung auch: *Cahn*, in: KölnKomm-AktG, § 87a Rn. 32; kritisch dazu: *Grigoleit/Kochendörfer*, in: Grigoleit, AktG, § 87a Rn. 109; *Löbbe/Fischbach*, AG 2019, 373, 380; *Spindler*, AG 2020, 61, 69 f.

[745] *Spindler*, in: MüKo-AktG, § 87a Rn. 52; *J. Vetter/Lauterbach*, AG 2021, 89, 92.

[746] *Spindler*, in: MüKo-AktG, § 87a Rn. 52; *J. Vetter/Lauterbach*, AG 2021, 89, 92; siehe allgemein zu den Grundsätzen nach § 308 Nr. 4 BGB: BGH, Urteil vom 21. Dezember 1983, Az.: VIII ZR 195/82 = BGHZ 89, 206, 211 = NJW 1984, 1182, 1183 = juris Rn. 13; BGH, Urteil vom 12. Januar 1994, Az.: VIII ZR 165/92 = BGHZ 124, 351, 362 f. = NJW 1994, 1060, 1063 = Rn. 55; BGH, Urteil vom 15. November 2007, Az.: III ZR 247/06 = NJW 2008, 360, 362 = juris Rn. 21; *Wurmnest*, in: MüKo-BGB, § 308 Nr. 4 Rn. 10 mwN; *Weiler*, in: BeckOGK-BGB, Stand: 1. März 2025, § 308 Nr. 4 Rn. 141 ff. mwN; *Stadler*, in: Jauernig, BGB, § 308 Rn. 6.

was die Gestaltung des Verfahrens und die Auswahl der Bestandteile angeht, von denen abgewichen werden darf.[747]

a) Benennung des Verfahrens zum Abweichen

In Anknüpfung an § 308 Nr. 4 BGB ist zu verlangen, dass die Voraussetzungen der Änderungen für die Aktionäre vorhersehbar sein müssen.[748] Ob damit auch die konkreten Gründe für eine vorübergehende Abweichung benannt werden müssen, erscheint fraglich.[749] Der Wortlaut des § 87a Abs. 2 Satz 2 AktG spricht insofern von dem Verfahren des Abweichens. Unter dem Verfahren des Abweichens könnte man bei engem Verständnis nur die technischen Abläufe der Entscheidungsfindung verstehen,[750] bei weitem Verständnis könnten hierunter aber auch die Entscheidungsgründe für die jeweilige Änderung fallen. Richtigerweise macht die Angabe von Gründen im Vergütungssystem die Prüfung des Aufsichtsrats im Einzelfall nicht entbehrlich, ob die Abweichung im konkreten Fall im Interesse des langfristigen Wohlergehens der Gesellschaft notwendig ist.[751] Diese Entscheidung des Aufsichtsrats kann das Vergütungssystem jedenfalls nicht vollständig vorwegnehmen. Außerdem ist systematisch schwierig bei einer Ausnahmevorschrift unerwartete Entwicklungen bereits vorher im Einzelnen zu bezeichnen.[752] Aus diesem Grund kann die Aufnahme von Entscheidungsgründen nicht zwingend vorausgesetzt werden. Unproblematisch kann dagegen die interne Zuständigkeit im Aufsichtsrat besonders mit Blick auf die Beteiligung eines Ausschusses oder besondere Beschlusserfordernisse angegeben werden.[753]

Hinsichtlich des Umfangs der Abweichung ist in Anlehnung an § 308 Nr. 4 BGB dem Aktionär zu ermöglichen, die zu erwartenden Änderungen einschätzen zu können, weswegen allgemein gehaltene Formulierungen

---

747 *Dörrwächter/Harrack*, NZG 2024, 611, 616.

748 *Spindler*, in: MüKo-AktG, § 87a Rn. 52; *J. Vetter/Lauterbach*, AG 2021, 89, 92.

749 Dafür: *J. Vetter/Lauterbach*, AG 2021, 89, 91 f.; *v. Zehmen*, BB 2021, 628, 636; dagegen: *Cahn*, in: KölnKomm-AktG, § 87a Rn. 34; *Grigoleit/Kochendörfer*, in: Grigoleit, AktG, § 87a Rn. 109; wohl auch *Koch*, AktG, § 87a Rn. 14.

750 In diese Richtung: *Cahn*, in: KölnKomm-AktG, § 87a Rn. 34; *Grigoleit/Kochendörfer*, in: Grigoleit, AktG, § 87a Rn. 109.

751 *Cahn*, in: KölnKomm-AktG, § 87a Rn. 34.

752 *Grigoleit/Kochendörfer*, in: Grigoleit, AktG, § 87a Rn. 109; *J. Vetter/Lauterbach*, AG 2021, 89, 101.

753 *J. Vetter/Lauterbach*, AG 2021, 89, 102.

wie *nach sorgfältiger Abwägung*, nach *billigem* oder *pflichtgemäßen Ermessen*, *in sachgerechtem* oder *angemessenen Umfang* nicht den Anforderungen an die Kalkulierbarkeit und damit Transparenz der Regelung genügen.[754] Aus diesem Grund scheidet die reine Wiedergabe des Gesetzeswortlauts aus.[755] Demnach gehören auch die Art und das Ausmaß der Abweichung zu den erforderlichen Angaben.[756] Die einzelnen prozessualen Abläufe, die zu einer Entscheidung des Aufsichtsrats zur Abweichung führen, müssen für die Aktionäre jedenfalls erkennbar sein.

b) Benennung der Bestandteile des Vergütungssystems

Durch das Erfordernis, die Bestandteile des Vergütungssystems, von denen abgewichen werden darf, konkret zu benennen, reicht jedenfalls auch hier eine allgemeine Öffnungsklausel im Vergütungssystem nicht aus.[757]

Das Gesetz enthält keine Begrenzung der Bestandteile, von denen abgewichen werden darf. Damit könnte der Aufsichtsrat vorsorglich sämtliche Bestandteile benennen, um größtmögliche Flexibilität zu wahren.[758] Dies sollte angesichts der dann gewährleisteten Transparenz und auch der hohen Hürde der Anwendung dieser Ausnahmeregelung teleologisch weitestgehend

---

[754] BGH, Urteil vom 20. Januar 1993, Az.: VII ZR 105/81 = BGHZ 86, 284, 296 f. = NJW 1983, 1322, 1325; vgl. BGH, Urteil vom 11. Oktober 2007, Az.: III ZR 63/07 = WM 2007, 2202, 2203 f. = juris Rn. 15; OLG Düsseldorf, Urteil vom 17. Februar 2000, Az.: 10 U 100/98 = NJW-RR 2000, 1681, 1681; *Weiler*, in: BeckOGK-BGB, Stand: 1. März 2025, § 308 Nr. 4 Rn. 152; *Wurmnest*, in: MüKo-BGB, § 308 Nr. 4 Rn. 10; großzügiger dagegen: *Seibt*, in: K. Schmidt/Lutter, AktG, § 87a Rn. 28.

[755] *Seibt*, in: K. Schmidt/Lutter, AktG, § 87a Rn. 28; *Grigoleit/Kochendörfer*, in: Grigoleit, AktG, § 87a Rn. 108; *Löbbe/Fischbach*, AG 2019, 373, 380; *Spindler*, AG 2020, 61, 69; mit Blick auf das Transparenzgebot des § 308 Nr. 4 BGB: OLG Hamburg, Urteil vom 26. März 1986, Az.: 5 U 119/85 = NJW-RR 1986, 1440; OLG Düsseldorf, Urteil vom 2. Mai 2013, Az.: 6 U 123/12 = NJW-RR 2013, 1391, 1393 = juris Rn. 36; OLG Koblenz, Urteil vom 2. März 2017, Az.: 2 U 296/16 = BeckRS 2017, 111351 Rn. 19 = juris Rn. 43; *Wurmnest*, in: MüKo-BGB, § 308 Nr. 4 Rn. 10.

[756] *J. Vetter/Lauterbach*, AG 2021, 89, 92.

[757] *Spindler*, in: MüKo-AktG, § 87a Rn. 52; *Löbbe/Fischbach*, AG 2019, 373, 380; *J. Vetter/Lauterbach*, AG 2021, 89, 92; *Seibt*, in: K. Schmidt/Lutter, AktG, § 87a Rn. 28; *Weber*, in: Hölters/Weber, AktG, § 87a Rn. 36; *Dörrwächter/Harrack*, NZG 2024, 611, 616; a.A.: *Cahn*, in: KölnKomm-AktG, § 87a Rn. 35.

[758] Für die Zulässigkeit eines solchen Vorgehens: *Cahn*, in: KölnKomm-AktG, § 87a Rn. 35; *Grigoleit/Kochendörfer*, in: Grigoleit, AktG, § 87a Rn. 109; *Seibt*, in: K. Schmidt/Lutter, AktG, § 87a Rn. 29.

unbedenklich sein, dem Aufsichtsrat aber im Ernstfall die notwendige Flexibilität gewähren.[759]

Eine Abweichung von der Maximalvergütung soll nach teilweise vertretener Meinung auch dann möglich sein, wenn die Hauptversammlung die Maximalvergütung durch einen Beschluss nach § 87 Abs. 4 AktG herabgesetzt hat.[760] Das ist jedoch mit der abstrakten Wirkung der Herabsetzungsmöglichkeit nicht vereinbar, sodass nach der hier vertretenden Ansicht die Herabsetzung nach § 87 Abs. 4 AktG einer Abweichung nach grundsätzlich § 87a Abs. 2 Satz 2 AktG vorgeht.[761] Verändern sich objektiv nachweisbar die tatsächlichen Umstände für die Gesellschaft nach der Beschlussfassung durch die Hauptversammlung, kann der Aufsichtsrat bei entsprechender Kausalität jedoch von der herabgesetzten Maximalvergütung abweichen.

III. Beurteilungsspielraum des Aufsichtsrats

Liegen die formellen Anforderungen des Gesetzes nach § 87a Abs. 2 Satz 2 AktG vor, hat der Aufsichtsrat über ein Abweichen vom Vergütungssystem Beschluss zu fassen. Bei der Auslegung von Rechtsbegriffen steht dem Aufsichtsrat grundsätzlich kein klassisches unternehmerisches Ermessen zu.[762] Angesichts der nicht hinreichend bestimmten Begriffe des § 87a Abs. 2 Satz 2 AktG hat der Aufsichtsrat aber einen praktisch großen Beurteilungsspielraum, der sich vor allem auf die Prüfung der Voraussetzungen bezieht.[763] Für die Beurteilung der Frage des langfristigen Wohlergehens der Gesellschaft wird dem Aufsichtsrat daher ein weiter Beurteilungsspielraum zugemessen.[764] Liegen nach der Beurteilung durch den Aufsichtsrat die Voraussetzungen vor, um vom Vergütungssystem abzuweichen, dürfte angesichts der hohen materiellen Schwelle die Entscheidung für eine Abweichung intendiert sein, wobei

759 Ähnlich: *Grigoleit/Kochendörfer*, in: Grigoleit, AktG, § 87a Rn. 109; für eine großzügige Nennung ebenfalls: *J. Vetter/Lauterbach*, AG 2021, 89, 101.

760 *Grigoleit/Kochendörfer*, in: Grigoleit, AktG, § 87a Rn. 112; *Spindler*, in: MüKo-AktG, § 87a Rn. 52.

761 Siehe dazu ausführlich: § 9 B. III. 1. d).

762 Siehe zu der Diskussion um den Umgang mit rechtlicher Unsicherheit eingehend etwa: *Koch*, AktG, § 93 Rn. 40 mwN; *Spindler*, in: MüKo-AktG, § 93 Rn. 91 f. mwN.

763 *Seibt*, in: K. Schmidt/Lutter, AktG, § 87a Rn. 29; *Grigoleit/Kochendörfer*, in: Grigoleit, AktG, § 87a Rn. 111; *J. Vetter/Lauterbach*, AG 2021, 89, 101; *Löbbe/Fischbach*, AG 2019, 373, 380; *Dörrwächter/Harrack*, NZG 2024, 611, 616.

764 *Löbbe/Fischbach*, AG 2019, 373, 380; *Seibt*, in: K. Schmidt/Lutter, AktG, § 87a Rn. 28.

die Entscheidung im pflichtgemäßen Ermessen liegt.[765] Allerdings kommt dem Aufsichtsrat dann ein Ermessen hinsichtlich der Frage zu, von welchen Bestandteilen des Vergütungssystems im Einzelfall abgewichen werden soll.[766] In seiner Entscheidung hat der Aufsichtsrat die Umstände des Einzelfalls genauestens zu untersuchen, wozu unter anderem die die Abweichung auslösenden Umstände, die Eingriffe in das bestehende Vergütungssystem und damit die Auswirkungen auf die Transparenz und Erkennbarkeit für die Aktionäre, die gewünschte Anreizstruktur sowie schließlich die Vorgaben des § 87 Abs. 1 AktG mit einer angemessenen Vergütung gehören.[767] Im Ergebnis kommt dem Aufsichtsrat bei Vorliegen der Voraussetzungen nach § 87a Abs. 2 Satz 2 AktG einerseits ein intendiertes Entschließungsermessen aber andererseits ein weites Auswahlermessen zu.

IV. Abweichung trotz vorheriger Festlegung im Vergütungssystem

Wenn das Vergütungssystem für den Fall des Abweichens sowohl das Verfahren als auch die betroffenen Bestandteile benennen soll, wirkt es widersprüchlich, überhaupt von einer Abweichung vom Vergütungssystem zu sprechen. Vielmehr ist dieses Vorgehen dem Vergütungssystem immanent.[768] Dies stellt aber keinen Widerspruch durch die deutsche Umsetzung dar. Vielmehr wurde dies in der europäischen Richtlinie in Art. 9a Abs. 4 Uabs. 1 AktionärsrechteRL II so vorgegeben.[769] Der Abweichungsmöglichkeit ist es immanent, dass es sich um Situationen handelt, die nicht immer vorhersehbar waren und hätten berücksichtigt werden können.[770] Ein Abweichen setzt gerade voraus, dass eine Vergütung anders festgesetzt wird, als es das System vorsieht. Eine Abweichung vom Vergütungssystem liegt immer dann vor, wenn die festgesetzte Vergütung nicht im Einklang mit dem Vergütungssystem

---

765 *Grigoleit/Kochendörfer*, in: Grigoleit, AktG, § 87a Rn. 111; gegen eine Präjudizierung wohl: *Dörrwächter/Harrack*, NZG 2024, 611, 616, wonach es nur im Einzelfall aufgrund der Pflichtenbindung des Aufsichtsrats zu einer Ermessensreduzierung auf Null kommen soll.

766 *Grigoleit/Kochendörfer*, in: Grigoleit, AktG, § 87a Rn. 111; *J. Vetter/Lauterbach*, AG 2021, 89, 91; *Dörrwächter/Harrack*, NZG 2024, 611, 616.

767 Vgl. *Dörrwächter/Harrack*, NZG 2024, 611, 616.

768 Vgl. *Spindler*, in: MüKo-AktG, § 87a Rn. 54; *Anzinger*, ZGR 2019, 39, 78; *J. Vetter/Lauterbach*, AG 2021, 89, 91.

769 Siehe hierzu bereits: *Spindler*, AG 2020, 61, 69.

770 *J. Vetter/Lauterbach*, AG 2021, 89, 101; *Seibt*, in: K. Schmidt/Lutter, AktG, § 87a Rn. 28.

steht.[771] Zwar muss das Abweichen schon im Vergütungssystem angelegt sein. Die der Abweichung zugrundeliegenden Gründe müssen aber nicht enthalten sein. Ebenso wenig muss dem Vergütungssystem zu entnehmen sein, wie der Vergütungsbestandteil im Falle der Abweichung konkret ausgestaltet wird.

V. Rechtsfolge: Vorübergehende Abweichung

Gelangt der Aufsichtsrat zu der Entscheidung, dass das langfristige Wohlergehen der Gesellschaft verlangt, von dem aktuellen Vergütungssystem abzuweichen, darf er auf die in dem Vergütungssystem beschriebene Weise vorgehen. Im Wege des dort angegebenen Verfahrens und von den dort angegebenen Vergütungsbestandteilen darf der Aufsichtsrat dann vorübergehend abweichen. Dabei ist zu fragen, innerhalb welcher Zeitspanne noch eine *vorübergehende Abweichung* vorliegt.

Unter Berücksichtigung der Frist von vier Jahren für eine Wiedervorlage des Vergütungssystems nach § 120a Abs. 1 Satz 1 AktG, kann mit einer vorübergehenden Abweichung jedenfalls nur eine darunter liegende Zeitspanne gemeint sein.[772] Denn spätestens nach dieser Zeitspanne ist der Aufsichtsrat ohnehin verpflichtet, ein neues Vergütungssystem vorzulegen, bei dem er dann die sich veränderte Lage in die Entscheidungsgrundlage einfließen lassen wird.

Hiergegen wird eingewandt, dass der Aufsichtsrat die Möglichkeit hat, bereits der nächsten ordentlichen Hauptversammlung und damit innerhalb höchstens eines Jahres ein überarbeitetes Vergütungssystem vorzulegen, das die notwendigen Änderungen berücksichtigen kann. Daher solle eine vorübergehende Änderung auch nur so lange, also maximal ein Jahr, möglich sein.[773] Dem ist grundsätzlich zuzustimmen, jedoch kann es gerade die Intention des Aufsichtsrats sein, an einem Vergütungssystem festzuhalten und nur ganz punktuell und temporär davon abzuweichen.[774] Angesichts

---

[771] *Grigoleit/Kochendörfer*, in: Grigoleit, AktG, § 87a Rn. 103.

[772] Ebenso: *Seibt*, in: K. Schmidt/Lutter, AktG, § 87a Rn. 28; für einen Zeitraum von zwei Jahren, wenn keine besonderen Umstände vorliegen: *Spindler*, in: MüKo-AktG, § 87a Rn. 52; großzügiger: *Grigoleit/Kochendörfer*, in: Grigoleit, AktG, § 87a Rn. 110; *J. Vetter/Lauterbach*, AG 2021, 89, 101; *Charnitzky*, NZG 2021, 1438, 1440 f.

[773] *Cahn*, in: KölnKomm-AktG, § 87a Rn. 36; a.A.: *Seibt*, in: K. Schmidt/Lutter, AktG, § 87a Rn. 29; *J. Vetter/Lauterbach*, AG 2021, 89, 101.

[774] Aus diesem Grund auch gegen eine Begrenzung auf eine vierjährige Laufzeit: *Grigoleit/Kochendörfer*, in: Grigoleit, AktG, § 87a Rn. 110.

von § 87a Abs. 2 Satz 2 AktG ist ein solches Vorgehen gesetzlich zulässig. Besteht demnach zeitlich keine Pflicht zur Vorlage des Vergütungssystems an die Hauptversammlung, kann nicht erwartet werden, ein Vergütungssystem im Ganzen an solche Änderungen anzupassen. Damit ist auf der nächsten ordentlichen Hauptversammlung kein überarbeitetes Vergütungssystem vorzulegen. Die Abweichung muss nicht auf diese Zeitspanne befristet werden.[775]

Auf der anderen Seite geht der Hinweis fehl, dass bestehende Verträge durch die Neuvorlage eines Vergütungssystems nicht berührt werden und daher ein längerer Zeitpunkt als vier Jahre möglich sein soll.[776] Zwar ist dies grundsätzlich zutreffend. Es geht an dieser Stelle aber um die Frage, wie lange Änderungen an einem Vergütungssystem zulässig sind. Es geht nicht darum, wie lange die auf Grundlage der Abweichung getroffenen Vergütungsabreden wirksam bleiben. Vielmehr ist die systematische Trennung zwischen der Vergütungsfestsetzung in § 87 AktG und der zeitlich vorgeschalteten Festlegung des Vergütungssystems in § 87a AktG zu berücksichtigen. Das Vergütungssystem bildet nur den Rahmen der späteren Festsetzung. Während sich also die geänderte und vom Vergütungssystem abweichende Festsetzung insbesondere am Angemessenheitskriterium des § 87 Abs. 1 AktG messen lassen muss, steht die *vorübergehende Abweichung* auf der zeitlich vorgeschalteten Stufe des Vergütungssystems. Insofern kommt das Argument nicht zum Tragen, wonach bestehende Verträge von einer Neuvorlage des Vergütungssystems unberührt bleiben. Das Argument ließe nur Rückschlüsse auf die Frage zu, wie lange eine Vergütungsabrede wirksam ist, die auf Grundlage einer Abweichung i.S.d. § 87a Abs. 2 Satz 2 AktG getroffen wurde.

Daran anknüpfend kann eine vorübergehende Änderung nicht mehr angenommen werden, wenn sie sogar länger als die maximale Anwendungsdauer eines Vergütungssystems andauert, bevor eine erneute Befassung durch die Aktionäre erfolgen muss. Der Gesetzgeber hat in diesem Zusammenhang in § 120a Abs. 1 Satz 1 AktG die Wertung getroffen, wonach eine erneute Befassung der Hauptversammlung mit dem Vergütungssystem spätestens nach einem Zeitraum von vier Jahren erforderlich wird. Ist nach diesen vier Jahren schon ohne Abweichung eine erneute Befassung der Aktionäre mit

---

775 I.E. ebenso: *J. Vetter/Lauterbach*, AG 2021, 89, 101.

776 So nämlich: *J. Vetter/Lauterbach*, AG 2021, 89, 101.

dem Vergütungssystem von Gesetzes wegen notwendig, so müssen diese erst recht eingebunden werden, wenn eine Abweichung von dem System vorgenommen wurde.

Im Ergebnis meint eine vorübergehende Abweichung eine Zeitspanne von vier Jahren. Bei der Ausgestaltung der Abweichung und der Festlegung der vom Vergütungssystem abweichenden konkreten Vergütung hat der Aufsichtsrat dann aber wieder die materiellen Vorgaben des § 87 AktG zu beachten, die für die Festsetzung der Vorstandsvergütung gelten.[777]

C. Herabsetzen der Bezüge durch den Aufsichtsrat nach § 87 Abs. 2 Satz 1 AktG

Nach § 87 Abs. 2 Satz 1 AktG soll der Aufsichtsrat die Bezüge der Vorstandsmitglieder auf eine angemessene Höhe herabsetzen, wenn sich die Lage der Gesellschaft nach der Festsetzung so verschlechtert, dass eine Weitergewährung der Bezüge unbillig für die Gesellschaft wäre. Damit hat der Aufsichtsrat das einseitige Recht entgegen dem Grundsatzes *pacta sund servanda* den Anstellungsvertrag punktuell zu ändern. Die Voraussetzungen der Norm wurden durch das VorstAG herabgesetzt, indem statt einer *wesentlichen Verschlechterung* der Lage und einer *schweren Unbilligkeit* nunmehr die *einfache Verschlechterung* der Lage und die einfache *Unbilligkeit* ausreicht. So wollte der Gesetzgeber der Vorschrift zu mehr praktischer Bedeutung verhelfen.[778]

I. Voraussetzungen

Das Gesetz statuiert zwei kumulative Voraussetzungen für die Herabsetzung der Bezüge. So muss neben einer Verschlechterung der Lage für die Gesellschaft die Weitergewährung der bisherigen Bezüge für die Gesellschaft unbillig sein. Nur wenn diese Voraussetzungen kumulativ vorliegen, kann die Rechtsfolge des § 87 Abs. 2 AktG eintreten. So können hohe Vorstandsbezüge trotzt einer

---

777 Begr. RegE ARUG II, BT-Drucks. 19/9739, S. 75; *Grigoleit/Kochendörfer*, in: Grigoleit, AktG, § 87a Rn. 111.

778 *Spindler*, in: MüKo-AktG, § 87 Rn. 195; *Koch*, AktG, § 87 Rn. 49; *Fleischer*, in: BeckOGK-AktG, Stand: 1. Februar 2025, § 87 Rn. 66; *Fleischer*, NZG 2009, 801, 804; *Raapke*, Die Regulierung der Vergütung von Organmitgliedern und Angestellten im Aktien- und Kapitalmarktrecht, S. 208 f.; vgl. dazu auch: BGH, Urteil vom 22. Oktober 2024, Az. II ZR 97/23 = AG 2025, 197, 200 = juris Rn. 35.

Verschlechterung der Lage der Gesellschaft angemessen sein.[779] Zum Teil wird trotz der Vereinfachung der Anforderungen an die Herabsetzung durch das VorstAG ein strenger Maßstab bei der Auslegung gefordert.[780] Begründet wird dies mit dem Schutz der vertraglichen Ansprüche der Vorstandsmitglieder aus Art. 14 GG und dem systemfremden Ausnahmecharakter der Norm.[781] Die Änderungen des Gesetzgebers sowie den grundrechtlichen Schutz berücksichtigend wird überzeugend vermittelnd zumindest eine gewichtige Gefährdungslage gefordert.[782]

1. *Verschlechterung der Lage der Gesellschaft*

Bei der Verschlechterung der Lage kommt es darauf an, ob diese aus der Perspektive der Gesellschaft und nicht eines Dritten eingetreten ist.[783] Nach der Gesetzesbegründung liegt eine Verschlechterung der Lage beispielsweise dann vor, wenn Entlassungen und Lohnkürzungen vorgenommen und keine Gewinne mehr ausgeschüttet werden können.[784]

---

779 OLG Karlsruhe, Urteil vom 24. November 2011, Az.: 9 U 18/11 = AG 2012, 464, 466 = juris Rn. 35; *Seibt*, in: K. Schmidt/Lutter, AktG, § 87 Rn. 38; vgl. auch: *Spindler*, in: MüKo-AktG, § 87 Rn. 193.

780 So: *Seibt*, in: K. Schmidt/Lutter, AktG, § 87 Rn. 38; *Cahn*, in KölnKomm-AktG, § 87 Rn. 119 f.; *Koch*, AktG, § 87 Rn. 49; *Gaul/Janz*, NZA 2009, 809, 812; *Diller*, NZG 2009, 1006, 1007; *Jaeger/Balke*, ZIP 2010, 1471, 1475; a.A.: *Fleischer*, NZG 2009, 801, 803 f.; *Bosse*, BB 2009, 1650, 1651; *Lingemann*, BB 2009, 1918, 1920; *Seibert*, WM 2009, 1489, 1490 f.; *Annuß/Theusinger*, BB 2009, 2434, 2437; *Crass*, Die Vergütung von Vorstandsmitgliedern börsennotierter Aktiengesellschaften, S. 66; für restriktive Auslegung auch: BGH, Urteil vom 27. Oktober 2015, Az. II ZR 296/14 = BGHZ 207, 190, 196 f. = ZIP 2016, 310, 312 = juris Rn. 24; OLG Stuttgart, Urteil vom 1. Oktober 2014, Az.: 20 U 3/13 = AG 2015, 128, 130 = juris Rn. 44.

781 Vgl. *Seibt*, in: K. Schmidt/Lutter, AktG, § 87 Rn. 38; *Crass*, Die Vergütung von Vorstandsmitgliedern börsennotierter Aktiengesellschaften, S. 66.

782 *Spindler*, in: MüKo-AktG, § 87 Rn. 197; *Fleischer*, in: BeckOGK-AktG, Stand: 1. Februar 2025, § 87 Rn. 72; *Kort*, NZG 2015, 369, 371; *Spindler*, DB 2015, 908, 909; *Waldenberger/Kaufmann*, BB 2010, 2257, 2259; *Fleischer*, NZG 2009, 801, 803 f.; *v Kann/Keiluweit*, DStR 2009, 1587, 1592; *Bosse*, BB 2009, 1650, 1651; *Raitzsch*, NZG 2019, 495 497; *Annuß/Theusinger*, BB 2009, 2434, 2437; wohl auch: *Raapke*, Die Regulierung der Vergütung von Organmitgliedern und Angestellten im Aktien- und Kapitalmarktrecht, S. 210 f.

783 *Spindler*, in: MüKo-AktG, § 87 Rn. 194.

784 Begr. VorstAG, BT-Drucks. 16/12278, S. 6; ebenso: *Spindler*, in: MüKo-AktG, § 87 Rn. 199, wonach es für die Gewinnausschüttung nur um Gewinne aus dem operativen Gewinn geht; *Schwennicke*, in Grigoleit, AktG, § 87 Rn. 33; *Koch*, AktG, § 87 Rn. 33; *Redenius-Hövermann/Siemens*, ZIP 2020, 1585, 1586 der auf die Möglichkeit der

Lohnkürzungen und Entlassungen alleine sollen der Gesetzesbegründung zufolge aber nicht ausreichend sein.[785] Das ist insofern sinnvoll, als reine Strategieänderungen oder eine nachträgliche Veränderung der Aufgaben der Vorstandsmitglieder bei gleichbleibenden Gewinnen und insbesondere weiteren Gewinnausschüttungen nicht zwingend Anzeichen für eine Unternehmenskrise sind und daher eine Aufhebung der vertraglichen Bindung des Anstellungsvertrags nicht rechtfertigen können. Ebenso kann es sich vereinzelt um Sanierungsmaßnahmen mit dem Ziel einer nachhaltigen Unternehmensentwicklung handeln, oder es können Gewinne mit Blick auf eine künftige Investition thesauriert werden.[786] Damit lassen diese Kriterien jedenfalls allein nicht zwingend den Schluss auf eine Verschlechterung der Lage der Gesellschaft zu.

Jedenfalls tritt eine Verschlechterung der Lage der Gesellschaft zwingend mit der Insolvenzreife ein.[787] Daneben sollen auch unmittelbare Krisen ausreichen. Eine unmittelbare Krise soll immer dann vorliegen, wenn sich die Gesellschaft mit an Sicherheit grenzender Wahrscheinlichkeit in dem unmittelbar folgenden Zeitraum in einer objektiven und realen Notlage befindet und ihre wirtschaftliche Existenz konkret gefährdet ist.[788] Damit stellt der

---

Gewinnausschüttung abstellt; kritisch dazu: *Seibt*, in: K. Schmidt/Lutter, AktG, § 87 Rn. 38; *Bauer/C. Arnold*, AG 2009, 717, 725; *Hohenstatt*, ZIP 2009, 1349, 1352; *Ihrig/Wandt/Wittgens*, ZIP-Beil. 40/2012, 1, 20; *Annuß/Theusinger*, BB 2009, 2434, 2437; *Crass*, Die Vergütung von Vorstandsmitgliedern börsennotierter Aktiengesellschaften, S. 67.

[785] *Spindler*, in: MüKo-AktG, § 87 Rn. 199; *Weber*, in: Hölters/Weber, AktG, § 87 Rn. 48; *Thüsing/Jänsch*, in: FS Vetter (2019), S. 803, 808; *Gaul/Janz*, NZA 2009, 809, 812; *Dauner-Lieb*, Der Konzern 2009, 583, 590; *Bauer/C. Arnold*, AG 2009, 717, 725; *Koch*, WM 2010, 49, 53; *Diller*, NZG 2009, 1006, 1006; *Weber*, DB 2016, 815, 816.

[786] *Bauer/C. Arnold*, AG 2009, 717, 725; *Hoffmann-Becking/Krieger*, NZG-Beil. 26/2009, 1, 4 f.; *Hohenstatt*, ZIP 2009, 1349, 1352; *Redenius-Hövermann/Siemens*, ZIP 2020, 1585, 1586; *Thüsing*, AG 2009, 517, 522; *Waldenberger/Kaufmann*, BB 2010, 2257, 2258; *Diller*, NZG 2009, 1006, 1006; *Lingemann*, BB 2009, 1918, 1920; *Raapke*, Die Regulierung der Vergütung von Organmitgliedern und Angestellten im Aktien- und Kapitalmarktrecht, S. 211.

[787] BGH, Urteil vom 27. Oktober 2015, Az. II ZR 296/14 = BGHZ 207, 190, 203 = ZIP 2016, 310, 314 = juris Rn. 38; Begr. VorstAG, BT-Drucks. 16/12278, S. 6; *Seibt*, in: K. Schmidt/Lutter, AktG, § 87 Rn. 39; *Spindler*, in: MüKo-AktG, § 87 Rn. 197; vgl. ferner: BGH, Urteil vom 22. Oktober 2024, Az. II ZR 97/23 = AG 2025, 197, 298 = juris Rn. 18.

[788] *Koch*, WM 2010, 49, 53; *Waldenberger/Kaufmann*, BB 2010, 2257, 2258; *Raapke*, Die Regulierung der Vergütung von Organmitgliedern und Angestellten im Aktien- und Kapitalmarktrecht, S. 211 f.

Gesetzgeber keine geringen Anforderungen an die Verschlechterung der Lage. Insbesondere die Vertreter eines strengeren Maßstabs fordern darüber hinaus aber das Vorliegen einer deutlich über Durchschnittsfällen liegenden negativen Entwicklung der wirtschaftlichen oder finanziellen Lage der Gesellschaft, so etwa eine konkrete Bestandsgefahr oder die Inanspruchnahme von staatlichen Hilfen.[789] Nach den Vertretern einer vermittelnden Auffassung sei zwar nicht jede Verschlechterung ausreichend. Die Forderung einer wesentlichen Verschlechterung der Lage sei aber mit den Änderungen des Gesetzgebers nicht in Einklang zu bringen und daher zu weitgehend.[790] Aus dem Merkmal der Verschlechterung kann man außerdem folgern, dass, ungeachtet der genauen Anforderungen, die endgültige Bedrohungslage für die Gesellschaft bisher nicht eingetreten sein muss. Der Tatbestand ist schon im Vorfeld erfüllt.[791] Weiter darf die Verschlechterung bei der Festsetzung der Vergütung noch nicht absehbar gewesen sein und muss nachträglich eintreten.[792]

2. *Unbilligkeit für die Gesellschaft*

Die Voraussetzung der Unbilligkeit verlangt zunächst eine einzelfallabhängige Abwägung der Gesellschaftsinteressen sowie der Interessen des Vorstandsmitglieds.[793] Die Weiterzahlung der Bezüge ist nach der Vorstellung

---

[789] *Seibt*, in: K. Schmidt/Lutter, AktG, § 87 Rn. 39; *Crass*, Die Vergütung von Vorstandsmitgliedern börsennotierter Aktiengesellschaften, S. 68 f.; großzügiger: *Thüsing/Jänsch*, in: FS Vetter (2019), S. 803, 809.

[790] *Spindler*, in: MüKo-AktG, § 87 Rn. 197; *Fleischer*, in: BeckOGK-AktG, Stand: 1. Februar 2025, § 87 Rn. 72; *Thüsing/Jänsch*, in: FS Vetter (2019), S. 803, 809 f.; *Kort*, NZG 2015, 369, 371; *Spindler*, DB 2015, 908, 909; *Waldenberger/Kaufmann*, BB 2010, 2257, 2259; *Raitzsch*, NZG 2019, 495, 497.

[791] *Spindler*, in: MüKo-AktG, § 87 Rn. 198; *Koch*, WM 2010, 49, 54.

[792] *Seibt*, in: K. Schmidt/Lutter, AktG, § 87 Rn. 39; *Redenius-Hövermann/Siemens*, ZIP 2020, 1585, *Freidank*, AG 2025, R28, R29; 1586; vgl. *Raapke*, Die Regulierung der Vergütung von Organmitgliedern und Angestellten im Aktien- und Kapitalmarktrecht, S. 209.

[793] BGH, Urteil vom 27. Oktober 2015, Az. II ZR 296/14 = BGHZ 207, 190, 203 = ZIP 2016, 310, 314 = juris Rn. 39; BGH, Urteil vom 22. Oktober 2024, Az. II ZR 97/23 = AG 2025, 197, 198 = juris Rn. 20 ff.; *Seibt*, in: K. Schmidt/Lutter, AktG, § 87 Rn. 40; *Spindler*, in MüKo-AktG§ 87 Rn. 202; *Fleischer*, in BeckOGK-AktG, Stand: 1. Februar 2025, § 87 Rn. 74; *Cahn*, in KölnKomm-AktG, § 87 Rn. 120; *Weber*, DB 2016, 815, 817; *Weisner/Kölling*, NZG 2003, 465, 466; *Waldenberger/Kaufmann*, BB 2010, 2257, 2259; *Raapke*, Die Regulierung der Vergütung von Organmitgliedern und Angestellten im Aktien- und Kapitalmarktrecht, S. 213.

des Gesetzgebers, insoweit bestätigt durch den Bundesgerichtshof, jedenfalls immer dann unbillig, wenn der Vorstand pflichtwidrig gehandelt hat oder die Verschlechterung der Lage der Gesellschaft in die Zeit seiner Vorstandsverantwortung fällt und dem Vorstand zurechenbar ist.[794] Damit liegt der Fokus zunächst auf der Verantwortung des jeweiligen Vorstandsmitglieds.[795] Ein bloß enger zeitlicher Zusammenhang zwischen der Verschlechterung der Lage und der Tätigkeit des Vorstandsmitglieds soll alleine für die Zurechenbarkeit nicht ausreichen.[796] Eine vollständige Prüfung i.S.d. § 93 Abs. 2 Satz 1 AktG kann dabei aber auch nicht gefordert sein. Vielmehr ist an dieser Stelle summarisch die Verantwortlichkeit des Vorstandsmitglieds zu prüfen.[797] Wann darüber hinaus dem Vorstandsmitglied eine Verschlechterung zugerechnet werden kann, führt die Gesetzesbegründung nicht aus. Als Alternative zur Pflichtwidrigkeit und durch die kumulative Voraussetzung des zeitlichen Zusammenfallens von Verschlechterung der Lage und Vorstandstätigkeit handelt es sich jedoch um eine Stufe unterhalb der Pflichtwidrigkeit, bei der die Verschlechterung über die Entstehungszeit dem Vorstandsmitglied doch zuzurechnen ist.[798] Das ist dann der Fall, wenn das Verhalten des Vorstandsmitglieds adäquat kausal für die Verschlechterung der Lage geworden ist.[799]

---

794 BGH, Urteil vom 27. Oktober 2015, Az. II ZR 296/14 = BGHZ 207, 190, 203 = ZIP 2016, 310, 314 = juris Rn. 39; Begr. VorstAG, BT-Drucks. 16/12278, S. 6; kritisch: *Crass*, Die Vergütung von Vorstandsmitgliedern börsennotierter Aktiengesellschaften, S. 69 f.

795 *Raapke*, Die Regulierung der Vergütung von Organmitgliedern und Angestellten im Aktien- und Kapitalmarktrecht, S. 213; siehe aber: BGH, Urteil vom 22. Oktober 2024, Az. II ZR 97/23 = AG 2025, 197, 198 f. = juris Rn. 25 ff., wonach die Zurechenbarkeit der Verschlechterung der Lage der Gesellschaft an den Vorstand keine Voraussetzung für die Herabsetzung seiner Bezüge ist, sondern ein wesentlicher Umstand bei der gebotenen Abwägung; zustimmend: *Wilsing/Schäfer*, ZIP 2025, 297, 298.

796 *Seibt*, in: K. Schmidt/Lutter, AktG, § 87 Rn. 40.

797 So schon: *Raapke*, Die Regulierung der Vergütung von Organmitgliedern und Angestellten im Aktien- und Kapitalmarktrecht, S. 213; ähnlich: *Thüsing/Jänsch*, in: FS Vetter (2019), S. 803, 815 f.

798 Ebenfalls: *Koch*, WM 2010, 49, 55; *Raapke*, Die Regulierung der Vergütung von Organmitgliedern und Angestellten im Aktien- und Kapitalmarktrecht, S. 214.

799 *Weppner*, NZG 2010, 1056, 1057; *Hoffmann-Becking/Krieger*, NZG-Beil. 26/2009, 1, 5; *Raapke*, Die Regulierung der Vergütung von Organmitgliedern und Angestellten im Aktien- und Kapitalmarktrecht, S. 214.

Entscheidend für die Annahme der Unbilligkeit ist damit nicht ausschließlich die Perspektive der Gesellschaft, sondern insbesondere die Verantwortung der Vorstandsmitglieder für die Verschlechterung der Lage.[800] Die Herabsetzungsmöglichkeit der Vorstandsvergütung nach § 87 Abs. 2 Satz 1 AktG ist folglich als eine Art vorgreifendes Instrument im Regelungsbereich der Vorstandshaftung nach § 93 AktG zu verstehen.[801] Berücksichtigt man jedoch die Verantwortlichkeit des Vorstandsmitglieds an dieser Stelle, führt dies auch zu einer Berücksichtigung von unternehmerischen Handeln, welches das Vorstandsmitglied nach der *Business Judgment Rule* in § 93 Abs. 1 Satz 2 AktG eigentlich vor einer Inanspruchnahme durch die Gesellschaft grundsätzlich schützt.[802] Das ist vor dem Hintergrund der unterschiedlichen Rechtssphären des § 93 AktG einerseits und des § 87 Abs. 2 AktG anderseits zu verstehen. An dieser Stelle wird dann auch der Unterschied zwischen der persönlichen Inanspruchnahme eines Vorstandsmitglieds über § 93 AktG und der Herabsetzung der Bezüge eines Vorstandsmitglieds nach § 87 Abs. 2 AktG deutlich. § 93 AktG zielt auf den Ausgleich eines Schadens ab, der auf einer persönlichen Pflichtverletzung eines Vorstandsmitglieds beruht. § 87 Abs. 2 AktG schützt die Ausgaben einer angeschlagenen Aktiengesellschaft zugunsten eines nachhaltigen Unternehmensbestandes, schützt das Unternehmen mithin in einer Krise unabhängig vom Verhalten des Vorstands. Damit ist der Ansatz für die Herabsetzungsmöglichkeit von allgemeiner Natur und dient nicht der konkreten Wiedergutmachung einer persönlichen Pflichtverletzung. Das Vorstandsmitglied muss dabei nicht generell in der Weise privilegiert werden, wie es bei der *Business Judgment Rule* der Fall ist. Vielmehr bringt der Gesetzgeber an dieser Stelle zum

---

800 Vgl. Begr. VorstAG, BT-Drucks. 16/12278, S. 6; *Seibt*, in: K. Schmidt/Lutter, AktG, § 87 Rn. 40; *Spindler*, in: MüKo-AktG, § 87 Rn. 202; *Cahn*, in KölnKomm-AktG, § 87 Rn. 120; *Raapke*, Die Regulierung der Vergütung von Organmitgliedern und Angestellten im Aktien- und Kapitalmarktrecht, S. 213.

801 *Bauer/C. Arnold*, AG 2009, 717, 726; *Diller*, NZG 2009, 1006, 1007; *Waldenberger/Kaufmann*, BB 2009, 2257, 2260; kritisch demgegenüber: *Spindler*, in: MüKo-AktG, § 87 Rn. 203; *Dauner-Lieb*, in: Henssler/Strohn, GesR, AktG, § 87 Rn. 35; *Dauner-Lieb*, Der Konzern 2009, 583, 589; *Dauner-Lieb/Friedrich*, NZG 2010, 688, 690.

802 Ebenso: *Spindler*, in: MüKo-AktG, § 87 Rn. 204; *Spindler*, DB 2015, 908, 909; *Raitzsch*, NZG 2019, 495, 499; *Koch*, WM 2010, 49, 55; *Bauer/C. Arnold*, AG 2009, 717, 726; *Diller*, NZG 2009, 1006, 1007; *Thüsing*, AG 2009, 517, 523; *C. Arnold*, in: Goette/M. Arnold, AR-Hdb, § 4 Rn. 1331; *Freidank*, AG 2025, R28, R29.

Ausdruck, dass in solchen Ausnahmesituationen in der Regel das Interesse des Vorstandsmitglieds im Einzelnen hinter dem Gesellschaftsinteresse zurücktreten muss. Im Unterschied zur Schadensersatzhaftung verliert das Vorstandsmitglied kein Vermögen auf klassische Weise, sondern der Anspruch auf künftige Leistungen verringert sich. Daneben setzt eine Zurechenbarkeit nicht zwingend eine Pflichtverletzung des Vorstandsmitglieds voraus. Nach Ansicht des Gesetzgebers ist das Interesse des Vorstandsmitglieds an der Weitergewährung der vereinbarten Vergütung bei einer Mitverantwortung für die verschlechterte Lage also lediglich im Sinne einer vorweggenommenen Abwägung präjudiziert. Daneben sind auch die Verhältnisse des Vorstandsmitglieds zu berücksichtigen, wozu die in der Regel dann eintretende Kürzung der Bezüge durch den Wegfall variabler Vergütungsbestandteile zählt.[803] Es kommt also auf eine Interessenabwägung an, die das Ausmaß der verschlechterten Lage der Gesellschaft, die Höhe der Bezüge und die persönlichen Verhältnisse des Vorstandsmitglieds berücksichtigt.[804]

Im Rahmen der Interessenabwägung kann auch ohne eine persönliche Verantwortung eines Vorstandsmitglieds, also insbesondere bei externen Ursachen, die Unbilligkeit der Weitergewährung der Bezüge angenommen werden.[805] Andernfalls ließe sich durch externe Faktoren, die zu

---

[803] BGH, Urteil vom 27. Oktober 2015, Az. II ZR 296/14 = BGHZ 207, 190, 207 f. = ZIP 2016, 310, 316 = juris Rn. 52; *Seibt*, in: K. Schmidt/Lutter, AktG, § 87 Rn. 40; *Spindler*, in: MüKo-AktG, § 87 Rn. 207; *Cahn*, in KölnKomm-AktG, § 87 Rn. 119; *Raapke*, Die Regulierung der Vergütung von Organmitgliedern und Angestellten im Aktien- und Kapitalmarktrecht, S. 216.

[804] Vgl. BGH, Urteil vom 27. Oktober 2015, Az. II ZR 296/14 = BGHZ 207, 190, 206 = ZIP 2016, 310, 315 = juris Rn. 47; *Spindler*, in: MüKo-AktG, § 87 Rn. 202; *Cahn*, in: KölnKomm-AktG, § 87 Rn. 120; *Dauner-Lieb*, in: Henssler/Strohn, GesR, AktG, § 87 Rn. 36; *Thüsing/Jänsch*, in: FS Vetter (2019), S. 803, 815 f.; *Krieger*, in: Liber amicorum Winter (2011), S. 369, 371; dagegen: *Kort*, AG 2016, 209, 212; *Kort*, in: Großkomm-AktG, § 87 Rn. 410 aufgrund der Gleichbehandlung der Vorstandsmitglieder.

[805] Klarstellend: BGH, Urteil vom 22. Oktober 2024, Az. II ZR 97/23 = AG 2025, 197, 199 = juris Rn. 26; *Spindler*, in: MüKo-AktG, § 87 Rn. 206; *Redenius-Hövermann/Siemens*, ZIP 2020, 1585, 1586; *Koch*, WM 2010, 49, 55; *Göcke/Greubel*, ZIP 2009, 2086, 2086 f.; wohl auch: *Cahn*, in: KölnKomm-AktG, § 87 Rn. 120; *Waldenberger/Kaufmann*, BB 2009, 2257, 2260; *Raapke*, Die Regulierung der Vergütung von Organmitgliedern und Angestellten im Aktien- und Kapitalmarktrecht, S. 215; a.A.: *Weppner*, NZG 2010, 1056, 1057; *Bauer/C. Arnold*, AG 2009, 717, 726; für eine Anwendung von § 313 BGB: *Raitzsch*, NZG 2019, 495, 499.

einer dramatischen Verschlechterung der Lage der Gesellschaft führen – etwa Wirtschaftskrisen – keine Herabsetzung rechtfertigen, obwohl der Wortlaut des Gesetzes gerade nur von einer Unbilligkeit für die Gesellschaft spricht.[806] Eine Herabsetzung kann dann aber zum Beispiel zur Sicherung des Betriebsfriedens notwendig sein.[807]

Daneben kann eine fehlerhafte Anreizwirkung der Vorstandsvergütung ein weiterer Anknüpfungspunkt für eine Unbilligkeit sein.[808] Das ergibt sich aus dem systematischen Zusammenhang zur nachhaltigen Unternehmensentwicklung nach § 87 Abs. 1 Satz 2 AktG. Demnach ergibt sich aus fehlerhaften Vergütungsanreizen, insbesondere aus der bestehenden Vergütungsstruktur, die Gefahr, dass sich diese im Verhalten des Vorstandsmitglieds konkret niederschlagen und daher eine Verschlechterung der Lage nicht überwunden werden kann.[809] Der systematische Zusammenhang zwischen § 87 Abs. 1 und Abs. 2 AktG wird auch an der Rechtsfolge deutlich, bei der die Herabsetzung unter Berücksichtigung der Angemessenheit der Vergütung zu erfolgen hat.[810] Erkennt man den systematischen Zusammenhang also an, wurde zumindest sprachlich durch das ARUG II noch die langfristige Entwicklung der Gesellschaft in § 87 Abs. 1 Satz 2 AktG eingefügt. Das spricht ebenfalls dafür, dass es zulässig ist, die Vergütungsstruktur bei der Prüfung der Unbilligkeit zu berücksichtigen.

Im Ergebnis kommt es für die Unbilligkeit auf eine Interessenabwägung an, die das Ausmaß der verschlechterten Lage der Gesellschaft, die Höhe der Bezüge, die persönlichen Verhältnisse des Vorstandsmitglieds sowie die Vergütungsstruktur berücksichtigt.

II. Ermessen des Aufsichtsrats bei der Entscheidung

Für die Entscheidung über die Herabsetzung der Vergütung nach § 87 Abs. 2 AktG ist der Aufsichtsrat zuständig. Der Gesamtaufsichtsrat hat bei Vorliegen

---

806 *Raapke*, Die Regulierung der Vergütung von Organmitgliedern und Angestellten im Aktien- und Kapitalmarktrecht, S. 215; *Redenius-Hövermann/Siemens*, ZIP 2020, 1585, 1586; *Weppner*, NZG 2010, 1056, 1057; *Bauer/C. Arnold*, AG 2009, 717, 726; *Koch*, WM 2010, 49, 55.

807 *Spindler*, in: MüKo-AktG, § 87 Rn. 206.

808 Vgl. *Raapke*, Die Regulierung der Vergütung von Organmitgliedern und Angestellten im Aktien- und Kapitalmarktrecht, S. 215 f.; *Klöhn*, ZGR 2012, 1, 23 f.

809 So: *Raapke*, Die Regulierung der Vergütung von Organmitgliedern und Angestellten im Aktien- und Kapitalmarktrecht, S. 215 f.

810 Siehe dazu näher: § 10 C. III.

der Voraussetzungen über die Vergütungsherabsetzung zu entscheiden.[811] Eine Billigung des Vergütungssystems hat schon wegen der grundsätzlich unverbindlichen Wirkung des Votums keinen Einfluss auf die Möglichkeit der Kürzung der gebilligten Bezüge nach § 87 Abs. 2 Satz 1 AktG im Falle der Verschlechterung der Lage.[812] Noch vor Änderung der Norm durch das VorstAG war das Ermessen des Aufsichtsrats durch die Formulierung, dieser *sei zur Herabsetzung berechtigt*, weiter gefasst, als es die Soll-Vorschrift heute zulässt. Während der Gesetzesentwurf ursprünglich eine gebundene Entscheidung in Form einer verpflichtenden *Muss*-Vorschrift vorgesehen hat, wurde das Ermessen des Aufsichtsrats gestärkt und durch den Rechtsausschuss eine *Soll*-Vorschrift vorgesehen.[813] Danach ist das Ermessen des Aufsichtsrats intendiert. Dieser soll bei Vorliegen der Voraussetzungen im Regelfall zu einer Herabsetzung verpflichtet sein und nur bei Vorliegen besonderer Umstände davon absehen dürfen.[814]

Kein Ermessen, aber ein gewisser Beurteilungsspielraum steht dem Aufsichtsrat dagegen bei der Beurteilung des Vorliegens der Voraussetzungen zu.[815] Das betrifft die unbestimmten Rechtsbegriffe der Verschlechterung der Lage oder auch die Prüfung der angemessenen Vergütung im Rahmen der Billigkeit. Insbesondere die Prüfung der Billigkeit sollte daher als Einfallstor für eine ausgiebige Prüfung und Abwägung der Interessen der Gesellschaft einerseits und des Vorstandsmitglieds andererseits durch den Aufsichtsrat dienen. Für das Vorliegen der Unbilligkeit soll ausreichen, dass im Rahmen der Interessenabwägung das Gesellschaftsinteresse das Interesse

---

[811] *Seibt*, in: K. Schmidt/Lutter, AktG, § 87 Rn. 41.

[812] *Kubis*, in: MüKo-AktG, § 120a Rn. 13.

[813] Vgl. Beschlussempfehlung und Bericht des RechtsA, BT-Drucks. 16/13433, S. 10.

[814] BGH, Urteil vom 27. Oktober 2015, Az. II ZR 296/14 = BGHZ 207, 190, 204 = ZIP 2016, 310, 314 = juris Rn. 43; Beschlussempfehlung und Bericht des RechtsA, BT-Drucks. 16/13433, S. 10; vgl. auch: *Cahn*, in KölnKomm-AktG, § 87 Rn. 125; *Seibt*, in: K. Schmidt/Lutter, AktG, § 87 Rn. 41; *Spindler*, in: MüKo-AktG, § 87 Rn. 209; *Dörrwächter/Harrack*, NZG 2024, 611, 618; *Bürgers*, in: Bürgers/Lieder, AktG, § 87 Rn. 20; *Krieger*, in: Liber amicorum Winter (2011), S. 369, 372; *Redenius-Hövermann/Siemens*, ZIP 2020, 1585, 1586.

[815] *Spindler*, in: MüKo-AktG, § 87 Rn. 209; *Kort*, AG 2016, 209, 210; *Weber*, DB 2016, 815, 816 f.; gegen jeden Ermessens- und Beurteilungsspielraum: *Koch*, AktG, § 87 Rn. 56; für einen Beurteilungsspielraum ausschließlich im Rahmen der Unbilligkeit: *Dörrwächter/Harrack*, NZG 2024, 611, 618.

des Vorstandsmitglieds überwiegt.[816] So wird zu Recht darauf hingewiesen, dass im Einzelfall eine Weiterbeschäftigung eines Vorstandsmitglieds dem Interesse der Gesellschaft besser dienen kann, als eine Herabsetzung der Bezüge, wenn Grund zur Annahme besteht, dass das Vorstandsmitglied von seinem Kündigungsrecht nach § 87 Abs. 2 Satz 4 AktG Gebrauch machen wird.[817] Die Entscheidung des Aufsichtsrats unterliegt wegen des Beurteilungsspielraums nur einer eingeschränkten gerichtlichen Kontrolle.

Den größten Spielraum hat der Aufsichtsrat bei der Frage, welche Bezüge für eine angemessene Vergütung der Kürzung unterliegen.[818] Hierbei kommt dem Aufsichtsrat ein Ermessensspielraum, wie schon bei der ursprünglichen Festsetzung nach § 87 Abs. 1 AktG, zu.[819]

III. Umfang der Herabsetzung

Liegen die Voraussetzungen für eine Herabsetzung der Vergütung nach § 87 Abs. 2 AktG vor, ist der Aufsichtsrat im Regelfall verpflichtet, die Vergütung auf die angemessene Höhe herabzusetzen.[820] Der Aufsichtsrat muss dann die angemessene Höhe der Bezüge ermitteln. Das VorstAG hatte die angemessene Herabsetzung der Bezüge zu einer Herabsetzung auf die angemessene Höhe verändert. Die Herabsetzung nach § 87 Abs. 2 AktG stellt an dieser Stelle einen Bezug zur Angemessenheit nach § 87 Abs. 1 Satz 1 AktG her.[821] Ob damit eine Änderung des Maßstabs der Herabsetzung erfolgt ist, wird

---

816 *Raapke*, Die Regulierung der Vergütung von Organmitgliedern und Angestellten im Aktien- und Kapitalmarktrecht, S. 216.

817 So zum Beispiel: *Spindler*, in: MüKo-AktG, § 87 Rn. 209; *Raapke*, Die Regulierung der Vergütung von Organmitgliedern und Angestellten im Aktien- und Kapitalmarktrecht, S. 226; *Bauer/C. Arnold*, AG 2009, 717, 727; *Waldenberger/Kaufmann*, BB 2010, 2257, 2261; *Bosse*, BB 2009, 1650, 1651; *Diller*, NZG 2009, 1006, 1007; vgl. auch: *Cahn*, in KölnKomm-AktG, § 87 Rn. 120.

818 Zum Ermessen hinsichtlich der Höhe der Herabsetzung siehe: § 10 C. III.

819 Vgl. *Spindler*, in: MüKo-AktG, § 87 Rn. 239; *Annuß/Theusinger*, BB 2009, 2434, 2438; ferner: *Raapke*, Die Regulierung der Vergütung von Organmitgliedern und Angestellten im Aktien- und Kapitalmarktrecht, S. 227; zur Frage, ob es sich um einen Ermessens- oder Beurteilungsspielraum handelt, siehe bereits: § 9 B. II. 1.

820 Siehe zu verschiedenen Modellen der Erfassung der Vergütungsabsenkung: *Freidank*, AG 2025, R28, R29 f.

821 *Koch*, WM 2010, 49, 57; *Bauer/C. Arnold*, AG 2009, 717, 727; *Diller*, NZG 2009, 1006, 1007; *Waldenberger/Kaufmann*, BB 2010, 2257, 2261; *Thüsing*, AG 2009, 517, 523; *Gaul/Janz*, NZA 2009, 809, 812; *Annuß/Theusinger*, BB 2009, 2434, 2439; *Raapke*, Die

in der Literatur unterschiedlich beurteilt. Das hängt damit zusammen, wie die frühere angemessene Herabsetzung zu verstehen ist. So könnte man die Grenze für eine angemessene Vergütung i.S.d. § 87 Abs. 1 AktG getrennt von der Beurteilung der schweren Unbilligkeit sehen.[822] Die Konsequenz dessen ist, dass eine Vergütung, die zwar nicht mehr schwer unbillig für eine Gesellschaft ist, dennoch nicht angemessen i.S.d. § 87 Abs. 1 AktG sein kann.

Nach der neuen Regelung muss eine Herabsetzung auf den Betrag erfolgen, der für die Gesellschaft nicht mehr unbillig wäre.[823] Andernfalls bestünde die grundsätzliche Herabsetzungspflicht nach § 87 Abs. 2 Satz 1 AktG wegen des Fortbestehens der Herabsetzungsvoraussetzungen weiter. Die Billigkeit stellt gleichzeitig die Grenze der Herabsetzung dar. Eine weitergehende Herabsetzung, als auf die gerade noch als billig anzusehenden angemessenen Bezüge, soll nicht mehr von der Norm gedeckt sein.[824] Richtigerweise ist sowohl bei der Beurteilung der Angemessenheit als auch der Billigkeit das Gehaltsgefüge innerhalb der Gesellschaft zu berücksichtigen.[825] Konsequenz dieser Auslegung ist, dass dem Aufsichtsrat neben dem nur begrenzten Ermessensspielraum hinsichtlich des *Obs* der Herabsetzung gerade kein Ermessensspielraum hinsichtlich des *Wie* der Herabsetzung zukommt.[826] Nach teilweise vertretener Ansicht steht dem Aufsichtsrat, wegen der praktischen Unmöglichkeit einer

---

Regulierung der Vergütung von Organmitgliedern und Angestellten im Aktien- und Kapitalmarktrecht, S. 226.

[822] So zum Beispiel bei: *Spindler*, in: MüKo-AktG, § 87 Rn. 231; *Wittuhn/Hamann*, ZGR 2009, 847, 865; *Thüsing*, in: Fleischer, VorstandsR-Hdb, § 6 Rn. 32.

[823] BGH, Urteil vom 27. Oktober 2015, Az. II ZR 296/14 = BGHZ 207, 190, 243 = ZIP 2016, 310, 314 f. = juris Rn. 44; *Cahn*, in KölnKomm-AktG, § 87 Rn. 123; *Dörrwächter/Harrack*, NZG 2024, 611, 618; kritisch: *Seibt*, EWiR 2016, 199, 200; *Kort*, AG 2016, 209, 210.

[824] BGH, Urteil vom 27. Oktober 2015, Az. II ZR 296/14 = BGHZ 207, 190, 204 f. = ZIP 2016, 310, 315 = juris Rn. 45; *Dörrwächter/Harrack*, NZG 2024, 611, 618.

[825] Als Grenze der Herabsetzung: *Spindler*, in: MüKo-AktG, § 87 Rn. 231; wohl großzügiger: *Cahn*, in KölnKomm-AktG, § 87 Rn. 123.

[826] *Weber*, in: Hölters/Weber, AktG, § 87 Rn. 51; *Spindler*, DB 2015, 908, 910; *Seibt*, EWiR 2016, 199, 200; *Weber*, DB 2016, 815, 817; wohl auch: *Kort*, AG 2016, 209, 210 f.; *Koch*, AktG, § 87 Rn. 56; *Kort*, NZG 2015, 369, 372; kritisch: *Seibt*, in: K. Schmidt/Lutter, AktG, § 87 Rn. 42; *Fleischer*, in BeckOGK-AktG, Stand: 1. Februar 2025, § 87 Rn. 80; für einen *„nicht trennscharf abgrenzbaren Bereich noch angemessener Entscheidungen"*: OLG Stuttgart, Urteil vom 1. Oktober 2014, Az.: 20 U 3/13 = AG 2015, 128, 130 = juris Rn. 42.

solchen exakten Bestimmung, ein weitergehender Ermessensspielraum zu.[827] Eine Herabsetzung der Bezüge kann selbstverständlich nur für die Zukunft beschlossen werden, weswegen richtigerweise bereits verdiente variable Vergütungsbestandteile nach der überwiegenden Meinung von der Gesellschaft nicht mehr einbehalten werden dürfen.[828]

Wegen des Verbots der sachwidrigen Differenzierung sind im Regelfall die Vorstandsmitglieder gleich zu behandeln, sodass eine Kürzung der Bezüge gleichmäßig zu erfolgen hat.[829] Auch die Gesamtverantwortung der Vorstandsmitglieder, welche im Rahmen des Leistungskriteriums bei der Angemessenheitsprüfung nach § 87 Abs. 1 AktG zu berücksichtigen ist, führt zu dem gleichen Ergebnis.[830] Unter anderem durch die Verantwortungszurechnung im Rahmen der Billigkeitsprüfung kann es jedoch im Einzelfall zu einer individuellen Kürzung der Bezüge kommen.[831] Außerdem sollen die Bezüge regelmäßig nur temporär gekürzt werden, solange nicht abzusehen ist, dass eine Besserung der Lage nicht eintreten wird.[832]

---

[827] *Bürgers*, in: Bürgers/Lieder, AktG, § 87 Rn. 20; *Fleischer*, in BeckOGK-AktG, Stand: 1. Februar 2025, § 87 Rn. 80; *Weber*, in: Hölters/Weber, AktG, § 87 Rn. 51; *Kort*, AG 2016, 209, 210; *Dörrwächter/Harrack*, NZG 2024, 611, 618.

[828] *Spindler*, in: MüKo-AktG, § 87 Rn. 233; *Hoffmann-Becking/Krieger*, NZG-Beil. 26/2009, 1, 5; *Koch*, WM 2010, 49, 57; *Dauner-Lieb*, Der Konzern 2009, 583, 590; DAV-Handelsrechtsausschuss, NZG 2009, 612, 614; a.A.: *Thüsing/Jänsch*, in: FS Vetter (2019), S. 803, 810 ff.; *Bauer/C. Arnold*, AG 2009, 717, 728; *Thüsing*, AG 2009, 517, 522; *Raapke*, Die Regulierung der Vergütung von Organmitgliedern und Angestellten im Aktien- und Kapitalmarktrecht, S. 217.

[829] *Seibt*, in: K. Schmidt/Lutter, AktG, § 87 Rn. 42; *Koch*, AktG, § 87 Rn. 55; *Cahn*, in KölnKomm-AktG, § 87 Rn. 123; *Fleischer*, in BeckOGK-AktG, Stand: 1. Februar 2025, § 87 Rn. 84; *Weisner/Kölling*, NZG 2003, 465, 467; *Wilsing/Kleißl*, BB 2008, 2422, 2424; anders: *Schwennicke*, in Grigoleit, AktG, § 87 Rn. 38; *Thüsing/Jänsch*, in: FS Vetter (2019), S. 803, 816.

[830] *Spindler*, in: MüKo-AktG, § 87 Rn. 232; *Raapke*, Die Regulierung der Vergütung von Organmitgliedern und Angestellten im Aktien- und Kapitalmarktrecht, S. 227.

[831] Vgl. auch: *Raapke*, Die Regulierung der Vergütung von Organmitgliedern und Angestellten im Aktien- und Kapitalmarktrecht, S. 227; für eine Berücksichtigung der persönlichen Umstände des jeweiligen Vorstandsmitglieds: *Dörrwächter/Harrack*, NZG 2024, 611, 618.

[832] *Cahn*, in KölnKomm-AktG, § 87 Rn. 123; *Seibt*, in: K. Schmidt/Lutter, AktG, § 87 Rn. 42; *Spindler*, in MüKo-AktG, § 87 Rn. 235; *Fleischer*, in BeckOGK-AktG, Stand: 1. Februar 2025, § 87 Rn. 83; *Bauer/C. Arnold*, AG 2009, 717, 727; *Weisner/Kölling*, NZG 2003, 465, 467.

IV. Herabsetzungsbeschluss des Aufsichtsrats

Das Recht zur Herabsetzung der Vergütung wird als einseitiges Gestaltungsrecht ausgeübt, wozu es eines Beschlusses des Aufsichtsrats bedarf.[833] Dadurch wird der Anstellungsvertrag des Vorstandsmitglieds in der im Beschluss ausgeführten Weise punktuell geändert. Entscheidend ist also, dass der Beschluss ausreichend bestimmt ist und erkennbar ist, welche Bezüge im Einzelnen gekürzt werden.[834] Dabei stellt § 87 Abs. 2 Satz 3 AktG klar, dass der Anstellungsvertrag im Übrigen nicht berührt wird. Das Vorstandsmitglied hat jedoch das Recht, nach § 87 Abs. 2 Satz 4 AktG seinen Anstellungsvertrag zum Ende des nächsten Quartals zu kündigen. Als Geschäftsführungsmaßnahme kann der Aufsichtsrat diese Entscheidung analog § 119 Abs. 2 AktG der Hauptversammlung vorlegen.[835]

Auch wenn es keine gesetzliche Frist für die Ausübung des Herabsetzungsrechts gibt, kommt im Einzelfall eine Verwirkung gemäß § 242 BGB in Betracht, wenn der Aufsichtsrat lange keinen Gebrauch von der Möglichkeit macht und der Vorstand nicht mehr damit rechnet und rechnen musste, dass es zu einer Herabsetzung kommt.[836]

V. Keine Kollision mit der Bindungswirkung des Vergütungssystems

Als Regelung zur Herabsetzung der Vorstandsvergütung kann § 87 Abs. 2 AktG zu einer Kollision mit dem neu eingeführten § 87a Abs. 2 AktG führen. Das liegt daran, dass § 87 Abs. 2 AktG zwar die Vergütung der Vorstandsmitglieder betrifft, aber nicht näher auf das Vergütungssystem eingeht. Grundsätzlich darf nach § 87a Abs. 2 Satz 1 AktG die Vergütung der Vorstandsmitglieder aber nur in Übereinstimmung mit einem der Hauptversammlung vorgelegten Vergütungssystem festgesetzt werden. Im Rahmen des ARUG II

---

[833] BGH, Urteil vom 27. Oktober 2015, Az. II ZR 296/14 = BGHZ 207, 190, 195 = ZIP 2016, 310, 311 = juris Rn. 20; *Spindler*, in: MüKo-AktG, § 87 Rn. 236; *Cahn*, in KölnKomm-AktG, § 87 Rn. 125; *Koch*, AktG, § 87 Rn. 61.

[834] *Cahn*, in KölnKomm-AktG, § 87 Rn. 128; vgl. auch: *Spindler*, in: MüKo-AktG, § 87 Rn. 236.

[835] *Schüppen*, ZIP 2010, 905, 910; *Raapke*, Die Regulierung der Vergütung von Organmitgliedern und Angestellten im Aktien- und Kapitalmarktrecht, S. 225; siehe ausführlich zur Vorlage einzelner Vergütungsentscheidungen des Aufsichtsrats an die Hauptversammlung analog § 119 Abs. 2 AktG: § 14.

[836] So schon: *Raapke*, Die Regulierung der Vergütung von Organmitgliedern und Angestellten im Aktien- und Kapitalmarktrecht, S. 224 f.

wurde die Vorschrift des § 87 Abs. 2 AktG nicht verändert. Sie stammt damit aus der Zeit vor den Regelungen zum Vergütungssystem und dem Vergütungsvotum. Systematisch bezieht sich die Regelung außerdem auf die konkreten Anstellungsverträge, was neben der Verankerung in § 87 AktG auch an dem systematischen Verweis des § 87 Abs. 2 auf § 87 Abs. 1 AktG erkennbar ist. Außerdem regelt § 87 Abs. 2 Satz 3 AktG, dass die Anstellungsverträge im Übrigen nicht berührt werden und enthält in § 87 Abs. 2 Satz 4 AktG ein Sonderkündigungsrecht für das Vorstandsmitglied. Damit ist die Regelung insgesamt dem Regelungskomplex der konkret festgesetzten Vorstandsvergütung zuzuordnen. Mit dem ARUG II stellt sich daher die Frage nach dem Verhältnis zu den Vorschriften des Vergütungssystems. Insofern könnte man annehmen, dass die Herabsetzung der Bezüge nur möglich ist, wenn den Anforderungen des § 87a Abs. 2 Satz 2 AktG genügt wird. Die Nutzung von gesetzlichen Anpassungsregeln stellt aber ausweislich der Gesetzesbegründung keine Abweichung dar.[837] Der Gesetzgeber geht davon aus, dass nicht-dispositive Vorschriften des Aktiengesetzes allgemein bekannt sind und ohne explizite Erwähnung Teil des Vergütungssystems werden.[838] Sie können weder durch das Vergütungssystem ausgeschlossen werden, noch ist die Aufnahme der Regelung in das Vergütungssystem Wirksamkeitsvoraussetzung in der Beziehung zu den Vorstandsmitgliedern. Es handelt sich aus diesem Grund nicht um eine Abweichung von dem Vergütungssystem und damit um keinen Fall von § 87a Abs. 2 Satz 2 AktG. Vielmehr liegt nur die Ausnutzung eines (automatisch) im Vergütungssystem eingeräumten Spielraums vor.[839] Die Regelung in § 87 Abs. 2 AktG ist demnach automatisch Bestandteil des Vergütungssystems, ohne dass sie einer Erwähnung bedarf. Konsequenterweise muss dies auch für künftige gesetzliche Änderungen gelten, die damit automatisch Bestandteil des Systems werden.[840] Damit besteht im Ergebnis keine Kollision mit der Bindungswirkung des Vergütungssystems.

---

[837] Begr. RegE ARUG II, BT-Drucks. 19/9739, S. 75; zustimmend: *Spindler*, in MüKo-AktG, § 87a Rn. 56; *Löbbe/Fischbach*, AG 2019, 373, 380 f.; *Florstedt*, ZGR 2019, 630, 651 f.; *J. Vetter/Lauterbach*, AG 2021, 89, 99.

[838] Begr. RegE ARUG II, BT-Drucks. 19/9739, S. 75; ebenso: *Anzinger*, ZGR 2019, 39, 83; *Paschos/Goslar*, AG 2018, 857, 863.

[839] Begr. RegE ARUG II, BT-Drucks. 19/9739, S. 75.

[840] *J. Vetter/Lauterbach*, AG 2021, 89, 99; *Löbbe/Fischbach*, AG 2019, 373, 380 f.

VI. Änderungsbefugnis des Aufsichtsrats bei anschließender Verbesserung der Lage der Gesellschaft

Die Herabsetzung soll in der Regel mit einem Anspruch des Vorstandsmitglieds verbunden werden, der eine Erhöhung der Bezüge bei Wegfall der Voraussetzungen des § 87 Abs. 2 Satz 1 AktG vorsieht.[841] Teilweise wird ein solcher Anspruch aus der Treuepflicht der Gesellschaft hergeleitet.[842] Das ist insofern konsequent, als der Wegfall der Voraussetzungen der Norm auch den Wegfall der einseitigen Abänderung des Anstellungsvertrags zur Folge haben muss. Dabei sind anders noch als bei der Herabsetzung, die Verursachungsbeiträge der Vorstandsmitglieder nicht mehr zu berücksichtigen.[843] Unter Umständen soll auch eine Nachzahlung der einbehaltenen Vergütung erfolgen.[844] Eine Nachzahlung ist vor dem Hintergrund des einseitigen Anpassungsrechts der Bezüge, ein geeignetes Mittel, um den Interessen des Vorstandsmitglieds gerecht zu werden. Die Vorstandsmitglieder müssen nicht zwingend für eine Verschlechterung der Gesellschaft verantwortlich sein, um von der Kürzung der Bezüge betroffen zu sein.

D. Begrenzung der variablen Vergütung bei außerordentlichen Entwicklungen nach § 87 Abs. 1 Satz 3 Hs. 2 AktG

Nach § 87 Abs. 1 Satz 3 Hs. 2 AktG soll der Aufsichtsrat für außerordentliche Entwicklungen eine Begrenzungsmöglichkeit für variable Vergütungsbestandteile mit dem Vorstandsmitglied vereinbaren. Auch bei dieser Regelung ist das Verhältnis zum Vergütungssystem und der grundsätzlichen

---

[841] *Cahn*, in KölnKomm-AktG, § 87 Rn. 130; *Seibt*, in: K. Schmidt/Lutter, AktG, § 87 Rn. 42; *Kort*, in: Großkomm-AktG, § 87 Rn. 415; *Fleischer*, in: BeckOGK-AktG, Stand: 1. Februar 2025, § 87 Rn. 83; *Liebscher*, in: BeckHdb-AG, § 6 Rn. 73e; *Thüsing*, in: Fleischer, VorstandsR-Hdb, § 6 Rn. 33; *Dauner-Lieb*, Der Konzern 2009, 583, 590 f.; vgl. auch OLG Frankfurt, Urteil vom 25. Mai 2011, Az.: 7 U 268/08 = AG 2011, 790, 792 = juris Rn. 50.

[842] *Spindler*, in: MüKo-AktG, § 87 Rn. 243; *Kort*, in: Großkomm-AktG, § 87 Rn. 415; *Reichert/Ullrich*, in: FS Schneider (2011), S. 1017, 1029; *Weisner/Kölling*, NZG 2003, 465, 467.

[843] Wie hier: *Spindler*, in: MüKo-AktG, § 87 Rn. 243; *Bauer/C. Arnold*, AG 2009, 717, 727 f.; *Ihrig/Wandt/Wittgens*, ZIP-Beil. 40/2012, 1, 21.

[844] Siehe dazu: *Seibt*, in: K. Schmidt/Lutter, AktG, § 87 Rn. 42; *Cahn*, in KölnKomm-AktG, § 87 Rn. 130; a.A.: *Kort*, in Großkomm-AktG, § 87 Rn. 415; *Dauner-Lieb/Friedrich*, NZG 2010, 688, 692.

Bindungswirkung fraglich. Durch die Soll-Vorschrift ist der Aufsichtsrat in der Regel zur Umsetzung einer solchen Anpassungsmöglichkeit verpflichtet und darf nur bei Vorliegen besonderer Gründe davon absehen.[845] Sein Ermessen ist mithin intendiert. Zudem ist in Empf. G.11 DCGK 2022 eine allgemeine Empfehlung vorhanden, nach der der Aufsichtsrat die Möglichkeit haben soll, außergewöhnlichen Entwicklungen in angemessenem Rahmen Rechnung zu tragen und in begründeten Fällen eine variable Vergütung einbehalten oder zurückfordern zu können. Insofern muss ein Absehen von einer entsprechenden Regelung in der Entsprechenserklärung nach § 161 AktG offengelegt werden.[846] Nach der Gesetzesbegründung werden gesetzliche Vorschriften wie § 87 Abs. 2 AktG automatisch Teil des Vergütungssystems, ohne dass es einer Aufnahme in das System bedarf.[847] Auch bei der Herabsetzung nach § 87 Abs. 2 AktG handelt es sich um eine Soll-Vorschrift. Konsequenterweise bedarf es bei der Vereinbarung einer Begrenzungsmöglichkeit i.S.d. § 87 Abs. 1 Satz 3 Hs. 2 AktG im Anstellungsvertrag mit dem Vorstandsmitglied ebenfalls keiner vorherigen Aufnahme in das Vergütungssystem. Vielmehr ist diese Vereinbarung nur die Ausnutzung eines Spielraums, der dem Vergütungssystem immanent ist.

Ursprünglich sollte durch die Vorschrift ein Korrekturvehikel für den Fall vorgesehen werden, dass die variable Vergütung durch eine Steigerung der ihr zugrundeliegenden Parameter erfolgt, die aber nicht in erheblichem Maße auf die Leistung eines Vorstandsmitglieds zurückzuführen sind (sog. *windfall profits*).[848] Durch die Einführung der Regelung einer Maximalvergütung in § 87a Abs. 1 Satz 2 Nr. 1 AktG wurde der Anwendungsbereich modifiziert. Der Anwendungsbereich der Regelung ist insofern noch bei Sachverhalten eröffnet, in denen der Anstieg der variablen Vergütung zu einem Übertreffen der Maximalvergütung führt.[849] Grundsätzlich ist es dem Aufsichtsrat möglich, neben der Vereinbarung einer Höchstgrenze die Entscheidung über die

---

845 *Kort*, in: Großkomm-AktG, § 87 Rn. 145; *Jickeli*, in: FS Säcker (2011), S. 381, 386.

846 *Cahn*, in: KölnKomm-AktG, § 87 Rn. 33.

847 Begr. RegE ARUG II, BT-Drucks. 19/9739, S. 75; siehe dazu bereits: § 10 C. V.

848 Beschlussempfehlung und Bericht des RechtsA, BT-Drucks. 16/13433, S. 10; *Cahn*, in: KölnKomm-AktG, § 87 Rn. 33; *Seibt*, in: K. Schmidt/Lutter, AktG, § 87 Rn. 26; *Spindler*, in: MüKo-AktG, § 87 Rn. 117; *Weber*, in: Hölters/Weber, AktG, § 87 Rn. 39; *Schwennicke*, in: Grigoleit, AktG, § 87 Rn. 26; *Seibert*, WM 2009, 1489, 4190; *Bauer/C. Arnold*, AG 2009, 717, 723; *Thüsing*, AG 2009, 517, 522; *Raapke*, Die Regulierung der Vergütung von Organmitgliedern und Angestellten im Aktien- und Kapitalmarktrecht, S. 161.

849 *Cahn*, in: KölnKomm-AktG, § 87 Rn. 33.

Begrenzung der Vergütung im Anstellungsvertrag in das einseitige Ermessen des Aufsichtsrats zu stellen.[850] Gebunden ist der Aufsichtsrat aber insoweit durch das Vergütungssystem, als die Höchstgrenze der variablen Vergütung in Kombination mit der festen Vergütung die Maximalvergütung nicht übersteigen darf. Bei einer vereinbarten Ermessensentscheidung ist der Aufsichtsrat dann bei Ausübung des Ermessens an die Ausgestaltung der Maximalvergütung in dem Vergütungssystem gebunden, welches im Zeitpunkt der Vereinbarung des Anstellungsvertrags i.S.d. § 87a Abs. 2 Satz 1 AktG zugrunde gelegt wurde. Damit modifiziert sich die Gestaltungsmöglichkeit der Begrenzungsregelung durch das Vergütungssystem punktuell.

E. Zwischenfazit

Die Bindungswirkung des Vergütungssystems nach § 87a Abs. 2 Satz 1 AktG wird durch unterschiedliche Regelungen im Aktiengesetz eingeschränkt. Das Gesetz knüpft die Bindung zunächst an ein *einmal* der Hauptversammlung vorgelegtes Vergütungssystem. Bei diesem muss es sich nicht um das zuletzt vorgelegte oder zuletzt gebilligte Vergütungssystem handeln. Der Aufsichtsrat ist in seiner Entscheidung darüber, welches Vergütungssystem er anwendet, nur durch das Gesellschaftsinteresse und die einmal zu erfolgende Vorlage an die Hauptversammlung eingeschränkt. Ist die Tragfähigkeit oder Rentabilität der Gesellschaft betroffen, kann der Aufsichtsrat außerdem nach § 87a Abs. 2 Satz 2 AktG vorübergehend von dem Vergütungssystem abweichen. Bei Vorliegen der Voraussetzungen kommt dem Aufsichtsrat einerseits ein intendiertes Entschließungsermessen und andererseits ein weites Auswahlermessen zu, hinsichtlich welcher Vergütungsbestandteile abgewichen werden soll. Darüber hinaus wirkt die nach § 87 Abs. 2 AktG in der Regel verpflichtend vorzunehmende Kürzung der Bezüge der Vorstandsmitglieder für den Fall, dass sich die Lage der Gesellschaft verschlechtert, ohne Berücksichtigung

---

[850] Siehe zur Zulässigkeit beider Möglichkeiten bisher: *Spindler*, in: MüKo-AktG, § 87 Rn. 118; *Seibt*, in: K. Schmidt/Lutter, AktG, § 87 Rn. 26; *Kort*, in: Großkomm-AktG, § 87 Rn. 146; *Weber*, in: Hölters/Weber, AktG, § 87 Rn. 39; *Schwennicke*, in: Grigoleit, AktG, § 87 Rn. 26; *Thüsing/Jänsch*, in: FS Vetter (2019), S. 803, 805; *Hohenstatt/Kuhnke*, ZIP 2009, 1981, 1988 f.; *Bauer/C. Arnold*, AG 2009, 717, 723 f.; *Hoffmann-Becking/Krieger*, NZG-Beil. 26/2009, 1, 4; *Raapke*, Die Regulierung der Vergütung von Organmitgliedern und Angestellten im Aktien- und Kapitalmarktrecht, S. 161; *Crass*, Die Vergütung von Vorstandsmitgliedern börsennotierter Aktiengesellschaften, S. 64.

im Vergütungssystem gleichwohl als Begrenzung der Bindungswirkung. Der Aufsichtsrat ist an nicht dispositive Vorschriften des Aktiengesetzes gebunden, selbst wenn diese nicht im Vergütungssystem berücksichtigt wurden. Aus diesem Grund ist der Aufsichtsrat auch ohne Grundlage im Vergütungssystem nach § 87 Abs. 1 Satz 3 Hs. 2 AktG in der Regel verpflichtet, eine Begrenzungsmöglichkeit der variablen Vergütung in den Anstellungsvertrag mit den Vorstandsmitgliedern aufzunehmen.

§ 11 Das flexible Vergütungssystem

Die gesetzlichen Abweichungsmöglichkeiten begrenzen die Bindungswirkung nach der Vorlage an die Hauptversammlung. Spiegelbildlich kann der Aufsichtsrat aber bereits vor einer Vorlage an die Hauptversammlung gewillt sein, die Bindungskraft des dann vorgelegten Vergütungssystems einzuschränken. Eine Antwort auf die starre Bindungswirkung des § 87a Abs. 2 Satz 1 AktG könnte die Ausgestaltung eines flexiblen Vergütungssystems geben.[851] So wird dem Aufsichtsrat teilweise aufgetragen, bei der Ausgestaltung des Vergütungssystems aufgrund des Unternehmensinteresses eine Flexibilität für Veränderungen aus der Unternehmenssphäre, im Unternehmensumfeld sowie bei relevanten Wettbewerbsunternehmen vorzusehen.[852] Ein flexibles System widerspricht auf der anderen Seite dem Zweck, die Aktionäre besser und ausreichend zu informieren.[853] Daher muss mit Blick auf die grundsätzlich erforderliche Transparenz gegenüber den Aktionären ein vermittelndes Maß gefunden werden.[854]

---

[851] Siehe dazu: *Koch*, AktG, § 87a Rn. 4; 14; *Fleischer*, in: BeckOGK-AktG, Stand: 1. Februar 2025, § 87a Rn. 9; *Wentrup*, in: MünchHdb GesR IV, § 21 Rn. 65; *Bachmann/Pauschinger*, ZIP 2019, 1, 5; *Löbbe/Fischbach*, AG 2019, 373, 376; *v. Zehmen*, BB 2021, 1089, 1101; *J. Vetter/Lauterbach*, AG 2021, 89, 97 f.; *Spindler*, AG 2020, 61, 63; *Heldt*, AG 2018, 905, 906; *Dörrwächter/Harrack*, NZG 2024, 611, 616 f.; i.E. auch: *C. Arnold/Herzberg/Zeh*, AG 2020, 313, 314 ff.; auf die Abweichungsmöglichkeit des § 87a Abs. 2 Satz 2 AktG begrenzend dagegen: *Spindler*, in: MüKo-AktG, § 87a Rn. 45; kritisch auch: *Herrler*, ZHR 2020, 408, 439.

[852] *Seibt*, in: K. Schmidt/Lutter, AktG, § 87a Rn. 3.

[853] *Weber*, in: Hölters/Weber, AktG, § 87a Rn. 34; *Spindler*, in: MüKo-AktG, § 87a Rn. 55; *Koch*, AktG, § 87a Rn. 14; *Heldt*, AG 2018, 905, 906.

[854] Siehe zur Kritik der großen Stimmrechtsberater auf zu unkonkret formulierte Vergütungssysteme etwa: Handelsblatt, Investoren und Aktionärsberater kritisieren

Die Festsetzung der Vergütung erfolgt im Rahmen des Anstellungsvertrags beziehungsweise der Vergütungsvereinbarung zwischen Vorstandsmitglied und Gesellschaft, wobei letztere durch den Aufsichtsrat vertreten wird.[855] Insofern geht es bei einem flexiblen Vergütungssystem um die Frage, wie viel Flexibilität bei der Ausgestaltung des Vergütungssystems möglich ist, um dem Aufsichtsrat entweder einen Spielraum bei der Ausgestaltung des Anstellungsvertrags zu geben oder, weiter noch, den Spielraum auch innerhalb des Anstellungsvertrags abzubilden. Letzteres sorgt dafür, dass der Aufsichtsrat nicht nur die Anstellungsverträge individuell und unterschiedlich ausgestalten darf, sondern insbesondere nach Abschluss eines solchen Anstellungsvertrags zu Eingriffen in die vorgesehene Vergütung des Vorstandsmitglieds berechtigt ist. Dabei müssen die vertraglich geregelten Möglichkeiten des Aufsichtsrats aber grundsätzlich im Vergütungssystem beschrieben sein und diesem entsprechen, sodass kein Verstoß gegen die Bindungswirkung des § 87a Abs. 2 Satz 1 AktG vorliegt, der dann wegen eines Verstoßes nach § 134 BGB zur teilweisen Nichtigkeit führen würde.[856]

A. Allgemeine Vorgaben

Zunächst ist grundsätzlich der Konflikt zwischen Transparenz und Flexibilität auf allgemeiner Ebene zu klären (§ 11 A. I). Als gesetzliche Flexibilitätsregelung wird teilweise die Ausnahmevorschrift in § 87a Abs. 2 Satz 2 AktG angesehen, deren Verhältnis zu einem flexiblen Vergütungssystem mit den Folgen für die Zulässigkeit eines solchen ebenfalls zu erörtern ist (§ 11 A. II). In Anlehnung an die Ausnahmevorschrift könnte ein Interesse daran bestehen, eine allgemeine Öffnungsklausel in das Vergütungssystem aufzunehmen (§ 11 A. III).

I. Transparenz trotz Flexibilität

Dem Aufsichtsrat sollten wegen der mit der zweiten Aktionärsrechterichtlinie verfolgten Transparenz keine zu weitgehenden Gestaltungsoptionen eröffnet

---

Vorstandsgehälter, abrufbar unter: https://www.handelsblatt.com/unternehmen/management/dax-konzerne-investoren-und-aktionaersberater-kritisieren-vorstandsgehaelter/100037614.html (zuletzt abgerufen am 1. Juni 2025).

855 Siehe dazu bereits: § 5 A. II.

856 Vgl. *J. Vetter/Lauterbach*, AG 2021, 89, 97; zur Nichtigkeitsfolge und § 134 BGB siehe: § 9 B. II. 3. b) aa).

werden.[857] Auf der anderen Seite können Öffnungsklauseln im Rahmen eines flexiblen Vergütungssystems das Ermessen des Aufsichtsrats bei der Festsetzung der Vorstandsvergütung stärken und damit flexibler auf das Abstimmungsergebnis reagieren lassen, sodass das Aktionärsinteresse stärker Berücksichtigung finden würde.[858] Im Interesse der Flexibilität ist aber auch ein insgesamt oberflächlicherer Ansatz bei der Ausgestaltung des Vergütungssystems *möglich*.[859] Je weniger detailliert das Vergütungssystem, bei gleichzeitiger Berücksichtigung ausreichender Klarheit und Verständlichkeit nach § 87a Abs.1 Satz 1 AktG ist,[860] desto mehr Spielraum hat der Aufsichtsrat bei der konkreten Vergütungsfestsetzung.

Vor dem Hintergrund der bezweckten Aktionärstransparenz ist es wichtig, dass dem möglichen Gestaltungsspielraum Grenzen gesetzt werden. Beispielsweise darf ein System nicht so abstrakt und allgemeingültig gehalten sein, dass im Ergebnis eine Vielzahl verschiedener und strukturell unterschiedlicher Ausgestaltungen der Vorstandsvergütung möglich ist und damit den Aktionären keine angemessene Beurteilung des Systems mehr möglich ist.[861] Konkret bedeutet dies, dass grundsätzlich das Bedürfnis nach erhöhter Aktionärstransparenz besteht, dieses aber solange gewahrt bleibt, bis sich Voraussetzungen, Umfang und sachliche Berechtigung der Gestaltungsmöglichkeiten vorhersehen lassen.[862] Insofern ist hier ebenfalls eine Parallele zum Transparenzgebot des § 308 Nr. 4 BGB möglich.[863] Auch das Transparenzgebot nach § 308 Nr. 4 BGB regelt einen Konflikt von Transparenz und Anpassungsbedarf. Damit muss zur Wahrung der Transparenz immer beachtet werden, dass Voraussetzungen, Umfang und

---

[857] *Tröger*, in: KölnKomm-AktG, § 120a Rn. 47; *Herrler*, in: Grigoleit, AktG, § 120a Rn. 28; *J. Vetter/Lauterbach*, AG 2021, 89, 91; kritisch dazu: *Paschos/Goslar*, AG 2019, 365, 369; *Teichmann*, in: FS Heidinger (2023), S. 537, 544.

[858] *Bachmann/Pauschinger*, ZIP 2019, 1, 5; *Löbbe/Fischbach*, AG 2019, 373, 379 f.; *Kell/Barth*, GmbHR 2020, R20, R21; ablehnend: *Kubis*, in: MüKo-AktG, § 120a Rn. 7; *Herrler*, ZHR 2020, 408, 440.

[859] *Seibt*, in: K. Schmidt/Lutter, AktG, § 87a Rn. 23; *J. Vetter/Lauterbach*, AG 2021, 89, 97.

[860] Siehe dazu bereits: § 8 A. I. 3.

[861] Überzeugend insofern: *Seibt*, in: K. Schmidt/Lutter, AktG, § 87a Rn. 3.

[862] *J. Vetter/Lauterbach*, AG 2021, 89, 92; wohl auch; *Spindler*, in: MüKo-AktG, § 87a Rn. 13 gegen die Gewährung eines außerordentlichen großen Spielraums und für eine Konkretisierung auf mittlerer Ebene; *Spindler*, AG 2020, 61, 63.

[863] Siehe bereits: § 10 B. II. 2.

sachliche Berechtigung der Gestaltungsmöglichkeiten im Vergütungssystem erkennbar sind, sodass die Vergütung vorhersehbar bleibt. Außerdem bedarf es mit Blick auf das Ermessen des Aufsichtsrats immer eines sachlichen Grundes für eine entsprechende Anpassungsmöglichkeit, die auch den Aktionären bekannt sein muss.[864] Die Möglichkeiten institutioneller Aktionäre innerhalb und außerhalb der Hauptversammlung Einfluss auf die Personal- und Vergütungskompetenz des Aufsichtsrats zu nehmen, stellt dagegen keinen geeigneten und ausreichenden Kontrollmechanismus dar, um die Flexibilität innerhalb des Vergütungssystems zu begrenzen.[865] Eine solche außerrechtliche und tatsächliche Einflussnahme kann allenfalls ergänzend dem Zweck dienen, dem Bedürfnis nach einer rechtssicheren Ausgestaltung des Vergütungssystems aber nicht alleine genügen. Wichtig ist daneben, dass sowohl beim Vergütungssystem als auch bei der Ausnutzung jedwedes Spielraums im Vergütungssystem und Anstellungsvertrag stets die materiellen Vorgaben, insbesondere des § 87 Abs. 1 AktG, berücksichtigt werden müssen.[866]

II. Kein Widerspruch zur Ausnahmeregelung in § 87a Abs. 2 Satz 2 AktG

Gegen eine die Flexibilität wahrende Ausgestaltung des Vergütungssystems wird zuvorderst die gesetzliche Abweichungsmöglichkeit nach § 87a Abs. 2 Satz 2 AktG als Beleg für eine gesetzgeberische Entscheidung zugunsten der Begrenzung der Abweichungsbefugnis auf legaldefinierte Sonderfälle genannt.[867] Danach kann der Aufsichtsrat vorübergehend von dem Vergütungssystem abweichen, wenn dies im Interesse des langfristigen Wohlergehens der Gesellschaft notwendig ist. Werden dem Aufsichtsrat im Vergütungssystem Gestaltungsspielräume eingeräumt, verringert dies den Anwendungsbereich der Abweichung nach § 87a Abs. 2 Satz 2 AktG.[868] Daraus ließe sich folgern, dass Gestaltungsspielräume nur zulässig sind, soweit sie

---

864 *J. Vetter/Lauterbach*, AG 2021, 89, 91 f.

865 Anders: *Seibt*, in: K. Schmidt/Lutter, AktG, § 87a Rn. 3.

866 Siehe zum Vergütungssystem schon: § 8 A. I. 4; vgl. auch: *Dörrwächter/Harrack*, NZG 2024, 611, 611; *Seyfarth*, Vorstandsrecht, § 5 Rn. 105.

867 *Spindler*, in: MüKo-AktG, § 87a Rn. 13; *Teichmann*, in: FS Heidinger (2023), S. 537, 544; *Spindler*, AG 2020, 61, 63.

868 *Weber*, in: Hölters/Weber, AktG, § 87a Rn. 34; *Koch*, AktG, § 87a Rn. 14.

nicht auch außergewöhnliche Umstände umfassen, ein Ermessensspielraum also nur in der Weise festgelegt werden darf, dass außergewöhnliche Umstände nicht mehr von dem Ermessenspielraum gedeckt sind.[869] Für die außergewöhnlichen Umstände gelte dagegen einzig die Ausnahmevorschrift des § 87a Abs. 2 Satz 2 AktG.

Dem letzten Punkt ist zuzustimmen. Sofern es sich um eine Regelung für außergewöhnliche Umstände handelt, darf ein Vergütungssystem die Formvorgaben des § 87a Abs. 2 Satz 2 AktG nicht umgehen und eigene Öffnungsklauseln vorsehen. Es muss sich jedoch nicht immer zwingend um einen außergewöhnlichen Umstand i.S.d. § 87a Abs. 2 Satz 2 AktG handeln. Außerdem regelt die Ausnahmevorschrift des § 87a Abs. 2 Satz 2 AktG Abweichungen vom Vergütungssystem. Dabei geht es gerade um die Festsetzung einer Vergütung, die in der Weise nicht im Vergütungssystem vorgesehen ist. Gegenstand der Frage des flexiblen Vergütungssystems ist jedoch gerade eine im Vergütungssystem geregelte Vergütung, sodass sich aus § 87a Abs. 2 Satz 2 AktG keine systematischen Schlüsse ergeben können.[870] Sieht das Vergütungssystem eine bestimmte Vergütung vor, erfolgt die Festsetzung in Übereinstimmung mit dem Vergütungssystem nach § 87a Abs. 2 Satz 1 AktG. Es besteht gerade kein Konflikt mit der Abweichungsregel.

III. Keine allgemeine Öffnungsklausel

In Anlehnung an die allgemeine Abweichungsmöglichkeit des § 87a Abs. 2 Satz 2 AktG im Falle von außergewöhnlichen Umständen, könnte man auch eine allgemeine Öffnungsklausel, sei es generell oder aber für den Fall der Ablehnung in der Hauptversammlung, für zulässig halten. Eine solche Klausel könnte den Aufsichtsrat etwa generell ermächtigen, dass dieser bei der Festsetzung der Vorstandsvergütung von den Vorgaben des Vergütungssystems abweichen darf. Eine solche allgemeine Öffnungsklausel ließe zwar den Aufsichtsrat auf Kritik der Aktionäre besser reagieren, sie widerspräche aber eindeutig der Bindungswirkung des § 87a Abs. 2 Satz 1 AktG.[871] Hier wäre für die Aktionäre gerade nicht mehr erkennbar, wie sich die Vergütung konkret

---

[869] *Anzinger*, ZGR 2019, 39, 78; i.E. wohl auch: *J. Vetter/Lauterbach*, AG 2021, 89, 91 f.

[870] In diese Richtung auch: *Dörrwächter/Harrack*, NZG 2024, 611, 616 f.

[871] *Grigoleit/Kochendörfer*, in: Grigoleit, AktG, § 87a Rn. 116; *J. Vetter/Lauterbach*, AG 2021, 89, 91; *Teichmann*, in: FS Heidinger (2023), S. 537, 545.

gestaltet und welche Änderungen durch eine solche Klausel vorgenommen werden können.[872] Vielmehr ließe sich eine wünschenswerte Flexibilität auch durch die Aufnahme denkbarer Sondersituationen im Vergütungssystem erreichen.[873] Daneben bleibt es möglich, im Rahmen der einzelnen Vergütungsbestandteile öffnende oder flexiblere Regelungen zu treffen, die dem Transparenzgebot weiter gerecht werden und gleichzeitig in dem genau abgestimmten Bereich eine gewünschte flexible Handhabung ermöglichen.

B. Besonderheiten bei einzelnen Vergütungselementen

Bei quantitativen Vergütungsangaben können sich aus dem Erfordernis einer konkreten Angabe Probleme für die zu gestaltende Flexibilität ergeben (§ 11 B. I). Daneben gilt es Besonderheiten bei der Ausgestaltung der Maximalvergütung nach § 87a Abs. 1 Satz 2 Nr. 1 AktG (§ 11 B. II) und der Vergütungsstruktur nach § 87a Abs. 1 Satz 2 Nr. 3 AktG (§ 11 B. III) zu beachten. Darüber hinaus könnte der Aufsichtsrat auch ein Bedürfnis nach Zahlung einer außerordentlichen Vergütung haben, welches es im Vorhinein zu berücksichtigen gälte (§ 11 B. IV). Schließlich muss ein besonderer Blick auf die Ausgestaltung der variablen Vergütung gelegt werden, bei der der Aufsichtsrat den größten Gestaltungsspielraum innerhalb des Vergütungssystems hat (§ 11 B. V).

I. Quantitative Vergütungsangaben

Bei quantitativen Vergütungsangaben stößt die Flexibilität grundsätzlich an ihre Grenzen, soweit quantitative Vergütungsangaben in konkreten Zahlen angegeben werden müssen. Der Mindestkatalog des Vergütungssystems enthält dabei mit der Maximalvergütung nur in § 87a Abs. 1 Satz 2 Nr. 1 AktG einen solchen Bestandteil, der zwingend als absoluter Betrag anzugeben ist.[874] Teilweise enthalten die anderen Angaben aber Bezüge zu bestimmten betragsmäßigen Größen in der Form, dass zumindest eine betragsmäßige Einordnung zu erfolgen hat. Dies ist insbesondere bei der Vergütungsstruktur der Fall, aus der erkennbar sein muss, in welcher Größenordnung sich der

---

[872] *J. Vetter/Lauterbach*, AG 2021, 89, 92; *Teichmann*, in: FS Heidinger (2023), S. 537, 545.

[873] Vgl. *Koch*, AktG, § 87a Rn. 4; *Löbbe/Fischbach*, AG 2019, 373, 376.

[874] *J. Vetter/Lauterbach*, AG 2021, 89, 98; vgl. *Goslar*, DB 2020, 937, 938; *Dörrwächter/Leuering*, NJW-Spezial 2020, 15, 15; *Böcking/Bundle*, Der Konzern 2020, 15, 18; a.A.: *C. Arnold/Herzberg/Zeh*, AG 2020, 313, 315.

relative Anteil der jeweiligen Vergütungsbestandteile bewegt.[875] Mit Blick auf den richtigerweise maßgeblichen Empfängerhorizont des durchschnittlichen Aktionärs darf das Klarheitsgebot des § 87a Abs. 1 Satz 1 AktG nicht missachtet werden.[876] Dies könnte für die Aufnahme von konkreten Zahlen, insbesondere bei der Vergütungsstruktur sprechen. Neben konkreten Zahlen ist aber eine Beurteilung der Vergütung auch auf Grundlage von Kenngrößen denkbar. Es kommt nur darauf an, dass die Aktionäre die Vergütungsstruktur angemessen einschätzen und beurteilen können. In diesem Sinne reicht es grundsätzlich aus, wenn durch Kenngrößen oder Bezugsgrößen eine Einschätzung durch die Aktionäre erfolgen kann.[877]

II. Maximalvergütung

Besondere Aufmerksamkeit verdient die Maximalvergütung. Wegen der ausdrücklichen Aufnahme in den Katalog der Mindestangaben nach § 87a Abs. 1 Satz 2 AktG kann eine Anpassung der im Vergütungssystem angelegten Maximalvergütung grundsätzlich nicht erfolgen.[878] Dem Aufsichtsrat kommt aber bei der konkreten Ausgestaltung der Maximalvergütung ein Gestaltungsspielraum zu.[879] Dieser Gestaltungsspielraum kann jedoch wiederum dazu genutzt werden, dem Aufsichtsrat die größtmögliche Flexibilität im Vorhinein zu verschaffen.

1. Individual- statt Gesamtmaximalvergütung

Bei der Ausgestaltung der Maximalvergütung muss sich der Aufsichtsrat zunächst entscheiden, ob er eine Maximalvergütung für den gesamten Vorstand oder eine Maximalvergütung je Vorstandsmitglied festlegt.[880] grundsätzlich stehen ihm

---

875 Begr. RegE ARUG II, BT-Drucks. 19/9739, S. 73; *Koch*, AktG, § 87a Rn. 6; *Seibt*, in: K. Schmidt/Lutter, AktG, § 87a Rn. 11; *Spindler*, AG 2020, 61, 65; *J. Vetter/Lauterbach*, AG 2021, 89, 98.

876 Siehe dazu: § 8 A. I. 3.

877 *Koch*, AktG, § 87a Rn. 6; *Spindler*, in: MüKo-AktG, § 87a Rn. 27; *J. Vetter/Lauterbach*, AG 2021, 89, 98; *Spindler*, AG 2020, 61, 65.

878 *J. Vetter/Lauterbach*, AG 2021, 89, 92.

879 Vgl. Beschlussempfehlung und Bericht des AfRuV, BT-Drucks. 19/15153, S. 56; *J. Vetter/Lauterbach*, AG 2021, 89, 99; *C. Arnold/Herzberg/Zeh*, AG 2020, 313, 315 f.; *Dörrwächter/Harrack*, NZG 2024, 611, 612; *Needham*, ZCG 2020, 22, 23.

880 Beschlussempfehlung und Bericht des AfRuV, BT-Drucks. 19/15153, S. 56; *Koch*, AktG, § 87a Rn. 5c; *J. Vetter/Lauterbach*, AG 2021, 89, 99; *C. Arnold/Herzberg/Zeh*, AG 2020,

beide Möglichkeiten offen. Eine Maximalvergütung pro Vorstandsmitglied, also eine Individualmaximalvergütung, empfiehlt sich mit Blick auf die sich andernfalls ergebende strengere Bindung.[881] Legt der Aufsichtsrat eine Gesamtmaximalvergütung, also eine Maximalvergütung für den gesamten Vorstand, fest, wäre er bei neu hinzutretenden Vorstandsmitgliedern an die unveränderte Gesamtmaximalvergütung gebunden.[882] Der Aufsichtsrat müsste also für den Fall, dass er eine Gesamtmaximalvergütung einer Individualmaximalvergütung vorzieht, schon einen entsprechenden Spielraum bei der Ausgestaltung der Maximalvergütung berücksichtigen, der die Bestellung weiterer Vorstandsmitglieder zulässt.

Daneben kann der Aufsichtsrat auch nach den verschiedenen Vorstandsmitgliedern differenzieren, so zum Beispiel zwischen einem einfachen Mitglied und dem Vorstandsvorsitzenden.[883] Von den achtunddreißig dem deutschen Aktiengesetz unterfallenden DAX-Konzernen differenzieren fünfunddreißig Gesellschaften bei der Maximalvergütung im Vergütungssystem zwischen dem Vorstandsvorsitzenden und anderen Vorstandsmitgliedern.[884] Dies ermöglicht dem Aufsichtsrat eine an die gesteigerte Verantwortung angepasste Maximalvergütung, während gleichzeitig die Individualmaximalvergütung für einfache Vorstandsmitglieder transparent erkennbar und strenger gedeckelt ist. Eine noch individuellere Festlegung, etwa nach Ressorts, ist zwar ebenfalls zulässig, empfiehlt sich aber wegen der sich daraus ergebenden Bindung für die Struktur der

---

313, 315; *Nikoleyczik/Crombach*, AG 2021, 744, 746; *Goslar*, DB 2020, 937, 937; *Stenzel*, BB 2020, 970, 971; *Grimm*, ArbRB 2019, 358; *Needham*, ZCG 2020, 22, 23; *v. Zehmen*, BB 2021, 628, 630; *Spindler*, AG 2020, 61, 64; a.A.: *Grigoleit/Kochendörfer*, in: Grigoleit, AktG, § 87a Rn. 41.

[881] *Nikoleyczik/Crombach*, AG 2021, 744, 746; *C. Arnold/Herzberg/Zeh*, AG 2020, 313, 315; *v. Zehmen*, BB 2021, 628, 630; *Grimm/Freh*, ArbRB 2020, 192, 194 f.; *Dörrwächter/Leuering*, NJW-Spezial 2020, 15, 15.

[882] *Fleischer*, in: BeckOGK-AktG, Stand: 1. Februar 2025, § 87a Rn. 15; *C. Arnold/Herzberg/Zeh*, AG 2020, 313, 315; *v. Zehmen*, BB 2021, 628, 630; *Nikoleyczik/Crombach*, AG 2021, 744, 746; *Timmer*, Vorstandsvergütung 2020, S. 82; vgl. auch: Beschlussempfehlung und Bericht des AfRuV, BT-Drucks. 19/15153, S. 56.

[883] Beschlussempfehlung und Bericht des AfRuV, BT-Drucks. 19/15153, S. 56; *Nikoleyczik/Crombach*, AG 2021, 744, 746 mit Praxisbeispielen; *Needham*, ZCG 2020, 22, 23.

[884] Ohne Differenzierung zwischen Vorstandsmitgliedern aber mit Individualfestlegung: Commerzbank AG und Deutsche Bank AG; mit einer Gesamtmaximalvergütung: Porsche Automobil Holding SE.

Vorstandsressorts nicht.[885] Eine Umstrukturierung der Vorstandsressorts ist zwar dadurch nicht unmöglich. Sie ist aber je nach konkreter Ausgestaltung des Vergütungssystems nicht mit der Maximalvergütung in Einklang zu bringen. Es empfiehlt sich also im Interesse einer größtmöglichen Flexibilität, die Maximalvergütung in Form einer Individualmaximalvergütung festzulegen, wobei der Aufsichtsrat zwar zwischen dem Vorstandvorsitzenden und einfachen Vorstandsmitgliedern, aber nicht nach Ressorts differenzieren sollte.

2. *Transparenz als Ausgangspunkt der Gestaltung*

Erneut sei darauf hingewiesen, dass die Maximalvergütung grundsätzlich als konkreter Betrag anzugeben ist.[886] Dabei könnte statt einer absoluten Zahl möglicherweise auch die Angabe der Berechnungsweise ausreichen. Die Gesetzesbegründung selbst spricht insofern von konkreten Zahlen, erwähnt aber gleichzeitig die Möglichkeit, für die Berechnung auf Bezugsgrüßen, wie ein Vielfaches der durchschnittlichen Belegschaftsvergütung, zurückzugreifen.[887] Dies könnte man dahingehend verstehen, dass die Nennung der Berechnungsweise ausreichend ist, soweit die Berechnungen dann konkrete Zahlen enthalten.[888] Danach wäre die Maximalvergütung zwar nicht als konkrete Zahl zu nennen, die Berechnungsformel dürfte aber keine zusätzlichen Variablen mehr enthalten, sodass eine konkrete Berechnung möglich ist. Auf der anderen Seite wird ohne Nennung konkreter Zahlen eine Einordnung und Bewertung durch die Aktionäre erschwert.[889] Im Interesse

---

885 *Spindler*, in: MüKo-AktG, § 87a Rn. 20; *Nikoleyczik/Crombach*, AG 2021, 744, 746; *v. Zehmen*, BB 2021, 628, 630.

886 *Vetter/Lauterbach*, AG 2021, 89, 98; vgl. *Goslar*, DB 2020, 937, 938; *Dörrwächter/Leuering*, NJW-Spezial 2020, 15, 15; *Böcking/Bundle*, Der Konzern 2020, 15, 18; a.A.: *C. Arnold/Herzberg/Zeh*, AG 2020, 313, 315.

887 Vgl. Beschlussempfehlung und Bericht des AfRuV, BT-Drucks. 19/15153, S. 56.

888 Dafür: *Grigoleit/Kochendörfer*, in: Grigoleit, AktG, § 87a Rn. 38; gegen eine dynamische Bestimmung: *Lochner/Beneke*, in: Heidel, AktG, § 87a Rn. 8; ablehnend: *v. Zehmen*, BB 2021, 628, 629 f.

889 Für die Nennung eines konkreten Betrags: *Dörrwächter/Leuering*, NJW-Spezial 2020, 15; *Stenzel*, BB 2020, 970, 971; *J. Vetter/Lauterbach*, AG 2021, 89, 99; *v. Zehmen*, BB 2021, 628, 629; *Koch*, AktG, § 87a Rn. 5; *Seibt*, in: K. Schmidt/Lutter, AktG, § 87a Rn. 9; *Timmer*, Vorstandsvergütung 2020, S. 81; etwas großzügiger: *C. Arnold/Herzberg/Zeh*, AG 2020, 313, 315 wonach neben der Nennung einer konkreten Zahl auch die einfache Berechnung anhand einer festen Kenngröße ausreichend sein soll.

der Aktionäre sollte vielmehr bei der so prominenten Maximalvergütung grundsätzlich erwartet werden können, dass diese als konkreter Betrag im Vergütungssystem angegeben wird.

Mit Blick auf die gewünschte Transparenz sollte außerdem die Angabe von verschiedenen Maximalvergütungen für verschiedene Vergütungsbestandteile zurückhaltend erfolgen. Zwar soll es zulässig sein, getrennte Festlegungen für variable und fixe Vergütungsbestandteile zu treffen.[890] Dies sollte aber nicht zu kleinteilig erfolgen. Eine Aufteilung der Maximalvergütung in fixe und variable Vergütungsbestandteile ist auch wegen der klaren Aufteilung in § 87a Abs. 1 Satz 2 Nr. 3 AktG möglich. Eine noch weitergehende Aufteilung der Maximalvergütung kann aber schon aus Transparenzgründen nicht überzeugen. Gleichzeitig gewährt eine Gesamtmaximalvergütung insgesamt mehr Flexibilität bei der Ausgestaltung der einzelnen Vergütungsbestandteile.[891]

Es gilt schließlich auch bei der Ausgestaltung der Maximalvergütung, die Auswirkungen auf die Beurteilungsfähigkeit der Aktionäre genauestens im Blick zu halten. In Anlehnung an das Transparenzgebot in § 308 Nr. 4 BGB ist damit entscheidend, was Aktionäre bei der Vorlage des Vergütungssystems hinsichtlich des Umfangs der Maximalvergütung bei der Beschlussfassung vorhersehen konnten.[892]

3. Begrenzungsmöglichkeit zur Einhaltung der Maximalvergütung

Nach § 87 Abs. 1 Satz 3 Hs. 2 AktG soll der Aufsichtsrat eine Begrenzungsmöglichkeit der variablen Vergütung für außerordentliche Entwicklungen vereinbaren.[893] Mit Blick auf die daher bereits gesetzlich bestehende Möglichkeit, eine Begrenzungsmöglichkeit zu vereinbaren, bedarf es in der Regel

---

[890] Vgl. Beschlussempfehlung und Bericht des AfRuV, BT-Drucks. 19/15153, S. 56; *Nikoleyczik/Crombach*, AG 2021, 744, 746; *Stenzel*, BB 2020, 970, 971.

[891] *Nikoleyczik/Crombach*, AG 2021, 744, 747.

[892] Vgl. *Spindler*, in: MüKo-AktG, § 87a Rn. 52; *J. Vetter/Lauterbach*, AG 2021, 89, 92; siehe allgemein zu den Grundsätzen nach § 308 Nr. 4 BGB: BGH, Urteil vom 21. Dezember 1983, Az.: VIII ZR 195/82 = BGHZ 89, 206, 211 = NJW 1984, 1182, 1183 = juris Rn. 13; BGH, Urteil vom 12. Januar 1994, Az.: VIII ZR 165/92 = BGHZ 124, 351, 362 f. = NJW 1994, 1060, 1063 = Rn. 55; BGH, Urteil vom 15. November 2007, Az.: III ZR 247/06 = NJW 2008, 360, 362 = juris Rn. 21; *Wurmnest*, in: MüKo-BGB, § 308 Nr. 4 Rn. 10 mwN; *Weiler*, in: BeckOGK-BGB, Stand: 1. März 2025, § 308 Nr. 4 Rn. 141 ff. mwN; *Stadler*, in: Jauernig, BGB, § 308 Rn. 6.

[893] Siehe dazu bereits: § 10 D.

keiner Aufnahme einer entsprechenden zusätzlichen Begrenzung in das Vergütungssystem zur Beachtung der Maximalvergütung. Nimmt der Aufsichtsrat dagegen eine entsprechende Regelung in das Vergütungssystem auf, bindet er sich damit selbst. Das wird vor allem relevant, wenn der Aufsichtsrat zusätzlich konkrete Vergütungsbestandteile benennt, die begrenzt werden können. Der Aufsichtsrat wäre bei der Gestaltung des Anstellungsvertrags an diese Möglichkeit gebunden. Insofern ist dem Aufsichtsrat für eine größtmögliche Flexibilität zu empfehlen, auf eine nähere Ausgestaltung einer Begrenzungsmöglichkeit der Maximalvergütung im Vergütungssystem zu verzichten.[894] Entsprechend der gesetzlichen Regelung des § 87 Abs. 1 Satz 3 Hs. 2 AktG soll der Aufsichtsrat dann im Anstellungsvertrag eine Begrenzungsmöglichkeit der variablen Vergütungsbestandteile für außerordentliche Entwicklungen vorsehen. Diese kann dann ohne eine Regelung im Vergütungssystem erfolgen.

4. Anpassungsklausel

Schließlich stellt sich die Frage nach der Zulässigkeit einer Anpassungsklausel für die Maximalvergütung im Vergütungssystem. Diskutiert wird in diesem Zusammenhang, eine Klausel in das Vergütungssystem aufzunehmen, die etwa eine jährliche prozentuale Erhöhung der Maximalvergütung vorsieht. Dies würde dem Aufsichtsrat auch bei längerfristiger Planung eine Anpassung der Vorstandsvergütung erlauben, ohne zwingend ein erneutes Vergütungssystem vorlegen zu müssen. Daneben ermöglicht die Aufnahme einer solchen Anpassungsklausel im Regelfall eine an die Preisentwicklung, bzw. Inflation, angepasste Maximalvergütung trotz der Bindungswirkung des Vergütungssystems. Beachtet die Klausel die Vorgaben an die Klarheit und Verständlichkeit des Vergütungssystems nach § 87a Abs. 1 Satz 1 AktG und erlaubt sie weiter eine genaue Berechnung der Maximalvergütung, steht eine solche Angabe im Einklang mit § 87a Abs. 1 Satz 2 Nr. 1 AktG.[895] Eine derartige Erhöhung ist dann im Vorhinein absehbar und die Maximalvergütung kann für den jeweiligen Zeitraum genau festgestellt werden. Hierbei sollte

---

894 *Nikoleyczik/Crombach*, AG 2021, 744, 752; *v. Zehmen*, BB 2021, 628, 630; für eine Aufnahme dagegen: *Seibt*, in: K. Schmidt/Lutter, AktG, § 87a Rn. 9; *C. Arnold/Herzberg/Zeh*, AG 2020, 313, 316.

895 *J. Vetter/Lauterbach*, AG 2021, 89, 99 f.; *Nikoleyczik/Crombach*, AG 2021, 744, 748; wohl auch: *Koch*, AktG, § 87a Rn. 5e.

jedoch aus Transparenzgründen wieder die konkrete Bezifferung auch der sich dann erhöhten Maximalvergütung im Vergütungssystem erfolgen.[896]

Eine Anpassungsklausel, die statt einer konkreten Erhöhung nur eine Indexierung der Vergütung mit einem variablen Bezugspunkt vorsieht, wird dagegen den Anforderungen an Transparenz und Klarheit nicht gerecht.[897] So könnte der Aufsichtsrat versuchen, die Maximalvergütung an die allgemeine Lohnentwicklung im Unternehmen zu koppeln. Damit wäre aber eine variable Ziffer Teil der Maximalvergütung. Die Maximalvergütung ist also gerade nicht mehr konkret vorhersehbar. Entsprechend den Ausführungen zur Angabe der Berechnungsweise der Maximalvergütung, reicht eine Angabe im Vergütungssystem damit nicht aus, wenn die Aktionäre nicht die konkrete Höhe der Maximalvergütung jederzeit erkennen können. Demzufolge ist eine Klausel, die eine Anpassung der Maximalvergütung vorsehen soll, nur zulässig, soweit die sich konkret ergebende Höhe trotzdem noch im Vergütungssystem angegeben ist.

III. Vergütungsstruktur

Für die Vergütungsstruktur muss das Vergütungssystem nach § 87a Abs. 1 Satz 2 Nr. 3 AktG alle festen und variablen Vergütungsbestandteile und insbesondere ihren jeweiligen relativen Anteil an der Vergütung enthalten. Damit soll in Kombination mit den Kriterien für die Gewährung der variablen Vergütung nach § 87a Abs. 1 Satz 2 Nr. 4 AktG die grundsätzliche Anreizwirkung des Vergütungssystems für die Aktionäre erkennbar werden.[898]

Aus diesem Grund scheidet eine generelle Ermächtigung zur Festlegung der Vergütungsstruktur durch den Aufsichtsrat ohne hinreichend bestimmte Angaben im Vergütungssystem aus.[899] Die Grenze muss wieder sein, welche Vergütungsstruktur Aktionäre bei der Vorlage des Vergütungssystems und der Beschlussfassung vorhersehen konnten. Auf der anderen Seite enthält § 87 Abs. 1 Satz 2 AktG mit der Ausrichtung der Vergütungsstruktur auf

---

[896] Siehe dazu bereits: § 11 B. II. 2.

[897] *Lochner/Beneke*, in: Heidel, AktG, § 87a Rn. 8; großzügiger bei moderaten und gut abschätzbaren Steigerungen: *J. Vetter/Lauterbach*, AG 2021, 89, 100.

[898] *Weber*, in: Hölters/Weber, AktG, § 87a Rn. 7; *Dörrwächter/Harrack*, NZG 2024, 611, 612; vgl. auch: *Grigoleit/Kochendörfer*, in: Grigoleit, AktG, § 87a Rn. 25.

[899] *J. Vetter/Lauterbach*, AG 2021, 89, 92; *Dörrwächter/Harrack*, NZG 2024, 611, 612.

eine nachhaltige und langfristige Entwicklung der Gesellschaft eine materiell-inhaltliche Anforderung an die Vergütungsfestsetzung. Diese wurde durch das ARUG II sprachlich angepasst.[900] Daraus ließe sich schließen, dass bei der Festsetzung der Vergütung nach § 87 Abs. 1 AktG ein gewisser Spielraum für die Ausgestaltung der Vergütungsstruktur zulässig sein muss. Andernfalls hätte die Regelung systematisch in den § 87a AktG überführt werden können. Wie bereits erläutert, müssen die materiellen Anforderungen des § 87 Abs. 1 AktG wegen der Bindungswirkung des Vergütungssystems schon bei der Erstellung des Systems berücksichtigt werden.[901] Damit ergibt sich zumindest aus der Systematik keine klare Grenze, wie konkret die Vergütungsstruktur bereits im System sein muss und ob auch die Regelung eines Spielraums für die konkrete Ausgestaltung durch den Aufsichtsrat möglich ist.

Der Aufsichtsrat könnte hier aber möglichst viele Vergütungsbestandteile angeben, aus denen er dann bei Abschluss der Vergütungsvereinbarung eine konkretere Auswahl treffen kann.[902] Dies darf aber nur in dem Ausmaß erfolgen, wie sich daraus kein anderes Bild für die Vergütung ergibt. Aufgrund des vorher nicht absehbaren genauen Anteils der variablen Vergütung muss der Aufsichtsrat im Vergütungssystem eine feste Kenngröße für den variablen Anteil bestimmen, deren Bezugspunkt aus Transparenzgründen im Vergütungssystem zu nennen ist.[903] Damit reicht es hier aus, wenn eine Darstellung der entscheidenden Parameter erfolgt, die letztlich die endgültige Vergütung festlegen.[904] Erfolgt dagegen die Angabe von konkreten Zielbeträgen etwa für die Fix- und variable Vergütung, darf der Aufsichtsrat unter Geltung des § 87a Abs. 2 Satz 1 AktG nur davon abweichen, sofern dies im Vergütungssystem auch vorgesehen ist.[905] Dabei ist aber zu beachten,

---

900 Vgl. Begr. RegE ARUG II, BT-Drucks. 19/9739, S. 72.

901 Siehe dazu bereits: § 8 A. I. 4.

902 Zur variablen Vergütung: § 11 B. V. 1. a).

903 Begr. RegE ARUG II, BT-Drucks. 19/9739, S. 73; *Fleischer*, in: BeckOGK-AktG, Stand: 1. Februar 2025, § 87a Rn. 20; *Grigoleit/Kochendörfer*, in: Grigoleit, AktG, § 87a Rn. 47; *Seibt*, in: K. Schmidt/Lutter, AktG, § 87a Rn. 11; *Spindler*, AG 2020, 61, 65; *Stenzel*, BB 2020, 970, 971.

904 *Grigoleit/Kochendörfer*, in: Grigoleit, AktG, § 87a Rn. 47; *C. Arnold/Herzberg/Zeh*, AG 2020, 313, 316 f.; *Stenzel*, BB 2020, 970, 971; für die Angabe einer Ziel- Maximalgröße dagegen: *Goslar*, DB 2020, 937, 938.

905 Siehe zum Erfordernis nach konkreten Zahlen bereits: § 11 B. I.

dass nur eine Prognose aus *ex-ante* Perspektive möglich ist und daher in der Praxis keine zu starke Bindung erfolgen kann.[906]

Teilweise wird vertreten, dass eine Anpassung des Verhältnisses der variablen Vergütungsbestandteile zueinander für künftige Geschäftsjahre erfolgen kann, wenn dies im Vergütungssystem vorgesehen ist.[907] So soll eine Anpassung der Anteile der variablen Vergütungsbestandteile erfolgen, um die gewünschte Anreizwirkung punktuell zu korrigieren und die Vergütung auf die tatsächlichen Unternehmensziele auszurichten.[908] Bei einer Berücksichtigung im Vergütungssystem ist ein solches Vorgehen grundsätzlich zulässig, sofern damit keine insgesamt veränderte Anreizwirkung für den Vorstand eintritt. Wenn die Anreizwirkung im Grundsatz beibehalten und der Aufsichtsrat nur ermächtigt wird, steuernd und korrigierend einzugreifen, dann muss auch eine Anpassung der relativen Anteile der variablen Vergütungsbestandteile möglich sein.

Im Ergebnis muss die Vergütungsstruktur im Vergütungssystem hinsichtlich der variablen Vergütung eine Darstellung der entscheidenden Parameter erhalten, an denen sich die variable Vergütung bemisst. Darüber hinaus darf das Vergütungssystem den Aufsichtsrat nur ermächtigen, bei der Vergütungsstruktur mit Blick auf die Anreizwirkung des Vorstands korrigierend einzugreifen.

IV. Außerordentliche Zahlungen

Die für die Praxis häufige Frage nach außerordentlichen Zahlungen muss auch bei der Erstellung des Vergütungssystems berücksichtigt werden. Unter die außerordentlichen Zahlungen fällt etwa die Zahlung eines *Sign-On*-Bonus an neue Vorstandsmitglieder. Ist ein solcher im Vergütungssystem nicht vorgesehen, handelt es sich bei Zahlung eines solchen Bonus um eine unzulässige Abweichung. Daher muss eine solche Zahlung mit ihrem Rechtsgrund – beispielsweise in Gestalt eines typischen *Sign-On*-Bonus als Einmalzahlung oder in Form von entgangenen Vorteilen aus einem vorherigen Anstellungsverhältnis – ebenfalls im Vergütungssystem angelegt werden.[909]

---

[906] Ausführlich dazu: *C. Arnold/Herzberg/Zeh*, AG 2020, 313, 316.

[907] So: *J. Vetter/Lauterbach*, AG 2021 89, 93.

[908] *J. Vetter/Lauterbach*, AG 2021 89, 93.

[909] *C. Arnold/Herzberg/Zeh*, AG 2020, 313, 321; vgl. insofern auch mit Praxisbeispielen: *Nikoleyczik/Crombach*, AG 2021, 744, 749.

Daneben ist die Maximalvergütung zu beachten, in die als Summe aller für das betreffende Jahr aufgewendeten Vergütungsbeträge auch die Zahlung von Sonderbeträgen fällt.[910] In diesem Sinne kann überlegt werden, *Sign-On*-Boni in Form von entgangenen Vorteilen aus einem vorherigen Anstellungsverhältnis gestreckt auszuzahlen, um eine Kollision mit der Maximalvergütung zu vermeiden.[911] Daneben kann eine einmalige Erhöhung der Maximalvergütung im ersten oder zweiten Anstellungsjahr im Vergütungssystem vorgesehen werden, um die Grundlage für eine Einmalzahlung zu schaffen.[912]

Für sonstige Zahlungen, wie außerordentliche Boni, ist zunächst die Rechtsprechung des Bundesgerichtshofs zu kompensationslosen Anerkennungsprämien zu beachten.[913] Schon aus diesem Grund empfiehlt es sich, eine vertragliche Grundlage für solche Zahlungen mit dem Vorstandsmitglied zu schaffen.[914] Daneben hat der Aufsichtsrat die generelle Kritik an solchen Sonderzahlungen durch institutionelle Anleger zu berücksichtigen.[915] Wichtig ist, dass in diesem Fall die Zahlungen zumindest in ihren Grundzügen schon im Vergütungssystem angelegt sind, da sie je nach Ausgestaltung als fester oder variabler Vergütungsbestandteil zum Mindestinhalt des Vergütungssystems nach § 87a Abs. 1 Satz 2 Nr. 3 AktG gehören.[916]

---

910 *Koch*, AktG, § 87a Rn. 5a; *Spindler*, in: MüKo-AktG, § 87a Rn. 21; *J. Vetter/Lauterbach*, AG 2021, 89, 100; *C. Arnold/Herzberg/Zeh*, AG 2020, 313, 321; *Dörrwächter/Harrack*, DB 2021, 2064, 2065; *Nikoleyczik/Crombach*, AG 2021, 744, 745 ff.; *v. Zehmen*, BB 2021, 628, 630; a.A.: *Müller-Bonanni/Jenner/Denninger*, AG 2021, 339, 342; zustimmend: *Seibt*, in K. Schmidt/Lutter, AktG, § 87a Rn. 8.

911 *C. Arnold/Herzberg/Zeh*, AG 2020, 313, 321; *Nikoleyczik/Crombach*, AG 2021, 744, 749; *Spindler*, in MüKo-AktG, § 87a Rn. 21; vgl. auch: *J. Vetter/Lauterbach*, AG 2021, 89, 100.

912 *J. Vetter/Lauterbach*, AG 2021, 89, 100; *C. Arnold/Herzberg/Zeh*, AG 2020, 313, 321; *v. Zehmen*, BB 2021, 628, 630; *Spindler*, in: MüKo-AktG, § 87a Rn. 21; *C. Arnold*, in: Goette/M. Arnold, Hdb.-AR, § 4 Rn. 1371; *Nikoleyczik/Crombach*, AG 2021, 744, 748 f.

913 Siehe: BGH, Urteil vom 21. Dezember 2005, Az.: 3 StR 470/04 (Mannesmann) = BGHSt 50, 331, 337 f. = AG 2006, 110, 112 = juris Rn. 19; vgl. *Dörrwächter/Harrack*, NZG 2024, 611, 615.

914 Vgl. *J. Vetter/Lauterbach*, AG 2021 89, 97.

915 Siehe zur Kritik der institutionellen Anleger etwa: Glass Lewis, 2024 Benchmark Policy Guidelines, S. 23, abrufbar unter: https://www.glasslewis.com/wp-content/uploads/2023/11/2024-Germany-Benchmark-Policy-Guidelines-Glass-Lewis.pdf (zuletzt abgerufen am: 1. Juni 2025).

916 *Bachmann*, in: Kremer/Bachmann/Favoccia/v. Werder, DCGK, G.1 Rn. 14; für eine Einordnung als variabler Vergütungsbestandteil dagegen; *J. Vetter/Lauterbach*, AG 2021 89, 97.

V. Variable Vergütung

Im Rahmen der Festsetzung der Vorstandsvergütung im Anstellungsvertrag hat der Aufsichtsrat zunächst eine Zielvergütung zu bestimmen, die sich innerhalb der Maximalvergütung des Vorstandsmitglieds i.S.d. § 87a Abs. 1 Satz 2 Nr. 1 AktG bewegen muss. Gemeint ist die Vergütung, die unter Ausnutzung aller Boni und bei Erreichen aller Ziele, also der vollständigen Auszahlung der variablen Vergütung, insgesamt vom Vorstandsmitglied erreicht werden kann.[917] Daneben muss sich der Aufsichtsrat für eine bestimmte Vergütungsstruktur, also die Aufteilung der Vergütung in feste und variable Vergütungsbestandteile, kurz- und langfristige Bestandteile im Rahmen der variablen Vergütung sowie sonstige Nebenleistungen, wozu auch die Pensionszusagen gehören, entscheiden.[918] Dabei ist er jedoch an die Vorgaben im Vergütungssystem zur Vergütungsstruktur gebunden. Traditionell muss der Aufsichtsrat nach § 87 Abs. 1 Satz 1 AktG dafür sorgen, dass diese in einem angemessenen Verhältnis zu den Aufgaben und Leistungen des Vorstandsmitglieds sowie zur Lage der Gesellschaft stehen und die übliche Vergütung nicht ohne besondere Gründe übersteigen.

1. *Ausgestaltung der Kennziffern des Vergütungssystems*

Nach § 87a Abs. 1 Satz 2 Nr. 4 AktG muss das Vergütungssystem alle finanziellen und nichtfinanziellen Leistungskriterien für die Gewährung der variablen Vergütungsbestandteile enthalten. Der Aufsichtsrat könnte sich bei der Ausgestaltung der Leistungskriterien für die variable Vergütung einen gewissen Spielraum vorbehalten, der dann als Korrekturvehikel bei der Festsetzung der Vergütung genutzt werden kann. Zusammen mit der Vergütungsstruktur nach § 87a Abs. 1 Satz 2 Nr. 3 AktG gestalten die Leistungskriterien der variablen Vergütung, die Kennziffern, die Anreizwirkung des Vorstands. Aus diesem Grund sind etwaigen Gestaltungsspielräumen bei den Kriterien mit Blick auf die vom Gesetz bezweckte Transparenz gegenüber den Aktionären Grenzen zu setzen.[919]

---

[917] Vgl. *Dörrwächter/Harrack*, NZG 2024, 611, 611.

[918] Vgl. *Dörrwächter/Harrack*, NZG 2024, 611, 611; *Dörrwächter/Leuering*, NJW-Spezial 2020, 15, 15.

[919] Zur Anreizwirkung: *Weber*, in: Hölters/Weber, AktG, § 87a Rn. 7; *Dörrwächter/Harrack*, NZG 2024, 611, 612.

Zum Teil wird pauschal eine Abweichung im Anstellungsvertrag von den Kennziffern im Vergütungssystem als keine Abweichung angesehen.[920] Zurecht wird dabei zwar auf die systematische Grenze des § 87a Abs. 1 Satz 2 Nr. 4 AktG sowie auf den teleologischen Hintergrund der §§ 87a, 120a AktG verwiesen.[921] Es muss aber für die Aktionäre grundsätzlich der Rahmen erkennbar sein, in welchem sich der Aufsichtsrat bei der Festsetzung der Vergütung bewegen darf und dieser muss so konkretisiert sein, dass die Aktionäre diesen angemessen beurteilen können.[922] Im Ergebnis ist damit ein ähnlicher Maßstab anzuwenden, der bei der Abgrenzung von wesentlichen zu unwesentlichen Änderungen Anwendung findet.[923] Die Abänderung der Kennziffern muss bereits im Vergütungssystem angelegt sein. Andernfalls handelt es sich nicht mehr um die Ausnutzung eines Spielraums, sondern um eine Abweichung vom Vergütungssystem. Eine Abweichung vom Vergütungssystem, die ihrerseits unterhalb der Grenze der *wesentlichen Abweichung* des § 120a Abs. 1 Satz 1 AktG bleibt, aber gleichzeitig nicht im Vergütungssystem angelegt ist, ist damit keine Ausprägung eines flexiblen Vergütungssystems.[924] Die generelle Zulässigkeit eines flexiblen Vergütungssystems ergibt sich vielmehr daraus, dass die Flexibilität bereits im Vergütungssystem angelegt und damit erkennbar ist. Es geht also bei der Abgrenzung eines zulässigen von einem unzulässigen und zu weit gehenden Spielraum im Vergütungssystem auf der einen Seite und der Abgrenzung einer wesentlichen von einer unwesentlichen Abweichung des Vergütungssystems im Ergebnis um den gleichen Maßstab. Es handelt sich jedoch um im Grundsatz verschiedene Sachverhalte.[925] Bei der Abgrenzung eines zulässigen von einem unzulässigen und zu weit gehenden Spielraum im Vergütungssystem und damit hier geht es um die Frage, wie das Vergütungssystem auszugestalten ist und welche Spielräume dabei innerhalb des Vergütungssystems zulässig sind. Bei der Abgrenzung der wesentlichen von der unwesentlichen Änderung geht es gerade um nicht im

---

920 *Koch*, AktG, § 87a Rn. 14; *Löbbe/Fischbach*, AG 2019, 373, 380; *Bachmann/Pauschinger*, ZIP 2019, 1, 5; *Dörrwächter/Harrack*, NZG 2024, 611, 616.

921 *Dörrwächter/Harrack*, NZG 2024, 611, 616 f.

922 *J. Lauterbach/Vetter*, AG 2021, 89, 91 f.; *Koch*, AktG, § 87a Rn. 14; *Dörrwächter/Harrack*, NZG 2024, 611, 617.

923 Siehe dazu bereits: § 8 C. II.

924 Siehe zu der Frage der Zulässigkeit unwesentlicher Änderungen: § 12 B.

925 Insofern unklar: *Dörrwächter/Harrack*, NZG 2024, 611, 617; *Koch*, AktG, § 87a Rn. 5c.

Vergütungssystem geregelte Änderungen bei der Festsetzung. Es ist für die hier relevante Frage nach dem Spielraum im Vergütungssystem grundsätzlich zwischen einer abstrakten Beschreibung der Kennziffern (§ 11 B. V. 1. a)), dem Austausch von Kennziffern (§ 11 B. V. 1. b)) und der Veränderung der Gewichtung von Kennziffern (§ 11 B. V. 1. c)) zu unterscheiden.

a) Abstrakte Beschreibung von Kennziffern beziehungsweise Auswahl aus mehreren Kennziffern

Um der Bindungswirkung der im Vergütungssystem angelegten Kennziffern für die variable Vergütung zu begegnen, kann der Aufsichtsrat sich ein gewisses Ermessen bei der Auswahl, der im Rahmen der Festsetzung zu verwendenden konkreten Kennziffern beibehalten.[926] Dies kann dazu dienen, um Rückschlüsse von Wettbewerbern auf die konkrete strategische Planung und Ausrichtung des Unternehmens zu vermeiden.[927] Nach § 87a Abs. 1 Satz 2 Nr. 4 lit. a AktG hat der Aufsichtsrat nämlich im Vergütungssystem auch eine Erläuterung beizufügen, wie die Leistungskriterien zur Förderung der Geschäftsstrategie und der langfristigen Entwicklung der Gesellschaft dienen. Durch eine Anpassung, der der Vergütung zugrundeliegenden Leistungskriterien nach § 87a Abs. 1 Satz 2 Nr. 4 AktG, lässt sich durch den Aufsichtsrat außerdem die Vergütung anhand der jeweiligen Unternehmensstrategie ausrichten. Ein flexibles Vergütungssystem kann an dieser Stelle dem Aufsichtsrat durch mehrere alternativ zur Auswahl stehende Leistungskriterien also das geeignete Mittel zur Anpassung an die konkrete Strategie des Unternehmens an die Hand geben.[928] Mit Blick auf individuelle Leistungsbeurteilungen und individuelle Anreize für die verschiedenen Vorstandsmitglieder ist ein solches Vorgehen begrüßenswert.[929] Dies sorgt zum

---

[926] Für die Zulässigkeit eines solchen Vorgehens: *Grigoleit/Kochendörfer*, in: Grigoleit, AktG, § 87a Rn. 52; *Spindler*, in: MüKo-AktG, § 87a Rn. 31; *Dörrwächter/Harrack*, NZG 2024, 611, 613; *J. Vetter/Lauterbach*, AG 2021, 89, 93; *Stenzel*, BB 2020, 970, 972.

[927] Vgl. *Spindler*, in: MüKo-AktG, § 87a Rn. 28; *Grigoleit/Kochendörfer*, in: Grigoleit, AktG, § 87a Rn. 55; *Fleischer*, in: BeckOGK-AktG, Stand: 1. Februar 2025, § 87a Rn. 22; *Koch*, AktG, § 87a Rn. 7; *Cahn* in: KölnKomm-AktG, § 87a Rn. 17; *Florstedt*, ZGR 2019, 630, 646; *Stenzel*, BB 2020, 970, 972; *Heldt*, AG 2018, 905, 906.

[928] *Seibt*, in: K. Schmidt/Lutter, AktG, § 87a Rn. 3; siehe auch zur Anpassung der Leistungskriterien an die jeweilige Unternehmensstrategie bereits: § 11 B. III.

[929] Die Bedeutung für die individuellen Ziele betonend: *Dörrwächter/Harrack*, NZG 2024, 611, 613; *Grigoleit/Kochendörfer*, in: Grigoleit, AktG, § 87a Rn. 52.

einen dafür, dass das Vergütungssystem bei einem vielköpfigen Vorstand nicht überfrachtet wird und zugleich eine gezielte Anreizsteuerung für die verschiedenen Ressorts möglich bleibt. Daneben ermöglicht dieses Vorgehen die nötigen vorstandsinternen Umstrukturierungen mit neuen Zuständigkeitszuschnitten, die gegebenenfalls andere Kennziffern erforderlich machen.

Dies steht in einem gewissen Spannungsverhältnis zur gewünschten und bezweckten Transparenz gegenüber den Aktionären.[930] Die Anforderungen an Klarheit und Verständlichkeit aus Sicht des Aktionärs sind dabei besonders bedeutsam und durch den Aufsichtsrat zu beachten.[931] Damit muss für die Aktionäre die Ausrichtung der Anreizwirkung erkennbar bleiben. Möglich ist es, verschiedene Leistungskriterien, die miteinander vergleichbar sind und einen ähnlichen Fokus haben, anzugeben, um aus diesen im Anschluss bei der Festsetzung der Vergütung ein konkretes Kriterium auszuwählen. Zu weitgehend wäre daher eine Angabe, aus der nicht einmal erkennbar wird, an welchen Maßstäben der Aufsichtsrat sich bei der Konkretisierung zu orientieren hat und in welchem Rahmen er sich dabei bewegen darf. Eine Beschreibung lediglich der prozentualen Aufteilung der finanziellen Kriterien auf der einen Seite und der nichtfinanziellen Kriterien auf der anderen Seite mit einem Verweis auf die spätere Festlegung durch den Aufsichtsrat erfüllt zwar die Anforderungen des Gesetzgebers an die Darstellung der Vergütungsstruktur nach § 87a Abs. 1 Satz 2 Nr. 3, kann jedoch nicht als Angabe aller finanziellen und nichtfinanziellen Leistungskriterien nach § 87a Abs. 1 Satz 2 Nr. 4 AktG angesehen werden.[932] Speziell für die kurzfristige variable Vergütung und die nichtfinanziellen Kennziffern, wie Nachhaltigkeitsziele, reicht es dabei aus, wenn das Ziel für den Bemessungszeitraum jeweils gesondert konkretisiert wird.[933]

Statt mehrere konkrete detailreiche Kennziffern zu nennen, kann das Vergütungssystem insgesamt durch einen gewissen Abstrahierungsgrad bei

---

930 Ebenso: *Spindler*, in: MüKo-AktG, § 87a Rn. 28; großzügiger insofern: *Grigoleit/Kochendörfer*, in: Grigoleit, AktG, § 87a Rn. 52, wonach bei deutlicher Bezeichnung des Ermessens, der Transparenzzweck nicht entgegensteht.

931 *Grigoleit/Kochendörfer*, in: Grigoleit, AktG, § 87a Rn. 52.

932 Zu weitgehend insoweit: *J. Vetter/Lauterbach*, AG 2021, 89, 93, demzufolge eine solche Regelung im Anstellungsvertrag auch noch möglich sein soll.

933 Vgl. *Spindler*, in: MüKo-AktG, § 87a Rn. 30; *C. Arnold/Herzberg/Zeh*, AG 2021, 141, 145 f.; *Dörrwächter/Harrack*, NZG 2024, 611, 613; siehe näher zur Festlegung von Zielwerten: § 11 B. V. 2. a).

der Beschreibung der Kennziffer eine Auswahl ermöglichen.[934] Auch hier gilt aber, dass für die Aktionäre erkennbar bleiben muss, welche Anreize geschaffen werden sollen. So schreibt Art. 9a Abs. 6 Uabs. 3 Satz 1 AktionärsrechteRL II vor, dass im Vergütungssystem klare, umfassende und differenzierte Kriterien für die Gewährung der variablen Vergütungsbestandteile festzulegen sind. Dies muss beachtet werden.

b) Austausch einer Kennziffer

In Anlehnung an die Angabe einer Auswahl von Kennziffern im Vergütungssystem stellt sich die Frage, ob der Aufsichtsrat eine Ermächtigung zum Austausch einer Kennziffer in das Vergütungssystem aufnehmen darf.

Vor dem Hintergrund der Beurteilung durch die Aktionäre wäre eine solche Regelung unproblematisch, wenn die neue Kennziffer wieder der gleichen betriebswirtschaftlichen Ebene angehört.[935] Messen die verschiedenen Ziffern mit dem gleichen Hintergrund nur auf unterschiedliche Weise den gleichen Zielwert, besteht aus Aktionärssicht kein Bedürfnis, dass sich der Aufsichtsrat bereits im Vorhinein auf ein bestimmtes Kriterium festlegt. Dabei ist allerdings der Maßstab der betriebswirtschaftlichen Ebene kritisch zu betrachten. So darf kein Austausch von Kennziffern mit unterschiedlicher Aussagekraft erfolgen. Zwar sind sowohl der *Cashflow* als auch der Gewinn eines Unternehmens Kennziffern, um die finanzielle Lage zu beurteilen. Dies kann jedoch nicht darüber hinweghelfen, dass diese Kriterien grundsätzlich im Detail verschiedene Aussagen über das Unternehmen und dessen Strategie und Ausrichtung zulassen und daher für Aktionäre ein anderer Fokus des Aufsichtsrats durch einen Austausch der Kennziffer nicht auszuschließen ist.[936] Ein solcher Austausch von Kennziffern widerspricht dem Transparenzziel der Regelungen.

---

[934] In diese Richtung etwa: *Fleischer*, in: BeckOGK-AktG, Stand: 1. Februar 2025, § 87a Rn. 22; *Spindler*, in: MüKo-AktG, § 87a Rn. 31; *Stenzel*, BB 2020, 970, 972; *J. Vetter/Lauterbach*, AG 2021, 89, 97.

[935] *Dörrwächter/Harrack*, NZG 2024, 611, 617; *Teichmann*, in: FS Heidinger (2023), S. 537, 545 f.

[936] A.A: *Dörrwächter/Harrack*, NZG 2024, 611, 617, die aus der notwendigen Flexibilität für den Aufsichtsrat auf die Zulässigkeit eines solchen Austauschs schließen; *Koch*, AktG, § 87a Rn. 14; *Bachmann/Pauschinger*, ZIP 2019, 1, 5.

Daneben muss der systematische Rahmen des § 87a Abs. 1 Satz 2 Nr. 4 AktG berücksichtigt werden. Danach müssen die alternativen Kennziffern einschließlich deren Bezügen zur Zielerreichung sowie der Methoden, mit denen die Erreichung der Leistungskriterien festgestellt wird, dargestellt werden.[937] Sowohl der Wortlaut und die Systematik lassen damit den Austausch von Kennziffern nur zu, sofern die verschiedenen Kennziffern im Vergütungssystem einzeln angegeben sind oder sich unter einen abstrahierten Begriff fassen lassen, der dann aber die gleiche Anreizwirkung vermitteln muss. Damit scheidet eine generalklauselartige Anpassungsmöglichkeit im Vergütungssystem aus.[938]

c) Veränderte Gewichtung der Kennziffern

Anders als bei den verschiedenen Vergütungsbestandteilen nach § 87a Abs. 1 Satz 2 Nr. 3 AktG gehört die Gewichtung der Leistungskriterien nicht zum Mindestkatalog des Vergütungssystems.[939] Ohne die Vergütungsstruktur im Ergebnis zu verändern, kann sich der Aufsichtsrat also die Gewichtung der Kennziffern im Vergütungssystem vorbehalten. Eine Klausel, nach der der Aufsichtsrat die Gewichtung der Kennziffern verändern darf, ist damit grundsätzlich zulässig, solange die Aktionäre, wie immer, keine andere Beurteilung vornehmen können.

2. Entscheidung über die Zielerreichung

Zu den Vergütungsentscheidungen des Aufsichtsrats gehört auch die Entscheidung über die tatsächlich auszuzahlende Vergütung am Ende eines bestimmten Beurteilungszeitraums auf Basis der jeweiligen Zielerreichung der variablen Vergütung.[940] Das Vergütungssystem enthält, wie beschrieben, insbesondere Angaben zu den verschiedenen Leistungskriterien, wozu nach § 87a Abs. 1 Satz 2 Nr. 4 lit. b AktG eine Darstellung der Methoden gehört, mit denen die Erreichung der Leistungskriterien festgestellt wird. Daneben konkretisiert der Anstellungsvertrag mit dem jeweiligen Vorstandsmitglied

---

937 *J. Vetter/Lauterbach*, AG 2021, 89, 92; *Dörrwächter/Harrack*, NZG 2024, 611, 617.

938 Siehe zur Unzulässigkeit einer solchen generellen Abweichungsmöglichkeit nach § 87a Abs. 2 Satz 2 AktG auch bereits: § 10 B. II. 2; *J. Vetter/Lauterbach*, AG 2021, 89, 92; *Dörrwächter/Harrack*, NZG 2024, 611, 617.

939 *Stenzel*, BB 2020, 970, 972.

940 Vgl. *Dörrwächter/Harrack*, NZG 2024, 611, 611.

das Vergütungssystem, sodass auch die dort getroffenen Vereinbarungen berücksichtigt werden müssen.[941] Mit Blick auf den Anstellungsvertrag ließe sich im Sinne der Vertragsfreiheit eine weitere Grenze der Zulässigkeit ziehen, innerhalb derer sich der Aufsichtsrat Gestaltungsspielräume gegenüber dem Vorstandsmitglied offenhalten darf, als dies bei dem Vergütungssystem der Fall ist.[942] Die Angaben, die nach § 87a Abs. 1 Satz 2 AktG verpflichtend in das Vergütungssystem aufzunehmen sind, unterliegen daher grundsätzlich einer strengeren Bindung. Von der Entscheidung, welche Kennziffern in welcher Weise konkret verwendet werden, ist die Entscheidung über die konkreten Zielwerte zu unterscheiden.[943]

a) Festlegung von Zielwerten

Dem Aufsichtsrat ist mitunter daran gelegen, die konkrete Festschreibung von Zielwerten nicht bereits im Vergütungssystem, sondern erst durch eine spätere Entscheidung festzulegen, so etwa im Wege der Anpassung an aktualisierte Unternehmensplanungen. Dies ist nur zulässig, soweit die Zielwerte nicht bereits zu den Mindestangaben des § 87a Abs. 1 Satz 2 AktG zugerechnet werden müssen.[944] Versteht man das Vergütungssystem als abstrakt-generelles System mit einem *ex-ante* Gerüst für den Aufsichtsrat, in dessen Rahmen er sich zu bewegen hat, spricht nichts dagegen, die Ausgestaltung von Zielwerten der Konkretisierung im Rahmen der Vergütungsfestsetzung zu überlassen.[945] So müssen zwar nach § 87a Abs. 1 Satz 2 Nr. 4 AktG alle finanziellen und nicht finanziellen Leistungskriterien für die Gewährung variabler Vergütungsbestandteile angegeben werden. Dies meint jedoch nur die Nennung der abstrakten Parameter und nicht die Angabe, inwieweit die Leistungskriterien für einen bestimmten Vergütungsanspruch erfüllt sein müssen.[946] Systematisch

---

941 *Dörrwächter/Harrack*, NZG 2024, 611, 611.
942 In diese Richtung: *J. Vetter/Lauterbach*, AG 2021, 89, 92.
943 Für ersteres siehe bereits: § 11 B. V. 1.
944 Gegen die Notwendigkeit der Angabe von Zielwerten im Vergütungssystem: *Seibt*, in: K. Schmidt/Lutter, AktG, § 87a Rn. 13; *Cahn* in: KölnKomm-AktG, § 87a Rn. 17; *J. Vetter/Lauterbach*, AG 2021, 89, 92; *Dörrwächter/Harrack*, NZG 2024, 611, 613; siehe zum VorstKoG ebenfalls: Beschlussempfehlung und Bericht des RechtsA, BT-Drucks. 17/14214, S. 17.
945 So: *J. Vetter/Lauterbach*, AG 2021, 89, 97.
946 Ebenso: *Seibt*, in: K. Schmidt/Lutter, AktG, § 87a Rn. 13; *J. Vetter/Lauterbach*, AG 2021, 89, 98.

ergibt sich das aus § 87a Abs. 1 Satz 2 Nr. 4 lit. b AktG, wonach die Darstellung der Methoden, mit denen die Erreichung der Leistungskriterien festgestellt wird, ebenfalls im Vergütungssystem anzugeben sind. Gemeint sind also die Informationen, die notwendig sind, um die konkrete Vergütungshöhe zu bestimmen. Es geht also um den Rechenweg, der im Vergütungssystem angelegt werden soll, sodass die Formel nur noch mit konkreten Messwerten angewendet werden muss.[947] Damit hat der Gesetzgeber zwar vorgeschrieben, dass für den Aktionär erkennbar sein muss, wie das Erreichen eines Zielwertes konkret bemessen wird. Die Frage nach der Höhe des Zielwertes ist jedoch gerade nicht zwingend aufzunehmen. Erachtet man also die Festlegung von Zielwerten im Ermessen des Aufsichtsrats für zulässig, muss dies auch eine Änderungsbefugnis beinhalten, soweit das Vergütungssystem dies nicht ausdrücklich ausschließt.[948] Darf der Aufsichtsrat die Zielwerte selbst festlegen, darf er konsequent auch über diese ausnahmsweise disponieren.

Eine Änderung der Zielvorgaben während der laufenden Bemessungsperiode wirft zudem das Problem der notwendigen Abweichung von Empfehlung G.8 DCGK auf, wonach eine nachträgliche Änderung der Zielwerte oder der Vergleichsparameter ausgeschlossen ist.[949] Empfehlung G.11 DCGK ist dabei in der Weise auszulegen, dass ein von Empfehlung G.8 DCGK unterbundenes *Repricing* immer dann zulässig ist, wenn es sich um außergewöhnliche Entwicklungen handelt.[950]

b) Beurteilungsspielraum des Aufsichtsrats bei der Zielerreichung

Neben Ermessensregeln im Vergütungssystem zugunsten des Aufsichtsrats, die die Festlegung von Zielwerten beinhalten, sind auch Ermessensregeln denkbar, die dem Aufsichtsrat ein Ermessen bei der Beurteilung der Zielerreichung einräumen. Jedoch müssen sich diese Regeln mit Blick auf die Zielformulierung der Vergütung in angemessenem Rahmen bewegen und

---

947 *Grigoleit/Kochendörfer*, in: Grigoleit, AktG, § 87a Rn. 54; großzügiger: *Cahn* in: KölnKomm-AktG, § 87a Rn. 18, wonach allgemein gehaltene Angaben ausreichend sind.

948 *Dörrwächter/Harrack*, NZG 2024, 611, 614.

949 Siehe dazu näher: *J. Vetter/Lauterbach*, AG 2021 89, 93 f.; *Dörrwächter/Harrack*, NZG 2024, 611, 614, schließen aus der Empfehlung G.8 DCGK auf die aktienrechtliche Zulässigkeit einer nachträglichen Anpassungsklausel.

950 *J. Vetter/Lauterbach*, AG 2021, 89, 94.

begründet werden.[951] Hat der Aufsichtsrat die Zielwerte für die Kennzahlen einmal festgelegt, muss zwischen quantitativen und qualitativen Kennzahlen unterschieden werden.

aa) Quantitative Kennzahlen

Bei der Feststellung der Zielerreichung hat der Aufsichtsrat wenig Spielraum, soweit es sich um quantitative Kennzahlen handelt, deren Zielwerte der Aufsichtsrat bereits festgelegt hat. Hierbei kann das Vergütungssystem dem Aufsichtsrat jedoch im Vorhinein eine Korrekturmöglichkeit einräumen.[952] Danach kann der Aufsichtsrat den Wert der erreichten Leistung korrigieren, um eine Bezugnahme auf den gesetzten Zielwert bei einer Veränderung der Umstände weiter zu ermöglichen. Auch eine solche Konstellation ist zulässig, sofern die Regelung im Vergütungssystem bereits vorgesehen ist und sich in einem überschaubaren Maß bewegt, den die Aktionäre noch angemessen einschätzen können.[953]

bb) Qualitative Kennzahlen

Bei den qualitativen Kennzahlen besteht immer ein gewisser Beurteilungsspielraum des Aufsichtsrats, was insbesondere die individuellen und nichtfinanziellen Ziele betrifft.[954] Dieser ergibt sich aus der Natur der Sache und ist daher zulässig. Daneben kommt es in der Praxis teilweise vor, dass der Aufsichtsrat als Korrekturvehikel im Rahmen einer Gesamtabwägung bei der kurzfristigen variablen Vergütung die errechnete Auszahlung nach Feststellung der Zielerreichung nachträglich anpassen kann.[955] Dies soll immer dann zulässig sein, wenn das Vergütungssystem diese Möglichkeit vorsieht und auch entsprechend erläutert.[956] Dem ist mit Blick auf die dann vorliegende Transparenz gegenüber den Aktionären und das nicht vom Katalog des § 87a

---

[951] *Anzinger*, ZGR 2019, 39, 71.

[952] Vgl. etwa: *Dörrwächter/Harrack*, NZG 2024, 611, 614; *J. Vetter/Lauterbach*, AG 2021 89, 96 f.

[953] Für die Zulässigkeit einer generellen Anpassungsklausel: *Dörrwächter/Harrack*, NZG 2024, 611, 614.

[954] *Spindler*, in: MüKo-AktG, § 87a Rn. 30; *Dörrwächter/Harrack*, NZG 2024, 611, 614.

[955] Vgl. *Spindler*, in: MüKo-AktG, § 87a Rn. 30; *J. Vetter/Lauterbach*, AG 2021 89, 97.

[956] *Dörrwächter/Harrack*, NZG 2024, 611, 614 f.; mit Blick auf den DCGK: *C. Arnold*, in: Goette/M. Arnold, AR-Hdb, § 4 Rn. 1436 ff.

Abs. 1 Satz 2 AktG erfasste Verfahren der Feststellung der Zielerreichung zuzustimmen. Die Zulässigkeit einer solchen Anpassungsklausel ergibt sich bereits aus einem Rückschluss aus § 87 Abs. 1 Satz 3 Hs. 2 AktG. Schreibt das Gesetz vor, dass der Aufsichtsrat für außerordentliche Entwicklungen eine Begrenzungsmöglichkeit für die variable Vergütung enthalten soll, so kann eine nachträgliche Anpassungsmöglichkeit zumindest in Form einer Reduzierung der variablen Vergütung als Begrenzung dienen.[957] Dies gilt freilich nur für eine Reduzierung der Vergütung.

3. *Festlegung der Auszahlungskurve*

Geht man richtigerweise davon aus, dass die Auszahlungskurve der variablen Vergütung ebenfalls nicht zu den Mindestangaben des Vergütungssystems, insbesondere zu § 87a Abs. 1 Satz 2 Nr. 4 lit. b AktG, gehört, so ließe auch dieses Vehikel ein entsprechendes Ermessen des Aufsichtsrats bei der Festsetzung der Vergütung zu.[958] Aus Transparenzgründen muss sich aber die grobe Auszahlungskurve bereits aus dem Vergütungssystem ergeben, um die Einschätzung der relativen Anteile zu ermöglichen. In der Feinjustierung können dann aber dem Aufsichtsrat Ermessenräume zukommen.

C. Zusammenfassung

Ein flexibles Vergütungssystem kann dem Aufsichtsrat bei der Gestaltung der Vergütung Ermessens- und Spielräume schaffen. Um dem Konflikt zwischen Flexibilität und ausreichender Transparenz gegenüber den Aktionären gerecht zu werden, müssen in Anlehnung an das Transparenzgebot des § 308 Nr. 4 BGB Voraussetzungen, Umfang und sachliche Berechtigung der Gestaltungsmöglichkeiten im Vergütungssystem erkennbar sein, sodass die Vergütung vorhersehbar bleibt. Durch die flexible Ausgestaltung des Vergütungssystems besteht auch kein Konflikt zur Abweichungsregelung in § 87a Abs. 2 Satz 2 AktG, da es sich gerade nicht um eine Abweichung vom Vergütungssystem handelt.

---

[957] *Spindler*, in: MüKo-AktG, § 87 Rn. 118; *Weber*, in: Hölters/Weber, AktG, § 87 Rn. 39; *C. Arnold*, in: Goette/M. Arnold, AR-Hdb, § 4 Rn. 1321; *Dörrwächter/Harrack*, NZG 2024, 611, 615; *Hohenstatt/Kuhnke*, ZIP 2009, 1981, 1988 f.

[958] So jedenfalls: *Cahn*, in: KölnKomm-AktG, § 87a Rn. 18; *Dörrwächter/Harrack*, NZG 2024, 611, 613.

Statt einer allgemeinen Öffnungsklausel muss die nötige Flexibilität im Rahmen der Ausgestaltung der einzelnen Vergütungsbestandteile gewonnen werden. So bietet die Maximalvergütung mit vielerlei Gestaltungsspielräumen eine Möglichkeit für die Flexibilität bei Neubestellungen. Möglich ist dies zum Beispiel über die Angabe einer Einzelmaximalvergütung statt einer Gesamtmaximalvergütung. Bei der Vergütungsstruktur empfiehlt sich zunächst die Angabe verschiedener Vergütungsbestandteile und, mit Blick auf die vorher nicht absehbare Höhe der variablen Vergütung, die Darstellung der entscheidenden Parameter statt konkreter Zielbeträge. Bei der variablen Vergütung bietet es sich an, mehrere Kennziffern zur Auswahl des Aufsichtsrats zu regeln. Daneben erlaubt es das Gesetz, breite Spielräume des Aufsichtsrats für die Entscheidungen im Rahmen der Zielerreichung zu setzen.

§ 12 Abweichen bei unwesentlichen Änderungen des Vergütungssystems

Neben den gesetzlichen Möglichkeiten, vom Vergütungssystem abzuweichen, und der Möglichkeit der Ausarbeitung eines flexiblen Vergütungssystems, welches dann wiederum ein Abweichen überflüssig macht, bleibt eine weitere Frage offen. Wie weit reicht die Bindungswirkung des Vergütungssystems in Fällen, in denen der Aufsichtsrat vom Vergütungssystem abweichen möchte, sich dabei aber nicht auf eine gesetzliche Abweichungsregel berufen kann und dies auch keine Regelung im Vergütungssystem gestattet, die Abweichung aber das Ausmaß der wesentlichen Abweichung i.S.d. § 120a Abs. 1 Satz 1 AktG nicht erreicht?

A. Verbleibendes Bedürfnis des Aufsichtsrats zur Abweichung vom Vergütungssystem

Zunächst ist darzustellen, dass ein Bedürfnis des Aufsichtsrats bestehen kann, unwesentliche Änderungen am Vergütungssystem vorzunehmen. Dazu ist die Ausgangslage mit Blick auf die bisher dargestellte Bindungswirkung und die Grenzen dieser Bindungswirkung kurz darzustellen (§ 12 A. I). Sodann werden konkrete Situationen benannt, in denen der Aufsichtsrat ein Bedürfnis hat, vom Vergütungssystem abzuweichen, (§ 12 A. II). Schließlich ist diese Ausgangslage im Lichte der widersprüchlichen gesetzlichen Regelung zu betrachten (§ 12 A. III).

I. Ausgangslage

Zunächst ist zu klären, in welchen Situationen dem Aufsichtsrat daran gelegen sein kann, das Vergütungssystem unwesentlich zu ändern. Die Änderung des Vergütungssystems ist immer dann unwesentlich, wenn der durchschnittliche Aktionär zu keiner anderen Beurteilung kommen könnte, als es bei dem vorherigen Vergütungssystem der Fall gewesen ist. Dafür reicht es aus, wenn erwartet werden kann, dass keine neuen Äußerungen zu dem Vergütungssystem getätigt werden würden.[959] Grundsätzlich muss der Aufsichtsrat nach § 87a Abs. 2 Satz 1 AktG die Vergütung der Vorstandsmitglieder in Übereinstimmung mit einem der Hauptversammlung nach § 120a Abs. 1 AktG zur Billigung vorgelegten Vergütungssystem festsetzen. Diese Bindungswirkung an das gebilligte Vergütungssystem findet ihre Grenze zunächst darin, dass der Aufsichtsrat nicht an das zuletzt vorgelegte Vergütungssystem gebunden ist, sondern grundsätzlich innerhalb seines pflichtgemäßen Ermessens auch andere einmal der Hauptversammlung vorgelegte Vergütungssysteme zur Grundlage seiner Vergütungsfestsetzung machen kann.[960] Darüber hinaus hat der Gesetzgeber für den Fall Vorsorge getroffen, dass es zu Situationen kommen kann, die der Aufsichtsrat bei der Erstellung des Vergütungssystems nicht beachtet hat und daher mangels Berücksichtigung im Vergütungssystem eine Festsetzung der Vergütung im Ausnahmefall ohne entsprechende Regelung im Vergütungssystem erfolgen darf.[961] Dies ist aber nach § 87a Abs. 2 Satz 2 AktG nur unter engen Voraussetzungen möglich, wenn das Abweichen im Interesse des langfristigen Wohlergehens der Gesellschaft notwendig ist. Ferner sind im Rahmen der Regelungen zur Festsetzung der Vergütung ohne ausdrückliche Regelung im Vergütungssystem nach § 87 Abs. 2 Satz 1 AktG die Herabsetzung der Bezüge im Fall der Verschlechterung der Lage der Gesellschaft und die Begrenzung der variablen Vergütungsbestandteile bei außerordentlichen Entwicklungen nach § 87 Abs. 1 Satz 3 Hs. 2 AktG möglich.[962]

Daneben hat der Aufsichtsrat die Möglichkeit, ein möglichst flexibles Vergütungssystem zu gestalten.[963] Durch die Verwendung eines fle-

---

[959] Siehe ausführlich zum Kriterium der Wesentlichkeit: § 8 C. II. 2

[960] Siehe: § 10 A.

[961] Siehe: § 10 B.

[962] Siehe zur Herabsetzungsmöglichkeit der Bezüge: § 10 C; zur Begrenzungsmöglichkeit der variablen Vergütung: § 10 D.

[963] Siehe: § 11.

xiblen Vergütungssystems kann der Aufsichtsrat präventiv verhindern, dass es einer späteren Abweichung bedarf. Dazu kann der Aufsichtsrat innerhalb des Vergütungssystems in einem angemessenen Rahmen Gestaltungsspielräume für die Festsetzung der Vergütung vorsehen, die möglichst viele Entwicklungen berücksichtigen, ohne dass der Aufsichtsrat zu einer Abweichung gezwungen ist.

Gleichwohl bleibt bisher eine dritte Konstellation unbeachtet. So kann der Aufsichtsrat aufgrund verschiedener Entwicklungen gewillt sein, eine Vergütung festzusetzen, die er bisher nicht im Vergütungssystem berücksichtigt hat, die Entwicklungen, welche den Aufsichtsrat zur Veränderung der Vergütung veranlassen, aber zugleich nicht die Voraussetzungen der im Gesetz geregelten Abweichungsmöglichkeiten erreichen. Der Aufsichtsrat kann insbesondere gewillt sein, statt vollständig auf ein früheres Vergütungssystem zurückzugreifen, nur punktuelle Korrekturen an dem angewandten Vergütungssystem vorzunehmen.[964] Diese Konstellation ergibt sich insbesondere bei Umstandsänderungen oder Opportunitäten außerhalb der ordentlichen Geschäftsplanungen.[965] Dabei muss es sich nicht zwingend um Krisensituationen handeln. Auch unvorhergesehene Wachstumsmöglichkeiten, die sich bei Erarbeitung des Vergütungssystems in der Weise noch nicht erkennen ließen, können eine kurzfristige Anpassung notwendig machen. Dies kann dann der Fall sein, wenn die Hürden der Ausnahmeregelung nach § 87a Abs. 2 Satz 2 AktG nicht erreicht werden, weil das langfristige Wohlergehen der Gesellschaft nicht betroffen ist oder aber die Bestandteile des Vergütungssystems in der Ausnahmereglung zu restriktiv benannt wurden.

II. Mögliche Szenarien

Um das möglicherweise bestehende Bedürfnis des Aufsichtsrats weiter zu verdeutlichen, sollen an dieser Stelle Beispiele für Szenarien beschrieben werden, in denen sich der Aufsichtsrat zur Änderung eines Vergütungssystems

[964] Ablehnend: *Spindler*, in: MüKo-AktG, § 87a Rn. 48; *Herrler*, ZHR 2020, 408, 439 f.; *Grigoleit/Kochendörfer*, in: Grigoleit, AktG, § 87a Rn. 88; *Dörrwächter/Harrack*, NZG 2024, 611, 617; kritisch gegenüber der gesetzlichen Regelung insofern: *Paschos/Goslar*, AG 2019, 365, 369; *Seibt*, in: K. Schmidt/Lutter, AktG, § 87a Rn. 24; DAV-Handelsrechtsausschuss, NZG 2019, 12, 15.

[965] Vgl. *Seibt*, in: K. Schmidt/Lutter, AktG, § 87a Rn. 3.

veranlasst sehen kann, ohne dass dabei die Grenze der Wesentlichkeit erreicht wird. Andernfalls ist der Aufsichtsrat nach § 120a Abs. 1 Satz 1 AktG verpflichtet, das veränderte Vergütungssystem der Hauptversammlung vorzulegen.[966]

1. Bestellung eines neuen Vorstandsmitglieds

Zunächst kommt die Bestellung eines neuen Vorstandsmitglieds in Betracht. Dies kann aus vergütungsrechtlicher Sicht gleich mehrfach problematisch sein. Grundsätzlich stellt die Verkleinerung oder Vergrößerung des Vorstands kein Abweichen vom Vergütungssystem dar.[967] Damit ist die Aufnahme eines zusätzlichen Vorstandsmitglieds aus dieser Perspektive jedenfalls unproblematisch möglich.

Etwas anderes gilt bei der konkreten Ausgestaltung der Vergütung des neuen Vorstandsmitglieds. In diesem Zusammenhang geht es insbesondere um die Frage der Zulässigkeit eines *Sign-on*-Bonus.[968] Eine solche Zahlung muss mit ihrem Rechtsgrund – beispielsweise in Gestalt eines typischen *Sign-On*-Bonus als Einmalzahlung oder in Form von entgangenen Vorteilen aus einem vorherigen Anstellungsverhältnis – bereits im Vergütungssystem angelegt werden.[969] Ist eine solche im Vergütungssystem nicht vorgesehen, handelt es sich um eine Abweichung von diesem System. Dabei ergibt sich bei marktüblicher Zahlung eines solchen Bonus im Ergebnis keine wesentlich andere Beurteilung durch die Aktionäre, als wenn eine entsprechende Regelung im Vergütungssystem getroffen worden wäre. Auch ist es im Ausnahmefall möglich, dass von der getroffenen Regelung in geringem Maß abgewichen werden muss, was wegen der strikten Bindungswirkung des Vergütungssystems im Grundsatz nicht möglich ist.

Daneben kann sich der Anpassungsbedarf bei der Regelung der Maximalvergütung im Vergütungssystem nach § 87a Abs. 1 Satz 2 Nr. 1 AktG ergeben. Wird ein finanzieller Handlungsspielraum benötigt, um einen

---

966 Siehe dazu bereits: § 8 C. II.

967 Begr. RegE ARUG II, BT-Drucks. 19/9739, S. 75; *Dauner-Lieb*, in: Henssler/Strohn, GesR, AktG, § 87a Rn. 12; *Fleischer*, in: BeckOGK-AktG, Stand: 1. Februar 2025, § 87a Rn. 33; *Cahn*, in: KölnKomm-AktG, § 87a Rn. 33; *C. Arnold/Herzberg/Zeh*, AG 2020, 313, 321.

968 Vgl. *J. Vetter/Lauterbach*, AG 2021, 89, 90; *C. Arnold/Herzberg/Zeh*, AG 2020, 313, 321.

969 Vgl. insofern auch mit Praxisbeispielen: *Nikoleyczik/Crombach*, AG 2021, 744, 749.

Vorstandskandidaten anzuwerben, muss dies bereits bei der Angabe der Maximalvergütung berücksichtigt werden.[970] Ist eine solche Berücksichtigung aber unterblieben, ist der Aufsichtsrat gezwungen, die Maximalvergütung anzupassen. Das kann der Fall sein, wenn statt einer Einzelmaximalvergütung für jedes Vorstandsmitglied eine Gesamtmaximalvergütung geregelt wurde.[971] Ebenso kann bei ressortgebundenen Maximalvergütungen eine Anpassung notwendig werden, wenn die Vorstandszuständigkeiten sich nur geringfügig verschieben.

2. *Änderung der Vergütungsstruktur*

Daneben können marginale Änderungen an der Vergütungsstruktur erforderlich werden. Jede Änderung, die die Verteilung der einzelnen Vergütungsbestandteile in ihre einzelnen Kategorien betrifft, stellt aber eine Abweichung vom Vergütungssystem dar.[972] Dies umfasst also die Festlegung der Aufteilung zwischen fester und variabler sowie lang- und kurzfristiger Vergütungskomponenten.

So kann der Aufsichtsrat aber an einer Korrektur der Aufteilung der Vergütungsbestandteile gerade aus dem Grund interessiert sein, dass die bezweckte und mit den Aktionären abgestimmte Anreizwirkung der Vorstandsmitglieder nicht erreicht wird. Eine derartige Anpassung liegt gerade im Interesse der Aktionäre. Der Aufsichtsrat kann außerdem in Ausnahmesituationen dazu geneigt sein, einem Sanierungskandidaten oder auch Übergangsmitglied zumindest vorübergehend nur eine reine Festvergütung zu zahlen.[973]

Außerdem kann der Aufsichtsrat gewillt sein, eine anderweitige Kompensation für den Fall zu zahlen, dass die variable Vergütung in einem nicht antizipierten Ausmaß ausfällt.[974]

---

[970] *Dauner-Lieb*, in: Henssler/Strohn, GesR, AktG, § 87a Rn. 12; *Heldt*, AG 2018, 905, 909; *Koch*, AktG, § 87a Rn. 5e.

[971] Siehe zur entsprechenden Empfehlung für ein flexibles Vergütungssystem bereits: § 11 B. II. 1.

[972] *Dörrwächter/Harrack*, NZG 2024, 611, 612; *C. Arnold/Herzberg/Zeh*, AG 2020, 313, 316; a.A.: *Cahn* in: KölnKomm-AktG, § 87a Rn. 16.

[973] *J. Vetter/Lauterbach*, AG 2021, 89, 90.

[974] *J. Vetter/Lauterbach*, AG 2021, 89, 90.

3. *Anpassung der Kriterien für die variable Vergütung*

Das Bedürfnis des Aufsichtsrats nach einer Anpassung des Vergütungssystems erschöpft sich aber nicht in der Vergütungsstruktur. Zum Vergütungssystem gehören nach § 87a Abs. 1 Satz 2 Nr. 4 AktG auch alle finanziellen und nichtfinanziellen Leistungskriterien für die Gewährung variabler Vergütungsbestandteile. Insofern kann es vorkommen, dass der Aufsichtsrat durch die Neuausrichtung der Leistungskriterien versucht, die Strategie und Ausrichtung der Vergütung zu justieren. Generell ist der Austausch von Kennziffern aber nur möglich, soweit dies im Vergütungssystem bereits angelegt ist. Das gilt selbst dann, wenn die neue Kennziffer wieder der gleichen betriebswirtschaftlichen Ebene zugehörig ist.[975]

4. *Vorsichtsmaßnahmen im drohenden Haftungsfall*

Daneben kommen Maßnahmen des Aufsichtsrats in Betracht, um auf einen drohenden Haftungsfall zu reagieren. Dies könnte den Aufsichtsrat insbesondere zur Zurückhaltung der variablen Vergütung veranlassen, auch wenn dies nicht im Vergütungssystem vorgesehen ist.

5. *Anpassungsbedarf nach Hauptversammlungsdebatte*

Ergibt sich aus dem Hauptversammlungsvotum über das Vergütungssystem oder der entsprechenden Debatte auf der Hauptversammlung ein eindeutiger Anpassungsbedarf auf Wunsch der Aktionäre, darf der Aufsichtsrat die entsprechenden Änderungen nicht isoliert vorlegen, sondern muss der Hauptversammlung auch bei nur minimalen Änderungen vielmehr ein verändertes vollständiges Vergütungssystems vorlegen.[976]

Daneben kann es in der Praxis vorkommen, dass sich eine Ablehnung des Vergütungssystems auf eine bestimmte Forderung eines (Groß-)Aktionärs zurückführen lässt und eine Anpassung des Vergütungssystems erkennbar

---

[975] Siehe bereits: § 11 B. V. 1. b); a.A.: *Dörrwächter/Harrack*, NZG 2024, 611, 617.

[976] *Cahn*, in: KölnKomm-AktG, § 87a Rn. 31; *Seibt*, in: K. Schmidt/Lutter, AktG, § 87a Rn. 24; *Spindler*, in: MüKo-AktG, § 87a Rn. 48; *Koch*, AktG, § 87a Rn. 13; *Grigoleit/Kochendörfer*, in: Grigoleit, AktG, § 87a Rn. 88; *Heldt*, AG 2018, 905, 908; *Spindler*, AG 2020, 61, 68 f.; kritisch: DAV-Handelsrechtsausschuss, NZG 2019, 12, 15; *Paschos/Goslar*, AG 2019, 365, 369; *Löbbe/Fischbach*, AG 2019, 373, 379 f.; *Goslar*, DB 2020, 937, 940; *Grimm/Freh*, ArbRB 2020, 192, 195.

auf keinen Widerspruch bei den Aktionären stoßen wird.[977] Auch in diesem Fall kann die Anpassung jedoch nur durch eine Neuvorlage zur Anwendung gelangen.

6. *Moderate Erhöhung einzelner Vergütungsbestandteile*

Schließlich kann bei einem Neuabschluss von Vorstandsverträgen ein Interesse daran bestehen, einzelne Vergütungsbestandteile oder aber die Maximalvergütung moderat zu erhöhen, um beispielsweise eine Erhöhung der Vergütungsbedingungen der Arbeitnehmer nach § 87a Abs. 1 Satz 2 Nr. 9 AktG zu spiegeln.[978] Ist eine entsprechende Anpassungsregelung im Vergütungssystem nicht enthalten, ist der Aufsichtsrat grundsätzlich an die dort geregelte Höhe der Vergütungsbestandteile gebunden.

III. Gesetzlicher Widerspruch bei enger Auslegung als Ausgangspunkt

Diese Szenarien, in denen der Aufsichtsrat ein Bedürfnis danach hat, vom Vergütungssystem abzuweichen, stoßen auf die gesetzlich bestehende Bindungswirkung des Vergütungssystems. Die Bindungswirkung des Vergütungssystems ergibt sich aus § 87a Abs. 2 Satz 1 AktG.[979] Hiernach hat der Aufsichtsrat die Vergütung in Übereinstimmung mit einem der Hauptversammlung nach § 120a Abs. 1 AktG zur Billigung vorgelegten Vergütungssystem festzusetzen. Damit darf der Aufsichtsrat grundsätzlich keine Vergütungsabreden treffen, die in dem jeweils aktuell angewandten Vergütungssystem nicht vorgesehen sind. Will der Aufsichtsrat also Vergütungsabreden treffen, die er im Vergütungssystem nicht vorgesehen hat, müsste er grundsätzlich der Hauptversammlung ein neues Vergütungssystem vorlegen. Das ist die Grundidee der mit dem ARUG II eingeführten neuen Regelungen.

In § 120a Abs. 1 Satz 1 AktG ist vorgesehen, dass die Hauptversammlung über die Billigung des Vergütungssystems bei jeder wesentlichen Änderung des Vergütungssystems, mindestens jedoch alle vier Jahre, beschließt. Gerade mit Blick auf die gesetzliche Grundkonstellation, dass eine Abstimmung grundsätzlich erst bei wesentlichen Änderungen erfolgen soll, ergibt sich

---

[977] Vgl. *Seibt*, in: K. Schmidt/Lutter, AktG, § 87a Rn. 24.
[978] *J. Vetter/Lauterbach*, AG 2021, 89, 90.
[979] Siehe: § 9 B. I. 1. a).

damit für den Aufsichtsrat die Frage, wie er bei unwesentlichen Änderungen vorgehen soll.[980]

Nimmt der Aufsichtsrat wesentliche Änderungen am Vergütungssystem vor, ist er nach § 120a Abs. 1 Satz 1 AktG zur Vorlage dieses Systems an die Hauptversammlung verpflichtet. Er kann im Anschluss dieses vorgelegte Vergütungssystem i.S.d. § 87a Abs. 2 Satz 1 AktG zur Grundlage seiner Vergütungsfestsetzung machen. Etwas anderes gilt dann, wenn der Aufsichtsrat nur eine unwesentliche Änderung am Vergütungssystem vornehmen möchte.[981] So gibt es keine Norm, die es dem Aufsichtsrat verbietet, unwesentliche Änderungen am Vergütungssystem vorzunehmen. Vielmehr kann er nach § 87a Abs. 1 Satz 1 AktG jederzeit Beschluss über das Vergütungssystem fassen und damit Änderungen jederzeit beschließen. Erreicht die Änderung den Grad der Wesentlichkeit i.S.d. § 120a Abs. 1 Satz 1 AktG nicht, ist der Aufsichtsrat grundsätzlich nicht verpflichtet, der Hauptversammlung das geänderte Vergütungssystem vorzulegen.[982] Damit ist das durch Beschluss geänderte Vergütungssystem aber, bei strenger wörtlicher Betrachtung, der Hauptversammlung nicht vorgelegt. Es erfüllt damit die Anforderungen des § 87a Abs. 2 Satz 1 AktG nicht. Vor dem Hintergrund dieses Widerspruchs zu dem gesetzlichen Wortlaut stellt sich mithin die Frage, ob § 87a Abs. 2 Satz 1 AktG in der Weise auszulegen ist, dass nach der Vornahme unwesentlicher Änderungen das Vergütungssystem nach wie vor als vorgelegt i.S.d. Vorschrift gilt, beziehungsweise, ob es sich nach der Vornahme von unwesentlichen Änderungen noch um dasselbe Vergütungssystem handelt.[983]

B. Auslegung des § 87a Abs. 2 Satz 1 AktG

Im Folgenden geht es also darum, zu prüfen, ob der Aufsichtsrat unwesentliche Änderungen am Vergütungssystem vornehmen darf, ohne dies

---

980 Siehe zur Bedeutung der wesentlichen Änderung als grundsätzlich ausschlaggebendes Kriterium für eine Vorlage an die Hauptversammlung: § 8 C.

981 Siehe zur Abgrenzung wesentlicher von unwesentlichen Änderungen bereits ausführlich: § 8 C. II.

982 So auch: *J. Vetter/Lauterbach*, AG 2021, 89, 91; i.E. auch: *Jo. Hoffmann*, in: BeckOGK-AktG, Stand: 1. Februar 2025, § 120a Rn. 30; *Spindler*, in: MüKo-AktG, § 87a Rn. 48.

983 Vgl. *Drinhausen*, in: Hölters/Weber, AktG, § 120a Rn. 3; *J. Vetter/Lauterbach*, AG 2021, 89, 91; *Jo. Hoffmann*, in BeckOGK-AktG, Stand: 1. Februar 2025, § 120a Rn. 31; *Tröger*, in: KölnKomm-AktG, § 120a Rn. 30b.

erneut der Hauptversammlung vorlegen zu müssen. Das ist jedenfalls dann der Fall, wenn eine Auslegung des § 87a Abs. 2 Satz 1 AktG ergibt, dass unwesentliche Änderungen aus einem vorgelegten Vergütungssystem ein nicht mehr vorgelegtes Vergütungssystem machen, oder ob es sich nach der Vornahme von unwesentlichen Änderungen immer noch um dasselbe vorgelegte Vergütungssystem i.S.d. § 87a Abs. 2 Satz 1 AktG handelt. Ergibt sich letztere Sichtweise bereits aus der Auslegung der Norm, bedarf es keines Rückgriffs auf die Grundsätze einer teleologischen Reduktion.[984] Eine Änderung ist dabei immer dann unwesentlich, wenn sie unter dem Grad der Wesentlichkeit des § 120a Abs. 1 Satz 1 AktG bleibt.

I. Keine klare Grenze durch den Wortlaut

Der Wortlaut des § 87a Abs. 2 Satz 1 AktG spricht davon, dass die Vergütung „*in Übereinstimmung mit einem der Hauptversammlung nach § 120a Absatz 1 zur Billigung vorgelegten Vergütungssystem festzusetzen*“ ist.

Dem Wortlaut könnte man auf den ersten Blick entnehmen, es müsse sich um dasselbe und damit inhaltsgleiche Vergütungssystem handeln, welches der Hauptversammlung zur Beschlussfassung vorgelegt wurde. Eng ausgelegt müsste es sich also bei dem Vergütungssystem nach § 87a Abs. 2 Satz 1 AktG um das nach § 124a Satz 1 Nr. 4 AktG auf der Internetseite der Gesellschaft veröffentlichte Vergütungssystem handeln.[985] Das der Hauptversammlung i.S.d. § 87a Abs. 2 Satz 1 AktG vorgelegte Vergütungssystem dürfte nach der entsprechenden Veröffentlichung inhaltlich nicht verändert werden. Der zwingende Wortlaut wird damit teilweise als Argument gegen eine entsprechende am Normzweck orientierte Auslegung vorgebracht, die unwesentliche Änderungen am Vergütungssystem mit einschießt.[986]

Daneben kommt ein weites Verständnis des Wortlauts in Betracht. Nach § 87a Abs. 2 Satz 1 AktG muss es sich um ein zur Beschlussfassung nach § 120a Abs. 1 Satz 1 AktG vorgelegtes Vergütungssystem handeln. Der Wortlaut begrenzt die Auswahl an Vergütungssystemen nur auf vorgelegte

---

[984] *Bydlinski*, Grundzüge der juristischen Methodenlehre, S. 82; *Möllers*, Juristische Methodenlehre, § 4 Rn. 37; § 5 Rn. 92 ff.; *Larenz*, Methodenlehre der Rechtswissenschaft, S. 370 ff.; *Zippelius*, Juristische Methodenlehre, S. 40 f.

[985] Siehe zur Veröffentlichungspflicht: § 8 B. I. 1.

[986] *J. Vetter/Lauterbach*, AG 2021, 89, 91.

Vergütungssysteme. Zu inhaltlichen Modifikationen äußert er sich nicht explizit. Damit kann auch die Vornahme von (unwesentlichen) Änderungen an der Eigenschaft des vorgelegten Vergütungssystems nichts ändern.[987] Der Wortlaut ist mithin nicht eindeutig.

II. Keine systematische Notwendigkeit einer erneuten Vorlage

Da sich die Auslegung einer Norm nicht im Wortlaut des Gesetzes erschöpft, muss ergänzend die Systematik des Aktienrechts untersucht werden. Dabei kommen verschiedene Ansatzpunkte in Betracht. Ausgangspunkt einer systematischen Betrachtung ist der unterschiedliche Aussagegehalt der durch das ARUG II eingefügten Vorschriften zur Vergütungsregelung der Vorstandsmitglieder.

1. § 120a Abs. 1 Satz 1 AktG als Ausgangsnorm für inhaltliche Änderungen

So kann zuvorderst als Argument gegen eine enge wörtliche Auslegung das Wesentlichkeitskriterium des § 120a Abs. 1 Satz 1 AktG angeführt werden. Ausgehend von der gesetzlichen Ausgangslage wäre die Anknüpfung der Wiedervorlage des Vergütungssystems an eine wesentliche Änderung überflüssig.[988] Eine Regelung, die explizit vorsieht, dass das Vergütungssystem bei nur unwesentlichen Änderungen nicht erneut vorgelegt werden muss, ist überflüssig, wenn ein solches unwesentlich geändertes Vergütungssystem keine Funktion im Prozess der Vergütungsbestimmung einnehmen kann. Das wäre aber gerade die Konsequenz einer engen Auslegung des § 87a Abs. 2 Satz 1 AktG.

Darüber hinaus ergibt sich aus dem Zusammenspiel des § 87a und § 120a AktG ein weites Verständnis des § 87a Abs. 2 Satz 1 AktG. Überzeugend ist es, die Normen danach zu unterscheiden, dass sich § 87a AktG mit dem Vergütungssystem und § 120a AktG mit der Hauptversammlungsvorlage befasst. Versteht man den Wortlaut der Norm in der Weise, dass mit der Erwähnung des vorgelegten Vergütungssystems in § 87a Abs. 2 Satz 1 AktG

---

987 Zur Einschränkung auf unwesentliche inhaltliche Veränderungen siehe sogleich: § 12 B. II.

988 A.A. und gerade für eine Umkehr, dass aus diesem Grund jede Änderung wesentlich ist: *Jo. Hoffmann*, in: BeckOGK-AktG, Stand: 1. Februar 2025, § 120a Rn. 31.

nicht zwingend eine Aussage über inhaltliche Modifikationen verbunden ist, so führt erst der Blick auf § 120a Abs. 1 Satz 1 AktG zur Beurteilung der Zulässigkeit von inhaltlichen Modifikationen des Vergütungssystems. Dort ist die Rechtsfolge wesentlicher Änderungen, also wesentlicher inhaltlicher Modifikationen, gesetzlich geregelt. An der Stelle ist als Rechtsfolge eben die erneute Vorlagepflicht vorgesehen. Aus der einzigen Norm, die sich damit eindeutig auch vom Wortlaut her mit inhaltlichen Modifikationen beschäftigt, kann im Umkehrschluss gefolgert werden, dass an unwesentliche Änderungen des Vergütungssystems keine unmittelbaren Rechtsfolgen geknüpft werden. Mit der weiten Auslegung dahingehend, dass in § 87a Abs. 2 Satz 1 AktG keine inhaltlichen Aussagen über das Vergütungssystem getroffen werden, muss es also bei der Aussagekraft des § 120a Abs. 1 Satz 1 AktG bleiben. Während sich § 87a Abs. 2 AktG nur auf die Regelung der Bindungswirkung beschränkt, ist § 120a Abs. 1 AktG die Regelung zu inhaltlichen Änderungen zu entnehmen. Während also in § 87a Abs. 2 Satz 1 AktG die Bindung an das einmal vorgelegte Vergütungssystem kodifiziert ist, ergibt sich aus § 120a Abs. 1 Satz 1 AktG die Grenze, wann es sich noch um dasselbe vorgelegte Vergütungssystem handelt. Die Grenze ist erst überschritten, wenn eine Änderung wesentlich ist. Das ergibt sich aus der erneuten Vorlagepflicht, weil dann der bisherigen Vorlage ihre Wirkung entzogen wird. Unterhalb der Grenze, also bei unwesentlichen Änderungen, handelt es sich wegen des Zusammenspiels von § 120a AktG i.V.m. § 87a AktG noch immer um das vorgelegte Vergütungssystem.

Für eine solche Verknüpfung der beiden Normen, bei denen sich die Rechtsfolgen und inhaltlichen Anforderungen gegenseitig bedingen und ergänzen, spricht weiter der unionsrechtliche Regelungshintergrund. So sind die Bindungswirkung in Art. 9a Abs. 3 Satz 2 AktionärsrechteRL II und die Vorlagepflicht bei wesentlichen Änderungen in Art. 9a Abs. 5 AktionärsrechteRL II gemeinsam geregelt. Die deutsche Aufteilung dieser Regelungen ist durch die aktienrechtliche Systematik mit der Regelung der Vorstandsvergütung in § 87 AktG und den Regelungen zur Hauptversammlung in §§ 118 ff. AktG bedingt.

2. *Kompetenzordnung spricht für Zulässigkeit von Änderungen*

Auch die grundsätzliche Kompetenzverteilung in der Aktiengesellschaft spricht ergänzend für ein weites Verständnis des § 87a Abs. 2 Satz 1 AktG.

Angesichts der nur beschränkt eingeführten Hauptversammlungskompetenz ist es bei der grundsätzlichen Kompetenz des Aufsichtsrats in Vergütungsfragen des Vorstands geblieben.[989] Der Aufsichtsrat ist nach § 87 Abs. 1 AktG weiter uneingeschränkt für die Festsetzung der Vergütung zuständig. Er unterliegt durch § 87a Abs. 2 Satz 1 AktG lediglich einer Selbstbindung in der Form, dass er verpflichtet ist, die Hauptversammlung über das Vergütungssystem vor seiner jeweiligen Anwendung abstimmen zu lassen.[990] Die Kompetenz der Hauptversammlung beschränkt sich nach § 120a Abs. 1 Satz 1 AktG grundsätzlich auf die Billigung oder Nichtbilligung des Vergütungssystems.[991] Insbesondere die alleinige Kompetenz zur Ausarbeitung, zur Festlegung und zur Vorlage des Vergütungssystems liegt bei dem Aufsichtsrat. Damit stellt es auch keinen Kompetenzeingriff dar, wenn die inhaltliche unwesentliche Modifikation des Vergütungssystems als Annexkompetenz zu der originären Ausarbeitungskompetenz des Aufsichtsrats hinzutritt. Der Aufsichtsrat ist jedenfalls weiterhin allein zuständig.

Zwar ließe sich argumentieren, dass die Kompetenz der Hauptversammlung gerade in der Beteiligung am Vergütungsprozess durch Meinungsäußerungen über das Vergütungssystem liegt und eine inhaltliche Modifikation ohne Vorlage dazu führt, dass die Aktionäre ihre Meinung nicht zu dem angewendeten Vergütungssystem haben äußern können.[992] Auch diesen Bedenken kann aber die Beschränkung der Modifikationsbefugnis auf unwesentliche Änderungen entgegengehalten werden. Die Änderung des Vergütungssystems ist nach hier vertretener Auffassung nämlich immer dann wesentlich, wenn der durchschnittliche Aktionär zu einer von dem vorherigen Vergütungssystem abweichenden Beurteilung gelangen könnte. Zudem ist nur dann von der Wesentlichkeit auszugehen, wenn die Veränderung so gravierend ist, dass diese den Aktionären aus Transparenzgründen geteilt werden muss.[993] Dafür reicht es aus, wenn erwartet werden kann, dass andere als die bereits bekannten Äußerungen zu dem Vergütungssystem getätigt werden würden. Der Fokus soll dabei nicht nur objektiv auf veränderten Anreizen liegen,

989 Siehe schon: § 5 A; *Illner/Jü. Hoffmann*, ZWH 2019, 81, 83; *Wentz*, WM 2019, 906, 909.
990 Zur Selbstbindung siehe: § 9 B. I. 2.
991 *Kubis*, in: MüKo-AktG, § 120a Rn. 10; *Tröger*, in: KölnKomm-AktG, § 120a Rn. 34; *Spindler*, in: K. Schmidt/Lutter, AktG, § 120a Rn. 7; *Koch*, AktG, § 120a Rn. 5.
992 Ausführlich zum bezweckten Mitspracherecht der Aktionäre: § 12 B. III. 1. b).
993 Ausführlich: § 8 C. II. 2.

sondern zusätzlich subjektiviert an der Aktionärsmeinung ausgerichtet werden. Bei einer derartigen Auslegung des Wesentlichkeitskriteriums ist grundsätzlich gewährt, dass es nicht zu einem Kompetenzeingriff in die Rechte der Hauptversammlung kommt. Denn wo sich die Kompetenz in der Meinungskundgabe erschöpft, kann kein Eingriff in die Kompetenz vorliegen, wenn von einer abweichenden Meinungskundgabe nicht auszugehen ist. Damit ist die einseitige Vornahme von unwesentlichen Änderungen am Vergütungssystem durch den Aufsichtsrat auch nach der Vorlage an die Hauptversammlung mit dem Kompetenzgefüge innerhalb der Aktiengesellschaft vereinbar. Sie stellt keinen Verstoß gegen die Ordnung der Aktiengesellschaft dar.

3. Keine Bedenken hinsichtlich der Konnexität der Vergütungsbestandteile

Gegen die Zulässigkeit von Änderungen am Vergütungssystem ohne erneute Vorlage an die Hauptversammlung könnte wiederum die gegenseitige Abhängigkeit der verschiedenen Bestandteile des Vergütungssystems sprechen.[994] Eine Teilabweichung könnte also wegen der inneren Konnexität der Vergütungsbestandteile unzulässig sein. Auch hier ist jedoch die Differenzierung zwischen wesentlichen und unwesentlichen Änderungen maßgeblich. Bei dem zugrunde gelegten Verständnis von (un)wesentlichen Änderungen steht die innere Konnexität der Vornahme der Änderung nicht entgegen. Die innere Konnexität darf für eine zulässige unwesentliche Änderung nicht in der Weise berührt werden, dass dies zu einer anderen Beurteilung durch die Aktionäre führt. Mit anderen Worten ist der Aufsichtsrat an seine grundsätzlich gewählte Konnexität gebunden, will er das Vergütungssystem nur unwesentlich ändern. Darüber hinaus ist es der Aufsichtsrat, der zur Vornahme solcher Änderungen befugt ist, während er bei der ursprünglichen Ausarbeitung des Vergütungssystems die Konnexität begründet. Damit ist der Aufsichtsrat in der Lage, diese gegenseitigen Abhängigkeiten bei den Änderungen zu berücksichtigen. Das ist bis zur Grenze der Wesentlichkeit nach hier vertretener Auffassung ohne erneute Vorlage zulässig.

---

[994] *Spindler*, in: MüKo-AktG, § 87a Rn. 48.

4. Über die Abweichungsmöglichkeit hinausgehende Bedeutung

Ebenso wenig verfängt das Argument, dass es mit der Ausnahmereglung in § 87a Abs. 2 Satz 2 AktG bereits eine Regelung gebe, unter deren Voraussetzungen eine Abweichung vom Vergütungssystem abschließend möglich sei.[995] Weitere Abweichungen als durch § 87a Abs. 2 Satz 2 AktG vorgesehen, seien danach wegen des eindeutigen und zwingenden unionsrechtlichen Ursprungs nicht möglich.[996]

Hingegen betreffen das Bedürfnis nach unwesentlichen Änderungen und das Bedürfnis zu einer Änderung nach § 87a Abs. 2 Satz 2 AktG unterschiedliche Ausgangssituationen. § 87a Abs. 2 Satz 2 AktG ist die abschließende Regelung für Krisensituationen, die sich bei Aufstellung des Vergütungssystems in der Weise noch nicht absehen ließen.[997] In einem solchen Fall sind Ausnahmen vom Vergütungssystem in der dort geregelten Art und Weise zulässig. Dabei ist es unerheblich, ob es sich um wesentliche oder unwesentliche Änderungen handelt. Bei Vorliegen der entsprechenden Voraussetzungen ist eine temporäre Abweichung generell zulässig.

Dies kann jedoch nicht die Möglichkeit unwesentlicher Änderungen außerhalb des Anwendungsbereichs dieser Norm sperren. Mit der Normierung der Zulässigkeit von wesentlichen Änderungen ist keine Aussage bezüglich Situationen verbunden, die nur unwesentliche Änderungen betreffen. Diese Differenzierung ist nicht durch § 87a Abs. 2 AktG, sondern durch § 120a Abs. 1 Satz 1 AktG bedingt.[998] Dieselben Argumente gelten auf unionsrechtlicher Ebene hinsichtlich der zweiten Aktionärsrechterichtlinie. Gleichfalls ist die Abweichung durch sämtliche wesentliche Änderungen in Art. 9a Abs. 4 Uabs. 1 AktionärsrechteRL II von der Regelung zur Aussagekraft über die inhaltliche Modifikation in Art. 9a Abs. 5 AktionärsrechteRL II zu unterscheiden. Darüber hinaus geht zumindest der deutsche Gesetzgeber von einer unionsrechtlich anders gebotenen, zwingenden, Auslegung nicht aus. Dies verdeutlicht die Herabsetzungsregel des § 87 Abs. 2 AktG. Diese Regelung sieht eine Abweichung bei einer Verschlechterung der Lage für die Gesellschaft auch ohne unionsrechtlichen Hintergrund in der zweiten

---

[995] *Spindler*, in: MüKo-AktG, § 87a Rn. 48.

[996] *Spindler*, in: MüKo-AktG, § 87a Rn. 48; i.E. auch: *J. Vetter/Lauterbach*, AG 2021, 89, 91; *Paschos/Goslar*, AG 2019, 365, 369.

[997] Siehe bereits: § 10 B.

[998] Siehe bereits: § 12 B. II. 1.

Aktionärsrechterichtlinie vor und wurde nicht im Zuge des ARUG II angepasst oder aufgehoben.[999]

III. Unwesentliche Änderungen stehen im Einklang mit dem Telos

Neben den soeben dargestellten systematischen Erwägungen gilt es aber auch, den Telos der Norm in die Auslegung einfließen zu lassen.[1000] Dabei ist zur Ermittlung von Sinn und Zweck der Bindungswirkung des § 87a Abs. 2 Satz 1 AktG der europäische Hintergrund der Norm zu beachten. Wie sich aus Erwägungsgrund 3 der zweiten Aktionärsrechterichtlinie ergibt, verfolgt die Richtlinie zwei Zwecke. Zum einen soll die Mitwirkung der Aktionäre und zum anderen die Transparenz zwischen Gesellschaft und Anlegern beziehungsweise Aktionären gewährleistet werden.[1001] Vor dem Hintergrund dieser der Regelung zugrunde liegenden Erwägungen heraus ist zu prüfen, ob diese zu einer Auslegung des § 87a Abs. 2 Satz 1 AktG führen, bei welcher ein unwesentlich geändertes Vergütungssystem als vorgelegtes Vergütungssystem gilt und daher als Grundlage der Vergütungsfestsetzung dienen kann.

1. Bezweckte Aktionärsmitbestimmung steht unwesentlichen Änderungen nicht entgegen

Der europäische Richtliniengeber wollte Erwägungsgrund 28 der zweiten Aktionärsrechterichtlinie zufolge ausdrücklich die nationalen Besonderheiten der Mitgliedstaaten hinsichtlich der Rolle der Gesellschaft und der für die Vergütungspolitik sowie für die Vergütung einzelner Mitglieder der Unternehmensleitung zuständigen Gremien respektieren. So erkennt die Richtlinie an, dass in der Vielfalt der Corporate-Governance-Systeme neben den jeweiligen Aktionären auch die Arbeitnehmervertretungen für die Struktur der Vergütung zuständig sein können. Der europäische Richtliniengeber hat sich außerdem an der *Say-on-Pay*-Regelung im

[999] Siehe: § 10 C.

[1000] *Möllers*, Juristische Methodenlehre, § 5 Rn. 2 ff.; *Larenz*, Methodenlehre der Rechtswissenschaft, S. 333 ff.; *Zippelius*, Juristische Methodenlehre, S. 41 ff.; *Bydlinski*, Grundzüge der juristischen Methodenlehre, S. 44 ff.; *Looschelders/Roth*, Juristische Methodik im Prozeß der Rechtsanwendung, S. 120 f., 160 ff.

[1001] Zur Verwendung von Erwägungsgründen als Auslegungshilfe vgl.: *Riesenhuber*, in: Riesenhuber, Europäische Methodenlehre, § 10 Rn. 38; *Möllers*, Juristische Methodenlehre, § 5 Rn. 16.

Vereinigten Königreich orientiert, weshalb die Grundkonzeption von einer monistischen Leitungsstruktur ausgeht.[1002] Eine Übertragung sämtlicher unionsrechtlicher Vorstellungen ist damit nicht zwingend geboten.[1003] Die zweite Aktionärsrechterichtlinie vermittelt einen Kompromiss für sämtliche Mitgliedstaaten, sodass sie letztlich als ein Ergebnis vieler kompromissbehafteter Wahlrechte für die Mitgliedstaaten angesehen werden kann.[1004] Diese Perspektive spricht daher ebenfalls für eine eher restriktive Übertragung der unionsrechtlichen Regelungen auf das deutsche Organisationsgefüge.[1005]

a) *Keine strenge Bindungswirkung*

Der deutsche Gesetzgeber hat dementsprechend bei der Umsetzung der zweiten Aktionärsrechterichtlinie insgesamt versucht, möglichst systemschonend vorzugehen und von umfassenden Veränderungen bei der *Corporate Governance* abzusehen.[1006] Das ist unter anderem auf die Position der Arbeitnehmervertreter im Aufsichtsrat zurückzuführen. Jede Stärkung der Hauptversammlung bei der Verantwortung für die Vergütung geht mit einer Schwächung der Kompetenzen des Aufsichtsrats auf diesem Gebiet einher. Soll die Rolle der Arbeitnehmervertreter nicht geschwächt werden, dürfen die

---

[1002] Vgl. *Florstedt*, ZGR 2019, 630, 642; *Fleischer*, in: BeckOGK-AktG, Stand: 1. Februar 2025, § 87a Rn. 7; *Anzinger*, ZGR 2019, 39, 39; *Lutter/Bayer/J. Schmidt*, Europäisches Unternehmens- und Kapitalmarktrecht, 29.113; *J. Schmidt*, NZG 2018, 1201, 1202; *Spindler*, AG 2020, 61, 61; *Löbbe/Fischbach*, AG 2019, 373, 374: „*gewisses Spannungsverhältnis zu der im deutschen Aktienrecht vorgesehenen Kompetenzverteilung*"; *Gaul*, AG 2017, 178, 182; *Bungert/Wansleben*, BB 2019, 1026, 1027; *Velte*, DStR 2018, 2445, 2448; *Scheffler*, AG 2018, R317, R317; *Stöber*, DStR 2020, 391, 394.

[1003] So auch: *Florstedt*, ZGR 2019, 630, 642 f.; *Löbbe/Fischbach*, AG 2019, 373, 374; vgl. auch *Anzinger*, ZGR 2019, 39, 43, der im dualistischen System einer Schwächung des Aufsichtsrats mit Misstrauen begegnet.

[1004] Vgl. *Fleischer*, in: BeckOGK-AktG, Stand: 1. Februar 2025, § 87a Rn. 7; *Grigoleit/Kochendörfer*, in: Grigoleit, AktG, § 87a Rn. 18; *Löbbe/Fischbach*, AG 2019, 373, 374 f.

[1005] *Grigoleit/Kochendörfer*, in: Grigoleit, AktG, § 87a Rn. 18; *Bayer*, DB 2018, 3034, 3036 f.; *Löbbe/Fischbach*, AG 2019, 373, 375; vgl. auch: Begr. RegE ARUG II, BT-Drucks. 19/9739, S. 34: die Vorgaben sollen „*behutsam in das deutsche, dualistische System der börsennotierten Gesellschaften*" umgesetzt werden; eine schonende Umsetzung fordernd zuvor bereits: *Bungert/Wansleben*, DB 2017, 1190, 1200; *Stöber*, DStR 2020, 391, 394: „*systemwidrig*".

[1006] Vgl. Begr. RegE ARUG II, BT-Drucks. 19/9739, S. 34 f.; *Grigoleit/Kochendörfer*, in: Grigoleit, AktG, § 87a Rn. 6; *J. Schmidt*, NZG 2018, 1201, 1202; *Stöber*, DStR 2020, 391, 394; *Spindler*, AG 2020, 61, 61; *Gärtner/Himmelmann*, AG 2021, 259, 259; *Bayer*, DB 2018, 3034, 3036.

Kompetenzen nicht zu sehr vom Aufsichtsrat auf die Hauptversammlung verschoben werden. Schon aus diesem Grund wird teilweise angenommen, dass im Zweifel derjenigen Auslegung der Vorrang einzuräumen ist, die mit einer geringeren Eingriffsintensität in die Rechte des Aufsichtsrats einhergeht.[1007]

Auch mit Blick auf die Mitbestimmung im Aufsichtsrat hat sich der deutsche Gesetzgeber bei der Umsetzung dazu entschieden, dem Hauptversammlungsvotum lediglich empfehlenden und nicht bindenden Charakter beizumessen.[1008] Die Beteiligung der Arbeitnehmervertretung war dabei im deutschen Gesetzgebungsprozess eines der Hauptargumente für die Entscheidung für das unverbindliche gegenüber dem verbindlichen Votum der Aktionäre.[1009] So sollte die Rolle des Aufsichtsrats nicht geschwächt werden, da andernfalls Aktionäre Druck auf die Gesellschaft ausüben könnten, kurzfristige Erfolge zu erzielen, und damit gegen die grundsätzlich angestrebte Langfristigkeitsorientierung agieren könnten.[1010]

Diese Gestaltungsentscheidung deutet daher auf ein Zurückstellen der Rechte der Hauptversammlung hin. Sie spricht für die alleinige Entscheidungshoheit des Aufsichtsrats.[1011] Das ist mit Blick auf die dem europäischen Richtliniengeber vorschwebende monistische Struktur auch überzeugend, da beim deutschen Kompetenzgefüge eine schwächere Beteiligung der Aktionäre nicht zu einem Richten in eigener Sache durch den Vorstand führt, wie es bei monistischen Gesellschaften zu befürchten steht.[1012] Vielmehr ist in der deutschen Aktiengesellschaft der Aufsichtsrat als Kontrollorgan für die Vergütung der Vorstandsmitglieder umfassend zuständig. Dieser vertritt seinerseits die Interessen

---

1007 *Grigoleit/Kochendörfer*, in: Grigoleit, AktG, § 87a Rn. 6, 18.

1008 *Florstedt*, ZIP 2020, 1, 2; *J. Schmidt*, NZG 2018, 1201, 1203; *Timmer*, Vorstandsvergütung 2020, S. 72; *Anzinger*, ZGR 2019, 39, 80 f.; *Böcking/Bundle*, Der Konzern 2020, 15, 22; *Bayer*, DB 2018, 3034, 3036.

1009 Vgl. *Seulen*, DB 2018, 2915, 2915; *Kell/Barth*, GmbHR 2020, R20, R21; *Spindler*, AG 2020, 61, 61 und 72.

1010 Begr. RegE ARUG II, BT-Drucks. 19/9739, S. 35; tendenziell: *Leuering*, NZG 2017, 646, 648; *Spindler*, AG 2020, 61, 74; grundsätzlich zustimmend: *Bachmann/Pauschinger*, ZIP 2019, 1, 2 aber kritisch zur Geeignetheit des Aufsichtsrats: S. 6; kritisch auch: *Bayer*, DB 2018, 3034, 3036; *J. Schmidt*, NZG 2018, 1201, 1203 f.

1011 Siehe zur Zuständigkeit des Aufsichtsrats: *Plate*, Die Festsetzung der Vorstandsvergütung in der Aktiengesellschaft, S. 242; *Sterly*, Say on Pay – Die Kompetenz zur Festsetzung der Vorstandsvergütung in der Aktiengesellschaft, S. 227 f.; *Cahn*, in: FS Hopt (2010), S. 431, 431; *Gaul*, AG 2017, 178, 184.

1012 *Wentz*, WM 2019, 906, 909; *Bungert/Wansleben*, DB 2017, 1910, 1911.

der Aktionäre, sodass eine Verschiebung der Kompetenz im deutschen Aktienrecht nicht notwendig ist.[1013] Der deutsche Gesetzgeber hat die Rechte der Hauptversammlung folglich gegenüber der grundsätzlichen Vorstellung des europäischen Richtliniengebers, unter Ausnutzung des zulässigen Mitgliedstaatenwahlrechts, eingeschränkt. Eine Auslegung des § 87a Abs. 2 Satz 1 AktG, nach der auch vom Aufsichtsrat unwesentlich geänderte Vergütungssysteme noch vom Wortlaut des *vorgelegten Vergütungssystems* umfasst sind, ist eine logische Folge der Umsetzungsentscheidung des deutschen Gesetzgebers. Die gesetzliche Wertung spricht mithin dafür, dass keine strikte Bindungswirkung geregelt werden sollte. Mit Blick auf den lediglich empfehlenden Charakter des Vergütungsvotums im deutschen Aktienrecht ist damit ein entsprechend weites Verständnis des § 87a Abs. 2 Satz 1 AktG möglich.[1014]

b) Aktionärsrechte erübrigen sich in Äußerungsbefugnis

Mit der behutsamen deutschen Umsetzung ist die Kompetenzverschiebung im aktienrechtlichen Gefüge nicht zu stark bemessen. Aus dem empfehlenden Charakter des Votums nach § 120a Abs. 1 Satz 1 AktG wird klar, dass die Aktionäre kein echtes Mitspracherecht bei den Vergütungsentscheidungen des Aufsichtsrats erhalten sollten, sondern der Weg der indirekten Berücksichtigung des geäußerten Aktionärsinteresses im Rahmen der Ermessensentscheidung des Aufsichtsrats gewählt wurde.[1015] Das Mitspracherecht der Aktionäre erschöpft sich damit in einem Äußerungsrecht. Die Bindungswirkung nach § 87a Abs. 2 Satz 1 AktG soll insofern nur die angemessene Berücksichtigung der Äußerungen sicherstellen. Das ist in dieser Weise schon auf unionsrechtlicher Ebene angelegt. Nach Erwägungsgrund 28 der zweiten Aktionärsrechterichtlinie sollen Aktionäre die Möglichkeit haben, ihre Ansichten zu der Vergütungspolitik zu äußern. Das Vergütungsvotum soll dann wiederum nach Erwägungsgrund 29 der zweiten Aktionärsrechterichtlinie sicherstellen, dass die Ansichten auch berücksichtigt werden. Das beinhaltet jedoch gerade keine starre Bindung an ein vorgelegtes, inhaltlich unverändertes Vergütungssystem. Dem lässt sich vielmehr die Wertung entnehmen, dass die Aktionäre zwar grundsätzlich an dem Prozess der

1013 Siehe: *Koch*, in: Fleischer/Koch/Kropff/Lutter, 50 Jahre AktG, S. 65, 72.
1014 Vgl. *Löbbe/Fischbach*, AG 2019, 373, 379.
1015 Siehe dazu: § 9 B. II. 1.

Festlegung der Vorstandsvergütung zu beteiligen sind, dass sie ihre beschränkten Mitwirkungsrechte aber nicht bei jeder unwesentlichen Modifizierung wahrnehmen können.[1016] Vielmehr lebt das Meinungsäußerungsrecht der Aktionäre erst wieder auf, wenn solche Änderungen am System vorgenommen werden, die eine andere Beurteilung durch die Aktionäre wahrscheinlich werden lassen. Das Aufleben geht nach hiesiger Auffassung im Ergebnis mit der Vorlage wesentlicher Änderungen einher.[1017]

c) Änderungsbefugnis führt mittelbar zu mehr Aktionärsmitsprache

Schließlich ist zugunsten der Zulässigkeit von unwesentlichen Änderungen zu berücksichtigen, dass eine Überarbeitung des Vergütungssystems unter Berücksichtigung geäußerter Aktionärskritik sogar zu einer stärkeren Aktionärsbeteiligung führt, als es das Gesetz überhaupt verlangt.[1018] Als Mindeststufe der Umsetzung lässt das empfehlende Votum eine freiwillige Überarbeitung durch den Aufsichtsrat nach geäußerter Kritik zu.[1019] Dabei müssen selbstverständlich die Grenzen der Wesentlichkeit beachtet werden, da andernfalls eine erneute Vorlagepflicht an die Hauptversammlung ausgelöst wird. Damit spricht auch diese teleologische Betrachtung für eine entsprechende Öffnung der Bindungswirkung, solange damit die Aktionärsmeinung umgesetzt wird.[1020]

d) Zwischenergebnis

Insgesamt lässt sich feststellen, dass der Aufsichtsrat unwesentliche Änderungen am Vergütungssystem vornehmen darf, ohne dass er dieses der Hauptversammlung vorlegen muss. Der europäische Richtliniengeber hat mit dem Fokus auf die stärkere Aktionärsbeteiligung am Vergütungsprozess den Mitgliedstaaten die Möglichkeit gewährt, die Umsetzung im Rahmen eines gewissen Regelungsermessens vorzunehmen. Dabei hat sich der deutsche Gesetzgeber mit Blick auf die im dualistischen System vorhandene Trennung der Vergütungskompetenz vom Management und der Arbeitnehmerbeteiligung im Aufsichtsrat für eine möglichst schonende Umsetzung entschieden.

1016 Vgl. i.E. ähnlich: *Tröger*, in: KölnKomm-AktG, § 120a Rn. 30b.

1017 Siehe schon: § 12 B. II.

1018 Siehe zur rechtspolitischen Kritik der fehlenden Überarbeitungsmöglichkeit: DAV-Handelsrechtsausschuss, NZG 2019, 12, 15; *Paschos/Goslar*, AG 2019, 365, 369.

1019 *Löbbe/Fischbach*, AG 2019, 373, 379 f.

1020 *Bachmann/Pauschinger*, ZIP 2019, 1, 6.

Diese deutet darauf hin, dass eine strenge Bindungswirkung nicht vorgesehen ist. Vielmehr erschöpft sich die Mitsprache der Hauptversammlung in der Vergütungsfrage in einem Äußerungsrecht. Angesichts dessen und der im Ergebnis sogar stärkeren Beteiligung der Aktionäre an dem Vergütungsprozess infolge einer durch Kritik der Aktionäre angeregten Anpassung des Vergütungssystems, spricht der Telos der in § 87a Abs. 2 Satz 1 AktG geregelten Bindungswirkung für die Zulässigkeit von unwesentlichen Änderungen.

2. *Keine Bedenken mit Blick auf die Transparenz*

Gegen die Zulässigkeit von punktuellen Korrekturen des Vergütungssystems wird die den Aktionären gegenüber bezweckte Transparenz angeführt, welche sich aus dem Unionsrecht ergibt.[1021] Auch mit Blick auf diese bezweckte Transparenz gegenüber den Aktionären lassen sich Argumente gegen eine Befugnis des Aufsichtsrats zur Vornahme unwesentlicher Änderungen jedoch nicht anführen. Wegen der ohnehin bestehenden Publizitätspflicht des aktuell verwendeten Vergütungssystems ergeben sich keine Transparenzprobleme.[1022] Die Transparenzvorgaben sind immer erfüllt, soweit das i.S.d. § 87a Abs. 2 Satz 1 AktG aktuell verwendete Vergütungssystem für die Aktionäre erkennbar ist. Eine Vornahme von unwesentlichen Änderungen ist damit zulässig, sofern die Publizität des Vergütungssystems zur Folge hat, dass das jeweils aktualisierte Vergütungssystems veröffentlicht wird. Dass eine solche Aktualisierung aus Transparenzgesichtspunkten möglich ist, zeigt außerdem die Zulässigkeit von redaktionellen Änderungen am Vergütungssystem, die bereits jetzt anerkannt ist.[1023] Damit steht der hier befürworteten Auslegung die bezweckte Transparenz nicht entgegen.

C. Ergebnis

Letztlich hat eine Auslegung des § 87a Abs. 2 Satz 1 AktG ergeben, dass ein Vergütungssystem noch im Sinne von § 87a Abs. 2 Satz 1 AktG vorgelegt ist, wenn es durch den Aufsichtsrat unwesentlich geändert wurde. Insbesondere in systematischer Hinsicht spricht vieles dafür, dass § 87a Abs. 2 Satz 1 AktG

[1021] *Herrler*, in: Grigoleit, AktG, § 120a Rn. 28; a.A.: *Löbbe/Fischbach*, AG 2019, 373, 379 f.

[1022] Siehe zu der Pflicht bereits: § 10 A. VI.

[1023] Vgl. Begr. RegE ARUG II, BT-Drucks. 19/9739, S. 93; *Herrler*, in: Grigoleit, AktG, § 120a Rn. 32.

keine Aussage über die inhaltliche Modifikation des Vergütungssystems trifft. Diese ist vielmehr einzig § 120a Abs. 1 Satz 1 AktG in der Weise zu entnehmen, dass lediglich wesentliche Änderungen Rechtsfolgen auslösen. Auch die Kompetenzordnung der Aktiengesellschaft spricht insofern für die Zulässigkeit unwesentlicher Änderungen durch den Aufsichtsrat ohne erneute Vorlage. Da weder die innere Konnexität der Vergütungsbestandteile noch die Abweichungsregel des § 87a Abs. 2 Satz 1 AktG dieser Auslegung entgegenstehen, ergibt sich aus der aktienrechtlichen Systematik, dass es sich bei unwesentlichen geänderten Vergütungssystemen noch um vorgelegte Vergütungssysteme i.S.d. § 87a Abs. 2 Satz 1 AktG handelt. Dieses Verständnis wird durch die restriktive Umsetzung der zweiten Aktionärsrechterichtlinie in das deutsche Aktienrecht gestützt, bei der die Hauptversammlung nur ein punktuelles Äußerungsrecht erhalten sollte und es grundsätzlich bei der Zuständigkeit des Aufsichtsrats für Vergütungsfragen bleibt. Unwesentliche Änderungen des Vergütungssystems sind damit keine Änderungen des Systems i.S.d. § 87a Abs. 2 Satz 1 AktG, sodass es sich bei dem System nach den Änderungen immer noch um ein *vorgelegtes Vergütungssystem* handelt.[1024] Im Ergebnis darf der Aufsichtsrat bei der Festsetzung der Vorstandsvergütung, ohne das Vergütungssystem erneut vorlegen zu müssen, zumindest unwesentlich von dem Vergütungssystem abweichen, welches der Hauptversammlung zur Beschlussfassung nach § 120a Abs. 1 Satz 1 AktG vorgelegt wurde.[1025]

[1024] *Drinhausen*, in: Hölters/Weber, AktG, § 120a Rn. 3.

[1025] So auch jeweils i.E.: *Cahn*, in: KölnKomm-AktG, § 87a Rn. 31; *Drinhausen*, in: Hölters/Weber, AktG, § 120a Rn. 3; *Bachmann/Pauschinger*, ZIP 2019, 1, 5; *Gärtner/Himmelmann*, AG 2021, 259, 264; *Dörrwächter/Harrack*, NZG 2024, 611, 616 f.; als Ergebnis einer teleologischen Reduktion ebenfalls: *Tröger*, in: KölnKomm-AktG, § 120a Rn. 30b; a.A.: *J. Vetter/Lauterbach*, AG 2021, 89, 91; i.E. auch a.A.: *Jo. Hoffmann*, in: BeckOGK-AktG, Stand: 1. Februar 2025, § 120a Rn. 31; *Spindler*, in: MüKo-AktG, § 87a Rn. 48; *Herrler*, ZHR 2020, 408, 439 f.; *Spindler*, AG 2020, 61, 69 f.; *Grigoleit/Kochendörfer*, in: Grigoleit, AktG, § 87a Rn. 88; *Koch*, AktG, § 87a Rn. 13; *Wentrup*, in: MünchHdb GesR IV, § 21 Rn. 63; kritisch gegenüber der gesetzlichen Regelung insofern: *Paschos/Goslar*, AG 2019, 365, 369; *Seibt*, in: K. Schmidt/Lutter, AktG, § 87a Rn. 24; DAV-Handelsrechtsausschuss, NZG 2019, 12, 15; über ein weites Verständnis des § 87a Abs. 2 Satz 2 AktG auch: *C. Arnold/Herzberg/Zeh*, AG 2020, 313, 321.

TEIL 5

Aktionärsbeteiligung bei der Vorstandsvergütung außerhalb von § 120a AktG

Mit Blick auf die fehlende originäre Hauptversammlungszuständigkeit bei der Festsetzung der Vorstandsvergütung und die begrenzte Zuständigkeit für die Festlegung des Vergütungssystems stellt sich die Frage, ob eine unionsrechtlich bezweckte, stärkere Einbindung der Aktionäre in die Vergütungsentscheidung erfolgen kann. Dabei drängen sich zwei Gestaltungsvarianten auf. Zunächst besteht die Möglichkeit, dass die Gesellschaft in ihrer Satzung Regelungen mit Blick auf die Vorstandsvergütung trifft (§ 13). Daneben kommt eine freiwillige Einbindung der Aktionäre über die Vorlage einzelner Vergütungsfragen an die Hauptversammlung analog § 119 Abs. 2 AktG in Betracht (§ 14).

§ 13 Vergütungsregeln in der Satzung

Eine naheliegende Idee ist die Einführung von Vergütungsregeln in der Satzung der Aktiengesellschaft. Damit würde der Aufsichtsrat verpflichtet, sich an die Vorgaben der Satzung zu halten und die Verantwortlichkeit des Aufsichtsrats *könnte* konkretisiert und modifiziert werden.[1026] Die Änderungen von Satzungsbestandteilen bedürfen wegen der erforderlichen Drei-Viertel-Mehrheit nach § 179 Abs. 2 Satz 1 AktG einer breiten Basis der Aktionäre. Die Aktionäre erhielten auf diese Weise ein echtes Mitspracherecht bei der Frage der Vorstandsvergütung.

Dabei ist über Leitlinien für den Aufsichtsrat bis zu konkreten Vergütungsvorgaben eine ganze Bandbreite statuarischer Regelungen denkbar.

[1026] Vgl. *E. Vetter*, ZIP 2009, 2136, 2143.

Die Ausführungen in diesem Kapitel beschränken sich auf bestimmte besonders relevante und diskutable Punkte, namentlich die Regelung von Festsetzungsvorgaben, Vorgaben für das Vergütungssystem und die Frage, ob dem neuen Votum nach § 120a Abs. 1 Satz 1 AktG durch die Satzung eine verbindliche Wirkung beigemessen werden kann.

A. Bedeutung der Satzung

Die grundlegende Bedeutung einer Satzung wird bereits durch § 25 BGB für den Verein als Grundtypus der juristischen Person verdeutlicht. Demnach bestimmt die Vereinssatzung die Verfassung eines Vereins. Das ist unmittelbarer Ausdruck der Vereinigungsfreiheit aus Art. 9 GG.[1027] Für die Aktiengesellschaft stellt § 2 AktG klar, dass es sich bei dem Gesellschaftsvertrag um die Satzung handelt. Da das Aktiengesetz für alle Arten von Unternehmen gilt, muss sie möglichst allgemein sein. Zugleich können und müssen in der Satzung besondere Ziele und Erfordernisse des einzelnen Unternehmens berücksichtigt werden.[1028] So können grundsätzlich Entscheidungsbefugnisse der Verwaltungsorgane bindend eingeschränkt und die Entscheidungsprozesse determiniert werden.[1029]

B. Satzungsstrenge als Grenze

Die Satzungsautonomie der Aktiengesellschaft wird durch das Prinzip der Satzungsstrenge stark eingeschränkt.[1030] Diese findet ihren Ausdruck in § 23 Abs. 5 AktG. Danach kann in der Satzung von den Vorschriften des Aktiengesetzes nur abgewichen werden, wenn dies ausdrücklich zugelassen ist. Das Gesetz ergänzende Bestimmungen sind dagegen grundsätzlich zulässig, es sei denn, das Gesetz enthält eine abschließende Regelung. Für

---

[1027] *Leuschner*, in: MüKo-BGB, § 25 Rn. 1; *Schwennicke*, in: Staudinger, BGB, § 25 Rn. 1.

[1028] *Luther*, in: Freundesgabe Hengeler (1972), S. 167, 167 f.

[1029] Vgl. etwa: *Veil*, Unternehmensverträge, S. 202; *Noack*, Gesellschaftsvereinbarungen bei Kapitalgesellschaften, S. 62; *König*, Geschäftspolitische Bindungen der Aktiengesellschaft, S. 70.

[1030] *Röhricht/Schall*, in: Großkomm-AktG, § 23 Rn. 173, sprechen von einer *„programmatische[n] Absage an das Prinzip der Vertragsfreiheit für das Gebiet des Aktienrechts"*; vgl. auch: *Koch*, AktG, § 23 Rn. 34; *Limmer*, in: BeckOGK-AktG, Stand: 1. Oktober 2024, § 23 Rn. 50 f.

die Frage der Zulässigkeit von Satzungsregeln zur Vorstandsvergütung ist demnach § 23 Abs. 5 AktG der normative Anknüpfungspunkt.[1031]

I. Keine Abweichung vom Gesetz

Zunächst ist zu erörtern, welche Bereiche das Aktiengesetz ausdrücklich regelt. Liegt eine Abweichung der Satzung vom Gesetz zugrunde, ist diese nach § 23 Abs. 5 Satz 1 AktG nur dann zulässig, wenn die Abweichung ausdrücklich zugelassen wird. Eine Abweichung liegt vor, wenn eine gesetzliche Regel durch eine Satzungsregel ersetzt wird, die Satzung also etwas anderes bestimmt, als gesetzlich angeordnet ist.[1032] Die Abweichung ist von der Ergänzung zu unterscheiden, deren Zulässigkeit in § 23 Abs. 5 Satz 2 AktG geregelt ist. Für das Vorliegen einer Abweichung ist also entscheidend, ob zu dem Regelungsgegenstand bereits eine gesetzliche Bestimmung existiert, die ebendiese Frage regelt.

1. Abweichung im Zusammenhang mit dem Vergütungsvotum

Das Vergütungsvotum ist in den § 120a Abs. 1–3 AktG geregelt. In dem Zusammenhang kommen kleinere formale Vorgaben für das Vergütungsvotum selbst in Betracht. Vereinzelt wurde bereits ein statuarisch abweichendes Quorum[1033] oder die Frequenz der Vorlage, etwa auf eine jährliche Vorlagepflicht,[1034] *für zulässig erachtet.* Ein zulässiges Abweichen von den Vorgaben zum Vergütungsvotum in der Satzung setzt eine Regelung voraus, die eine solche Abweichung gestattet.

[1031] *Schüppen*, ZIP 2010, 905, 911.

[1032] *Pentz*, in: MüKo-AktG, § 23 Rn. 160; *Limmer*, in: BeckOGK-AktG, Stand: 1. Oktober 2024, § 23 Rn. 52; *Seibt*, in: K. Schmidt/Lutter, AktG, § 23 Rn. 54; *A. Arnold*, in: KölnKomm-AktG, § 23 Rn. 141; *Röhricht/Schall*, in: Großkomm-AktG, § 23 Rn. 176.

[1033] *Kubis*, in: MüKo-AktG, § 120a Rn. 27; *Tröger*, in: KölnKomm-AktG, § 120a Rn. 65; *Herrler*, in: Grigoleit, AktG, § 120a Rn. 35; *Koch*, AktG, § 120a Rn. 5a; *Gärtner/Himmelmann*, AG 2021, 259, 259; *Herrler*, ZHR 2020, 408, 451 f.

[1034] *Tröger*, in: KölnKomm-AktG, § 120a Rn. 66; *Kubis*, in: MüKo-AktG, § 120a Rn. 27; *Herrler*, in: Grigoleit, AktG, § 120a Rn. 35; *Gärtner/Himmelmann*, AG 2021, 259, 263; *Schüppen*, ZIP 2010, 905, 911; *Döll*, WM 2010, 103, 107; *Herrler*, ZHR 2020, 408, 451 f.; *Hupka*, Das Vergütungsvotum der Hauptversammlung, S. 274; a.A.: *v. Falkenhausen/Kocher*, AG 2010, 623, 628.

a) Zulässigkeit eines abweichenden Quorums

Für die zulässige Einführung eines Quorums spricht die Regelung des § 133 Abs. 1 AktG, wonach Beschlüsse grundsätzlich der einfachen Mehrheit bedürfen, soweit das Gesetz oder die Satzung nichts Abweichendes regeln. Insofern lässt sich die statuarische Einführung einer qualifizierten Mehrheit rechtstechnisch als zulässige Abweichung nach § 23 Abs. 5 Satz 1 AktG einordnen.[1035]

b) Keine Abweichung bei der Vorlagehäufigkeit

Die Vorlagepflicht ergibt sich gesetzlich aus § 120a Abs. 1 Satz 1 AktG für jede wesentliche Änderung. Sie hat zumindest alle vier Jahre zu erfolgen. Eine veränderte Vorlagehäufigkeit ist nur dann als eine Abweichung zu qualifizieren, wenn der gesetzliche Regelungsgehalt ersetzt wird. Die gesetzliche Regel in § 120a Abs. 1 Satz 1 AktG enthält eine regelmäßige Mindestvorlagepflicht von vier Jahren. Eine Abweichung davon liegt zunächst vor, wenn die regelmäßige Pflicht verlängert würde. Das ist vor dem Hintergrund unzulässig, dass das Gesetz diese Abweichung nicht ausdrücklich erlaubt. Aus dem gleichen Grund ist eine Regelung in der Satzung ebenfalls unzulässig, wenn danach die Vorlagepflicht bei wesentlichen Änderungen des Vergütungssystems aufgehoben würde.

Eine statuarische Regelung, wonach das Vergütungssystem nach einem kürzeren Zeitraum als vier Jahren erneut der Hauptversammlung vorgelegt werden muss, ersetzt nicht den Regelungsgehalt von *mindestens vier Jahren* nach § 120a Abs. 1 Satz 1 AktG. Eine kürzere zusätzliche Vorlagepflicht könnte damit als Ergänzung der gesetzlichen Regelung an § 23 Abs. 5 Satz 2 AktG zu messen sein, sofern damit keine Abweichung der gesetzlichen Regel des § 120a Abs. 1 Satz 1 AktG vorliegt.

Durch die Kombination einer Ereignis- und einer turnusmäßigen Mindestfrist, überlässt das Gesetz die Entscheidung über die Vorlage innerhalb der gesetzlichen Grenzen dem dafür zuständigen Aufsichtsrat.[1036] Aus diesem Grund ist es systematisch nicht möglich, dass eine Satzungsregel eine häufigere Beschlussfassung vorschreibt. Die Entscheidung, wann das

---

[1035] Vgl. generell zur Einordnung des § 133 Abs. 1 AktG als zulässige Abweichung: *Röhricht/Schall*, in: Großkomm-AktG, § 23 Rn. 211; *Limmer*, in: BeckOGK-AktG, Stand: 1. Oktober 2024, § 23 Rn. 52; *A. Arnold*, KölnKomm-AktG, § 23 Rn. 147.

[1036] Siehe dazu: § 8 B. I.

Vergütungssystem im Vierjahreszeitraum nach § 120a Abs. 1 Satz 1 AktG vorgelegt werden soll, steht im pflichtgemäßen Ermessen des Aufsichtsrats.[1037] Eine Satzungsregel, die diese Ermessensentscheidung ersetzt, greift damit in die Kompetenzen des Aufsichtsrats ein. Der Regelungsgehalt der Vorlagepflicht nach § 120a Abs. 1 Satz 1 AktG steht im Zusammenhang mit § 124 Abs. 3 Satz 1 AktG, wonach der Aufsichtsrat alleine für den Beschlussvorschlag zur Beschlussfassung über das Vergütungssystem verantwortlich ist. Eine zeitlich kürzere Vorlagepflicht weicht damit zwar nicht vom zeitlichen Regelungsgehalt, aber vom kompetenzrechtlichen Regelungsgehalt des § 120a Abs. 1 Satz 1 AktG ab. Das steht außerdem im Einklang mit der hier vertreten Meinung, dass ein Ergänzungsverlangen der Aktionäre nur ausnahmsweise zulässig ist, wenn der Aufsichtsrat seine Vorlagepflicht nach § 120a Abs. 1 Satz 1 AktG verletzt.[1038] Wenn ein Ergänzungsverlangen vor Ablauf der vierjährigen Frist unzulässig ist, kann eine statuarische Regelung, die diese Frist verkürzt und zur Disposition der Aktionäre steht, nicht zulässig sein. Eine in der Satzung geregelte häufigere Beschlussfassung der Hauptversammlung als gesetzlich festgelegt ist damit nicht möglich. Eine statuarisch verkürzte Vorlagepflicht des Vergütungssystems ist als Abweichung vom Gesetz nach § 23 Abs. 5 Satz 1 AktG unzulässig.

c) Zwischenfazit

Im Ergebnis sind Abweichungen von den Vorgaben des § 120 Abs. 1–3 AktG nach § 23 Abs. 5 Satz 1 AktG grundsätzlich nicht möglich.[1039] Etwas anderes gilt nur für das Beschlussquorum. Dieses kann nach § 133 Abs. 1 AktG in der Satzung abweichend von der grundsätzlichen einfachen Mehrheit ausgestaltet werden.

2. Verbindliches Vergütungsvotum

Aus der grundsätzlichen Unzulässigkeit von Abweichungen im Kontext des Vergütungsvotums wird zum Teil geschlossen, dass dem Vergütungsvotum keine bindende Wirkung beigemessen werden kann.[1040] Der Gesetzgeber

---

[1037] Siehe: § 8 C. I.

[1038] Siehe: § 8 B. III. 1.

[1039] *Herrler*, in: Grigoleit, AktG, § 120a Rn. 35; *Herrler*, ZHR 2020, 408, 451.

[1040] *Kubis*, in: MüKo-AktG, § 120a Rn. 27; *Spindler*, in: MüKo-AktG, § 87 Rn. 48; *Tröger*, in: KölnKomm-AktG, § 120a Rn. 65; *Herrler*, in: Grigoleit, AktG, § 120a Rn. 35; *Koch*,

hat sich bei der Umsetzung der zweiten Aktionärsrechterichtlinie für das unverbindliche Votum entschieden.[1041] Für die Bewertung, ob eine verbindliche Ausgestaltung des Vergütungsvotums in der Satzung zulässig ist, ist zunächst zu fragen, wie denn eine bindende Wirkung des Votums erreicht werden kann.

In Art. 9a Abs. 2 Uabs. 1 Satz 2 AktionärsrechteRL II wird dem Votum dadurch bindende Wirkung beigemessen, dass Gesellschaften die Mitglieder der Unternehmensleitung *nur entsprechend der von der Hauptversammlung genehmigten Vergütungspolitik entlohnen*. Demnach müsste eine Satzungsregel zur Einführung eines verbindlichen statt eines unverbindlichen Votums lauten, dass die Vergütung durch den Aufsichtsrat nur in Übereinstimmung mit einem von der Hauptversammlung genehmigten Vergütungssystem festzusetzen ist. Gesetzlicher Anknüpfungspunkt dafür ist dann § 87a Abs. 2 Satz 1 AktG und nicht § 120a AktG. In § 87a Abs. 2 Satz 1 AktG ist geregelt, dass die Vergütung der Vorstandsmitglieder nur in Übereinstimmung mit einem der Hauptversammlung entsprechend vorgelegten Vergütungssystem festgesetzt werden darf. Die Zulässigkeit der Abweichung bemisst sich also an § 87a Abs. 2 Satz 1 AktG.

Die Vorgaben des jetzigen § 87a Abs. 2 Satz 1 AktG wären zwar weiter gewahrt, jedoch um eine zusätzliche Anforderung, nämlich die Genehmigung der Hauptversammlung, ergänzt. Das Gesetz ordnet an dieser Stelle ausdrücklich ein unverbindliches Votum an, was sich unter anderem an der gesetzgeberischen Entscheidung für die Option des unverbindlichen Votums zeigt, die die zweite Aktionärsrechterichtlinie den Mitgliedstaaten gegeben hat.[1042] Insofern stellt eine entsprechende Satzungsregelung schon aus dem Grund eine Abweichung dar, dass damit die gesetzliche Regel durch die Regel ausgetauscht würde, gegen die sich der Gesetzgeber ausdrücklich entschieden hat. Eine Satzungsregel zur Einführung eines verbindlichen Vergütungsvotums würde außerdem den gesetzlichen Wortlaut des § 87a Abs. 2 Satz 1 AktG

AktG, § 120a Rn. 5; *Herrler*, ZHR 2020, 408, 451; *Bachmann*, ZHR 2020, 127, 132; *Gärtner/Himmelmann*, AG 2021, 259, 259 f.; vgl. auch zur entsprechenden rechtspolitischen Forderung: *Bachmann/Pauschinger*, ZIP 2019, 1, 5.

1041 Siehe: § 9 A. I. 1.

1042 Vgl. auch *Herrler*, ZHR 2020, 408, 451, wonach auch von einem Optionsmodell bewusst abgesehen wurde; kritisch dazu: *Bachmann/Pauschinger*, ZIP 2019, 1, 5.

ersetzen und dabei einen abweichenden Regelungsgehalt, ein verbindliches statt eines unverbindlichen Votums, festlegen.

Es reicht an dieser Stelle auch nicht aus, das unverbindliche Votum als Mindeststandard des Gesetzgebers zu sehen, mit der Möglichkeit Gesellschaften eine stärkere Beteiligung der Aktionäre zu ermöglichen. Ein Abweichen vom Gesetz wäre nach § 23 Abs. 5 Satz 1 AktG nur bei einer ausdrücklich festgelegten Abweichungsmöglichkeit zulässig. Das verlangt jedoch eine klare und positive Aussage des Gesetzgebers.[1043] Es bleibt dabei, dass der Gesetzgeber sich bewusst für das unverbindliche Votum entschieden hat und gegen die Möglichkeit, die ihm die zweite Aktionärsrechterichtlinie eröffnet hatte.

Bei einer Satzungsregelung, nach der das Votum zum Vergütungssystem nach § 120a Abs. 1 Satz 1 AktG eine verbindliche Wirkung entfaltet, handelt es sich nicht um eine bloße Ergänzung der gesetzlichen Regel. Sie unterliegt nicht der Beurteilung nach § 23 Abs. 5 Satz 2 AktG. Um eine Ergänzung kann es sich nur handeln, wenn die gesetzliche Regelung erhalten bleibt und lediglich ergänzt wird. Diese Grenze wird von einer Satzungsregel überschritten, die ein verbindliches Votum vorsieht. Ein Wechsel auf das verbindliche Votum konterkariert die bewusste Entscheidung des Gesetzgebers. Sie ist nicht als bloße Ergänzung und Fortführung der gesetzlich geregelten Lösung zu qualifizieren. Zudem mangelt es an einer gesetzlichen *Lücke*, weil mit § 87a Abs. 2 Satz 1 AktG eine Regelung zugunsten des unverbindlichen Votums in das Aktiengesetz aufgenommen worden ist. Die Regelung eines verbindlichen Votums in der Satzung der Aktiengesellschaft stellt damit keine ergänzende Regelung § 23 Abs. 5 Satz 2 AktG dar.[1044] Im Gesetzesentwurf wurde zudem eine Satzungsentscheidung für ein verbindliches Votum wertungsmäßig abgelehnt. Danach soll eine Entscheidung des Satzungsgebers für ein verbindliches Votum mit dem Streben nach einer möglichst transparenten Rechts- und

---

[1043] Ganz h.M.: *Röhricht/Schall*, in: Großkomm-AktG, § 23 Rn. 177 f.; *Pentz*, in: MüKo-AktG, § 23 Rn. 161; *Limmer*, in: BeckOGK-AktG, Stand: 1. Oktober 2024, § 23 Rn. 52; *Seibt*, in: K. Schmidt/Lutter, AktG, § 23 Rn. 54; *A. Arnold*, in: KölnKomm-AktG, § 23 Rn. 142; *Vedder*, in: Grigoleit, AktG, § 23 Rn. 37; *Koch*, AktG, § 23 Rn. 35.

[1044] *Spindler*, in: MüKo-AktG, § 87 Rn. 48; *Koch*, AktG, § 120a Rn. 5; *Kubis*, in: MüKo-AktG, § 120a Rn. 27; siehe für eine rechtspolitische Forderung zur Regelung der gesetzlichen Zulässigkeit etwa: *Bachmann/Pauschinger*, ZIP 2019, 1, 5; *Habersack*, NZG 2018, 127, 132.

Informationslage für die Aktionäre nicht in Einklang zu bringen sein.[1045] Da es sich bei der Satzungsregel zur Einführung eines verbindlichen Votums um keine das Gesetz ergänzende, sondern eine abweichende Regelung handelt, beurteilt sich die Zulässigkeit nach § 23 Abs. 5 Satz 1 AktG. Es fehlt jedoch an der ausdrücklichen Zulässigkeit einer abweichenden Klausel im Aktiengesetz. Mithin ist eine statuarische Regelung des verbindlichen Votums nach § 23 Abs. 5 Satz 1 AktG unzulässig.

3. Vergütungssystem

Neben Satzungsregeln zum Verfahren der Vergütungsfestlegung, also bezüglich des Vergütungsvotums kommt ferner eine Satzungsregel in Betracht, die den Inhalt des Vergütungssystems betrifft. Der Mindestinhalt des Vergütungssystems wird grundsätzlich durch den Katalog des § 87a Abs. 1 Satz 2 AktG vorgegeben.[1046] Eine Satzungsregel, die das Vergütungssystem betrifft, könnte diesen gesetzlichen Katalog verändern. Eine solche Regel kann dem Aufsichtsrat bspw. verpflichten, zusätzliche oder bestimmte Vergütungsbestandteile verpflichtend aufzunehmen. Eine solche Satzungsregel könnte jedoch ein Abweichen von § 87a Abs. 1 Satz 1 AktG darstellen. Dieser bestimmt, dass der Aufsichtsrat das System zur Vergütung der Vorstandsmitglieder beschließt. Einzelne Regelungen in der Satzung hinsichtlich des Vergütungssystems bedeuten zwar nicht, dass der Aufsichtsrat nicht weiter Beschluss über das System fassen kann. Dem Wortlaut der gesetzlichen Anordnung entsprechend, liegt demnach eine Abweichung nicht vor. Zu berücksichtigen ist aber, dass nach der systematischen Auslegung auch die Ausarbeitungskompetenz des Vergütungssystems dem Aufsichtsrat zukommt.[1047] Die Vorgabe eines konkreten Vergütungssystems in der Satzung ist folglich nicht möglich.[1048] Insofern stellt eine Satzungsregel, in der inhaltliche Anforderungen an das Vergütungssystem gestellt werden, eine Abweichung vom Gesetz dar. Auch an dieser Stelle fehlt es an der im Gesetz zugelassenen Abweichungsregel für statuarische Vorgaben. Die Satzung

---

[1045] Begr. RegE ARUG II, BT-Drucks. 19/9739, S. 74.

[1046] Siehe bereits: § 8 A. I. 1. a).

[1047] Siehe dazu: § 8 A. I. 2. b).

[1048] *Spindler*, in: MüKo-AktG, § 87a Rn. 7; *Weber*, in: Hölters/Weber, AktG, § 87a Rn. 4; *Spindler*, in: K. Schmidt/Lutter, AktG, § 120a Rn. 23.

kann nach § 23 Abs. 5 Satz 1 AktG keine inhaltlichen Anforderungen an das Vergütungssystem regeln.

4. Festsetzungsvorgaben

Statt inhaltliche Vorgaben für das Vergütungssystem festzulegen, könnte die Satzung auch statuarische Vorgaben für die Vergütungsfestsetzung regeln. Diese Vorgaben müsste der Aufsichtsrat nicht bei der Erstellung des Vergütungssystems, aber bei der Festsetzung der Vorstandsverträge beachten.

Ziel der Satzungsstrenge ist es, die Umlauffähigkeit der Aktie zu erhöhen, indem der finanzielle und organisatorische Aufwand für potenzielle Anleger reduziert wird.[1049] Dabei muss bei der Regelung von Angelegenheiten der Vorstandsvergütung in der Satzung bedacht werden, dass diese nicht zum zwingenden Inhalt einer Satzung gehören. Legt also eine Aktiengesellschaft bereits in ihrer Satzung einen Rahmen fest, in dem sich die Vorstandsvergütung zu bewegen hat, so könnte dies der Anlegerentscheidung im Zweifel dienlich sein. Nach der aktuellen Praxis kann sich ein potenzieller Anleger bei Fragen zur Vorstandsvergütung nur an der vergangenen Vergütung in Form des Vergütungsberichts nach § 162 AktG und an dem der Hauptversammlung vorgelegten Vergütungssystem nach § 87a Abs. 1 AktG orientieren.

Der Vorteil einer Satzungsregelung, die dem Aufsichtsrat Vorgaben für die Festsetzung der Vorstandsvergütung macht, wäre eine längerfristige Sicherheit bei der Beurteilung der Vorstandsvergütung für potenzielle Anleger. Die zumindest gesetzlich nach § 179 Abs. 2 Satz 1 AktG vorgesehene Drei-Viertel-Mehrheit für Satzungsänderungen stellt ein deutlich höheres Quorum für eine Änderung der Vorstandsvergütung dar, als dies bei einer reinen Neuvorlage eines Systems an die Hauptversammlung durch den Aufsichtsrat und eine danach gerichtete Festsetzung der Vergütung der Fall wäre.

Eine Satzungsregelung, die die ausschließliche Zuständigkeit des Aufsichtsrats für die Bestellung des Vorstands berührt, verletzt das zwingende Organisationsgefüge der Aktiengesellschaft. Sie wäre nichtig.[1050] Zum Inhalt

---

1049 *Koch*: AktG, § 23 Rn. 34; *Pentz*, in: MüKo-AktG, § 23 Rn. 156; *A. Arnold*, in: KölnKomm-AktG, § 23 Rn. 133; *Limmer*, in: BeckOGK-AktG, Stand: 1. Oktober 2024, § 23 Rn. 50.

1050 *Spindler*, in: MüKo-AktG, § 84 Rn. 12; *A. Arnold*, in: KölnKomm-AktG, § 23 Rn. 152; *Koch*, AktG, § 23 Rn. 35; *Neideck*, Die Mitwirkung der Hauptversammlung bei der Ausübung der Personalkompetenz durch den Aufsichtsrat, S. 113 f.; *Hupka*, Das Vergütungsvotum der Hauptversammlung, S. 216; siehe auch: *Koch*, AktG, § 84 Rn. 5;

des Anstellungsvertrags und der konkreten Vergütungsfestsetzung äußerte sich das Gesetz dagegen bisher nicht. Lediglich in § 87 Abs. 1 AktG a.F. waren mit dem Angemessenheitsgebot, dem Gebot, die Vergütungsstruktur auf eine nachhaltige Unternehmensentwicklung auszurichten, sowie dem Gebot der mehrjährigen Bemessungsgrundlage für variable Vergütungsbestandteile inhaltliche Ausgestaltungen für die Vergütungsfestsetzung geregelt. Die Frage der Regelung einzelner Festsetzungsbestandteile war demnach eine Frage der ergänzenden Regelung nach § 23 Abs. 5 Satz 2 AktG und gerade keine abweichende Regelung nach § 23 Abs. 5 Satz 1 AktG.

a) Bisheriger Diskussionsstand

Vor diesem Hintergrund war in der bisherigen Diskussion entscheidend von Bedeutung, ob die Regelungen zur Vorstandsvergütung abschließend i.S.d. § 23 Abs. 5 Satz 2 *AktG* sind.[1051] Danach sind ergänzende Bestimmungen in der Satzung nämlich nur zulässig, wenn das Gesetz keine abschließende Regelung enthält. Enthält das Aktiengesetz keine Regelung zu einem bestimmten Punkt oder wird eine gesetzliche Regelung nur logisch weitergeführt, handelt es sich demnach um eine zulässige Ergänzung innerhalb der Satzung.[1052] Die gesetzliche Regelung muss im Grundsatz unberührt bleiben, also gerade keine neue Rechtsfolge angeordnet werden. Mit einer abschließenden Regelung sind neben aktienrechtlich abschließenden Regelungen auch ungeschriebene Prinzipien des Aktienrechts und allgemeine Gesetze gemeint.[1053] Insbesondere handelt es sich bei der Kompetenzverteilung der Organe in der Aktiengesellschaft um ein ungeschriebenes Prinzip.[1054]

Fleischer, in: BeckOGK-AktG, Stand: 1. Februar 2025, § 84 Rn. 10, wonach Nichtigkeit anzunehmen ist, sofern die Entschließungsfreiheit des Aufsichtsrats betroffen ist; *Raapke*, Die Regulierung von Organmitgliedern und Angestellten im Aktien- und Kapitalmarktrecht, S. 83.

1051 So jedenfalls: *Fleischer/Bedkowski*, AG 2009, 677, 683.

1052 *Koch*, AktG, § 23 Rn. 37; *Limmer*, in: BeckOGK-AktG, Stand: 1. Oktober 2024, § 23 Rn. 53; *Pentz*, in: MüKo-AktG, § 23 Rn. 165; *A. Arnold*, in: KölnKomm-AktG, § 23 Rn. 153; *Röhricht/Schall*, in: Großkomm-AktG, § 23 Rn. 242.

1053 OLG Braunschweig, Beschluss vom 8. Mai 2023, Az.: 2 W 25/23 = AG 2023, 589, 590 = juris Rn. 36; *A. Arnold*, in: KölnKomm-AktG, § 23 Rn. 154.

1054 *Pentz*, in: MüKo-AktG, § 23 Rn. 167; *Solveen*, in: Hölters/Weber, AktG, § 23 Rn. 30; *Koch*, AktG, § 23 Rn. 36; *Seibt*, in: K. Schmidt/Lutter, AktG, § 23 Rn. 55; *Sailer-Coceani*, in: MünchHdb GesR IV, § 6 Rn. 10.

Diskutiert wurde die Frage bisher im Rahmen der statuarischen Regelung einer Vergütungshöchstgrenze[1055] oder der statuarischen Aufstellung von Angemessenheitskriterien.[1056] Ein Teil der Literatur hält solche Angemessenheitsrichtlinien oder Vergütungshöchstgrenzen allgemein für zulässig, wobei dem Aufsichtsrat ein gewisser Ermessensspielraum bleiben muss.[1057] Die wohl herrschende Literatur hält solche Regelungen in der Satzung dagegen für unzulässig.[1058]

b) Veränderte Beurteilung durch die Einführung des ARUG II

Eine andere Beurteilung der Zulässigkeit von Festsetzungsvorgaben in der Satzung könnte sich aus der Einführung des § 87a AktG durch das ARUG II ergeben. So ist in § 87a Abs. 2 Satz 1 AktG die formale Verknüpfung des Vergütungssystems an die Vergütungsfestsetzung geregelt. Versteht man das Vergütungssystem als gesetzliche Regelung für Festsetzungsvorgaben, müssen sich statuarische Festsetzungsvorgaben an § 23 Abs. 5 Satz 1 AktG messen. Mithin geht es um die Frage, ob mit dem neu eingeführten § 87a

---

1055 Ablehnend: *Tröger*, in: KölnKomm-AktG, § 120a Rn. 65; *Koch*, AktG, § 87 Rn. 17; *Kort*, in: Großkomm-AktG, § 87 Rn. 39; *Schwennicke*, in: Grigoleit, AktG, § 87 Rn. 15.

1056 Für eine Zulässigkeit speziell von Angemessenheitskriterien: *Koch*, AktG, § 87 Rn. 17; *Schwennicke*, in: Grigoleit, AktG, § 87 Rn. 15.

1057 Vgl. *Beiner/Braun*, Der Vorstandsvertrag, Rn. 255, 307 f.; *Feudner*, NZG 2007, 779, 780 f.; *Thüsing*, AG 2009; 517, 525 f.; *Grattenthaler*, Die Vergütung von Vorstandsmitgliedern in Aktiengesellschaften, S. 61 ff.; *D. Hoffmann/Preu*, Der Aufsichtsrat, Rn. 223; *Körner*, NJW 2004, 2697, 2701; *Ulmer/Habersack*, in Ulmer/Habersack/Henssler, Mitbestimmungsrecht, 2. Aufl., MitbestG, § 31 Rn. 40; *Bürgers*, in: Bürgers/Lieder, AktG, § 87 Rn. 2; *Rieble/Schmittlein*, Vergütung von Vorständen und Führungskräften, S. 77.

1058 *Fleischer*, in: BeckOGK-AktG, Stand: 1. Februar 2025, § 87 Rn. 62 f.; *Spindler*, in: MüKo-AktG, § 87 Rn. 48; *Seibt*, in: K. Schmidt/Lutter, AktG, § 87 Rn. 5; *Kort*, in: Großkomm-AktG, § 87 Rn. 39; *Cahn*, in: KölnKomm-AktG, § 87 Rn. 5; *Weber*, in: Hölters/Weber, AktG, § 87 Rn. 10; *Habersack*, in: Habersack/Henssler, Mitbestimmungsrecht, MitbestG, § 31 Rn. 40a; *Lutter/Krieger*, Rechte und Pflichten des Aufsichtsrats, § 7 Rn. 388; *Fonk*, in Semler/v. Schenck, AR-Hdb, 4. Aufl., § 10 Rn. 118; *Neideck*, Die Mitwirkung der Hauptversammlung bei der Ausübung der Personalkompetenz durch den Aufsichtsrat, S. 120 ff.; *Hupka*, Das Vergütungsvotum der Hauptversammlung, S. 219 f.; *Marsch-Barner*, in: FS Röhricht (2005), S. 401, 404; *Schüppen*, ZIP 2010, 905, 911; *v. Falkenhausen/Kocher*, AG 2010, 623, 628; *Annuß/Theusinger*, BB 2009, 2434, 2440; *E. Vetter*, ZIP 2009, 2136, 2143; *Fleischer/Bedkowski*, AG 2009, 677, 683 f.

AktG der Regelungsgehalt von Festsetzungsvorgaben in das Aktiengesetz aufgenommen wurde.

Der Unterschied zwischen einer abweichenden Satzungsregel nach § 23 Abs. 5 Satz 1 AktG und einer ergänzenden Satzungsregel nach § 23 Abs. 5 Satz 2 AktG ist das Vorliegen einer Regelungslücke im Gesetz. Eine statuarische Ergänzung im Sinne von § 23 Abs. 5 Satz 2 AktG lässt die gesetzlichen Regelungen unberührt, ordnet also keine abweichenden Rechtsfolgen an. Vielmehr werden der gesetzlichen Regelung weitere Regelungen hinzugefügt, die entweder die gesetzlichen Bestimmungen konkretisieren oder einen von ihnen nicht geregelten Freiraum ausfüllen.[1059] Die Zulässigkeit ergänzender Satzungsregelungen setzt mithin stets voraus, dass das Gesetz einen bestimmten Sachverhalt ungeregelt gelassen hat.[1060] Diese gesetzliche Regelungslücke ist der Unterschied zur abweichenden Satzungsregel nach § 23 Abs. 5 Satz 1 AktG. Im Folgenden muss also untersucht werden, ob der Regelungsgehalt von § 87a AktG Festsetzungsvorgaben, wie eine Vergütungshöchstgrenze oder die Aufstellung von Angemessenheitskriterien vollständig umfasst.

aa) Beschränkte Aussagekraft des Wortlauts

Sprachlich stellt das Gesetz zunächst in § 87 Abs. 1 und § 87a Abs. 2 Satz 1 AktG nur punktuelle Anforderungen, die der Aufsichtsrat bei der Festsetzung der Vorstandsvergütung zu berücksichtigen hat. § 87 Abs. 1 AktG enthält mit dem Angemessenheitsgebot, dem Gebot, die Vergütungsstruktur auf eine nachhaltige und langfristige Entwicklung der Gesellschaft auszurichten, sowie dem Gebot der mehrjährigen Bemessungsgrundlage für variable Vergütungsbestandteile inhaltlich sehr weite Vorgaben. Danach käme eine Ergänzung der nicht abschließenden Regelung des Aktiengesetzes in Betracht. Der Aufsichtsrat kann diese Vorgaben auch berücksichtigen, wenn in der Satzung beispielsweise eine gewisse Konkretisierung der Kriterien des § 87 Abs. 1 Satz 1 und 2 AktG geregelt wäre. Etwas anderes ergibt sich auch nicht

---

1059 *Röhricht/Schall*, in: Großkomm-AktG, § 23 Rn. 242; *A. Arnold*, in: KölnKomm-AktG, § 23 Rn. 153; *Limmer*, in: BeckOGK-AktG, Stand: 1. Oktober 2024, § 23 Rn. 53; *Pentz*, in: MüKo-AktG, § 23 Rn. 165; *Solveen*, in: Hölters/Weber, AktG, § 23 Rn. 31; *Koch*, AktG, § 23 Rn. 37.

1060 *Röhricht/Schall*, in: Großkomm-AktG, § 23 Rn. 242; *Limmer*, in: BeckOGK-AktG, Stand: 1. Oktober 2024, § 23 Rn. 53; *Seibt*, in: K. Schmidt/Lutter, AktG, § 23 Rn. 57; *Pentz*, in: MüKo-AktG, § 23 Rn. 165; *Solveen*, in: Hölters/Weber, AktG, § 23 Rn. 31.

aus dem Wortlaut des § 87a AktG. Dem Wortlaut nach bestimmt § 87a Abs. 1 Satz 1 AktG, dass der Aufsichtsrat über das Vergütungssystem beschließt. Die Vorschrift regelt nicht, ob der Aufsichtsrat bei der Ausarbeitung des vorzulegenden Vergütungssystems oder der anschließenden Beschlussfassung an bestimmte Vorgaben gebunden werden darf.[1061] § 87a Abs. 1 Satz 2 AktG legt nur die Mindestangaben des Vergütungssystems fest, darüber hinausgehende Regelungen im Vergütungssystem bleiben möglich.[1062]

Mit Blick auf die Zuständigkeit des Aufsichtsrats drücken § 87 Abs. 1 und § 87a AktG aus, dass die Letztverantwortung des Aufsichtsrats zwingender Natur ist. Die endgültige Festsetzung der Vergütung muss bei dem Aufsichtsrat verbleiben.[1063] Darüber hinaus lassen sich dem Wortlaut keine weiteren Anhaltspunkte entnehmen. Weil es insofern an einer gesetzlichen Regelung fehlt, welcher Ermessensspielraum bei dem Aufsichtsrat verbleiben muss und welche ergänzenden Regelungen in der Satzung möglich sind, wird der Wortlaut teilweise als Indiz eines abschließenden Charakters gewertet.[1064] Wenn zu prüfen ist, ob das Gesetz eine Materie abschließend regelt, kann die Nichtregelung bestimmter Kriterien jedoch nicht als Hinweis auf einen abschließenden Charakter gewertet werden. Ein solches Vorgehen ist zirkelschlüssig. Isoliert betrachtet, *lässt sich dem Wortlaut jedenfalls kein abschließender Charakter* entnehmen. Gleichzeitig lässt sich diesem aber auch nicht das Gegenteil entnehmen.

Dem Wortlaut ist damit nicht ausdrücklich zu entnehmen, welche Kriterien der Aufsichtsrat abschließend bei der Vergütungsfestsetzung zu berücksichtigen hat. Die Zulässigkeit einer statuarischen Regel mit Vorgaben für die Vergütungsfestsetzung ist damit nicht aufgrund des Wortlauts unzulässig.[1065]

[1061] Zur Ausarbeitungskompetenz beachte aber: § 8 A. I. 2. b).

[1062] Siehe: § 8 A. I. 1.

[1063] *Grattenthaler*, Die Vergütung von Vorstandsmitgliedern in Aktiengesellschaften, S. 67 f.; *Neideck*, Die Mitwirkung der Hauptversammlung bei der Ausübung der Personalkompetenz durch den Aufsichtsrat, S. 120; *Körner*, NJW 2004, 2697, 2701; *Rieble/Schmittlein*, Vergütung von Vorständen und Führungskräften, S. 77.

[1064] So: *Neideck*, Die Mitwirkung der Hauptversammlung bei der Ausübung der Personalkompetenz durch den Aufsichtsrat, S. 120 f.

[1065] *Neideck*, Die Mitwirkung der Hauptversammlung bei der Ausübung der Personalkompetenz durch den Aufsichtsrat, S. 120 f.; *Grattenthaler*, Die Vergütung

bb) Festsetzungsvorgaben als Bestellungshindernis

Über den Wortlaut hinaus, dürfen nach allgemeiner Ansicht Inhalte des Anstellungsvertrags durch die Satzung nicht einem Zustimmungsvorbehalt der Hauptversammlung unterstellt werden.[1066] Insofern stellt sich die Frage, ob durch eine Einflussnahme der Hauptversammlung auf den Anstellungsvertrag mit dem Vorstandsmitglied das Prinzip, dass die Bestellung unbeeinflusst durch Aktionäre zu erfolgen hat, unterlaufen wird.[1067]

Es besteht jedoch ein Unterschied zwischen der organschaftlichen Bestellung und der Entscheidung zu dieser Bestellung auf der einen Seite und auf der anderen Seite der Festlegung von Kriterien, in deren Rahmen sich die Bestellungsentscheidung bewegen muss. Der Ansatz der unbeeinflussten Entscheidung ist außerdem nicht zuletzt mit den Änderungen durch die zweite Aktionärsrechterichtlinie und die stärkere Aktionärsbeteiligung bei der Personalentscheidung in Form der Vergütungsentscheidung eingeschränkt worden.

Ein Vergleich mit der Festlegung von persönlichen Voraussetzungen für Vorstandsmitglieder kann an dieser Stelle ebenfalls für eine zulässige Satzungsregel sprechen. So soll es nach wohl überwiegender Ansicht im Schrifttum möglich sein, unter Wahrung des Auswahlermessens des Aufsichtsrats in der Satzung verbindliche Vorgaben für die persönlichen Voraussetzungen der Vorstandsmitglieder zu machen.[1068] Übertragen auf die Festsetzung der Vorstandsvergütung bedeutet das, dass eine Satzungsregelung zumindest möglich ist, wenn ein Restermessen des Aufsichtsrats gewahrt wird. Statuarische Regeln könnten also eine Art Rahmen vorgeben, innerhalb dessen sich die Festsetzung bewegen müsste.

---

von Vorstandsmitgliedern in Aktiengesellschaften, S. 67 f.; *Körner*, NJW 2004, 2697, 2701; *Rieble/Schmittlein*, Vergütung von Vorständen und Führungskräften, S. 77.

1066 Vgl. nur: *Fleischer*, in: BeckOGK-AktG, Stand: 1. Februar 2025, § 87 Rn. 62.

1067 So: *Tegtmeier*, Die Vergütung von Vorstandsmitgliedern in Publikumsgesellschaften, S. 269 f.; *Friedrich*, Die Verrechtlichung von Organbezügen als europäisches Problem, S. 85; *Hupka*, Das Vergütungsvotum der Hauptversammlung, S. 219.

1068 Ausführlich auch zu den Problemen bei der Bestimmung des zu verbleibenden Ermessensspielraums: *Neideck*, Die Mitwirkung der Hauptversammlung bei der Ausübung der Personalkompetenz durch den Aufsichtsrat, S. 115 ff.; siehe auch: *Spindler*, in: MüKo-AktG, § 84 Rn. 30; *Koch*: AktG, § 23 Rn. 37; *Wentrup*, in: MünchHdb GesR IV, § 20 Rn. 6 f; *Beiner/Braun*, Der Vorstandsvertrag, 2014, Rn. 84 ff.; a.A.: *Cahn*, in: KölnKomm-AktG, § 84 Rn. 10; *Lutter/Krieger/Verse*, Rechte und Pflichten des Aufsichtsrats, § 7 Rn. 341.

Nur vor dem Hintergrund der Bestellungshindernisse ist es demnach grundsätzlich möglich, satzungsmäßig anzuordnen, dass der Aufsichtsrat nur Personen zu Vorstandsmitgliedern bestellen darf, die die in der Satzung festgeschriebenen Vorgaben zur Vergütung akzeptieren.[1069]

cc) Auswirkungen des ARUG II

Neben der Perspektive als Bestellungshindernis gilt es aber, das Kompetenzgefüge bei der Vorstandsvergütung zu beachten. Gegen die Zulässigkeit statuarischer Festsetzungsregeln könnte aus systematischer Sicht sprechen, dass mit dem Vergütungssystem bereits ein Konstrukt zur Festlegung eines Rahmens für die Festsetzung der Vorstandsvergütung existiert. Vor Geltung des ARUG II existierte im Gesetz nur in § 120 Abs. 4 AktG a.F. ein Anhaltspunkt für eine mögliche Beteiligung der Aktionäre an der Vorstandsvergütung. Wegen der beschränkten rechtlichen und tatsächlichen Wirkung und Bedeutung dieses freiwilligen Votums wurde die Norm als Anknüpfungspunkt für die Zulässigkeit statuarischer Festsetzungsregeln zu Recht kritisch gesehen.[1070]

(1) Keine Rückschlüsse aus Gesetzgebungsgeschichte

Der Gesetzgeber hat sich im Rahmen der jüngeren Gesetzesvorhaben, des VorstAG und des VorstKoG, trotz der schon damals bestehenden Debatte über Satzungsvorgaben bei der Vorstandsvergütung gegen eine klarstellende Äußerung oder Regelung entschieden.[1071] Dies wurde in Übereinstimmung mit der damals bestehenden herrschenden Ansicht in der Literatur als Ablehnung der Zulässigkeit statuarischer Vorgaben gewertet.[1072]

[1069] So schon pointiert: *Neideck*, Die Mitwirkung der Hauptversammlung bei der Ausübung der Personalkompetenz durch den Aufsichtsrat, S. 122, wonach *„eine unbeeinflusste organschaftliche Entscheidungskompetenz [nicht] auch eine unbeeinflusste Vergütungsentscheidung bedeutet"*.

[1070] Vgl. *Neideck*, Die Mitwirkung der Hauptversammlung bei der Ausübung der Personalkompetenz durch den Aufsichtsrat, S. 120; anders: *Thüsing*, AG 2009, 517, 526, der von einer Stoßrichtung des neu eingeführten Votums ausgeht.

[1071] Siehe zur damals bestehenden Debatte nur: *Thüsing*, Stellungnahme zum Entwurf eines Gesetzes zur Angemessenheit der Vorstandsvergütung, S. 21, online abrufbar unter: https://webarchiv.bundestag.de/archive/2009/0626/ausschuesse/a06/anhoerungen/55_Vorstandsverg__tung/04_Stellungnahmen/Stellungnahme_Th__sing.pdf (zuletzt abgerufen am 1. Juni 2025).

[1072] *Fleischer*, in: BeckOGK-AktG, Stand: 1. Februar 2025, § 87 Rn. 63; *Neideck*, Die Mitwirkung der Hauptversammlung bei der Ausübung der Personalkompetenz durch

Auch bei der Einführung des verpflichtenden Votums der Aktionäre über das Vergütungssystem in § 120a Abs. *1* Satz 1 AktG hat der Gesetzgeber keine Aussage über die Zulässigkeit statuarischer Vorgaben getroffen. Dies könnte erneut für eine Bestätigung der herrschenden Literaturansicht sprechen. Eine fehlende Aussage ist jedoch nicht zwingend als eine Bestätigung der vorherrschenden Meinung aufzufassen. Dem folgend führen die Änderungen durch das ARUG II jedenfalls zu keiner offensichtlich veränderten Betrachtung hinsichtlich der Zulässigkeit statuarischer Festsetzungsvorgaben.

(2) Lediglich punktuelle Kompetenzverschiebung zugunsten der Aktionäre

Neben der insoweit nicht eindeutigen Gesetzgebung lassen sich aber Rückschlüsse aus der Kompetenzverschiebung ziehen, die mit dem ARUG II vorgenommen wurde. Das ARUG II regelt in § 120a Abs. 1 Satz 1 AktG erstmals eine verpflichtende Aktionärsbeteiligung im Prozess der Festlegung der Vorstandsvergütung. Demnach sind die Aktionäre zumindest im Rahmen der Abstimmung über das Vergütungssystem aktiv in die Vergütungsentscheidung eingebunden. Insofern ist eine jedenfalls punktuelle Kompetenzverschiebung erkennbar.[1073] Diese erübrigt sich jedoch in der Äußerungskompetenz der Aktionäre. Aus der nur punktuellen Regelung lässt sich ableiten, dass der Gesetzgeber mit dieser Sonderzuweisung an die Hauptversammlung eine Aktionärsbeteiligung auf den nun mehr geregelten Bereich begrenzen wollte.[1074] Dies sollte gerade nicht der Türöffner für eine weitere Kompetenzverschiebung sein. Andernfalls hätte sich der Gesetzgeber bei der Regelung auch in Umsetzung der zweiten Aktionärsrechterichtlinie für eine größere Kompetenzverschiebung, beispielsweise die Option, das Votum verbindlich zu gestalten, entscheiden können. Zum anderen ist die Beteiligung der Aktionäre darauf begrenzt, das Vergütungssystem zu billigen. Eine eigene Gestaltungskraft kommt ihnen grundsätzlich nicht zu. Es bleibt vielmehr bei der Alleinverantwortlichkeit des Aufsichtsrats, eine dem

---

den Aufsichtsrat, S. 123; *Hupka*, Das Vergütungsvotum der Hauptversammlung, S. 219; *E. Vetter*, ZIP 2009, 1307, 1308 f.; *Voth*, Beratende Hauptversammlungsbeschlüsse, S. 241.

1073 So auch: *Herrler*, ZHR 2020, 408, 414.

1074 Vgl. Begr. RegE ARUG II, BT-Drucks. 19/9739, S. 2: *„Die[...] Vorgaben [der zweiten AktionärsrechteRL] sollen nach diesem Entwurf unter Ausnutzung der gewährten Wahlmöglichkeiten behutsam in das deutsche, dualistische System umgesetzt werden“*.

§ 87 Abs. 1 und § 87a Abs. 2 Satz 1 AktG entsprechende Vergütung festzusetzen.[1075] Im Ergebnis ist es jedenfalls zu keinem Paradigmenwechsel im Kompetenzgefüge der Vorstandsvergütung gekommen.

(3) Der Herabsetzungsbeschluss der Maximalvergütung

Die grundsätzlich ausschließliche Kompetenz des Aufsichtsrats könnte lediglich aufgrund des reaktiven Rechts der Hauptversammlung nach § 87 Abs. 4 AktG eingeschränkt sein. Danach hat die Hauptversammlung die Möglichkeit, die Maximalvergütung des Vorstands herabzusetzen. So ließe sich mit Blick auf die statuarische Festlegung einer Vergütungshöchstgrenze anführen, dass ein gesetzlich zulässiger Hauptversammlungsbeschluss auf der einen Seite eine Satzungsregel auf der anderen Seite legitimieren könnte.[1076]

Gegen die Möglichkeit einer solchen Satzungsregel kann aber eingewendet, dass der Hauptversammlung nach dem Gesetz nur eine temporäre Kompetenz, nämlich bis zur Neuvorlage eines Vergütungssystems zukommt, während eine Satzungsregelung der Hauptversammlung eine dauerhafte Kompetenz in diesem Bereich zuordnen würde. Zusätzlich besteht aufseiten der Hauptversammlung nur ein reaktives Recht. Die Hauptversammlung kann nur die in einem Vergütungssystem angegebene Maximalvergütung herabsetzen. Aus § 87 Abs. 4 AktG lässt sich daher kein präventives Recht ableiten. Damit würde eine *Höchstvergütungsgrenze als* Satzungsregel unzulässigerweise in den Kompetenzbereich des Aufsichtsrats eingreifen, der nach § 87a Abs. 1 Satz 2 Nr. 1 AktG die Maximalvergütung festlegt.

(4) Das Vergütungssystem als Anknüpfungspunkt gesetzlicher Festsetzungsvorgaben

Neben der somit weiterhin kompetenzrechtlich zu beachtenden Aufsichtsratszuständigkeit kann aus systematischer Sicht gegen eine Zulässigkeit statuarischer Festsetzungsvorgaben sprechen, dass mit dem Vergütungssystem bereits ein Konstrukt zur Festlegung eines Rahmens für die Festsetzung der Vorstandsvergütung existiert. Insofern geht es um die Frage, ob neben den neuen Vorgaben zum Vergütungssystem und Vergütungsvotum noch

---

1075 Begr. RegE ARUG II, BT-Drucks. 19/9739, S. 74.

1076 A.A.: *Spindler*, in: K. Schmidt/Lutter, AktG, § 120a Rn. 23.

Raum für statuarische Angemessenheitsvorgaben oder andere inhaltliche Ausgestaltungen der Aktionäre besteht.

Ausweislich der Gesetzesbegründung enthält die neue Regelung in § 87a AktG keine materiellen Vorgaben zur Vorstandsvergütung. Die materiellen Vorgaben seien vielmehr § 87 AktG zu entnehmen.[1077] Dem kann in der Absolutheit nicht zugestimmt werden. Zwar existiert grundsätzlich eine systematische Unterscheidung zwischen den für die Vergütung materiellen Vorgaben in § 87 Abs. 1 AktG und den formalen Vorgaben für das Vergütungssystem in § 87a Abs. 1 AktG. Mit der Festlegung einer Maximalvergütung nach § 87a Abs. 1 Satz 2 Nr. 1 AktG enthält aber auch das Vergütungssystem eine materiell-inhaltliche Anforderung, welche verpflichtend in das Vergütungssystem aufzunehmen ist.[1078] Die grundsätzliche Differenzierung zwischen den materiellen Vorgaben in § 87 AktG und den Vorgaben für das Vergütungssystem in § 87a AktG ist unionsrechtlich nicht zwingend. So soll nach Art. 9a Abs. 6 Uabs. 1 Satz 1 AktionärsrechteRL II das Vergütungssystem die Geschäftsstrategie, die langfristigen Interessen und die langfristige Tragfähigkeit der Gesellschaft fördern und gleichzeitig erläutern, wie es dies tut. Nach der deutschen Systematik wurde nur der deskriptive Teil in § 87a Abs. 1 Satz 2 Nr. 2 AktG aufgenommen, während der erste Teil, also die Verpflichtung zur Förderung, in § 87 Abs. 1 Satz 2 AktG für die konkrete Festsetzung der Vergütung geregelt ist.[1079] Unter anderem aus diesem Grund sind die materiellen Vorgaben des Aktiengesetzes für die Festsetzung der Vorstandsvergütung bereits bei der Ausarbeitung des Vergütungssystems zu berücksichtigen und zu achten.[1080] Damit lässt sich aus der systematischen Trennung der Festsetzungsvorgaben des § 87 Abs. 1 AktG und der Vorgaben für das Vergütungssystem in § 87a AktG nicht begründen, dass das Vergütungssystem keinen Regelungsgehalt zur Festsetzung der Vergütung enthält.

Das Vergütungssystem ist vielmehr Teil der Vergütungsfestsetzung und seiner Gesamtkonzeption. Normativer Ankn*üpfungspunkt dieser* Verbindung

---

1077 Begr. RegE ARUG II, BT-Drucks. 19/9739, S. 72.

1078 *Cahn*, in: KölnKomm-AktG, § 87a Rn. 3; *Grigoleit/Kochendörfer*, in: Grigoleit, AktG, § 87a Rn. 33; *Dörrwächter/Harrack*, NZG 2024, 611, 612; *C. Arnold/Herzberg/Zeh*, AG 2020, 313, 314; a.A.: *Charnitzky*, NZG 2021, 1438, 1439.

1079 Dies kritisierend: *Bachmann/Pauschinger*, ZIP 2019, 1, 3.

1080 Siehe dazu ausführlich: § 8 A. I. 4.

ist § 87a Abs. 2 Satz 1 AktG. Danach muss der Aufsichtsrat die Vergütung der Vorstandsmitglieder in Übereinstimmung mit einem der Hauptversammlung vorgelegten Vergütungssystem festsetzen. Das Gesetz legt fest, dass das Vergütungssystem der Anknüpfungspunkt für Vorgaben bezogen auf die Festsetzung der Vergütung ist. Eine statuarische Regel mit Festsetzungsvorgaben zum Inhalt, müsste den Aufsichtsrat verpflichten, die Satzungsvorgaben bei der Festsetzung der Vergütung zu beachten. Der Aufsichtsrat ist aber bereits durch das Gesetz zur Beachtung von Vorgaben verpflichtet. § 87a Abs. 2 Satz 1 AktG verpflichtet den Aufsichtsrat zur Beachtung des Vergütungssystems. Der Aufsichtsrat ist dabei an die materiellen Vorgaben gebunden. Wie bereits erläutert, können Vorgaben, die das Vergütungssystem betreffen, nicht in der Satzung geregelt werden.[1081] Dieses Verständnis beruht auf der alleinigen Ausarbeitungskompetenz des Aufsichtsrats bei der Erstellung des Vergütungssystems.[1082] Der Aufsichtsrat bindet sich selbst, in dem er den Rahmen vorgibt, in dem er sich bei der Festsetzung der Vergütung bewegen darf. Das ist insofern sinnvoll, als die Konnexität der Vergütungsbestandteile nur durch eine ausschließliche Kompetenzzuweisung gewahrt werden kann. Wegen der Konnexität ist das Vergütungssystem auch als abschließender Rahmen für die Vergütungsfestsetzung zu sehen. In einem in sich schlüssigen System sind Ergänzungen durch Dritte nicht möglich. Die in § 87a Abs. 2 Satz 1 AktG geregelte Bindungswirkung ist mithin als gesetzlich abschließendes Konzept für den Aufsichtsrat bindende Festsetzungsvorgaben zu verstehen.

Erst kürzlich hat das Oberlandesgericht Braunschweig betreffend ein Ergänzungsverlangen nach § 122 AktG beschlossen, dass bereits durch eine Erweiterung der Berichtspflicht des Vorstands dessen kompetenzrechtlicher Handlungsspielraum eingeschränkt wird.[1083] Weiterführend kann man annehmen, dass jede Verkürzung des Handlungsspielraums des Aufsichtsrats einen unzulässigen Eingriff in die Kompetenzordnung darstellt. Das Gericht begründet seinen Beschluss mit der Zuweisung der Leitungs- und Geschäftsführungskompetenz zum Vorstand. Diese umfassende

---

[1081] Siehe bereits: § 13 B. I. 3.

[1082] Siehe: § 8 A. I. 2. b).

[1083] Siehe: OLG Braunschweig, Beschluss vom 8. Mai 2023, Az.: 2 W 25/23 = AG 2023, 589, 591 = juris Rn. 44; siehe vorgehend: AG Braunschweig, Beschluss vom 16. März 2023, Az.: 118 AR 13/22, AG 2023, 510, 511 = juris Rn. 22.

und ausschließliche Kompetenzverteilung lässt sich dem Aktienrecht für die Festsetzung der Vorstandsvergütung ebenfalls entnehmen. Ergänzend richtet sich der Normbefehl zur Festlegung des Vergütungssystems und Festsetzung der Vergütung unter Beachtung des Angemessenheitsgebots ausschließlich an den Aufsichtsrat.[1084] Im Ergebnis ergibt sich ein gesetzliches Gesamtbild, bei dem der Aufsichtsrat für die Ausarbeitung des Vergütungssystems und die Festsetzung der Vorstandsvergütung allein und ausschließlich verantwortlich ist.

(5) Zwischenfazit

Die gesetzliche Neuregelung der Vorstandsvergütung durch das ARUG II ist demnach bei der Frage zu beachten, ob die Regelungen zur Festsetzung der Vorstandsvergütung abschließend sind. Die Konzeption der Neuregelung spricht an dieser Stelle für eine abschließende Kompetenzordnung im Aktiengesetz. Im Ergebnis ist das Vergütungssystem als gesetzliche Festsetzungsvorgabe zu betrachten. Das steht im Zusammenhang mit der ausschließlichen Kompetenz des Aufsichtsrats für die Ausarbeitung, Vorlage und Anwendung des Vergütungssystems, sowie die spätere Festsetzung der Vergütung auf Grundlage des Vergütungssystems.

c) Zwischenergebnis

Vor dem Hintergrund der ausschließlichen Kompetenz des Aufsichtsrats und dem Vergütungssystem als gesetzliche Festsetzungsvorgabe sind Satzungsregelungen unzulässig, die Vorgaben für die Festsetzung der Vorstandsvergütung enthalten. Das gesetzliche Konzept ist vielmehr abschließend. Der Aufsichtsrat wird bei der Festsetzung nur durch die materiellen Vorgaben des § 87 AktG und das Vergütungssystem nach § 87a Abs. 2 Satz 1 AktG gebunden. Statuarische Festsetzungsvorgaben stellen somit eine Abweichung vom Gesetz dar und sind nach § 23 Abs. 5 Satz 1 AktG unzulässig.

5. Ergebnis

Somit bleibt festzuhalten, dass weitreichende Satzungsregelungen nicht möglich sind. Im Ergebnis sind Satzungsregeln, die die Formalia des

---

1084 *Fleischer/Bedkowski*, AG 2009, 677, 683 f.; *Kort* in Großkomm-AktG, § 87 Rn. 5.

Vergütungsvotums nach § 120 Abs. 1–3 AktG betreffen, nach § 23 Abs. 5 Satz 1 AktG unzulässig. Als Abweichung vom Gesetz ist ebenfalls eine statuarische Regelung zur Einführung eines verbindlichen Vergütungsvotums unzulässig. Die Satzung kann außerdem nach § 23 Abs. 5 Satz 1 AktG keine inhaltlichen Anforderungen an das Vergütungssystem regeln. Schließlich ist auch die Regelung von Vorgaben für die Festsetzung der Vorstandsvergütung in der Satzung wegen der ausschließlichen Kompetenz des Aufsichtsrats und dem Vergütungssystem als gesetzliche Festsetzungsvorgabe nicht möglich. Statuarische Festsetzungsvorgaben stellen somit eine Abweichung vom Gesetz dar und sind nach § 23 Abs. 5 Satz 1 AktG unzulässig.

Davon abweichend ist formal eine zumindest aktionärsfreundlichere Regelung in Form eines höheren Quorums für die Beschlussfassung nach § 120a Abs. 1 Satz 1 AktG in der Satzung zulässig.

§ 14 Vorlage einzelner Vergütungsfragen an die Hauptversammlung analog § 119 Abs. 2 AktG

Eine weitere Möglichkeit Aktionäre in Vergütungsfragen des Vorstands zu beteiligen, könnte sich aus § 119 Abs. 2 AktG ergeben. Dort ist die Zuständigkeit der Hauptversammlung in Fragen der Geschäftsführung geregelt. Hierüber kann die Hauptversammlung jedenfalls dann entscheiden, wenn der Vorstand dies verlangt. Nach § 93 Abs. 4 Satz 1 AktG geht mit der Hauptversammlungsentscheidung auch eine enthaftende Wirkung für den die Entscheidung delegierenden Vorstand gegenüber der Gesellschaft einher.[1085] Dazu muss der Vorstand die Geschäftsführungsfrage der Hauptversammlung vorlegen. Insofern korrespondiert die Vorschrift mit der grundsätzlich ausschließlichen Geschäftsführungskompetenz des Vorstands.[1086] Die Entscheidungen betreffend die Vorstandsvergütung

---

[1085] *Dietz-Vellmer*, NZG 2014, 721, 725 ff.; *Spindler*, in: K. Schmidt/Lutter, AktG, § 119 Rn. 25; *Kubis*, in: MüKo-AktG, § 119 Rn. 29; *Jo. Hoffmann*, in: BeckOGK-AktG, Stand: 1. Februar 2025, § 119 Rn. 23; *Koch*, AktG, § 119 Rn. 15; *Bungert*, in: MünchHdb GesR IV, § 35 Rn. 26.

[1086] Vgl. *Spindler*, in: MüKo-AktG, § 77 Rn. 8; *Koch*, AktG, § 77 Rn. 5; *Kort*, in: GroßkommAktG, § 77 Rn. 6; *Fleischer*, in: BeckOGK-AktG, Stand: 1. Februar 2025, § 77 Rn. 4; *Seibt*, in: K. Schmidt/Lutter, AktG, § 77 Rn. 1.

liegen jedoch in der Kompetenz des Aufsichtsrats.[1087] Demnach ist zu prüfen, ob § 119 Abs. 2 AktG über ihren Wortlaut hinaus zur Vorlage von solchen Vergütungsentscheidungen anwendbar ist.

In der Literatur wurde zuletzt anlässlich der immer stärkeren Regulierung der Aufsichtsratstätigkeit und der damit steigenden Haftungsrisiken[1088] die Frage diskutiert, ob die Möglichkeit der Vorlage einer Entscheidung an die Hauptversammlung entsprechend § 119 Abs. 2 AktG mit der gleichzeitigen Enthaftung nach § 93 Abs. 4 Satz 1 AktG auch für den Aufsichtsrat besteht.[1089] Speziell für die Vergütungsentscheidung stellt sich insofern die Frage, ob der Aufsichtsrat berechtigt ist, einzelne Aspekte der Vorstandsvergütung, möglicherweise einzelne Komponenten des Vergütungssystems nach § 87a Abs. 1 AktG, wenn nicht sogar das komplette Vergütungssystem bis zum Anstellungsvertrag und damit der Vergütungsfestsetzung, der Hauptversammlung vorzulegen, sodass diese darüber entscheiden kann.

A. Grundsätzliche Zulässigkeit der Hauptversammlungsentscheidung nach § 119 Abs. 2 AktG

Direkte Anwendung findet § 119 Abs. 2 AktG auf Geschäftsführungsmaßnahmen, die der Vorstand der Hauptversammlung vorlegt. Zentrale Voraussetzung ist insofern, dass der Vorstand die Entscheidung der Hauptversammlung verlangt. Eine eigene Kompetenz der Hauptversammlung, die Entscheidung an sich zu ziehen, besteht nicht.[1090] Die Hauptversammlung kann in der Folge selbst darüber entscheiden, ob sie Beschluss über den Vorschlag des Vorstands fassen möchte.[1091] Konsequenz dessen ist, dass die Geschäftsführungskompetenz in der Sache auf die Hauptversammlung übergeht, sodass die Aktionäre Änderungen an der Beschlussvorlage vorschlagen können, wobei sie sich jedoch in den

---

1087 Siehe dazu: § 5 A.

1088 *Fischbach*, ZIP 2013, 1153, 1153; *Schüppen*, ZIP 2010, 905, 909.

1089 Siehe auch: BGH, Urteil vom 21. April 1960, Az.: II ZR 126/58 = WM 1960, 803, 803 = juris Rn. 19, der die in dem Zusammenhang stehende Frage, ob der Vorstand der Hauptversammlung auch Geschäftsführungsmaßnahmen des Aufsichtsrats vorlegen darf, bewusst offenlässt.

1090 *Jo. Hoffmann*, in: BeckOGK-AktG, Stand: 1. Februar 2025, § 119 Rn. 17; *Kubis*, in: MüKo-AktG, § 119 Rn. 18; *Spindler*, in: K. Schmidt/Lutter, AktG, § 119 Rn. 14; *Koch*, AktG, § 119 Rn. 11; *Mülbert*, in: Großkomm-AktG, § 119 Rn. 191.

1091 *Tröger*, in: KölnKomm-AktG, § 119 Rn. 71; *Jo. Hoffmann*, in: BeckOGK-AktG, Stand: 1. Februar 2025, § 119 Rn. 21; *T. Hoffmann/Lieder*, AG 2011, R135, R135.

Grenzen des Gegenstands der Tagesordnung bewegen müssen.[1092] Der Vorstand gibt also mit seiner Beschlussvorlage den Rahmen vor, in dem sich die Aktionäre bewegen dürfen. Dabei gibt es grundsätzlich keine inhaltlichen Grenzen für den Vorstand, welche Fragen der Geschäftsführung der Hauptversammlung vorgelegt werden können.[1093] Die Grenze ist erst erreicht, wenn nicht mehr der Vorstand, sondern die Hauptversammlung zum faktischen Geschäftsführungsorgan der Aktiengesellschaft wird und damit eine ganzheitliche Kompetenzverschiebung erfolgt.

Unterlässt die Hauptversammlung eine Beschlussfassung, bleibt es bei der Eigenverantwortung des Vorstands.[1094] Erst bei einer verbindlichen Entscheidung der Hauptversammlung ist der Vorstand dann über § 83 Abs. 2 AktG an diese gebunden. Die Bindungswirkung ist unabhängig davon, ob die Hauptversammlung dem Beschlussvorschlag zugestimmt oder diesen abgelehnt hat.[1095] Der Vorstand ist also nach § 83 Abs. 2 AktG verpflichtet, einen entsprechenden Beschluss auszuführen.

Haftungsseitig ist in § 93 Abs. 4 Satz 1 AktG geregelt, dass eine Ersatzpflicht des Vorstands der Gesellschaft gegenüber nicht eintritt, wenn die entsprechende Handlung auf einem gesetzesmäßigen Beschluss der Hauptversammlung beruht. Das umfasst auch die Geschäftsführungsbeschlüsse, die durch eine Vorlage des Vorstands an die Hauptversammlung gefasst wurden. Insofern ermöglicht also § 119 Abs. 2 AktG die Delegation der Verantwortlichkeit des Vorstands in einer Geschäftsführungsmaßnahme an die Hauptversammlung. Gleichzeitig erhält die Hauptversammlung eine beschränkte und abgeleitete Geschäftsführungskompetenz.[1096]

Im Ergebnis sorgt § 119 Abs. 2 AktG nicht nur für die Enthaftung des Vorstands. Die Norm durchbricht gleichzeitig die strenge Trennung der Aktiengesellschaft zwischen Kapitalgebern auf der einen Seite und unternehmerischer Leitung auf der anderen Seite.[1097]

[1092] *Jo. Hoffmann*, in: BeckOGK-AktG, Stand: 1. Februar 2025, § 119 Rn. 22; *Tröger*, in: KölnKomm-AktG, § 119 Rn. 71.

[1093] *T. Hoffmann/Lieder*, AG 2011, R135, R135 f.

[1094] *Fischbach*, ZIP 2013, 1153, 1153.

[1095] *Tröger*, in: KölnKomm-AktG, § 119 Rn. 73.

[1096] *Drinhausen*, in: Hölters/Weber, AktG, § 119 Rn. 12; *T. Hoffmann/Lieder*, AG 2011, R135, R135.

[1097] *Mülbert*, in: Großkomm-AktG, § 119 Rn. 9; *Fischbach*, ZIP 2013, 1153, 1153; zum Teil wird die Haftungsfolge als Nebeneffekt und nicht als Normzweck gesehen: *Kubis*, in: MüKo-AktG, § 119 Rn. 1; *Koch*, AktG, § 119 Rn. 1.

B. Keine Delegationsmöglichkeit bei Geschäftsführungsbefugnis des Aufsichtsrats

Die Vorschrift des § 119 Abs. 2 AktG beruht auf dem Gedanken, dass ausschließlich der Vorstand nach § 76 AktG für die Geschäftsführung in der Aktiengesellschaft verantwortlich ist. Dies steht mit § 111 Abs. 4 Satz 1 AktG im Einklang, wonach dem Aufsichtsrat keine Maßnahmen der Geschäftsführung übertragen werden können. In Abweichung hiervon ist anerkannt, dass der Aufsichtsrat zumindest eine auf bestimmte Angelegenheiten begrenzte Geschäftsführungsbefugnis besitzt.[1098] Der Aufsichtsrat ist vor allem immer dann zu der Geschäftsführung befugt, wenn es um Angelegenheiten zwischen der Gesellschaft und den Vorstandsmitgliedern geht. So besteht etwa für Rechtsgeschäfte mit den Vorstandsmitgliedern, Ansprüche gegen diese oder sonstige Geschäfte im Außenverhältnis mit dem Vorstand die Geschäftsführungsbefugnis des Aufsichtsrats.[1099] In diesen Situationen soll der Vorstand aus Gründen der Unabhängigkeit keine Geschäfte mit sich selbst machen. Parallel hierzu besteht die Vertretungsmacht des Aufsichtsrats für und gegen die Gesellschaft gegenüber den Vorstandsmitgliedern nach § 112 Abs. 1 AktG.[1100]

Obwohl die Geschäftsführungsbefugnis des Aufsichtsrats grundsätzlich anerkannt ist, begrenzt der Wortlaut des § 119 Abs. 2 AktG die Möglichkeit der Hauptversammlung, über Fragen der Geschäftsführung zu entscheiden, auf Vorstandsvorlagen. Der Fall, dass der Aufsichtsrat eine Entscheidung der Hauptversammlung verlangt, beziehungsweise verlangen kann, ist gesetzlich nicht vorgesehen. § 119 Abs. 2 AktG gilt ausdrücklich nur für den Vorstand, sodass eine Erweiterung der Normadressaten einer analogen Regelung bedarf.

Der Wortlaut des § 119 Abs. 2 AktG impliziert eine allgemeine Vorlagebefugnis des Vorstands in sämtlichen Geschäftsführungsfragen. Inhaltlich reicht die Vorlagebefugnis des Vorstands jedoch nur so weit, wie auch seine Kompetenzen und wie seine Geschäftsführungszuständigkeit reichen.[1101] Der

---

1098 Vgl. *Habersack*, in: MüKo-AktG, § 111 Rn. 113; *Rodewig/Rothley*, in: Semler/v. Schenck/Wilsing, AR-Hdb, § 9 Rn. 3 ff.; *Herrler*, in: Grigoleit, AktG, § 119 Rn. 16; *Pollmann*, WM 2023, 1349, 1350; *Habersack*, NZG 2016, 321, 326 f.

1099 *Fischbach*, ZIP 2013, 1153, 1155.

1100 Vgl. *Hopt/Roth*, in: Großkomm-AktG, § 112 Rn. 2 ff.; *Koch*, AktG, § 112 Rn. 1; *Drygala*, in: K. Schmidt/Lutter, AktG, § 112 Rn. 1; *Habersack*, in: MüKo-AktG, § 116 Rn. 1.

1101 *Tröger*, in: KölnKomm-AktG, § 119 Rn. 55; *Jo. Hoffmann*, in: BeckOGK-AktG, Stand: 1. Februar 2025, § 119 Rn. 18 f.; *Herrler*, in: Grigoleit, AktG, § 119 Rn. 17; *Spindler*, in: K. Schmidt/Lutter, AktG, § 119 Rn. 18; *Koch*, AktG, § 119 Rn. 13; *Reger*, in: Bürgers/

Aufsichtsrat hat entstehungsgeschichtlich keine generelle Vorlagebefugnis für Geschäftsführungsmaßnahmen erhalten, um Kompetenzverschiebungen zu vermeiden.[1102] Damit war erst recht nicht gewollt, dass der Vorstand Fragen im Rahmen der Geschäftsführungsbefugnis des Aufsichtsrats an die Hauptversammlung weitergeben kann. Der Vorstand darf die Kompetenz des Aufsichtsrats nicht übergehen und diese an die Hauptversammlung weitergeben. Das ist insofern systematisch konsequent, als jedem Organ eine Disposition nur hinsichtlich seiner eigenen Zuständigkeiten möglich sein kann. Damit bleibt es dabei, dass nicht nur keine Zuständigkeit zur Delegation von Maßnahmen durch den Aufsichtsrat vorgesehen ist, sondern für Maßnahmen, für die der Aufsichtsrat originär zuständig ist, nach § 119 Abs. 2 AktG generell keine Vorlagebefugnis besteht. Damit liegt jedenfalls hinsichtlich originärer Geschäftsführungsmaßnahmen des Aufsichtsrats eine Regelungslücke vor.

C. Erweiterung der Delegationsmöglichkeit auf Vergütungsfragen

Die Möglichkeit zur Vorlage von Vergütungsfragen an die Hauptversammlung durch den Aufsichtsrat kommt damit allenfalls in analoger Anwendung des § 119 Abs. 2 AktG in Betracht. Eine analoge Anwendung kann nur erfolgen, sofern die festgestellte Regelungslücke planwidrig ist und die Interessenlage des Normanwendungsbereichs und der geplanten Erweiterung des Anwendungsbereichs vergleichbar sind.[1103]

I. Planwidrigkeit der Regelungslücke

Eine Gesetzeslücke ist immer dann planwidrig, wenn sie nicht bewusst vom Gesetzgeber in dieser Weise ungeregelt geblieben ist.[1104] Das bedeutet, dass der

Lieder, AktG, § 119 Rn. 9; *Kocher*, in: Wachter, AktG, § 119 Rn. 7; *Schüppen*, ZIP 2010, 905, 909; a.A. für Maßnahmen, bei denen der Aufsichtsrat nur aus Gründen der Vermeidung von Interessenkonflikten zuständig ist: *Kubis*, in: MüKo-AktG, § 119 Rn. 24; *Mülbert*, in: Großkomm-AktG, § 112 Rn. 194.

1102 Begr. RegE AktG 1965, BT-Drucks. 04/171, S. 147.

1103 BGH, Urteil vom 21. Januar 2010, Az.: IX ZR 65/09 = BGHZ 184, 101, 112 = ZIP 2010, 739, 743 = juris Rn. 32; BGH, Urteil vom 16. Juli 2003, Az.: VIII ZR 274/02 = BGHZ 155, 380, 389 f. = ZIP 2003, 1502, 1505 = juris Rn. 22; *Larenz*, Methodenlehre der Rechtswissenschaft, S. 381 f.; *Möllers*, Juristische Methodenlehre, § 6 Rn. 100; *Bydlinski*, Grundzüge der juristischen Methodenlehre, S. 90 ff.

1104 Vgl. *Möllers*, Juristische Methodenlehre, § 6 Rn 148 ff.; *Bydlinski*, Grundzüge der juristischen Methodenlehre, S. 93 f.; *Looschelders/Roth*, Juristische Methodik im Prozeß der Rechtsanwendung, S. 281 ff.

Gesetzgeber sich nicht bewusst für eine Nichtregelung der Delegationsbefugnis des Aufsichtsrats in dessen originären Geschäftsführungsmaßnahmen entschieden haben darf.

Zur Ablehnung der Planwidrigkeit der bestehenden Regelungslücke findet sich zuvorderst der Verweis auf die Gesetzesbegründung.[1105] Der Gesetzgeber habe sich bewusst gegen die Möglichkeit entschieden, dem Aufsichtsrat die Vorlage von Geschäftsführungsmaßnahmen an die Hauptversammlung zu ermöglichen. In der Gesetzesbegründung heißt es wörtlich:

> „Der Entwurf übernimmt nicht den Vorschlag, die Hauptversammlung auch auf Verlangen des Aufsichtsrats über Geschäftsführungsfragen entscheiden zu lassen. Dadurch würde das Verhältnis zwischen Vorstand und Aufsichtsrat verschoben werden. Der Aufsichtsrat könnte dem Vorstand die Leitung der Gesellschaft nehmen, indem er die Hauptversammlung über sie entscheiden läßt. Das widerspricht der sachgerechten Aufgabenverteilung. Außerdem hat der Aufsichtsrat [...] genügend Möglichkeiten, um auf die Geschäftsführung des Vorstands einzuwirken".[1106]

Aus diesem Absatz zu schließen, der Gesetzgeber habe sich generell gegen eine Vorlagemöglichkeit des Aufsichtsrats entschieden, überzeugt nicht. Schon dem letzten Satz lässt sich entnehmen, dass der Gesetzgeber sich nur gegen eine zusätzliche Vorlagemöglichkeit für Geschäftsführungsmaßnahmen des Vorstands entscheiden wollte. In dem letzten Satz ist nur von der Geschäftsführung des Vorstands die Rede. Von der Geschäftsführung des Aufsichtsrats ist dagegen keine Rede.[1107] Auch systematisch droht eine Verschiebung des Verhältnisses zwischen Vorstand und Aufsichtsrat oder eine Übernahme der Leitung der Gesellschaft durch den Aufsichtsrat nur, wenn dieser berechtigt wäre, Geschäftsführungsfragen des Vorstands eigenhändig an die Hauptversammlung vorzulegen. Nur in diesem Fall könnte der Aufsichtsrat den Vorstand und dessen Entscheidungen konterkarieren, indem er versucht sein könnte, dessen Entscheidungen durch einen Hauptversammlungsbeschluss revidieren zu lassen.[1108] Die Gefahr der

---

1105 *Koch*, AktG, § 119 Rn. 13a; vgl. auch: *Fischbach*, ZIP 2013, 1153, 1155.

1106 Begr. RegE AktG 1965, BT-Drucks. 04/171, S. 147.

1107 Vgl. *Tröger*, in: KölnKomm-AktG, § 119 Rn. 60; *Hupka*, Das Vergütungsvotum der Hauptversammlung, S. 223; *Raapke*, Die Regulierung von Organmitgliedern und Angestellten im Aktien- und Kapitalmarktrecht, S. 89 f.

1108 *Fischbach*, ZIP 2013, 1153, 1155.

Kompetenzüberschreitung oder gar der Übernahme der Leitung der Gesellschaft besteht jedenfalls nicht, sollte der Aufsichtsrat in der Lage sein, nur seine originär eigenen Entscheidungen der Hauptversammlung vorzulegen.[1109] In diesem Fall droht weder eine Revidierung der Vorstandsentscheidungen noch eine Übernahme der Geschäftsleitung durch den Aufsichtsrat. Der Aufsichtsrat wäre nur befugt, seine eigenen Kompetenzen zu schmälern, indem er Fragen seines eigenen Zuständigkeitsbereichs delegieren könnte. Auch das spricht dafür, dass der Gesetzgeber nicht die eigenen Geschäftsführungsaufgaben des Aufsichtsrats vor Augen hatte. Aus der Gesetzesbegründung lässt sich insofern nur entnehmen, dass der Aufsichtsrat der Hauptversammlung keine Fragen vorlegen darf, die den Zuständigkeitsbereich des Vorstands betreffen.[1110]

Aus der gesetzlichen Systematik ergibt sich mithin nicht, dass die Delegationsmöglichkeit von Geschäftsführungsmaßnahmen des Aufsichtsrats in eigener Sache bewusst nicht geregelt wurde. Umgekehrt ist vielmehr davon auszugehen, dass der Gesetzgeber die Befugnis des Aufsichtsrats, seine eigenen Kompetenzen im Einzelfall an die Hauptversammlung zu delegieren, nicht bedacht hat. Demnach ist also von einer Planwidrigkeit auszugehen.

II. Vergleichbarkeit der Interessenlage

Für die Annahme einer Analogie bedarf es neben der Regelungslücke und der Planwidrigkeit dieser Lücke eine vergleichbare Interessenlage der Ausgangssituation der Norm des § 119 Abs. 2 AktG mit der Interessenlage des möglichen erweiterten Anwendungsbereichs.[1111] Konkret muss die Interessenlage bei der Vorlagebefugnis des Vorstands an die Hauptversammlung betreffend Geschäftsführungsangelegenheiten vergleichbar sein, mit der Interessenlage einer Vorlagebefugnis auf Seiten des Aufsichtsrats betreffend dessen originärer Geschäftsführungsbefugnisse.

1109 So auch: *Fischbach*, ZIP 2013, 1153, 1155; *Pollmann*, WM 2023, 1349, 1350; *Reger*, in: Bürgers/Lieder, AktG, § 119 Rn. 9.

1110 Ebenso: *Habersack*, NZG 2016, 321, 327.

1111 Vgl. *Möllers*, Juristische Methodenlehre, § 6 Rn. 100; *Larenz*, Methodenlehre der Rechtswissenschaft, S. 381 f.; *Bydlinski*, Grundzüge der juristischen Methodenlehre, S. 91 ff.

1. Übertragbarkeit des Telos des § 119 Abs. 2 AktG

Der Bundesgerichtshof hat sich bereits 1960 zu dem im Wortlaut identischen § 103 Abs. 2 des Aktiengesetzes von 1937 und damit der Interessenlage der Ausgangssituation geäußert. § 119 Abs. 2 AktG wiederum entspricht der Gesetzesbegründung zufolge dem bereits damals geltenden Recht, sodass eine Übertragung der Rechtsgedanken betreffend § 103 Abs. 2 des Aktiengesetzes von 1937 auf § 119 Abs. 2 AktG bedenkenlos möglich ist.[1112] Der Bundesgerichtshof hat dabei herausgearbeitet, dass der Sinn und Zweck der Vorschrift einerseits darin besteht,

> „eine bindende Entscheidung der Hauptversammlung zu einer Geschäftsführungsmaßnahme nur zuzulassen, wenn das gesetzlich zur Geschäftsführung berufene Organ eine solche Entscheidung für angebracht oder notwendig erachtet, anderseits dem geschäftsführenden Organ die Möglichkeit zu eröffnen, durch eine entsprechende Entscheidung der Hauptversammlung seine Haftung gegenüber der Gesellschaft wegen der beabsichtigten Geschäftsführungsmaßnahme auszuschließen“.[1113]

Auffallend ist dabei, dass der Bundesgerichtshof trotz der einseitig auf den Vorstand bezogenen Regelung des § 103 Abs. 2 des Aktiengesetzes von 1937 allgemeingültig formuliert. Denn das gesetzlich zur Geschäftsführung berufene Organ kann im Einzelfall auch der Aufsichtsrat sein.[1114] Allein diese Verallgemeinerung durch den Bundesgerichtshof zeigt bereits, dass die Ausgangslage für Vorstand und Aufsichtsrat vergleichbar ist. Sowohl der Vorstand als auch der Aufsichtsrat lassen sich unter den verallgemeinerten Zweck der Vorschrift subsumieren. Daher lässt sich ausgehend von dem Telos der Vorschrift des § 103 Abs. 2 des Aktiengesetzes von 1937 respektive § 119 Abs. 2 AktG, wonach die Aktionäre auf Wunsch des Vorstands an der unternehmerischen Leitung beteiligt werden können und dies zu einer Enthaftung des Vorstands führen soll, eine ambivalente Interessenlage nicht erkennen.[1115] Es ist für die Entscheidungsmöglichkeit der Hauptversammlung unerheblich, ob eine Geschäftsführungsmaßnahme

---

1112 Vgl. Begr. RegE AktG 1965, BT-Drucks. 04/171, S. 147.

1113 BGH, Urteil vom 21. April 1960, Az.: II ZR 126/58 = WM 1960, 803, 803 = juris Rn. 19; vgl. auch: *Pollmann*, WM 2023, 1349, 1350 f.

1114 Siehe dazu schon: § 14 B.

1115 *Fischbach*, ZIP 2013, 1153, 1155 f.; *Pollmann*, WM 2023, 1349, 1350; *Schüppen*, ZIP 2010, 905, 909; *Habersack*, NZG 2016, 321, 326 f.

ursprünglich in den Kompetenzbereich des Vorstands oder des Aufsichtsrats fällt.

2. *Enthaftende Wirkung des Hauptversammlungsbeschlusses*

Das Haftungsrisiko des Vorstands ist ebenfalls mit dem des Aufsichtsrats vergleichbar. Der Verweis in § 116 Satz 1 AktG auf § 93 AktG unterwirft die Aufsichtsratsmitglieder dem für den Vorstand geltenden Haftungsregime. Lediglich § 93 Abs. 2 Satz 3 AktG wird von dem Verweis ausgenommen. Zusätzlich ordnet § 116 Satz 3 AktG ausdrücklich die Ersatzpflicht des Aufsichtsrats bei einer unangemessenen Vergütungsfestsetzung entgegen § 87 Abs. 1 AktG an. Das häufig gegen eine Enthaftung vorgebrachte Argument, dass der Aufsichtsrat anders als der Vorstand nach § 83 Abs. 2 AktG nicht zur Ausführung von Hauptversammlungsbeschlüssen zuständig ist, überzeugt nicht.[1116] Dieser Ansicht nach soll eine enthaftende Wirkung nach § 93 Abs. 4 Satz 1 AktG für den Aufsichtsrat nicht eintreten. Die Aktionäre als Eigentümer der Gesellschaft könnten auch im Falle einer Billigung einer Maßnahme die Aufsichtsratsmitglieder für die gebilligte Maßnahme in Anspruch nehmen. Dies ist widersprüchlich.[1117] Angesichts des insoweit klaren Wortlauts der § 116 Satz 1 i.V.m. § 93 Abs. 4 Satz 1 AktG ist die Enthaftung durch Handeln auf Grundlage eines Hauptversammlungsbeschlusses ebenso für den Aufsichtsrat wie für den Vorstand möglich.[1118]

3. *Einigung der Organe über Verantwortungsübernahme*

Außerdem kommt in § 119 Abs. 2 AktG der Rechtsgedanke zum Ausdruck, dass eine zumindest teilweise Übertragung der Geschäftsführungsbefugnis so weit möglich ist, wie das zuständige Organ und die Hauptversammlung

---

1116 So aber: *Habersack*, in: MüKo-AktG, § 116 Rn. 76, mwN.

1117 *Drygala*, in: K. Schmidt/Lutter, AktG, § 116 Rn. 51.

1118 *Schüppen*, ZIP 2010, 905, 909 f.; *Fischbach*, ZIP 2013, 1153, 1155 f.; *Herrler*, in: Grigoleit, AktG, § 119 Rn. 16; *Pollmann*, WM 2023, 1349, 1351; *Spindler/Veil*, in: BeckOGK, AktG, § 1116 Rn. 173; *Raapke*, Die Regulierung von Organmitgliedern und Angestellten im Aktien- und Kapitalmarktrecht, S. 91; a.A.: *Habersack*, in: MüKo-AktG, § 116 Rn. 76; *Verse*, NZG 2013, 921, 929 f.; kritisch gegenüber einer Enthaftung bei konsultativen Beschlüssen generell: *Çapa*, Konsultative Hauptversammlungsbeschlüsse im Aktienrecht, S. 196 ff.

darüber einig sind.[1119] Dieser Gedanke kann ebenso auf das Verhältnis von Aufsichtsrat und Hauptversammlung übertragen werden. Wenn also der Aufsichtsrat selbst den Prozess initiiert und eine Übertragung seiner Entscheidung auf die Hauptversammlung von sich aus begehrt, steht ein solches Vorgehen mit dem in § 119 Abs. 2 AktG enthaltenen Rechtsgedanken im Einklang. Ebenso ist das gemeinsame Verständnis von Hauptversammlung und Vorstand für eine Verlagerung der Verantwortlichkeit übertragbar. Auch der Aufsichtsrat kann sich mit den Aktionären drauf verständigen, dass eine Übertragung der Entscheidungsbefugnis zu einer Verlagerung der Verantwortlichkeit und mit dieser zu einem Verzicht auf die Haftung des Aufsichtsrats führt.[1120]

4. *Vergleichbarkeit trotz Arbeitnehmerbeteiligung*

Gegen eine Vergleichbarkeit der Interessenlage könnte dagegen die Arbeitnehmerbeteiligung im Aufsichtsrat sprechen.[1121] Wie bei der Entscheidung für das unverbindliche Votum in § 120a Abs. 1 Satz 1 AktG geht eine stärkere Verlagerung von Entscheidungen vom Aufsichtsrat auf die Hauptversammlung stets mit einem sinkenden Einfluss der Arbeitnehmervertreter im Aufsichtsrat auf die Geschicke der Gesellschaft einher.

Diese grundsätzliche Annahme gilt für § 119 Abs. 2 AktG jedoch nicht. Im Gegensatz zu sonstigen Verschiebungen von Kompetenzen des Aufsichtsrats zu der Hauptversammlung ist hier eine Übertragung der Entscheidungskompetenz von dem Willen des übertragenden Organs, namentlich des Aufsichtsrats als Kollektivorgan, abhängig. Erst die eigene Entscheidung des Aufsichtsrats zur Delegation führt dazu, dass die Hauptversammlung zur Entscheidung berechtigt wird. Der Aufsichtsrat selbst entscheidet, wann und welche konkreten Entscheidungen er der Hauptversammlung vorlegt. Es kommt damit nicht zu einer Kompetenzverschiebung ohne Zustimmung des Aufsichtsrats.[1122] Ein Übergehen der Einflussnahmemöglichkeit der Arbeitnehmervertreter ist mit einem solchen Vorgehen nicht verbunden.

1119 *Fischbach*, ZIP 2013, 1153, 1156.
1120 *Fischbach*, ZIP 2013, 1153, 1156.
1121 Vgl. *Mülbert*, in: Großkomm-AktG, § 119 Rn. 9.
1122 Vgl. *Pollmann*, WM 2023, 1349, 1356; *Habersack*, NZG 2016, 321, 327.

5. *Zwischenergebnis*

Im Ergebnis ist also die Interessenlage des Vorstands bei der Delegation von Geschäftsführungsfragen an die Hauptversammlung mit der Interessenlage des Aufsichtsrats bei der Delegation von originären Geschäftsführungsmaßnahmen vergleichbar. Mithin ist es unerheblich, ob die Hauptversammlung auf Verlangen des Vorstands über eine Geschäftsführungsfrage entscheidet, die in den Zuständigkeitsbereich des Vorstands fällt, oder ob die Hauptversammlung auf Verlangen des Aufsichtsrats über eine Geschäftsführungsfrage entscheidet, die in den Zuständigkeitsbereich des Aufsichtsrats fällt. Es ist damit dem Aufsichtsrat grundsätzlich unbenommen, der Hauptversammlung analog § 119 Abs. 2 AktG Fragen der originären Geschäftsführungsbefugnisse des Aufsichtsrats vorzulegen.[1123]

D. Vergütungsentscheidung des Aufsichtsrats als Geschäftsführungsmaßnahme

Im Folgenden ist zu prüfen, ob die verschiedenen Vergütungsentscheidungen des Aufsichtsrats Geschäftsführungsfragen sind, die der Aufsichtsrat dann analog § 119 Abs. 2 AktG der Hauptversammlung vorlegen kann. Unter der Geschäftsführung versteht man die unmittelbar auf die Verfolgung des Gesellschaftszwecks gerichtete Tätigkeit.[1124] Der Begriff der Geschäftsführungsmaßnahme ist dementsprechend weit zu verstehen.[1125] Erfasst ist jede rechtsgeschäftliche oder tatsächliche Tätigkeit für

---

1123 Ebenso: *Herrler*, in: Grigoleit, AktG, § 119 Rn. 16; *Tröger*, in: KölnKomm-AktG, § 119 Rn. 60; *Spindler*, in: K. Schmidt/Lutter, AktG, § 119 Rn. 15; *Jo. Hoffmann*, in: BeckOGK-AktG, Stand: 1. Februar 2025, § 119 Rn. 18; *Reger*, in: Bürgers/Lieder, AktG, § 119 Rn. 9; *Schüppen*, ZIP 2010, 905, 910; *Pollmann*, WM 2023, 1349, 1351; *Fischbach*, ZIP 2013, 1153, 1156; *Habersack*, NZG 2016, 321, 326 f.; speziell für Vergütungsfragen: *Habersack*, in: MüKo-AktG, § 116 Rn. 76; *Freund*, NZG 2018, 1361, 1364; *v. Falkenhausen*, NZG 2016, 601, 604; dagegen a.A.: *Koch*, AktG, § 119 Rn. 13a; *Mülbert*, in: Großkomm-AktG, § 119 Rn. 197; *Kubis*, in: MüKo-AktG, § 119 Rn. 20; *Drinhausen*, in: Hölters/Weber, AktG, § 119 Rn. 13; *Liebscher*, in: Henssler/Strohn, GesR, AktG, § 119 Rn. 8; *Dietz-Vellmer*, NZG 2014, 721, 724; *T. Hoffmann/Lieder*, AG 2011, R135, R137.

1124 *Zöllner*, Die Schranken mitgliedschaftlicher Stimmrechtsmacht bei den privatrechtlichen Personenverbänden, S. 323; *Tröger*, in: KölnKomm-AktG, § 119 Rn. 49; einschränkend nur auf originär in der Zuständigkeit des Vorstands liegende Tätigkeiten: *Mülbert*, in: Großkomm-AktG, § 119 Rn. 191.

1125 *Fleischer*, in: BeckOGK-AktG, Stand: 1. Februar 2025, § 77 Rn. 3; *Dietz-Vellmer*, NZG 2014, 721, 722.

die Gesellschaft. Mit anderen Worten meint dies, jede Tätigkeit, die in die Leitungskompetenz der Gesellschaft fällt.[1126]

Als Teil des Zuständigkeitsbereichs des Aufsichtsrats kommen Maßnahmen im Rahmen der konkreten Festsetzung der Vorstandsvergütung nach § 87 Abs. 1 AktG (§ 14 D. I) sowie Maßnahmen im Zusammenhang mit der Ausarbeitung und Vorlage des Vergütungssystems nach § 87a Abs. 1 Satz 1 und § 120a Abs. 1 Satz 1 AktG (§ 14 D. II) in Betracht.

I. Festsetzung der Vorstandsvergütung als Geschäftsführungsmaßnahme

Zur Leitungskompetenz des Aufsichtsrats gehört die Personalkompetenz, der auch die Festsetzung der Vorstandsvergütung nach § 87 Abs. 1 AktG unterfällt. Damit handelt es sich bei der Festsetzung der Vorstandsvergütung unstreitig um eine Geschäftsführungsmaßnahme des Aufsichtsrats.[1127] Die Festsetzung der Vorstandsvergütung erfolgt regelmäßig im Anstellungsvertrag des Vorstandsmitglieds. Als vorlagefähige Maßnahmen des Aufsichtsrats kommen damit die Vorlage des konkreten Dienstvertrags zwecks Einwilligung vor dessen Abschluss oder zwecks Genehmigung nach dessen Abschluss in Betracht.[1128] Bei einer nachträglichen Vorlage könnte der Dienstvertrag mit einem Zustimmungsvorbehalt der Hauptversammlung versehen werden.

1. Kein Widerspruch zum unverbindlichen Vergütungsvotum

Ein gegenüber dem Aufsichtsrat verbindlicher Beschluss der Hauptversammlung in Bezug auf die Vorstandsvergütung könnte jedoch im Widerspruch zu dem unverbindlichen Hauptversammlungsvotum nach § 120a

---

[1126] *Spindler*, in: K. Schmidt/Lutter, AktG, § 119 Rn. 18; *Kubis*, in: MüKo-AktG, § 119 Rn. 24; *Jo. Hoffmann*, in: BeckOGK-AktG, Stand: 1. Februar 2025, § 119 Rn. 18; *Drinhausen*, in: Hölters/Weber, AktG, § 119 Rn. 11; ähnlich: *Tröger*, in: KölnKomm-AktG, § 119 Rn. 49.

[1127] *Hopt/Roth*, in: Großkomm-AktG, § 111 Rn. 589; *Grigoleit/Tomasic*, in: Grigoleit, AktG, § 111 Rn. 66; *Habersack*, in: MüKo-AktG, § 111 Rn. 113; *Spindler*, in: K. Schmidt/Lutter, AktG, § 120a Rn. 23; *Groß-Bölting/Rabe*, in: Hölters/Weber, AktG, § 111 Rn. 83; *Fischer*, in: Bürgers/Lieder, AktG, § 111 Rn. 20; *Fischbach*, ZIP 2013, 1153, 1158; *Schüppen*, ZIP 2010, 905, 908; *Dietz-Vellmer*, NZG 2014, 721, 724; *Habersack*, NZG 2016, 321, 326; *Raapke*, Die Regulierung von Organmitgliedern und Angestellten im Aktien- und Kapitalmarktrecht, S. 37.

[1128] *Jo. Hoffmann*, in: BeckOGK-AktG, Stand: 1. Februar 2025, § 119 Rn. 19.

Abs. 1 Satz 1 AktG stehen.[1129] So könnte man annehmen, der Aufsichtsrat dürfe sich nicht über die Entscheidung des Gesetzgebers zugunsten eines unverbindlichen Vergütungsvotums in der Weise hinwegsetzen, dass er die Hauptversammlung verbindlich über die Festsetzung der Vergütung entscheiden lässt.[1130]

Gegen eine solche Annahme kann ein Vergleich zu der Ausgangssituation des § 119 Abs. 2 AktG gezogen werden. Der grundsätzlich allein zuständige Vorstand kann mit seiner Vorlage die Zuständigkeit auf die Hauptversammlung übertragen. In der Frage der Festsetzung der Vorstandsvergütung wiederum hat die Hauptversammlung ebenfalls keine Zuständigkeit. Die Verantwortung liegt allein beim Aufsichtsrat nach §§ 84 Abs. 1 Satz 5 i.V.m. Satz 1 und 87 Abs. 1 AktG. Damit entspricht das Kompetenzgefüge bei der Vergütungsfestsetzung der Ausgangssituation, die der Norm zugrunde liegt.

Differenziert man korrekterweise zwischen der Vergütungsfestsetzung durch den Aufsichtsrat auf der einen Seite und dem Vergütungsvotum der Hauptversammlung auf der anderen Seite, steht die durch das ARUG II neu eingefügte Hauptversammlungskompetenz aus § 120a Abs. 1 AktG einer Hauptversammlungsvorlage der Festsetzungsentscheidung nicht entgegen.[1131] Über die Kompetenz zur Festsetzung der konkreten Vergütung der Vorstandsmitglieder verfügt der Aufsichtsrat seit jeher, mithin auch schon vor Umsetzung des ARUG II. Es ist insofern nicht zu einer Veränderung gekommen. Lediglich der § 87a Abs. 2 Satz 1 AktG beeinflusst die Festsetzung der Vorstandsvergütung. Danach muss der Aufsichtsrat die Vergütung in Übereinstimmung mit einem der Hauptversammlung vorgelegten Vergütungssystem festsetzen. Aus dieser Verknüpfung ergibt sich eine Bindung des Aufsichtsrats an das Vergütungssystem bei der Festsetzung. Wegen der Ausarbeitungs- und Vorlagekompetenz beim Vergütungssystem bindet sich der Aufsichtsrat aber nur selbst.[1132] Das Kompetenzgefüge bei der Vergütungsfestsetzung hat sich nicht grundlegend verändert.

[1129] So: *Koch*, AktG, § 120a Rn. 5; *Spindler*, in: FS Goette (2011), S. 513, 515; *Gärtner/Himmelmann*, AG 2021, 259, 261 f.; *Dietz-Vellmer*, NZG 2014, 721, 724; *T. Hoffmann/Lieder*, AG 2011, R135, R137; wohl auch: *Friedrich*, Die Verrechtlichung von Organbezügen als europäisches Problem, S. 86 f.; vgl. auch dazu: *Pollmann*, WM 2023, 1349, 1351.

[1130] *Dietz-Vellmer*, NZG 2014, 721, 724.

[1131] *Tröger*, in: KölnKomm-AktG, § 119 Rn. 60

[1132] Siehe: § 9 B. I. 2.

Das unverbindliche Votum der Hauptversammlung nach § 120a Abs. 1 Satz 1 AktG führt ebenfalls nicht zu einer anderen Beurteilung. Der § 119 Abs. 2 AktG begründet die Zuständigkeit der Hauptversammlung in Geschäftsführungsfragen ausnahmsweise dann, wenn diese der Hauptversammlung vorgelegt wird. Nach der Grundvorstellung ist die Hauptversammlung für die vorgelegte Frage nicht zuständig. Demnach muss die ausnahmsweise Begründung der Hauptversammlungszuständigkeit erst recht möglich sein, wenn die Hauptversammlung bereits zuvor über eine eingeschränkte Zuständigkeit in dem Regelungsbereich verfügt. Demnach kann die Hauptversammlungszuständigkeit für die Billigung des Vergütungssystems nach § 120a Abs. 1 AktG nicht als Hindernis der Begründung einer ausnahmsweisen Zuständigkeit für die Festsetzungsentscheidung verstanden werden.

Im Ergebnis steht die neue Hauptversammlungskompetenz mit dem unverbindlichen Vergütungsvotum nach § 120a Abs. 1 AktG der Hauptversammlungsvorlage des Anstellungsvertrags durch den Aufsichtsrat analog § 119 Abs. 2 AktG nicht entgegen.

2. Keine dem § 87a Abs. 2 Satz 1 AktG vergleichbare Bindung

Daneben stellt sich bei der Vorlage des Anstellungsvertrags mit der darin enthaltenen Vergütungsfestsetzung durch den Aufsichtsrat an die Hauptversammlung analog § 119 Abs. 2 AktG die Frage, ob der Aufsichtsrat hierbei an § 87a Abs. 2 Satz 1 AktG gebunden ist. In der Folge könnte die Hauptversammlung nur über eine Festsetzung der Vergütung beschließen, wenn die vorgeschlagene Festsetzung mit einem bereits vorher der Hauptversammlung nach § 120a Abs. 1 Satz 1 AktG vorgelegten Vergütungssystem übereinstimmt. Die Bindung des Vergütungssystems würde den Aufsichtsrat dazu zwingen, zu gewährleisten, dass die Vorgaben der Vergütungsfestsetzung mit einem der Hauptversammlung zuvor vorgelegten Vergütungssystem übereinstimmen. Vor dem Hintergrund der Delegation der Festsetzungsentscheidung an die Hauptversammlung, könnte die vorherige Einbindung der Hauptversammlung jedoch überflüssig sein.

a) Pflicht zu rechtsfehlerfreien Hauptversammlungsbeschlüssen

Sprachlich bindet § 87a Abs. 2 Satz 1 AktG nur den Aufsichtsrat. Dieser ist verpflichtet, die Vergütung der Vorstandsmitglieder in Übereinstimmung mit einem der Hauptversammlung nach § 120a Abs. 1 Satz 1 AktG vorgelegten

Vergütungssystem festzusetzen. Zu prüfen ist, welche Anforderungen an den Hauptversammlungsbeschluss analog § 119 Abs. 2 AktG gestellt werden.

Im Gegensatz zu der Enthaftungsfolge nach § 93 Abs. 4 Satz 1 AktG ergibt sich aus § 119 Abs. 2 AktG keine unmittelbare Beschränkung auf gesetzesmäßige Beschlüsse der Hauptversammlung. Jedoch geht die Literatur teilweise im Rahmen von § 119 Abs. 2 AktG von einer Pflicht des Vorstands aus, auf rechtmäßige Hauptversammlungsbeschlüsse hinzuwirken.[1133] Der Vorstand sei nicht berechtigt, offensichtlich rechtswidrige Beschlüsse vorzuschlagen. Etwas anderes könnte ebenso nicht für den Aufsichtsrat gelten. Die Befolgungspflicht des Vorstands von Hauptversammlungsbeschlüssen nach § 83 Abs. 2 AktG soll spiegelbildlich nicht eintreten, wenn der Beschluss rechtsfehlerhaft ist oder der Vollzug gegen das Gesetz verstoßen würde.[1134] Auch der Aufsichtsrat wäre daher grundsätzlich an die gesetzlichen Vorgaben gebunden. Das steht wiederum im Einklang mit der Einordnung der in § 87a Abs. 2 Satz 1 AktG kodifizierten Bindungswirkung des Vergütungssystems als Verbotsgesetz i.S.d. § 134 BGB.[1135]

Aus der Pflicht zu rechtsfehlerfreien Hauptversammlungsbeschlüssen folgt demnach grundsätzlich, dass der Aufsichtsrat der Hauptversammlung nur eine Vergütungsabrede analog § 119 Abs. 2 AktG vorlegen darf, die nach § 87a Abs. 2 Satz 1 AktG mit einem der Hauptversammlung vorgelegten Vergütungssystem übereinstimmt. Die Bindungswirkung des Vergütungssystems ist folglich grundsätzlich bei einer Vorlage analog § 119 Abs. 2 AktG zu berücksichtigen.

b) Keine Bindungswirkung nach Sinn und Zweck des § 87a Abs. 2 Satz 1 AktG

Eine andere Beurteilung der Berücksichtigung des § 87a Abs. 2 Satz 1 AktG bei der Vorlage der Vergütungsabrede an die Hauptversammlung analog § 119 Abs. 2 AktG könnte sich jedoch aus dem Sinn und Zweck des § 87a Abs. 2 Satz 1 AktG ergeben. Danach wäre das Erfordernis, dass sich die der

---

1133 *Spindler*, in: K. Schmidt/Lutter, AktG, § 119 Rn. 17; *Fischbach*, ZIP 2013, 1154 mwN.

1134 *Kubis*, in: MüKo-AktG, § 119 Rn. 27; *Spindler*, in: K. Schmidt/Lutter, AktG, § 119 Rn. 25; *Mülbert*, in: Großkomm-AktG, § 119 Rn. 208; siehe auch: *Tröger*, in: KölnKomm-AktG, § 119 Rn. 74, der die Bindungswirkung nur bei erfolgreicher Beschlussmängelklage entfallen lässt.

1135 Siehe dazu: § 9 B. II. 3. b) aa).

Hauptversammlung vorgelegte Vergütungsabrede im Rahmen eines zuvor der Hauptversammlung vorgelegten Vergütungssystems zu bewegen hat, überflüssig. Das neue Vergütungsvotum nach § 120a Abs. 1 Satz 1 AktG und die Bindung des Aufsichtsrats an die Vorlage nach § 87a Abs. 2 Satz 1 AktG dienen gerade dem Zweck, eine verstärkte Aktionärsbeteiligung zu bewirken.[1136] Der Aufsichtsrat soll nicht in der Lage sein, eine Vergütung festzusetzen, ohne die Aktionäre an dem Prozess zu beteiligen und diese über das generelle System der Vorstandsvergütung abstimmen zu lassen.

Entscheidet sich der Aufsichtsrat dafür, die Hauptversammlung über die konkrete Festsetzung der Vergütung verbindlich analog § 119 Abs. 2 AktG abstimmen zu lassen, geht dies über die vom ARUG II und der zweiten Aktionärsrechterichtlinie geforderte Beteiligung hinaus.[1137] Die Aktionäre würden nicht nur über das System der Vergütung unverbindlich abstimmen, sondern könnten verbindlich die konkrete Vergütung festsetzen. Mit den entsprechenden formalen Informationspflichten des Aufsichtsrats analog § 119 Abs. 2 AktG sind die Aktionäre in einem solchen Fall entsprechend in der Lage, diesen Beschluss zu fassen.[1138] Damit ist auch die bezweckte Transparenz der Hauptversammlungsvorlage nach § 120a Abs. 1 Satz 1 AktG gewahrt. Die Bindung an ein zuvor der Hauptversammlung vorgelegtes Vergütungssystem nach § 87a Abs. 2 Satz 1 AktG ist damit nach dem Sinn und Zweck der Vorschrift überflüssig. Die zweite Aktionärsrechterichtlinie hat den Mitgliedstaaten darüber hinaus ein Umsetzungsermessen gewährt, die Hauptversammlung verbindlich über die Vergütung der Vorstandsmitglieder abstimmen zu lassen. Damit widerspricht eine verbindliche Vorlage der Vergütungsabrede analog § 119 Abs. 2 AktG der unionsrechtlichen Vorstellung nicht. Weder aus dem Sinn und Zweck der Norm noch aus unionsrechtlicher Sicht lässt sich insofern eine Pflicht erkennen, dass sich die Beschlussvorlage

---

1136 Siehe dazu: § 6 C.

1137 Vgl. *Pollmann*, WM 2023, 1349, 1351, der das Votum nach § 120a Abs. 1 Satz 1 AktG als Mindestmaß der Hauptversammlungsbeteiligung in Fragen der Vorstandsvergütung versteht.

1138 Vgl. BGH, Urteil vom 15. Januar 2001, Az.: II ZR 124/99 = BGHZ 146, 288, 294 = AG 2001, 261, 262 = juris Rn. 8; OLG München, Urteil vom 26. April 1996, Az.: 23 U 4586/95 = AG 1996, 327, 328 = juris Rn. 23; *Spindler*, in: K. Schmidt/Lutter, AktG, § 119 Rn. 22; *Tröger*, in: KölnKomm-AktG, § 119 Rn. 67 ff.; *Mülbert*, in: Großkomm-AktG, § 119 Rn. 204; *Koch*, AktG, § 119 Rn. 14; *Kubis*, in: MüKo-AktG, § 119 Rn. 23; *Dietz-Vellmer*, NZG 2014, 721, 723.

des Aufsichtsrats analog § 119 Abs. 2 AktG innerhalb eines zuvor vorgelegten Systems bewegen muss.

c) Zwischenergebnis

Der Aufsichtsrat muss bei der Vorlage der Vergütungsabrede an die Hauptversammlung analog § 119 Abs. 2 AktG die Vorgabe des § 87a Abs. 2 Satz 1 AktG nicht berücksichtigen. Die Vergütungsabrede muss nicht mit einem der Hauptversammlung nach § 120a Abs. 1 Satz 1 AktG vorgelegten Vergütungssystem übereinstimmen. Die gesetzgeberische Entscheidung in Bezug auf das Vergütungsvotum, das nur das Vergütungssystem betrifft, hat demnach keine Auswirkungen auf die Befugnis des Aufsichtsrats, der Hauptversammlung die konkrete Vergütungsabrede vorzulegen.[1139] Die Pflicht zur Herbeiführung rechtsfehlerfreier Hauptversammlungsbeschlüsse steht dem Verständnis nicht entgegen, weil nach dem Sinn und Zweck des § 87a Abs. 2 Satz 1 AktG die dort kodifizierte Bindungswirkung den Fall der Hauptversammlungsvorlage analog § 119 Abs. 2 AktG nicht betrifft. Eine Vorlagebefugnis des Aufsichtsrats besteht somit hinsichtlich der konkreten Vergütungsfestsetzung.[1140]

II. Festlegung des Vergütungssystems als Geschäftsführungsmaßnahme

Neben der Festsetzung der konkreten Vergütung im Anstellungsvertrag sind im Rahmen der zeitlich vorgehenden Aufstellung und Festlegung auf ein Vergütungssystem ebenfalls verschiedene mögliche Geschäftsführungsmaßnahmen zu unterscheiden. Zunächst muss der Aufsichtsrat zu Beginn des gesamten Vergütungsprozesses nach § 87a Abs. 1 Satz 1 AktG ein Vergütungssystem beschließen (§ 14 D. II. 1). Diese Beschlussfassung könnte demnach die erste Geschäftsführungsmaßnahme im Vergütungsprozess sein, die der Aufsichtsrat dann analog § 119 Abs. 2 AktG der Hauptversammlung vorlegen kann. Darüber hinaus könnte die Festlegung auf ein Vergütungssystem,

---

[1139] *Tröger*, in: KölnKomm-AktG, § 119 Rn. 60; *Herrler*, in: Grigoleit, AktG, § 119 Rn. 16; *Pollmann*, WM 2023, 1349, 1351; ebenso noch zu § 120 Abs. 4 AktG a.F.: *Fischbach*, ZIP 2013, 1153, 1158; *Döll*, WM 2010, 103, 105 f.

[1140] So auch: *Spindler*, in: K. Schmidt/Lutter, AktG, § 119 Rn. 15; *Jo. Hoffmann*, in: BeckOGK-AktG, Stand: 1. Februar 2025, § 119 Rn. 19; *Schüppen*, ZIP 2010, 905, 910; a.A.: *E. Vetter*, ZIP 2009, 1307, 1308 f.; *T. Hoffmann/Lieder*, AG 2011, R135, R137.

welches dann nach § 87a Abs. 2 Satz 1 AktG als Grundlage der Vergütungsfestsetzung dient, ebenfalls eine Geschäftsführungsmaßnahme darstellen, die der Aufsichtsrat der Hauptversammlung analog § 119 Abs. 2 AktG vorlegen kann (§ 14 D. II. 2). Anders als bei einer entsprechenden Satzungsregel, die nach § 23 Abs. 5 Satz 1 AktG unzulässig ist,[1141] könnte die Vorlage der Entscheidung, welches Vergütungssystem als Grundlage der Vergütungsfestsetzung dienen soll, zu einem bindenden Votum der Hauptversammlung über das Vergütungssystem führen.[1142]

1. Festlegung und Beschluss des Vergütungssystems im Aufsichtsrat

Hinsichtlich der Ausarbeitung des und der Beschlussfassung über das Vergütungssystems stellt sich zunächst die Frage, ob der Beschluss des Aufsichtsrats nach § 87a Abs. 1 Satz 1 AktG über das Vergütungssystem eine Geschäftsführungsmaßnahme darstellt. Vor dem Hintergrund der Konnexität des Vergütungssystems ist dabei zu untersuchen, ob statt der Festlegung des gesamten Vergütungssystems die Festlegung nur einzelner Vergütungsbestandteile des § 87a Abs. 1 Satz 2 AktG ebenfalls als Geschäftsführungsentscheidung i.S.d. § 119 Abs. 2 AktG zu qualifizieren ist.

a) Beschluss über das Vergütungssystem als Geschäftsführungsmaßnahme

Zunächst stellt sich die Frage nach der Qualifizierung als Geschäftsführungsmaßnahme bei dem Beschluss des Aufsichtsrats über das Vergütungssystem als Ganzes nach § 87a Abs. 1 Satz 1 AktG. Vor Geltung des ARUG II existierte keine gesonderte Pflicht des Aufsichtsrats, ein Vergütungssystem in der in § 87a Abs. 1 Satz 2 AktG vorgeschriebenen Form aufzustellen und sogar Beschluss zu fassen.[1143] Außerdem entfaltet das gegenwärtige Hauptversammlungsvotum zum Vergütungssystem nach § 87a Abs. 1 AktG im Gegensatz zu dem freiwilligen Votum nach § 120 Abs. 4 AktG a.F. gewisse

---

[1141] Siehe dazu: § 13 B. I. 2.

[1142] Vgl. auch: *J. Vetter*, AG 2023, 564, 566, der für den vergleichbaren Fall von unverbindlichen *Say-on-Climate*-Beschlüssen, ebenfalls § 119 Abs. 2 AktG als einzige Möglichkeit für eine bindende Wirkung sieht.; ebenso: *Merkner/Schulenburg/Elixmann*, AG 2024, 257, 258 ff., wonach de lege lata ein *Say-on-Climate*-Beschluss nur über § 119 Abs. 2 AktG herbeigeführt werden kann.

[1143] Siehe dazu: § 6 A. II. 1.

Rechtswirkungen, die sich etwa indirekt über die Bindung durch die Vorlage an die Hauptversammlung nach § 87a Abs. 2 Satz 1 AktG ergeben.[1144]

Geschäftsführung meint die unmittelbar auf die Verfolgung des Gesellschaftszwecks gerichtete Tätigkeit.[1145] Erfasst ist jede rechtsgeschäftliche oder tatsächliche Tätigkeit für die Gesellschaft, also jede Tätigkeit, die in die Leitungskompetenz der Gesellschaft fällt.[1146] Die Ausarbeitung des Vergütungssystems sowie die Entscheidung, das Vergütungssystem zu beschließen und der Hauptversammlung zur Beschlussfassung nach § 120a Abs. 1 Satz 1 AktG vorzulegen, sind essentielle Tätigkeiten des Aufsichtsrats für die Gesellschaft im Prozess der Vergütungsfestlegung. Damit sind die Vorlage des Vergütungssystems an die Hauptversammlung und denknotwendig die Ausarbeitung des Vergütungssystems im Vorhinein keine rein abstrakten Festlegungen, denen es an der Qualität einer Geschäftsführungsmaßnahme fehlt.[1147] Vielmehr stellt die Ausarbeitung des Vergütungssystems eine notwendige Maßnahme dar, um anschließend die Vergütung der Vorstände festsetzen zu können. Zu berücksichtigen ist zudem, dass der Geschäftsführungsbegriff grundsätzlich weit auszulegen ist.[1148] Die konkrete Festsetzung der Vorstandsvergütung kann gerade nicht ohne eine vorherige Festlegung des Vergütungssystems erfolgen. Aus diesem Grund handelt es sich bei dem Beschluss nach § 87a Abs. 1 Satz 1 AktG über das Vergütungssystem im Aufsichtsrat um eine Geschäftsführungsmaßnahme.

Die Vorlage des Beschlusses zur Festlegung eines Vergütungssystems nach § 87a Abs. 1 Satz 1 AktG an die Hauptversammlung analog § 119 Abs. 2 AktG ist aus praktischer Sicht wenig überzeugend. Vielmehr erschöpft sich die Aktionärsmitsprache und der Inhalt des Beschlusses in der ohnehin

---

1144 Siehe dazu ausführlich: § 9 B.

1145 *Zöllner*, Die Schranken mitgliedschaftlicher Stimmrechtsmacht bei den privatrechtlichen Personenverbänden, S. 323; *Tröger*, in: KölnKomm-AktG, § 119 Rn. 49; einschränkend nur auf originär in der Zuständigkeit des Vorstands liegende Tätigkeiten: *Mülbert*, in: Großkomm-AktG, § 119 Rn. 191.

1146 *Spindler*, in: K. Schmidt/Lutter, AktG, § 119 Rn. 18; *Kubis*, in: MüKo-AktG, § 119 Rn. 24; *Jo. Hoffmann*, in: BeckOGK-AktG, Stand: 1. Februar 2025, § 119 Rn. 18; *Drinhausen*, in: Hölters/Weber, AktG, § 119 Rn. 11; ähnlich: *Tröger*, in: KölnKomm-AktG, § 119 Rn. 49.

1147 So aber noch zu § 120 Abs. 4 AktG a.F.: *v. Falkenhausen/Kocher*, AG 2010, 623, 627.

1148 *Fleischer*, in: BeckOGK-AktG, Stand: 1. Februar 2025, § 77 Rn. 3; *Dietz-Vellmer*, NZG 2014, 721, 722.

schon verpflichtenden Beschlussfassung über das Vergütungssystem nach § 120a Abs. 1 Satz 1 AktG. Der Beschluss über das Vergütungssystem im Aufsichtsrat nach § 87a Abs. 1 Satz 1 AktG ist nur die Vorstufe, bevor das Vergütungssystem anschließend der Hauptversammlung nach § 120a Abs. 1 Satz 1 AktG vorgelegt wird. Der Beschluss nach § 120a Abs. 1 Satz 1 AktG geht in seinen Rechtswirkungen dann aber weiter, als es die Wirkungen der einfachen Festlegung auf ein Vergütungssystem nach § 87a Abs. 2 Satz 1 AktG tun.[1149] Es gilt außerdem zu beachten, dass bei einem Beschluss der Hauptversammlung über die Festlegung des Vergütungssystems nach § 87a Abs. 1 Satz 1 AktG keine Pflicht des Aufsichtsrats besteht, die Vergütung in Übereinstimmung mit genau diesem Vergütungssystem festzusetzen.[1150]

Im Ergebnis ist damit eine Beschlussfassung der Hauptversammlung analog § 119 Abs. 2 AktG über die Festlegung des Vergütungssystems im Aufsichtsrat nach § 87a Abs. 1 Satz 1 AktG möglich, trägt aber nicht zu weiterer Beteiligung und mehr Kompetenzen auf Aktionärsseite bei.

b) Keine Vorlage der einzelnen Vergütungskomponenten

Der Beschluss des Aufsichtsrats über das Vergütungssystem umfasst jedenfalls auch die Ausarbeitung dessen und seiner einzelnen Komponenten.[1151] Die Ausarbeitung des Systems und der Beschluss über die Feststellung des Systems stellen der Gesetzesvorstellung nach einen einheitlichen Vorgang dar. Die einzelnen Entscheidungen hinsichtlich der jeweiligen Vergütungskomponenten stellen demgegenüber keine eigenen Geschäftsführungsentscheidungen dar. Sie sind vielmehr als Teil der einheitlichen Entscheidung über ein Vergütungssystem zu qualifizieren. Das ergibt sich auch aus der Konnexität der Vergütungsbestandteile, die eine Aufteilung des Vergütungssystems in seine einzelnen Vergütungsbestandteile nicht zulässt. Aus diesem Grund ist die Aufteilung des Beschlussgegenstands bei dem Vergütungsvotum nach § 120a Abs. 1 Satz 1 AktG ebenfalls nicht möglich.[1152] Eine Delegation von Entscheidungen nur hinsichtlich einzelner Vergütungskomponenten ist

1149 Siehe zu den Rechtswirkungen des Vergütungsvotums nach § 120a Abs. 1 Satz 1 AktG: § 9.

1150 Siehe dazu: § 10 A.

1151 Siehe: § 8 A. I. 2. b).

1152 Siehe zur Aufteilung des Beschlussgegenstands: § 8 A. II.

vor dem Hintergrund, dass das Vergütungssystem grundsätzlich in seiner Gesamtheit besteht und nur in dieser beurteilt werden kann, unzulässig.

c) Zwischenergebnis

Die Beschlussfassung über das Vergütungssystem als Ganzes nach § 87a Abs. 1 Satz 1 AktG ist eine Geschäftsführungsmaßnahme, die der Aufsichtsrat analog § 119 Abs. 2 AktG der Hauptversammlung vorlegen kann. Die Wirkung eines solchen Beschlusses erschöpft sich aber in der noch weitergehenden Wirkung des Vergütungsvotums nach § 120a Abs. 1 Satz 1 AktG.

2. Verbindlicher Beschluss der Hauptversammlung über das Vergütungssystem

Neben dem Beschluss über das Vergütungssystem nach § 87a Abs. 1 Satz 1 AktG muss der Aufsichtsrat im Vergütungsprozess eine weitere Entscheidung treffen. Mit Blick auf § 87a Abs. 2 Satz 1 AktG muss der Aufsichtsrat die Vergütung der Vorstandsmitglieder nur in Übereinstimmung mit *einem* der Hauptversammlung vorgelegten Vergütungssystem festsetzen.[1153] Die Entscheidung, welches Vergütungssystem der Aufsichtsrat der Festsetzung zugrunde legen will, ergeht ebenfalls durch einen Aufsichtsratsbeschluss.[1154] Dieser Beschluss ist damit zeitlich der konkreten Vergütungsfestsetzung vor- und der Beschlussfassung des Vergütungssystems nach § 87a Abs. 1 Satz 1 AktG nachgeschaltet.

Durch eine Delegation der Entscheidung an die Hauptversammlung analog § 119 Abs. 2 AktG, welches Vergütungssystem nach § 87a Abs. 2 Satz 1 AktG die Grundlage der Vergütungsfestsetzung bilden soll, könnte im Gegensatz zu der in § 120a Abs. 1 Satz 1 AktG unverbindlichen Beschlussfassung eine verbindliche Beschlussfassung der Hauptversammlung ermöglicht werden. Ein Votum der Hauptversammlung über das Vergütungssystem wäre nur dann verbindlich, wenn der Aufsichtsrat bei der Vergütungsfestsetzung über § 87a Abs. 2 Satz 1 AktG hinaus an ein konkret gebilligtes System gebunden wäre. Bei dem Beschluss des Aufsichtsrats, welches Vergütungssystem er zur Grundlage der Vergütungsfestsetzung machen will, müsste es sich für eine Delegation

1153 Siehe dazu bereits: § 10 A.

1154 Siehe: § 10 A. I. 3.

an die Hauptversammlung um eine originäre Geschäftsführungsaufgabe des Aufsichtsrats handeln.

Die Frage, nach welchem konkreten System der Aufsichtsrat die Vergütung festsetzt, liegt jedenfalls in der Zuständigkeit des Aufsichtsrats selbst.[1155] Insofern handelt es sich bei der Auswahl des zugrundeliegenden Systems nach § 87a Abs. 2 Satz 1 AktG wiederum um eine Entscheidung innerhalb des Vorgangs der Festlegung der Vorstandsvergütung, welche eine Geschäftsführungsmaßnahme darstellt. Das ist insofern unproblematisch, als der Aufsichtsrat jederzeit einen neuen Beschluss fassen und damit die Anknüpfung der Bindungswirkung ändern kann.[1156] Die Entscheidung, welches Vergütungssystem der Aufsichtsrat der Festsetzung zugrunde legt, unterscheidet sich insofern von der Festsetzungsentscheidung, als der Aufsichtsrat nach wie vor für die konkrete Ausgestaltung im Anstellungsvertrag verantwortlich bleibt, sich dabei aber in dem von der Hauptversammlung dann verbindlich gebilligten System bewegen muss.

Verfahrensmäßig kann die Delegation der Auswahl des Vergütungssystems durch einen Eventualantrag oder eine kombinierte Beschlussvorlage erreicht werden. Möglich wäre ein sogenannter Eventualantrag, bei dem die Hauptversammlung zunächst über das Vergütungssystem nach § 120a Abs. 1 Satz 1 AktG abstimmt. Bei positiver Beschlussfassung behandelt die Hauptversammlung sodann analog § 119 Abs. 2 AktG die Frage, ob es sich bei dem beschlossenen System um dasjenige System handeln soll, innerhalb dessen sich die Festsetzung der Vorstandsvergütung nach § 87a Abs. 2 Satz 1 AktG zu bewegen hat. Möglich wäre aber auch, diese Punkte innerhalb desselben Beschlussvorschlags zu kombinieren. Nach § 124 Abs. 3 Satz 1 AktG ist der Aufsichtsrat für die Beschlussvorlage des Votums nach § 120a Abs. 1 Satz 1 AktG zuständig.[1157] Insofern kann in der Beschlussvorlage für den Fall der Billigung die Rechtsfolge der für den Aufsichtsrat bindenden Wirkung des Systems vorgeschlagen werden. Den Anforderungen an die Abstimmung über das Vergütungssystem ist weiter Genüge getan, sodass nicht gegen § 120a Abs. 1 Satz 1 AktG verstoßen wird.

1155 Siehe dazu ausführlich: § 10 A.

1156 Siehe dazu: § 10 A. V.

1157 Siehe: § 8 B. I.

Der Aufsichtsrat kann demnach die Hauptversammlung über seine Geschäftsführungsfrage entscheiden lassen, nach welchem System die Vergütung der Vorstände festgesetzt werden soll. Statt die Vergütung der Vorstandsmitglieder nach § 87a Abs. 2 Satz 1 AktG nur in Übereinstimmung mit *einem* der Hauptversammlung vorgelegten Vergütungssystem festzusetzen, muss der Aufsichtsrat die Vergütung der Vorstandsmitglieder dann in Übereinstimmung mit dem analog § 119 Abs. 2 AktG ausgewählten Vergütungssystem festsetzen. Der Aufsichtsrat kann folglich über das Vehikel der Vorlage von Geschäftsführungsentscheidungen analog § 119 Abs. 2 AktG für eine verbindliche Wirkung des Vergütungsvotums sorgen.

E. Ergebnis

Der Aufsichtsrat ist grundsätzlich berechtigt der Hauptversammlung analog § 119 Abs. 2 AktG seine originären Geschäftsführungsentscheidungen vorzulegen. Zu den vorlagefähigen Geschäftsführungsentscheidungen im Zusammenhang mit der Festlegung der Vorstandsvergütung gehören die konkrete Vergütungsfestsetzung im Anstellungsvertrag, die Beschlussfassung über das Vergütungssystem nach § 87a Abs. 1 Satz 1 AktG sowie die Entscheidung darüber, welches Vergütungssystem der Aufsichtsrat nach § 87a Abs. 2 Satz 1 AktG als Grundlage der Vergütungsfestsetzung verwendet. Der Aufsichtsrat muss bei der Vorlage der konkreten Vergütungsabrede, nicht die Anforderungen des § 87a Abs. 2 Satz 1 AktG erfüllen. Die Vergütungsabrede muss nicht mit einem der Hauptversammlung nach § 120a Abs. 1 Satz 1 AktG vorgelegten Vergütungssystem übereinstimmen. Die Vorlage des Beschlusses über das Vergütungssystem als Ganzes nach § 87a Abs. 1 Satz 1 AktG an die Hauptversammlung ist zwar möglich, erschöpft sich aber in den noch weitergehenden Rechtswirkungen des Vergütungsvotums nach § 120a Abs. 1 Satz 1 AktG. Legt der Aufsichtsrat der Hauptversammlung die Entscheidung vor, welches Vergütungssystem als Grundlage für die Festsetzung der Vergütung dienen soll, bekommt die Hauptversammlung abweichend von § 120a Abs. 1 Satz 1 AktG die Möglichkeit, verbindlich über das Vergütungssystem Beschluss zu fassen. Statt die Vergütung der Vorstandsmitglieder nach § 87a Abs. 2 Satz 1 AktG nur in Übereinstimmung mit *einem* der Hauptversammlung vorgelegten Vergütungssystem festzusetzen, muss der Aufsichtsrat die Vergütung der Vorstandsmitglieder dann in Übereinstimmung mit dem analog § 119 Abs. 2 AktG ausgewählten Vergütungssystem festsetzen.

TEIL 6

Zusammenfassung der wesentlichen Ergebnisse in Thesen

A. Das Vergütungssystem

1. Zahlungen Dritter an das Vorstandsmitglied müssen im Vergütungssystem nur insoweit berücksichtigt werden und sind damit nur insoweit Gegenstand des Hauptversammlungsbeschlusses nach § 120a Abs. 1 Satz 1 AktG, als diese Zahlungen des Dritten wirtschaftlich oder rechtlich der Gesellschaft zuzurechnen sind.[1158]

2. Die ausdrückliche gesetzliche Zuständigkeit des Aufsichtsrats für den Beschluss über das Vergütungssystem nach § 87a Abs. 1 Satz 1 AktG umfasst auch die Kompetenz zur Ausarbeitung des Vergütungssystems.[1159] Das ergibt sich aus dem deutschen dualistischen Kompetenzgefüge, welches der europäische Richtliniengeber nach Erwägungsgrund 28 der zweiten Aktionärsrechterichtlinie grundsätzlich respektiert.

3. Der Aufsichtsrat kann die Entscheidungen, die hinsichtlich des Vergütungssystems anfallen, einem Ausschuss übertragen.[1160] Er unterliegt bezüglich dieser Entscheidungen keinem Delegationsverbot.

4. Klarheit und Verständlichkeit des Vergütungssystems sind am durchschnittlichen Aktionär zu bemessen, der jedoch nicht mit dem Durchschnittsverbraucher übereinstimmt.[1161] Dabei muss für den durchschnittlichen Aktionär nicht jedes Detail und jede Einzelheit verständlich sein, solange er in die Lage versetzt wird, eine informierte Entscheidung über das Vergütungssystem zu treffen.

[1158] § 8 A. I. 1. c).
[1159] § 8 A. I. 2. b).
[1160] § 8 A. I. 2. c).
[1161] § 8 A. I. 3.

5. Die materiellen Vergütungsvorgaben des § 87 Abs. 1 AktG sind durch den Aufsichtsrat schon bei der Erstellung des Vergütungssystems zu beachten.[1162]
6. Ein flexibles Vergütungssystem kann dem Aufsichtsrat bei der Gestaltung der Vergütung Ermessensspielräume schaffen.[1163] Um dem Konflikt zwischen Flexibilität und ausreichender Transparenz gegenüber den Aktionären gerecht zu werden, müssen in Anlehnung an das Transparenzgebot des § 308 Nr. 4 BGB die Voraussetzungen, der Umfang und die sachliche Berechtigung der Gestaltungsmöglichkeiten im Vergütungssystem vorhersehbar sein. Durch die Ausgestaltung von Spielräumen im Vergütungssystem besteht auch kein Konflikt zur Abweichungsregelung in § 87a Abs. 2 Satz 2 AktG, da es sich gerade um keine Abweichung vom Vergütungssystem handelt. So bietet die Maximalvergütung mit vielen Gestaltungsspielräumen eine Möglichkeit – zum Beispiel mittels Angabe einer Einzelmaximalvergütung – für Flexibilität bei Bestellungen eines neuen Vorstandsmitglieds zu sorgen. Hinsichtlich der Vergütungsstruktur empfiehlt sich zunächst die Darstellung verschiedener Vergütungsbestandteile und mit Blick auf die vorher nicht absehbare Höhe der variablen Vergütung die Darstellung der entscheidenden Parameter statt konkreter Zielbeträge. Bei der variablen Vergütung bietet es sich an, dem Aufsichtsrat die Auswahl aus mehreren Kennziffern zu ermöglichen. Daneben erlaubt das Gesetz insbesondere für die Entscheidungen im Rahmen der Zielerreichung breite Spielräume für den Aufsichtsrat.

B. Der Hauptversammlungsbeschluss

7. Das Hauptversammlungsvotum über das Vergütungssystem nach § 120a Abs. 1 Satz 1 AktG ist ein Beschluss *sui generis*, für den die allgemeinen aktienrechtlichen Vorschriften für Beschlüsse gelten, sofern keine Sonderregelung Anwendung findet.[1164]
8. Eine Teilbilligung oder Teilablehnung des Vergütungssystems ist wegen der Einheit des Vergütungssystems und der inneren Verknüpfung der einzelnen Vergütungsbestandteile nicht möglich.[1165]

1162 § 8 A. I. 4.

1163 § 11.

1164 § 7.

1165 § 8 A. II.

9. Das vollständige Vergütungssystem ist auch bei einem Bestätigungsschluss nach § 120a Abs. 1 Satz 4 AktG – zumindest durch erneute Veröffentlichung der ursprünglichen Unterlagen zum vorherigen Vergütungsvotum – auf der Internetseite der Gesellschaft zu veröffentlichen.[1166]
10. Die Veröffentlichungspflicht des Vergütungssystems lässt das Auskunftsrecht der Aktionäre nach § 131 Abs. 1 AktG nicht entfallen und schränkt dieses auch nicht ein.[1167]
11. Der Aufsichtsrat darf für den entsprechenden Antrag in der Hauptversammlung das nach § 124a Satz 1 Nr. 4 AktG veröffentlichte Vergütungssystem zumindest dann inhaltlich ändern, wenn dies in der Hauptversammlung ausreichend kommuniziert wird und hiermit auf Kritik der Aktionäre reagiert wird.[1168]
12. Der Aufsichtsrat kann bei erwartbarer Kritik an einem Vergütungssystem Alternativ- oder Hilfsanträge, die ein anderes Vergütungssystem zum Gegenstand haben, stellen.[1169]
13. Aktionäre können ein Ergänzungsverlangen nach § 122 Abs. 2 AktG kompetenzwahrend nur bei einer Verletzung der Vorlagepflicht des Aufsichtsrats nach § 120a Abs. 1 Satz 1 AktG stellen und auch dann nur die Vorlage des zuletzt vorgelegten Vergütungssystems verlangen.[1170]
14. Die Änderung des Vergütungssystems ist immer dann wesentlich, wenn der durchschnittliche Aktionär zu einer anderen Beurteilung kommen könnte, als es bei dem vorherigen Vergütungssystem der Fall gewesen ist, die Veränderung mithin so gravierend ist, dass diese mit den Aktionären aus Transparenzgründen geteilt werden muss.[1171] Dafür reicht es aus, wenn erwartet werden kann, dass andere als die bereits bekannten Äußerungen zu dem Vergütungssystem getätigt werden würden. Anders als bisher vorgeschlagen, sollte der Fokus aber nicht nur objektiv auf veränderten Anreizen liegen, sondern zusätzlich subjektiviert an der Aktionärsmeinung ausgerichtet werden.

[1166] § 8 B. I. 1.
[1167] § 8 B. I. 1.
[1168] § 8 B. I. 2.
[1169] § 8 B. I. 3.
[1170] § 8 B. III. 1.
[1171] § 8 C. II. 2

15. Unter einem überprüften Vergütungssystem nach § 120a Abs. 3 AktG ist nach richtiger Auffassung ein zumindest i.S.d. § 87a Abs. 1 Satz 2 Nr. 11 AktG ergänztes und damit in Teilen überarbeitetes Vergütungssystem zu verstehen.[1172]
16. Die Vorlage eines auf die Missbilligung des Vergütungssystems bedingten weiteren Vergütungssystems erfüllt nicht die Anforderungen des § 120a Abs. 3 AktG.[1173]
17. Die Vorlagepflicht nach § 120a Abs. 3 AktG kann nicht dadurch umgangen werden, dass der Aufsichtsrat das missbilligte Vergütungssystem vollständig verwirft und ohne erneute Hauptversammlungsvorlage auf ein bereits früher vorgelegtes Vergütungssystem zurückgreift.[1174] Vielmehr muss ein früher bereits vorgelegtes Vergütungssystem um die Angaben nach § 87a Abs. 1 Satz 2 Nr. 11 AktG ergänzt werden und der Hauptversammlung erneut vorgelegt werden.
18. Der Anfechtungsausschluss nach § 120a Abs. 1 Satz 3 AktG lässt sich nicht auf die Nichtigkeit und die Nichtigkeitsklage übertragen, sodass diese nach wie vor statthaft ist.[1175]
19. Trotz des § 120a Abs. 1 Satz 3 AktG, wonach die Anfechtbarkeit des Hauptversammlungsbeschlusses ausgeschlossen ist, können Gesetzesverstöße im Zusammenhang mit der Abstimmung über das Vergütungssystem durch die Feststellungsklage nach § 256 ZPO geltend gemacht werden.[1176]

C. Die Bindungswirkung

20. Die Bindungswirkung des Vergütungssystems ergibt sich nicht bereits aus der Vorlage an die Hauptversammlung, sondern knüpft erst an die Beschlussfassung der Hauptversammlung an.[1177] Anders als es der Wortlaut des § 87a Abs. 2 Satz 1 AktG dabei vermuten lässt, reicht nicht ein der Hauptversammlung vorgelegtes Vergütungssystem aus, es ergibt sich stattdessen aus der Richtlinie und der Systematik, dass es auch der Vorlage *in*

1172 § 9 B. I. 3. b).
1173 § 9 B. I. 3. a).
1174 § 9 B. I. 3. c).
1175 § 9 C. II.
1176 § 9 C. III.
1177 § 9 A. I. 2.

der Hauptversammlung durch einen Antrag und eine Beschlussfassung bedarf.

21. Die in § 87a Abs. 2 Satz 1 AktG getroffene Formulierung, dass die Vergütung nur *in Übereinstimmung* mit einem der Hauptversammlung vorgelegten Vergütungssystem festzusetzen ist, ist ausweislich der zweiten Aktionärsrechterichtlinie i.V.m. der Gesetzesbegründung in der Weise zu verstehen, dass die Vergütung nur *innerhalb des Rahmens* eines der Hauptversammlung vorgelegten Vergütungssystems festzusetzen ist.[1178]
22. Das Vergütungssystem bindet den Aufsichtsrat über § 87a Abs. 2 Satz 1 AktG auch über den Katalog des § 87a Abs. 1 Satz 2 AktG hinaus.[1179] Damit kann der Aufsichtsrat im Anstellungsvertrag keine über das Vergütungssystem hinausgehenden Regelungen treffen, unabhängig von der Auflistung der Angaben im gesetzlichen Katalog der Mindestinhalte. Daneben ist der Aufsichtsrat im Rahmen der Festsetzung bei über den Katalog hinausgehenden Angaben an diese gebunden.
23. Die Selbstbindung des Aufsichtsrats geht nicht so weit, dass der Aufsichtsrat bei Billigung des von ihm vorgelegten Vergütungssystems durch die Hauptversammlung an dieses gebunden ist.[1180] Der Aufsichtsrat ist vielmehr auch bei einer Billigung durch die Hauptversammlung frei darin, innerhalb seines pflichtgemäßen Ermessens jedes Vergütungssystem zur Grundlage der Festsetzung zu machen, dass den Anforderungen des § 87a Abs. 2 Satz 1 AktG genügt.
24. Der Aufsichtsrat hat das Vergütungsvotum im Rahmen seines unternehmerischen Ermessens bei der Festsetzung der Vorstandsvergütung zu beachten.[1181] Ein veränderter Pflichtenmaßstab geht dabei allerdings auch bei einer Ablehnung des Vergütungssystems nicht miteinher.
25. Bei der in § 87a Abs. 2 Satz 1 AktG geregelten Bindungswirkung handelt es sich um ein Verbotsgesetz i.S.d. § 134 BGB.[1182] Abweichend vom Grundsatz ist mit dem Telos der Norm als Folge aber gerade nicht die Gesamtnichtigkeit, sondern nur die Nichtigkeit der Vergütungsregelungen, die nicht mit dem vorgelegten Vergütungssystem übereinstimmen, anzunehmen.

[1178] § 9 B. I. 1. a)
[1179] § 9 B. I. 1. c).
[1180] § 9 B. I. 2.
[1181] § 9 B. II. 1.
[1182] § 9 B. II. 3. b) aa).

26. Aus der Bindungswirkung folgt keine generelle Einschränkung der Vertretungsmacht des Aufsichtsrats bei Abschluss des Anstellungsvertrags nach § 112 AktG.[1183]

27. Die Grundsätze zum Missbrauch der Vertretungsmacht finden grundsätzlich Anwendung und werden in der Regel bei einem Verstoß gegen § 87a Abs. 2 Satz 1 AktG zu bejahen sein, haben aber neben § 134 BGB mit der Rechtsfolge der (Teil-)Nichtigkeit keinen eigenen Anwendungsbereich.[1184]

28. Die Vereinbarung einer Verbindlichkeit des Vergütungsvotums ist im Verhältnis zwischen Aufsichtsrat und jedem einzelnen Vorstandsmitglied auf individualvertraglicher Basis möglich.[1185]

29. Von dem Vergütungsvotum geht grundsätzlich keine haftungsrechtliche Konsequenz aus.[1186] Setzt der Aufsichtsrat die Vergütung nicht in Übereinstimmung mit einem der Hauptversammlung vorgelegten Vergütungssystem fest, haftet er grundsätzlich aus § 116 Satz 1 AktG i.V.m. § 93 Abs. 2 AktG. Darüber hinaus wirkt sich ein billigender oder missbilligender Beschluss nicht auf die Haftung wegen eines Verstoßes gegen § 87 Abs. 1 AktG aus.

30. Im Rahmen der Festsetzung der Vergütung nach § 87a Abs. 2 Satz 1 AktG ist ein Rückgriff auf ein anderes als das zuletzt vorgelegte Vergütungssystem möglich.[1187] Weder Telos noch Systematik der gesetzlichen Regelung oder der unionsrechtliche Hintergrund sprechen überzeugend gegen einen solchen Rückgriff und gegen eine generelle Auswahlmöglichkeit des Aufsichtsrats. Das umfasst auch den Rückgriff auf ein abgelehntes Vergütungssystem.[1188]

31. Bei dem Rückgriff auf ein bereits zuvor vorgelegtes Vergütungssystem kann der Aufsichtsrat auf jedes einmal vorgelegte Vergütungssystem zurückgreifen, die Systeme unterliegen keiner zeitlichen Grenze.[1189]

32. Der Aufsichtsrat kann bei der Vereinbarung der Vergütung mit dem Vorstandsmitglied nur auf ein Vergütungssystem zurückgreifen, welches

---

1183 § 9 B. II. 3. b) cc).
1184 § 9 B. II. 3. b) dd).
1185 § 9 B. II. 2.
1186 § 9 B. II. 4.
1187 § 10 A. I. 1.
1188 § 10 A. I. 2.
1189 § 10 A. II.

der Hauptversammlung bereits in der Vergangenheit vorgelegt wurde.[1190] Der Abschluss einer Vergütungsabrede auf Grundlage eines neuen Vergütungssystems unter der aufschiebenden Bedingung der Vorlage dieses Systems an die Hauptversammlung ist nicht möglich.

33. Die Publizitätspflicht des Vergütungsvotums und des Vergütungssystems nach § 120a Abs. 2 AktG umfasst ebenfalls die Pflicht des Aufsichtsrats, das aktuell gültige Vergütungssystem erkennbar zu machen.[1191] Aktuell gültig ist jeweils nur das Vergütungssystem, das der Festsetzung nach § 87a Abs. 2 Satz 1 AktG aktuell zugrunde gelegt wird.

34. Mit dem Wohlergehen der Gesellschaft i.S.d. § 87a Abs. 2 Satz 2 AktG stellt der deutsche Gesetzgeber trotz unterschiedlichen Wortlauts die gleichen Voraussetzungen für ein Abweichen vom Vergütungssystem auf, wie die zweite Aktionärsrechterichtlinie mit den beiden Alternativen des langfristigen Interesses und der Tragfähigkeit der Gesellschaft auf der einen Seite und der Rentabilität auf der anderen Seite zur Auswahl stellt. [1192] Damit wurden die beiden alternativen Gelegenheiten, bei denen es sich nach der Richtlinie um die einzigen relevanten außergewöhnlichen Umstände handelt, vollständig ins Aktiengesetz übernommen.

35. Die Gelegenheiten, bei denen der Aufsichtsrat vom Vergütungssystem nach § 87a Abs. 2 Satz 2 AktG abweichen darf, sind abschließend im Gesetz beschrieben.[1193] Sie dienen nicht lediglich der Aufzählung von nicht abschließenden Beispielen.

36. Hinsichtlich der Ausgestaltung der Abweichungsklausel in § 87a Abs. 2 Satz 2 AktG gelten die Grundsätze des Transparenzgebots nach § 308 Nr. 4 BGB.[1194] Entscheidend ist, was Aktionäre bei der Vorlage und der Beschlussfassung über das Vergütungssystem hinsichtlich der Voraussetzungen und des Umfangs der von der Abweichungsklausel erfassten Änderungen vorhersehen konnten.

1190 § 10 A. IV.

1191 § 9 B. I. 4 und § 10 A. VI.

1192 § 10 B. II. 1. a).

1193 § 10 B. II. 1. b).

1194 § 10 B. II. 2.

37. Ein Abweichen i.S.d. § 87a Abs. 2 Satz 2 AktG ist nur dann vorübergehend, wenn es den Zeitraum von vier Jahren nicht überschreitet.[1195] Spätestens nach dieser Zeitspanne ist der Aufsichtsrat ohnehin verpflichtet, ein neues Vergütungssystem vorzulegen, bei dem er dann auch die sich veränderte Lage mit einfließen lassen kann.

38. Der Aufsichtsrat ist bei der Vereinbarung einer Begrenzungsmöglichkeit der variablen Vergütung für außerordentliche Entwicklungen nach § 87 Abs. 1 Satz 3 Hs. 2 AktG an die Maximalvergütung des Vergütungssystems gebunden, welches dem Anstellungsvertrag nach § 87a Abs. 2 Satz 1 AktG zugrunde liegt.[1196] Die vereinbarte Höchstgrenze der variablen Vergütung darf in Kombination mit der festen Vergütung die Maximalvergütung nicht übersteigen. Ebenso ist der Aufsichtsrat bei einer mit dem Vorstandsmitglied vereinbarten Ermessensentscheidung bei Ausübung dieses Ermessens an die Ausgestaltung der Maximalvergütung in dem damaligen Vergütungssystem gebunden.

39. Der Aufsichtsrat darf bei der Festsetzung der Vorstandsvergütung zumindest unwesentlich von dem Vergütungssystem abweichen, welches der Hauptversammlung zur Beschlussfassung nach § 120a Abs. 1 Satz 1 AktG vorgelegt wurde.[1197] Unwesentliche Änderungen des Vergütungssystems sind insofern keine Änderungen des Systems i.S.d. § 87a Abs. 2 Satz 1 AktG, sodass es sich bei dem System auch nach den Änderungen immer noch um ein *vorgelegtes Vergütungssystem* im Sinne der Norm handelt.

40. Der Beschluss über die Herabsetzung der Maximalvergütung nach § 87 Abs. 4 AktG entfaltet eine abstrakte Wirkung, wonach die Maximalvergütung unabhängig vom aktuell angewandten Vergütungssystem jedenfalls bis zur Vorlage und anschließenden Anwendung eines neuen Vergütungssystems durch den Aufsichtsrat auf den von der Hauptversammlung bestimmten Betrag begrenzt bleibt.[1198] Dabei ist der Rückgriff auf frühere Vergütungssysteme nicht vollständig ausgeschlossen. Für diese Systeme gilt aber wegen der abstrakten Wirkung des Herabsetzungsbeschlusses, dass die Maximalvergütung den von der Hauptversammlung beschlossenen Betrag grundsätzlich nicht übersteigen darf.

1195 § 10 B. V.

1196 § 10 D.

1197 § 12 B.

1198 § 9 B. III. 1. b).

41. Wurde die Maximalvergütung durch Beschluss der Hauptversammlung nach § 87 Abs. 4 AktG herabgesetzt, darf der Aufsichtsrat grundsätzlich nicht nach § 87a Abs. 2 Satz 2 AktG von dem Betrag nach oben abweichen.[1199] Verändern sich objektiv nachweisbar nach der Beschlussfassung durch die Hauptversammlung die tatsächlichen Umstände für die Gesellschaft, kann der Aufsichtsrat bei entsprechender Kausalität von der herabgesetzten Maximalvergütung abweichen.

42. Die Kompetenz der Hauptversammlung, nach § 87 Abs. 4 AktG die Maximalvergütung herabzusetzen, umfasst sowohl die Möglichkeit der kollektiven Herabsetzung als auch die Möglichkeit zur individuellen Herabsetzung, soweit das Vergütungssystem des Aufsichtsrats eine entsprechende Differenzierung vorsieht.[1200]

D. Weitere Möglichkeiten der Aktionärsbeteiligung bei der Vergütungsfrage

43. Satzungsregelungen mit Blick auf die Vergütungsentscheidungen des Aufsichtsrats sind als Abweichung vom Gesetz grundsätzlich nach § 23 Abs. 5 Satz 1 AktG unzulässig.[1201] Unzulässig sind Satzungsregeln betreffend die Formalia des Vergütungsvotums nach § 120 Abs. 1–3 AktG, zur Einführung eines verbindlichen Vergütungsvotums, zur Regelung inhaltlicher Anforderungen an das Vergütungssystem und zur Festlegung von Festsetzungsvorgaben.

44. Darüber hinaus kann die Satzung mit Blick auf das Vergütungsvotum nach § 120a Abs. 1 Satz 1 AktG zumindest ein höheres Quorum für die Beschlussfassung vorsehen.[1202]

45. Es ist dem Aufsichtsrat grundsätzlich möglich, der Hauptversammlung analog § 119 Abs. 2 AktG Fragen innerhalb der originären Geschäftsführungsbefugnisse des Aufsichtsrats vorzulegen und sich damit gegenüber der Gesellschaft zu enthaften.[1203]

1199 § 9 B. III. 1. d).

1200 § 9 B. III. 2.

1201 § 13 B. I.

1202 § 13 B. I. 1. a).

1203 § 14 C.

46. Eine Vorlagebefugnis des Aufsichtsrats analog § 119 Abs. 2 AktG besteht hinsichtlich der konkreten Vergütungsfestsetzung.[1204] Das unverbindliche Votum nach § 120a Abs. 1 Satz 1 AktG steht der Befugnis nicht entgegen. Der Aufsichtsrat ist bei der Vorlage der Festsetzung nicht an § 87a Abs. 2 Satz 1 AktG gebunden.

47. Hinsichtlich des Vergütungssystems kann der Aufsichtsrat der Hauptversammlung analog § 119 Abs. 2 AktG die Entscheidung über das Vergütungssystem als Ganzes nach § 87a Abs. 1 Satz 1 AktG vorlegen.[1205] Die Wirkung der Vorlage erschöpft sich aber in den noch weitergehenden Rechtswirkungen des Vergütungsvotums nach § 120a Abs. 1 Satz 1 AktG.

48. Mit der Vorlage der Entscheidung analog § 119 Abs. 2 AktG darüber, welches Vergütungssystem zur Grundlage der Bindungswirkung nach § 87a Abs. 2 Satz 1 AktG verwendet werden soll, kann der Aufsichtsrat ein verbindliches Votum der Hauptversammlung über das Vergütungssystem herbeiführen.[1206]

1204 § 14 D. I.

1205 § 14 D. II. 1.

1206 § 14 D. II. 2.

Literaturverzeichnis

Annuß, Georg/Theusinger, Ingo: Das VorstAG – Praktische Hinweise zum Umgang mit dem neuen Recht, BB 2009, S. 2434–2442 (zit: *Annuß/Theusinger*, BB 2009).

Anzinger, Heribert: Vorstands- und Aufsichtsratsvergütung: Kompetenzverteilung und Offenlegung nach der zweiten Aktionärsrechterichtlinie, ZGR 2019, S. 39–96 (zit: *Anzinger*, AG 2019).

Arnold, Arnd: Die Steuerung des Vorstandshandelns, Eine rechtsökonomische Untersuchung der Principal-Agent-Problematik in Publikumskapitalgesellschaften, München 2007 (zit: *A. Arnold*, Die Steuerung des Vorstandshandelns).

Arnold, Christian/Herzberg, Julia/Zeh, Ricarda: Das Vergütungssystem börsennotierter Gesellschaften nach § 87a AktG, AG 2020, S. 313–322 (zit: *C. Arnold/Herzberg/Zeh*, AG 2020).

Arnold, Christian/Herzberg, Julia/Zeh, Ricarda: Vorstandsvergütung und Nachhaltigkeit, AG 2021, S. 141–147 (zit: *C. Arnold/Herzberg/Zeh*, AG 2021).

Bachmann, Gregor: Neue Vergütungsregeln im Kodex, ZHR 2020, S. 127–138 (zit: *Bachmann*, ZHR 2020).

Bachmann, Gregor/Pauschinger, Philipp: Die Neuregelung der Vorstands- und Aufsichtsratsvergütung durch das ARUG II, ZIP 2019, S. 1–10 (zit: *Bachmann/Pauschinger*, ZIP 2019).

Backhaus, Richard: Die Auswirkungen der Neuregelungen zur Vorstandsvergütung im ARUG II auf die börsennotierte Kommanditgesellschaft auf Aktien (KGaA), AG 2020, S. 432–468 (zit: *Backhaus*, AG 2020).

Backhaus, Richard (Hrsg.)/Tielmann, Jörgen (Hrsg.): Der Aufsichtsrat, Kommentar, 2. Aufl., München 2023 (zit: *Bearbeiter*, in: Backhaus/Tielmann, Der Aufsichtsrat).

Bauer, Jobst-Hubertus/Arnold, Christian: Festsetzung und Herabsetzung der Vorstandsvergütung nach dem VorstAG, AG 2009, S. 717–731 (zit: *Bauer/C. Arnold*, AG 2009).

Bauer, Jobst-Hubertus/Arnold, Christian: Drittvergütung von Vorstandsmitgliedern nach dem ARUG II, in: Festschrift für Martin Henssler zum 70. Geburtstag, S. 785–795, München 2023 (zit: *Bauer/C. Arnold*, in: FS Henssler (2023)).

Baums, Theodor: Der Geschäftsleitervertrag, Begründung, Inhalt und Beendigung der Rechtsstellung der Vorstandsmitglieder und Geschäftsführer in den Kapitalgesellschaften und Genossenschaften, Köln 1987 (zit: *Baums*, Der Geschäftsleitervertrag).

Bayer, Walter: Die Vergütung von Vorstands- und Aufsichtsratsmitgliedern börsennotierter Gesellschaften nach dem RefE für das ARUG II, DB 2018, S. 3034–3042 (zit: *Bayer*, DB 2018).

Bayer, Walter: Der Missbrauch der Vertretungsmacht unter besonderer Berücksichtigung des Handels- und Gesellschaftsrechts, in: Festschrift für Eberhard Vetter, S. 51–78, Köln 2019 (zit: *Bayer*, in: FS Vetter (2019)).

Bayer, Walter/Meier-Wehrsdorfer, Annett: Abfindungsleistungen an Manager, Rechtstatsachen, Rechtsdogmatik und rechtspolitische Vorschläge für verbesserte Transparenz und angemessene Begrenzungen, AG 2013, S. 477–488 (zit: *Bayer/Meier-Wehrsdorfer*, AG 2013).

Begemann, Arndt/Laue, Bastian: Der neue § 120 Abs. 4 AktG – ein zahnloser Tiger?, BB 2009, S. 2442–2446 (zit: *Begemann/Laue*, BB 2009).

Beiner, Torsten/Braun, Eckhart: Der Vorstandsvertrag, Bestellung und Anstellungsvertrag der Vorstandsmitglieder einer Aktiengesellschaft, 2. Aufl., Stuttgart 2014 (zit: *Beiner/Braun*, Der Vorstandsvertrag).

Böcking, Hans-Joachim/Bundle, Laura: Die Umsetzung der zweiten Aktionärsrechterichtlinie (ARUG II), Implikationen der neuen Vergütungsregelungen für die Corporate Governance in Deutschland, Der Konzern 2020, S. 15–23 (zit: *Böcking/Bundle*, Der Konzern 2020).

Boecken, Winfried (Hrsg.)/Düwell, Franz Josef (Hrsg.)/Diller, Martin (Hrsg.)/Hanau, Hans (Hrsg.): Gesamtes Arbeitsrecht, 2. Aufl., Baden-Baden 2023 (zit: *Bearbeiter*, in: NK-GA).

Bomhard, Nikolaus von/Redeke, Julian: Say on Climate, in: Vom Wert guter Governance, Festschrift für Professor Christian Strenger zum 80. Geburtstag, S. 76–91, Düsseldorf 2023 (zit: *v. Bomhard/Redeke*, in: FS Strenger (2023)).

Bosse, Christian: Das Gesetz zur Angemessenheit der Vorstandsvergütung (VorstAG) – Überblick und Handlungsbedarf, BB 2009, S. 1650–1654 (zit: *Bosse*, BB 2009).

Brandes, Stephan: Rückzahlung überhöhter Vorstandsgehälter, ZIP 2013, S. 1107–1112 (zit: *Brandes*, ZIP 2013).

Bürgers, Tobias (Hrsg.)/Körber, Torsten (Hrsg.): Aktiengesetz, 4. Aufl., Heidelberg 2017 (zit: *Bearbeiter*, in: Bürgers/Körber, AktG, 4. Aufl.).

Bürgers, Tobias (Hrsg.)/Lieder, Jan (Hrsg.): Aktiengesetz, 6. Aufl., Heidelberg 2024 (zit: *Bearbeiter*, in: Bürgers/Lieder, AktG).

Bundle, Laura: Vorstandsvergütung als Mechanismus der Corporate Governance, Grundsätze für die Konzeption und Publizität der Vorstandsvergütung in Deutschland, Wiesbaden 2021 (zit: *Bundle*, Vorstandsvergütung als Mechanismus der Corporate Governance).

Bundle, Laura/Schmid, Remo/Wagner, Alexander F.: Vorstandsvergütung: Status quo, Trends und Herausforderungen, in: Festschrift für Hans-Joachim Böcking zum 65. Geburtstag, S. 45–53, München 2021 (zit: *Bundle/Schmid/Wagner*, in: FS Böcking (2021)).

Bungert, Hartwin: Gesetz zur Umsetzung der zweiten EU-Aktionärsrechte-RL (ARUG II) verabschiedet, Say on Pay und Related Party Transactions mit wichtigsten Änderungen endlich final, DB 2019, M4–M5 (zit: *Bungert*, DB 2019).

Bungert, Hartwin/Berger, Lucina: Say on Pay und Related Party Transactions: Der RefE des Gesetzes zur Umsetzung der zweiten Aktionärsrechterichtlinie (Teil 1), DB 2018, S. 2801–2807 (zit: *Bungert/Berger*, DB 2018).

Bungert, Hartwin/Wansleben, Till: Umsetzung der überarbeiteten Aktionärsrechterichtlinie in das deutsche Recht: Say on Pay und Related Party Transactions, DB 2017, S. 1190–1200 (zit: *Bungert/Wansleben*, DB 2017).

Bungert, Hartwin/Wansleben, Till: ARUG II: Say on Pay und Related Party Transaction im Regierungsentwurf aus Sicht der Praxis, BB 2019, S. 1026–1030 (zit: *Bungert/Wansleben*, BB 2019).

Butzke, Volker: Die Hauptversammlung der Aktiengesellschaft, 5. Aufl., Stuttgart 2011 (zit: *Butzke*, Hauptversammlung).

Butzke, Volker: Zweifelsfragen zum Umgang des Vorstands mit zulässigem Ergänzungsverlangen nach § 122 Abs. 2 AktG, in: Festschrift für Reinhard Marsch-Barner zum 75. Geburtstag, S. 103–118, München 2018 (zit: *Butzke*, in: FS Marsch-Barner (2018)).

Bydlinski, Peter: Grundzüge der juristischen Methodenlehre, 4. Aufl. Wien 2023 (zit: *Bydlinski*, Grundzüge der juristischen Methodenlehre).

Cahn, Andreas: Vorstandsvergütung als Gegenstand rechtlicher Beratung, in: Festschrift für Klaus J. Hopt zum 70. Geburtstag, Band 1, S. 431–455, Berlin 2010 (zit: *Cahn*, in: FS Hopt (2010)).

Cahn, Andreas: Einfluss der Aktionäre auf die Vorstandsvergütung: Das Recht zur Herabsetzung der Maximalvergütung nach § 87 Abs. 4 Aktiengesetz, in: Festschrift für Hans-Joachim Böcking zum 65. Geburtstag, S. 55–62, München 2021 (zit: *Cahn*, in: FS Böcking (2021)).

Cahn, Andreas: Die Leitung der Aktiengesellschaft durch den Vorstand, NZG 2023, S. 299–302 (zit: *Cahn*, NZG 2023).

Calliess, Christian (Hrsg.)/Ruffert, Matthias (Hrsg.): EUV/AEUV, Das Verfassungsrecht der Europäischen Union mit Europäischer Grundrechtecharta, 6. Aufl., München 2022 (zit: *Bearbeiter*, in: Calliess/Ruffert).

Cannivé, Klaus/Seebach, Daniel: Vorstandsvergütung als neue Haftungsfalle für Aufsichtsratsmitglieder?, – Haftung und Verhaltenspflichten der Aufsichtsratsmitglieder nach Inkrafttreten des VorstAG –, Der Konzern 2009, S. 593–601 (zit: *Cannivé/Seebach*, Der Konzern 2009).

Çapa, Mehmet Sadık: Konsultative Hauptversammlungsbeschlüsse im Aktienrecht aus rechtsvergleichender Sicht, Baden-Baden 2021 (zit: Çapa, Konsultative Hauptversammlungsbeschlüsse im Aktienrecht).

Charnitzky, Milena: Die Festsetzung variabler Vergütungsbestandteile im Vorstandsvergütungssystem börsennotierter Gesellschaften, NZG 2021, S. 1438–1443 (zit: *Charnitzky*, NZG 2021).

Crass, Lisa: Die Vergütung von Vorstandsmitgliedern börsennotierter Aktiengesellschaften, Eine rechtliche und ökonomische Analyse der Vorstandsvergütung und Wege zu einer optimierten Vergütungspolitik, Hamburg 2012 (zit: *Crass*, Die Vergütung von Vorstandsmitgliedern börsennotierter Aktiengesellschaften).

Dauner-Lieb, Barbara: Die Verrechtlichung der Vorstandsvergütung durch das VorstAG als Herausforderung für den Aufsichtsrat, – Methodische Probleme im Umgang mit Rechtsunsicherheit –, Der Konzern 2009, S. 583–593 (zit: *Dauner-Lieb*, in: Der Konzern 2009).

Dauner-Lieb, Barbara/Friedrich, Maximilian: Zur Reichweite des § 87 II AktG, Rückgängigmachung der Kürzung nach Erholung der Lage der Gesellschaft?, NZG 2010, S. 688–692 (zit: *Dauner-Lieb/Friedrich*, NZG 2010).

Deilmann, Barbara/Otte Sabine: „Say on Pay" – erste Erfahrungen der Hauptversammlungspraxis, DB 2010, S. 545–547 (zit: *Deilmann/Otte*, DB 2010).

Diekmann, Hans: „Say on Pay" – Wesentliche Änderungen bei der Vergütung von Vorständen und Aufsichtsräten aufgrund der geänderten Aktionärsrechterichtlinie, WM 2018, S. 796–800 (zit: *Diekmann*, WM 2018).

Diekmann, Hans: Say on Pay – Umsetzung ins deutsche Recht nach dem ARUG II-Referentenentwurf, BB 2018, S. 3010–3013 (zit: *Diekmann*, BB 2018).

Dietz-Vellmer, Fabian: Hauptversammlungsbeschlüsse nach § 119 II AktG – geeignetes Mittel zur Haftungsvermeidung für Organe?, NZG 2014, S. 721–729 (zit: *Dietz-Vellmer*, NZG 2014).

Dilenge, Michelle: Vorstandsvergütung und Greenwashing, BB 2023, S. 2819–2823 (zit: *Dilenge*, BB 2023).

Diller, Martin: Nachträgliche Herabsetzung von Vorstandsvergütungen und -ruhegeldern nach dem VorstAG, NZG 2009, S. 1006–1009 (zit: *Diller*, NZG 2009).

Döll, Matthias: Das Votum zum Vergütungssystem nach § 120 Abs. 4 AktG, WM 2010, S. 103–112 (zit: *Döll*, WM 2010).

Dörrwächter, Jan/Harrack, Johannes: Praxisfragen der Maximalvergütung bei der Gestaltung von Vergütungssystemen für den Vorstand, DB 2021, S. 2064–2072 (zit: *Dörrwächter/Harrack*, DB 2021).

Dörrwächter, Jan/Harrack, Johannes: Ermessen des Aufsichtsrats in der Vorstandsvergütung, NZG 2024, S. 611–618 (zit: *Dörrwächter/Harrack*, NZG 2024).

Dörrwächter, Jan/Leuering, Dieter: Die Maximalvergütung für Vorstandsmitglieder nach ARUG II, NJW-Spezial 2020, S. 15–16 (zit: *Dörrwächter/Leuering*, NJW-Spezial 2020).

Dose, Stefan: Zivilrechtliche Haftung und Aufgabendelegation auf Ausschüsse im Aufsichtsrat der AG, ZGR 1973, S. 300–316 (zit: *Dose*, ZGR 1973).

Drinhausen, Florian: Weiterer Reformbedarf im Aktienrecht – Mehr Aktionärsdemokratie wagen, ZHR 2022, S. 201–212 (zit: *Drinhausen*, ZHR 2022).

Drinhausen, Florian/Keinath, Astrid: BB-Rechtsprechungs- und Gesetzgebungsreport zum Hauptversammlungsrecht 2009, Vorbereitung der Hauptversammlungssaison 2010, BB 2010, S. 3–10 (zit: *Drinhausen/Keinath*, BB 2010).

Drinhausen, Florian (Hrsg.)/Eckstein, Hans-Martin (Hrsg.): Beck'sches Handbuch der AG, Gesellschaftsrecht – Steuerrecht – Börsengang, 3. Aufl., München 2018 (zit: *Bearbeiter*, in: BeckHdb-AG).

Drygala, Tim: Die neue Pflicht des Vorstands zur Bescheidenheit, in: Festschrift für Uwe H. Schneider, S. 275–293, Köln 2011 (zit: *Drygala*, in: FS Schneider (2011)).

Emmerich, Volker/Habersack, Matthias: Aktien- und GmbH-Konzernrecht, Kommentar, 10. Aufl., München 2022 (zit: *Bearbeiter*, in: Emmerich/Habersack).

Falkenhausen, Joachim Freiherr von: Enthaftung durch Hauptversammlungsbeschluss, Kann § 93 IV 1 AktG den Vorstand vor Haftung schützen?, NZG 2016 S. 601–605 (zit: *v. Falkenhausen*, NZG 2016).

Falkenhausen, Joachim Freiherr von/Kocher, Dirk: Erste Erfahrungen mit dem Vergütungsvotum der Hauptversammlung, Empirische Untersuchung und rechtliche Überlegungen, AG 2010, S. 623–623 (zit: *v. Falkenhausen/Kocher*, AG 2010).

Favoccia, Daniela/Berger, Lucina/Heldt, Cordula/Göres, Jessica/ Altenbockum, Uta-Bettina von: Unternehmen & ESG – Transformation oder nur Berichterstattung?, AG 2024, S. 538–542 (zit: *Favoccia/Berger/ Heldt/Göres/v. Altenbockum*, AG 2024).
Fest, Timo: Sustainable Shareholder Activism Anliegen, Hemmnisse und Reformperspektiven, AG 2024, S. 269–281 (zit: *Fest*, AG 2024).
Feudner, Bernd W.: Regeln für Vorstandsbezüge – Ustitia est constans et perpetua voluntas ius suum cuique tribuendi –, NZG 2007, S. 779–781 (zit: *Feudner*, NZG 2007).
Fischbach, Jonas: Hauptversammlungsvorlagen des Aufsichtsrats, ZIP 2013, S. 1153–1160 (zit: *Fischbach*, AG 2013).
Fischer, Sebastian: Der Rückgewähranspruch bei Beraterverträgen mit Aufsichtsratsmitgliedern, BB 2015, S. 1411–1418 (zit: *Fischer*, BB 2015).
Fleischer, Holger: Zur Angemessenheit der Vorstandsvergütung im Aktienrecht (Teil II), DStR 2005, S. 1318–1323 (zit: *Fleischer*, DStR 2005).
Fleischer, Holger: Das Mannesmann-Urteil des Bundesgerichtshofs: Eine aktienrechtliche Nachlese, DB 2006, S. 542–545 (zit: *Fleischer*, DB 2006).
Fleischer, Holger (Hrsg.), Handbuch des Vorstandsrechts, 1. Aufl., München 2006 (zit: *Bearbeiter*, in: Fleischer, VorstandsR-Hdb).
Fleischer, Holger: Das Gesetz zur Angemessenheit der Vorstandsvergütung (VorstAG), NZG 2009, S. 801–806 (zit: *Fleischer*, NZG 2009).
Fleischer, Holger: Konsultative Hauptversammlungsbeschlüsse im Aktienrecht, – Rechtsdogmatik, Rechtsvergleichung, Rechtspolitik –, AG 2010, S. 681–692 (zit: *Fleischer*, AG 2010).
Fleischer, Holger: Klimaschutz im Gesellschafts-, Bilanz- und Kapitalmarktrecht, DB 2022, S. 37–45 (zit: *Fleischer*, DB 2022).
Fleischer, Holger/Bedkowski, Dorothea: „Say on Pay“ im deutschen Aktienrecht: Das neue Vergütungsvotum der Hauptversammlung nach § 120 Abs. 4 AktG, AG 2009, S. 677–686 (zit: *Fleischer/Bedkowski*, AG 2009).
Fleischer, Holger/Hülse, Philipp: Klimaschutz und aktienrechtliche Kompetenzverteilung: Zum Für und Wider eines „Say on Climate“, DB 2023, S. 44–53 (zit: *Fleischer/Hülse*, DB 2023).
Florstedt, Tim: Die neuen Aktionärsvoten zur Organvergütung, Zur Umsetzung von Art. 9a, b der geänderten Aktionärsrechterichtlinie nach dem Regierungsentwurf eines ARUG II, ZGR 2019, S. 630–663 (zit: *Florstedt*, ZGR 2019).
Florstedt, Tim: Aktionärsvoten zur Vergütung und Common Ownership, Gefährden die neuen Say on Pay-Beschlüsse den Wettbewerb? Zur Bedeutung von indirekten Horizontalverflechtungen für das ARUG II, ZIP 2019, S. 1693–1698 (zit: *Florstedt*, ZIP 2019).

Florstedt, Tim: Die wesentlichen Änderungen des ARUG II nach den Empfehlungen des Rechtsausschusses, Weitere sozial- und ökopolitische Indienstnahme der AG, Höchstgrenzen für Vorstandsgehälter und Effektuierung des Aktionärsschutzes bei related party transactions, ZIP 2020, S. 1–9 (zit: *Florstedt*, ZIP 2020).

Freidank, Carl-Christian: Vergütung des Leitungsorgans in der Unternehmenskrise, Eine Analyse aus betriebswirtschaftlicher Sicht, AG 2025, S. R28-R31 (zit: *Freidank*, AG 2025).

Freund, Stefan: Starke Aufsichtsräte in der Organhaftung, NZG 2018, S. 1361–1368 (zit: *Freund*, NZG 2018).

Friedrich, Maximilian: Die Verrechtlichung von Organbezügen als europäisches Problem, Rechtsvergleichende Betrachtung der Begrenzung der Vergütung geschäftsführender Organe in deutschen und französischen Aktiengesellschaften, Baden-Baden 2011 (zit: *Friedrich*, Die Verrechtlichung von Organbezügen als europäisches Problem).

Fuhrmann, Lambertus: Beraterverträge mit Organmitgliedern in der Aktiengesellschaft, NZG 2017, S. 291–299 (zit: *Fuhrmann*, NZG 2017).

Gärtner, Matthias/Himmelmann, Elena: Beschlüsse der Hauptversammlung zur Vorstandsvergütung nach ARUG II, AG 2021, S. 259–270 (zit: *Gärtner/Himmelmann*, AG 2021).

Gaul, Björn/Janz, Alexandra: Wahlkampfgetöse im Aktienrecht: Gesetzliche Begrenzung der Vorstandsvergütung und Änderungen der Aufsichtsratstätigkeit, NZA 2009, S. 809–815 (zit: *Gaul/Janz*, NZA 2009).

Gaul, Felix: Das Vergütungsvotum der Hauptversammlung nach § 120 Abs. 4 AktG im Lichte der Reform der Aktionärsrechte-Richtlinie, § 120 Abs. 4 AktG, AG 2017, S. 178–187 (zit: *Gaul*, AG 2017).

Göcke, Torsten/Greubel, Marcel: Herabsetzung der Vorstandsvergütung in der Insolvenz, ZIP 2009, S. 2086–2090 (zit: *Göcke/Greubel*, ZIP 2009).

Goette, Wulf (Hrsg.)/Arnold, Michael (Hrsg.): Handbuch Aufsichtsrat, 2. Aufl., München 2024 (zit: *Bearbeiter*, in: Goette/M. Arnold, AR-Hdb).

Goette, Wulf (Hrsg.)/Habersack, Matthias (Hrsg.)/Kalss, Susanne (Hrsg.): Münchener Kommentar zum Aktiengesetz, Band 1, §§ 1–75, 6. Aufl., München 2024 (zit: *Bearbeiter*, in: MüKo-AktG).

Goette, Wulf (Hrsg.)/Habersack, Matthias (Hrsg.)/Kalss, Susanne (Hrsg.): Münchener Kommentar zum Aktiengesetz, Band 2, §§ 76–117, 6. Aufl., München 2023 (zit: *Bearbeiter*, in: MüKo-AktG).

Goette, Wulf (Hrsg.)/Habersack, Matthias (Hrsg.)/Kalss, Susanne (Hrsg.): Münchener Kommentar zum Aktiengesetz, Band 3, §§ 118–178, 4. Aufl., München 2018 (zit: *Bearbeiter*, in: MüKo-AktG, 4. Aufl.).

Goette, Wulf (Hrsg.)/Habersack, Matthias (Hrsg.)/Kalss, Susanne (Hrsg.): Münchener Kommentar zum Aktiengesetz, Band 3, §§ 118–178, 6. Aufl., München 2024 (zit: *Bearbeiter*, in: MüKo-AktG).

Goette, Wulf (Hrsg.)/Habersack, Matthias (Hrsg.)/Kalss, Susanne (Hrsg.): Münchener Kommentar zum Aktiengesetz, Band 4, §§ 179–277, 6. Aufl., München 2025 (zit: *Bearbeiter*, in: MüKo-AktG).

Göppert, Jan: Die Reichweite der Business Judgment Rule bei unternehmerischen Entscheidungen des Aufsichtsrats der Aktiengesellschaft, Berlin 2010 (zit: *Göppert*, Die Reichweite der Business Judgment Rule).

Goslar, Sebastian: Organvergütung nach ARUG II und dem neuen DCGK, DB 2020, S. 937–942 (zit: *Goslar*, DB 2020).

Grattenthaler, Tino: Die Vergütung von Vorstandsmitgliedern in Aktiengesellschaften, Eine grundlegende Betrachtung mit ausgesuchten Schwerpunkten aus rechtswissenschaftlicher Sicht, Frankfurt am Main 2007 (zit: *Grattenthaler*, Die Vergütung von Vorstandsmitgliedern in Aktiengesellschaften).

Grau, Timon: Rechtliche Steuerungsfaktoren für die Vorstandsvergütung, in: Festschrift für Martin Henssler zum 70. Geburtstag, S. 879–890, München 2023 (zit: *Grau*, in: FS Henssler (2023)).

Grigoleit, Hans Christoph (Hrsg.): Aktiengesetz, 1. Aufl., München 2013 (zit: *Bearbeiter*, in: Grigoleit, AktG, 1. Aufl.).

Grigoleit, Hans Christoph (Hrsg.): Aktiengesetz, 2. Aufl., München 2020 (zit: *Bearbeiter*, in: Grigoleit, AktG).

Grimm, Detlef: Neue Regeln für die Vorstandsvergütung, ArbRB 2019, S. 358 (zit: *Grimm*, ArbRB 2019).

Grimm, Detlef/Freh, Stefan: Die neuen Regeln der Vorstandsvergütung nach dem ARUG II, Rechtlicher Rahmen für börsennotierte Aktiengesellschaften, ArbRB 2020, S. 192–196 (zit: *Grimm/Freh*, ArbRB 2020).

Grisar, Daniel/Volhard, Antonia: Vertraglich verbindliche Nachhaltigkeitsverpflichtungen in GmbH und AG, NZG 2024, S. 515–521 (zit: *Grisar/Volhard*, NZG 2024).

Gsell, Beate (GesamtHrsg.)/Krüger, Wolfgang (GesamtHrsg.)/Lorenz, Stephan (GesamtHrsg.)/Reymann, Christoph (GesamtHrsg.): beck-online.GROSSKOMMENTAR, BGB, München 2025 (zit: *Bearbeiter*, in: BeckOGK-BGB).

Habersack, Matthias: 19 Jahre „ARAG/Garmenbeck" – und viele Fragen offen, NZG 2016, S. 321–327 (zit: *Habersack*, NZG 2016).

Habersack, Matthias: Vorstands- und Aufsichtsratsvergütung – Grundsatz- und Anwendungsfragen im Lichte der Aktionärsrechterichtlinie, NZG 2018, S. 127–134 (zit: *Habersack*, NZG 2018).

Habersack, Matthias: ARUG II – Überraschungen auf der Zielgeraden und Perspektiven, BB 2020, S. I-I (zit: *Habersack*, BB 2020).
Habersack, Matthias (Hrsg.)/Casper, Matthias (Hrsg.)/Löbbe, Marc (Hrsg.): Gesetz betreffend die Gesellschaften mit beschränkter Haftung (GmbHG), Großkommentar, Band II, §§ 29 bis 52, 3. Aufl., Tübingen 2020 (zit: *Bearbeiter*, in: Habersack/Casper/Löbbe).
Habersack, Matthias/Henssler, Martin, Mitbestimmungsrecht: Kommentierung des MitbestG, des DrittelbG, des SEBG und des MgVG, 4. Aufl., München 2018 (zit: *Bearbeiter*, in: Habersack/Henssler, Mitbestimmungsrecht).
Habersack, Matthias/Vetter, Jochen: Vorschläge für eine große Aktienrechtsreform, AG 2024, S. 377-393 (zit: *Habersack/J. Vetter*, AG 2024).
Halberkamp, Thomas/Gierke, Olaf: Das Recht der Aktionäre auf Einberufung der Hauptversammlung, NZG 2004, S. 494-502 (zit: *Halberkamp/Gierke*, NZG 2004).
Handelsrechtsausschuss des Deutschen Anwaltvereins: Stellungnahme zum Entwurf eines Gesetzes zur Angemessenheit der Vorstandsvergütung (VorstAG), NZG 2009, S. 612-616 (zit: DAV–Handelsrechtsausschuss, NZG 2009).
Handelsrechtsausschuss des Deutschen Anwaltvereins: Stellungnahme zum Referentenentwurf eines Gesetzes zur Umsetzung der zweiten Aktionärsrechterichtlinie (ARUG II), NZG 2019, S. 12–21 (zit: DAV-Handelsrechtsausschuss, NZG 2019).
Harnos, Rafael/Holle, Philipp Maximilian: Say on Climate, AG 2021, S. 853–866 (zit: *Harnos/Holle*, AG 2021).
Heidel, Thomas (Hrsg.): Aktienrecht und Kapitalmarktrecht, 6. Aufl., Baden-Baden 2024 (zit: *Bearbeiter*, in: Heidel).
Heldt, Cordula: „Say on Pay“ und „Related Party Transactions“ im Referentenentwurf des ARUG II aus gesellschaftsrechtspolitischer Sicht, AG 2018, S. 905–920 (zit: *Heldt*, AG 2018).
Henssler, Martin (GesamtHrsg.)/Stilz Eberhard (Hrsg.)/Veil, Rüdiger (Hrsg.): beck-online.GROSSKOMMENTAR, AktG, München 2025 (zit: *Bearbeiter*, in: BeckOGK-AktG).
Henssler, Martin (Hrsg.)/Strohn, Lutz (Hrsg.): Gesellschaftsrecht, 6. Aufl., München 2024 (zit: *Bearbeiter*, in: Henssler/Strohn, GesR).
Herrler, Sebastian: Das Vergütungsvotum der Hauptversammlung, ZHR 2020, S. 408–456 (zit: *Herrler*, ZHR 2020).
Hirte, Heribert: Die Entwicklung des Unternehmens- und Gesellschaftsrechts im Jahr 2013, NJW 2014, S. 1219–1224 (zit: *Hirte*, NJW 2014).

Hirte, Heribert (Hrsg.)/Mülbert, Peter O. (Hrsg.)/Roth, Markus (Hrsg.): Aktiengesetz Großkommentar, Zweiter Band, Teilband 1, §§ 23–40, 5. Aufl., Berlin 2016 (zit: *Bearbeiter*, in: Großkomm-AktG).

Hirte, Heribert (Hrsg.)/Mülbert, Peter O. (Hrsg.)/Roth, Markus (Hrsg.): Aktiengesetz Großkommentar, Vierter Band, Teilband 1, §§ 76–91, 5. Aufl., Berlin 2015 (zit: *Bearbeiter*, in: Großkomm-AktG).

Hirte, Heribert (Hrsg.)/Mülbert, Peter O. (Hrsg.)/Roth, Markus (Hrsg.): Aktiengesetz Großkommentar, Fünfter Band, §§ 95–116, 5. Aufl., Berlin 2018 (zit: *Bearbeiter*, in: Großkomm-AktG).

Hirte, Heribert (Hrsg.)/Mülbert, Peter O. (Hrsg.)/Roth, Markus (Hrsg.): Aktiengesetz Großkommentar, Siebter Band, Teilband 1, §§ 118–130, 5. Aufl., Berlin 2017 (zit: *Bearbeiter*, in: Großkomm-AktG).

Hoegen, Benedikt: Reform der Vorstandsvergütung, Baden-Baden 2018 (zit: *Hoegen*, Reform der Vorstandsvergütung).

Hoffmann, Dietrich/Preu, Peter: Der Aufsichtsrat, Ein Leitfaden für Aufsichtsräte, 5. Aufl., München 2003 (zit: *D. Hoffmann/Preu*, Der Aufsichtsrat).

Hoffmann, Thomas/Lieder, Jan: Subsidiäre Geschäftsführungskompetenz der Hauptversammlung, AG 2011, S. R135–R137 (zit: *T. Hoffmann/Lieder*, AG 2011).

Hoffmann-Becking, Michael: Rechtliche Anmerkungen zur Vorstands- und Aufsichtsratsvergütung, ZHR 2005, S. 155–180 (zit: *Hoffmann-Becking*, ZHR 2005).

Hoffmann-Becking, Michael: Vorstandsvergütung nach Mannesmann, NZG 2006, S. 127–131 (zit: *Hoffmann-Becking*, NZG 2006).

Hoffmann-Becking, Michael (Hrsg.): Münchener Handbuch des Gesellschaftsrechts, Band 4, Aktiengesellschaft, 5. Aufl., München 2020 (zit: *Bearbeiter*, in: MünchHdb GesR IV, 5. Aufl.).

Hoffmann-Becking, Michael (Hrsg.)/Austmann, Andreas (Hrsg.): Münchener Handbuch des Gesellschaftsrechts, Band 4, Aktiengesellschaft, 6. Aufl., München 2024 (zit: *Bearbeiter*, in: MünchHdb GesR IV).

Hoffmann-Becking, Michael/Krieger, Gerd: Leitfaden zur Anwendung des Gesetzes zur Angemessenheit der Vorstandsvergütung (VorstAG), NZG-Beil. 26/2009, S. 1–12 (zit: *Hoffmann-Becking/Krieger*, NZG-Beil. 26/2009).

Hohenstatt, Klaus-Stefan: Das Gesetz zur Angemessenheit der Vorstandsvergütung, ZIP 2009, 1349–1358 (zit: *Hohenstatt*, ZIP 2009).

Hohenstatt, Klaus-Stefan/Kuhnke, Michael: Vergütungsstruktur und variable Vergütungsmodelle für Vorstandsmitglieder nach dem VorstAG, ZIP 2009, S. 1981–1982 (zit: *Hohenstatt/Kuhnke*, ZIP 2009).

Hölters, Wolfgang (Hrsg.)/Weber, Markus (Hrsg.): Aktiengesetz, 4. Aufl., München 2022 (zit: *Bearbeiter*, in: Hölters/Weber, AktG).

Hopt, Klaus J. von (Hrsg.)/Wiedemann, Herbert (Hrsg.): Aktiengesetz Großkommentar, Band 7/2, 4. Aufl., Berlin 2013 (zit: *Bearbeiter*, in: Großkomm-AktG).

Hopt, Klaus J. von (Hrsg.)/Wiedemann, Herbert (Hrsg.): Aktiengesetz Großkommentar, Band 8, 4. Aufl., Berlin 2013 (zit: *Bearbeiter*, in: Großkomm-AktG).

Horn, Christian: Änderungen bei der Vorbereitung der Hauptversammlung nach dem Referentenentwurf zum ARUG, ZIP 2008, S. 1558–1567 (zit: *Horn*, ZIP 2008).

Hüffer, Uwe: Unangemessenheit der Vorstandsvergütung als Haftungsrisiko von Aufsichtsratsmitgliedern, in: Festschrift für Michael Hoffmann-Becking zum 70. Geburtstag, S. 589–601, München 2013 (zit: *Hüffer*, in: FS Hoffmann-Becking (2013)).

Hüffer, Uwe (Begr.)/Koch, Jens, Aktiengesetz, 13. Aufl., München 2018 (zit: *Bearbeiter*, in: Hüffer/Koch, AktG, 13. Aufl.).

Hupka, Jan: Das Vergütungsvotum der Hauptversammlung, Köln 2012 (zit: *Hupka*, Das Vergütungsvotum der Hauptversammlung).

Ihrig, Hans-Christoph/Wandt, Andre P. H./Wittgens, Jonas: Die angemessene Vorstandsvergütung drei Jahre nach Inkrafttreten des VorstAG, Grundsätze, Leitlinien und Zweifelsfragen in der Praxis – eine Bestandsaufnahme, ZIP-Beil. 40/2012, S. S001–S031 (zit: *Ihrig/Wandt/Wittgens*, ZIP-Beil. 40/2012).

Illner, Torben/Hoffmann, Jürgen: Regierungsentwurf zum ARUG II: Bußgeld- und Haftungsrisiken und Folgen für die Hauptversammlung, ZWH 2019, S. 81–90 (zit: *Illner/Jü. Hoffmann*, ZWH 2019).

Jaeger, Georg/Balke, Michaela: Zu den Auswirkungen des VorstAG auf bestehende Vorstandsdienstverträge, ZIP 2010, S. 1471–1480 (zit: *Jaeger/Balke*, ZIP 2010).

Jaspers, Philipp: Sustainable Shareholder Activism Neue Herausforderung für die aktienrechtliche Beratung, AG 2022, S. 145–157 (zit: *Jaspers*, AG 2022).

Jauernig, Othmar (Begr.)/Stürner, Rolf (Hrsg.): Bürgerliches Gesetzbuch, Kommentar, 19. Aufl. München 2023 (zit: *Bearbeiter*, in: Jauernig, BGB).

Jickeli, Joachim: Die Überprüfung von Vorstandsbezügen auf ihre Angemessenheit, in: Festschrift für Franz Jürgen Säcker zum 70. Geburtstag, S. 381–392, München 2011 (zit: *Jickeli*, in: FS Säcker (2011)).

Johannsen-Roth, Tim/Kießling, Arne/Raapke, Julius: Rechtsentwicklungen im Aktienrecht 2019, Der Betrieb 2019, Beilage 09, S. 16–22 (zit: *Johannsen-Roth/Kießling/Raapke*, DB 2019, Beilage 03).

Kann, Jürgen van/Keiluweit, Anjela: Das neue Gesetz zur Angemessenheit der Vorstandsvergütung, Wichtige Reform oder viel Lärm um nichts?, DStR 2009, 1587–1592 (zit: *v. Kann/Keiluweit*, DStR 2009).

Keinath, Philipp Ulrich: Die Regulierung der Vorstandsvergütung in börsennotierten Unternehmen, Eine Untersuchung der Regulierungsgründe und Regulierungsinstrumente, Berlin 2020 (zit: *Keinath*, Die Regulierung der Vorstandsvergütung in börsennotierten Unternehmen).

Kell, Bernadette/Barth, Bernhard: Ein Cap für die Vorstandsvergütung und andere Neuerungen: Das ARUG II tritt in Kraft, GmbHR 2020, S. R20–R23 (zit: *Kell/Barth*, GmbHR 2020).

Klöhn, Lars: Die Herabsetzung der Vorstandsvergütung gem. § 87 Abs. 2 AktG in der börsennotierten Aktiengesellschaft, ZGR 2012, S. 1–34 (zit: *Klöhn*, ZGR 2012).

Knickrehm, Sabine (Hrsg.)/Roßbach, Gundula (Hrsg.)/Waltermann, Raimund (Hrsg.): Kommentar zum Sozialrecht, VO (EG) Nr. 883/2004, SGB bis SGB XII, SGG, BEEG, Kindergeldrecht (EstG), UnterhaltsvorschussG, 8. Aufl., München 2023 (zit: *Bearbeiter*, in: Knickrehm/Roßbach/Waltermann).

Koch, Jens: Die Herabsetzung der Vorstandsbezüge gemäß § 87 Abs. 2 AktG nach dem VorstAG, WM 2010, S. 49–58 (zit: *Koch*, WM 2010).

Koch, Jens: Der Vorstand im Kompetenzgefüge der Aktiengesellschaft, in: Fleischer, Holger/Koch, Jens/Kropff, Bruno/Lutter Marcus, 50 Jahre Aktiengesetz, ZGR-Sonderheft 19, S. 65–102 (zit: *Koch*, in: Fleischer/Koch/Kropff/Lutter, 50 Jahre AktG).

Koch, Jens: Aktiengesetz, 19. Aufl., München 2025 (zit: *Koch*, AktG).

Kocher, Dirk: Zur Bedeutung von Beschlussvorschlägen der Verwaltung für die Fassung und Anfechtung von Hauptversammlungsbeschlüssen, AG 2013, S. 406–414 (zit: *Kocher*, AG 2013).

Köckeritz, Hagen: Nachhaltigkeit – das (neue) Maß der Dinge bei der Vorstandsvergütung, NZG 2023, S. 1341 (zit: *Köckeritz*, NZG 2023).

Komo, Daniel/Mathias, Maximilian/Schimmel, Roland: Say-on-Climate-Kompetenz der Hauptversammlung, NZG 2025, S. 152-158 (zit: *Komo/Mathias/Schimmel*, NZG 2025).

König, Ute J. K.: Geschäftspolitische Bindungen der Aktiengesellschaft, Ein Beitrag zur Gestaltbarkeit von Satzungen, außerstatuarischen Nebenabreden, Investments Agreements und Organisationsverträgen, Berlin, 2018 (zit: *König*, Geschäftspolitische Bindungen der Aktiengesellschaft).

Königshausen, Andreas: Fresenius und Solarworld: Unter welchen Voraussetzungen sind Beratungsverträge mit Aufsichtsratsmitgliedern genehmigungsfähig?, GWR 2015, S. 111–114 (zit: *Königshausen*, GWR 2015).

Körner, Marita: Die Angemessenheit von Vorstandsbezügen in § 87 AktG, Eine unbeachtete Vorschrift?, NJW 2004, S. 2697–2702 (zit: *Körner*, NJW 2004).

Kort, Michael: Zivilrechtliche Folgen unangemessen hoher Vorstandsvergütung – eine „Mannesmann"-Spätlese, DStR 2007, S. 1127–1133 (zit: *Kort*, DStR 2007).

Kort, Michael: Herabsetzung von Vorstandsbezügen gem. § 87 II AktG in der Insolvenz der AG, NZG 2015, S, 369–372 (zit: *Kort*, NZG 2015).

Kort, Michael: Kriterien der Herabsetzung der Vorstandsvergütung nach § 87 Abs. 2 Satz 1 AktG, AG 2016, S. 209–213 (zit: *Kort*, AG 2016).

Kremer, Thomas/Bachmann, Gregor/Favoccia, Daniela/Werder, Axel von: Deutscher Corporate Governance Kodex, Kodex-Kommentar, 9. Aufl., München 2023 (zit: *Bearbeiter*, in: Kremer/Bachmann/Favoccia/v. Werder).

Krieger, Gerd: Herabsetzung von Abfindungsleistungen nach § 87 Abs. 2 AktG, in: Liber amicorum für Martin Winter, S. 369–386, Köln 2011 (zit: *Krieger*, in: Liber amicorum Winter (2011)).

Kropff, Bruno: Informationsbeschaffungspflichten des Aufsichtsrats, in: Festschrift für Thomas Raiser zum 70. Geburtstag, S. 225–245, Berlin 2005 (zit: *Kropff*, in: FS Raiser (2005)).

Krüger, Burkhard: Nichtigkeit des D&O-Versicherungsvertrages bei fehlender Genehmigung durch die Hauptversammlung, NVersZ 2001, S. 8–9 (zit: *Krüger*, NVersZ).

Kühle, Maximilian: Bedürfnis für eine Say on Climate-Regelung, NZG 2023, S. 1583–1590 (zit: *Kühle*, NZG 2023).

Kuthe, Thorsten/Lingen, Gero: Neue Compliance-Anforderungen durch das ARUG II, CB 2019, S. 378–383 (zit: *Kuthe/Lingen*, CB 2019).

Langenbucher, Katja: Die bereicherungsrechtliche Rückforderung unangemessener Vorstandsbezüge, in: Festschrift für Ulrich Huber zum siebzigsten Geburtstag, S. 861–870, Tübingen 2006 (zit: *Langenbucher*, in: FS Huber (2006)).

Larenz, Karl: Methodenlehre der Rechtswissenschaft, 6. Aufl., Berlin 1991 (zit: *Larenz*, Methodenlehre der Rechtswissenschaft).

Leuering, Dieter: Vorstands- und Aufsichtsratsvergütung in der geänderten Aktionärsrechterichtlinie, NZG 2017, S. 646–651 (zit: *Leuering*, NZG 2017).

Lieder, Jan: Unternehmerische Entscheidungen des Aufsichtsrats, ZGR 2018, S. 523–583 (zit: *Lieder*, ZGR 2018).

Lingemann, Stefan: Angemessenheit der Vorstandsvergütung – Das VorstAG ist in Kraft, BB 2009, S. 1918–1924 (zit: *Lingemann*, BB 2009).

Löbbe, Marc/Fischbach, Jonas: Das Vergütungsvotum der Hauptversammlung nach § 120 Abs. 4 AktG n.F., WM 2013, S. 1625–1637 (zit: *Löbbe/Fischbach*, WM 2013).

Löbbe, Marc/Fischbach, Jonas: Die Neuregelungen des ARUG II zur Vergütung von Vorstand und Aufsichtsrat börsennotierter Aktiengesellschaften, AG 2019, S. 373–385 (zit: *Löbbe/Fischbach*, AG 2019).

Looschelders, Dirk/Roth, Wolfgang: Juristische Methodik im Prozeß der Rechtsanwendung, Zugleich Beitrag zu den verfassungsrechtlichen Grundlagen von Gesetzesauslegung und Rechtsfortbildung, Berlin 1996 (zit: *Looschelders/Roth*, Juristische Methodik im Prozeß der Rechtsanwendung).

Luik, Steffen (Hrsg.)/Harich, Björn (Hrsg.): SGB II, Bürgergeld, Grundsicherung für Arbeitssuchende, 6. Aufl., München 2024 (zit: *Bearbeiter*, in: Luik/Harich).

Luther, Martin: § 23 Abs. (5) AktG im Spannungsfeld von Gesetz, Satzung und Einzelentscheidungen der Organe der Aktiengesellschaft, in: Freundesgabe für Hans Hengeler zum 70. Geburtstag am 1. Februar 1972, 1972, S. 167–190 (zit: *Luther*, in: Freundesgabe Hengeler (1972)).

Lutter, Marcus: Die Auslegung angeglichenen Rechts, JZ 1992, S. 593–607 (zit: *Lutter*, JZ 1992).

Lutter, Marcus: Aktienrechtliche Aspekte der angemessenen Vorstandsvergütung, ZIP 2006, S. 733–737 (zit: *Lutter*, ZIP 2006).

Lutter, Marcus/Krieger, Gerd/Verse, Dirk: Rechte und Pflichten des Aufsichtsrats, 7. Aufl., Köln 2020 (zit: *Lutter/Krieger/Verse*, Rechte und Pflichten des Aufsichtsrats).

Lutter, Marcus/Bayer, Walter/Schmidt, Jessica: Europäisches Unternehmens- und Kapitalmarktrecht, Grundlagen, Stand und Entwicklung nebst Texten und Materialien, 6. Aufl., Berlin 2018 (zit: *Lutter/Bayer/J. Schmidt*, Europäisches Unternehmens- und Kapitalmarktrecht).

Marsch-Barner, Reinhard: Aktuelle Rechtsfragen zur Vergütung von Vorstands- und Aufsichtsratsmitgliedern einer AG, in: Festschrift für Volker Röhricht, Köln 2005, S. 401–419 (zit: *Marsch-Barner*, in: FS Röhricht (2005)).

Marsch-Barner, Reinhard/Schäfer, Frank (Hrsg.): Handbuch börsennotierte AG, Aktienrecht und Kapitalmarktrecht, 6. Aufl., Köln 2025 (zit: *Bearbeiter*, in: Marsch-Barner/Schäfer, Hdb. börsennotierte AG).

Martens, Klaus-Peter: Die Vorstandsvergütung auf dem Prüfstand, ZHR 2005, S. 124–154 (zit: *Martens*, ZHR 2005).

Martens, Klaus-Peter: Rechtliche Rahmenbedingungen der Vorstandsvergütung, in: Festschrift für Uwe Hüffer zum 70. Geburtstag, S. 647–662, München 2010 (zit: *Martens*, in: FS Hüffer (2010)).

Melot de Beauregard, Paul: Unangemessene Vorstandsvergütung und ihre Rechtsfolgen, DB 2021, S. 2825–2830 (zit: *Melot de Beauregard*, BB 2021).

Merkner, Andreas/Schulenburg, Friedrich/Elixmann, Philipp: Praxisfragen bei der Konzeptionierung und Durchführung eines Say on Climate, AG 2024, S. 257–268 (zit: *Merkner/Schulenburg/Elixmann*, AG 2024).

Möllers, Thomas M.J.: Juristische Methodenlehre, 5. Aufl., München 2023 (zit: *Möllers*, Juristische Methodenlehre).

Müller-Bonanni, Thomas/Jenner, Alice/Denninger, Philip: Praxisfragen der Vorstandsvergütung nach ARUG II und neuem DCGK, AG 2021, S. 339–349 (zit: *Müller-Bonanni/Jenner/Denninger*, AG 2021).

Mutter, Stefan: Änderungen im ARUG II auf der Zielgeraden, AG 2019, S. R340/R341 (zit: *Mutter*, AG 2019).

Mutter, Stefan/Werner, Jessica: Stolperstein „Beschlussvorschläge nach § 124 Abs. 3 Satz 1, § 120a Abs. 1 AktG“, AG 2020, R346 (zit: *Mutter/Werner*, AG 2020).

Needham, Sean: Weiterentwicklung der Corporate Governance durch das ARUG II, Update zur Umsetzung der neugefassten Aktionärsrechterichtlinie, ZCG 2020, S. 22–25 (zit: *Needham*, ZCG 2020).

Neideck, Philipp Otto: Die Mitwirkung der Hauptversammlung bei der Ausübung der Personalkompetenz durch den Aufsichtsrat, Überlegungen de lege lata und de lege ferenda zur Beteiligung der Aktionäre an der Bestellung, dem Widerruf der Bestellung, der Festsetzung der Vorstandsvergütung und der sonstigen Ausgestaltung des Anstellungsvertrags, Berlin 2015 (zit: *Neideck*, Die Mitwirkung der Hauptversammlung bei der Ausübung der Personalkompetenz durch den Aufsichtsrat).

Nikolay, Judith: Die neuen Vorschriften zur Vorstandsvergütung – Detaillierte Regelungen und offene Fragen, NJW 2009, S. 2640–2647 (zit: *Nikolay*, NJW 2009).

Nikoleyczik, Tobias/Crombach, Nadja: Praktische Probleme bei Ausgestaltung, vertraglicher Umsetzung und nachlaufender Überprüfung der Maximalvergütung für Vorstandsmitglieder, AG 2021, S. 744–753 (zit: *Nikoleyczik/Crombach*, AG 2021).

Noack, Ulrich: Gesellschaftsvereinbarungen bei Kapitalgesellschaften, Tübingen 1994 (zit: *Noack*, Gesellschaftsvereinbarungen bei Kapitalgesellschaften).

Noack, Ulrich: Neue Regularien für die Hauptversammlung durch das ARUG II und den Corporate Governance Kodex 2020, DB 2019, S. 2785–2791 (zit: *Noack*, DB 2019).

Noack, Ulrich (Hrsg.)/Zetzsche, Dirk (Hrsg.): Kölner Kommentar zum Aktiengesetz, Band 4, §§ 23–53 AktG, 4. Aufl., Hürth 2022 (zit: *Bearbeiter*, in: KölnKomm-AktG).

Noack, Ulrich (Hrsg.)/Zetzsche, Dirk (Hrsg.): Kölner Kommentar zum Aktiengesetz, Band 7, §§ 76–94 AktG, 4. Aufl., Hürth 2023 (zit: *Bearbeiter*, in: KölnKomm-AktG).

Noack, Ulrich (Hrsg.)/Zetzsche, Dirk (Hrsg.): Kölner Kommentar zum Aktiengesetz, Band 9, Teilband 1 §§ 118–120a AktG, 4. Aufl., Hürth 2023 (zit: *Bearbeiter*, in: KölnKomm-AktG).

Noack, Ulrich (Hrsg.)/Zetzsche, Dirk (Hrsg.): Kölner Kommentar zum Aktiengesetz, Band 9, Teilband 2 §§ 121–127a AktG, 4. Aufl., Hürth 2023 (zit: *Bearbeiter*, in: KölnKomm-AktG).

Paschos. Nikolas/Gosler, Sebastian: Der Referentenentwurf des Gesetzes zur Umsetzung der zweiten Aktionärsrechterichtlinie (ARUG II) aus Sicht der Praxis, AG 2018, S. 857–874 (zit: *Paschos/Goslar*, AG 2018).

Paschos. Nikolas/Gosler, Sebastian: Der Regierungsentwurf des Gesetzes zur Umsetzung der zweiten Aktionärsrechterichtlinie (ARUG II), AG 2019, S. 365–373 (zit: *Paschos/Goslar*, AG 2019).

Peltzer, Martin: Wider den „greed" – Betrachtungen zu §§ 86 und 87 AktG, in: Festschrift für Marcus Lutter zum 70. Geburtstag, S. 571–586, Köln 2000 (zit: *Peltzer*, in: FS Lutter (2000)).

Plate, Ann-Sophie: Die Festsetzung der Vorstandsvergütung in der Aktiengesellschaft, Eine Analyse der Vergütungskompetenzen und Verfahrensregeln, Hamburg 2016 (zit: *Plate*, Die Festsetzung der Vorstandsvergütung in der Aktiengesellschaft).

Pollmann, Felix D.: Hauptversammlungsvorlagen des Aufsichtsrats analog § 119 Abs. 2 AktG? – Eine Betrachtung de lege lata und de lege ferenda –, WM 2023, S. 1349–1356 (zit: *Pollmann*, WM 2023).

Raapke, Julius: Die Regulierung der Vergütung von Organmitgliedern und Angestellten im Aktien- und Kapitalmarktrecht, Frankfurt am Main 2012 (zit: *Raapke*, Die Regulierung der Vergütung von Organmitgliedern und Angestellten im Aktien- und Kapitalmarktrecht).

Raitzsch, Nicolas: Das Herabsetzungsrecht gem. § 87 II AktG, Versuch einer dogmatisch und verfassungsrechtlich stimmigen Präzisierung, NZG 2019, S. 495–500 (zit: *Raitzsch*, NZG 2019).

Redenius-Hövermann, Julia/Siemens, Peter: Das Votum zur Herabsetzung der Maximalvergütung gem. § 87 Abs. 4 AktG als Instrument effektiver Corporate Governance (§ 87 Abs. 4 AktG), ZIP 2025, S. 473-480 (zit: *Redenius-Hövermann/Siemens*, ZIP 2025).

Redenius-Hövermann, Julia/Siemens, Peter: Zur Herabsetzung der Vorstandsvergütung gem. § 87 Abs. 2 AktG de lege lata und de lege ferenda, ZIP 2020, S. 1585–1596 (zit: *Redenius-Hövermann/Siemens*, ZIP 2020).

Reichert, Jochem (Hrsg.): Arbeitshandbuch für die Hauptversammlung, 6. Aufl., München 2024 (zit: *Bearbeiter*, in: Reichert, HV-Hdb).

Reichert, Jochem/Ullrich, Kristin: Haftung von Aufsichtsrat und Vorstand nach dem VorstAG, in: Festschrift für Uwe H. Schneider, S. 1017–1037, Köln 2011 (zit: *Reichert/Ullrich*, in: FS Schneider (2011)).

Renner, Moritz: Hauptversammlungszuständigkeiten und Organadäquanz, AG 2015, S. 513–523 (zit: *Renner*, AG 2015).

Rieble, Volker/Schmittlein, Benjamin: Vergütung von Vorständen und Führungskräften, Vergütungsregulierung durch VorstAG und Aufsichtsrecht, München 2011 (zit: *Rieble/Schmittlein*, Vergütung von Vorständen und Führungskräften).

Rieckers, Oliver: Nachlese zur Hauptversammlungssaison 2023 und Ausblick auf 2024 (Teil 1), DB 2024, S. 439–445 (zit: *Rieckers*, DB 2024).

Riesenhuber, Karl (Hrsg.): Europäische Methodenlehre, Handbuch für Ausbildung und Praxis, 3. Aufl., Berlin 2015 (zit: *Bearbeiter*, in: Riesenhuber, Europäische Methodenlehre).

Ruoff, Michael: Der richtige Umgang mit Beratungsaufträgen an Aufsichtsratsmitglieder nach dem Fresenius-Urteil des BGH, BB 2013, S. 899–905 (zit: *Ruoff*, BB 2013).

Säcker, Franz Jürgen (Hrsg.)/Rixecker, Roland (Hrsg.)/Oetker, Hartmut (Hrsg.)/Limperg, Bettina (Hrsg.): Münchener Kommentar zum Bürgerlichen Gesetzbuch, Band 1, Allgemeiner Teil, §§ 1–240a, 10. Aufl., München 2025 (zit: *Bearbeiter*, in: MüKo-BGB).

Säcker, Franz Jürgen (Hrsg.)/Rixecker, Roland (Hrsg.)/Oetker, Hartmut (Hrsg.)/Limperg, Bettina (Hrsg.): Münchener Kommentar zum Bürgerlichen Gesetzbuch, Band 2, Schuldrecht – Allgemeiner Teil I, 9. Aufl., München 2022 (zit: *Bearbeiter*, in: MüKo-BGB).

Säcker, Franz Jürgen/Stenzel, Sonja: Das zivilrechtliche Schicksal von gegen § 87 Abs. 1 AktG verstoßenden Vergütungsvereinbarungen, JZ 2006, S. 1151–1157 (zit: *Säcker/Stenzel*, JZ 2006).

Schäfer, Carsten: Die Binnenhaftung von Vorstand und Aufsichtsrat nach der Renovierung durch das UMAG, ZIP 2005, S. 1253–1259 (zit: *Schäfer*, ZIP 2005).

Scheffler, Eberhard: Referentenentwurf zum ARUG II: Verbesserung der Aktionärsrechte, AG 2018, S. R317–R319 (zit: *Scheffler*, AG 2018).

Schenck, Kersten von (Hrsg.): Arbeitshandbuch für Aufsichtsratsmitglieder, 4. Aufl., München 2013 (zit: *Bearbeiter*, in: Semler/v.Schenck, AR-Hdb, 4. Aufl.).

Schenck, Kersten von (Hrsg.)/Wilsing, Hans-Ulrich (Hrsg.): Arbeitshandbuch für Aufsichtsratsmitglieder, 5. Aufl., München 2021 (zit: *Bearbeiter*, in: Semler/v.Schenck/Wilsing, AR-Hdb).

Schick, Werner Paul: Praxisfragen zum Vergütungsvotum der Hauptversammlung nach § 120 Abs. 4 AktG, ZIP 2011, S. 593–601 (zit: *Schick*, ZIP 2011).

Schirmer, Jan-Erik: Die responsive Funktion der Hauptversammlung, ZHR 2024, S. 60–97 (zit: *Schirmer*, ZHR 2024).

Schmidt, Jessica: Die Umsetzung der Aktionärsrechte-Richtlinie 2017: der Referentenentwurf für das ARUG II, NZG 2018, S. 1201–1220 (zit: *J. Schmidt*, NZG 2018).

Schmidt, Karsten (Hrsg.)/Lutter, Marcus (Hrsg.): Aktiengesetz, I. Band, § 1–149, 3. Aufl., Köln 2015 (zit: *Bearbeiter*, in: K. Schmidt/Lutter, AktG, 3. Aufl.).

Schmidt, Karsten (Begr./Hrsg.)/Lutter, Marcus (Begr.)/Bayer, Walter (Hrsg.)/Vetter, Jochen (Hrsg.): Aktiengesetz, I. Band, § 1–132 AktG, 5. Aufl., Köln 2024 (zit: *Bearbeiter*, in: K. Schmidt/Lutter, AktG).

Schmidt, Karsten (Begr./Hrsg.)/Lutter, Marcus (Begr.)/Bayer, Walter (Hrsg.)/Vetter, Jochen (Hrsg.): Aktiengesetz, II. Band, § 133–410 AktG, SpruchG, 5. Aufl., Köln 2024 (zit: *Bearbeiter*, in: K. Schmidt/Lutter, AktG).

Schneider, Uwe H./Schneider Sven H.: Der Aufsichtsrat zwischen Kontinuität und Veränderung, Ein wohlwollender Rückblick auf 50 Jahre Aufsichtsrat und ein Ausblick auf die Herausforderungen der nächsten 50 Jahre, AG 2015, S. 621–627 (zit: *U.H. Schneider/S.H. Schneider*, AG 2015).

Schockenhoff, Martin: Vorstände im Visier aktivistischer Aktionäre, Auswechslung und Vergütungsreduzierung auf Verlangen von Aktionären und Investoren?, ZIP 2017, S. 1758–1793 (zit: *Schockenhoff*, ZIP 2017).
Scholz, Kai-Steffen: Unzulässigkeit der Beschlussfassung der Hauptversammlung gem. § 124 Abs. 4 AktG, AG 2008, S. 11–17 (zit: *Scholz*, AG 2008).
Schubert, Claudia: Unternehmensinteresse und Nachhaltigkeitsziele, in: Festschrift für Martin Henssler zum 70. Geburtstag, S. 1265–1277, München 2023 (zit: *Schubert*, in: FS Henssler (2023)).
Schüppen, Matthias: Vorstandsvergütung – (K)ein Thema für die Hauptversammlung, ZIP 2010, S. 905–913 (zit: *Schüppen*, ZIP 2010).
Schwark, Eberhard: Zur Angemessenheit der Vorstandsvergütung, in: Festschrift für Thomas Raiser, S. 377–398, Berlin 2005, (zit: *Schwark*, in: FS Raiser (2005)).
Seibert, Ulrich: Das VorstAG – Regelungen zur Angemessenheit der Vorstandsvergütung und zum Aufsichtsrat, WM 2009, S. 1489–1493 (zit: *Seibert*, WM 2009).
Seibt, Christoph H.: Pflicht des Aufsichtsrats zur Herabsetzung der Vorstandsvergütung wegen zurechenbarer Verschlechterung der wirtschaftlichen Lage (hier: Insolvenzreife) auf angemessenen Betrag, EWiR 2016, S. 199–200 (zit: *Seibt*, EWiR 2016).
Sethe, Rolf: Die aktienrechtliche Zulässigkeit der sogenannten „Teilentlastung“, ZIP 1996, S. 1321–1327 (zit: *Sethe*, ZIP 1996).
Seulen, Günter: RefE für das ARUG II – Umsetzung der zweiten Aktionärsrechterichtlinie, DB 2018, S. 2915–2921 (zit: *Seulen*, DB 2018).
Seyfarth, Georg: Vorstandsrecht, 2. Aufl., Hürth 2023 (zit: *Seyfarth*, Vorstandsrecht).
Spindler, Gerald: Rechtsfolgen einer unangemessenen Vorstandsvergütung, AG 2011, S. 725–734 (zit: *Spindler*, AG 2011).
Spindler, Gerald: Ungeschriebene Hauptversammlungszuständigkeiten – wohin führt der Weg?, in: Festschrift für Wulf Goette zum 65. Geburtstag, München 2011, S. 513–527 (zit: *Spindler*, in: FS Goette (2011)).
Spindler, Gerald: Die Herabsetzung von Vorstandsvergütungen in der Insolvenz, DB 2015, S. 908–912 (zit: *Spindler*, DB 2015).
Spindler, Gerald: Die Neuregelung der Vorstands- und Aufsichtsratsvergütung im ARUG II, AG 2020, S. 61–74 (zit: *Spindler*, AG 2020).

Spindler, Gerald (Hrsg.)/Stilz, Eberhard (Hrsg.): Kommentar zum Aktiengesetz, Band 1, §§ 1–149, 4. Aufl., München 2019 (zit: *Bearbeiter*, in: Spindler/Stilz, 4. Aufl.).

Staudinger, Julius von: Kommentar zum Bürgerlichen Gesetzbuch mit Einführungsgesetz und Nebengesetzen: Neubearbeitung, Buch: Allgemeiner Teil: §§ 21–79, Berlin 2023 (zit: *Bearbeiter*, in: Staudinger, BGB).

Staudinger, Julius von: Kommentar zum Bürgerlichen Gesetzbuch mit Einführungsgesetz und Nebengesetzen: Neubearbeitung, Buch: Allgemeiner Teil: §§ 134–138, Berlin 2024 (zit: *Bearbeiter*, in: Staudinger, BGB).

Stenzel, Roman: Neue Regeln für die variable Vorstandsvergütung, BB 2020, S. 970–976 (zit: *Stenzel*, BB 2020).

Sterly, Bianca: Say on Pay – Die Kompetenz zur Festsetzung der Vorstandsvergütung in der Aktiengesellschaft, Hamburg 2018 (zit: *Sterly*, Say on Pay – Die Kompetenz zur Festsetzung der Vorstandsvergütung in der Aktiengesellschaft).

Stöber, Michael: Neuerungen im Aktienrecht durch das ARUG II, DStR 2020, S. 391–398 (zit: *Stöber*, DStR 2020).

Stoll, Andreas: Die neuen Empfehlungen zur Vorstandsvergütung in der Kodexnovelle 2013 – Anwendung auch auf laufende Vorstandsverträge?, NZG 2014, S. 48–52 (zit: *Stoll*, NZG 2014).

Streinz, Rudolf (Hrsg.): EUV/AEUV, Vertrag über die Europäische Union, Vertrag über die Arbeitsweise der Europäischen Union, Charta der Grundrechte der Europäischen Union, 3. Aufl., München 2018 (zit: *Bearbeiter*, in: Streinz).

Sünner, Eckart: Die zukünftige Beschlussfassung der Hauptversammlung über das Vorstandsvergütungssystem, CCZ 2013, S. 169–173 (zit: *Sünner*, CCZ 2013).

Teichmann, Christoph: Die Anpassung der Vorstandsvergütung an unerwartete Entwicklungen – Der Aufsichtsrat zwischen Selbstbindung und Flexibilität –, in: Festschrift für Andreas Heidinger zum 65. Geburtstag, München 2023 (zit: *Teichmann*, in: FS Heidinger (2023)).

Tegtmeier, Stefan: Die Vergütung von Vorstandsmitgliedern in Publikumsaktiengesellschaften, Eine vergleichende Untersuchung zum deutschen, englischen und US-amerikanischen Recht, Frankfurt am Main 1998 (zit: *Tegtmeier*, Die Vergütung von Vorstandsmitgliedern in Publikumsgesellschaften).

Thüsing, Gregor: Das Gesetz zur Angemessenheit der Vorstandsvergütung, AG 2009, S. 517–529 (zit: *Thüsing*, AG 2009).

Thüsing, Gregor/Jänsch, Melanie: Begrenzung und Kürzung von Vorstandsvergütung, in: Festschrift für Eberhard Vetter, S. 803–817, Köln 2019 (zit: *Thüsing/Jänsch*, in: FS Vetter (2019)).
Timmer, Florian: Vorstandsvergütung 2020, Ein Beitrag zur Entwicklung der Vergütung nach Umsetzung der ARUG II-Richtlinie und der DCGK Reform 2020, Wiesbaden 2022 (zit: *Timmer*, Vorstandsvergütung 2020).
Ulmer, Peter/Habersack, Matthias/Henssler, Martin: Mitbestimmungsrecht, Kommentierung des MitbestG, des DrittelbG und der §§ 34 bis 38 SEBG, 2. Aufl., München 2006 (zit: *Bearbeiter*, in: Ulmer/Habersack/Henssler, Mitbestimmungsrecht, 2. Aufl.).
Veil, Rüdiger: Unternehmensverträge, Organisationsautonomie und Vermögensschutz im Recht der Aktiengesellschaft, Tübingen 2003 (zit: *Veil*, Unternehmensverträge).
Velte, Patrick: Der Vergütungsbericht und die Vergütungsvoten nach dem ARUG II-RefE, Eine erste Zwischenbilanz, DStR 2018, S. 2445–2449 (zit: *Velte*, DStR 2018).
Verse, Dirk: Regulierung der Vorstandsvergütung – mehr Macht für die Aktionäre?, Überlegungen zur geplanten Reform des say on pay, NZG 2013, S. 921–930 (zit: *Verse*, NZG 2013).
Vedder, Karl Christian: Missbrauch der Vertretungsmacht, Der Schutz der Selbstbestimmung durch die Anfechtbarkeit vorsätzlich interessenwidriger Vertretergeschäfte, Tübingen 2007 (zit: *Vedder*, Missbrauch der Vertretungsmacht).
Vetter, Eberhard: Begrenzung der Vorstandsbezüge durch Hauptversammlungsbeschluss?, ZIP 2009, S. 1307–1309 (zit: *E. Vetter*, ZIP 2009, 1307).
Vetter, Eberhard: Der kraftlose Hauptversammlungsbeschluss über das Vorstandsvergütungssystem nach § 120 Abs. 4 AktG, ZIP 2009, S. 2136–2143 (zit: *E. Vetter*, ZIP 2009, 2136).
Vetter, Eberhard: Zuständigkeit zum Beschluss über das Vorstandsvergütungssystem gem. § 87a AktG, NZG 2020, S. 1161–1164 (zit: *E. Vetter*, NZG 2020).
Vetter, Jochen: Sind Say-on-Climate-Beschlüsse sinnvoll?, AG 2023, S. 564–577 (zit: *J. Vetter*, AG 2023).
Vetter, Jochen/Lauterbach, Theresa: Flexibilität wahrende Ausgestaltung der Vorstandsvergütung und Bindungswirkung des Vergütungssystems nach § 87a Abs. 2 AktG, AG 2021, S. 89–103 (zit: *J. Vetter/Lauterbach*, AG 2021).

Voth, Andreas: Beratende Hauptversammlungsbeschlüsse – zugleich eine kritische Betrachtung des § 120 Abs. 4 AktG, Frankfurt am Main 2012 (zit: *Voth*, Beratende Hauptversammlungsbeschlüsse).

Wachter, Thomas (Hrsg.): AktG, Kommentar zum Aktiengesetz, 4. Aufl. Köln 2022 (zit: *Bearbeiter*, in: Wachter, AktG).

Waldenberger, Arthur/Kaufmann, Jörg: Nachträgliche Herabsetzung der Vorstandsvergütung: Vermeidung von Haftungsrisiken für den Aufsichtsrat, BB 2010, S. 2257–2264 (zit: *Waldenberger/Kaufmann*, BB 2010).

Wandt, Andre P.H./Vossen, Christina: Die Übergangsbestimmungen für das Vergütungssystem des Vorstands, AG 2020, S. 705–712 (zit: *Wandt/Vossen*, AG 2020).

Weber, Markus: Nachträgliche Herabsetzung der Vorstandsbezüge wegen Verschlechterung der Lage der Gesellschaft, DB 2016, S. 815–818 (zit: *Weber*, DB 2016).

Weisner, Arnd/Kölling, Lars: Herausforderung für den Aufsichtsrat: Herabsetzung von Vorstandsbezügen in Zeiten der Krise, NZG 2023, S. 465–468 (zit: *Weisner/Kölling*, NZG 2023).

Weißhaupt, Frank: Informationsmängel in der Hauptversammlung: die Neuregelungen durch das UMAG, ZIP 2005, S. 1466–1773 (zit: *Weißhaupt*, ZIP 2005).

Weller, Marc-Philippe/Hoppmann, Vincent: Environment Social Governance (ESG) Neue Kompetenzen der Hauptversammlung?, AG 2022, S. 640–647 (zit: *Weller/Hoppmann*, AG 2022).

Wentz, Jasper: Das Gesetz zur Umsetzung der zweiten Aktionärsrechterichtlinie – von der Aktionärsrechterichtlinie über den Referentenentwurf zum Regierungsentwurf, WM 2019, S. 906–915 (zit: *Wentz*, WM 2019).

Weppner, Simon: Vergütungsherabsetzung gem. § 87 II AktG – Leitlinien für die Praxis, NZG 2010, S. 1056–1058 (zit: *Weppner*, NZG 2010).

Westermann, Harm Peter (Hrsg.)/Grunewald, Barbara (Hrsg.)/Maier-Reimer, Georg (Hrsg.): Erman, Bürgerliches Gesetzbuch, Kommentar mit Nebengesetzen, 17. Aufl., Köln 2023 (zit: *Bearbeiter*, in: Erman, BGB).

Wieneke, Laurenz: Beschlussfassung der Hauptversammlung in Abweichung von den Vorschlägen der Verwaltung, in: Festschrift für Eberhard Schwark zum 70. Geburtstag, S. 305–328, München 2009 (zit: *Wieneke*, in: FS Schwark (2009)).

Wilsing, Hans-Ulrich/Kleißl, Katharina: Herabsetzung von Vorstandsbezügen in Zeiten der Krise, BB 2008, S. 2422–2426 (zit: *Wilsing/Kleißl*, BB 2008).

Wilsing, Hans-Ulrich/Schäfer, Tom: Zur Herabsetzung der Bezüge des Vorstands wegen Verschlechterung der Lage der AG, ZIP 2025, S. 297-298 (zit: *Wilsing/Schäfer*, ZIP 2025).

Wirkes, Florian: Rechtsfolgen einer nicht nach § 87 Abs. 1 AktG angemessenen Vorstandsvergütung, Unter Berücksichtigung der Änderungen durch das Gesetz zur Angemessenheit der Vorstandsvergütung (VorstAG), Berlin 2018 (zit: *Wirkes*, Rechtsfolgen einer nicht nach § 87 Abs. 1 AktG angemessenen Vorstandsvergütung).

Wittuhn, Georg/Hamann, Hanjo: Herabsetzung von Vorstandsvergütungen in der Krise, ZGR 2009, S. 847–871 (zit: *Wittuhn/Hamann*, ZGR 2009).

Zehmen, Dominik von: Vergütungssysteme für Vorstand auf dem Prüfstand, Dos and dont's bei der Systemgestaltung nach ARUG II und DCGK 2020, BB 2021, S. 628–638 (zit: *v. Zehmen*, BB 2021, 628).

Zehmen, Dominik von: Die Selbstbindung des Aufsichtsrats an das Vorstandsvergütungssystem und ihre weitreichenden Praxisfolgen, BB 2021, S. 1098–1101 (zit: *v. Zehmen*, BB 2021, 1089).

Zetzsche, Dirk: Langfristigkeit im Aktienrecht? – Der Vorschlag der Europäischen Kommission zur Reform der Aktionärsrechterichtlinie, NZG 2014, S. 1121–1131 (zit: *Zetzsche*, NZG 2014).

Ziemons, Hildegard: Als Aktienrechtsnovelle 2012 gestartet und als VorstKoG gelandet: Neues „Say on Pay" und andere punktuelle Weiterentwicklungen des Aktienrechts, GWR 2013, S. 283–286 (zit: *Ziemons*, GWR 2013).

Zippelius, Reinhold: Juristische Methodenlehre, 12. Aufl., München 2021 (zit: *Zippelius*, Juristische Methodenlehre).

Zipperle, Madeleine/Lingen, Gero: Das Gesetz zur Umsetzung der zweiten Aktionärsrechterichtlinie im Überblick, BB 2020, S. 131–138 (zit: *Zipperle/Lingen*, BB 2020).

Zöllner, Wolfgang: Die Schranken mitgliedschaftlicher Stimmrechtsmacht bei den privatrechtlichen Personenverbänden, München und Berlin 1963 (zit: *Zöllner*, Die Schranken mitgliedschaftlicher Stimmrechtsmacht bei den privatrechtlichen Personenverbänden).

Zöllner, Wolfgang (Hrsg.)/Noack, Ulrich (Hrsg.): Kölner Kommentar zum Aktiengesetz, Band 2/2, §§ 95–117 AktG, 3. Aufl., Köln 2013 (zit: *Bearbeiter*, in: KölnKomm-AktG).

Zöllner, Wolfgang (Hrsg.)/Noack, Ulrich (Hrsg.): Kölner Kommentar zum Aktiengesetz, Band 5, §§ 241–290 AktG, 3. Aufl., Köln 2018 (zit: *Bearbeiter*, in: KölnKomm-AktG).

Kolibri 360 GmbH
Ferdinand-Jühlke-Straße 7
99095 Erfurt, Deutschland
produktsicherheit@kolibri360.de

Druck:
CPI Druckdienstleistungen GmbH
im Auftrag der
Kolibri 360 GmbH
Ferdinand-Jühlke-Str. 7
99095 Erfurt